DIE GESCHICHTE DER

Christlichen
Spiritualität

*Zweitausend Jahre
in Ost und West*

DIE GESCHICHTE DER
Christlichen Spiritualität

Zweitausend Jahre
in Ost und West

herausgegeben von
Gordon Mursell

aus dem Englischen übersetzt von
Bernardin Schellenberger

Kreuz

THE STORY OF CHRISTIAN SPIRITUALITY
Text Copyright © 2001. Original edition published in English
under the title Story of Christian Spirituality by
Lion Publishing plc, Oxford, England,
Copyright © Lion Publishing plc 2001

Die Deutsche Bibliothek – CIP-Einheitsaufnahme
Ein Titeldatensatz für diese Publikation ist bei
Der Deutschen Bibliothek erhältlich.

1   2   3   4   5   06   05   04   03   02

© 2002 für die deutschsprachige Ausgabe
Kreuz Verlag GmbH & Co. KG Stuttgart, Zürich
Ein Unternehmen der Verlagsgruppe Dornier
Postfach 800669, 70506 Stuttgart, Tel.: 07 11/78 80 30
Sie erreichen uns rund um die Uhr unter
www.kreuzverlag.de
Umschlagbild: Benozzo Gozzoli, Engel (Ausschnitt)
Fresko in der Kapelle Palazzo Medici-Riccardi, Florenz
Umschlaggestaltung: Atelier Reichert, Stuttgart
Satz: de·te·pe, Aalen
Druck und Bindung: Singapur
Die Schreibweise entspricht den Regeln der neuen
Rechtschreibung.

ISBN 3 7831 2102 7

gabe, inmitten von feindlichen Kulturen und sie umgebenden Reichen nicht nur wieder den Tempel mit seinen Mauern, sondern auch das Gesetz als Herzstück der jüdischen Spiritualität wiederherzustellen (Esra, Nehemia).

Nach der Eroberung Jerusalems durch Alexander den Großen 332 v. Chr. mussten sich die Juden mit dem starken Einfluss der griechischen Kultur auseinandersetzen und später, als die Römer zur vorherrschenden Macht im Mittelmeerraum wurden, mit der römischen. Zudem inspirierte die Zeit der Entweihung des Tempels durch die Seleukiden und des makkabäischen Aufstands (167–164 v. Chr.) die Entwicklung einer apokalyptischen Spiritualität, die über die Politik dieser Welt zur Himmelsherrschaft Gottes hinausblickte (deutlich etwa im Buch Daniel), während andere sich als mönchsähnliche Gruppen in die Wüste zurückzogen, wie die Gemeinschaft von Qumran. Alle, die makkabäischen Freiheitskämpfer ebenso wie die Verfasser apokalyptischer Texte und die Asketengemeinschaften, suchten auf ihre Weise nach einer

Abbildung auf dem Titusbogen in Rom: Nach dem Fall Jerusalems 70 n. Chr. werden die Tempelschätze fortgeschleppt.

Erneuerung der jüdischen Spiritualität und des Gottesglaubens.

Mit der Eroberung Judäas durch Pompeius 63 v. Chr. setzte eine Zeit der Kombination von direkter römischer Herrschaft mit der Regierung durch Vasallenkönige ein, wie Herodes der Große einer war, der von 37 bis 4 v.Chr. herrschte und mit dem grandios angelegten Wiederaufbau des Tempels begann. Doch hatte das alles mit dem jüdischen Aufstand von 66 n.Chr. ein Ende, der im Jahre 70 n. Chr. schließlich zur Zerstörung Jerusalems und des eben erst vollendeten Tempels durch die Römer führte. Nach der endgültigen Niederschlagung eines weiteren Aufstands unter Simon bar Kochba 132–135 n. Chr. war es Juden sogar verboten, Jerusalem überhaupt zu betreten, das 130 n. Chr. durch den römischen Kaiser Hadrian unter dem Namen

Aelia Capitolina als heidnische Stadt wieder aufgebaut worden war. Die Rabbinen mussten von da an den jüdischen Glauben und die Spiritualität völlig für ein Leben in der Zerstreuung unter den Völkern umgestalten, die bis in die zweite Hälfte des 20. Jahrhunderts andauerte. Nachdem der Tempel und das Opfersystem für immer untergegangen waren, konzentrierte sich die jüdische Spiritualität um die Synagoge und die Auslegung der Heiligen Schrift und der Überlieferungen.

Jüdisches Gebet und jüdischer Gottesdienst

Vor der Zerstörung Jerusalems und des Tempels durch die Römer im Jahre 70 n. Chr. kannte das Judentum eine Vielzahl von Gruppen, Glaubensrichtungen und unterschiedlichen Bräuchen (siehe Kasten S. 14). E.P. Sanders, der kompetenteste Fachmann für jüdischen Glauben und Praxis zur Zeit Jesu, beschrieb dieses Judentum als »dynamisch und vielgestaltig«. Nach den Kriegen waren die frühere jüdische Liturgie und der Gottesdienst von Rabbinen wie Gamaliel II. umgestaltet worden, weil dem Verlust des Tempels Rechnung getragen werden musste. Die meisten noch erhaltenen rabbinischen Texte über Gebet und Gottesdienst stammen aus diesem Zeitraum der Konsolidierung.

Der Tempel und die Feste

Vor seiner Zerstörung war der Tempel tausend Jahre lang der alles überragende Mittelpunkt des gesamten jüdischen Lebens und Gottesdienstes. Der ursprüngliche Tempel wurde gegen 960 v. Chr. von Salomo gebaut und 587 von Nebukadnezzar zerstört. 520–515 wurde er von den aus dem Exil Heimgekehrten wieder aufgebaut und erlangte wieder seine zentrale Bedeutung. Seine Profanierung 167 v. Chr. durch den Seleukidenkönig Antiochus IV. Epiphanes entflammte den makkabäischen Aufstand, der zu seiner Wiedereinweihung im Jahre 164 führte. Herodes der Große begann gegen 21 v. Chr. den Tempel vollständig neu zu erbauen, jedoch wurde er erst unmittelbar vor dem Aufstand von 63 n. Chr. ganz vollendet.

Ein Psalm für den Gottesdienst

Wie liebenswert ist deine Wohnung,
   Herr der Heerscharen!
Meine Seele verzehrt sich in Sehnsucht
   nach dem Tempel des Herrn.
Mein Herz und mein Leib jauchzen ihm zu,
   ihm, dem lebendigen Gott.

Auch der Sperling findet ein Haus
und die Schwalbe ein Nest für ihre
   Jungen –
deine Altäre, Herr der Heerscharen,
   mein Gott und mein König.
Wohl denen, die wohnen in deinem Haus,
   die dich allezeit loben.

Denn ein einziger Tag in den Vorhöfen
   deines Heiligtums
ist besser als tausend andere.
Lieber an der Schwelle stehen im Haus
   meines Gottes
als wohnen in den Zelten der Frevler.
Denn Gott der Herr ist Sonne und Schild.
Er schenkt Gnade und Herrlichkeit;
der Herr versagt denen, die rechtschaffen
   sind, keine Gabe.
Herr der Heerscharen, wohl dem, der dir
   vertraut!
(Psalm 84,2–5.11–13; deutsche Einheits-Übersetzung)

Das riesige Gebäude des Tempels war von Innenhöfen zur Aufnahme der gewaltigen Volksmengen umgeben; zur Zeit des Herodes war der Komplex 400 Meter lang. Die Vorhöfe waren auch den Heiden zugänglich und die jüdischen Frauen wurden bis in die Innenhöfe zugelassen; direkt vor dem Heiligtum selbst gab es spezielle Höfe für die Männer. Das Heiligtum bestand aus einem imposanten Eingang, einer ersten Kammer für die Weihrauchopfer und sodann dem Allerheiligsten, das nur der Hohepriester einmal jährlich am Versöhnungstag betrat.

Im Mittelpunkt des Tempellebens standen die verschiedenen Opfer von Gersten- und Weizenmehl, Öl und Wein, Tieren und Vögeln, jedes für die unterschiedlichen Opferarten. Opfer konnten von Einzelnen oder im Namen der gesamten Gemeinschaft dargebracht werden. Die genauen Anweisungen für alle diese Darreichungen und Opfer finden sich im Buch Leviticus. Es war ein gewaltiges und kostspieliges Unternehmen. Die Leute lieferten auch Zehntgaben für die Priester ab, die zudem von den Opfergaben essen konnten (Deuteronomium 18,1–8). Die Tempelsteuer seit der Zeit des Exodus diente während der gesamten jüdischen Geschichte und bis in die neutestamentliche Zeit hinein dem Unterhalt der Tempelvorsteher und der Instandhaltung des Tempels (Exodus 30,13–16; Nehemia 10,32–33; Matthäus 17,24).

Von besonderer Wichtigkeit war die Pilgerfahrt zum Tempel zu den drei Hauptfesten (Deuteronomium 16). Am Paschafest wurde der Auszug aus Ägypten gefeiert (Exodus 12; 2 Könige 23,21–23). Sieben Wochen danach wurden als Beginn der Ernte und zur Darbringung neuen Getreides das Wochenfest oder die Pentekoste (griechisch: »Fünfzig Tage«) begangen und am Laubhüttenfest der Erntedank gefeiert. Ferner gab es noch den Versöhnungstag, Yom Kippur (Leviticus 23,26–32). Auf dem Weg oder »Aufstieg« nach Jerusalem wurden Psalmen gesungen (Psalmen 120–134) und auch beim Tempelgottesdienst selbst (Psalm 84; siehe Kasten S. 16). Der jüdische Geschichtsschreiber Josephus wird übertreiben, wenn er behauptet, vor dem jüdischen Aufstand seien alljährlich Millionen zum Paschafest in Jerusalem gewesen, aber mit Zahlen, die in die Zehn-, ja Hunderttausende gingen, wird man rechnen dürfen.

Synagogen, Gebet und Schriftlesung

Die Ursprünge der Synagoge sind unklar. Das aus dem Griechischen stammende Wort bedeutet »Zusammenkommen«. Man las gemeinsam die Schrift, besprach sie und betete darüber, vor allem am Sabbat. Das lässt vermuten, dass damit in Kreisen begonnen wurde, die weit entfernt vom Tempel lebten, also wahrscheinlich von den im Exil Lebenden.

Der Brauch, zur selben Zeit zu beten, wie der Tempelgottesdienst stattfindet, taucht in der Praxis

Überreste der Synagoge in Kapernaum, Galiläa, aus dem 4. Jh. v. Chr.

von Esra (9,5) auf und bei Daniel, der dreimal täglich in Richtung Jerusalem betet (Daniel 6,10). In Psalm 55,18 ist vom Gebet am Morgen, Mittag und Abend die Rede, und das wurde zur festen Regel.

Der priesterliche Segen

Der Herr segne dich und behüte dich.
Der Herr lasse sein Angesicht über dich
* leuchten und sei dir gnädig.*
Der Herr wende sein Angesicht dir zu und
* schenke dir Heil.*

(Numeri 6,24–26)

Die hebräische Heilige Schrift

Die hebräische Heilige Schrift wird in drei Textblöcke mit den Namen Tora (Gesetz), Neviim (Propheten) und Ketuvim (Schriften) unterteilt; aus deren drei Anfangsbuchstaben T-N-K ist die Bezeichnung Tenach für die gesamte Heilige Schrift abgeleitet.

■ Die Tora oder das Gesetz umfasst die fünf Bücher Mose: Genesis, Exodus, Levitikus, Numeri und Deuteronomium, bekannt als der Pentateuch (aus dem Griechischen: *pente*, »fünf«, *teuchos*, »Behälter für Buchrollen«). Die Wertschätzung des Gesetzes ist für die hebräische Spiritualität ganz wesentlich (siehe Psalm 119). Man hielt das Gesetz nicht aus bloßem Pflichtbewusstsein oder Legalismus, sondern aus Dankbarkeit gegenüber Gott und seiner Liebe, mit der er Israel seinen Bund geschenkt hatte. Die Gesetzesbücher enthalten auch alle Anweisungen für das Ritual- und Opfersystem, das Bundeszelt und dem späteren Tempel.

■ Die Propheten sind in zwei Gruppen eingeteilt: die frühen (Josua, Richter, 1 und 2 Samuel und 1 und 2 Könige) und die späteren Propheten (Jesaja, Jeremia, Ezechiel und die zwölf »kleinen« Propheten von Hosea bis Maleachi). Während die Anordnung im christlichen »Alten Testament« eher unterstellt, es handle sich bei der ersten Gruppe um erzählende Geschichtsbücher, erinnert die jüdische Bezeichnung daran, dass sie in erster Linie prophetischer Natur sind und einen Bericht darüber darstellen, wie Gott mit seinem Volk umging.

■ Zu den Heiligen Schriften gehören noch weitere als göttlich inspiriert betrachtete Bücher. Deren Kernstück sind die Psalmen, das Hymnen- und Gebetbuch der Juden sowohl für den gemeinsamen wie privaten Gottesdienst. Sie enthalten Klagen, Danksagungen, Gebete und Lobpreisungen, Königs- und Inthronisierungsgesänge, Pilgerlieder usw. Andere Bücher gehören der Gattung Weisheitsliteratur an, so Ijob, Kohelet und Sprichwörter, deren Verfasser Grundfragen des Lebens und der Weisheit Gottes behandeln. Hinzu kommen die erzählenden Bücher Rut, Ester, Daniel, Esra, Nehemia und 1 und 2 Chronik.

Insgesamt fünfzehn »deuterokanonische« oder »apokryphe« Bücher aus der Zeit nach dem Exil, darunter das Buch der Weisheit Salomos, Ecclesiasticus oder Jesus Sirach, Tobit, Judit, 1 und 2 Makkabäer und 1 und 2 Esra, wurden von der katholischen und den orthodoxen Kirchen mit in den Kanon aufgenommen, aber nicht von den Juden und auch nicht allgemein von den Protestanten. Wieder eine andere Gruppe wird als »Pseudepigraphen« bezeichnet, darunter die Psalmen Salomos, das Buch der Jubiläen und das Henochbuch. Obwohl auch diese Bücher nicht in den Kanon des Alten Testaments aufgenommen wurden, beeinflussten sie doch weiterhin die Entwicklung der christlichen Spiritualität.

Juden studieren vor der Westmauer des Tempels in Jerusalem Torarollen.

Das *Schema*, das Anfangswort von »Höre, o Israel« (Deuteronomium 6,4–9) wurde zusammen mit Deuteronomium 11,13–21 und Numeri 15,37–41 täglich zweimal rezitiert. Später sollten dreimal täglich bestimmte Gebete (die *tefillah*) gesprochen werden, die vielleicht mit dem Priestersegen aus Numeri 6,24–26 (siehe Kasten S. 17) schlossen. Diese Gebetsgewohnheiten dienten vor allem dem Lobpreis Gottes (»Gepriesen sei der Herr«, Psalm 89,53 u. 119,12; Exodus 18,10) oder dem Dank an Gott (Psalm 30,13; 105,1; 106,1). Gebete und Lobpreisungen waren vor allem vor und nach den Mahlzeiten wichtig.

Im Mittelpunkt der meisten Handlungen in der Synagoge stand das Studium und Auslegen der Heiligen Schriften, wie es etwa aus der Synagoge von Beröa geschildert wird (Apostelgeschichte 17,10–11). Aus dem Gesetz (siehe Kasten S. 18) las man am Sabbat und an bestimmten anderen Tagen, etwa am Montag und Donnerstag, die Markttage waren, an denen die Leute in der Stadt weilten. Es entwickelte sich auch der Brauch, sowohl aus den Propheten als auch aus dem Gesetz vorzulesen. An solche Lesungen konnte sich eine Auslegung anschließen, wie sie in der Szene beschrieben wird, als Jesus in der Synagoge von Nazareth aus Jesaja vorgelesen hatte (Lukas 4,16–30; vgl. auch Apg 13,15). Es ist unklar, ob diese Lesungen zur Zeit Jesu einem bestimmten System folgten, denn Lektionare mit Bibeltexten zum regelmäßigen Vorlesen kamen erst später auf.

Jesus

Das Zeugnis der Evangelien

Wie können wir etwas über das Gebetsleben Jesu und seine Spiritualität erfahren? Anders als die meisten Menschen, denen wir im Lauf dieses Buches begegnen werden, schrieb er selbst nichts, das wir heute studieren und analysieren könnten. Selbst die Evangelien, die Hauptquellen unseres Wissens über Jesus, sind nicht primär darauf angelegt, uns etwas über sein spirituelles Leben mitzuteilen. Sie enthalten vielmehr viele verschiedene

Geschichten über alles, was er im Umherwandern tat und sagte. Lukas spricht davon ausdrücklich, wenn er schreibt, »im ersten Buch«, das heißt, in seinem Evangelium, habe er »über alles berichtet, was Jesus getan und gelehrt hat« (Apostelgeschichte 1,1). Johannes berichtet, sie hätten über viel zu viel Material verfügt, um alles wiedergeben zu können, weshalb er beim Schreiben seines Evangeliums eine Auswahl getroffen habe (siehe Joh 20,30–31 und 21,25).

Das ist typisch für die biographischen Schriften der Antike über einzelne Persönlichkeiten. Bei heutigen Biographien wird versucht, das Gesamt des Lebens des Betreffenden darzustellen und man schildert bis in alle Einzelheiten genau sein Aufwachsen, seinen Charakter und seine Tätigkeiten. Griechisch-römische »Leben« waren viel kürzer; sie umfassten rund 10 000 bis 20 000 Wörter. Nur so viel ist auf einer alten Schriftrolle unterzubringen, und das dauerte beim lauten Vorlesen oder sogar Aufführen ein bis zwei Stunden. Mit diesen Berichten versuchte man den betreffenden Menschen und seine Taten und Worte zu deuten, seinen Charakter zu schildern und schließlich, als Höhepunkt, zu zeigen, wie die Art, auf die er gestorben war, einen passenden Abschluss für sein Leben dargestellt hatte.

Genau das Gleiche gilt auch für die Evangelien. Auch sie liefern, jedes auf seine Art, Berichte über die Taten und Worte Jesu und schildern, wie sein Wirken schließlich zu seinem Tod am Kreuz und seiner Auferstehung führt. So beschreibt Matthäus Jesus als den Lehrer Israels und komponiert sein Evangelium um fünf große Predigten oder Lehrreden Jesu (Mt 5–7, 10, 13, 18, 23–25), in die Geschichten über das Heilungswirken und andere Tätigkeiten Jesu eingestreut sind. Markus konzentriert sich stärker auf die Taten Jesu, vor allem auf seine Wunderheilungen und das Austreiben böser Geister aus den Menschen, und zeigt ihn, wie er zielstrebig seinem eigenen Leiden am Kreuz entgegengeht. Lukas legt sein Evangelium eher geografisch an: Bei ihm beginnt Jesus sein öffentliches Wirken zunächst in Galiläa (Lk 4,1–9,50), wandert dann in Richtung Süden das Jordantal hinunter (9,51–19,27) und erreicht schließlich den Höhepunkt in seiner letzten Woche in Jerusalem (19,28–24,53); unterwegs entfaltet sich seine Lehre in Gesprächen und Diskussionen mit Menschen, denen er begegnet, wobei er sich besonders den Armen und Randgruppen zuwendet. Johannes verwebt kunstvoll die Wunder-»Zeichen« Jesu mit ausführlichen Abhandlungen über deren Bedeutung: So führt etwa die Vermehrung der Brote und Fische zum Gespräch darüber, dass Jesus »das Brot des Lebens« sei (Joh 6,1–14.25–58), und als »das Licht der Welt« schenkt er einem Blinden das Augenlicht wieder (9,1–41). Bei all dem ist Jesus immer absolut Herr der Lage, denn er ist der, der »im Anfang« bei Gott war, jedoch »unter uns gewohnt« hat (1,1–14) und in seinem Leiden am Kreuz verherrlicht wird, weil damit alles »vollbracht« ist (12,23; 19,30), so dass er wieder auferstehen kann, um als »mein Herr und mein Gott« (20,28) angebetet zu werden.

So sind die Evangelien also nicht spezifisch darauf angelegt, uns etwas über Jesu Gebet, Gottesdienst und Spiritualität mitzuteilen. Wir müssen stattdessen die Eigenart dieser Form von Biografien berücksichtigen, wenn wir uns in ihnen seine Taten und Worte ansehen. Wenn man jedoch auf dem Hintergrund der gesamten Geschichte seines öffentlichen Wirkens, Sterbens und Auferstehens sein Beispiel des Betens und seine Lehren zu diesem Thema genauer beleuchtet, entdeckt man eine ungemein reiche Quelle, die für immer die Art, wie Menschen Gott verehren, verändert hat. Sie hat durch alle Jahrhunderte hindurch und auf der ganzen Welt bis heute Millionen von Menschen inspiriert und tut das weiterhin.

Die Geschichte Jesu – seine Taten

Es ist Lukas, der seinen Bericht über Jesus organisch in einen Kontext von Gebet, Lobpreis und Gottesdienst einfügt. Die Eröffnungsszenen seines Evangeliums erinnern stark an Geschichten aus dem Alten Testament. So beginnt er mit einem Priester, Zacharias, der vor Gott im Tempel Dienst tut und dort von einem Engel die frohe Botschaft erhält, er und seine Frau würden einen Sohn bekommen, der Jesus den Weg bereiten werde (Lk 1,8–23). Nach der Geburt Jesu werden wir wieder in den Tempel zurückgeführt, wo Maria und Josef ihn dem Herrn darstellen und die Alten Simeon und Hanna erkennen, wer Jesus ist (2,22–38). Der ganze Eröffnungsabschnitt von Lukas ist voller Lobpreis Gottes, angefangen mit der Begegnung von Maria mit Elisabeth (1,39–56) und dem spontanen Ausbruch des Zacharias bei der Geburt Johannes des Täufers (1,57–80) und dem Gesang der Engel und der Freude der Hirten über die Geburt Jesu (2,8–20) bis zu den Prophezeiungen von Simeon und Hanna (2,25–38). Damit wurden der Kirche drei große Hymnen beschert, die in vielen Gottesdiensten und Liturgien eine wichtige Rolle spielten: das *Magnificat* (1,46–55), das *Benedictus* (1,68–79) und das *Nunc dimittis* (2,29–32). Doch findet sich dieses Thema auch in der Erzählung des Matthäus über die Ankunft der Weisen, die das Jesuskind mit »sehr großer Freude« anbeteten (2,10–11), während Johannes auf den jüdischen Gottesdienst im Bundeszelt anspielt, wenn er ver-

Taufe Jesu durch Johannes den Täufer. Mosaik in der Taufkapelle in Ravenna in Italien von ca. 440/450.

kündet: »Und das Wort ist Fleisch geworden und hat
unter uns gewohnt (wörtlich: »gezeltet«)« (1,14).

In den Biografien der Antike war es üblich, die
»verborgenen Jahre« des Lebens einer Persönlichkeit vor ihrem öffentlichen Auftreten nicht zu
beschreiben, mit Ausnahme einer besonderen Ein-
zelgeschichte aus ihrer Kindheit, die bereits vor-
wegnahm, was sie im Erwachsenenleben sein
würde. So erzählt uns Lukas vom zwölfjährigen
Jesus, der im Tempel blieb und dieses Verhalten mit
dem Spruch erklärte: »Wusstet ihr nicht, dass ich in
dem sein muss, was meinem Vater gehört?« (Lk
41–51).

Alle Evangelien überspringen dann viele Jahre
bis zum Auftreten Johannes des Täufers. Dieser
erinnert spontan an die Propheten, sowohl in seiner
grundsätzlichen Erscheinung als auch mit seiner
Predigt. Johannes ruft Israel zur Buße auf; es soll
sich als Gottes Volk erneuern und er bietet ihm
dazu die Taufe zur Vergebung der Sünden an. Auch
Jesus lässt sich von Johannes taufen, um sich ganz
mit den Menschen auf eine Ebene zu stellen. Doch
wird das für ihn zugleich zum Augenblick der
Offenbarung. Er vernimmt vom Himmel her: »Du
bist mein geliebter Sohn« (Markus 1,11). Das führt,
wie es oft bei solchen besonderen spirituellen
Erfahrungen der Fall ist, zur Versuchung, diese
Offenbarung, etwas Besonderes zu sein, falsch aus-
zunützen: »Wenn du Gottes Sohn bist…« (Mt
4,1–11; Lk 4,1–13). Die gleiche Offenbarung, Gottes
»geliebter Sohn« zu sein, wiederholt sich noch einmal bei der Verklärung Jesu (Mk 9,2–8).

Alle vier Evangelien schildern, dass sich ein
Großteil des öffentlichen Wirkens Jesu im Zusammenhang mit dem Gottesdienst abgespielt habe,
denn Jesus zog umher, »lehrte in den Synagogen
und verkündete das Evangelium vom Reich Gottes«
(Mt 4,23). Genauso finden viele seiner Wunder in
der Synagoge statt: In der Synagoge heilt er zum
Beispiel den Mann mit einem unreinen Geist (Mk
1,23), den Mann mit einer verdorrten Hand (Mk
3,1) oder die Frau mit dem verkrümmten Rücken
(Lk 13,10–17). Damit diese Heilungen und Exorzis-
men zustande kommen, bedarf es des Gebets (Mk
9,29).

Das Herzstück der ganzen Lehre und Tätigkeit
Jesu war die Botschaft: »Das Reich Gottes ist nahe«
(Mk 1,15). Die beherrschende Vorstellung hinter
der Spiritualität Jesu war, dass alles Gott, »dem

Byzantinisches Triptychon aus Elfenbein aus dem 10. Jh.
Bei dem Gekreuzigten stehen seine Mutter Maria und der
Apostel Johannes.

König der Herrlichkeit« (Psalm 24,7–10) gehöre, so
dass wir verkünden müssen: »Dein Gott ist König«
(Jesaja 52,7), bis seine Hoheit »über die ganze
Erde« (Sacharja 14,9) anerkannt werde. So steht im
Mittelpunkt der Predigt Jesu die Ausrufung der
Königsherrschaft Gottes und seine Lehre ist ein
gutes Stück weit in die Form von Gleichnissen über
dieses Königreich gekleidet (Mt 13; Mk 4). Selbst
seine Dämonenaustreibungen sind ein Zeichen
dafür, dass »das Reich Gottes schon zu euch gekommen« ist (Lk 11,20), weshalb Jesus zur Buße aufruft
(Mt 11,20–24). Diese Buße besteht darin, die
Gebote zu halten (Mt 19,17), aber Jesus stellt
Gerechtigkeit und Erbarmen höher als die
Ansprüche der Religion. So ist er bereit, am Sabbat
Ähren zu pflücken und Kranke zu heilen (Mk
2,23–3,6). Auch sonst scheut er sich nicht, religiöse
Traditionen in Frage zu stellen, wenn sie den Menschen das Leben erschweren (Mk 7,1–13). Wichtiger als alles andere, selbst als das Ritual- und Opfer-
system, sind die beiden großen Gebote, Gott zu
lieben und den Nächsten zu lieben (Mk 12,28–34).
Dies zu verkünden, ist nicht nur die Sendung Jesu,
sondern er sendet auch seine Jünger aus, um das
Gleiche zu lehren, zu predigen und zu tun (Mt 10).

Am Ende seines öffentlichen Wirkens kommt er

Einige der Gebete Jesu

Ich preise dich, Vater, Herr der Himmels und der Erde, weil du all das den Weisen und Klugen verborgen, den Unmündigen aber offenbart hast. Ja, Vater, so hat es dir gefallen. Mir ist von meinem Vater alles übergeben worden; niemand kennt den Sohn, nur der Vater, und niemand kennt den Vater, nur der Sohn und der, dem es der Sohn offenbaren will.

(Matthäus 11,25–27)

Da nahmen sie den Stein weg. Jesus aber erhob seine Augen und sprach: Vater, ich danke dir, dass du mich erhört hast. Ich wusste, dass du mich immer erhörst; aber wegen der Menge, die um mich herum steht, habe ich es gesagt; denn sie sollen glauben, dass du mich gesandt hast. Nachdem er dies gesagt hatte, rief er mit lauter Stimme: Lazarus, komm heraus!

(Johannes 11,41–43)

Simon, Simon … Ich habe für dich gebetet, dass dein Glaube nicht erlischt. Und wenn du dich wieder bekehrt hast, dann stärke deine Brüder.

(Lukas 22,31–32)

Vater, die Stunde ist da. Verherrliche deinen Sohn, damit der Sohn dich verherrlicht … Heiliger Vater, bewahre sie in deinem Namen … damit sie eins sind wie wir … Vater, ich will, dass alle, die du mir gegeben hast, dort bei mir sind, wo ich bin.

(Johannes 17,1.11.24, aus dem »Hohepriesterlichen Gebet« Jesu)

Abba, Vater, alles ist dir möglich. Nimm diesen Kelch von mir! Aber nicht, was ich will, sondern was du willst (soll geschehen).

(Markus 14,36)

Vater, vergib ihnen, denn sie wissen nicht, was sie tun.

(Lukas 23,34)

Mein Gott, mein Gott, warum hast du mich verlassen?

(Markus 15,34; Psalm 22,2)

Jesus rief laut: Vater, in deine Hände lege ich meinen Geist. Nach diesen Worten hauchte er den Geist aus.

(Lukas 23,46)

Jesus betet im Garten von Gethsemane: Die Todesangst im Garten von Ambrogio Bergognone (um 1501).

für seine letzte Woche nach Jerusalem. Sie beginnt mit seinem Protest im Tempel, dieser solle »ein Haus des Gebets für alle Völker« sein, nicht »eine Räuberhöhle« (Mk 11,17). Die ganze Woche lehrt er weiter im Tempel, erzählt Gleichnisse wie das von den bösen Winzern (Mk 12,1–12) und spricht von der richtigen Art des Gottesdienstes (»Gebt dem Kaiser, was dem Kaiser gehört, und Gott, was Gott gehört!«, Mk 12,17) und den Geboten (Mk 12,28–34). So wundert es nicht, dass Jesus im Bericht des Johannes über sein Verhör sagt: »Ich habe immer in der Synagoge und im Tempel gelehrt, wo alle Juden zusammenkommen« (Joh 18,20).

In den Biografien der Antike war es üblich, den Tod eines Menschen so darzustellen, dass er noch einmal seine Lebensart spiegelte. So schildert Lukas, wie Jesus sogar bei seiner Kreuzigung noch betet und um Vergebung für die Soldaten und den reuigen Schächer bittet (Lk 23,34–43). Er stirbt, wie er gelebt hat, mit einem schlichten Gebet der Hingabe: »Vater, in deine Hände lege ich meinen Geist« (Lk 23,46), das aus einem Psalm stammt, der oft beim jüdischen Nachtgebet verwendet wurde (Psalm 31,6).

Dieses Thema des Gebets und Gottesdienstes setzt sich bis in die Zeit nach seiner Auferstehung fort: Die Jünger fallen auf dem Berg vor Jesus nieder und beten ihn an (Mt 28,17), und genauso verhält sich Thomas (Joh 20,28). Lukas beschließt sein Evangelium dort, wo er es angefangen hat: wieder im Tempel, wo die Jünger »immer waren und Gott priesen« (Lk 24,53).

Das Beispiel Jesu für das Gebet

Während Lukas mit seinem Evangelium in der spirituellen Atmosphäre des Tempels beginnt, fängt Markus mit lebhafter Tätigkeit an. Nach wenigen einleitenden Versen geht es sofort mit Johannes dem Täufer, der Taufe und der Versuchung Jesu los. Dann beginnt Jesus geradezu fieberhaft sein öffentliches Wirken, beruft seine ersten Jünger, lehrt in der Synagoge, treibt einen unreinen Geist aus, heilt die Schwiegermutter des Petrus und macht in der Gegend alle Kranken und Besessenen gesund. Dann

folgt ein ganz wichtiger kurzer Vers: »In aller Frühe, als es noch ganz dunkel war, stand er auf und ging an einen einsamen Ort, um zu beten« (Mk 1,35). Das liefert uns einen Schlüssel für den persönlichen Rhythmus von Gebet und Aktivität Jesu. Der Dienst an Menschen ist sehr kräftezehrend. Als eine blutflüssige Frau Jesus berührt, spürt Jesus, »dass eine Kraft von ihm ausströmte, und er wandte sich in dem Gedränge um und fragte: Wer hat mein Gewand berührt?« (Mk 5,30). Jesus brauchte regelmäßig die Möglichkeit, sich ins Alleinsein zum Gebet zurückzuziehen, um dann wieder hinauszugehen und lehren, predigen und heilen zu können. Ähnlich war es nach Ereignissen wie der Speisung der Fünftausend: Er schickte die Leute nach Hause und »stieg auf einen Berg, um in der Einsamkeit zu beten. Spät am Abend war er immer noch allein auf dem Berg« (Mt 14,23). Die gleiche Gewohnheit brachte er seinen Jüngern bei, als sie von ihrer ersten Missionstätigkeit zurückkamen und ihm alles berichteten, »was sie getan und gelehrt hatten.« Er sagte zu ihnen: »Kommt mit an einen einsamen Ort, wo wir allein sind, und ruht ein wenig aus. Denn sie fanden nicht einmal Zeit zum Essen, so zahlreich waren die Leute, die kamen und gingen« (Mk 6,31).

Lukas zeigt besonders deutlich, wie sich Jesus bei jedem wichtigen Ereignis seines öffentlichen Wirkens an diese regelmäßige Verbindung von Gebet und Tätigkeit hält. Alles Wichtige geschieht, wenn er betet!

Zusammen mit dem ganzen Volk ließ auch Jesus sich taufen. Und während er betete, öffnete sich der Himmel (3,21).

Die Menschen strömten von überall herbei. Sie alle wollten ihn hören und von ihren Krankheiten geheilt werden. Doch er zog sich an einen einsamen Ort zurück, um zu beten (5,15–16).

In diesen Tagen ging er auf einen Berg, um zu beten. Und er verbrachte die ganze Nacht im Gebet zu Gott. Als es Tag wurde, rief er seine Jünger zu sich und wählte aus ihnen zwölf aus (6,12–13).

Jesus betete einmal in der Einsamkeit, und die Jünger waren bei ihm. Da fragte er sie: Für wen halten mich die Leute? (9,18).

Jesus nahm Petrus, Johannes und Jakobus beiseite und stieg mit ihnen auf einen Berg, um zu beten. Und während er betete, veränderte sich das Aussehen seines Gesichtes, und sein Gewand wurde leuchtend weiß (9,28–29).

Kein Wunder, dass sein Beispiel die anderen anregte, es ihm nachzutun: »Jesus betete einmal an einem Ort; und als er das Gebet beendet hatte, sagte einer seiner Jünger zu ihm: Herr, lehre uns beten!« (11,1).

Die Lehre Jesu – seine Worte

Lukas erzählt von Jesus bereits als Zwölfjährigem, er habe im Tempel von »dem, was seinem Vater gehört« gesprochen (2,49). Jesus war es eigen, Gott als Abba, »Vater« anzusprechen. So wundert es nicht, dass auch seine Lehre über das Gebet nicht aus einer theoretischen Abhandlung, sondern aus

einem Gebet an »Unseren Vater« besteht. Bei Matthäus leitet er es zu Anfang seiner Bergpredigt mit den Worten ein: »So sollt ihr beten«, während Lukas erzählt, Jesus habe seine Jünger dieses Gebet gelehrt, weil sie ihn beim Gebet gesehen und ihn gebeten hätten, auch sie darin zu unterweisen (Mt 6,9–13; Lk 11,1–4).

Unser Vater im Himmel,
dein Name werde geheiligt,
dein Reich komme,
dein Wille geschehe,
wie im Himmel, so auf der Erde.
Gib uns heute das Brot, das wir brauchen.
Und erlass uns unsere Schulden,
wie auch wir sie unseren Schuldnern erlassen
haben.
Und führe uns nicht in Versuchung,
sondern rette uns vor dem Bösen.
(Matthäus 6,9–13)

Wie die gesamte Lehre Jesu beruht auch das »Gebet des Herrn« auf der Vaterschaft Gottes. Sowohl im Matthäus- wie im Lukasevangelium folgt auf dieses Gebet ziemlich bald ein Abschnitt mit der Lehre Jesu über die Güte Gottes, dem es Freude mache, unsere Gebete zu erhören. »Denn wer bittet, der empfängt; wer sucht, der findet; und wer anklopft, dem wird geöffnet. Oder ist unter euch ein Vater, der seinem Sohn eine Schlange gibt, wenn er um einen Fisch bittet, oder einen Skorpion, wenn er um ein Ei bittet? Wenn nun schon ihr, die ihr böse seid, euren Kindern gebt, was gut ist, wie viel mehr wird der Vater im Himmel den Heiligen Geist denen geben, die ihn bitten« (Lk 11,10–13; vgl. Mt 7,7–11).

Die ersten drei Bitten betreffen Gott: dass sein Name geheiligt werde, sein Reich komme und sein Wille geschehe. Diese Themen gehören zum innersten Kern der Lehre Jesu und erinnern daran, dass wir im Gebet wie auch überall sonst zuerst Gott und sein Reich suchen sollen (Mt 6,33). Erst nachdem man sich so auf Gott konzentriert und sein Vertrauen ganz auf ihn als Vater gesetzt hat, kann man die zweite Reihe von drei Bitten sprechen, die sich auf unsere eigenen täglichen Bedürfnisse beziehen: Brot, Vergebung und Schutz.

■ Das Wort *epiousios* in der Bitte um das Brot wird gewöhnlich mit »täglich« übersetzt, enthält aber genau genommen die gleiche Mischung aus Zukunft und Vergangenheit wie die ganze übrige Lehre Jesu: Es handelt sich um die Bitte, uns bereits hier und jetzt das Brot der künftigen Gottesherrschaft zu schenken, also um den Ausdruck einer praktischen Sorge in einer hungrigen Welt.

■ Das Gebet um Erlass unserer eigenen Schulden ist daran geknüpft, dass auch wir anderen ihre Schulden erlassen. Das gesamte Wirken Jesu war geprägt vom Vergeben der »Sünden« und Annehmen der »Sünder«, und seine Jünger müssen das Gleiche tun. In der Bergpredigt wird Gottes Vergebung unserer Verfehlungen an die Voraussetzung geknüpft, dass auch wir den anderen ihre Verfehlungen vergeben und wir werden vor den schlimmen Folgen gewarnt, wenn wir nicht zur

Gegenüber: Das Gleichnis vom Pharisäer und Zöllner im Tempel. Mosaik aus dem 6. Jh. in San Apollinare Nuovo in Ravenna, Italien.

Vergebung bereit sind (Mt 6,14–15). Das Gleiche wird später noch einmal mit dem Gleichnis vom unbarmherzigen Gläubiger eingeschärft (Mt 18,21–35) sowie von der direkten Lehre Jesu über Gebet und Vergebung in Markus 11,25. Diese Einstellung muss sich sogar bis zum Gebet für die Feinde ausweiten: »Liebt eure Feinde und betet für die, die euch verfolgen« (Mt 5,44; Lk 6,27–28).

■ Schließlich beten wir, wir möchten nicht in *peirasmos* geführt werden, in eine Zeit der »Versuchung« oder »Prüfung«. Auch hier finden wir wieder die Mischung aus Zukunft und Vergangenheit: Auf einer Ebene kann es die Versuchung ganz allgemein bedeuten (das ist die herkömmliche Übersetzung); zugleich wird das Wort aber auch zur Bezeichnung der »Zeit der Prüfung« unmittelbar vor dem katastrophalen Ende aller Dinge verwendet. An einer anderen Stelle sagt Jesus zu seinen Jüngern, sie sollten um Mut für das »Ende« beten, damit sie jener Tag nicht plötzlich unvorbereitet überrasche (Lk 21,36) oder sie »nicht im Winter oder an einem Sabbat fliehen« müssten (Mt 24,20).

Die Bergpredigt enthält ferner einige allgemeine Anweisungen für das Gebet. Wir sollten zu unserem Vater »im Verborgenen« beten. Genau wie das Almosengeben sollte auch das Gebet nicht prahlerisch zur Schau gestellt werden; außerdem bedürfe es dazu nicht langer Wiederholungen und »vieler Worte« (Mt 6,1–7; vgl. auch Mk 12,40). Wieder geht es darum, dass wir uns nicht auf unsere eigenen Worte verlassen, sondern auf die Liebe des Vaters, »denn euer Vater weiß, was ihr braucht, noch ehe ihr ihn bittet« (Mt 6,8).

Dass Lukas besonderen Wert auf das Gebet legt, zeigt sich auch daran, dass er drei Gleichnisse über das Gebet bringt, die nur in seinem Evangelium stehen. Das erste, über »den Freund um Mitternacht«, folgt direkt auf das Gebet des Herrn. Darin wird der Beter mit jemandem verglichen, der bei einem Nachbarn an die Tür pocht und ihn um Brot bittet. Der ist zunächst ungehalten, aber »wenn er schon nicht deswegen aufsteht und ihm seine Bitte erfüllt, weil er sein Freund ist, so wird er doch wegen seiner Zudringlichkeit aufstehen und ihm geben, was er braucht« (Lk 11,5–8). Ähnlich geht es mit einem »Richter, der Gott nicht fürchtete und auf keinen Menschen Rücksicht nahm«, aber schließlich einer

Witwe gegenüber nachgab, »die immer wieder zu ihm kam und sagte: Verschaff mir Recht gegen meinen Feind!« Der Richter erfüllte ihre Bitte zwar nur mürrisch, aber er tat es. Wie ganz anders wird dann erst Gott seine Auserwählten erhören, wenn sie zu ihm beten (Lk 18,1–8). Schließlich zeigt das Gleichnis vom Pharisäer und Zöllner, die beide im Tempel beten, wie im Reich Gottes die Rangverhältnisse auf den Kopf gestellt werden, »denn wer sich selbst erhöht, wird erniedrigt, wer sich aber selbst erniedrigt, wird erhöht werden.« Der gewissenhaft fromme Mensch mag versuchen, sich auf seine Gebete, Fasten und Almosen zu verlassen, doch Gott als liebendem Vater genügt das einfache Gebet: »Gott, sei mir Sünder gnädig!«, um es zu erhören (Lk 18,9–14).

Das so genannte »Jesus-Gebet«, meistens mit der Anrufung: »Herr Jesus Christus, Sohn des lebendigen Gottes, sei mir armem Sünder gnädig«, beruht auf verschiedenen Bittrufen Blinder an Jesus

Texte himmlischer Liturgie

Würdig ist das Lamm, das geschlachtet wurde, Macht zu empfangen, Reichtum und Weisheit, Kraft und Ehre, Herrlichkeit und Lob

Und alle Geschöpfe im Himmel und auf der Erde, unter der Erde und auf dem Meer, alles, was in der Welt ist, hörte ich sprechen:

Ihm, der auf dem Thron sitzt, und dem Lamm gebühren Lob und Ehre und Herrlichkeit und Kraft in alle Ewigkeit.
(Offenbarung 5,12–13)

Christen der Frühkirche bei einem eucharistischen Mahl. Fresko in den Calixtus-Katakomben in Rom aus dem 3. Jh.

Paulus betet für die Epheser

Ich höre nicht auf, für euch zu danken, wenn ich in meinen Gebeten an euch denke; denn ich habe von eurem Glauben an Jesus, den Herrn, und von eurer Liebe zu allen Heiligen gehört. Der Gott Jesu Christi, unseres Herrn, der Vater der Herrlichkeit, gebe euch den Geist der Weisheit und Offenbarung, damit ihr ihn erkennt. Er erleuchte die Augen eures Herzens, damit ihr versteht, zu welcher Hoffnung ihr durch ihn berufen seid, welchen Reichtum die Herrlichkeit seines Erbes den Heiligen schenkt und wie überragend groß seine Macht sich an uns, den Gläubigen, erweist durch das Wirken seiner Kraft und Stärke. Er hat sie an Christus erwiesen, den er von den Toten auferweckt und im Himmel auf den Platz zu seiner Rechten erhoben hat, hoch über alle Fürsten und Gewalten, Mächte und Herrschaften und über jeden Namen, der nicht nur in dieser Welt, sondern auch in der zukünftigen genannt wird. Alles hat er ihm zu Füßen gelegt und ihn, der als Haupt alles überragt, über die Kirche gesetzt. Sie ist sein Leib und wird von ihm erfüllt, der das All ganz und gar beherrscht.

(Epheser 1,15–23)

Darum beuge ich meine Knie vor dem Vater, nach dessen Namen jedes Geschlecht im Himmel und auf der Erde benannt wird, und bitte, er möge euch aufgrund des Reichtums seiner Herrlichkeit schenken, dass ihr in eurem Innern durch seinen Geist an Kraft und Stärke zunehmt. Durch den Glauben wohne Christus in eurem Herzen. In der Liebe verwurzelt und auf sie gegründet, sollt ihr zusammen mit allen Heiligen dazu fähig sein, die Länge und Breite, die Höhe und Tiefe zu ermessen und die Liebe Christi zu verstehen, die alle Erkenntnis übersteigt. So werdet ihr mehr und mehr von der ganzen Fülle Gottes erfüllt. Er aber, der durch die Macht, die in uns wirkt, unendlich viel mehr tun kann, als wir erbitten oder uns ausdenken können, er werde verherrlicht durch die Kirche und durch Christus Jesus in allen Generationen, für ewige Zeiten. Amen.

(Epheser 3,14–21)

Oben: Die Apostel Petrus und Paulus. Steintafel vom Grab eines Kindes in Rom, ca. 313.

(Mt 9,27; 20,30; Mk 10,47; Lk 18,38), der kanaanitischen Frau (Mt 15,22) und einiger Aussätziger (Lk 17,13). Es lehnt sich auch an das Gebet des Zöllners im Gleichnis an (Lk 18,13). In der orthodoxen Spiritualität spielte es viele Jahrhunderte lang eine wichtige Rolle, ist aber heute quer durch viele Traditionen weit verbreitet (siehe Kapitel 4, S. 135, 137 u. 148).

Die Lehre Jesu über das Gebet muss man grundsätzlich im Zusammenhang damit sehen, dass er hervorhebt, Gott sei unser Vater. Er fordert auf, in das Gebet seinen ganzen Glauben und sein Vertrauen zu setzen, denn das reiche aus, um sogar Berge zu versetzen (Mk 11,23–24; Mt 21,21–22). Allerdings ist das Gebet keine Art Münzautomat, in den man nur genügend Glauben einwerfen müsste, um von Gott alles nur Erdenkliche zu bekommen, ja zu erzwingen, sondern die Liebe Gottes ist von der Art, dass er als »Vater weiß, was ihr braucht, noch ehe ihr ihn bittet« (Mt 6,8). Er freut sich am Gebet seiner Kinder. »Bittet, und ihr werdet empfangen, damit eure Freude vollkommen ist« (Joh 16,24).

Die Kirche des Neuen Testaments

Es ist schwierig, mit Sicherheit genau die Gewohnheiten in Gottesdienst, Gebet und Spiritualität der Juden zur Zeit Jesu herauszufinden; das gleiche gilt auch für die frühen Christen. In beiden Fällen besteht die Gefahr, die Praktiken und die Spiritualität späterer Zeiten in das erste Jahrhundert »zurück zu projizieren«. Jedenfalls werden die frühen Christen zweifellos stark sowohl von ihrem jüdischen Erbe als auch von Jesu eigener Spiritualität beeinflusst gewesen sein, als sie darauf zu antworten versuchten, was Gott an Jesus gewirkt hatte.

In der Apostelgeschichte werden sie als ständig »einmütig im Gebet« im Gebet versammelt beschrieben (1,14) und als Menschen, die Tag und Nacht an so unterschiedlichen Orten wie einem Gefängnis oder einem Ufer beteten (16,25; 21,5).

Petrus und Johannes gehen um die neunte Stunde (nachmittags) zum Gebet in den Tempel hinauf, und um diese Zeit betet auch Kornelius (3,1; 10,3.30). Auch von Paulus wird beschrieben, wie er in den Tempel geht und sich dort sogar an Gelübden und Opfergaben beteiligt (21,23–27; 22,17). Zur selben Zeit standen andere Christen wie etwa Stephanus in der prophetischen Tradition der Kritik am Tempel und erinnerten an die von Jesus ausgesprochenen Warnungen, er werde bald zerstört werden (Mk 13; Apg 7,47–49).

Die Apostelgeschichte schildert ferner, wie Paulus rund ums Mittelmeer immer geradewegs in die Synagogen ging, um sich dort an den Gesprächen über die Heiligen Schriften zu beteiligen und sie auf Jesus hin auszulegen (Apg 9,20; 13,5.14–43; 17,1–3; 18,4). Die Ordnung des Synagogengottesdienstes mit seinen Gebeten und Schriftlesungen wird viel zur Form der frühkirchlichen Versammlungen beigetragen haben. In der jüdischen wie griechisch-römischen Kultur gehörten auch zu den Mählern und sozialen Zusammenkünften Gebete und Segnungen und es schlossen sich daran oft öffentliche Lesungen an, was ebenfalls die ersten christlichen Zusammenkünfte beeinflusst haben dürfte. Lukas führt an, dass zu ihnen vier Elemente gehörten: die Lehre der Apostel, die Gemeinschaft, das Brechen des Brotes und Gebete (Apg 2,42). Paulus beschreibt zudem, wie sie zur Feier des »Herrenmahls« zusammenkamen (1 Kor 11,20) und weist sie an, »immer am ersten Tag der Woche« etwas Erspartes zu spenden (1 Kor 16,2). Johannes schreibt, ihm sei die Offenbarung vom Gottesdienst um Gottes himmlischen Thron her zuteil geworden, als er »am Tag des Herrn vom Geist ergriffen« worden sei (Offb 1,9–10; siehe auch Kasten S. 29). Andere Schriftsteller mahnen ihre Leser, zu den Zusammenkünften zu kommen, um »Opfer des Lobes« und »geistige Opfer« darzubringen (Hebräer 10,25; 13,15; 1 Petrus 2,5). Sie sollen dabei »Psalmen, Hymnen und Lieder, wie der Geist sie eingibt, erklingen« lassen (Epheser 5,19); bei manchen Zitaten in den Briefen dürfte es sich um Texte dieser Gesänge handeln (zum Beispiel Philipper 2,6–11; Kolosser 1,15–20; Hebräer 1,3; 1 Timotheus 3,16; 1 Petrus 3,18–22).

Die Briefe enthalten auch genauere Anweisungen für die Zusammenkünfte und den Gottesdienst. Die ausführlichste Abhandlung findet sich in 1 Korinther 10–14. Zunächst warnt Paulus die Korinther

Die Spiritualität inspiriert die Glaubenslehre

Die christliche Spiritualität beruht auf den beiden Kernlehren von der Dreifaltigkeit und der Inkarnation, der Menschwerdung Gottes. Mit den Lehren von Gott als dem Dreieinen und Jesus als dem Gottmenschen hat die Theologie sehr komplexe, letztlich sich ins Geheimnis entziehende Wirklichkeiten zu fassen versucht. Die Frühkirche brauchte mehrere Jahrhunderte der Diskussion und Lehrstreitigkeiten dazu, bis sie diesen Überzeugungen ihren klassischen Ausdruck in den offiziellen Glaubensbekenntnissen verlieh, über die jedoch die Theologen und Gelehrten weiterhin bis heute diskutieren. Die ersten Anhänger Jesu glaubten als Juden nur an einen Gott. Aber dennoch hatten sie erfahren, dass für sie der Gott Israels in Jesus wirklich und persönlich erschienen war, und diese Überzeugung wurde nach seinem Tod und seiner Auferstehung sogar noch bestärkt. So erlebte die Frühkirche, dass sein Wort stimmte: »Wo zwei oder drei in meinem Namen versammelt sind, da bin ich mitten unter ihnen« (Mt 18,20).

Schon sehr früh riefen sie Jesus mit der aramäischen, bislang ganz Gott vorbehaltenen Anrede *Mar*, »Herr«, an, wie etwa die Anrufung *Maranatha*, »Unser Herr, komm!« (1 Kor 16,22) zeigt. Paulus geht so weit, in einer leidenschaftlichen Argumentation in Römer 9,5 von »Christus, der über allem als Gott steht«, zu sprechen. Jesus jedoch hatte seine Jünger gelehrt, zu Gott als Abba, Vater, zu sprechen. Jetzt erlebten sie in ihrem Gottesdienst, dass es der Geist Gottes war, der sie »zu Söhnen machte, der Geist, in dem wir rufen: Abba, Vater! So bezeugt der Geist selber, dass wir Kinder Gottes sind« (Röm 8,15–16). Diesen Geist Gottes erfuhren sie beim Gebet: »Der Geist nimmt sich unserer Schwachheit an … Er selber tritt für uns ein mit Seufzen, das wir nicht in Worte fassen können« (Röm 8,26). So führte diese religiöse Erfahrung Gottes als Vater, der sich in Jesus durch die Gemeinschaft des Heiligen Geistes offenbart, zu diesen zentralen christlichen Glaubensüberzeugungen. Es war die frühchristliche Spiritualität, die zu den späteren theologischen Lehraussagen führte. Das Gebet ist das Erste.

Auf seinem Bild mit den »Zwei Dreifaltigkeiten« zeigt Bartolomé Esteban Murillo (1617–1682) Jesus sowohl als Mensch wie als Gott: Er steht in der Überschneidung der irdischen Dreiergruppe der Heiligen Familie mit Maria und Josef und der himmlischen Dreifaltigkeit, die er mit Gott Vater und dem Heiligen Geist in Gestalt einer Taube bildet.

vor dem Götzendienst und spricht von der Taufe und der Kommunion. Er gibt Anweisungen für das Bedecken des Kopfes beim Gebet und Prophezeien und für die angemessene Weise, die Kommunion zu feiern. Daran schließt sich eine ausführliche Erörterung der Geistesgaben an, in die sein großer Hymnus über die Liebe eingefügt ist, denn die Liebe zueinander sollte das Verhalten der Christen beim Gottesdienst wie auch in allem anderen auszeichnen. Diese frühkirchlichen Versammlungen waren eindeutig stark von der aktiven Teilnahme aller geprägt, da die verschiedenen Menschen ganz unterschiedliche Elemente einbrachten, wie das Lesen, Hymnensingen oder eine Geistesgabe. Aus diesem Grund bemüht sich Paulus, eine gewisse Ordnung hineinzubringen, »denn Gott ist nicht ein Gott der Unordnung, sondern ein Gott des Friedens« (1 Kor 14,33). Geistesgaben sind *charismata*, Geschenke der Gnade (*charis*) Gottes. Die verschiedenen Listen, in denen sie aufgezählt werden, enthalten übernatürliche Beiträge wie das Wirken von Wundern und Sprechen in fremden Zungen, praktische Gaben wie das Dienen, Verwalten und großzügige Geben sowie auch die unterschiedlichen Formen der Leitungsdienste in der Kirche (1 Korinther 12,4–11.27–31; Römer 12,4–8; Epheser 4,1–15).

Beseelt sind diese Anweisungen von einer Spiritualität, die auf der Überzeugung beruht, alle miteinander stellten den Leib Christi dar und jeder und jede sei ein Glied dieses Leibes, der von Jesus als dem Haupt zur Einheit zusammengefügt werde. Mitglied dieses Leibes wird man durch die Taufe im Wasser, die die Vergebung der Sünden, den Empfang des Heiligen Geistes und die Teilhabe an Christi Tod und Auferstehung bewirke (siehe Apg 2,38; 10,44–48; Römer 6,2–11). Während die Taufe nur einmal empfangen werden konnte, wurde die Teilhabe immer wieder durch das »Brotbrechen« zum Gedächtnis des letzten Abendmahls Jesu mit seinen Jüngern bekräftigt, eine Feier, die ihre Elemente sowohl aus jüdischen Pascha-Traditionen als auch aus antiken Gemeinschaftsmählern des Mittelmeerraums bezog und eine echte »Kommunion« darstellen sollte (Markus 14,22–25; Apg 20,7; 27,35; 1 Kor 11,17–26). So wurzelte die frühchristliche Spiritualität in der Bruder- und Schwesternschaft, einer engen »Gemeinschaft«, verstanden als »gemeinsame Teilhabe« am Leben Gottes durch den Heiligen Geist (vgl. 2 Kor 13,13).

Bei all dem spielt das Gebet eine ganz wichtige Rolle. Paulus ermahnt seine Leser ständig, »ohne Unterlass zu beten« (1 Thessalonicher 5,17); Philipper 4,6). Zu Beginn seiner meisten Briefe sagt er, er bete für seine Leser, gewöhnlich im Rahmen einer Danksagung an Gott um ihretwillen. Umgekehrt bittet Paulus auch oft, seine Leser sollten für ihn und seine Arbeit für das Evangelium beten (Römer 15,30; 2 Korinther 1,11; Kolosser 4,3). Diese Mischung aus Gebet und Danksagung macht das Herz seiner Spiritualität aus; sie versetzt uns in den Stand, »froh zu sein«, »uns um nichts Sorgen zu machen« und den »Frieden Gottes, der alles Verstehen übersteigt«, zu erfahren (Philipper 4,4–7). Auch im Jakobusbrief wird die Wichtigkeit des Gebets betont und dazu auf das Beispiel des Elija verwiesen (1,5–6; 4,2–3; 5,16–18); außerdem wird mit Nachdruck vertreten, die Spiritualität müsse sich ganz praktisch dadurch als echt erweisen, dass man sich der Waisen und Witwen annehme, in der Kirche die Reichen nicht bevorzuge und den Arbeitern ihren gerechten Lohn bezahle (1,27; 2,1–7; 5,1–6).

Zusammenfassung

So hielt auch die Spiritualität der frühen Kirche die enge Verbindung von Gebet und praktischem Tun, persönlicher Frömmigkeit und brüderlicher Gemeinschaft, sakramentalen Handlungen und Studium der Heiligen Schrift aufrecht, wie wir sie in der jüdischen Glaubenspraxis festgestellt hatten. Als die hebräische Heilige Schrift und die Schriften des Neuen Testaments zur christlichen Bibel vereinigt wurden, bot das eine gewaltige spirituelle Quelle, die in den nachfolgenden zweitausend Jahren unzählige Christen dazu inspirierte, ihre vielen unterschiedlichen Formen des Gebets und Gottesdienstes zu entwickeln. Im Mittelpunkt von allem steht die Person Jesu von Nazareth, der durch sein Leben, Sterben und Auferstehen seine Jünger in eine neue Beziehung zu Gott dem Vater brachte und bis heute durch seinen Heiligen Geist ihr Leben und ihre Spiritualität beseelt.

1

Die frühen Kirchenväter

(1. bis 6. Jahrhundert)

John A. McGuckin

Zeittafel

100	95	*Erster Clemensbrief*
	95–100	*Der Hirt des Hermas*
	† ca. 100	Clemens von Rom
	frühes 2. Jh.	*Didache*
	frühes 2. Jh.	*Der Hirt der Menschen*
	2. Jh.	*Der Brief an Diognet*
	2. Jh.	Montanus, Prisca und Maximilla
	ca. 106–107	*schreibt Ignatius von Antiochien*
	ca. 130–200	*Irenäus von Lyon*
	ca. 150–215	Klemens von Alexandrien
	† ca. 156	Polykarp von Smyrna
	ca. 160–225	Tertullian
	† ca. 165	Justin der Märtyrer
200	ca. 185–249	Origenes von Alexandrien
	frühes 3. Jh.	*Didaskalia Apostolorum*
	frühes 3. Jh.	*Leidensgeschichte von Perpetua und Felicitas*
	frühes 3. Jh.	Hippolyt von Rom
	3. Jh.	*Das Martyrium des Polykarp*
	200–258	Cyprian von Karthago
	251–356	Antonius von Ägypten
300	ca. 296–373	Athanasius
	4. Jh.	*Codex Sinaiticus*
	4. Jh.	Eusebius
	4. Jh.	Hieronymus
	306	**Beginn der Herrschaft Konstantins d. Gr.**
	313	**Edikt von Mailand: Anerkennung des Christentums als legaler Religion**
	325	**Konzil von Nikaia**
	ca. 339–397	Ambrosius
	ca. 344–407	Johannes Chrysostomus
	ca. 348–410	Prudentius
	ca. 353–431	Paulinus (Bischof von Nola)
	354–430	Augustinus von Hippo
400	spätes 4. Jh.	Pelagius
	ca. 400	*Bekenntnisse des Augustinus*
	frühes 5. Jh.	*Codex Alexandrinus*
	410	**Plünderung Roms durch die Goten unter König Alarich**
	476	**Absetzung von Romulus Augustulus, dem letzten weströmischen Kaiser**
500	ca. 480–ca. 550	Benedikt von Nursia
	6. Jh.	Romanus der Melode
	ca. 530–ca. 610	Venantius Fortunatus
	ca. 540–604	Gregor der Große
	ca. 75–ca. 749	Johannes von Damaskus

In diesem Kapitel konzentrieren wir uns auf die wichtigsten frühchristlichen Schriften, in denen sich die Reaktionen der Kirche auf innere Kontroversen und äußere Anfeindungen niedergeschlagen haben. Die uns durch sie verfügbaren Belege sind natürlich weithin »reaktiven« Charakters und beschreiben nicht ganz angemessen das persönliche spirituelle Leben, wie es der normale Christ geführt haben wird, etwa jemand, der regelmäßig am typischen frühchristlichen Gottesdienst teilnahm und daraus seine geistliche Nahrung bezog. Die selbstverständlichen Aspekte des spirituellen Lebens schlagen sich zu allen Zeiten kaum in Texten nieder; erst in einer späteren Zeit werden sie rückblickend thematisiert. So liefert die uns erhaltene Literatur nur hie und da einen Einblick in das, was die gewöhnlichen Christen in der Frühzeit unmittelbar nach der Epoche des Neuen Testaments bewegte. Diese Epoche wird allgemein als die Zeit der »Patristik«, der »Kirchenväter« bezeichnet. Das Wort »Vater«, »Abba«, ursprünglich im frühen Mönchtum die Bezeichnung für die spirituellen Altväter, wurde auch zum Titel der Bischöfe. Lateinisch hießen sie *patres*, und so entstand das Wort »patristisch«. Es wurde schon bald zum umfassenderen *terminus technicus*: Als christliche »Kirchenväter« wurden schließlich nicht nur Bischöfe und spirituelle Leitgestalten bezeichnet, sondern alle, die eine allgemeine Anerkennung als spirituelle und theologische Autorität genossen.

Zu der Zeit, als die Christenheit von schweren Kontroversen über die Wesenszüge ihrer Identität erschüttert wurde – und diese Zeit umfasste genau genommen fast den gesamten Zeitraum ab dem Neuen Testament selbst bis zum Ende der Ära, die wir im vorliegenden Kapitel behandeln – wurde die Berufung auf die »Väter« zur Möglichkeit, die Grundzüge dessen, was den christlichen Glauben ausmachte, festzulegen und zu beschreiben. So wurde diese Berufung auf die Väter zum Richtmaß dafür, was für die christliche Tradition substanziell und was Beiwerk, schädlich oder inakzeptabel war. Letzteres wurde als »Häresie« bezeichnet.

Das Wort »Häresie« bedeutete zunächst lediglich eine legitime Meinungsverschiedenheit, jedoch die Christen begannen es in einem strengeren Sinn zur Bezeichnung von Ansichten zu verwenden, die sie für unvereinbar mit der authentischen kirchlichen Lehre hielten. Der Gegensatz zur Häresie war die

Der Hirt des Hermas (ca. 95–100)

Man findet im alten *Codex Sinaiticus* in der British Library den *Hirt des Hermas* noch mit den Büchern des Neuen Testaments zusammengebunden, jedoch verlor er seinen Platz im Kanon der Heiligen Schrift. Sein Verfasser war Hermas, ein apokalyptischer Prediger aus der frühen römischen Kirche. Dieses Werk verrät uns viel über den ernsten und charismatischen Charakter der frühen Christen.

Das Buch wurde in Etappen zwischen 95 und 100 geschrieben. Hermas war ein in Rom lebender Freigelassener, ein früherer Sklave höchstwahrscheinlich palästinensischer Herkunft (vielleicht einer der Sklaven, die die Römer nach der Eroberung Jerusalems im Jahr 70 nach Rom verschleppt hatten). Hermas liefert uns ein Bild der römischen Christengemeinschaft aus einer Zeit, als sie noch stark unter dem Einfluss der jüdischen religiösen Tradition stand. So ist für Hermas ein sehr großes Anliegen die Reinheit. Seine Spiritualität ist von visionärem und prophetischem Charakter. Das Buch ist als Bericht über eine Reihe von Visionen angelegt, die dem Verfasser zuteil wurden und in drei Hauptabschnitte eingeteilt: Visionen, Weisungen (oder Befehle) und Gleichnisse (oder Parabeln). Der erste Teil des Buchs (Visionen 1–4) ist der älteste. Es erscheint ihm eine Frauengestalt, eine alte Frau, und kündigt ihm Offenbarungen an. Die Frau ist die Symbolfigur der Kirche, die später nach und nach immer jünger wird, als Symbol dafür, wie die irdischen Glieder der Kirche sich ständig erneuern müssen, indem sie sich um die Reinheit ihres Lebens bemühen.

Hermas wird von seinen Visionen immer stärker in Richtung eines zölibatären Lebensstils geführt (er war verheiratet und hatte Kinder, scheint jedoch mit seiner Frau unglücklich gewesen zu sein) und er versteht diesen Verzicht auf die Sexualität als vollkommeneren Lebensstil, der besonders für jene geeignet sei, die intensiv nach Gott suchen wollten.[4] Gott offenbart dem Hermas in seinen Träumen, dass er mit ihm wegen seiner ungezogenen Kinder unzufrieden sei. Die zerrüttete Familie wird eindeutig als Symbol für die »Kinder« der christlichen Gemeinde verstanden, in der er eine Leitungsfunktion auszuüben berufen ist. So wird also wie beim alttestamentlichen Propheten Hosea das eigene Leben des Hermas zum Gleichnis für das

Gericht über die Kirche, an die er seinen prophetischen Aufruf zur Reform richtet.

Die früheren Visionen sind stark von der Erwartung eines baldigen allgemeinen Endes der derzeitigen Weltordnung geprägt (er bezeichnet es als die »große Drangsal«, in Begriffen, die an Markus 13 erinnern, einen Text, der nicht allzu lange davor verfasst worden war). Dieses starke Gefühl, Gottes Gericht über die Welt und den Einzelnen stehe unmittelbar bevor, wird oft als »apokalyptisches« oder »eschatologisches« Denken bezeichnet. Es ist kein Zufall, dass es bei Hermas so stark mit der großen Sorge um die individuelle wie kollektive Reinheit der Kirchenmitglieder verknüpft ist, denn in der religiösen Unterweisung ist der apokalyptische Ansatz schon in sich eine Möglichkeit, dem Aufruf zur Buße gewaltigen Nachdruck zu verleihen.

Die apokalyptische Sprache dient im Wesentlichen dem Appell an die religiöse Gemeinschaft, wie-

Christus als der Gute Hirte. Wandmalerei aus den Priscilla-Katakomben in Rom, 3. Jh.

der zum alten Eifer zurückzukehren: ihr Gebetsleben wieder zu intensivieren und ihre Disziplinen wie das Fasten oder im Fall des Hermas die sexuelle Enthaltsamkeit ernster zu nehmen. Mit anderen Worten: Hermas hat sein Buch zum Zweck verfasst, die dringende Notwendigkeit der Buße einzuschärfen. In den späteren Abschnitten des Buches (ab Vision 5 bis zum Schluss) verändert sich der Offenbarer und Führer und erscheint als in einen Hirten verkleideter Engel. Es zeigt sich schließlich, dass es sich bei ihm um keinen anderen als den großen Engel der Buße handelt. Der Verfasser greift religiöse Vorstellungen von Lesern mit vermutlich heidnischem Hintergrund auf: Die alte Frau, der er in Italien begegnet, gleicht oberflächlich der Sibylle und der *Hirt* zeigt äußerliche Ähnlichkeiten mit der heidnischen religionsphilosophischen Gestalt des Hermes Trismegistos, von dem ein Traktat mit dem Namen *Der Hirt der Menschen* erhalten ist.

Auch der Umstand, dass es in diesem Buch hauptsächlich um die Auslegung religiöser Traumvisionen geht, rückt es in die große Nähe zu hellenistischen, jüdischen und frühchristlichen religiösen Kreisen, die sich alle stark für diesen Bereich interessierten. Der Verfasser bemüht sich um Anklänge an solche Vorstellungen, um mit seiner christlichen Botschaft eine möglichst große Zuhörerschaft anzusprechen. Zur Zeit, als Hermas

schrieb, standen die Christen vor einem schweren Problem: Sie versuchten, eine glühende Gemeinschaft reiner Auserwählter zu sein (diese Selbstdefinition verhalf den frühesten Christen, die von einer polytheistischen und moralisch viel gleichgültigeren römischen Kultur umgeben waren, zu einem engen Zusammenhalt) und mussten gleichzeitig mit dem Problem fertig werden, dass es unter der wachsenden Zahl ihrer Mitglieder immer wieder solche gab, die in der Verfolgung versagten und vom Glauben abfielen. Es herrschte die Vorstellung, Gott vergebe die Sünden nur ein einziges Mal, und zwar zum Zeitpunkt der Bekehrung und Taufe des Christen durch den Heiligen Geist. Damit entstand das schwerwiegende Problem, was man mit Sünden tun sollte, die jemand nach seiner Taufe beging. Hieß der Rückfall in die Sünde, dass die Taufe sinnlos war? Konnte der Betreffende noch einmal Gottes Vergebung erbitten und erlangen? Hermas vertritt auf Grund seiner Visionen die Überzeugung, Gott gewähre ein zweites Mal Vergebung. Doch ist ihm die Vorstellung ganz fremd, Gott werde bereitwillig und leicht vergeben, und insofern kann man ihn als Verfechter einer rigorosen Einstellung bezeichnen.

Sein Anspruch, der sein ganzes Buch durchzieht, er sei von Gott inspiriert, und seine Verwendung einer visionären Darstellungsweise, verbunden mit dem apokalyptischen Klima und dem moralischen Eifer seiner Botschaft zeigen, dass Hermas als einer der frühchristlichen »Propheten« auftrat, von denen es zuweilen heißt, sie hätten in dieser Phase des Frühchristentums eine maßgebliche Rolle gespielt. Er spricht zu seinen Mitchristen in der Gegend von Rom, appelliert an sie, sich in ihrer moralischen Reinheit zu erneuern und bietet ihnen im Verlauf dieses Prozesses die Hoffnung an, Gott werde mild mit ihren Sünden verfahren, sogar mit den nach der Taufe begangenen, denn (wie er glaubte) das Ende der Zeiten stehe nahe bevor. Wenn man bedenkt, dass später, im 3. Jahrhundert, der afrikanische Schriftsteller Tertullian diesem Werk Laxheit vorwarf und es als den »Hirt der Ehebrecher« bezeichnete, erinnert einen *Der Hirt des Hermas* in ernüchternder Weise an den ungemein strengen Charakter der frühchristlichen Gemeinden.

Taufdarstellung auf einem Fresko in den Calixtus-Katakomben in Rom, 3. Jh.

Ignatius von Antiochien (ca. 35 – ca. 107)

Einer der berühmtesten der apostolischen Väter, ungefähr ein Zeitgenosse des Hermas, stammte ebenfalls aus Palästina, aus Syrien: der Bischof Ignatius, der der Christengemeinde von Antiochia vorstand. Von ihm ist nichts bekannt außer seiner berühmten Reise durch Kleinasien, um sich in Rom vor dem Gericht wegen der Anklage, ein Christ zu sein, zu verantworten. Es war gegen Ende der Regierungszeit von Kaiser Trajan, um 105, dass Ignatius verhaftet und nach Rom gebracht wurde. Unterwegs besuchte er mehrere Christengemeinden und hielt sich einige Zeit bei ihnen auf, und danach schrieb er an sie bzw. ihre Bischöfe. Er weilte einige Zeit bei Polykarp, dem Bischof von Smyrna (Izmir) und beeinflusste ihn nachhaltig. Polykarp sollte ihn später als Menschen vom Rang der Apostel bezeichnen. Irenäus, der aus Kleinasien stammende Bischof von Lyon, bezeichnete sich später als Schüler Polykarps und damit als noch

Eine Interpretation des Martyriums von Ignatius von Antiochien: Der Maler Francesco Fracanzane (ca. 1616–1656) stellt sich vor, er sei wilden Tieren vorgeworfen worden.

persönlich bekannt mit einer Generation, die noch vom Charakter der Apostel geprägt war. Es galt bereits als Ideal, sich auf bedeutende Heldengestalten der Frühkirche beziehen zu können, was sich auch darin zeigt, wie diese frühen Kirchen die Briefe des Ignatius verwahrten und in hohem Ansehen hielten. Sichere Belege dafür, was tatsächlich mit ihm geschah, gibt es keine. Er entgleitet wieder der historischen Fassbarkeit, aber die Geschichte seines (angeblichen) Martyriums wurde zu einem der eindrucksvollsten Bilder des Heroismus der Christen angesichts ihrer Bedrohung durch totalitäre Unterdrücker. Ignatius schrieb nämlich der römischen Kirche, sie solle nichts für seine Freilassung tun, denn er wolle sich durch sein Martyrium für Christus als dessen echter Jünger erweisen:

Ich schreibe an alle Kirchen und beteuere allen, dass ich aus meinem eigenen freien Willen für Gott sterbe, sofern ihr mir das nicht vereitelt. So seid nicht »zur Unzeit gütig« mit mir. Lasst mich zum Fraß der wilden Tiere werden, durch die ich zu Gott gelangen kann. Gottes Weizen bin ich und ich will von den Zähnen der wilden Tiere gemahlen werden, um mich als reines Brot zu erweisen… Betet zum Herrn, dass ich mich durch sie als Opfergabe für Gott erweise.[5]

Ignatius hinterließ insgesamt sieben Briefe an die Kirchen von Kleinasien, die er zunächst von Smyrna und dann von Troas aus schrieb (Briefe an die Kirchen von Ephesus, Magnesia, Tralles, Rom, Philadelphia und Smyrna, sowie einen Brief an den Bischof Polykarp von Smyrna). Ignatius ist eine sehr wichtige Gestalt für die Entwicklung der Eigenart des Christentums, denn aus der Zeit vor ihm ist sehr wenig über das Bischofsamt in der Kirche bekannt. Seine Briefe trugen stark dazu bei, in einem großen Teil der damaligen christlichen Welt ein bestimmtes Muster des Vorsteheramtes einzurichten: das der Führung durch einen einzelnen Bischof, der die Kirche regiert und dabei von einem Rat von Ältesten (Presbytern oder Priestern) und Diakonen unterstützt wird. Das sollte in künftigen Jahrhunderten eine sehr starke Auswirkung auf die christliche Spiritualität erhalten. Der Gestalt der Bischofs als Garant der inneren Einheit und des organisatorischen Zusammenhalts wurde gegenüber allen anderen Ämtern eine überragende Stellung verliehen. Allerdings wurde der Bischof zunächst in stark charismatischen Begriffen beschrieben: als derjenige, der das »große Gebet« der Kirche in Reinheit des Herzens und inspiriert vom Heiligen Geist zu leiten vermöge. Das Amt des Bischofs wurde jetzt das oberste, und zunehmend wurden ihm andere Formen der spirituellen Autorität wie diejenige des Propheten oder des Bekenners (dessen, der öffentlich für den Glauben gelitten hatte) untergeordnet. Der Aufstieg des Bischofsamtes zu seiner beherrschenden Stellung, wie ihn Ignatius bezeugt, zeigt, wie die höchsten Leitungsfunktionen innerhalb der Christengemeinschaft ganz wesentlich von der Liturgie her geprägt wurden. Der Bischof war der Hauptzelebrant des feierlichen eucharistischen Gottesdienstes aller in einer einzigen Kirche versammelten Christen. Das

betont Ignatius sehr nachdrücklich: die Kirche, das ist *eine* Stadt, *ein* Bischof, *ein* Altar und um den Altar *ein* Herz und *eine* Seele.

Der Bischof sollte also als Hoherpriester der Gemeinde fungieren, bei Gott für sie eintreten und das große eucharistische Gebet sprechen, das das letzte Abendmahl Jesu in Erinnerung rief. Die Vorstellung des Ignatius, dass die Kirche unbedingt mit dem Bischof eins sein müsse, war ein Echo und eine Weiterentwicklung der Argumente im *Ersten Klemensbrief*. Ignatius sieht den Bischof als den charismatisch ernannten Führer, den Erwählten Christi im Herzen des Leibes der Auserwählten. Wie der Bischof eins sei mit Christus, dem »Gottesträger«, so müsse die Kirche ihr Einssein mit Gott und untereinander durch den Bischof finden. Der Bischof wird als eine Art Sakrament (ein wirksames und mystisches Zeichen) der Einheit betrachtet. Für Ignatius ist diese Verwirklichung der Einheit innerhalb der christlichen Gemeinde ein mystisches Symbol für den Weg zur Einheit mit Gott, wie sie vor allem durch die Feier der Eucharistie gewährleistet wird. Der einzelne Christ wird in der Einheit der Eucharistie mystisch mit dem Leben und Sterben Christi verbunden. Es kommt nicht zufällig, dass Ignatius seinen eigenen bevorstehenden Tod mit dem Gemahlenwerden vom Brotgetreide durch Zähne (von Löwen) vergleicht: sein Schicksal besteht darin, eucharistisch in Christus hinein verklärt zu werden.

Ignatius ging es in erster Linie darum, die Kirche angesichts von Meinungsverschiedenheiten und Spaltungen, von denen er bei seiner Reise durch die verschiedenen Kirchen Kleinasiens erfuhr, zur Einheit zu ermahnen. In seinem Schreiben nach Philadelphia verwahrt er sich besonders gegen den Doketismus, also die Ansicht, Jesus habe nur zum Schein Fleisch angenommen. Seine verschiedenen Gedanken greifen organisch ineinander. Obwohl er eine Reihe von offensichtlichen »Gelegenheitsschriften« verfasste, wurden seine grundsätzlichen Ansichten so elementar, dass sie alle künftigen Vorstellungen von christlicher Rechtgläubigkeit nachhaltig prägten: dass sich die Realität Gottes authentisch nur in einer konkret verwurzelten, zur Feier der Oberherrschaft Christi über die Kirche versammelten, im Innern geeinten Gemeinschaft finden lasse und dass die Erfahrung Gottes in Christus unbedingt in dessen Inkarnation in wirkliches Fleisch und Blut gründe und sich wiederum in der Liturgie erschließe. Die Einheit mit Gott durch Christus in der Eucharistie, wie sie in einer um ihren Bischof versammelten Gemeinde, die ein Herz und eine Seele ist, gefeiert wird, wurde zum Ideal dafür, wie sich Christen organisieren, jedoch auch zum Ideal des christlichen spirituellen Lebens, das man sich als sakramentale Erfahrung einer friedvollen und konstruktiven Ganzheit vorstellte.

Der Lebensweg des Ignatius zeigte zudem, wie lebhaft die frühe Kirche ihre Märtyrer feierte. Von den für ihren Glauben Gestorbenen glaubte man, sie seien um den Thron Gottes im Himmel versammelt und träten weiterhin im fürbittenden Gebet für die Kirche auf Erden ein, und es sei ein Aspekt der Verherrlichung Christi, wenn man die großen Heiligen in ihm verherrliche. Die Gestalt des Märtyrers erwies sich in den ersten dreieinhalb Jahrhunderten des Lebens der Kirche immer neu als das Symbol, das die Christen in neuem Eifer zusammenschloss, auch wenn die Christenverfolgungen selbst gewaltige Probleme mit sich brachten, da es unvermeidlich genauso viele schwach Gewordene wie Helden gab.

Polykarp von Smyrna († ca. 156)

Polykarp, der Ignatius gastlich in seiner Kirche von Smyrna aufgenommen hatte, zählt ebenfalls zu den apostolischen Vätern. Der Bericht über sein Martyrium ist uns als die allererste christliche Schrift erhalten, die dazu verwendet wurde, einen Märtyrertod als jährlichen Gedenktag zu begehen. Dieser bald nach den darin geschilderten Ereignissen verfasste Märtyrerbericht weist so enge Parallelen zum Passionsbericht der Evangelien auf, dass wir deutlich die spirituelle Botschaft heraushören, der echte Jünger (der Märtyrer) müsse Christus in seinem Leiden sogar bis in den Tod nachfolgen. Polykarps Brief zeigt den streng moralischen Charakter des Christentums dieser Zeit. Als das transzendent entscheidende Erkennungsmal der christlichen Religion wird die Liebe zu den Armen bezeichnet; diejenigen, die Christus zum bloßen intellektuellen Symbol machen, werden scharf angegriffen. Er warnt auch davor, »Spekulationen« bereitwillig sein Ohr zu leihen:

Lasst uns die wertlosen Spekulationen der Menge

Darstellung eines christlichen Märtyrers aus einem byzantinischen Manuskript.

und ihre falschen Lehren nicht beachten und stattdessen zu dem Wort zurückkehren, das von Anfang an für uns erging. Lasst uns inständig beten, im Fasten verharren und den allsehenden Gott bitten, uns nicht in Versuchung zu führen, denn, wie der Herr gesagt hat, der Geist ist willig, aber das Fleisch ist schwach. Lasst uns beharrlich und ohne Unterlass an unserer Hoffnung und dem Garanten unserer Rechtschaffenheit festhalten, nämlich an niemand anderem als Christus Jesus, der unsere Sünden an seinem eigenen Leib an den Baum getragen hat.[6]

Nach Polykarps Vorstellung muss das christliche Leben ein Leben aktiven Mitleidens sein, das vom Gebet erfüllt und lebendig erhalten wird sowie von der Achtung der ererbten Überlieferungen. Er zeigt wie Ignatius den Kontext einer Kirche, die sich vom

Eine Frau beim Gebet. An der Grabstele von Theodora, einem in Ägypten gefundenen koptischen Grabmal aus dem 5. Jh.

Das ist nur eine kurze Erwähnung, die jedoch andeutet, dass die christlichen Frauen in den frühen Anfängen der Organisationsstrukturen, des Gebets und der Askese der Kirche eine bedeutende Rolle spielten. Obwohl es kaum belegt wird, darf man vermuten, dass der Stand der Witwen (genau wie später derjenige der Diakonissen) eine maßgebliche Rolle in der kirchlichen Katechese für Frauen und Kinder spielte, was ja vielleicht die wichtigste bei der Verkündigung des Evangeliums vorstellbare Rolle überhaupt ist.

Der Brief an Diognet (2. Jahrhundert)

Nicht alle apostolischen Väter erfreuten sich allgemeiner Bekanntheit und bleibenden Einflusses. Von einem von ihnen, dem unbekannten Verfasser des *Briefes an Diognet*, wissen wir nur dank eines einzigen griechischen Manuskripts aus dem 13. Jahrhundert, und selbst dieses ging im deutsch-französischen Krieg von 1870 durch Brand verloren. Einer größeren Leserschaft wurde dieser Text erst im 20. Jahrhundert zugänglich, nachdem er in einer modernen Ausgabe veröffentlicht worden war. Seine Datierung ist ungewiss; Schätzungen reichen von 117 bis 225. Er kennzeichnet den Übergang von den apostolischen Vätern zu den Werken der Apologeten, also derjenigen, die das Christentum gegen politische und intellektuelle Angriffe seitens der Heiden verteidigten. Diese Literaturgattung sollte vorherrschend werden, als das Christentum öffentlich stärker bekannt wurde, also ab dem 3. Jahrhundert. Der Diognetbrief ist seiner Form nach eine Verteidigungsschrift des Christentums gegen ungenannte Verfolger. Darin wird das Christentum als die wahrste und vernünftigste aller Formen der Philosophie beschrieben. Die Religion Christi rufe die Menschen auf, in einer authentisch lauteren Weise zu leben, die andere Philosophien nur von weitem anzustreben vermocht hätten, und diese Religion könne die Wohltaten eines wahrhaft ethischen Lebens sogar den schlichtesten Mitgliedern der Gesellschaft erschließen, was sich von keiner

moralischen und weltanschaulichen Relativismus der sie umgebenden Kultur angefochten fühlt. Polykarp liefert in seinem Brief einen frühen Hinweis auf die als »Witwen« bezeichnete Gruppe von Frauen, die im spirituellen Alltagsleben der frühen Kirche eine wichtige Rolle spielte. Vermutlich war sie zunächst aus einer Gruppe von Witwen entstanden, die von der Kirche sozial unterstützt wurden, entwickelte sich jedoch bald zu einem einflussreichen christlichen Stand, einer Art von Schwesternschaft, die sich dem Gebet und der gegenseitigen Unterstützung verschrieb. Polykarp ermutigt sie in dem, was er als ihren priesterlichen Dienst des spirituellen Opferns bezeichnet:

> Die Witwen müssen nüchtern über den Glauben an den Herrn denken und unablässig für alle beten und großen Abstand von aller üblen Rede, Nachlässigkeit, falschem Zeugnis, Liebe zum Geld und jeder Art von Bösem halten. Sie sollen wissen, dass sie Gottes eigener Altar sind und »alle Opfer genau geprüft werden« und Gott nichts entgeht, weder Gedanken noch Absichten und nicht einmal die Geheimnisse des Herzens.[7]

anderen philosophischen Schule sagen lasse. In einem besonders bekannt gewordenen Abschnitt spricht er davon, dass die Christen zwar in der Welt lebten, jedoch durch ihre Lebensart einen Kontrast zu ihr darstellten:

> Die Christen leben zwar in griechischen wie barbarischen Städten… und halten sich bezüglich Kleidung und Nahrung und anderer Aspekte des Lebens an die örtlichen Gewohnheiten, jedoch führen sie zugleich den bemerkenswerten und zugegebenermaßen ungewöhnlichen Charakter ihrer wahren Bürgerschaft vor Augen. Sie leben in ihren eigenen Ländern, aber nur als Fremde; sie nehmen als Bürger an allem teil und ertragen dennoch alles, als wären sie Fremde. Jedes fremde Land ist ihr Vaterland, jedes Vaterland ist ihnen fremd. Sie heiraten wie alle andern und haben Kinder, aber sie setzen ihre Säuglinge nicht aus (um sie zu töten). Sie teilen in Freiheit ihren Tisch, aber nicht ihr Bett. Sie leben im Fleisch, aber nicht gemäß dem Fleisch… Mit einem Wort: Was die Seele für den Leib ist, das sind die Christen für die Welt.[8]

Der Beschreibung des christlichen Weges als Philosophie sollte noch eine große Zukunft beschieden sein, als die Kirche im Lauf des 3. Jahrhunderts immer stärker ins Licht der Öffentlichkeit (und eines häufig ihr gegenüber feindselig eingestellten Interesses) trat. Da wurde diese Vorstellung des Lebens nach dem Evangelium als der »wahren Philosophie« zu einer ungemein wirksamen Methode der Evangelisierung und missionarischen Strategie. Man spürt im übrigen deutlich heraus, wie wichtig den frühen Christen die Überzeugung war, dass das Christentum seine mystische Qualität verliere, wenn man es nicht praktisch als ethische Lebensweise führe.

Die Apologeten
(spätes 2. bis 3. Jahrhundert)

Wie wir im *Hirten des Hermas* gesehen haben, waren die christliche Literatur und das Leben der Kirchen in der frühesten Zeit nach derjenigen des Neuen Testaments weiterhin sehr stark vom jüdischen Charakter geprägt. Im darauffolgenden Jahrhundert begann die christliche Bewegung die Aufmerksamkeit interessierter Heiden auf sich zu ziehen, die höher gebildet waren und über literarische Qualitäten verfügten, was dazu führte, dass sich der Charakter ihrer Schriften zu verändern begann. Was sich bereits im *Diognetbrief* abzeichnete, wurde allgemein weiter entwickelt. Diese Schriftsteller (ab dem späten 2. Jahrhundert), die die griechischen literarischen Methoden (die Rhetorik) in den Dienst der Verteidigung der Kirche gegen ihre Schmäher stellten, werden als die Apologeten bezeichnet, nach dem Wort *apologia*, das ursprünglich eine genau durchdachte juristische und intellektuelle Verteidigungsrede für den eigenen Standpunkt bedeutete.

Die meisten dieser Schriften entstanden aus kontroversem Anlass, und dahinter stand gewöhnlich eines der drei folgenden Szenarien:

(1) Es ging darum, mit Schriften an die Adresse der »die Autoritäten« darzulegen, dass die Verfolgung der Christen sowohl ungerecht als auch unnötig sei, weil sie vorbildliche Bürger seien.
(2) Man verfasste Schriften, die an heidnische intellektuelle Gegner adressiert waren, denen gegenüber man argumentierte, das Christentum sei keine nicht-rationale Religion abergläubischer Mystiker, sondern eine Religion, in der die Vernunft und das tiefe moralische Empfinden eine maßgebliche Rolle spielten und der Sinn für Religion weit anspruchsvoller sei als derjenige der übrigen Bevölkerung.
(3) Oder man richtete kontroverse Argumente an die Adresse der jüdischen Gemeinden (die in vielen Städten der Antike einen starken Anteil der Bevölkerung ausmachten), wobei es hauptsächlich um die Art der Auslegung des »Alten Testaments« ging sowie um den Nachweis, dass dieses seinen vollen Sinn nur als Ankündigung der Geschichte Christi finde. Tatsächlich war die Einschätzung der hebräischen Bibel als des »Alten« Testaments (das gegenüber dem »Neuen« zurücktrete bzw. von diesem erfüllt werde) eine wichtige theologische Vorstellung, die zur Zeit der Apologeten entwickelt wurde. Zugleich ist das eines der deutlichen Anzeichen dafür, wie sich die frühe Christenheit immer weiter von ihren jüdischen Wurzeln löste, um vorwiegend zur »Heidenreligion« zu werden, deren Vertreter auf Griechisch dachten und schrieben.

Die Gnostiker

Das Wort »Gnostiker« bezeichnet jemanden, der »initiiert« worden ist oder als »Erleuchteter« über ein geheimes »Wissen« verfügt. Das Wort »Gnosis« wird heute als Sammelbegriff verwendet für eine in der antiken Welt weit verbreitete Tendenz, die religiöse Erfahrung vor allem unter dem Aspekt der Erkenntnis anzugehen. Diese Tendenz hat auch in den Texten des Neuen Testaments ihre Spuren hinterlassen und wird darin an anderen Stellen auch angegriffen. Paulus verwendet gelegentlich Formulierungen, die gnostische Vorstellungen anklingen lassen, jedoch anderswo äußert er sich energisch ablehnend gegen eine auf höhere Erkenntnis bedachte Religion und spricht sich für einen einfacheren, fest in den historischen Heilstaten verwurzelten Glauben aus, in dessen Mittelpunkt das Kreuz steht (siehe 1 Kor 1, 20–25). Auch der Autor des 2. Petrusbriefs liefert deutliche Anzeichen dafür, dass es gegen Ende des 1. Jahrhunderts Auseinandersetzungen mit gnostisch eingestellten Lehrern gab, die bereits in der neutestamentlichen Kirche tätig waren (2 Petr 1,16–2,22).

Es bleibt sehr schwierig, die gnostische Bewegung genau zu definieren, und zwar deshalb, weil es sich eher um eine Tendenz als um eine regelrechte Bewegung handelte. Sie kombinierte philosophische Spekulation mit religiöser Mystik. Bestimmte allgemeine Merkmale lassen sich jedoch ausmachen: der Wunsch, statt einer partikulären Religion eine universalistische zu pflegen; das Fasziniertsein von Erlösungsmythen, die auch die Erschaffung und den Fall spiritueller Wesen in die Welt des Materiellen herab erklärten; die Überzeugung, der materielle Zustand als solcher sei eine Bestrafung für Sünden; und (als Folge davon) eine radikale Form des Dualismus, die oft (zumindest in christlichen Gnostikerkreisen) zu einem Glauben an zwei Götter führte, nämlich den höchsten Gott, der erhaben über alles Materielle sei, und einen niedrigeren Gott (den Demiurgen), bei dem es sich um eine verderbte und verbitterte Gottheit handle, die zunächst die materielle Welt hervorgebracht habe und sie hierauf tyrannisiere. Der Demiurg sei ein Gott, aus dessen Klauen die Menschheit zu erlösen der wahre Gott und der wahre Erlöser (Christus) auf den Plan getreten sei. Etliche christliche Gnostiker vertraten, dieser böse Demiurg sei kein anderer als der Gott des Alten Testaments, der »Vater unseres Herrn Jesus Christus« dagegen ein radikal davon verschiedenes Wesen, nämlich der wahre Gott, der Gegner des Demiurgen, genau wie das Neue Testament in Gegensatz zum gesamten jüdischen Gesetz stehe. Diese Grundeinstellungen des religiösen Pessimismus und der dualistischen Abneigung gegen den Körper waren gemeinsame Züge vieler vorchristlicher Religionssysteme.

Die christlichen Gnostiker pflegten eine esoterische Lehre für die Wenigen. Sie betrachteten die größere Masse der Christen als Ignoranten und Opfer von Vorurteilen; ihnen gehe der Sinn für das, was die Elite der Höherstehenden bewege, ab. Sie seien zwar nicht so schlecht wie die übrige, völlig unerleuchtete Menschheit, stünden jedoch auf einer niedrigeren Stufe der Erlösung.

Gnostische Theorien über die kosmischen Auswirkungen der durch das Opfer Christi bewirkten Erlösung führten die christliche Spekulation in eine völlig andere Richtung des Denkens. Vor der gnostischen Krise des 2. bis 3. Jahrhunderts herrschte in der Kirche ein einfacheres und buchstäblicheres Verständnis des Erlösungsgeschehens vor, wobei weiterhin jüdisch-biblische Kategorien maßgebend blieben. Doch nach der gnostische Ära stellte sich die Kirche als denkerisch anspruchsvollere Gemeinschaft dar, bereit, der gesamten griechisch-römischen Kultur die christliche Hoffnung als ganz eigene Gnadenlehre vorzustellen und sie in philosophischen Begriffen zu formulieren, die der antiken Welt geläufig waren. Kurz, die gnostische Bewegung verhalf der christlichen Missionsstrategie zum ersten Mal dazu, eine Plattform zu erreichen, von der aus sie die gesamte damalige Welt anzusprechen vermochte.

Da sich das Christentum gezwungen sah, sich während der gnostischen Krise gegen Fehldeutungen abzugrenzen und genau zu formulieren, was es am gnostischen Ansatz ablehnte, klärte es zudem sein Selbstverständnis. Die Behauptungen der Gnostiker führten anti-gnostische Theologen wie Irenäus von Lyon (ca. 130–200) dazu, die Hauptpunkte einer »authentischen« oder »orthodoxen« christlichen Lehre deutlicher herauszuarbeiten. Von da an waren die Begriffe der »Häresie« und der »Orthodoxie« besser geklärt.

Die Argumente des Irenäus gegen die Gnostiker

Im Lauf seiner grundsätzlichen Auseinandersetzung mit den Ansichten der Gnostiker arbeitete Irenäus drei äußerst wichtige anti-gnostische Prinzipien (oder »Kanones«) heraus.

Das erste bezog sich darauf, wie wichtig es sei, über einen klar umschriebenen »Kanon der Heiligen Schrift« zu verfügen, also über eine allgemein anerkannte Liste der maßgeblichen Bücher, die von allen als von Gott inspirierte »Heilige Schrift« und folglich als unbestreitbare gemeinsame Grundlage zu betrachten sei. Damit lag endlich definitiv die christliche Bibel vor, die fortan das Christentum eindeutig zu einer »Religion des Buches« werden ließ. Zudem hatte das die klärende Wirkung, dass eine Vielzahl neuer in dieser Zeit entstehender Texte ausgeschieden wurde, die fortan als »apokryphe« oder »nicht-kanonische« Evangelien und Abhandlungen bezeichnet wurden.

Das zweite und dritte anti-gnostische Prinzip lautete (a), es sei ungemein wichtig, in jeder Christengemeinde einen einzigen mit Autorität ausgestatteten Leiter zu haben, der unmittelbar darüber entscheiden könne, was auf Grund (b) der bisherigen Überlieferung dem authentischen christlichen Glauben entspreche. Dieses Doppelprinzip, einem einzigen Bischof Gehorsam zu schulden, der die Integrität einer universalen (oder »katholischen«, »das Ganze« umfassenden) Tradition zu wahren verpflichtet sei, sollte dem Christentum der nachfolgenden Jahrhunderte sein deutliches Gepräge geben. Die Tradition selbst wurde in kurze anti-gnostische Glaubensformeln gefasst. Das waren die ersten ausformulierten Glaubensbekenntnisse (»Credo«, nach ihrem lateinischen Eröffnungswort »Ich glaube«), als »Glaubensregel« bezeichnet, die man später bei den Taufzeremonien verwendete, um damit zu gewährleisten, dass die neuen Christen diesen gemeinsamen Glauben übernahmen. Alle einleitenden Abschnitte der alten Glaubensbekenntnisse sind eindeutig anti-gnostisch formuliert und sorgsam darauf bedacht, die Einheit Gottes und die Tatsache, dass die Ordnung der materiellen Welt im Einklang mit dem Heilsplan Gottes stehe, hervorzuheben:

Wir glauben an den einen Gott,
den Vater, den Allmächtigen,
der alles geschaffen hat, Himmel und Erde,
die sichtbare und die unsichtbare Welt …

Irenäus. Holländischer Stich aus dem 17. Jahrhundert von Michael Burghers.

Justin der Märtyrer († ca. 165)

Der *Brief an Diognet* ist ein gutes Beispiel für den ersten Typ von apologetischen Schriften. Im Werk Justins des Märtyrers jedoch, eines der einflussreichsten der frühen Apologeten, finden sich alle drei Elemente. Justin wurde als einer der originellsten Denker beschrieben, den das Christentum hervorgebracht habe. Er war ein philosophischer Wanderlehrer, ein Heide römischer Tradition, geboren in der römischen Provinz des syrischen Palästina (im heutigen Nablus im Westjordanland). Nachdem er mehrere unterschiedliche Philosophenschulen besucht hatte, wandte er sich dem Christentum zu, weil er darin »die einzige sichere und heilsame Philosophie« sah.[9] Er war zutiefst ergriffen von dem Mut, den die christlichen Märtyrer an den Tag legten, wovon er selbst Augenzeuge geworden war,[10] und die Begegnung mit einem alten Christen, der ihm den christlichen Sinn der Heiligen Schrift erschloss, führte vollends zu seiner Konversion. »Plötzlich wurde in meiner Seele ein Feuer entflammt«, sagt er darüber.

Seine Schriften sind zwar häufig an eine äußere feindlich gesinnte Welt gerichtet, bleiben jedoch immer stark biblisch inspiriert. In dieser Hinsicht liefert er wichtige Aufschlüsse über das innere Leben der Christen zu seiner Zeit. Er kam nach Rom und lehrte dort während der Regierungszeit des Kaisers Antoninus Pius (138–161), an den er seine *Erste Apologie* von 155 richtete. Darin sagte er, man dürfe das Christentum nicht auf Grund ignoranter Vorurteile einschätzen; es sei eine Religion höchst moralischen Charakters, deren Anhänger hingebungsvolle Monotheisten seien und zudem dem Christus dienten, dem präexistenten Sohn und Wort Gottes. Für seine Beschreibung des Christentums verwendete Justin viele allgemein bekannte philosophische Themen seiner Zeit, aber seine Inspiration ist entschieden biblischer Natur. Der als Welterlöser gekommene Sohn Gottes, der im Anfang des Johannesevangeliums genannte *Logos*, sei das göttliche Wort oder der göttliche Funke im materiellen Kosmos, von dem bereits die heidnischen Philosophen gesprochen hätten, ohne diese Aussage richtig zu verstehen.

Justin verwendet philosophische Gedanken auf die Art, wie das ein evangelistischer Missionar tut. Er spricht seine Verfolger mit einer Einladung an, die zugleich eine Zurechtweisung ist: »Ihr seid unsere Brüder. Kommt also und lernt die Wahrheit Gottes kennen!«[11] Es geht ihm dabei hauptsächlich um die Hervorhebung von zwei Überzeugungen: Erstens, dass die Wahrheit, die Gott durch Christus zur Erlösung der Welt gesandt habe, eine universale Kraft sei, die ihren Weg auf geheimnisvolle Weise finden und sich auf Dauer von der Feindseligkeit oder Gleichgültigkeit der Menschen nicht aufhalten lassen werde; und zweitens, dass sich das Christentum trotz aller Versuche, es zu vernichten, als Zeichen für Gottes neuen Heilsplan auf jeden Fall ausbreiten werde. Daher verkörpere die Kirche das Geheimnis von Gottes in der Welt wirkender Liebesmacht. Christus sei ein universaler Erlöser und zugleich das zentrale Prinzip der Einheit und des Sinns des Kosmos selbst.

Justins Begriff von Christus ist allumfassend angelegt, aber er wandte sich energisch gegen die christlichen Gnostiker, namentlich die Partei der Valentinianer in Rom. Diese wollten aus Christus eher ein kosmisches Symbol machen, als ihn als leibhaftig wirklich gelten zu lassen, aus der Vorstellung heraus, das Materielle sei unheilbar verdorben und der Erlösergott sei nur »zum Schein« ins Fleisch eingegangen, in Wirklichkeit jedoch ein körperloser Geist, der versuche, seine Kirche aus dem schrecklichen Zustand des Verhaftetseins ins materielle Dasein herauszuziehen. Justin dagegen vertrat, Christus als die präexistente Weisheit Gottes habe das Muster für die Erschaffung der Welt vorgegeben, sei jedoch auch ganz wirklich in ein Menschenleben innerhalb der Geschichte eingetreten.

Für Justin ist die Eucharistie für das Leben des Gläubigen von zentraler Bedeutung. In der eucharistischen Wandlung fänden die Gläubigen das Muster des Einswerdens mit Gott und ihrer eigenen Umwandlung in sein Leben. So ist Justin einer der wichtigsten Zeugen für den Stellenwert, den bei den frühen Christen die Liturgie einnahm. Ihm waren die Sakramente auf eine Weise wichtig, wie das bei den christlichen Gnostikern mit ihrem tiefen Misstrauen gegen die materielle Wirklichkeit nicht der Fall war. Justin vertritt eine »Theologie der Inkarnation«, die das Materielle nicht als von Gott verlassen oder verdammt betrachtet, sondern als von seinem ursprünglichen Schöpfer gerettet und verklärt, nämlich durch die Geheimnisse des Lebens, Sterbens und Auferstehens Christi. Er schrieb ein wichtiges

Werk an die Adresse der jüdischen Gemeinde in Rom, den *Dialog mit dem Juden Tryphon*, in dem er darlegt, das Christentum sei die Erfüllung aller ihrer religiösen Sehnsüchte. Dieses Werk ist für heutige Leser ein Schlüsseltext für die Art, wie die frühen Christen biblische Exegese trieben.

Entrüstet über die ungerechte Hinrichtung dreier Christen in Rom, adressierte Justin seine *Zweite Apologie* an den Senat und bekannte sich dadurch öffentlich als führender christlicher Lehrer. Hierauf verhaftete ihn der Präfekt von Rom, zusammen mit sechs anderen Christen, und forderte von ihnen, sie sollten den Göttern opfern. Justin entgegnete, er bete nur Christus an, woraufhin er außerhalb der Stadtmauern Roms gegeißelt und enthauptet wurde. Sein Martyrium ließ seine Schriften zu einer sehr einflussreichen Quelle für viele spätere Apologeten werden. Mehrere von ihnen waren fähige lateinische Schriftsteller, die vor ihrer Konversion eine rhetorische Ausbildung als Anwälte erfahren hatten und nun darauf aus waren, ihre Bildung in den Dienst des Evangeliums zu stellen. Sie setzten die Themen Justins fort: dass das innere Leben des Christentums seiner Natur nach dem Heidentum überlegen und Christus die zentrale Wahrheit sei, um die alle anderen sich der Wahrheit annähernden Versuche, wie die Philosophie oder das Judentum oder die anspruchsvolleren Formen der Weltreligionen, in mehr oder weniger defizitärer Form kreisten und nur auf das Licht Christi warteten, um zur ganzen Fülle geführt zu werden. Die Schriften der Apologeten verliehen der christlichen Kirche jenen missionarischen Schwung, den sie in den nachfolgenden Jahrhunderten mit solcher Kraft und Vitalität entwickeln sollte.

Tertullian (ca. 160–225)

Der führende lateinische Denker unter den Apologeten war zweifellos Tertullian, der ganz zu Anfang des 3. Jahrhunderts schrieb. Er war Nordafrikaner und von rigoroser Geisteshaltung. Die Kirchenhistoriker Eusebius und Hieronymus aus dem 4. Jahrhundert berichten uns, er sei als Anwalt nach Rom gekommen und in seiner Lebensmitte Christ und schließlich auch Presbyter oder Ältester der römischen Kirche geworden, jedoch verraten seine eigenen Schriften den Kontext der nordafrikanischen

Tertullian. Aus einer Sammlung von Stichen aus dem 16. Jh.

Kirche, und zwar von Karthago. In Rom zu arbeiten und gleichzeitig über Ländereien in Afrika zu verfügen, war für die damalige Schicht der Reichen nicht ungewöhnlich, und er war bestimmt ein reicher und hochgebildeter Mann, dessen Berufsausbildung in seine Theologie einen stark gesetzlichen Zug brachte. Gegen Ende seines Lebens steigerte sich sein Rigorismus und er wurde zum Verteidiger der montanistischen Bewegung, die später als Häresie betrachtet wurde. Zur Zeit Tertullians war sie noch nicht allgemein »ausgeschlossen«.

Tertullian ist einer der wichtigsten aller lateinischen Theologen vor der Zeit von Augustinus. Er verteidigte gegen die Gnostiker, die das Gottsein und die Inkarnation für unvereinbar miteinander hielten und damit die Bedeutung des irdischen Lebens Christi entwerteten, energisch den Grundsatz, Christus habe die Erlösung im Fleisch bewirkt. Dementsprechend trat er auch leidenschaftlich für die Lehre von der leiblichen Auferstehung ein, die manche christliche Intellektuelle lieber durch eine Lehre vom Weiterleben nur der Seele ersetzt hätten.

In seinem umfangreichen Werk *Gegen Praxeas* griff er die Tendenz in der römischen Kirche an, eine unitarische Gotteslehre zu vertreten, und legte zum ersten Mal in klarer Sprache dar, dass es zum Kern des biblischen Erbes der Christen gehöre, sich Gott als dreifaltige Einheit vorzustellen, und dass sich diese Form des Monotheismus nicht auf den Gedanken reduzieren lasse, mit der Rede von Gott Vater und Gott Sohn verwende man nur zwei unterschiedliche Namen für ein und dieselbe Wirklichkeit. Tertullian war der erste Theologe, der versuchte, der christlichen Lehre spezielle Fachausdrücke zur Verfügung zu stellen. Sein Einfluss sollte über sehr lange Zeit hin anhalten.

Tertullian lebte in einer Umgebung, in der die Kirche nicht nur nach außen in Konflikte verwickelt war, sondern wo auch im Inneren heftig über die Grundlagen dessen gestritten wurde, was das Christentum seinem Wesen nach ausmache. Ihm ging es darum, die Fronten zu klären und zu vereinfachen. Für seine Darlegungen waren die römischen Religionen und das Judentum seine hauptsächlichen »äußeren« Gesprächspartner, aber genauso widmete er sich der heftigen Auseinandersetzung mit christlichen Gegnern, deren Lebensstil er für lax hielt oder die die tatsächliche Historizität des Lebens Jesu in Frage stellten; er betrachtete sie als Wölfe innerhalb des Pferchs. Tertullian formulierte als Kriterien, anhand derer man die wahre Überlieferung des christlichen Glaubens erkennen könne, die »apostolische Tradition« und die »Glaubensregel«. Diese einfache Aussage oder Bekenntnisformel des Glaubens (die Grundstruktur des Taufcredos, das heißt den Glauben an den einen Schöpfergott, an das erlösende Leben und Wirken Christi und an den Heiligen Geist) betrachtete er als Alleinbesitz der wahren Kirche. Das war für ihn wie ein legales Erbe, auf das niemand Anderer einen legitimen Anspruch habe. Der juristische Begriff für dieses »Ablehnen« falscher Ansprüche lautete »praescriptio«, und so gehört Tertullian mit seinem wichtigen Werk *Über die Praescriptio der Häretiker* zusammen mit Irenäus, dem Bischof von Lyon, zu den ersten Denkern, die ein System zur Verteidigung des inneren Zusammenhalts der christlichen Gemeinschaft entwickelten, in einer Zeit, in der innere Spaltungen (Häresie) sie auseinanderzureißen drohten.

Ekstatische Prophetie: der Montanismus und die Zeit danach
(2. bis 3. Jahrhundert)

In Phrygien (dem Zentralgebiet der heutigen Türkei, in der Antike als Asia Minor bekannt) entstand eine Bewegung, die nachhaltige Auswirkungen haben sollte. Sie begann mit einer Gruppe frühchristlicher Propheten, nämlich Montanus und den zwei Frauen Prisca und Maximilla. Diese christlichen Lehrer begannen gegen 170 zu predigen. Im frühen Christentum waren weibliche Lehrer durchaus nicht ungewöhnlich. Sie besaßen in der Gemeinde in Form der Stände der Witwen und Jungfrauen eine offizielle Stellung. Den Stand der Witwen haben wir bereits erwähnt; die Jungfrauen waren eine weitere Gruppe von Frauen (zuweilen Witwen und zuweilen jüngere unverheiratete Frauen), die offiziell als Bräute Christi geweiht waren. Sie lebten einzeln für sich oder in kleinen Gruppen in der Nähe der Kirchengebäude; während der Liturgie standen sie an einem besonderen Platz und trugen zum Zeichen ihres geweihten Standes einen Schleier. Viele frühchristliche Texte, angefangen mit den späten neutestamentlichen Briefen, lassen einen gewissen Konflikt durchscheinen: Einerseits wurde für diesen Stand von Frauen, die in der Kirche ihren Dienst versahen, ermutigend geworben, und andererseits versuchte man, das Ausmaß, in dem sie zum »Lehren« befugt wurden, zu begrenzen. Dabei ging es darum, sie von der Schriftauslegung und der öffentlichen Predigt, die direkt in den Kirchen stattfand, auszuschließen, während sie vermutlich in umfangreichem Maß lehrend in den Dörfern und Häusern der Gemeinden tätig waren, namentlich unter den Frauen und Kindern und den an den Haushalt Gebundenen vor Ort: den Kranken und Alten. Im Stadtleben der Antike war das keine geringe Funktion.

Montanus, Prisca und Maximilla betonten in ihrer prophetischen Verkündigung stark die apokalyptische Seite des Christentums und lehrten, ihre Generation sei die letzte und die Endzeit, in der Christus komme, sei angebrochen. Er werde in ein kleines Dorf in Kleinasien namens Pepuza herabsteigen und es ins himmlische Jerusalem umwandeln. Die Predigt dieser drei scheint ekstatischer Natur gewesen zu sein. Das heißt, sie wurden vom Geist »ergriffen« und sprachen auf eine Weise, die außerhalb ihrer normalen Sinne war. Das entspricht Zügen, wie sie uns aus hellenistischen prophetischen Kulten bekannt sind. Dabei handelte es sich um einen Zug der montanistischen Bewegung, den viele ihrer christlichen Gegner ablehnten, die Montanus vorwarfen, er habe ins Christentum fremde Praktiken aus seinem Vorleben als heidnischer Priester eingebracht.

Dieser Widerstand sollte sich sehr stark auf die Großkirche auswirken. Mit seiner grundsätzlichen Ablehnung der montanistischen Theologie bezog das Christentum einen festen Standpunkt bezüglich der Natur der Inspiration durch Gott den Heiligen Geist, der sie von da an für immer prägte. Nach dieser Kontroverse nahm man den ekstatischen Geisteszuständen gegenüber, wie sie dem hellenistischen religiösen Enthusiasmus geläufig waren, eine immer skeptischere Haltung ein. Man kam zur Überzeugung, je stärker jemand vom Heiligen Geist bewegt werde, desto klarer und nüchterner werde auch sein Denken. Als Vorbild galt die Art, wie Jesus und die Apostel und Märtyrer vom Heiligen Geist inspiriert waren: Man war (in Reaktion auf die Montanisten) davon überzeugt, christliche Gläubige

Die Stadt Jerusalem. Frühchristliches Fußbodenmosaik in Ma'daba, Israel. Die Montanisten waren stark auf die Vorstellung vom himmlischen Jerusalem konzentriert.

würden nie derart gewalttätig vom göttlichen Geist »besessen« wie die »Prophetensöhne« im Buch der Könige oder sie würden derart außer sich geraten wie die Montanisten. Im Gegenteil, man werde bei ihnen eine Verfeinerung ihrer Verstandesgaben feststellen und nicht etwa deren Verlust. Von da an bis heute herrscht in der spirituellen Tradition des Christentums weitgehend die Vorstellung vor, wenn der Geist Gottes auf einen Menschen einwirke, beraube er ihn nicht seiner Sinne. Ekstatisch geisterfüllte Zustände, die etwas anderes behaupteten, wurden in christlichen Kreisen immer höchst misstrauisch betrachtet. Die anti-montanistische Reaktion ist einer der Hauptgründe dafür, dass sich die christliche Mystik durch ihre ganze Geschichte hindurch vorwiegend durch nüchternes Verstandesdenken auszeichnet; ekstatische Kulte waren immer in der Minderheit und von kurzlebiger Natur.

Der Montanismus vertrat eine rigorose Auffassung von der Natur der Kirche als Gemeinschaft der reinen Auserwählten und predigte den Rückzug aus der Welt, die Absage an ihre Kultur und das Vermeiden des Umgangs mit »Ungläubigen«. Er forderte strenges Fasten, radikale Reinheit des Lebensstils, verbot eine zweite Eheschließung und ermutigte zum ehelosen Leben. Das Martyrium wurde zur Höchstform des christlichen Glaubenszeugnisses erklärt und wenn eine Christenverfolgung bevorstand, ermutigten die Montanisten ihre Anhänger, sich freiwillig zum Martyrium zu melden.

Das war ein Grund zur Meinungsverschiedenheit mit den nicht-montanistischen Christen vor Ort, die eine solche Sehnsucht nach dem Tod für tollkühn und überzogen hielten, zumal sie damit auch das Leben der großen Mehrheit der Christen in Gefahr brachten, die sich legitimerweise von den sie verfolgenden Behörden fernhalten wollten. Der Montanismus scheint sich in dem Punkt an das Beispiel seiner ersten Lehrer und Lehrerinnen gehalten zu haben, dass er bereits früh einen Klerus aus beiden Geschlechtern zuließ. Viele Christen in Kleinasien waren vom rigorosen Charakter des montanistischen Lebensstils beeindruckt. Jedoch stellten sich viele auch gegen diese Bewegung, nicht nur, weil sie eher eine der Vernunft entsprechende Art der Inspiration durch den Heiligen Geist vertraten, sondern auch aus Misstrauen gegen die Visionen und Ekstasen, die die Montanisten als ständige Anzeichen eines hingebungsvollen Gläubigen pflegten. Aus diesem Grund wurde bald von der Christenheit als Ganzer eine Spiritualität mit Ekstasen, Visionen und Zuständen »außerhalb des Körpers« als fragwürdig betrachtet. Zwar gab es diesen Zug auch weiterhin immer wieder im Leben der Christenheit, aber er trat nur noch selten auf, ohne auf lebhaften Widerstand zu stoßen.

In Reaktion auf die montanistische Bewegung riefen die Leiter der christlichen Kirchen Kleinasiens die ersten provinzübergreifenden Bischofsversammlungen zusammen. Das wurde für die nachfolgenden Jahrhunderte beispielhaft. Immer wenn die Christenheit eine Krise verspürte, erwiesen sich diese »Synoden« von Bischöfen als Möglichkeit, die anstehenden Probleme zu behandeln. Trotz ihrer Verurteilung hatte die montanistische Bewegung nachhaltige Auswirkungen. Ihr Aufruf zu Fasten und Ehelosigkeit übte großen Einfluss auf die entstehenden Formen einer »katholischen« Christenheit aus und verstärkte die asketischen Tendenzen im Christentum beträchtlich. Außerdem förderte sie in den katholischen Kirchen (als Reaktion auf den Montanismus) bei den Ämtern der Bischöfe und Presbyter den Aspekt der Regulierung und Aufsicht, weithin zum Nachteil des viel weiteren Ämterspektrums etwa der Jungfrauen, Witwen und Propheten. Nach dieser Zeit verschwindet das Amt des Propheten ganz und an seine Stelle tritt das Amt des Lehrers und Predigers der Heiligen Schrift, was dann für viele Jahrhunderte ausschließlich als Vorrecht der Bischöfe und der von ihnen delegierten Priester galt. Die montanistische Bewegung lebte als kleine Sekte der Kirche fort, war im 3. Jahrhundert in Rom und Nordafrika aktiv und tauchte noch im 6. Jahrhundert in Kleinasien auf, denn als der römische Kaiser Justinian sie im Namen der Einheit der Kirche zu unterdrücken versuchte, beging eine große Anzahl von ihnen aus Protest Massenselbstmord.

Märtyrerberichte
(3. Jahrhundert)

Die frühesten christlichen Texte hatten von Martyrien und Verfolgungen gesprochen, aber diese waren meistens sporadisch und örtlich eng begrenzt. Doch als die Kirche in der Gesellschaft sichtbarer wurde, begann sie stärker die Aufmerksamkeit der politischen Behörden auf sich zu ziehen. Seit frühesten

Zeiten waren die christlichen Märtyrer von ihren Gemeinden als große Helden gefeiert worden. Daher erlangte die Gattung des Märtyrerberichts immer größere Bedeutung. Oft wurden dabei genau wie im *Martyrium des Polykarp* Parallelen mit den Passionsberichten der Evangelien hergestellt. Doch sind aus der christlichen Antike auch mehrere »Märtyrerberichte« erhalten, die sich eng an den tatsächlichen Verlauf der Prozesse hielten, zu denen die Kirche Zeugen schickte, um sie aufzuzeichnen. Manche schildern den heroischen Widerstand von Frauen wie etwa von Blandina und Fausta oder Perpetua und Felicitas (siehe Kasten S. 51); auch zahlreiche andere Frauen spielten unter den christlichen Märtyrern eine hervorragende Rolle und bekamen den höchsten möglichen Status in der Kirche verliehen. Von den Märtyrern glaubte man, sie erlangten Kronen im Himmel und stünden besonders nahe bei Christus, wie es in Offenbarung 7,9–17 geschildert wird.

Die unerschütterliche Entschlossenheit dieser Frauen und der anderen Märtyrer erfüllte die heidnische Gesellschaft mit einer tiefen Angst vor dem Christentum als einem entgleisten Fanatismus. Man empfand, dieses Religionssystem, das sich um keinen Preis von der Kultur seiner Umgebung absorbieren lassen wolle, verstoße gegen die grundlegenden Strukturen, die die antike Gesellschaft zusammenhielten: gegen den Gehorsam gegenüber den zivilen Autoritäten in allen öffentlichen Belangen, wozu auch die Konformität in der religiösen Praxis gehörte. Man konnte damals zwar seine privaten religiösen Empfindungen in einer Vielzahl verschiedener Kulte und Überzeugungen ausleben, aber allgemein galt die Auffassung, die Religion sei eine tragende Säule der Gesellschaft und vermittle jene bürgerlichen Tugenden, die den Haushalt und das Gemeinwesen trügen. Der Umstand, religiöse Prinzipien zu vertreten, die derart flagrant gegen die häuslichen Tugenden verstießen und die Zivilreligion in Frage stellten, bedeutete einen gewaltigen Konflikt zwischen der nordafrikanischen römischen Gesellschaft und der frühen Kirche. So kam es, dass die Vorstellung, der Märtyrer sei der wahre Jünger Christi, noch viele Generationen lang im Christentum nachwirkte. Nicht alle mochten berufen sein, diesen Leidensweg zu gehen, aber diejenigen, die um ihres Glaubens willen vor Gericht gestellt und hingerichtet worden waren, wurden zum Inbegriff der Jünger, die ihrem leidenden Herrn ganz gleichförmig geworden waren. Umgekehrt

Perpetua und Felicitas

D̲ie Geschichte vom Tod der jungen Römerin Perpetua und ihrer christlichen Sklavin Felicitas in der Provinz Nordafrika während der Verfolgungen des 3. Jahrhunderts ist ein ungewöhnlicher, höchst interessanter Text. Sie ist uns in der *Leidensgeschichte von Perpetua und Felicitas* überliefert, einem wahrscheinlich von einem Montanisten zusammengestellten Werk. In seinem größeren Rahmen enthält es auch das Gefängnistagebuch, das im Jahre 203 eine junge Mutter namens Perpetua in Karthago führte. Ihr Vater war Heide und außer Stande, die scheinbare Verrücktheit und den sturen Ungehorsam seiner Tochter zu verstehen. Sie hatte sich unlängst zum Christentum bekehrt und erhielt gerade den Unterricht vor ihrer Taufe, als sie wegen ihres christlichen Glaubens verhaftet wurde. Obwohl man ihr anbot, sie wieder freizulassen, wenn sie dem Christentum absage, lehnte sie das ab und ließ sich im Gefängnis taufen.

Perpetua hatte gerade erst ein Kind zur Welt gebracht und die Beschreibung ihrer Haft ist einer der anschaulichsten der frühen Märtyrerberichte. Ihr Vater beschwor sie, nicht so unvernünftig zu sein und an ihre Pflichten gegenüber ihrer Familie zu denken, aber sie blieb fest. Die Vorstellung, wie eine junge Frau den Wünschen ihres Vaters und Ehegatten widersteht und sogar bereit ist, ihr neugeborenes Kind zu verlassen, beeindruckte die Kirche als ungemein starkes Zeugnis von Festigkeit und Mut. Ihre Dienerin Felicitas war schwanger und brachte ihr Kind im Gefängnis zur Welt. Auch sie vertraute ihr Kind kurz vor ihrer Hinrichtung der Obhut einer Christin an.

Perpetua und Felicitas
auf einer heutigen Ikone.

wurde im Märtyrerkult der radikale Charakter eines entstehenden Christentums betont, das sich nicht damit zufrieden gab, sich angesichts eines ihm gegensätzlichen kulturellen und religiösen Systems still zu verhalten, sondern bereit war, ihm Widerstand zu leisten und alternative soziale und moralische Visionen zu vertreten, selbst um den Preis schrecklichen persönlichen Leidens.

Perpetuas Aufzeichnungen stellen einen Bericht über ihre Traumvisionen aus der Zeit dar, die sie im Gefängnis verbrachte. Sie und ein anderer »Bekenner« (das war der Titel, den die um des Glaubens willen Inhaftierten erhielten), Saturus, hatten

Visionen vom Leben nach dem Tod und schauten, wie ihre Gebete als Bekenner Christus dazu bringen konnten, Lebenden wie Toten Vergebung zu schenken. Aus diesen Texten spricht deutlich die Vorstellung von der Kirche als einer kosmischen »Gemeinschaft der Heiligen«; und zudem auch, eine wie wichtige Rolle und welch hohes Ansehen die frühe Kirche ihren Märtyrern zuschrieb. Sie galten nicht nur als heroische Zeugen, sondern auch als Fürsprecher im Himmel, deren Gebete die Reinheit der Kirche auf Erden zu gewährleisten vermochten. Schon bald wurden regelmäßige Festtage zum Gedächtnis ihres Todes eingeführt. Das war der Anfang des

Prozession der Märtyrer. Mosaik in Sant'Apollinare Nuovo in Ravenna aus dem 6. Jh.

christlichen Heiligenkalenders und des Glaubens an die Heiligkeit ihrer leiblichen Überreste, der Reliquien. Man vermutet, beim anonymen Redaktor dieser Märtyrertexte handle es sich um einen nordafrikanischen Montanisten. Dementsprechend zieht sich durch sie als Thema die Überzeugung, Visionen und prophetische Träume seien wichtige Zeichen dafür, dass der Geist Gottes die Kirche weiterhin durch die Geschichte begleite.

Die hier vertretene strenge Vorstellung vom Christentum erinnert auch an weitere Aspekte der montanistischen Bewegung, die das Martyrium in den Rang der Höchstform der christlichen Jüngerschaft erhob und außerdem den Frauen einen wichtigeren Status zuerkannte, als er ihnen innerhalb der Organisation zugestanden wurde, wie sie sich in der Folge in ihrer »katholischen« Spielart herauskristallisierte. Es ist schwierig auszumachen, ob nun die Märtyrer selbst der Mehrheitskirche von Karthago oder eher einer kleineren sektiererischen Bewegung noch fortbestehender Montanisten angehörten. Jedenfalls feuerte ihr »Zeugnis« des Martyriums die Kirche dieser Epoche an und verlieh ihr eine ausgeprägte Identität, selbst als die Gegenkräfte immer stärker wurden.

rung ganz besonders auf eine Frau, die als die
größte aller Heiligen angesehen wurde: die Mutter
Jesu. Die Marienverehrung wurde immer beliebter,
besonders ab dem 4. Jahrhundert. Man verlieh ihr
den Titel *Theotokos*, »Gottesmutter«, und ihre Verehrung wurde dazu verwendet, die tiefe Überzeugung der Kirche zum Ausdruck zu bringen, dass ihr
Sohn Jesus kein bloßer Mensch, sondern das
Fleisch gewordene Wort Gottes selbst gewesen sei.
So diente dieser ihr Titel »Gottesmutter« als wichtige theologische Definition der christlichen Grund-

Das Dritte Ökumenische Konzil unter Vorsitz des Kaisers.
Wandgemälde von Symeon Axenti, gemalt 1523, in der
Sozomenos-Kirche in Galata, Zypern.

überzeugung, Jesus sei der inkarnierte Sohn Gottes.
Er war das Ergebnis intensiver theologischer Diskussionen auf der internationalen Bischofssynode
von Ephesus im Jahre 431, dem »Dritten Ökumenischen Konzil«.

Die Mönchsbewegung im Westen: Benedikt (ca. 480–550)

Benedikt aus der italienischen Stadt Nursia gilt als der »Vater des abendländischen Mönchtums«. Von ihm handelt das ganze II. Buch von Gregors des Großen Werk mit dem Thema *Dialoge* (Unterredungen über das Leben von Heiligen). Auf dieser einige Jahrzehnte nach seinem Tod verfassten Darstellung von einem Papst, der ihn als eindrucksvolle Mönchsgestalt verehrte sowie auf der berühmten Regel Benedikts beruht sein Ruhm als führender Gesetzgeber des Mönchtums im Abendland.

Trotz dieser Quellen bleibt Benedikt aber für die historische Forschung nur schemenhaft greifbar. Er wurde gegen 480 geboren. Sein Vater war ein reicher Grundbesitzer in der Gegend von Nursia und schickte ihn zum Abschluss seiner Studien in die Hauptstadt Rom. Er entdeckte dort eine vitale Subkultur asketisch lebender Christen, die schon seit einem Jahrhundert gepflegt wurde, lernte vermutlich von ihnen, reagierte jedoch sicher auch auf seine eigenen Erfahrungen des Lebens in der Hauptstadt, das er als hoffnungslos verdorben empfand, und verließ sie wieder. Denn er war von den Verhältnissen in Rom angewidert, brach seine Studien ab und zog sich in das Dorf Enfide (heute Affile) zurück, wo er ein Leben als Mönch und Einsiedler führen wollte.

Der heilige Benedikt. Romanisches Fresko in Sacro Speco, Subiaco, von einem unbekannten Künstler.

Benedikt gründet sein erstes Kloster

Schon bald nach diesem ersten Versuch beschloss er, sich in der Gegend um die Stadt Subiaco vierzig Meilen östlich von Rom niederzulassen. Dort leitete er nach einer Phase als Einsiedler eine Zeit lang ein Landkloster namens Vicovaro und beschloss dann, weitere Klöster zu gründen, um seine Vorstellungen von der bestmöglichen Lebens- und Tagesordnung einer Mönchsgemeinschaft in die Praxis umzusetzen. So entstanden im benachbarten Tal von Aniene innerhalb kurzer Zeit zwölf Klöster mit je zwölf Mönchen, jedes unter der Autorität seines eigenen Abtes (des Vaters des Mönchshaushalts, der zugleich der spirituelle Leiter seiner Mönche war). Sein Modell war zweifellos am Beispiel Jesu und der zwölf Jünger, die er sich ausgewählt hatte, ausgerichtet.

Zunächst ergaben sich einige Widerstände gegen seine Vorstellungen von der Ordnung des Mönchslebens. Im Osten sah das Mönchtum für seine einzelnen Anhänger ein hohes Maß an Freiheit für die konkrete Verwirklichung vor. Benedikt dagegen führte eine viel straffere und diszipliniertere Organisationsform ein. Nach etlichen Widerständen und Machenschaften gegen ihn verließ er gegen 529 Subiaco und besiedelte die abgelegene Bergkuppe des Monte Cassino, wo er die Ruinen eines verlassenen heidnischen Tempels dazu verwendete, ein neues Kloster zu bauen, das bis heute als das Zentrum der weltweiten benediktinischen Mönchsfamilie besteht.

Die Regel Benedikts

Vermutlich auf Monte Cassino war es, dass Benedikt beschloss, seine Regel schriftlich auszuarbeiten. Von da an diente sie als Vorlage für fast alle weiteren der älteren Mönchsgemeinschaften der abendländischen Kirche. Benedikt selbst schöpfte aus einer bereits vorhandenen älteren Regel, der so genannten »Magisterregel« sowie aus einer Anzahl anderer Schriften über das Mönchsleben, etwa den Werken von Basilius und Texten aus der Tradition der Wüstenväter, aber mit seinem Genie der Einfachheit, Menschlichkeit und Ordnung schuf er einen Text, der der abendländischen Kirche eine neue Dynamik und Lebenskraft schenkte.

Benedikt entwarf das Ideal der vollkommenen Mönchsgemeinschaft als Leben in enger Gemeinschaft, die die Familie Gottes darstelle. Für Einsiedler oder exzentrische Formen der Askese hatte er wenig übrig, sondern hielt sie für zu selbstgefällig und undiszipliniert. Er versuchte, die Vorzüge des Einsiedlerlebens, wie sie die Lebensbeschreibungen der Wüstenväter und -mütter bezeugten, in die Form eines regelmäßigen Alltagslebens in stiller und bescheidener Askese zu gießen und ging dabei von der Überzeugung aus, am fruchtbarsten werde das durch ein Leben in Gütergemeinschaft, Ehelosigkeit und Gehorsam. Jedem seiner Häuser gestand er weitgehende Autonomie zu, verknüpfte jedoch alle in einem losen Verband, der sie dank der Beobachtung der gleichen, in der Regel umschriebenen Gründsätze in Liebe und Gemeinschaft zusammenhalten sollte. Im Alltagsleben des Klosters spielte das liturgische Leben eine zentrale Rolle; ferner wurde dem Abt als »Haupt der Familie« eine führende Rolle zuerkannt. Ihm stand die Autorität über die Auslegung der Regel und das letzte Wort in allen Fragen der Spiritualität und Disziplin zu.

Benedikt rückte dadurch die Tugend des Gehorsams in den Vordergrund. Für ihn war der Gehorsam die entscheidende asketische Tat: Wenn der Mönch dem Vater der Mönchsgemeinschaft strikten Gehorsam unter Gott versprach, brachte er geradezu sein Leben in einem Opfer des Eigen-Willens dar, und das um des Reiches Gottes willen. Verbunden mit dieser zentralen Tugend des Gehorsams war die Verpflichtung zur Stabilität (*stabilitas loci*): Die Regel verlangte, dass jeder Neueintretende versprechen sollte, bis an sein Lebensende in dem Haus zu bleiben, dem er sich angeschlossen hatte. Bislang hatten sich viele Mönche an die im Osten verbreitete Praxis gehalten, von Kloster zu Kloster zu wandern. Benedikt betrachtete diese »Gyrovagen« (»Umherschweifenden«) als Schädlinge für die Disziplin und Ordnung eines religiösen Haushalts und war entschlossen, diesem Zustand einen Riegel vorzuschieben. Deshalb legten seine Mönche das Gelübde ab, sich ihr Leben lang um den Gehorsam, die Stabilität und die »Bekehrung ihrer Sitten« (*conversio morum*) zu bemühen. Außerdem entwarf er eine Form klösterlichen Alltagslebens, die ein fruchtbares Gleichgewicht zwischen intellektueller und körperlicher Arbeit und spirituellem Leben herstellen sollte.

Benedikts Erbe

Im Lauf der nachfolgenden Jahrhunderte lernten die Mönche des Abendlands die Regel Benedikts als weise und einfühlsame Synthese aller wichtigen und kostbaren Werte der monastischen Bewegung schätzen. Die Benediktinerklöster wurden zu echten Oasen der Kultur und des spirituellen Lebens für eine Kirche, die in eine schwierige Entwicklungsphase eintrat, als sie immer mehr den Schutz des römischen Kaisers in Byzanz verlor. Während der langen Jahrhunderte zwischen dem Zeitalter der Klassik und der Renaissance waren die Klöster oft die letzten Horte der Kultur. Deswegen verdankt die abendländische Gesellschaft dem Benediktinertum unschätzbar viel.

Die Entwicklung der christlichen Liturgie

Die verschiedenen großen Konzilien oder internationalen Bischofsversammlungen, die ab dem 4. Jahrhundert abgehalten wurden, die später so genannten Ökumenischen Konzilien, liefern eine Bestandsliste der Entwicklung des christlichen Denkens, besonders was die zentralen Lehren über Christus und die Dreifaltigkeit angeht. Jedoch sind es die weniger Aufsehen erregenden Aspekte des christlichen Lebens und gerade die Elemente, die lange Zeit nicht kontroverse Aufmerksamkeit erregten, die wahrscheinlich eher und innerlicher etwas vom wesentlichen Geist des Gebetslebens der frühen Christengemeinden vermitteln, darunter vor allem die Form der frühesten christlichen Liturgie, also des öffentlichen Gebets und Gottesdienstes der Kirche.

Das Neue Testament enthält viele Hinweise auf wichtige Aspekte des Gebetslebens der frühen Christen. Dazu gehören vor allem die Konzentration auf das Gedächtnis des Leidens Jesu und die Versammlung der Gemeinschaft um den Tisch, an dem der Tod und die Auferstehung des Herrn in einem »eucharistischen« Ritual gefeiert wurden. Doch die genauen Einzelheiten der frühchristlichen Liturgie blieben weithin unbeschrieben; erst ab dem 4. Jahrhundert, als die Kirche mehr ans Licht der Öffentlichkeit trat, verfügen wir über immer mehr Details aus der christlichen Liturgie. Die frühesten Angaben über die Liturgie der Christengemeinden, die zeigen, wie sie in den Jahren unmittelbar nach dem Neuen Testament allmählich ihre Gestalt annahm, liefern uns die Schriften des Schriftstellers Justin aus dem 2., sowie dann aus dem 3. Jahrhundert diejenigen des nordafrikanischen Autors Tertullian, des römischen Theologen Hippolyt und zwei Textsammlungen namens *Didache* und *Didascalia Apostolorum* aus der syrischen Liturgie. Aus der Mitte des 4. Jahrhunderts sind uns die Altarbücher des ägyptischen Bischofs Serapion erhalten. Bei den formellen christlichen Gebetsversammlungen standen im Mittelpunkt die Themen der Danksagung an Gott für das Leben und die Erlösung, die er der Welt in Jesus geschenkt habe. Die *Didache* beschreibt das Wesentliche des frühen eucharistischen Gebets folgendermaßen:

Wir sagen dir Dank, Vater, für den heiligen Weinstock deines Knechtes David, den du uns durch deinen Sohn Jesus bekannt gemacht hast. Dir sei die Herrlichkeit für alle Zeiten. Wir sagen dir Dank, unser Vater, für das Leben und Wissen, das du uns erschlossen hast durch deinen Sohn Jesus. Dir sei die Herrlichkeit für alle Zeiten. Wie dieses Brot über die Berge verstreut war und dann in eins versammelt wurde, so möge deine Kirche von den Enden der Erde in dein Reich versammelt werden. Denn dein ist die Herrlichkeit und die Kraft durch Jesus Christus bis in alle Zeiten.

Die Kommunion mit Brot und Wein wurzelte natürlich im Bericht vom letzten Abendmahl und die »Danksagung« wurde zum Symbol für den gesamten spirituellen Weg zu Gott. So bekam der Ritus schließlich seine Bezeichnung »Eucharistie« (griechisch: »Danksagung«). Am Herrentag (dem Sonntag oder ersten Tag der Woche) sollte der Gemeindebischof der Versammlung der ganzen Gemeinde vorstehen. Er leitete zu Ehren der Auferstehung das Vorlesen aus der Heiligen Schrift und den Psalmengesang, nahm vom Volk die Gaben von Brot und Wein entgegen sowie Geldgaben, die zur Erleichterung des Loses der Armen vorgesehen wurden, und sprach sodann mit einem ausführlichen, selbst improvisierten Gebet den Dank über einen Teil des Brotes und Weines, der hierauf unter der Gemeinde als »Kommunion« (Teilen und Teilhabe) am Leben, Sterben und Auferstehen Christi ausgeteilt wurde.

Im frühen 3. Jahrhundert wollte der römische Gemeindeleiter Hippolyt die Art des Gebets in seiner Stadt reformieren und genauer festlegen, wie der Bischof seine Danksagung sprechen solle. Dabei wollte er das Recht des christlichen Gemeindeleiters, sein Gebet frei zu improvisieren, nicht einschränken (denn genau das war seine eigentliche Rolle als Leiter des Gebets: Er sollte den Gläubigen die Qualität seiner eigenen Geistesgabe, seines *Charismas* als neuer Mose bezeugen, als neuer prophetischer Kanal der Gnade für die seiner spirituellen Sorge anvertraute Gemeinde), sondern Hippolyt ging es darum, die Grundelemente zusammenzustellen, die zu einem guten christlichen Gebet unverzichtbar gehörten. So stellt sein Werk *Die Apostolische Überlieferung* vermutlich keine »partikuläre« Liturgie aus der alten Kirche dar, sondern will einen Beispieltext mit allen Wesenselementen für das formelle

nicht als Schauende unterwegs sind. Dieses Unterpfand aber wird uns geschenkt, damit der Mensch
danach brenne, dem Schöpfer anzuhangen und Anteil
an dem wahren Licht zu erlangen, so dass wir von
dem, der uns unser Sein geschenkt hat, auch unser
ganzes Glück erwarten. Die freie Wahl des Menschen
wirkt sich nur so aus, dass sie in die Sünde führt,
solange ihr der Weg der Wahrheit verborgen bleibt.
Wenn uns aber offenkundig ist, was wir tun und
wonach wir uns sehnen sollten, dann tun wir trotzdem
nicht unsere Pflicht, packen es nicht an und erreichen
nicht das gute Leben, solange wir nicht jenes Wohlgefallen dafür und jene Liebe dazu verspüren. Doch
damit wir diese Zuneigung empfinden, ist »die Liebe
Gottes ausgegossen in unsere Herzen«, nicht infolge
der aus uns selbst stammenden freien Entscheidung,
sondern »durch den Heiligen Geist, der uns gegeben
ist« (Römer 5,5).[17]

Augustinus predigt seinen Zuhörern. Illustration in einem
Manuskript des *Gottesstaats* aus dem 11. oder 12. Jh.

Die Kritiker von Augustinus argumentierten, wenn er die
Gnade Gottes derart stark betone und sage, sie sei vor,
während und nach jeder guten Tat des Menschen am
Wirken, dann mindere, ja zerstöre er die menschliche
Willensfreiheit, die doch für eine moralische Entscheidung absolut notwendig sei. Augustinus entgegnete, wenn
uns nicht Gottes Gnade zuvor diese Freiheit schenke,
damit wir sie dann ausüben könnten, gebe es überhaupt
keine Freiheit, sondern nur die psychische und materielle
Versklavung an schlechte Gewohnheiten. So sei also
bereits die Freiheit, das Gute zu wählen, ein Geschenk
der Gnade Gottes. Ohne sie blieben die Menschen ret-
tungslos in der Sklaverei des Schlechten. In seinem Werk
über den *Gottesstaat* umriss Augustinus noch einmal
seine Position:

Wenn (im Himmel) die Sünden nicht mehr die Kraft
haben, die Heiligen zu verführen, dann folgt daraus
nicht, dass diese etwa keinen freien Willen mehr hätten. Im Gegenteil: (Unser Wille) wird eine echtere
Freiheit erfahren, wenn wir von der Freude am Sündigen befreit sind und uns der ständigen Wonne des
Nicht-Sündigens hingeben können. Denn die erste

Freiheit, die dem Menschen (Adam) bei seiner
Erschaffung als aufrecht Stehendem verliehen
wurde, bestand in der Fähigkeit zur Wahl, ob er
nicht sündigen oder das tun wolle. Aber die neue
Freiheit (in der Stadt Gottes) wird weit größer sein,
und zwar einfach deshalb, weil das Sündigenkönnen
ganz wegfällt, und zwar nicht aus einem natürlichen
Vermögen des Menschen ohne fremde Hilfe heraus,
sondern als Geschenk Gottes …
Die erste Unsterblichkeit, die Adam durch das Sündigen verlor, war die Fähigkeit, nicht zu sterben; die
neue Unsterblichkeit wird die Unfähigkeit zum Sterben sein. Auf die gleiche Weise verlieh die erste
Wahlfreiheit die Fähigkeit, nicht zu sündigen,
während die neue Freiheit die Unfähigkeit zum Sündigen verleihen wird … Wir würden doch sicher
nicht aus dem Umstand, dass unser Gott selbst
nicht sündigen könne, nicht schließen, Gott verfüge
deswegen über keine Wahlfreiheit?[18]

der Innenschau zum vorzüglichen Mittel, die Anwesenheit Gottes bewusst wahrzunehmen. Von da her konnte die Lebensgeschichte eines Menschen als Geschichte des geheimnisvollen Wirkens der göttlichen Vorsehung im Innersten seines Herzens und im Rahmen der verworrenen Fäden der Weltgeschichte geschildert werden. Damit vermochte die christliche Autobiografie eine Kraft zu erlangen, die sie mit einer biblischen Erzählung vergleichbar machte. Als Augustinus deshalb seine Lebensgeschichte veröffentlichte, wirkte sie sich auf die Kirche weit stärker aus als alle seine theologischen Werke, so wichtig auch diese waren.

In seiner Lebensmitte wurde Augustinus Bischof von Hippo Regius und produzierte eine ganze Flut theologischer Werke, die sich mit fast jedem Aspekt des kirchlichen Lebens befassten. Er schrieb über die Natur der Kirche, die Sakramente, die Bibelauslegung, die Natur der Dreifaltigkeit, das Gebet und die Gnade (siehe Kasten S. 68). Seine Werke sollten seine abendländischen Leser derart tief beeindrucken (ein ähnliches Ansehen erlangte er in den Ostkirchen bei weitem nicht), dass er zweifellos zum wichtigsten einzelnen Denker der abendländischen Kirche seit der Zeit des Apostels Paulus wurde. Für die Kirche nach ihm wurde er zur höchsten theologischen Autorität und seine Werke wurden als theologische Grundlegung der mittelalterlichen Welt unzählige Male kopiert und kommentiert.

Trotz seines massiven Einflusses auf die intellektuelle und theologische Struktur der gesamten abendländischen Christenheit nach ihm blieb Augustinus in der volkstümlichen Vorstellung weiterhin vor allem wegen seiner autobiografischen Erzählung in seinen *Bekenntnissen* lebendig. Darin beschrieb er mit suchender Ehrlichkeit von seinem Herzen, wie es hin und her gerissen war zwischen dem Suchen nach Gott und dem Leben in der Dekadenz, bis zu dem Augenblick, als Gott nach ihm griff und sein Leben in einem einzigen Augenblick mit Gnade und Erbarmen überflutete.

Es gibt wenige antike Autoren, die derart poetisch die inneren Prozesse zu schildern vermögen, mittels derer Gott das Herz des Menschen von seinen eigenen Fehlhaltungen befreit:

Aber Du, Herr, »bleibst in Ewigkeit«, aber »nicht auf ewig zürnst Du uns«, weil Du Dich erbarmst

über »Staub und Asche«. Und es war »Deinen Augen« ein Wohlgefallen, mich Missgestalt aufs neue zu gestalten. Und mit innerlichen Stachelstößen treibst Du mich, dass mir's unerträglich würde, bis ich, innen Deiner ansichtig, die Gewissheit hätte. Und was Geschwulst an mir war, ging unter der Pflege Deiner verborgenen Hand zurück, und die gestörte und verfinsterte Sehkraft meines Geistes genas von Tag zu Tag durch die scharfe Salbe heilsamer Schmerzen.[19]

Die *Bekenntnisse* von Augustinus wirkten sich maßgeblich auf die meisten nachfolgenden Formen der abendländischen christlichen Spiritualität aus und verliehen dem Begriff der »Bekehrung« einen hohen Stellenwert. Im ostkirchlichen spirituellen Denken dagegen spielte weithin diese zentrale Bedeutung der Gedanke der Umwandlung (»Verklärung«) in Christus. Augustinus starb, nachdem er kurz vor seinem Tod noch darum gebetet hatte, den Text von Psalmen an die Wände seines Zimmers zu malen, damit er sie unablässig rezitieren könne. Während er auf dem Sterbebett lag, belagerten die Nomadenkrieger der Wandalen seine Stadt Hippo Regius und nahmen sie schließlich ein, was sich als starkes symbolisches Zeichen für das deuten lässt, was in den folgenden Jahrhunderten geschah: Im Abendland brach angesichts der massiven Einwanderung von Stämmen aus dem Osten die alte römische Ordnung zusammen und das so genannte »Dunkle Zeitalter« setzte ein.

Gregor der Große
(ca. 540–604)

Augustinus war ein komplizierter Einzelner und ein genialer Intellektueller von überragender Größe. Doch seine kirchlichen Leser vermochten bei seinem Format nicht immer mitzuhalten. Die letzte große Gestalt, die wir im vorliegenden Kapitel betrachten wollen, Papst Gregor der Große, zeigt, in welche Richtung sich die Dinge entwickelten. Gregor selbst war keine überragende Geistesgröße, aber ein bewundernswerter Kompilator und genialer poli-

Gegenüber: Gregor der Große und der Diakon Petrus, sein Gesprächspartner in den *Dialogen.* Aus dem Codex Cassinensis (1022–1035).

tischer Administrator. Auf theologischem Gebiet vereinfachte er die Werke des Augustinus und brachte sie in ein Format, das künftigen Generationen als maßgeblicher Leitfaden dienen konnte. Politisch sprang er in die Bresche, die entstanden war, als die sinkende Macht des römischen Reiches die westlichen Provinzen politisch nicht mehr zu schützen vermochte und er gewährleistete, dass die Kirche in den kommenden Jahren als selbstständiger Handelnde zu bestehen vermochte. Da Gregor auf diese Weise das Ansehen der Kirche steigerte und sich auf diesem Gebiet als einer der bislang fähigsten Bischöfe Roms erwies, konnte er am Ende das Papstamt mit einem unglaublich verstärkten Prestige hinterlassen. Er leitete den Prozess ein, der in der Folgezeit der römischen Kirche bei der Verwaltung kirchlicher Angelegenheiten im Abendland ihre zunehmende zentralistische Rolle verschaffte. Gregor der Große ist in vieler Hinsicht der letzte Papst der alten Welt und der erste der Zeit des Mittelalters.

Er selbst hielt sich für den wahrscheinlich letzten Papst vor dem Weltende, so apokalyptisch und vom Untergang bedroht wirkte die damalige Gesellschaft. Trotz seiner apokalyptischen Einstellung verfasste er jedoch einen ungemein einflussreichen Leitfaden für die Seelsorge und Hirtenaufgabe, eine Art Handbuch für christliche Herrscher, Fürsten wie Bischöfe. Es wurde zur Pastoraltheologie der späteren christlichen Welt und weithin zur Quelle des Selbstverständnisses der Kirche über ihre Rolle in der frühmittelalterlichen Gesellschaft. In diesem Buch namens *Regula Pastoralis* (»Regel für Hirten«) umriss er die wesentlichen Erfordernisse christlicher Führer: Sie sollten allen, die auf sie blickten, mit ihrer eigenen Lebensart und der Sorgfalt, mit der sie sich dem Brechen des Brotes der Heiligen Schrift für Menschen aller Schichten in Kirche und Gesellschaft widmeten, spirituell ein Vorbild abgeben. Gregor betonte die Pflicht des Klerus zu wirksamer Predigt und lieferte eine einflussreiche Anleitung für den Unterricht in den biblischen Lehren, indem er einfache Regeln der Schriftauslegung bot, so dass der Prediger leicht den Bibeltext auf die Bedürfnisse seiner Gemeinde »anwenden« konnte. In vieler Hinsicht war es sein Werk, dass aus der abendländischen Christenheit eine Religion wurde, die sich immer wieder unmittelbar dem Text der Bibel zuwandte und ihr Leben nach ihm auszurichten suchte. Von daher war er der Vater des mittelalterlichen biblischen Denkens. Der reformierte Protestantismus stellte im Spätmittelalter den engen Bezug zur Bibel wieder her, was sich nachhaltig und deutlich sichtbar bis heute auf die Christenheit auswirkt.

Zusammenfassung

Hier konnte nur in Auszügen die Spiritualität der frühen Kirche dieses patristischen Zeitalters geschildert werden. Es war eine Epoche gewaltiger Veränderungen, von denen viele auf Jahrhunderte hinaus »konstitutiv« für bestimmte Praktiken und Einstellungen der Christenheit werden sollten. Im 4. Kapitel über die ostkirchliche Tradition werden bei der Darstellung der Werke der griechischen Mönche und Asketen und der großen patristischen Theologen wie Athanasius und der kappadokischen Väter viele Aspekte dieses patristischen Zeitalters wieder aufgegriffen. Was es an durchgängigen Themen in der Spiritualität dieser Frühzeit gab, lässt sich in etwa so zusammenfassen:

Die Frömmigkeit war stark Christus-zentriert. Das trat in allen Schriften, die wir betrachtet haben, zu Tage. Außerdem ist immer wieder deutlich der Wunsch nach Einheit und einer sozial aktiven Nächstenliebe zu spüren. Ferner wurden sehr stark asketische Vorstellungen gepflegt. Im patristischen Zeitalter war man sehr realistisch bezüglich der Wankelmütigkeit des menschlichen Herzens und seiner ständigen Neigung, von der konsequenten Hingabe an das Evangelium und seine Werte abzuweichen. Angesichts dieser Erfahrung ihrer eigenen Unzulänglichkeit entwickelten diese Christen einen tiefen Sinn für das Vertrauen auf das Erbarmen Gottes. Aus diesem Vertrauen auf einen gnädigen Gott, der ihnen selbst verzieh, versuchten sie jenes Ideal der Einheit und Ganzheit zu verwirklichen, von dem sie glaubten, zu ihm sei die gesamte Schöpfung durch Jesus Christus ganz neu berufen worden. Da ihr eigener Glaube neu war – die Mehrheit der Kirchenmitglieder bestand ja noch aus Neubekehrten –, verfügten sie über einen aktiven und lebendigen Eifer für das Evangelium. All das wirkte zusammen, dass sie eine Generation christlicher Gläubiger darstellen, die auch heute noch unser Interesse und unsere Bewunderung zu wecken vermag.

2

Die keltische und angel- sächsische Spiritualität

(4. bis 10. Jahrhundert)

Douglas Dales

Zeittafel

	316–397	Martin von Tours
400	ca. 390–ca. 460	Patrick von Irland
	410	**Rückzug d. röm. Legionen aus Britannien**
	450–535	Illtyd
500	ca. 480–ca. 547	Benedikt von Nursia
	ca. 500–ca. 570	Gildas
	ca. 520–ca. 600	David von Wales
	ca. 521–ca. 600	Columba von Iona
	† ca. 525	Brigida von Kildare
	ca. 540–604	Papst Gregor der Große
	ca. 543–615	Columban von Luxeuil und Bobbio
	† 565	Samson von Dol
600	**597**	**Ankunft des Augustinus aus Rom in Canterbury**
	ca. 600–651	Aidan von Lindisfarne
	602–690	Theodor, Erzbischof von Canterbury
	634–709	Wilfrid, Bischof von York
	639–709	Aldhelm von Malmesbury
	658–739	Willibrord von Utrecht
	vor 700	**das Evangelienbuch von Lindisfarne**
	ca. 673–735	Beda
	680–754	Bonifatius von Mainz
700	† 687	Cuthbert von Farne
	731	**Bedas *Kirchengeschichte***
	ca. 735–804	Alkuin von York
	ca. 750	Beowulf
	ca. 750	**das irische *Book of Kells***
800	**793**	**I. Überfall der Wikinger auf Lindisfarne**
	800	**Krönung Karls des Großen zum Kaiser des Abendlands**
	ca. 810–877	Johannes Scotus Eriugena
	849–899	König Alfred der Große
900	**878**	**Schlacht von Eddington**
	909–988	Dunstan, Erzbischof von Canterbury
	ca. 912–984	Ethelwold von Winchester
	ca. 925–992	Oswald von Worcester
	1066	**Eroberung Englands durch die Normannen**

Im römischen Britannien schlug das Christentum schon früh Wurzeln, vielleicht bereits im 2. Jahrhundert. Zur Zeit der Christenverfolgungen gab es auch hier etliche Märtyrer, von denen besonders Alban bekannt ist, und schon im 4. Jahrhundert nahmen britische Bischöfe an Kirchenkonzilien im Mittelmeerraum teil. Die Archäologie hat zudem in römischen Villen in Dorset und Kent Zeugnisse des Christentums freigelegt sowie in Water Newton und Mildenhall Schätze mit christlichen Motiven. Als 410 die römische Regierung und Besatzung abzog, blieb die Kirche bestehen, indes das organisierte Stadt- und Wirtschaftsleben rasch zusammenbrach.

Christus mit dem Symbol P + X (Chi-Rho). Mosaik aus einer römischen Villa des 4. Jhs. in Hinton St. Mary, Dorset.

Patrick (ca. 390 – ca. 460)

Der einzige römisch-britische Christ, von dem etwas Wesentliches bekannt ist, ist Patrick. Er wuchs in der Zeit auf, als die Römerherrschaft zu Ende ging und wurde als Kind von Piraten aus der Villa seines Vaters entführt und zur Sklavenarbeit nach Westirland verschleppt. Nach einigen Jahren gelang ihm die Flucht; er kehrte nach Britannien zurück und wurde Priester. Seine Leiden im Exil hatten seinen Glauben vertieft und er fühlte sich von Gott berufen, zu dem Volk zurückzukehren, zu dem er als Geisel verschleppt worden war.

Patrick und ein König. Miniatur aus einem Manuskript der
Legenda Aurea des Jacobus de Voragine von ca. 1260.

Ich hörte in meinem Traum die Stimmen derer
am Wald von Voclut in der Nähe des westlichen
Meeres, und sie schrien wie mit einer Stimme:
»Heiliger Knabe, bitte komm und lebe wieder
unter uns!«, und ich wurde tief im Herzen getroffen und wachte auf.

Patrick blieb während der ganzen Zeit seines Wirkens als Missionsbischof bei den Iren, trotz kritischer Stimmen bei seinem eigenen Volk daheim in
Britannien. Glücklicherweise sind zwei schriftliche
Zeugnisse von ihm erhalten geblieben: ein Brief an
einen britischen Häuptling, der einige unlängst von
Patrick gefirmte Iren verschleppt hatte sowie seine
Confessio, eine autobiografische Verteidigung seiner Tätigkeiten und Berufung. Darin ist er ein
direktes Echo der Schriften und Sichtweise des
Apostels Paulus. Er glaubte, dass Gott ihn berufen
habe, das Evangelium den Menschen ganz am Rand
der damals bekannten Welt zu predigen und ihn

Martin von Tours – Mönch, Bischof und Missionar (316–397)

In der keltischen wie angelsächsischen Tradition
spielt die Gestalt Martins von Tours eine große
Rolle. Die Art, wie seine Lebensgeschichte verfasst
wurde, gab das Schema für viele weitere Heiligenbiografien vor und sein Beispiel diente später als Rol-
lenmodell für viele Bischöfe.

Er lebte in der Mitte des 4. Jahrhunderts und war
zuerst römischer Soldat, bevor er Christ wurde.
Seine Generation war noch von den Schrecken der
erst unlängst beendeten Verfolgung geprägt und
fühlte sich noch vom Heidentum, das die Kirche
umgab, feindselig bedroht.

Um das Jahr 371 wurde Martin Bischof von Tours,
wo er bis zu seinem Tod 397 blieb. Auch als Bischof
führte er weiterhin das Leben eines Mönchs, was
ihm einige Abneigung seitens der anderen gallischen
Bischöfe eintrug. Sein Lebensstil war asketisch und
einfach und er wirkte aktiv als Missionar unter seinem Volk, wobei er oft heidnische Heiligtümer
angriff und sogar zerstörte.

Martin spielte auch eine wichtige politische Rolle
und klagte die Herrscher seiner Zeit offen wegen
ihrer Korruption und Grausamkeit an. Er war eine
prophetische Gestalt und gewann die aktive Unterstützung vieler reicher Landbesitzer und ihrer Familien. Besonders in Erinnerung blieb er durch seine
vielen Heilungswunder und Dämonenaustreibungen
sowie durch seine tätige Sympathie für die Armen.
Eine seiner berühmtesten Taten wurde das ganze
Mittelalter hindurch zu einem volkstümlichen Symbol: Martin, damals noch Soldat, reitet in eine Stadt
ein, zerteilt seinen Mantel und bekleidet damit einen
frierenden Bettler, der ihm später im Traum als
Christus selbst erscheint.

seine dabei erlittenen Prüfungen ganz nahe zu Christus gebracht hätten. Es war ein lebendiges Martyrium im Gehorsam gegenüber dem Missionsbefehl Jesu in den Evangelien. Zudem war Patrick ein Mensch mit einer tief kontemplativen Mystik:

In einer anderen Nacht spürte ich ihn in mir inständig und mit Seufzen beten. Ich wunderte und fragte mich, wer das sein könne, der da in mir bete. Aber zum Schluss sagte er mir, er sei der Heilige Geist: »Er, der sein Leben für dich hingab; er ist es, der in dir spricht.« Und ich wachte auf und war voller Freude.

Saint Oran's Chapel in der Abtei Iona in Schottland. Die Kapelle und der Friedhof aus dem 12. Jahrhundert sind dem heiligen Oran geweiht, einem Vetter Columbas und zugleich einem der zwölf Gefährten, die mit ihm nach Iona kamen.

Die Ausbreitung des Mönchtums

Trotz starken Drucks seitens der eindringenden germanischen Stämme im östlichen Tiefland Britanniens blieb die britische Kirche in den westlichen Landesteilen stark. Viele Briten flohen über das Meer in die Bretagne und nach Nordspanien, jedoch blieben die Beziehungen zu Südirland weiterhin ziemlich eng. Bis zum Jahr 500 waren längs der ganzen britischen Westküste kleine Klöster errichtet, die direkt von Entwicklungen im Mittelmeerraum, Ägypten und Syrien beeinflusst waren. Ein Hauptzentrum dieses Klosterlebens war Llaniltud Fawr in Südwales. In der Lebensbeschreibung des heiligen Samson aus dem frühen 6. Jahrhundert wird erzählt, wie Samson dort von Illtyd (450–535) ausgebildet worden war, bevor er schließlich zuerst

nach Irland und Cornwall ging und dann eine äußerst aktive Laufbahn als Missionar in der Bretagne begann.

In der Generation nach ihm spielte Gildas (ca. 500 – ca. 570) eine wichtige Rolle bei der Förderung der Mönchsdisziplin in Irland und Wales. Er verfasste die ersten Bußbücher, praktische Listen mit genauen Angaben, welche Bußen für welche Sünden aufzuerlegen seien, also eine Handreichung für Priester, die die Beichte hörten.

> Der Herr nennt selig nicht jene, die ihre Brüder verachten, sondern die Armen; nicht jene, die nur nach Wasser hungern und dürsten, um andere herabzusetzen, sondern diejenigen, die aufrichtig nach Rechtschaffenheit suchen; nicht Männer, die Krieg stiften, sondern jene, die um der Wahrheit willen Verfolgung erdulden.

Die irische Kirche wurde ein strahlendes Zentrum der christlichen Kultur und mönchischen Spiritualität. Ihr berühmtester Führer war Columba (ca. 521–597), ein irischer Fürst, der Mitte des 6. Jahrhunderts in Westschottland Zuflucht nahm. Dort schuf er auf der Insel Iona ein Kloster, unter dessen Einfluss schon zu seinen Lebzeiten in einem Großteil Schottlands das Christentum Einzug fand und in der Generation danach auch in Nordengland. Seine Lebensbeschreibung lieferte einer seiner fähigsten Nachfolger als Abt, Adamnan, der sie ein Jahrhundert nach seinem Tod aufzeichnete. Unmittelbarere Eindrücke aus der Zeit gleich nach seinem Tod finden sich in alten lateinischen und irischen Gedichten, die im Kloster erhalten blieben:

> Von Gott geliebt, lebte er an einem groben Fels,
> ein mühsam harter Platz diente ihm als Bett.
> Er kreuzigte seinen Leib, mied alles Bequeme.
> Er wählte das Lernen, schätzte Steintafeln über
>   alles,
> legte sich kaum mehr zur Ruhe.
> Er besaß Bücher,
> verzichtete jedoch auf alle Ansprüche
>   auf Grund seiner Abstammung.
> Aus Liebe zum Lernen wollte er von Kriegen
> und Festungen nichts wissen.[1]

Das gibt ganz gut den Geist des irischen Mönchtums wieder. Es war sowohl asketisch als auch auf

Bildung ausgerichtet. Viele Mönche machten sich auf der Suche nach dem Reich Gottes als Pilger auf den Weg ins ausländische Exil. Columba selbst war eine charismatische Gestalt, den viele für einen Heiler und Propheten hielten, sowie einen Visionär in Kontakt mit dem Himmel, den Engel besuchten und der zuweilen vom Licht verklärt wurde.

Viele folgten Columbas Beispiel; der Bekannteste unter ihnen wurde Columban (ca. 543–615). Er verließ mit einigen Gefährten Irland und ging aufs Festland, wo er in Luxueil in Frankreich und in Bobbio in Italien Klöster gründete, die berühmt werden sollten. Die Intensität des Mönchslebens, das er förderte, hinterließ in der französischen Kirche einen bleibenden Eindruck und führte dazu, dass in Randgebieten und unter den germanischen Eindringlingen im Norden des Landes viele neue

Der Apostel Lukas im Evangelienbuch von Canterbury, das Papst Gregor der Große mit den ersten Missionaren nach England schickte.

Der Geist des irischen Mönchtums

Das Mönchtum schlug in der irischen Gesellschaft tiefe Wurzeln und die Äbte wurden wichtiger als die Bischöfe. Miteinander verbundene Klöster spiegelten die Stammesstruktur des Landes; viele Mönchsniederlassungen wurden zu wichtigen Zentren der Bildung und Kunst. Man pflegte das Latein auf einem hohen Niveau und schuf Manuskripte von exzellenter Schönheit, wie etwa das *Book of Kells*. Das ganze Frühmittelalter hindurch unternahmen die irischen Mönche weite Reisen quer durch ganz Europa und trugen mit ihrer Bildung viel zur Verbreitung von christlichem und klassischem Bildungsgut bei. Mit ihrer Vorliebe für die »Wüste« errichteten sie auf vielen abgelegenen Bergen, Inseln und Vorgebirgen Einsiedeleien, an die oft heute noch Ortsnamen erinnern. Sie verfassten viele Lebensbeschreibungen ihrer Heiligen. Die Natur betrachteten sie als einen Spiegel der Herrlichkeit Gottes, wie es diese Worte eines Gedichts aus dem 9. Jahrhundert zum Ausdruck bringen:

Eine Hecke aus Büschen umschließt mich,
eine Amsel singt mir ihr Lied.
Über den Zeilen meines Buches
Höre ich fröhlich die Vögel zwitschern.

Auf dem höchsten Busch sitzt in grauem Mantel
der Kuckuck und ruft mir laut zu.
Ja, Gott ist gut; er soll mich beschützen.
Unter dem grünen Baldachin kann ich friedlich
schreiben.[2]

Das irische Mönchtum verlor über Jahrhunderte nicht seine Energie und Erneuerungskraft. Im 8. Jahrhundert erblühte die Bewegung der Céli Dé oder Culdeer. Das waren Eremitengruppen, oft dreizehn an der Zahl, die in Irland und Schottland ein apostolisches Leben extremer Strenge führten. Ihr glühendes Ideal kommt deutlich in den folgenden Richtlinien aus einer ihrer Regeln zum Ausdruck:

Sei immer von allem entblößt in der
Nachahmung Christi und der Evangelisten.
Sei immer entschlossenen Geistes auf das weiße
Martyrium ausgerichtet.

Vergib allen aus innerstem Herzen.
Das Maß deines Betens: Bete so lange, bis dir die
Tränen fließen.

Dieses Ideal des »weißen Martyriums« mittels des asketischen Lebens und der *peregrinatio pro Christo*, des Ausreisens ins Exil für Christus, prägte auch die Kirche in Wales nachhaltig. Das reichste Vermächtnis dieser Jahrhunderte sind die zahlreichen wunderschönen Steinkreuze, die man in ganz Wales findet und die vielen Orte, deren Namen noch an oft inzwischen völlig unbekannte Heilige erinnern. Die Kirchen von Wales und England beeinflussten einander gegenseitig während der ganzen angelsächsischen Epoche. Im 1. Jahrhundert verfasste Rhigyfarch im wichtigen Zentrum Llanbadarn Fawr das Leben des heiligen David. Aus seiner Hand ist auch ein wunderschön illuminierter Psalter erhalten.

Johannes Scotus Eriugena (ca. 810–877)

Die hervorragendste Leuchte des irischen Christentums war Johannes Scotus Eriugena. Er wanderte an den Hof König Karls des Kahlen nach Frankreich aus, wo er der Schule von Laon vorstand. Dort lehrte er Griechisch und beteiligte sich an verschiedenen Kontroversen über die Prädestination und die Natur des Altarsakraments. Seine Kenntnis des Griechischen befähigte ihn, Werke von Dionys dem Areopagiten, Maximos dem Bekenner und Gregor von Nyssa zu übersetzen. Sein wichtigstes eigenes Werk, *Peri Physeon*, verband ein neuplatonisches und christliches Verständnis Gottes und der Schöpfung miteinander:

Denn nur Gott existiert wirklich aus sich selbst, und er allein ist alles, von dem man in den seienden Dingen sagen kann, dass es wahrhaft sei. Denn keines der seienden Dinge existiert aus sich selbst: Wahres Sein gibt es nur durch die Teilhabe an ihm.

Gegenüber: Christus aus dem Matthäusevangelium im *Book of Kells*.

Kirchen gegründet wurden. Columban war ein Dichter, Lehrer und Gelehrter und in Kontakt mit Papst Gregor dem Großen. Er ging furchtlos auf die »Heiden« zu und genauso auf Herrscher und Kirchenleute. Sein inneres Leben war vom Heiligen Geist entflammt und er war der Überzeugung, dass »die Liebe Gottes sein Bild in uns erneuert, indem er uns mit seiner Liebe verwundet«:

> Lass dich entzünden vom Feuer der göttlichen Liebe, damit die Flamme seiner Liebe, die Sehnsucht nach seiner hinreißenden Zuneigung, höher steige als die Sterne und für immer in deinem Innern brenne. Denn wer liebt, trinkt von ihm; und es trinkt der, der vor Liebe nach der Weisheit brennt.

Die Ausbreitung des Christentums

Das Christentum kam aus zwei Hauptrichtungen zu den Angelsachsen: aus Richtung Rom und Frankreich und aus Richtung Iona und Irland. Im Jahre 597 kamen Missionare aus Rom an, angeführt von Augustin und ausgesandt von Papst Gregor dem Großen. Sie landeten in Kent und errichteten ihr Hauptquartier in Canterbury. Von dort aus gelang es ihnen, das Christentum bis nach London auszubreiten und später eine Zeit lang bis nach York. Inspiriert war dieser Missionszug vom Papst: Es heißt, dieses Anliegen habe ihn ergriffen, als er in Rom einigen englischen Sklaven begegnet sei, die dort zum Verkauf angeboten wurden, und gesagt habe, »nicht Angeln, sondern Engel sollten sie sein«. Gregors Beispiel und Lehre unterstützte die Mission und formte das Ethos der frühesten englischen Kirche entscheidend mit (siehe Kasten S. 81). In seinen Briefen und Schriften bot er praktische und spirituelle Führung: »Wunder sind desto größer, je spiritueller sie sind«; die Menschen würden durch sie für die »Gnade, die im Innern wirkt«, aufgeschlossen. Beim Predigen des Evangeliums gehe es um »das Heilen von Seelen, denn mit unseren Seelen werden wir zu Ebenbildern Gottes«. Einem Bischof von Alexandria berichtete er vom Fortschritt der Mission und erinnerte ihn daran, dass »deine Gebete dort sind, wo du nicht bist, aber deine heilsamen Taten dort fällig sind, wo du bist.«

Die erste Generation englischer Christen betrachtete Papst Gregor als ihren Vater in Gott. Gregors *Dialoge* bestärkten die spirituelle Autorität Benedikts von Nursia, dessen Regel im Lauf des 7. Jahrhunderts in den Klöstern immer mehr an Ansehen gewann. Gregors *Pastoralregel,* die die Grundsätze der Ausübung christlicher Autorität umreißt, erwies sich während der angelsächsischen Jahrhunderte in England als äußerst einflussreich; König Alfred der Große ließ sie ins Englische übersetzen.

Im Norden kam das Christentum zu den Angelsachsen von Iona her, und zwar auf Bitten des Königs Oswald von Northumbria, der während seiner Zeit des Exils in Iona selbst Christ geworden war. Als Missionsbischof wurde von Iona Aidan geschickt, der ein Kloster auf der Gezeiteninsel Lindisfarne gründete. Beda, ein Bibelgelehrter und

Statue von Aidan auf Lindisfarne, der Heiligen Insel in Northumberland.

Gregor der Große, der Apostel der Engländer (ca. 540–604)

Als Gregor 597 den Prior seines eigenen Klosters in Rom als Leiter der Missionsgruppe nach England aussandte, handelte er als Papst auf eine noch nie da gewesene Weise. Er erfüllte sich zudem eine persönliche Vision, die er mitten in den bedrängenden Krisen seiner Amtszeit hegte. Darum waren ihm die angelsächsischen Christen mit großer Zuneigung und Hochachtung als dem Apostel zugetan, der ihnen das Christentum gebracht habe. Die erste Lebensbeschreibung Gregors wurde von einem Mönch von Whitby verfasst und Beda betrachtete sich als Gregors Schüler.

Vom Ethos der Lehre und des Autoritätsverständnisses Gregors war die englische Kirche zutiefst geprägt. Er war in der Predigt des Evangeliums ein Könner und obendrein ein begabter spiritueller Führer im kontemplativen Leben. Seine *Pastoralregel* wurde von Königen und Bischöfen als praktischer Leitfaden für christliche Führerschaft verwendet. Von Beda bis Aelfric (ca. 955 – ca. 1020) entwickelten angelsächsische Gelehrte und Künstler jene Vision vom Christentum, die Gregor vorgeschwebt hatte.

Gregor legte sich als Papst den Titel »Knecht der Knechte Gottes« zu. Dieses Amtsverständnis sollte jedoch auch für jeden anderen gelten, der in der Kirche Autorität ausübte. Es lag ihm sehr daran, die Autorität und Zuversicht der vielen Bischöfe, an die er schrieb, zu bestärken; Augustin in Canterbury erteilte er ganz genaue Anweisungen, wie er bei der Bekehrung der Engländer vorgehen solle. Das Wichtigste sei, dass er keinen Zwang anwende; auch solle er die heidnischen Heiligtümer nicht gewaltsam zerstören, sondern in christliche Kirchen umwandeln.

Gregor thematisierte die Spannung zwischen dem aktiven und dem kontemplativen Aspekt des Christentums und löste sie für sich persönlich ein Stück weit. Er war ein zum Mönch gewordener Aristokrat, der sich in einer höchst schwierigen Zeit ihrer Geschichte nur widerstrebend in das kräftezehrende höchste Amt der abendländischen Kirche hatte hineinziehen lassen. Seine Sehnsucht nach dem stillen Gebet schien im Konflikt mit seinem Pflichtbewusstsein zu liegen. Mit seinen spirituellen Schriften trug er Jahrhunderte lang viel zur Ausgestaltung des abendländischen Mönchtums bei und zeigte, wie es dem Christen gelingen kann, mitten in aller Unvollkommenheit mittels Glaube und Liebe die Vollkommenheit zu entdecken.

Gregor der Große an seinem Schreibpult. Elfenbeintafel aus Deutschland, Ende des 10. Jhs.

Mönch des 8. Jahrhunderts, malt in seiner *Kirchengeschichte* ein glühendes Bild Aidans als eines Mannes mit »außergewöhnlicher Liebenswürdigkeit, Frömmigkeit und Mäßigung«. Über Aidans einfachen Lebensstil und sein energisches Auftreten gegenüber Königen und Adeligen erzählt er berühmt gewordene Geschichten:

Seine Liebe zu Frieden und Nächstenliebe, Mäßigung und Demut war so stark, dass seine Seele über Wut und Gier siegte und Stolz und Prunk verabscheute. Er widmete sich gewissenhaft dem Studium und Gebet und mit seiner priesterlichen Autorität wies er die Stolzen und Mächtigen in ihre Schranken. Seine Zärtlichkeit beim Trösten der Schwachen und Schützen der Armen war unermüdlich.

Cuthberts Brustkreuz.

Cuthbert († 687)

Im Leben und Kult von Cuthbert wurden der römische und der irische Strang des Christentums unter den Angelsachsen miteinander versöhnt und vereint. Er wurde rasch zum wichtigsten englischen Heiligen während der ganzen angelsächsischen Jahrhunderte.

Cuthbert war in Northumbria geboren und wurde 651 in Melrose Mönch, nachdem er in einer Vision den Aufstieg der Seele Aidans in den Himmel geschaut hatte. Sein spirituelles Leben wurde zunächst von seinem geistlichen Vater Boisil geprägt, von dem er es auch lernte, unter seinem eigenen Volk evangelisierend tätig zu sein. Er pflegte immer wieder lange Wochen weit fort vom Kloster in ganz armen und unzugänglichen Dörfern im Hügelland zu verbringen, wo er als charismatischer Prediger wirkte. Von Melrose wurde er ins Kloster Lindisfarne berufen, um dort Prior zu werden.

Nach einiger Zeit verspürte er die Berufung zum Einsiedler und eine Zeit lang verband er diese Lebensweise so mit seinen Seelsorgspflichten, dass er sich zum Wohnen auf eine kleine Gezeiteninsel neben dem Kloster zurückzog. Jedoch bald ließ er sich ganz abseits auf der einige Meilen entfernten Insel Inner Farne nieder, die früher Aidan für Zeiten des Rückzugs genutzt hatte. Als Grund für diese Abgeschiedenheit gab er an:

Selbst wenn es möglich wäre, dass ich mich in einer kleinen Behausung auf einem Fels verstecken könnte, wo mich die Wellen des wogenden Meeres von allen Seiten umgäben und mich völlig vom Blick und Wissen der Menschen abschlössen, dürfte ich mich nicht einmal dort ganz frei von den Verlockungen dieser trügerischen Welt fühlen. Nein, ich müsste auch dann noch auf der Hut sein, mich nicht von der Liebe

Die Nachricht von Cuthberts Tod auf der Insel Inner Farne wird mittels brennender Fackeln auf die Insel Lindisfarne gemeldet. Illumination in einem englischen Manuskript des Lebens des *heiligen Cuthbert* aus dem 12. Jh.

zum Reichtum verführen und doch wieder
fortlocken zu lassen.

Cuthbert errichtete auf der Inner Farne eine kleine
Kapelle und Zelle sowie eine Unterkunft für Besucher. Er erfreute sich am Vogelleben der Insel und
baute mühsam einige Nahrungsmittel an. Sein kontemplatives Leben schnitt ihn nicht von seiner
Kommunität in Lindisfarne ab und auch nicht vom
Leben der Kirche in Northumbria insgesamt. 685
ließ er sich ganz gegen seine Neigung vom König
überreden, Bischof zu werden und wirkte als solcher von Lindisfarne aus bis zu seinem Tod im
Jahre 687.

Cuthberts Bedeutung hielt weit über seinen Tod
hinaus an. Er starb auf der Insel Inner Farne mitten
in einem Märzsturm an Tuberkulose und sein Leichnam wurde in Lindisfarne bestattet. 698 wollte man
seine Überreste in einen Schrein in der Kirche übertragen. Als man das Grab öffnete, stellte man fest,
dass sein Leichnam völlig unverwest war. Das wurde
als großes Wunder betrachtet: Seine Heiligkeit zu
Lebzeiten und das Maß seiner Leiden vor seinem
Sterben hatten ihn als so heilig erwiesen, dass sein
Leib weiter in die Gegenwart des Heiligen Geistes
getaucht geblieben war. Das wurde zum Zeichen der
Tatsächlichkeit der Auferstehung und der Nähe des
ewigen Lebens, und ständig geschahen neue Wunder an seinem Schrein. Im Kirchenschatz der Kathedrale von Durham sind bis heute große Bruchstücke
des geschnitzten Eichensargs erhalten, der für seine
erste Übertragung angefertigt worden war.

Die Erinnerung an Cuthberts Leben wurde auch
schriftlich festgehalten, zunächst von einem unbekannten Mönch von Lindisfarne, dann vom Kir-
chenschriftsteller Beda zunächst in einem Gedicht
über sein Leben und dann in einer Prosaschilde-
rung; außerdem auch in seiner *Kirchengeschichte*.
In sein Grab oder daneben wurden wunderschöne
Kunstgegenstände gelegt: sein Brustkreuz und Trag-
altar, kostbare Seidenstoffe und später Gewänder,
und vielleicht auch das berühmte *Evangelienbuch
von Lindisfarne*, das zur Bereicherung seines Kults
in Lindisfarne hätte in Auftrag gegeben und angefertigt werden können. Alle diese Schätze begleite-
ten die Reliquien des Heiligen auf seiner langen Pilgerfahrt von Lindisfarne nach Durham, nachdem
das Kloster gegen Ende des 8. Jahrhunderts von den
Wikingern geplündert worden war.

Beda (ca. 673–735)

Das meiste, was sich über die Kirche der Engländer
während dieser frühen Jahre wissen lässt, findet
sich auf den Seiten der *Kirchengeschichte* von
Beda. Er verbrachte fast sein ganzes Leben als
Mönch im Doppelkloster Wearmouth-Jarrow an den
Ufern des Flusses Tyne. Beda war ein großer Lehrer
und Gelehrter und er ist der einzige Engländer, der
als Kirchenlehrer gilt. Sein berühmtestes Werk ist
seine *Kirchengeschichte*, die zur Zeit von König
Alfred aus dem Lateinischen ins Englische übersetzt wurde. Er schrieb sie gegen Ende seines
Lebens und arbeitete dabei mit anderen Kirchen-
leuten aus ganz England zusammen. Aber Beda war
nicht nur Historiker: Er interessierte sich sehr für

Beda beim Schreiben. Aus einem englischen Manuskript von
ca. 1175.

Das Evangelienbuch von Lindisfarne

Das jetzt in der British Library in London verwahrte *Evangelienbuch von Lindisfarne* stellt das hervorragendste Werk der angelsächsischen Kunst dar. Mitte des 10. Jahrhunderts zeichnete ein Priester namens Aldred die folgende Überlieferung auf:

> Dieses Buch schrieb ursprünglich Eadfrith, der Bischof der Kirche von Lindisfarne, für Gott und den heiligen Cuthbert und für alle Heiligen, deren Reliquien sich auf der Insel befinden. Ethelwald, ebenfalls Bischof zu Lindisfarne, prägte es außen und band es in großer Kunstfertigkeit. Bilfrith, der Einsiedler, schmiedete seine Ornamente und verzierte es außen mit Gold, Edelsteinen und Blattsilber, alles aus reinstem Metall. Später versah ich, Aldred, ein unwürdiger Priester, es mit Hilfe Gottes und des heiligen Cuthbert mit Glossen auf Englisch zwischen den Zeilen.

Die Evangelien sind auf Kalbshaut von einer großen Zahl von Tieren geschrieben. Es war ein Werk, zu dem man außerordentlich viel Material benötigte, darunter aus dem Mittleren Osten importierte Farben. Fünfzehn Seiten sind kunstvoll ganzseitig als Schmuckseiten gestaltet. Jedem Evangelium ist ein Vollbild seines Verfassers vorangestellt und es beginnt mit einem komplizierten riesigen Initial. Der Stil des Buches stammt aus Irland, wo es Evangelien von vergleichbarer künstlerischer Qualität gibt. Die vielen in die Muster eingefügten Vögel spiegeln vielleicht das Naturleben von Lindisfarne.

Dieses Evangelienbuch galt als heiliger Text, den man auf den Altar legte oder in feierlicher Prozession trug und es wurde zum kostbarsten Einzelschatz am Schrein des heiligen Cuthbert. Eine Ahnung von der Spiritualität, die hinter einer derart künstlerischen Hingabe und Fertigkeit steckte, bekommt man vielleicht, wenn man die folgenden Worte liest, mit denen ein irischer Künstler beschrieben wird, wie er in einem northumbrischen, von Lindisfarne aus gegründeten Kloster am Werk war:

Zierseite aus dem Evangelienbuch von Lindisfarne, illuminiert von Bischof Eadfrith im Kloster Lindisfarne.

Er vermochte Bücher mit feinen Zeichen zu versehen und formte mit seiner Kunstfertigkeit die Gestalt der Buchstaben wunderbar schön, einen um den anderen, wie es ihm kein heutiger Schreiber nachtun könnte. Es nimmt kein Wunder, wenn ein wahrer Anbeter des Herrn solches vermochte, da doch der Schöpfergeist sich bereits seiner Finger bemächtigt und seinen geweihten Geist in Richtung der Sterne befeuert hatte. So lehrte er seine Brüder, das Licht von oben zu erfassen.

3

Heilige und Mystiker im abendländischen Mittelalter

(11. bis 16. Jahrhundert)

David Farmer

Zeittafel

1033–1109	Anselm
1066	**Eroberung Englands durch die Normannen**
1087	**Thronbesteigung von William Rufus**
ca. 1090–1153	Bernhard von Clairvaux
1095	**Papst Urban II. predigt den ersten Kreuzzug**
1099	**Eroberung Jerusalems durch die Kreuzfahrer**
1115	**Bernhard wird Abt von Clairvaux**
† 1134	Stephan Harding
1144	**Bernhard predigt den zweiten Kreuzzug**
1170	**Martyrium von Thomas Becket v. Canterbury**
1174–1221	Dominikus
1181–1226	Franz von Assisi
1187	**die Kreuzfahrer verlieren Jerusalem an Saladin**
1189–1192	**dritter Kreuzzug unter Richard I.**
1198–1216	Amtszeit von Papst Innozenz III.
1202–1204	**vierter Kreuzzug; Eroberung von Konstantinopel**
1210	*Erste Regel des Franz von Assisi*
1215	**in Toulouse Gründung der Dominikaner; in England Unterzeichnung der Magna Charta; IV. Laterankonzil**
ca. 1225–1274	Bonaventura
1255–1266	**Goldene Legende**
ca. 1260–1328	Meister Eckhart
1266–1273	*Summa Theologica des Thomas von Aquin*
1293–1381	Jan van Ruysbroeck
1295–1366	Heinrich Seuse
14. Jh.	*Die Wolke des Nichtwissens*
1300–1349	Richard Rolle
ca. 1303–1373	Brigitta von Schweden
ca. 1310	**Dante Alighieris Göttliche Komödie**
1310–1370	Papst Urban V.
ca. 1330–1384	John Wycliffe
1337–1453	**Hundertjähriger Krieg**
ca. 1340–1380	Caterina von Siena
1347–1351	**erster großer Ausbruch des Schwarzen Todes in Europa**
1377	**Papst kehrt von Avignon nach Rom zurück**
1378–1417	**Großes Schisma**
ca. 1390	**Geoffrey Chaucers *Canterbury Tales***
1415	**Schlacht von Agincourt**
1427	*Nachfolge Christi des Thomas von Kempen*
1469–1535	John Fisher
1478–1535	Thomas Morus
1509	**Thronbesteigung Heinrichs VIII.**
1516	**Erasmus von Rotterdam gibt das Neue Testament heraus**
1520	**Verurteilung Luthers**

Zeitleiste links: 1000, 1100, 1200, 1300, 1400, 1500

Am Anfang und Ende des Zeitraums von 1060 bis 1535 stehen Anselm und Thomas Morus. Anselm war Erzbischof von Canterbury, Thomas Kanzler von England. Beide hatten wegen ihrer Treue und ihres Glaubens von der Hand ihres Königs schwer zu leiden: Der eine musste ins Exil, der andere wurde hingerichtet. Anselm, Italiener und zunächst Mönch in Bec in der Normandie, geriet auf Konfrontationskurs mit dem König von England, William Rufus; der Laie Thomas Morus war Gelehrter, Anwalt und Schriftsteller, ein gebürtiger Londoner und hingebungsvoller Familienvater. Auch er sah sich außerstande, seinem König, Heinrich VIII., bei seinen Scheidungsplänen und seiner Ablehnung des Papsttums weiter zur Seite zu stehen.

Während der über vierhundert Jahre, die zwischen Anselm und Morus liegen, veränderte sich die Gesellschaft gewaltig und die Kirche erfuhr eine wichtige Erneuerung, besonders durch die verschiedenen neuen Orden. Als Katalysatoren der Veränderung wirkten auch die von Seuchen und Krieg verursachten Verheerungen sowie der Skandal des Großen Schismas, während dessen vierzig Jahre lang zwei rivalisierende Päpste von Rom und Avignon aus die Leitung der Christenheit für sich beanspruchten. Zu Beginn dieses Zeitraums konnten nur wenige Menschen lesen und schreiben; an seinem Ende konnten das viele, vor allem in den Städten, die oft dank einträglichen Handels, wirksamer Verteidigung oder sogar kirchlicher Einrichtungen aufgeblüht waren. Das daraus sich ergebende Entstehen einer bürgerlichen Mittelschicht stellt eine der wichtigsten Veränderungen dieses Zeitraums dar.

Bei Anselm, Morus und vielen, die in dem zwischen ihnen liegenden Zeitabschnitt lebten, lässt sich auf unterschiedliche Weise sehen, wie Gott in ihrem Leben einen wichtigen Einfluss spielte. Was Morus als Mensch erreichte, wäre 1100 für einen Laien unmöglich gewesen; was Anselm erreichte, wäre 1535 manchen überholt vorgekommen. Zu allen Zeiten ist die Zahl von Mystikern und Märtyrern relativ gering, aber sehr bezeichnend, da sie ein Anzeiger dafür sind, wie sich die Überzeugungen und Werte, die eine Herausforderung für ihre Zeitgenossen darstellten, jeweils verändert hatten. Diese Minderheit hätte in ganz unterschiedlichen Kontexten immer wieder sagen können: »Nicht mehr ich lebe, sondern Christus lebt in mir« (Galater 2,20).

Die Spiritualität des Frühmittelalters

(1060–1300)

In diesem Zeitraum vollzogen sich in der Gesellschaft große Wandlungen. Zahlreiche Menschen lernten lesen und schreiben, was auch das Wachstum der Städte förderte. Kriege und in ihrem Gefolge Hungersnöte suchten die Menschen heim und wirkten sich auch auf ihre Beziehung zu Gott und Christus und darauf aus, wie sie den Einfluss Gottes auf ihr Leben wahrnahmen oder vermissten. Das trug zum Heranwachsen eines neuen Stadiums des menschlichen Selbstbewusstseins bei, zuweilen als Individualismus bezeichnet, das wir inzwischen alle für selbstverständlich halten. Die Folge war die Betonung der individuellen mystischen Erfahrung. Während dieses gesamten Zeitabschnitts wurde das Altarsakrament als das wichtigste tägliche Verbindungsglied zwischen Gott und dem Menschen erfahren.

Das benediktinische Mönchtum

Sieht man sich die Institutionen des Christentums zu Beginn dieser Epoche an, so ist der tiefe und ständige Einfluss des benediktinischen Mönchtums augenfällig. Besonders deutliche Beispiele dafür sind Anselm, Petrus der Ehrwürdige und Bernhard. Lange herrschte das gewöhnlich stille Beispiel der Klöster vor, die sich dem öffentlichen Gebet für die ganze Kirche widmeten, Gemeinschaften von Männern oder Frauen, die diese Form geweihten Dienstes und eine Lebensweise in Armut, Ehelosigkeit und Gehorsam gewählt hatten. Aber während des 12. Jahrhunderts entwickelten sich davon abweichende Formen der Selbsthingabe. In manchen Ordensformen, wie etwa derjenigen der Augustiner und anderer Regularkanoniker, war man mehr auf erzieherische und seelsorgliche Aufgaben ausgerichtet, wogegen andere, wie die Kartäusermönche, eine Form stärkerer Einsamkeit in Gemeinschaft

entwickelten. Diese letzteren, die ein Leben extremer Strenge darstellten, blühten in größerem Umfang im Spätmittelalter und erreichten statistisch ihre höchste Zahl im 16. Jahrhundert, als sowohl Benediktiner wie Zisterzienser ihren Höhepunkt anscheinend längst überschritten hatten. Aber es ist wichtig, festzuhalten, dass alle diese Formen des Ordenslebens nicht nur bis ins 16. Jahrhundert fortbestanden, sondern dass es sie bis heute gibt.

Illuminiertes Manuskript von 1473 aus Deutschland: Einkleidung eines Klosternovizen.

Anselm (1033–1109)

Anselm wurde im italienischen Aosta geboren und lebte nach Auseinandersetzungen mit seinem Vater in der Familie seiner Mutter in Burgund. Er fühlte sich vom Kloster Bec in der Normandie angezogen, das bereits wegen der Weisheit seines Landsmanns Lanfranc von Pavia berühmt war. So wurde Anselm dort im Alter von 27 Benediktinermönch. Hoch intelligent, charismatisch begabt, mit einer besonderen Gabe der Freundschaft, wurde Anselm bald Prior, blieb das 15 Jahre lang und versah dann weitere 15 Jahre das Amt des Abtes, bis er 1093 zum Erzbischof von Canterbury ernannt wurde.

Er verfügte über einen intuitiven und scharfen Geist, der sich hauptsächlich auf die Glaubenswahrheiten richtete. Die Vernunft betrachtete er als Magd des Glaubens und seiner Geheimnisse, von denen er vertrat, dass man manche von ihnen eher mit Hilfe von Vernunftargumenten als durch die ausschließliche Berufung auf eine Autorität vorstellen sollte.

Sein berühmter »ontologischer Gottesbeweis« entstammt diesem Ansatz. Anselm definierte Gott als das vollkommenste aller Wesen, und da zu seiner Vollkommenheit unbedingt auch gehöre, dass es existiere, ergebe sich aus dieser Definition logischerweise, dass Gott existiere. Er schrieb seine beiden Werke zu diesem Thema, das *Monologion* und *Proslogion*, noch in seiner Zeit als Prior.

Von seinen Briefen sind über 400 erhalten, dazu noch viele Gebete und Meditationen (siehe im Anschluss). Sie sind von einem tiefen Sündenbewusstsein geprägt,

verbunden mit persönlicher Wärme und Hingabe. Manche richten sich direkt an Gott, andere an einzelne Heilige.

Anselm nahm nur widerstrebend das Amt des Erzbischofs von Canterbury an. Später weigerte er sich, den von William Rufus unterstützten Gegenpapst anzuerkennen, und musste deshalb für einige Zeit ins Exil gehen. Im Exil schrieb er einen wichtigen Beitrag zum Verständnis der Geheimnisse der Menschwerdung *(Cur Deus homo)* und der Dreifaltigkeit. Auf persönliche Einladung von Papst Urban II. nahm er am Konzil von Bari teil, wo er gegen die Griechen die Lehre verteidigte, der Heilige Geist gehe sowohl vom Vater wie vom Sohn aus.

Anselm war sein Leben lang ein hartnäckiger und mutiger Zeuge für den Vorrang des Spirituellen. In seinen letzten Jahren in Canterbury, als sich der Streit um die Investitur der Bischöfe gelegt hatte, widmete er sich einem Traktat über die Ursprünge der Seele. Zum Glück sind uns dank einer Lebensbeschreibung aus der Feder des englischen Mönchs Eadmer, seines Gefährten, Bewunderers und Freundes, viele Einzelheiten aus dem Leben dieses außergewöhnlichen Menschen überliefert.

Anselm von Canterbury. Moderne Statue auf dem Gelände des Klosters Sant'Anselmo in Rom.

Die Seeschlacht von Lepanto am 7. Oktober 1571.
Gemälde von Paolo Veronese (1528–1588).

späteren Jahren ein beträchtliches lokales Apostolat aus. Dank seines engen Kontakts mit Durham fand er einen Freund und Vertrauten, Reginald, der seine Lebensbeschreibung verfasste. Sie offenbart uns viele Einzelheiten über Godrics erste Zeit als Hausierer, Seemann und Pilger zu den Hauptheiligtümern der Christenheit, schildert dann ausführlich, wie er ein wenig Latein lernte, seine Einsiedelei baute, unablässig betete und Visionen, Naturkatastrophen und unliebsame Besucher erlebte.

Ein Großteil der mittelalterlichen Geschichte dreht sich unvermeidlich um die gebildeten und reichen Mitglieder der Gesellschaft, so dass Ausnahmen davon, wie dieser Bericht über Godric oder auch derjenige über die aus einer Kaufmannsfamilie von Huntingdon stammende Christina von Markyate (ca. 1097–1161), besonders kostbar sind. Christina war das bemerkenswerte Beispiel einer entschlossenen jungen Frau, die sich unter dem Druck ihrer Eltern zu einer misslichen Ehe zwingen ließ, schließlich deren Annullierung erreichte und dann Einsiedlerin und später Priorin wurde. Sie war visionär begabt und wurde zur vertraulichen Beraterin des Abts von St Albans. Sie bestickte auch Mitren, die der einzige englische Papst, Hadrian IV., zum Geschenk erhielt, und besaß den St Alban's Psalter, ein Meisterwerk romanischer Buchillumination.

Die Bettelmönche

Der nächste Meilenstein in der Entwicklung des organisierten Ordenslebens war die Gründung der Bettelorden zu Anfang des 13. Jahrhunderts. Für den Zweck dieses Buches müssen wir uns auf die beiden wichtigsten Orden dieser Art konzentrieren. Ihre Gründer, Franziskus und Dominikus, waren dem Charakter und Ansatz nach sehr verschieden, aber beide schufen eine neue Lebensform, die Tausende von Anhängern anzog. Franz von Assisi (siehe Kasten S. 101) ist der bekanntere von ihnen und genießt auch heute noch große Bewunderung; Dominikus, eher ein Organisations- und Leitungstalent als ein Charismatiker, leistete einen anderen, aber genauso wichtigen Beitrag zur Lösung der damaligen Probleme.

Franz, allgemein Franziskus genannt, führte als

junger Mann ein weltliches, aber nicht ausschweifendes Leben. In einem Lokalkrieg gegen Apulien wurde er gefangen genommen und war einige Zeit schwer krank. Kurz danach erfuhr er eine Bekehrung, die ihn dazu brachte, sich um Aussätzige und Verlassene zu kümmern und verfallende Kirchen wieder aufzubauen. Schließlich lebte er in absoluter Armut und sammelte Anhänger um sich, die Buße, Frieden und Erlösung predigten. Für Laien war es damals ungewöhnlich, als Prediger aufzutreten, auch informell und außerhalb der Kirchen. Etliche Laien hatten sich bereits darin versucht, waren aber ziemlich bald in die Häresie abgeglitten. Franziskus unterschied sich von diesen Bewegungen durch seine Rechtgläubigkeit und seine Ehrfurcht vor Priestern, Bischöfen und Päpsten. Er blieb sein Leben lang Diakon und praktizierte gemeinschaftlich und persönlich konsequent die Armut. Seine echt evangelische Botschaft und Haltung zog viele an. Der Orden, den er schließlich gründete, umfasste rasch 5000 Brüder, wozu dann noch die »Armen Klarissen« dazukamen (ein Schwesternorden in enger Partnerschaft mit den Franziskanern) sowie ein »Dritter Orden« von Menschen, die in Familie und Beruf blieben und aus seinem Geist lebten.

1220 trat Franziskus von der Leitung des Ordens zurück, jedoch in den sechs letzten Jahren seines Lebens ereigneten sich einige der bekanntesten Episoden. Er stellte die erste Weihnachtskrippe als lebendige Szene auf, empfing 1124 auf dem Berg la Verna die Stigmata, die Wundmale Christi, an Händen, Füßen und Seite und dichtete 1226 den zu Recht berühmten »Sonnengesang«.

Der spirituelle Ansatz von Franziskus ist von unsentimentaler Freude und von der vollkommenen Identifikation mit Christus in seinen Leiden geprägt.

Die Prediger

Dominikus (1174–1221), ein Zeitgenosse von Franziskus, war gebürtiger Spanier. Nach seiner Ausbildung an der Universität von Palencia wurde er Kanoniker von Osma und versah dort den Dienst an der Kathedrale mit. Er gehörte den Augustinerkanonikern an, einem der am raschest wachsenden, aber vergleichsweise unspektakulären Orden des 12. Jahrhunderts. In Osma übte er sich unter Bischof Diego in die regulären mönchischen Disziplinen von

Franz von Assisi (1181–1226)

Franziskus ist wohl der beliebteste mittelalterliche Heilige. Er wurde auf einmalige Weise zum Abbild Christi selbst, weil er versuchte, das Evangelium so genau wie möglich so zu leben, wie Jesus es gelebt hatte: in freiwilliger Armut, in Sorge um die Kranken, als Prediger der Botschaft des Evangeliums. Ein weiterer Charakterzug war seine Liebe zur Natur und gesamten Schöpfung, zusammen mit einer tiefen Einfühlung in das Leiden Christi und seine Bedeutung. Vor allem dieser letzte und ganz wesentliche Punkt wird bei etlichen heutigen Franziskus-Darstellungen übersehen. Man kann im übrigen durchaus sagen, dass Franziskus mehr als die meisten anderen von vielen Bewunderern verkannt wurde, weil sie in ihm nur das sahen, was sie gern sehen wollten. Außerdem muss man leider sagen, dass seine Nachfolger stark zerstritten waren und er selbst nicht über die Fähigkeit verfügte, eine zahlenmäßig große und weit verstreute Anhängerschaft zu leiten. Außerdem lenkte der Papst um der Bedürfnisse der Kirche willen seinen Orden in eine Richtung, die Veränderungen unvermeidlich machte.

Franziskus erreichte in seinem kurzen Leben viel. Seine Schriften sind relativ spärlich, aber bedeutsam. Die *Erste Regel*, die er verfasste, besteht im Wesentlichen aus einer Reihe von Evangelienzitaten. Sein berühmter »Sonnengesang« spiegelt seine Liebe zur Schöpfung und preist Gott als den Schöpfer (siehe unten). Er hat ihn vermutlich in San Damiano bei Assisi verfasst; seine Poesie und sein Gotteslob spiegeln die dortige anmutige Landschaft.

Die letzten Jahre von Franziskus

Die letzten Jahre von Franziskus waren traurig und zugleich von Freude erfüllt. Bruder Elias hatte die Leitung seines Ordens übernommen. So konnte er sich wie nie zuvor in die Erfahrung göttlicher Geheimnisse vertiefen und sein spirituelles Testament verfassen. In Grecchio stellte er zum ersten Mal eine lebende Krippenszene nach (ein für die Frömmigkeitsgeschichte wichtiges Ereignis), aber was noch wichtiger war: 1224 empfing er auf dem Berg Alverna in einer Vision körperlich die Wundmale Christi. Bonaventura sagt dazu in seiner Lebensbeschreibung des Franziskus:

> Im Lauf der Zeit verstand er, dass ihm diese Vision in dieser Form von der göttlichen Vorsehung geschenkt worden war, damit der Freund Christi im Voraus wisse, er werde völlig ins Ebenbild des gekreuzigten Christus verwandelt, nicht durch das

Franz von Assisi mit den Wundmalen Christi. Italienische Malerei auf Holz, 1. Hälfte des 13. Jhs.

Martyrium des Leibes, sondern durch das Entflammt-werden im Herzen ... Von da an begannen an seinen Händen und Füßen die Wunden der Nägel zu erscheinen, genau so, wie er sie an dieser Gestalt des Gekreuzigten gesehen hatte.[6]

Diese Wundmale konnte er nicht ganz verbergen noch konnte die Voraussage seines Sterbens verschwiegen werden. Er litt unter einer zunehmenden Erblindung, und noch mehr unter einem primitiven operativen Eingriff, mit dem diese Krankheit erleichtert werden sollte. Er starb beim Kirchlein Portiuncula bei Assisi im Alter von nur 45 Jahren.

Das Erbe von Franziskus

Sein *Testament* (1226) beginnt damit, dass er von seiner eigenen Sündhaftigkeit spricht sowie von seiner völligen Treue zur heiligen römischen Kirche und ihren Dienern, vor allem aber zu den Heilsgeheimnissen Gottes. Dann zählt er die Einzelheiten seines Ideals vollkommener Armut auf: wenig Kleider, keine Gebäude annehmen, vom Betteln leben und mit eigenen Händen arbeiten. Jedoch liegt ihm auch sehr an der Wahrung der Rechtgläubigkeit; der jeweilige Hausobere solle diejenigen, die davon abweichen sollten, wie Gefangene einsperren, um sie dann dem Kardinal von Ostia auszuliefern. Dem Generalminister und allen Verantwortlichen untersagt er, irgendetwas zu seinen eigenen Worten hinzuzufügen.[7]

Die großartige Persönlichkeit und die Leistung des Franziskus verhinderten leider nicht erbitterte Auseinandersetzungen unter seinen Anhängern, vor allem was die Auslegung der Armut und ihrer Bedeutung anging. In der Folgezeit war den Bemühungen des Heiligen Stuhls und etlicher Koryphäen aus dem Franziskanerorden selbst, die Spaltungen zu beheben, nur zum Teil ein Erfolg beschieden. Trotzdem leistete der Orden der Kirche insgesamt unermessliche Dienste. Er wurde viel größer, als Franziskus je hätte voraussehen können. Viele anmutige Franziskanerkirchen bezeugen bis heute vor allem in Italien das Beispiel und die Inspiration des so genannten »Armen von Assisi«.

Der »Sonnengesang«

*Höchster allmächtiger guter Herr
Dir sei das Lied die Herrlichkeit die Ehre
und aller Segen
Dir allein Höchster kommen sie zu
Kein Mensch ist würdig dich zu nennen
    Lob sei dir mein Herr mit deiner ganzen Schöpfung
vor allem mit der Herrin Schwester Sonne
Sie bringt uns den Tag und spendet uns Licht
Schön ist sie und strahlend mit großem Glanz
Von dir Höchster ein Zeichen
    Lob sei dir mein Herr durch Bruder Mond
und die Sterne
Am Himmel formtest du sie
glänzend kostbar und schön
    Lob sei dir mein Herr durch Bruder Wind
durch Luft und Wolken
durch heiteres und jedes Wetter
Durch sie gibst du deiner Schöpfung Leben
    Lob sei dir mein Herr durch Schwester Wasser
Sehr nützlich ist sie demütig kostbar und rein
    Lob sei dir mein Herr durch Bruder Feuer
Durch ihn ist die Nacht erhellt
Schön ist er fröhlich kraftvoll und stark
    Lob sei dir mein Herr durch unsere Schwester
Mutter Erde
Sie belebt und lenkt uns
Sie erzeugt viel Früchte
farbige Blumen und Gräser
    Lob sei dir mein Herr durch jene
die um deiner Liebe willen vergeben
und Schwachheit und Not ertragen
Selig die ausharren in Frieden
Du Höchster wirst sie krönen
    Lob sei dir mein Herr durch unseren Bruder
den leiblichen Tod
Kein lebender Mensch kann ihm entrinnen
Weh denen die in tödlicher Schuld sterben
Selig die er findet in deinem heiligsten Willen
Der zweite Tod tut ihnen nichts Böses
    Lobt und segnet meinen Herrn
Dankt und dient ihm in großer Demut.[8]*

Gebet, Arbeit und Studium ein. Mit fünfundzwanzig wurde er zum Priester geweiht, wurde bald Sakristan und dann Subprior und schließlich Diegos Kaplan und Gefährte auf langen Reisen, darunter einer nach Dänemark auf einer Hochzeitsmission für den Sohn des Königs von Kastilien. Das öffnete ihnen die Augen für die Bedürfnisse der Kirche in Nordeuropa und für die Gefahr, die das Katharertum in Südeuropa darstellte. Diese Sektierer breiteten sich bereits seit fünfzig Jahren in Südfrankreich lebhaft aus. Ihre Lehren in ihrer unverwässerten Form waren extrem subversiv.

Bischof Diego und Dominikus erkannten, dass man dringend das Beispiel rechtgläubiger Wanderprediger brauchte, die wie Christus in Armut lebten. Zumindest ein Teil der Katharer lebte recht streng; ihren häretischen Überzeugungen musste man mit einer ernsthaften intellektuellen Widerlegung entgegentreten. Dominikus und Diego schufen schließlich genau das und verbanden die rechtgläubige Lehrtätigkeit mit einer streng asketischen Lebensweise. Die Katharer hatten seitens reicher Leute Unterstützung erhalten, während der rechtgläubige Klerus intellektuell wie spirituell anscheinend kaum etwas zu bieten hatte. Zu den so genannten »Vollkommenen« unter den Katharern gehörte eine ganze Reihe frommer Frauen. So gründete auch Dominikus in Prouille einen »Zweiten Orden« frommer Frauen, der mit seiner Askese derjenigen der Katharer etwas Ebenbürtiges entgegenzusetzen hatte und deren Konvent (ausgestattet von Simon de Montfort) ein wichtiger Stützpunkt für die zur Predigt ausschwärmenden Bettelmönche wurde.

Die Katharer

Nicht alle Katharer vertraten formell den Glauben, die materielle Welt sei böse und zwei gleich starke Mächte, eine gute und eine böse, seien in einem ausweglosen dualistischen Widerstreit miteinander befangen. Ihre Lehren gingen jedoch an die Wurzeln und führten zu einem breiten Spektrum praktischer Konsequenzen: Christus sei ein Engel mit einem Scheinleib gewesen, der auf Kalvaria nicht wirklich gelitten habe und darum auch nicht tatsächlich auferstanden sei, die Sakramente seien unnötig, die Ehe sei zu verurteilen (damit verbunden war das Verbot von Fleisch, Milch und Tierprodukten). Diese Überzeugungen waren für die meisten Katharer zu streng, so dass sich zwei Klassen von Gläubigen herausbildeten: die der »Vollkommenen«, die sich an das gesamte Lebensprogramm hielten, und die der gewöhnlichen »Gläubigen«, die ein normaleres Leben führten, jedoch in der Sterbestunde das *consolamentum*, eine Art Sakrament, das sie zu Vollmitgliedern weihte, erhalten sollten. Die Rolle Christi war bei den Katharern beschränkt: Er habe predigend Gutes bewirkt, jedoch nicht als Erlöser gelitten und nicht die Auferstehung erschlossen.

Der Orden der Predigerbrüder

Dominikus wurde vor allem als Gründer des Ordens

Der heilige Dominikus. Gemälde von Bernardo Daddi († 1348), ursprünglich Seitentafel eines Flügelaltars (um 1340).

der Predigerbrüder berühmt. Er selbst hatte keinen Anteil an den gewalttätigen und repressiven Maßnahmen, mit denen man schließlich gegen die Katharer vorging, sondern eher auf eine langfristige spirituelle Erneuerung gesetzt, die qualitativ eine Alternative zum Lebensernst der Katharer geboten hätte. Bald erkannte er die Notwendigkeit, sein apostolisches Wirken über das Gebiet der Languedoc und die Arbeit gegen die Katharer hinaus auszudehnen. So unternahm er bereits in der Anfangszeit seines Ordens den kühnen Schritt, seine Anhänger zu zwei und zwei nach Paris, Bologna, Spanien und anderswohin auszusenden. Bald nahm er auch Kontakt mit Papst Innozenz III. auf. Das war für die Einrichtung eines der Predigt gewidmeten Ordens unbedingt notwendig, denn das Predigen galt als ausschließliches Vorrecht der Bischöfe und derer, an die die Bischöfe die Erfüllung dieser Aufgabe delegiert hatten. Das wichtigste Einsatzgebiet wurde nun Italien. Dominikus wirkte sowohl in Bologna (wo er später starb) als auch in Rom selbst, wo ihm der Papst drei Häuser übergab (zwei für die Brüder und eines für Schwestern). Dominikus' Leistung bestand darin, einen neuartigen Ordensverband zu schaffen, der sich bald gewaltig ausbreitete. Schließlich waren die Dominikaner in Skandinavien, Polen, England und Ungarn und auch in den Ländern Mitteleuropas im Einsatz.

Dominikus sah von Anfang an, wie wichtig ein starkes intellektuelles Leben sei, nicht nur zur Widerlegung der Häresien, sondern auch zur Ausbildung einer gesunden, gut durchdachten Spiritualität. Er war vor allem ein Mann des Gebets; in einer von ihm erhaltenen Abhandlung schlägt er dafür eine Reihe bestimmter Körperhaltungen vor. Er nahm maßgeblich an der Gründung der Universität von Toulouse Anteil, die sich ein Stück weit an das Vorbild derjenigen von Paris anlehnte. Auch anderswo waren die Dominikaner an den Universitäten aktiv. Eine beträchtliche Anzahl ihrer neuen Mitglieder kamen aus diesem Milieu sowie auch aus den neuen städtischen Berufsständen. Die Dominikaner vereinfachten die traditionelle Liturgie und verlegten den Schwerpunkt ihres Wirkens auf das Studium, die Predigt und die spirituelle Begleitung Einzelner. Bald waren sie in den Pfarreien und bei Hof als Prediger, Beichtväter und geistliche Leiter gefragt, und vor allem auch beim aufstrebenden Bürgertum der Städte, von dem sie unterstützt wur-

den und umgekehrt dessen spirituelles Leben bereicherten. Zu ihren berühmtesten Lehrern gehören Thomas von Aquin und Albert der Große (sein Mentor). Die thomistische Synthese von Philosophie und Theologie hat das christliche Denken vom 13. Jahrhundert bis heute stark beeinflusst.

Im Lauf der Zeit trugen die beiden Mendikanten-(=«Bettel«-)Orden der Franziskaner und Dominikaner durch Predigt und Unterricht maßgeblich dazu bei, dass sich der Bildungsstand des Klerus in der Kirche insgesamt hob und in einer reicher und belesener werdenden Gesellschaft auch die Laien wesentlich gebildeter wurden. Während Franziskus vor allem an der Armut gelegen hatte und Dominikus am Studium, gaben die Franziskaner später die Abneigung des Franziskus gegen das Studium auf, während die Dominikaner einige Züge des franziskanischen Armutsideals übernahmen; allerdings hatte schon Dominikus auf die Armut Wert gelegt und zum Beispiel die Erweiterung des Ordenshauses in Bologna verboten.

Thomas von Aquin und Bonaventura

In der zweiten Hälfte des 13. Jahrhunderts waren es die intellektuellen Glanzlichter Thomas von Aquin (ca. 1225–1274) und Bonaventura (ca. 1217–1274), der eine Dominikaner, der andere Franziskaner, die der christlichen Theologie und Spiritualität entscheidende neue Impulse gaben. Thomas betonte den denkerischen Zugang, und zwar unter dem Einfluss der Philosophie des Aristoteles und ausgehend von Augustinus' theologischer Vorarbeit, korrigierte in aller Stille etliches am Werk seiner Vorgänger und entwickelte eine Synthese der christlichen Glaubenslehre, die von bleibender Bedeutung und auch heute noch von Wert ist. Er war ein ungeheurer Arbeiter, begann 1252 mit seiner Vorlesungtätigkeit und setzte diese fast bis zu seinem Tod 1274 im Alter von 49 Jahren fort, wobei er in Paris, Rom, Neapel und anderen Zentren lehrte. 1272 wurde ihm eine Gotteserfahrung zuteil, nach der er sagte, im Vergleich zu dem, was er da gesehen habe, komme ihm alles von ihm Geschriebene »wie Stroh« vor. Doch macht diese Offenbarung seine theologischen Schlüsse durchaus nicht ungültig, die er in einer

Christus heißt zwei Dominikanerbrüder willkommen.
Fresko von Fra Angelico (ca. 1387–1455).

Vielzahl von Werken vortrug, von seinen *Summae*
für Theologen über allgemein verständlichere Kommentare zum Glaubensbekenntnis, Vater unser und
Ave Maria.

Sein Zeitgenosse Bonaventura erschloss einen
eher affektiven als rationalen Zugang zu den
Geheimnissen Gottes. Man kann das in seinem
Werk *Der Wanderweg der Seele zu Gott* nachlesen,
das schon bald ein Klassiker wurde. Außerdem
spielte er eine wichtige Rolle in der Geschichte des
Franziskanerordens, dessen Generalminister er
bereits mit 36 Jahren wurde. Er verfasste eine
Lebensbeschreibung des heiligen Franziskus (die
später zur offiziellen erklärt wurde) und betonte die
Wichtigkeit des Universitätsstudiums und folglich
von Büchern und Gebäuden, in denen die Brüder
leben konnten, um ihren Auftrag zum Lehren und
Predigen an den Universitäten und anderswo erfüllen zu können. Er lehnte die Behauptung der Bewegung der »Spiritualen« unter den Franziskanern ab,
Armut sei wichtiger als Bildung, gab jedoch in sei-

nem eigenen Leben ein bemerkenswertes Beispiel
der Einfachheit, Sorgfalt und Freiheit von den Dingen. 1265 wurde er zum Erzbischof von York
ernannt, lehnte diese Ehre jedoch ab.

Meister Eckhart
(ca. 1260–1328)

Geboren zu Hochheim in Thüringen, wurde Johannes Eckhart schon jung Dominikaner und studierte
in Paris und dann in Köln (unter Albert dem
Großen). Hierauf lehrte er an verschiedenen Orten
Theologie und hatte in seinem Orden wichtige
Ämter inne, darunter das des Priors und später des
Provinzials von Sachsen (1303–1311). Was Eckhart

Oben: Thomas von Aquin bei der Vorlesung. Malerei von Zanobi di Benedetto Strozzi (1412–1468).

berühmt (oder berüchtigt) machte, waren seine originellen und spekulativen theologischen Werke. Er schrieb auf Deutsch und auf Lateinisch, was, zusammen mit seinen schwierigen Gedankengängen, die er vorlegte, die genaue Deutung besonders schwer macht. Schließlich wurde er in Köln der Häresie angeklagt, appellierte aber vor dem bischöflichen Gericht an den Papst. Er starb, während der Prozess noch im Gang war. Nach seinem Tod wurden einige seiner Lehrsätze 1329 von Papst Johannes XXII, verurteilt, jedoch mit dem Vorbehalt, dass Eckhart widerrufen und nie die Absicht gehabt habe, Häretisches zu lehren. Seine Schriften übten auf viele eine starke Anziehungskraft aus und tun das bis heute.

Einige seiner Sätze sind tatsächlich verblüffend: Er behauptete, wir würden völlig in Gottes Wesen verwandelt; oder, was immer Gott der Vater seinem Sohn in seiner menschlichen Natur gegeben habe, das gebe er auch ausnahmslos dem Gläubigen. Was immer die Heilige Schrift über Christus sage, erweise sich in jedem guten und heiligen Menschen als wahr. Aber alle Geschöpfe seien schlicht nichts; das heißt, nicht ein Etwas oder ein kleines Bisschen, sondern schlicht nichts.

Für ihn ist der einfache Wesensgrund, in dem Gott und die Seele untrennbar eins sind, die äußerste Abstraktheit, die wahrzunehmen die höchste Tugend darstelle, was sogar im Vergleich mit der Liebe und Demut gelte. Das führe zum innigen Einswerden mit Gott, aus dem das Wort in der Seele geboren werde und die Seele das Wort gebäre. Diese Vorstellungen sind aus dem Zusammenhang gerissen, zeigen aber, welche Schwierigkeiten seine

Unten: Christus ruft Petrus aus dem Boot. Illuminierte italienische Handschrift der *Betrachtungen über das Leben Christi* von Bonaventura, Mitte des 14. Jhs.

Schriften bieten. Das definitive Werk über ihn dürfte noch nicht geschrieben worden sein.

Das Spätmittelalter

(1300–1535)

Stand das 13. Jahrhundert in großer Wertschätzung, so fanden das 14. und 15. Jahrhundert gewöhnlich weniger Bewunderer. Dennoch verfügten auch sie über viele bewundernswerte spirituelle Schriftsteller. Ruysbroeck, Seuse und die rheinischen Mystiker sowie vier zu Recht berühmte englische Schriftsteller (siehe Kasten S. 116) lassen sich als Leuchttürme in einer ansonsten relativ großen Dunkelheit betrachten. Das 14. Jahrhundert umfasste so unterschiedliche Katastrophen wie den Schwarzen Tod, das Große Schisma und häufige Kriege und Hungersnöte. Diese Ereignisse erstickten nicht die Spiritualität, gaben ihr jedoch einen anderen Akzent. Angesichts der Katastrophen ging es zunächst einmal um das bloße Überleben; ein starkes Bewusstsein der Unmittelbarkeit des Todes färbte einen Großteil der Schriften und Kunstwerke dieses Zeitraums.

Vom Schwarzen Tod, der zum ersten Mal zwischen 1347 und 1351 ausbrach, schätzt man glaubhaft, dass er ein Drittel bis zur Hälfte der gesamten Bevölkerung wegraffte. Er führte in manchen Gegenden zum Verschwinden ganzer Ortschaften. Die englische Abtei St Albans zählte am Palmsonntag 1378 hundert Mönche, aber bis Ostersonntag, also nur eine Woche später, lebten nur noch fünfzig. Vergleichbare schreckliche Erlebnisse gab es auch anderswo. Der Schwarze Tod kehrte in bestimmten Abständen wieder, aber nie mehr im gleichen Umfang wie 1378/79. Eine unmittelbare Folge waren soziale Veränderungen, etwa eine starke Abwanderung in die Städte. Die Menschen erschütterte das Bewusstsein von der Kürze alles menschlichen Lebens, weshalb Tod und Verwesung in oft grausigen Formen auf den Grabmälern dargestellt wurden.

Ein anderes Problem dieser Zeit waren immer neue Kriege und die damit verbundenen Zerstörungen und großen Verluste von Menschenleben. Die Bevölkerung war von jugendlichem Durchschnittsalter und relativ dünn gesät. Folglich musste das Leben möglichst intensiv ausgelebt werden, solange man noch die Zeit und Gesundheit dafür hatte. Die Folge war ein Kult des Vergnügens und andererseits die Anfälligkeit für Bekehrungsprediger. Derweil nahmen die Städte und ihre Händler an Bedeutung und Reichtum zu und trugen zur Ausbreitung der religiösen Ordensgemeinschaften bei. Der Umstand, dass Innozenz III. einen Händler aus Cremona heilig sprach, Homobonus, der fromm gelebt und großzügig die Armen bedacht hatte, setzte ein markantes Zeichen für den Wandel: Damit wurde ein Laie, der in der Welt, nicht in einem Orden gelebt hatte, als Heiliger vorgestellt, was bis dahin ganz selten, wenn nicht unbekannt gewesen war.

Häresien

Auf dem europäischen Festland entstanden immer wieder (mehr oder weniger bedeutende) Häresien, während England im Zeitraum zwischen Pelagius (im späten 4. Jh.) und Wycliffe (ca. 1330–1384) davon frei blieb. Wycliffes Bedeutung war ziemlich groß, weil er intelligent und aggressiv die Lehren und Institutionen seiner Zeit kritisierte. Er behauptete, die Bibel sei das einzige Kriterium für die Lehre und sowohl die Autorität des Papstes als auch die gesamte Organisation des religiösen Lebens seien von der Heiligen Schrift her nicht zu rechtfertigen. Seine Anhänger (gewöhnlich die Lollarden genannt) verloren durch einen Aufstand gegen die Krone an Überzeugungskraft und gingen in den Untergrund, aber Wycliffes Einfluss blieb stark, nicht zuletzt in Böhmen, wo Jan Hus ähnliche Proteste wie er anmeldete. In England war Wycliffe der Vorläufer nicht der anglikanischen Kirche, sondern der »Dissenter« des 17. Jahrhunderts, die sich von der etablierten Kirche trennten. Wycliffe war ursprünglich Pfarrpriester und bekam aus akademischen Kreisen einigen Rückhalt. Das Hauptziel seiner Angriffe waren die kirchlichen Amtsträger, die seiner Überzeugung nach alle Autorität verlören, sobald sie im Zustand der schweren Sünde seien. In diesem Fall, so vertrat er, habe die zivile Macht das Recht (oder sogar die Pflicht), sie ihres Amtes zu entheben. Das Ziel seiner Angriffe waren auch Mitglieder des organisierten Ordenslebens, denen er Heuchelei und Unmoral vorwarf. Entscheidend dafür, dass er einen Großteil seines Rückhalts verlor, war der Umstand, dass er die traditionelle Lehre über das Altarsakrament verwarf. Dennoch war er ein einflussreicher Katalysator künftiger Veränderungen, weil er seine

Dante Alighieri (1265–1321)

Dante war in Florenz geboren, musste aber aus politischen Gründen ins Exil gehen. Er wurde zum hervorragenden Dichter und Philosophen und vor allem durch sein großes Werk *Die Göttliche Komödie* berühmt. Dieses lange dramatische Gedicht schrieb er gegen Ende seines Lebens zum größten Teil im Exil in Ravenna, wo er schließlich starb und dann auch begraben wurde. Das Gedicht, in dem er die gesamte Kultur seiner Zeit auf den vielfältigsten Gebieten wie Geschichte, klassischer Literatur, Ethik und Theologie entfaltet, wurde sehr wichtig für die weitere Entwicklung der italienischen Sprache und Literatur. Es handelt sich um ein großes Mysterienspiel, in dem er einen Gang durch die jenseitige Landschaft von Hölle, Fegfeuer und Himmel beschreibt. Zu Anfang führt den Dichter dabei der Dichter Vergil, den dann im Himmel Beatrice ablöst, eine florentinische, jung verstorbene Dame, in die Dante verliebt war, ohne ihr je nahe kommen oder sie gar heiraten zu können. Er idealisiert sie zur Verkörperung von Glaube, Offenbarung und Kirche der Gläubigen.

Visionen der Verdammten

Die mittelalterliche Spiritualität beschäftigte sich nicht nur stark mit dem Tod, sondern auch mit dem Jüngsten Gericht. Dieses wurde oft von Malern, Bildhauern und Mosaikkünstlern dargestellt, die sich dabei in anschaulichen, oft grausigen Schilderungen der Höllenstrafen ergingen. Die Abbildung des »Höllenschlunds« geht auf angelsächsische Zeiten zurück, genau wie auch relativ kurze Berichte mit Einzelheiten über das Leben im Jenseits. Beispiele für diese Literaturgattung, die in Dantes außergewöhnlichem Gedicht gipfelt, findet man schon bei Beda in seinem Bericht über Drythelm, bei Bonifatius (dem Apostel der Deutschen) in seiner *Vision des Mönchs von Much Wenlock* sowie in der *Vision des Mönchs von Eynsham* aus dem späten 12. Jahrhundert. Diese Berichte beginnen mit der Schilderung eines todesähnlichen Trancezustands, in dem der Betreffende beträchtliche Zeit bleibt. Danach kehrt er von den Toten zurück und erzählt den anderen, was er gesehen hat. Gewöhnlich gibt es im

Jenseits drei Zustände: Hölle, Fegfeuer und Himmel, aber zuweilen kommt noch ein vierter hinzu, der als Paradies (später Limbus) bezeichnet wird.

Bei der Deutung dieser Literatur muss man mehrere Aspekte berücksichtigen. Erstens ist die Vision, die ein Mensch erfährt, immer bedingt durch dessen eigene Begriffs- und Bilderwelt; mit den Worten von Thomas von Aquin gesprochen: Was immer man wahrnimmt, nimmt man auf die eigene Wahrnehmungsweise wahr. Das bedeutet unvermeidlich, dass die Erfahrung, selbst wenn sie echt ist, immer zum Teil subjektiver Natur bleibt. Zudem gelangt sie gewöhnlich zu uns durch den Berichterstatter, der seinerseits bereits seine begrifflichen Vorstellungen und Überzeugungen ins Spiel bringt. Zuweilen wurden Visionen auch dazu verwendet, um abgeschmackte oder inakzeptable Botschaften herüberzubringen. Im Fall des *Mönchs von Eynsham* etwa hatte ein Bischof von Coventry Mönche aus seiner Kathedrale verbannt, weshalb in einer Vision beschrieben wurde, wie er im Jenseits dafür schreckliche Qualen erleiden musste. Heute würden nur noch wenige Menschen vorbehaltlos irgendwelchen Visionen Glauben schenken; das gilt genauso für Dante wie für die früheren, weniger gebildeten Visionäre. Dante als großer Dichter mischte unweigerlich viel Eigenes in diese Schilderung hinein. So ist es bestimmt kein Zufall, dass er etwa Papst Bonifaz VIII. in der Hölle antraf, wenn man aus anderen Quellen weiß, dass Dante im wirklichen Leben ein Gegner der Politik dieses Papstes gewesen war und die Partei des Kaisers, der gegen ihn kämpfte, ergriffen hatte.

Die Heiligkeit der Laien

Für den Zusammenhang dieses Buches muss noch ein Punkt herausgegriffen werden: Dante ermutigte zur Heiligkeit der Laien und verhalf ihr zu Ansehen. Das war ein großes Anliegen der damaligen Zeit. Im Spätmittelalter wurden nur wenige Könige oder Kaiser heilig gesprochen, und sogar relativ wenige Bischöfe. Stattdessen wurden dafür Kandidaten aus den Reihen der Bettelmönche und den von ihnen inspirierten Dritten Orden ausgewählt. Beispiele für diesen Trend sind Homobonus von Cremona (1120–1197), Elisabeth von Ungarn (1207–1231) und örtliche Einsiedlerheilige. Dante mochte wichtige Päpste wie Gregor VII. und Bonifaz VIII. in die Hölle verbannen, aber vor allem ging es ihm darum, dass man die Heiligkeit überall wahrnehmen sollte, wo sie auftrat: bei Kaufleuten wie Bauern, Königinnen wie Nonnen und Hausfrauen. Er schätzte und pries genau wie William Langland, der Verfasser von *Piers Plowman*, die schlichten und verborgenen Beispiele der Heiligkeit. Eher sie als bestimmte Prälaten oder Herrscher würden am Tag des Gerichts als die wahren Jünger Christi erkannt.

Dantes andere Werke, darunter solche über Politik oder Sprache, betreffen uns hier nicht. Man braucht auch nicht unbedingt seiner Behauptung zu glauben, er habe bereits in seinem irdischen Leben die *visio beatifica*, die »seligmachende Schau« erfahren. Es ist interessant, dass er das auch für Bernhard behauptete, der in der *Göttlichen Komödie* Dante der Jungfrau Maria vorstellt, die für Dante diese außergewöhnliche Gnade erwirkt habe. Im Lauf der Jahrhunderte wurden Dantes Werke viel studiert, mehr als die Werke vieler anderer Schriftsteller des Mittelalters.

Gegenüber: Szene aus Dantes *Göttlicher Komödie*. Illustration von Giovanni di Paolo (ca. 1445).

Anhänger zu Bibelübersetzungen anregte und unter seinem Namen volkssprachliche religiöse Traktate verbreitet wurden. Seine Lehren wurden in England 1382, 1388 und 1397 verurteilt sowie 1415 vom Konzil zu Konstanz, jedoch hielten sie sich hartnäckig in ländlichen Gebieten von Chilterns, Essex und Kent.

Ein weiterer einflussreicher Schriftsteller des Spätmittelalters war Jan Hus von Böhmen (1372–1415). Der angesehene Philosoph an der Universität von Prag wurde ungefähr zu der Zeit zum Priester geweiht, als Wycliffes Lehren dort bekannt wurden, und er griff sie bald auf. Zunächst wurde er vom Prager Erzbischof Shinko von Hasenberg darin unterstützt, nicht zuletzt, weil er ein angebliches eucharistisches »Wunder« in Wilsnack verurteilte, aber in Prag nahm der Widerstand

gegen Wycliffe zu. Aber vor allem wegen einer tief sitzenden tschechischen Abneigung gegen die deutsche Vorherrschaft sowie aus Parteinahme in der Kontroverse, zu welchem Papst man im Großen Schisma halten solle, wurde Hus dennoch durch ein königliches Dekret von 1409 zum Rektor der Prager Universität ernannt. Damit wurde Prag zu einem wichtigen Zentrum Wycliffescher Lehre und erregte die Gegnerschaft des Papstes. Hus veröffentlichte hierauf sein Hauptwerk *Über die Kirche*, das viel Wycliffe verdankte. Er prangerte darin nicht nur energisch die Verderbtheit des Klerus an, sondern sprach sich auch entschieden für einen leichteren Zugang der Laien zur Heiligen Schrift, bessere Beteiligung der Laien an kirchlichen Angelegenheiten, den Gottesdienst in der Muttersprache und die Kommunion unter beiderlei Gestalten für alle aus.

Könige betrachten den Tod. Aus dem Psalter von Robert de Lisle, 14. Jh.

Etliche dieser Anliegen wurden übrigens beim II. Vatikanischen Konzil von der Kirche verwirklicht.

Seine Ansichten über die Prädestination und seine Auffassung, im Fall, dass sie sündigten, verlören die Kleriker ihre Jurisdiktionsgewalt und ihren Besitz, wurden weithin verurteilt. Der Umstand, dass Franziskaner und Dominikaner stark an seiner letzten Gefangensetzung und seiner Verbrennung beteiligt waren, nachdem er vom Konzil von Konstanz verurteilt worden war (an das er gegen den Papst appelliert hatte), hinterließ sehr große Verbitterung. Die Tschechen behandelten ihn als Märtyrer und sein Fall ist derzeit der Gegenstand einer historischen Revision, die auch vom heutigen Papst gefördert wird.

Jan van Ruysbroeck
(1293–1381)

Fast genau ein Zeitgenosse von Wycliffe und wie er ein Pfarrpriester in Nordeuropa, der seine Muttersprache liebte, war Jan van Ruysbroeck aus Brabant in Flandern. Doch Ruysbroeck wurde einige Jahre Einsiedler und schloss sich dann mit seiner kleinen Gemeinschaft den augustinischen Regularkanonikern an. Er war ein produktiver und einflussreicher Schriftsteller und spiritueller Leiter und betonte mit neuem Nachdruck die Werke der Barmherzigkeit als unerlässlichen Ausdruck des kontemplativen Lebens, die nicht etwa zusätzlich zu verrichten seien, sondern wesentlich dazugehörten. Er schrieb, in ein und demselben Augenblick handle und ruhe die Liebe im Geliebten; beides, Inneres und Äußeres, verstärke sich gegenseitig. Seiner Überzeugung nach war der echte Mystiker kein weltfremder Kontemplativer, unfähig zu mitmenschlichem Handeln, sondern jemand, der sein Leben sowohl in der Muße wie in der Aktion voll beherrsche. Er sei in beidem ungeteilt und ganz, weil er ganz in Gott sei. Diese Integration von tätigem Handeln und stillem Genießen sah er im Leben der heiligsten Dreifaltigkeit grundgelegt. Zudem habe der gewöhnliche Mensch, der in Gott erhoben werde und aus Liebe zu praktischem Handeln herabsteige, am Leben des Gottmenschen Jesus Christus absolut teil. Ruysbroeck war sich jedoch auch der Gefahr seitens falscher Mystiker bewusst, die er als pantheistische Irrläufer beschrieb, weil sie glaubten, sie brauchten nicht die Tugend zu üben.

Er war in engem Kontakt mit anderen neuen mystischen Bewegungen, etwa den »Gottesfreunden« im Rheinland und anderswo sowie mit den Beginen in Flandern und Geert Groote, dem Gründer der »Brüder vom gemeinsamen Leben« und Mitbegründer der *devotio moderna*, eines neuen Frömmigkeitsstils mystischer Innerlichkeit, den vor allem Thomas von Kempen mit seiner *Nachfolge Christi* stark verbreiten half.

Papst Urban V.
(1310–1370)

Ein weiterer Zeitgenosse Wycliffes war der wenig bekannte Papst Urban V., vor seiner Wahl zum Papst Benediktinermönch und Abt in Marseille. Der italienische Dichter und Humanist Francesco Petrarca (1304–1374) nannte ihn »einen großen Menschen, ohne seinesgleichen in unserer Zeit, wie es auch sonst nur selten einen in einem anderen Zeitalter gibt«. Er widmete sich sein Leben lang dem Studium und befasste sich intensiv mit dem Recht. In einer Zeit, zu der es nach allgemeiner Auffassung bereits viel zu viele Studenten und auch Kleriker gab, förderte er immer noch weitere Studenten mit Stipendien. Er fand es durchaus richtig, dass viele von seinen Stipendiaten gar nicht Kleriker wurden, sondern in der Welt blieben und Familien gründeten, denn er war der Auffassung, das Studium sei immer nützlich, ganz gleich, welchen Lebensstand jemand anschließend wähle, und selbst wenn er sich dann einem Beruf zuwende, der eher handwerkliche Fähigkeiten verlange. Es wundert nicht, dass er mit dieser Überzeugung, die mit seinen eigenen Worten belegt ist, sowohl die Ideale von Männern am Hof als auch diejenigen von Mönchen, die den Rückzug aus der Welt gewählt hatten, nachvollziehen konnte. Er steht als Beispiel für die Erneuerung und Stärke des benediktinischen Mönchtums im 14. Jahrhundert. In England gibt es mit Adam Easton von Norwich, Uthred von Boldon in Northumbria und dem Erzbischof von Canterbury Simon Langham weitere Beispiele dafür.

Die Erneuerung der Bettelorden

Derweil brachten auch die Bettelorden trotz heftiger zeitgenössischer Kritik bemerkenswerte Beispiele der Vitalität hervor. Ein Phänomen seiner Zeit war der Franziskaner Bernardin von Siena (1380–1444), ein Theologe und Volksprediger und zugleich Reformer seines eigenen Ordens. Seine kleine Zelle ist noch heute in Fiesole zu sehen. Die Künstler stellten ihn später vorzugsweise mit dem Symbol IHS dar, das den Namen Jesu bezeichnet, denn er förderte vor allem die Verehrung des Namens Jesu.

Sein dominikanischer Zeitgenosse in Florenz, Bischof Antoninus (1389–1459), lebte in seinem Haushalt ein bewundernswertes Beispiel evangelischer Armut vor, gab jedoch zugleich Fra Angelico den Auftrag, das Priorat von San Marco in Florenz auszumalen. Die besten seiner Gemälde stellen einen der Höhepunkte der religiösen Kunst des Mittelalters dar.

Ein weiterer ungefährer Zeitgenosse war Johannes Colombini (1304–1367), der Gründer der Jesuaten (nicht zu verwechseln mit den späteren Jesuiten), ein verheirateter Mann mit zwei Kindern und Mitglied des Magistrats, der eine dramatische Bekehrung erlebte und sich fortan der Bußpredigt und Armut verschrieb. Das tat er auch durch sein praktisches Beispiel. Nur in Lumpen gehüllt, zog er wie ein zum Tod verurteilter Verbrecher durch die Straßen. Er behauptete, der Name Christi sei vor allem an den Orten, wo er scheinbar geehrt werde, in Vergessenheit geraten und werde dort schlimmer verraten als von jedem Zöllner. Wenn Christus wieder zur Erde komme, werde er noch mehr als dereinst die Sünder, Wucherer und Räuber für sein Heil bevorzugen. In seinen Bußaufrufen mag ein Schuss Fanatismus stecken, er zeigt jedoch, dass es mitten in dem damals weit verbreiteten Verfall starke Kritik und den echten Wunsch nach Reform gab.

Die Geißler und Vinzenz Ferrer
(1350–1419)

Eine Bewegung mit etlichen ähnlichen Zügen stellen die Bruderschaften von Geißlern (»Flagellanten«) dar, an denen Jean le Charlier de Gerson (1363–1429), ein französischer spiritueller Schriftsteller, kritisierte, sie lüden sich schwere Lasten auf, die von Christi Gesetz der Liebe nicht gewollt seien. Diese merkwürdigen Laien schleppten Kreuze mit sich, geißelten sich blutig und veranstalteten 33-tägige Bußpilgerzüge von Stadt zu Stadt (in Erinnerung an die 33 Erdenjahre Jesu). Das Sakrament der Buße ersetzten sie durch eigene freiwillige Sühneleistungen; ihr scharfer Antiklerikalismus ging mit einem ungemein starken Sündenbewusstsein einher sowie mit der akuten Not, Schutz gegen den Schwarzen Tod und andere Seuchen zu finden.

Der berühmte Dominikanerprediger Vinzenz Ferrer teilte einige ihrer Anliegen, lenkte sie jedoch auf einen rechtgläubigeren Weg. Vinzenz war halb spanischer und halb englischer Abstammung und in Frankreich, Spanien und Italien ein weit bekannter und geschätzter Prediger. Er hatte namentlich einen Ruf als Prediger des Jüngsten Gerichts, jedoch war dieses Thema bei weitem nicht seine ganze Botschaft, vielmehr ging es ihm um Buße in einem frommen Leben in freiwilliger Armut, Schweigen, Gehorsam und Enthaltung. In seiner Predigt nahmen die Selbstverleugnung, die Rückkehr zu Gott durch die Menschheit Jesu und die Buße einen wichtigen Platz ein. Den Geißlern gegenüber betonte er die Notwendigkeit der Sakramente; zu denen, die mit Ängsten zu kämpfen hatten, sprach er eindringlich vom Erbarmen Gottes. Er empfahl die Kreuzweg-Andacht (Gebete vor einer Abfolge von Darstellungen der einzelnen Episoden aus der Passion Jesu, wie sie heute noch in den meisten katholischen Kirchen zu finden sind) als geistlichen Pilgerweg nach Jerusalem, in den man den ganzen Idealismus der Kreuzfahrerzeit legen könne. Die »zweite Taufe« sollte dazu führen, dass man in einen Orden eintrat oder zumindest in eine Bruderschaft, die religiöse Szenen aufführte oder häretischen Sekten entgegenwirkte. Auf jeden

Gegenüber: Bernardin von Siena predigt. Dem Bertodi Giovanni († ca. 1529) zugeschriebenes Gemälde.

aber nicht Christus darin nachfolgen kann, dass er allen Liebe und Fürsorge zuzuwenden vermag, Guten wie Bösen, Freunden wie Feinden, ohne Heuchelei oder Schmeicheln, Verachtung, Wut oder gehässige Kritik, täuscht sich in Wirklichkeit selbst.«

Juliana von Norwich (1342–1417)

Die letzte, jedoch keineswegs geringste der englischen Mystiker ist Juliana, die Anachoretin von Norwich, deren Schriften zu ihren Lebzeiten kaum bekannt waren, sich heute jedoch großer Wertschätzung erfreuen. Sie könnte Benediktinernonne gewesen sein, sicher jedoch ist, dass sie sich als Reklusin in einer lauten und ungesunden Gegend von Norwich niederließ. Dort erfuhr sie eindrucksvolle Visionen oder »Schauungen«, die sie in zwei Niederschriften beschrieb, die beträchtlichen theologischen Sachverstand verraten. Sie fand in der Passion Christi den Schlüssel zum Verständnis alles Sündhaften in dieser Welt: Schöpfung und Erlösung wirkten zusammen, dass die Auserwählten das für sie vorbestimmte ewige Glück erlangten. Sie schrieb den zu Recht berühmten Spruch: »Es stimmt, dass die Sünde die Ursache aller dieser Schmerzen ist; aber alles wird gut und alle werden gut und die Dinge aller Art werden gut.« Und: »Von allen Schmerzen, die zur Erlösung führen, ist das der größte, deine Liebe leiden zu sehen. Wie könnte ein Schmerz größer sein als der, den leiden zu sehen, der mein ganzes Leben, meine Wonne, meine Freude ist? Hier spürte ich wahrhaft, dass ich Christus viel mehr als mich selbst liebte, denn es gab keinen noch so großen Schmerz für mich, der den Schmerz übertroffen hätte, ihn leiden zu sehen.« So darf man ihren im ersten Zitat geäußerten christlichen Optimismus durchaus nicht getrennt von der Wahrnehmung akuten Leidens sehen, noch bedeutet er ein unrealistisches Verkennen des Bösen und der Sünde.

nen und lautes Heulen. Zu ihren Erfahrungen gehörten solche engen Einsseins mit Christus und großer Trauer um die weit verbreitete Sündhaftigkeit. 1413 legte sie zusammen mit ihrem jahrelang schwer kranken Mann ein Gelübde der Keuschheit ab. Einmal traf sie mit Juliana von Norwich zusammen (siehe Kasten S. 117), aber leider gibt es keinen zuverlässigen Bericht darüber, was sie miteinander besprachen.

Die Mystikerinnen konzentrierten sich damals wie auch noch später bei ihrer Suche nach dem Einswerden mit Christus auf das Leiden Christi, das sie in ihrem eigenen Leben nachvollzogen, welches sie zur Sühne für die Sünden ihrer Zeit aufopferten. Die Mehrheit der Menschen, die die Stigmata empfingen, das heißt die Wundmale Christi physisch an ihrem eigenen Körper, waren Frauen. Als erster hatte sie Franz von Assisi empfangen, und etliche dieser Mystikerinnen standen unter dem Einfluss von Franziskanern oder hatten solche als geistliche Berater.

Die Laienfrömmigkeit

Die Mystikerinnen und Mystiker und die Stigmatisierten waren natürlich nur eine Minderheit. Wie sah im Spätmittelalter das religiöse Leben der großen Mehrheit der Menschen aus? Ab der Zeit, als mehr Menschen lesen und schreiben konnten und ein starker beruflicher Mittelstand heranwuchs, sind auch mehr Belege darüber zu finden. Es ist eine auffallend große Zahl von Stundenbüchern erhalten geblieben, die uns über die Gebetsgewohnheiten der damaligen Menschen und ihre Vorzugsthemen Aufschluss geben. Der Inhalt dieser (oft wunderschön ausgeschmückten) Stundenbücher deckt sich meist genau mit demjenigen der Zusätze zur klösterlichen Liturgie, wie sie in früheren Jahrhunderten üblich waren. So wurden jetzt die Marianischen Horen und diejenigen Aller Heiligen, das Totenoffizium[13] und die Allerheiligenlitanei zu den bevorzugten Gebeten von Königen und Königinnen, Adligen, Kaufleuten und ihren Frauen.

Diese Bücher sind ein sprechender Beleg dafür, wie das klösterliche Leben immer noch viele ansprach. Man könnte sagen, dass sie in abgekürzter Form den klösterlichen, vom Gebet durchsetzten Alltag nachahmen wollten, ganz ähnlich wie die

Geißler bestimmte klösterliche Strengheiten herausgegriffen und für sich gepflegt hatten.

Aus unserem großen Zeitabstand heraus bleibt vieles im Dunkeln, aber eindeutig ist, dass Heilige und ihre Heiligtümer von großer Bedeutung blieben. Das zeigt zudem die große Beliebtheit der *Goldenen Legende* (1255–1266), einer Sammlung von Heiligenleben für jeden Tag des Jahres, zusammen mit Abschnitten über die wichtigsten Christusfeste im liturgischen Jahr. Inhaltlich war sie zwar unkritisch und stellenweise verklärend und fabulös, aber die hohen Druckauflagen auf Latein und in den Volkssprachen zeigen, dass sie bis zur Reformation sehr gefragt war.

Das Pilgerwesen

Das Pilgern und Wallfahren ist eine Übung, die man in den meisten der großen Weltreligionen pflegt. Im Islam ist die Pilgerfahrt nach Mekka wenigstens einmal im Leben sogar (für alle, die sie sich leisten können) vorgeschrieben. Im Christentum war sie immer freiwillig, es sei denn, sie wurde als Buße verhängt.

Der älteste überlieferte christliche Pilgerbericht ins Heilige Land, die anschauliche Erzählung einer spanischen Dame namens Silvia von Egeria, stammt aus dem 4. Jahrhundert. Er ist eine wichtige Quelle für die Liturgie in Jerusalem ungefähr ums Jahr 380. Die Pilgerin besuchte unter anderem Konstantinopel, Edessa (in der heutigen Türkei) und Ägypten.

Ungefähr zur selben Zeit oder sogar schon früher unternahm man auch Pilgerfahrten an die Gräber der Märtyrer in verschiedenen Teilen Europas, aber vor allem das Mittelalter gilt als das große Zeitalter des Pilgerns und Wallfahrens. Besonders angesehene Wallfahrtszentren waren das Heilige Land, Rom, Santiago de Compostela und Saint-Gilles in der Provence. Sie alle besuchte zum Beispiel im frühen 12. Jahrhundert der englische Reisende Godric und wurde anschließend Einsiedler in Finchale bei Durham. Er starb 1170, im Jahr des Martyriums von Thomas Becket, das dann auch Canterbury zu einem der bedeutendsten Pilgerzentren Europas werden ließ. Später wurde es von Geoffrey Chaucer in seinen *Canterbury Tales* verewigt, einer satirischen Schilderung von nicht besonders frommen Canterbury-Pilgern Ende des 14. Jahrhunderts, die sich unterwegs in einer Herberge amüsante Geschichten erzählen.

Im Mittelalter erhielten die Pilger von der Kirche einen besonderen Segen und wurden in einem besonderen Pilgerkleid samt Hut und Pilgerstock ausgesandt; ihre Pilgerabzeichen sind jetzt bei Archäologen sehr geschätzt. Die Gefahren der Reise waren beträchtlich, weshalb viele unterwegs umkamen. Die Kirche beschützte sie, so gut sie konnte, und die Ortsgemeinden unterstützten die Angehörigen der auf Pilgerfahrt Befindlichen, damit sie nicht verarmten. Beim Kreuzzug handelte es sich ursprünglich um eine bewaffnete Pilgerfahrt ins Heilige Land; die Waffen waren zum Selbstschutz notwendig; Ritterorden wie die Templer und Hospitalier wurden ursprünglich zum Zweck des Schutzes der Pilger gegründet.

Oft wird behauptet, im Mittelalter hätten die meisten Menschen nur selten ihre Städte und Dörfer verlassen. Das stimmt zwar im großen Ganzen, aber dieses Allgemeinbild wird beträchtlich bereichert durch die Praxis des Wallfahrens, sei es in ferne Länder oder in die nähere oder weitere Umgebung. Recht üblich waren Wallfahrten in die Bischofskirche der Diözese; auch die größeren Klöster, die über wichtige Heiligenreliquien verfügten, waren beliebte Anziehungspunkte. In England besaßen St Albans, Bury St Edmunds, Westminster, Lincoln, Durham, York und Chichester Schreine wichtiger und bekannter Heiliger, obwohl keines dieser Zentren hinsichtlich der Zahl der Pilger und Höhe der Einnahmen an Canterbury heranzureichen vermochte. Zu den wichtigsten Zentren Westeuropas gehörten neben den bereits genannten Fleury, Tours, Lyon, Venedig, Köln und Merida. Wenn eine Stadt oder eine Kirche über den Schrein eines bekannten Heiligen verfügte, bedeutete das eine wichtige Einnahmequelle. Er zog Pilger an, die mit Nahrung und Getränken und Quartieren versorgt werden mussten, was Arbeit und Absatzmöglichkeit von Waren mit sich brachte, ähnlich wie heute große Fußball- oder andere sportliche Ereignisse wichtige Wirtschaftsfaktoren darstellen. Doch als Hauptunterschied zu heute muss man im Auge behalten, dass die mittelalterliche Bevölkerung zahlenmäßig gering war, so dass die Zahl der auf einmal an einem Ort anwesenden Pilger nur selten in die Tausende ging. Auch ist zu beachten, dass diese Kirchen nicht

Verhaftung und Hinrichtung von Thomas More. Gemälde von Antoine Caron (1520–1599).

zeichneten Prälaten wie Fisher, und der Botschafter Kaiser Karls V. bezeichnete ihn aufgrund seiner Bildung und Heiligkeit als Muster aller Bischöfe.

Der damalige Kanzler des englischen Königreichs, Thomas More (1478–1535), war ebenfalls ein ausgezeichneter Gelehrter, Anwalt, geistreicher Kopf und Familienvater. Auch er war mit Erasmus befreundet und vermochte dessen satirische Ader vermutlich besser zu schätzen als Fisher. Beide missbilligten die Scheidung des Königs von Katharina von Aragon und beide weigerten sich, als es zum Bruch mit Rom kam, Heinrich als Oberhaupt der Kirche anzuerkennen. Sie bezahlten ihre Haltung mit dem Leben, kurz nachdem die Kartäuser Londons aus den selben Gründen freudig in den Tod gegangen waren. Auf dem Schaffott zitierte Fisher das Johannesevangelium: »Das ist das ewige

Leben: dich, den einzigen wahren Gott, zu erkennen und Jesus Christus, den du gesandt hast. Ich habe dich auf der Erde verherrlicht und das Werk zu Ende geführt, das du mir aufgetragen hast.«

More erklärte, er betrachte sich »als treuen Diener des Königs, jedoch vor ihm Gottes.« Beide waren erlesene Repräsentanten der Kirche ihrer Zeit: die ersten Märtyrer der Reformationszeit.

Zusammenfassung

In den 400 Jahren, die auszugsweise in diesem Kapitel vorgestellt wurden, blieben einige Elemente der Spiritualität unverändert, während andere einen beträchtlichen Wandel erfuhren. Im Mittelalter ganz allgemein veränderte sich das Leben viel langsamer, als das in unserer eigenen Zeit der Fall ist, aber das Ineinanderwirken mehrerer unterschiedlicher Einflussbereiche führte zu nachhaltigen Entwicklungen.

Die konstanten Elemente der mittelalterlichen Frömmigkeit waren die Sakramente. Durch die Taufe wurden die Menschen Kinder Gottes und Mitglieder der Kirche; das galt als so selbstverständlich wie die Zugehörigkeit zur eigenen Nation. Die Messe, die täglich in den großen Kathedralen genauso wie in den bescheidenen Pfarrkirchen gefeiert wurde, empfanden die Menschen als das Geschehen, das ihnen die lebensspendende Seelennahrung schenkte, wie das im Abstand mehrerer Jahrhunderte Lanfranc und Thomas von Aquin auf ihre je eigene Art beschrieben. Wenn die Menschen in Sünden verfielen, gab es das Sakrament der Beichte, das Vergebung und Frieden schenkte. Für dessen Praxis war das 12. Jahrhundert von besonderer Bedeutung. Zuweilen waren damit strenge Bußen verbunden; so wurden etwa lange Pilgerreisen als Strafe verhängt. Abgesehen von zufälligen Begegnungen auf diesen Reisen kamen die meisten Menschen des Mittelalters kaum mit Angehörigen anderer Religionen in Kontakt.

Die Betonung der Menschheit Jesu und Marias führte dazu, dass die Aufmerksamkeit stärker auf das Leiden und Sterben Christi gelenkt wurde, zuweilen, so scheint es, auf Kosten des Glaubens an die Auferstehung. Das führte auch zu einer emotionaleren Spiritualität und zur Praxis stellvertretenden Leidens. Diese Elemente hatten zwar durchaus Grundlagen in der Heiligen Schrift, aber die Betonung gegen 1500 war ziemlich anders als gegen 1100. Zu dieser Entwicklung trug nicht zuletzt die schreckliche Erfahrung der Pestseuche bei.

Die Entwicklungen und Veränderungen waren weder nur gut noch nur schlecht. Einzelne, bekannt gewordene oder unbekannt gebliebene Menschen, lieferten unter oft gefährlichen und schwierigen Umständen bewundernswerte Zeugnisse christlichen Lebens. Plötzlicher Tod und unheilbare Krankheit waren ständige Mahner, wie ungewiss das Leben des Menschen sei, während die beträchtlich verbesserte Bildung nicht aus sich heraus die Heilmittel lieferte, wie sie erst Jahrhunderte später von der fortgeschrittenen medizinischen Wissenschaft entwickelt wurden. Oft wurden deshalb die Fürbitten der Heiligen als die beste Arznei gegen Krankheiten betrachtet, die man nicht zu erklären vermochte. Die gleichen Heiligen, namentlich die Lokalheiligen, boten auch oft in Zeiten akuter Not Zuflucht und Asyl sowie ganz allgemein Schutz und Hilfe. Vor allem die Zünfte unterstellten sich ganz bestimmten Heiligen als ihren Patronen und Schutzherren. Die Beschäftigung mit dem Leiden und Sterben fand ihr Gegengewicht durch einen lebhaften Glauben an die Auferstehung und den Himmel, wie ihn etwa Fra Angelicos Gemälde von Engeln und Heiligen anschaulich vor Augen führen.

Die Kenntnis der Bibel wurde durch die Predigt in der Volkssprache erschlossen, mittels der sich darauf beziehenden Bilder an den Kirchenwänden (der so genannten »Armenbibel«) und durch die Mysterien- und Wunderspiele, die ein beliebter Zug der mittelalterlichen Religion waren. Man sollte auch nicht den Beitrag der volkssprachlichen Dichtung vergessen, in England vom *Dream of the Rood* aus dem 8. bis zu *Piers Plowman* aus dem 14. Jahrhundert. Die spätere Erfindung des Buchdrucks ermöglichte, was in früheren Jahrhunderten unmöglich gewesen war: die Verbreitung der vielen Bibeltexte und anderer Werke zur Spiritualität.

Die Christenheit des Mittelalters leistete mit dem, was sie beibehielt, und auch mit dem, was sie veränderte, einen wichtigen Beitrag für die Geschichte der Spiritualität. In vieler und oft unerwarteter Hinsicht beeinflusste sie zum Guten wie zum Schlechten die Spiritualität des katholischen »Barock«-Zeitalters genauso wie die verschiedenen protestantischen Kirchen, die als Frucht der Reformation entstanden.

Ansatz von Athanasius noch weiter aus. Es hatte sich gezeigt, dass das eigentlich Unmögliche, nämlich dass Gottheit und Menschheit ihrer Natur nach miteinander verknüpft würden, tatsächlich geschehen war, und zwar in der Inkarnation des Gottmenschen Jesus Christus. Das griechische patristische Denken hob hervor, dass diese mystische Transaktion »in den Naturen« nicht nur in der Person Christi oder rein um Christi willen erfolgt sei, sondern ein Muster für die Menschheit insgesamt vorstelle, folglich also eine von Gott gewirkte Neuerschaffung der Grundlagen der menschlichen Natur bedeute. So deutete es die Inkarnation als Neubegründung der menschlichen Person als eines mit göttlicher Gnade ausgestatteten Wesens.

Athanasius fasste das in einen prägnanten Satz, der im Griechischen noch knapper ausfällt als in der Übersetzung:

»Er wurde, was wir sind, damit wir werden, was er ist.«

Das heißt also: Gott wurde menschlich, damit wir Menschen vergöttlicht würden.[1]

Oder, wie Kyrill es ausdrückte: »Was er von Natur aus ist, zu dem lässt er uns aus Gnade werden.«[2]

Für Athanasius wie Kyrill stellte das den Kern der »Heilsökonomie« dar, den Grund dafür, weshalb Gott Mensch wurde. Sie verwenden den Begriff »Ökonomie«, um damit zum Ausdruck zu bringen, dass bei der Inkarnation ein dynamischer Prozess in Gang gesetzt worden sei. Das weitet mit einem Streich die gesamte Sicht auf das Leben, Sterben und Auferstehen Christi. Statt sich nur auf die älteren biblischen Kategorien der Sühne durch stellvertretende Opfer zu verlassen, wird hier vorgestellt, dass das göttliche Wort die Natur des Menschen von Grund auf neu erschaffe.

Im Kern dieses Vorgangs, so wird hier vorgestellt, finde ein geheimnisvoller Austausch der Eigenschaften statt (was schließlich theologisch auf den Begriff der »Idiomenkommunikation« gebracht wurde). Sie lehrten, das göttliche Wort habe die Menschennatur angenommen, ohne sein Sein und seine Macht als Gott zu verlieren. Jedoch sei es, nachdem es Mensch geworden sei, den Grenzen des Menschseins unterworfen worden; sein Gottsein sei nicht aufgehoben, aber »verschattet« worden. Auf diese Weise habe Christus als göttliche Person sowohl die Bedingungen des Leidens und Begrenzt-

seins (als Mensch) als auch der göttlichen Allmacht (als Architekt des Universums) erfahren. Athanasius und mehr noch Kyrill gefielen sich darin, die Paradoxa dieser Sichtweise ausführlich durchzuspielen, um damit die geheimnisvolle Natur der Transaktion zwischen beiden Naturen im Prozess der Erlösungs-Ökonomie deutlich hervorzuheben: der unsterbliche Gott sei am Kreuz gestorben, jedoch als Unsterblicher wieder erstanden, um seinen endgültigen Sieg über den Tod zu erweisen. Ihre Gegner damals wie später wandten ein, wenn man solche Paradoxa hervorkehre, laufe man Gefahr, das menschliche Leben Christi zu entwirklichen. In Erwiderung darauf argumentierten Athanasius und Kyrill, die Theologie wolle durchaus nicht das Leben Christi als unwirklich vorstellen, sondern vielmehr zeigen, wie die Inkarnation einen dynamischen Prozess darstelle, der als Vorbild dafür dienen solle, wie das gewöhnliche Menschenleben des Gläubigen ins Innerste der göttlichen Wirklichkeit erhoben werden könne. Was das göttliche Wort als natürliches Ergebnis seiner Inkarnation erlangt habe, das könne das Menschengeschlecht ebenfalls als Gnade seiner Neuschöpfung und Befreiung erlangen. So sei das Menschsein, das bislang durch seine Sterblichkeit, Verderbtheit und Abtrennung von Gott definiert worden sei, jetzt neu definiert als Seinszustand, in dem grundsätzlich die Befähigung zum unsterblichen Leben und zur vollkommenen Kommunion mit dem Gott angelegt sei, der in ein »natürliches« Einssein mit dem Menschengeschlecht eingetreten sei.

Dank des energischen Einsatzes von Athanasius und Kyrill wurde dieses dynamische Verständnis der Christologie bzw. der Theologie der Inkarnation zur offiziellen Lehre der Kirche, wie sie von den ersten fünf Ökumenischen Konzilien bekräftigt wurde. Davon wurde jeder größere Denker der Frühzeit beeinflusst. Das praktische Ergebnis war, dass die frühe christliche Spiritualität von ihrem Ansatz her eine zutiefst auf Christus zentrierte Mystik eines dynamischen Umwandlungsprozesses darstellte. Man war der festen Überzeugung, dass, wenn und soweit sich der Gläubige durch Gebet und das sakramentale Leben der Kirche enger dem auferstandenen Christus anschließe, sein Wesen als Mensch unvermeidlich allmählich umgewandelt, »transfiguriert« werde, in einen neuen Zustand des Lichts, der Gnade und der zunehmenden inneren Festigkeit und Fülle des Lebens. Er werde in einen immer

Die kappadokischen Väter

Nach dem Tod von Athanasius führte eine Generation jüngerer Theologen aus Kappadokien (in der heutigen Türkei) sein Werk weiter und stellte es auf eine breitere Grundlage, indem sie seine Ansätze weiter in die Liturgie und die Gebete der Christen hinein ausdehnten. Sie waren alle eng befreundet oder zum Teil sogar miteinander verwandt und standen als gemeinsames Team in regem Austausch miteinander. Es handelte sich um Gregor von Nazianz (ca. 329–391), einen der gebildetsten Männer der Geschichte der frühen Kirche, der eine Ausbildung als klassischer Rhetor erfahren hatte; seinen engsten Freund Basilius von Cäsarea (ca. 330–379); Basilius' ältere Schwester Makrina (ca. 327–380), eine wichtige Gestalt in der Geschichte des weiblichen Mönchtums; sowie Basilius' jüngeren Bruder Gregor von Nyssa (ca. 335–394).

Die Lehre von der Dreifaltigkeit

Die Kappadokier nutzten ihre Stellung als Bischöfe dazu, die Christologie des Athanasius zu verbreiten und entwickelten im Verlauf dieses Wirkens auch die Lehre von der Dreifaltigkeit weiter. Aus ihrer Sicht war der christliche Gott eine Kommunion von drei personalen Wirklichkeiten, die eine einzige göttliche Natur miteinander teilten, welche vom Einen Vater dem Sohn und dem Geist mitgeteilt werde. Das war schon damals und bleibt bis heute ein schwieriger Aspekt des christlichen Glaubens, der jedoch sehr leicht »zugänglich« war dank der trinitarischen Gebete der Liturgie, in denen er heimisch wurde und auch einiger Gedichte, die unter anderen Gregor von Nazianz zu diesem Thema schrieb.

> Gewähre, unsterblicher König,
> Dir Hymnen zu singen,
> Gewähre uns, dass wir dir singen,
> Unserm Herrscher und Herrn.
> Durch Dich ist der Hymnus,
> Durch Dich ist der Lobpreis,
> Durch Dich der Chor der Engel,
> Durch Dich sind die endlosen Zeiten …
> Durch Dich ist die große Schönheit der Sterne,

> Durch Dich ward unser edler Stamm erschaffen,
> Damit wir als vernunftbegabte Wesen unsern
> Gott wahrnehmen können.

> Denn Du hast alles geschaffen
> Und allem seine Ordnung gegeben.
> Du regierst alles in Deiner Vorsehung und Sorge.

> Du sprachst ein Wort und alles ward.
> Das Wort war Gott dein Sohn,
> Gleichen Wesens wie du selbst,
> Gleicher Ehre würdig wie der Vater.
> Er fügte alles zusammen,
> Um über alles zu herrschen.

> Und der Heilige Geist, der Gott ist,
> Umfängt alles ringsum,
> Hütet in seiner Vorsehung alles.
> O lebendige Dreifaltigkeit, ich nenne dich mit
> Namen,
> Einer und einziger König,
> Unwandelbare Natur ohne Anfang,
> Natur unsagbaren Wesens,
> Unergründlich weise Einsicht,
> Unerschütterliche Stärke der Himmel …
> Hab Erbarmen mit uns,
> Denn Herrlichkeit und Dank seien Dir
> In die endlosen Zeiten der Zeiten. Amen.[3]

Die weiter vorangetriebene Theologie der Dreifaltigkeit führte zumindest zu einem tiefgreifenden Ergebnis: dass man die Vollkommenheit (das göttliche Wesen) nicht als jene einsame Einmaligkeit verstand, in der das antike philosophische Denken den einen Gott gesehen hatte, sondern als eine innigste Beziehung und Kommunion von Personen. Die Vorstellung, dass man erst durch Kommunikation mit anderen ganz man selbst werde, und nicht dadurch, dass man ganz und unabhängig für sich ist, gewährleistete, dass die christliche Spiritualität von da an immer die Liebesbeziehung als hervorragendstes Bild für Gott betrachtete und letztlich auch immer als den Weg zur Erfahrung der Gegenwart Gottes.

Der Weg des Gebets

Neben ihren rein theologischen Werken hinterließen Basilius und die beiden Gregore auch ausführliche Schriften über den Weg, auf dem ein hingebungsvoller Schüler im Gebet Fortschritte machen könne. Sie alle betonten, zu den wesentlichen Stufen dieses Wegs gehörten zunächst die Buße und der aufrichtige Wunsch, seinen eigenen Lebensstil zu läutern. Danach komme eine Phase der Einübung fester Gebetsgewohnheiten und eines relativ friedvoll geführten Lebens, in dem man sich dem Studium der Heiligen Schrift widme. Hierauf folge eine Entwicklungsphase zunehmender Einsicht, bis der Mensch schließlich höchst empfindsam auf die Eingebungen des Geistes Gottes eingestimmt sei. Er sei wie ein Glas, das zuerst der Reinigung bedürfe und dann , wenn das göttliche Licht schließlich durch es scheine, selbst zu leuchten beginne. An einer berühmten Stelle formulierte Basilius von Cäsarea das so:

Der Tröstergeist bemächtigt sich des reinen Auges, wie die Sonne das tut und zeigt dir in sich das Bild des Unsichtbaren ... Er ist es, der in den von jeder Unreinheit Gereinigten aufscheint, um sie mittels der Kommunion mit ihm zu spirituellen (geistigen) Wesen werden zu lassen. Genau wie helle und durchsichtige Körper selbst schimmernd werden, wenn das Licht auf sie fällt und sie auch von sich aus Helle widerspiegeln, genauso werden geisttragende Seelen, erhellt vom Heiligen Geist, selbst spirituell (geistig) und senden Gnade an andere weiter.[4]

Diese Theologie wurde schon bald in allen Mönchsgemeinschaften des Ostens Allgemeingut; deren intellektuelles Leben gründete auf den asketischen und theologischen Schriften dieser früheren Väter, namentlich denjenigen von Basilius und Gregor von Nazianz.

Basiliusliturgie. Makedonisches Wandgemälde, Mitte des 11. Jhs.

Pachomius (ca. 290–346)

Pachomius war ein Ägypter, der sich zum Christentum bekehrt hatte. Ihm wird allgemein zugeschrieben, bereits lange vor den späteren und berühmteren »Organisatoren« des Mönchslebens wie Basilius dem Großen oder Benedikt als erster im Mönchtum ein zentral organisiertes »gemeinsames Leben« eingerichtet zu haben, mit einer Regel und einer festen Tagesordnung mit gemeinsamen Zusammenkünften zu Gebet, Arbeit und Tischgemeinschaft unter der Oberaufsicht eines Abtes. Diese Art mönchischer Lebensstil wurde als *zönobitisch* bezeichnet, nach dem griechischen Ausdruck für »gemeinsames Leben«.

Seine Bekehrung

Pachomius wurde als junger Mann von seinem Dorf weg zum Militärdienst eingezogen. Unterwegs kam er durch ein kleines ägyptisches Christendorf, erfuhr die praktische Nächstenliebe eines christlichen Wohltäters und schrieb dies später dessen Bekehrung zur »neuen Religion« zu. Nach seiner Entlassung aus dem Militärdienst im Jahre 313 kehrte er in das oberägyptische Dorf Kenoboskion zurück und wurde durch die Taufe in die dortige Christengemeinde aufgenommen. Wenig später begann er unter Anleitung des Einsiedlers Abba Palamon das asketische Leben. In einer fast noch zeitgenössischen Lebensbeschreibung des Pachomius wird erzählt, dass er Anfang der 320er Jahre einmal Brennholz bei dem verlassenen Dorf Tabennisi in der Thebais in der Nähe des Nil gesammelt und dabei in einer himmlischen Vision eine Stimme vernommen habe, die ihn aufforderte, sich an diesem Ort niederzulassen und ein Kloster zu bauen. Er scheint ein charismatischer Führer gewesen zu sein und zog schon bald viele Schüler an, die mit ihm im Familienverband das Asketenleben führten. Nach sechs Jahren musste er eine zweite Gründung in der Nähe, im Dorf Pbou, vornehmen.

Die Thebais. Phantasiegemälde der Gegend um Theben von Starnina Gherardo (1354–1413).

Die Ausbreitung der Bewegung

Diese zweite Gründung sollte sich zum größten und bedeutendsten Kloster entwickeln und wurde zum Mittelpunkt einer ganzen Föderation pachomianischer Klöster, da sich seiner Organisation auch weiter entlegene Mönchsgruppen längs des Nil in Oberägypten anschlossen. So entstand eine ganze Kette gut organisierter christlicher Kommunen. Manche besiedelten verlassene römische Festungsanlagen; sie organisierten die gemeinsame Arbeit ihrer vielen Mitglieder straff und effizient, gewannen dadurch beträchtlich an wirtschaftlicher und politischer Bedeutung und vermochten obendrein ihren Mitgliedern sicheren Schutz zu bieten. Dadurch wurden sie zu einem wichtigen Faktor bei der weiteren Einführung und Ausbreitung des Christentums in diesem Teil Ägyptens.

Oft heißt es, der militärische Hintergrund von Pachomius habe seine Vorstellungen von gemeinschaftlicher Organisation und Disziplin geprägt, jedoch haben einige neuere Forscher darauf hingewiesen, dass er auch unter

dem Einfluss bereits in dieser Gegend bestehender manichäischer Gemeinschaften gestanden haben könnte. Die Niederlassungen des Pachomius zeichneten sich durch die strikte Betonung der gemeinschaftlichen Armut aus und ihre Disziplin würden wir heute als übersteigert bezeichnen. Jedoch im Vergleich mit den Kasernen der Antike oder selbst zeitgenössischen anderen Führergestalten des Mönchtums wie Schenute von Atribe, der später weiter den Nil aufwärts aktiv werden sollte, war Pachomius angenehm gemäßigt.

Der Einfluss der Vorstellungen von Pachomius

Pachomius starb im Jahre 346 bei einer schweren Seuche, die die Niederlassungen längs des Nil heimsuchte. Zu dieser Zeit stand er neun Männer- und zwei Frauenklöstern vor. Der griechische Historiker Palladius, der ca. 420 schrieb, schätzte, dass zu Lebzeiten von Pachomius seine Föderation ungefähr 3000 Mönche umfasste.[5] Im 5. Jahrhundert begann die Föderation allmählich zu zerfallen, was durch die christologischen Kontroversen beschleunigt wurde, die die Kirche in der Zeit nach dem Konzil von Chalkedon (451) spalteten. Jedoch hatten inzwischen die Vorstellungen des Pachomius über die Organisation des Zönobitenlebens die Klöster auf dem Sinai, in Palästina und in Kappadokien stark beeinflusst und sollten sich weltweit nachhaltig auf das christliche Gemeinschaftsleben auswirken.

Die Regeln des Pachomius sind äußerst praktisch angelegt und beruhen auf gesundem Menschenverstand und einem aktiven Konzept vom Gemeinwohl. Sie wurden vielleicht erst nach seinem Tod schriftlich niedergelegt, geben jedoch sicher die wesentlichen Züge seines Systems wieder. Von ihnen ließ sich nicht nur Basilius von Cäsarea beeinflussen, sondern als sie Hieronymus (ca. 342–420) ins Lateinische übersetzt hatte, übten sie auch einen starken Einfluss auf abendländische Theologen und Mönche wie Johannes Kassian, Cäsar von Arles und Benedikt von Nursia aus. So wurden sie zu einer Art von Urmodell für alle Gründer zönobitischer Gemeinschaften im Osten wie im Westen.

lichtvolleren, strahlenden Wachstumsprozess einbezogen, der schließlich im nächsten Zeitalter des Reiches Gottes vollendet werde, aber bereits jetzt im spirituellen Leben erfahren werden könne.

Diese Vorstellung beherrschte das gesamte frühe Christentum maßgeblich und liegt allen ihren anderen spirituellen Theologien zugrunde. Der christliche Osten ging immer und ganz von der Vorstellung dieser auf Christus zentrierten mystischen Umwandlung aus.

Lehrer aus dem Mönchtum

Das Mönchsleben hatte sich bis zum späten 4. Jahrhundert sehr erfolgreich etabliert. Selbst in seinen frühesten Phasen gaben Lehrer ihre Einsichten an ausgewählte Schüler weiter. Als sich das Mönchsleben ausgebreitet und in den Kernzentren wie Ägypten, Palästina und Syrien festen Fuß gefasst hatte, erstarkte diese Tradition der spirituellen Wegweisung und wurde schließlich auch in Form geschriebener Handbücher für das spirituelle Leben dauerhafter überliefert. Die christliche Literatur bestand über tausend Jahre lang hauptsächlich aus diesen Werken. Man fängt heute erst an, sie alle wiederzuentdecken und aus dem Lateinischen, Griechischen, Syrischen und Koptischen erstmals in modernen Übersetzungen zugänglich zu machen. Hier können wir nur kurz einen Blick auf einige der führenden Lehrmeister des asketischen Lebens werfen.

Evagrius von Pontus
(ca. 346–399)

Evagrius, ein Schüler von Basilius und Gregor von Nazianz, wurde mit seinen ausführlichen Anweisungen für die einzelnen Phasen des spirituellen Weges einer der wichtigsten monastischen Schriftsteller. Seine Lehre weist in vieler Hinsicht enge Bezüge zu derjenigen der Kappadokier auf, jedoch spezialisierte er sich darauf, praktische und ins Einzelne gehende Ratschläge über das Gebetsleben zu geben. So dienten seine Schriften vielen Generationen von Mönchen nach ihm als Handbücher zur Unterweisung. Evagrius hatte kurz nach dem Konzil von Konstantinopel von 381 eine verheißungsvolle Laufbahn in der Hauptstadt aufgegeben und sich zur spirituellen Lehrmeisterin Melania der Älteren (ca. 342 – ca. 410) in die Wüste von Palästina zurückgezogen. Melania wies ihn an, zu den Mönchen nach Ägypten zu gehen, in die beiden großen Zentren der Bewegung: dasjenige in der Wüste Nitria und dann (385) das im Bereich namens Kellia, wo er zusammen mit zwei der berühmtesten frühen Mönche, beide namens Makarios, seine Ausbildung genoss.

Evagrius stellte das christliche Gebetsleben in Form philosophischer Abhandlungen dar. Er stand unter dem starken Einfluss pythagoräischer und platonischer Vorstellungen über den Aufstieg der von leiblichen Bedürfnissen frei gewordenen Seele. Schon zu seinen Lebzeiten war diese seine Christianisierung eines philosophischen Ansatzes berühmt und auch umstritten. Er vertrat, jedes Bild, das der Geist während des Gebets vor sich habe, müsse unweigerlich die Realität Gottes verfälschen, der seiner Definition nach jedes irdische Denken und Empfinden übersteige. Zur Unterweisung seiner Schüler schrieb er hoch konzentrierte »Sätze« in Form prägnanter Anweisungen oder zuweilen auch von Rätselsprüchen. Seine Bücher enthalten viele Seiten mit Aufreihungen solcher Aphorismen. Der Mönch sollte nicht das ganze Buch auf einen Sitz lesen, sondern sich einen Satz auswählen und ihn dann ganz oft wiederholen und darüber meditieren, bis er sich dem Verständnis erschließe. Die Praxis, im Lauf des Tages einen bestimmten Satz unablässig zu wiederholen, war in der Wüste bereits die allgemein übliche Gebetsform, jedoch bestand sie gewöhnlich aus der einfachen Anrufung des Namens Jesu oder dem Aufsagen eines kurzen Satzes aus der Bibel. Evagrius entwickelte diese Form, indem er Sätze vorlegte, die zunehmend immer schwieriger wurden, um den Übenden so Schritt für Schritt zum »bildlosen Gebet« hinzuführen. Die beiden beliebtesten Bücher von Evagrius waren sein *Praktikos* (wie schon der Name sagt, ein praktisches Handbuch über das mentale Gebet) und sein Buch der *Kapitel über das Gebet*. Hier zur Kostprobe einige ausgewählte Sätze:

Gebet ist die ständige Kommunion des Geistes mit Gott. Kannst du dir die Seelenverfassung vorstellen, die ein Geist braucht, um unbeirrt auf seinen Meister ausgerichtet zu sein und ständig wie von Angesicht zu Angesicht mit ihm zu leben?[6]

Mose versuchte, sich dem brennenden Dornbusch zu nähern (vgl. Exodus 3,5), durfte das aber erst, nachdem er die Schuhe von den Füßen gestreift hatte. Das gilt auch für dich: Du musst jeden von deinen Leidenschaften gefärbten Gedanken ablegen, denn du begehrst doch den Einen zu sehen, der jenseits aller Gedanken und Wahrnehmungen ist.[7]

Gib dir alle Mühe, zur Zeit des Gebets deinen Geist taub und stumm werden zu lassen, denn nur dann kannst du beten.[8]

In seinem *Praktikos* lieferte Evagrius eine regelrechte Abhandlung über die Psychologie. Er sollte Jahrhunderte lang immer wieder von Übenden gelesen werden, die seine Einsichten und Brauchbarkeit zu schätzen wussten:

Die Dämonen versuchen den in der Welt lebenden Menschen hauptsächlich durch ihre äußeren Taten zu schaden, jedoch im Fall der Mönche tun sie das vorwiegend durch ihre Gedanken; denn das Leben in der Wüste schließt viele Taten aus. Aber genau wie es leichter ist, in Gedanken als in der Tat zu sündigen, so ist auch der auf dem Feld der Gedanken zu führende Krieg viel heftiger und schwieriger als der Krieg gegen Dinge und Taten. Du siehst ja, der Geist lässt sich sehr leicht bewegen und nur schwer im Griff zu halten, wenn sich ihm sündhafte Phantasien vorstellen. Bedenke das. Uns wurde (in der Bibel) nie aufgetragen, die Nacht mit Wachen zu verbringen oder streng zu fasten; jedoch wurden wir angewiesen, »ohne Unterlass zu beten.«[9]

Diadochus von Photike

(ca. 400–486)

Ein weiterer sehr einflussreicher Mönchslehrer war Diadochus, Bischof von Epirus in Nordgriechenland. Er wollte die Lehre des Evagrius zur Synthese bringen und korrigieren. Das tat er vor allem dadurch, dass er theologisch der Liebe den Vorrang zuschrieb, was Evagrius nur eher andeutungsweise getan hatte. So stellte Diadochus die biblisch

begründete Vorstellung vom Primat des Herzens in den Vordergrund. Seiner Ansicht nach sind in Christus das Herz und der *Nous* (die spirituelle Identität des Menschen) zur Harmonie gebracht. Der Intellekt sei das Organ der achtsamen Wahrnehmung; das Herz sei der Ort des inneren Selbst, an dem die Begegnung mit Gott stattfinde. Diadochus betonte, das echte Gebet müsse »verkörpert« werden. Er vertrat, das Gebet solle weder nur emotionaler Natur, noch derart vom Verstand getragen sein, dass es so wichtige Dinge wie die Empfindungen und Haltungen des Körpers vernachlässige. Außerdem war er ein starker Befürworter des Jesusgebets und lehrte, wenn man still und langsam Hunderte von Malen den Satz »Herr Jesus Christus, Sohn Gottes, erbarme dich meiner« wiederhole, werde das unvermeidlich ins Herz des Gebets führen. Sein Einfluss war in der gesamten späteren griechischen Kirche zu spüren.

Viele Schriftsteller seiner Zeit sprachen vom Herzen des Menschen so, als sei es das Zentrum von allem, was im Leben des Jüngers verdorben und nicht verlässlich sei. Diadochus dachte da anders. Er stellte diese pessimistische Sicht auf den Kopf und vertrat ganz umgekehrt, das Herz sei der heilige Ort, den Gott sich als Treffpunkt von Gott und Mensch auserwählt habe:

Hat sich der Mensch ganz dem Herrn zugekehrt, dann offenbart die Gnade seinem Herzen ihre Gegenwart mit einem Empfinden, das Worte nicht auszudrücken vermögen; und sie wartet wiederum, welcher Seite die Seele zuneigen wird… Gott lässt es zuweilen zu, dass die Pfeile des Teufels die Seele im innersten Punkt ihrer Empfindsamkeit verwunden, aber nur, um sie anzuspornen, mit desto glühenderer Entschiedenheit und demütigerer Einstellung Gott zu suchen. Wenn der Mensch dann Fortschritte zu machen beginnt, indem er die Gebote hält und unablässig den Herrn Jesus anruft, dann breitet sich das Feuer der Gnade Gottes auch auf die weiter außen gelegenen Wahrnehmungsorgane des Herzens aus.[10]

Der Mensch, der beständig in seinem Herzen wohnt, ist von den Verlockungen dieser Welt frei. Ein solcher Mensch lebt im Heiligen Geist und ist über die Süchte des Fleisches erhaben.[11]

Wann immer wir inständig an Gott denken,

spüren wir, wie in uns aus den Tiefen unseres Herzens die starke Sehnsucht nach ihm aufquillt.[12]

Seine Lehre konzentriert sich auf die Vorstellung, der Mensch, der Gott im Gebet finden wolle, müsse versuchen, in diesem Heiligtum oder Tempel des Herzens zu wohnen und seine ganze Aufmerksamkeit ungeteilt wie ein Gläubiger darauf gerichtet zu halten, dass Gott seine Gegenwart offenbare. Dazu solle er ständig den heiligen Namen Jesu anrufen, bis das Licht sich zu erkennen gebe und bei diesem Vorgang den Menschen ganz mit Licht erfülle:

> Es steht geschrieben, niemand könne sagen, Jesus sei der Herr, es sei denn, im Heiligen Geist (1 Korinther 12,3). So soll sich also das spirituelle Erkenntnisvermögen in seinem inneren Heiligtum ständig auf diese Worte konzentrieren, und zwar derart inständig, dass es sich auf keinerlei mentale Bilder ablenken lässt. Wer unablässig diesen glorreichen und heiligen Namen in der Tiefe seines Herzens murmelt, kann zuweilen das Licht seines eigenen Intellekts schauen. Denn wenn der Geist ganz und gar auf diesen Namen konzentriert ist, dann wird man sich voll bewusst, dass der Name den gesamten Schmutz wegbrennt, der die Oberfläche der Seele bedeckt.[13]

Christus auf einem Esel, umgeben von Engeln. Verzierung aus dem Weißen Kloster in Akhmim.

Schenute von Atribe
(† ca. 466)

Schenute, der koptische Meister des Weißen Klosters in Akhmim in Oberägypten, erinnert an Diadochus, wenn auch er lehrt, wie wichtig die stille und friedvolle Anrufung des Namens Jesu sei, weil sie die Grundlage des einfachen, im Herzen spürbaren Gebets bilde. Er unterwies die Dorfleute in Oberägypten darin, den göttlichen Namen bei allen ihren alltäglichen Verrichtungen anzurufen, damit schließlich Leben und Gebet eine Einheit würden:

> Beim Betreten eures Hauses sprecht: Gott!
> Beim Verlassen des Hauses sprecht: Jesus!
> Legt ihr euch hin, sprecht: Gott!
> Und steht ihr auf, sprecht: Jesus![14]

Schenute gießt die alte biblische »Lehre vom Namen« in eine schlichte christliche Form und lehrt, die Anrufung Jesu sei nichts weniger als eine Herbeirufung des Namens Gottes mit all seiner Kraft ins Herz des Gläubigen:

> Trachte nach dem Sinn dieser Worte und du wirst sie im Mund führen und sie von den Lippen deiner Söhne vernehmen.
> Bist du froh und feierst ein Fest, so sprich: Jesus!
> Hast du Sorgen und leidest: Jesus!
> Lachen deine Söhne und Töchter: Jesus!
> Wer Wasser anrührt: Jesus!
> Wer vor Barbaren flieht: Jesus!
> Wer Ungeheuer sieht oder andere schreckliche Dinge: Jesus!
> Wer unter Schmerzen oder Krankheit leidet: Jesus!
> Wer in Gefangenschaft geraten ist: Jesus!
> Wer zu Unrecht verurteilt wurde und Ungerechtigkeit erfährt: Jesus!
> Einzig der Name ist auf ihren Lippen und ist ihre Erlösung und ihr Leben; er und sein Vater.[15]

Schenute war zu seiner Zeit eine bedeutende christliche Führerpersönlichkeit und blieb für die koptische Kirche in Ägypten weiterhin wichtig, weil er auf Koptisch schrieb. Das war jedoch auch der Grund, weshalb sein Werk von der griechischen Kirche nicht weiter beachtet wurde, bis es erst im 20. Jahrhundert übersetzt und von weiteren Kreisen wieder »entdeckt« wurde.

Barsanuphius und Johannes
(6. Jahrhundert)

Historisch ist über das Leben von Barsanuphius und Johannes wenig bekannt. Sie waren Eremiten, die in der Nähe eines Wüstenklosters bei Gaza in Ägypten nebeneinander wohnten. Wir begegnen in ihnen zwei Vertretern des reifen Stadiums der ägyptischen Mönchsspiritualität. Schon zu ihren Lebzeiten standen sie als Meister der spirituellen Führung in hohem Ansehen. Sie veranschaulichen recht gut, wie sich die Mönche oft einen spirituell Älteren suchten, einen geistlichen Vater oder eine geistliche Mutter (in Russland später als Starez bekannt), die die Kunst beherrschten, sie bei ihrer spirituellen Entwicklung zu führen und denen sie das Innerste ihres Herzens offen legten und ihr gesamtes Leben bekannten. Barsanuphius und Johannes waren als »der große Alte und der andere Alte« bekannt und dienten vielen Mönchen ihrer Gegend als Führer, darunter auch dem später berühmten Schüler von Barsanuphius, Dorotheus von Gaza. Nach ihrem Tod erlangten ihre Schriften das Ansehen, eine der Hauptquellen der spirituellen Weisheit der Wüste zu sein und beeinflussten stark die späteren byzantinischen Hesychasten, die sich auf das Herzensgebet und die Ruhe konzentrierten.

Ungewöhnlicherweise weigerten sich die beiden Alten, zum Zweck der Unterweisung ihren eremitischen Lebensstil zu unterbrechen, aber gerade deshalb sind uns ihre Lehren überliefert: Denn Seridus, einer der Schüler von Barsanuphius, war Abt des nahegelegenen Klosters. Er übernahm die Aufgabe, alle Fragen an die Älteren zu sammeln und sie schriftlich an sie weiterzuleiten, und sie beantworteten diese ebenfalls schriftlich. Die Sammlung ihrer Lehraussagen wuchs bald an, und da beide in einer ganz ähnlichen Tradition lehrten, wurden beider Antworten später vermischt herausgegeben und bilden deshalb eine einzige literarische Quelle. Rund 850 Fragen und Antworten von ihnen sind überliefert.

Barsanuphius und Johannes trugen viel dazu bei, ein Gegengewicht zur Beliebtheit von Evagrius mit seiner hoch spekulativen, auf Origenes zurückgehenden spirituellen Tradition zu schaffen. Sie vertreten eine einfachere und praktischere Form der Weisheit, bei der die Notwendigkeit betont wird, sich an eine regelmäßige und schlichte Gebetsmethode zu halten, statt auf ekstatische bildlose Zustände aus zu sein. Sie vertraten, die normale christliche Praxis des mündlichen Gebets, also die Wiederholung vorgegebener Gebetsformeln wie des Vaterunsers oder das Rezitieren der Psalmen, seien nicht niedrigere, nur für Anfänger gedachte Gebetsweisen, sondern für alle Jünger auf allen Stufen von entscheidender Bedeutung. Immer wieder zitieren sie in ihren Unterweisungen den Spruch von Paulus, man solle ohne Unterlass beten. Als Hilfe für den Jünger, einen Zustand zu erreichen, in dem das Gebet so regelmäßig wie der Atem wird, lehrten sie den Gebrauch des Jesusgebets, also kurze aus innerstem Herzen kommende Anrufungen des Namens Jesu als eines eigenständigen Gebets. Sie empfahlen dafür verschiedene Formeln, jedoch alle mit dem gemeinsamen Thema, den heiligen Namen anzurufen:

> Herr Jesus Christus, erbarme dich meiner.[16]
> Herr Jesus, schütze mich und hilf mir in meiner Schwachheit.[17]

Diese spirituelle Tradition äußerster Einfachheit, schlichten Gehorsams gegenüber einem erfahrenen Führer und der Konzentration auf die Gegenwart Jesu wurde schon bald zur beherrschenden Kraft in der spirituellen Tradition der östlichen Christen. In späterer Zeit wurde die Anrufung des Namens Jesu mit der Technik verbunden, die Gebetsworte auf die Rhythmen des Atems und Herzschlags abzustimmen. In dieser Endform wurde sie als das »Jesusgebet« bekannt, eine Gebetsmethode oder -disziplin, die bis heute den Kern des spirituellen Lebens der ostchristlichen Mönche ausmacht.

Dorotheus von Gaza
(6. Jahrhundert)

Wenn das Jesusgebet mit der Lehre verknüpft wird, das Herz auf die Gegenwart und Barmherzigkeit Christi zu konzentrieren, wird es auch als das »Herzensgebet« bezeichnet. Einer dessen wichtigster Vertreter ist ein weiterer großer Lehrer in der ägyptischen Wüste des 6. Jahrhunderts, Dorotheus, der Archimandrit von Gaza. Dorotheus wurde gegen 506 im syrischen Antiochia geboren und starb kurz nach 560 in Gaza. Er verband bewusst die Lehrtraditionen der kappadokischen Väter, des Evagrius und der Sprüche der Wüstenväter und – mütter miteinander. Außerdem war er persönlich mit Barsanuphius und Johannes bekannt. Er sollte wie Diadochus von Photike ein wichtiges Verbindungsglied zwischen den spirituellen Traditionen der ägyptischen und der syrischen Christen werden.

Dorotheus spricht auf sehr persönliche Weise davon, wie sich das Herz beim Gebet zu Gott rege. Er machte seinen Schülern Mut, indem er ihnen erzählte, er habe eine sehr lange Zeit spiritueller Öde erlebt, die aufgehört habe, als er sie nicht länger ertragen habe, denn Gott setze einen treuen Jünger nie einer Prüfung aus, die dessen Kräfte übersteige. Er beschrieb eine Epiphanie Christi mit dem Bild eines geheimnisvollen Besuchers, der seinem Herzen die Gnade geschenkt habe, aus großer lähmender Schwere voller Freude aufzuspringen:

Mein Herz war schwer, mein Geist war finster; nichts konnte mich trösten, nirgends fand ich Erleichterung... Wenn man es nicht länger aushalten kann, eilt die Gnade Gottes der Seele unverzüglich zu Hilfe. Ich wandte mich plötzlich der Kirche zu und sah, dass jemand, der wie ein Bischof aussah, dort eintrat... Etwas zog mich mit Macht ihm nach, und so folgte ich ihm in die Kirche. Er blieb dort einige Zeit mit hoch zum Himmel gereckten Händen stehen und ich verharrte hinter ihm in großer Furcht und betete, denn sein Anblick beunruhigte mich sehr. Als er sein Gebet beendet hatte, wandte er sich um und kam auf mich zu, und als er näher kam, spürte ich, wie mein Schmerz und meine Angst von mir wichen. Dann stand er vor mir, streckte seine Hand aus, berührte mich an der Brust, tippte mir mit dem Finger darauf und sprach dazu die Psalmworte: Ich hoffte, ja ich hoffte auf den Herrn. Da neigte er sich mir zu und hörte mein Schreien. Er zog mich herauf aus der Grube des Grauens, aus Schlamm und Morast. Er stellte meine Füße auf den Fels, machte fest meine Schritte. Er legte mir ein neues Lied in den

Mund, einen Lobgesang auf ihn, unsern Gott (Psalm 40,2–4). Alle diese Verse wiederholte er dreimal, tippte mir noch einmal auf die Brust, wie ich gesagt habe... und ging dann weg. Und unverzüglich flutete Licht in meinen Geist und Freude in mein Herz und ich empfand großen Trost und Wonne. Ich war ein anderer Mensch. Ich rannte ihm nach, in der Hoffnung, ihn wieder zu finden, aber das gelang mir nicht. Er war verschwunden. Dank der Vorsehung Gottes habe ich seit diesem Zeitpunkt nicht mehr erlebt, dass mich Angst oder Sorgen geplagt hätten, denn der Herr hat mich dank der Gebete der Alten bis heute davor behütet.[18]

Für Dorotheus kommt wie für Diadochus in der Entwicklung des spirituellen Lebens alles auf das Herz an. Wenn es bereit ist, dann gewährleistet schon sein Eifer und seine Bereitwilligkeit die Anwesenheit Gottes:

Begehrt jemand wirklich und wahrhaftig von ganzem Herzen den Willen Gottes zu tun, so wird Gott ihn nie sich selbst überlassen, sondern ihn ständig gemäß seinem eigenen göttlichen Willen führen. Setzt jemand wirklich sein Herz ganz dem Willen Gottes aus, so kann Gott sogar ein kleines Kind erleuchten, um aus seinem Mund zu sagen, was sein Wille sei. Aber wenn jemand nicht wirklich den Willen Gottes begehrt, könnte er sogar einen Propheten aufsuchen, und Gott würde selbst diesem Propheten nichts anderes in den Mund legen als die trügerische Einsicht, die der betreffende Mensch sich selbst in seinem Herzen zurechtgelegt hat.[19]

Dorotheus betonte, was sich überall in der qualifizierten christlichen Lehre über das spirituelle Leben findet: dass das Gebet nicht ein Unternehmen heiliger Menschen oder Experten sei, sondern etwas für alle, das so natürlich wie das Atmen sein sollte und im Herzen brenne wie die Flamme, die das gesamte Leben des Jüngers Christi beseele. Er lehrt, wenn das Herz bereit und willig sei, werde die Gnade Gottes nie zögern. Das wurde zu einer grundlegenden Regel des christlichen spirituellen Lebens.

Ephräm der Syrer (ca. 306–373)

Ephräm war ein wichtiger Verfechter der theologischen Tradition des Athanasius von Alexandrien. Er lebte am äußersten Ostrand des Römischen Reichs und war Diakon in den Kirchen von Nisibis und Edessa. Außerdem war er Hymnenschreiber und Chorführer für einen Konvent syrischer Nonnen und organisierte in Notzeiten Hilfslieferungen für seine Kirche und Stadt. In einer seiner Hymnen verwendet er ein anschauliches Bild dafür, wie Menschen beten und das Beten erlernen. Er vergleicht darin Gottes Geduld bei der Unterweisung der Geschöpfe darin, auf ihn zu achten, mit einem Mann, der einem Papagei das Sprechen beizubringen versuche und ihm dazu einen Spiegel vorhalte, damit er meine, er plaudere mit einem Mitpapagei.[20] Die menschliche Sprache sei etwas, was dem Vogel nicht von Natur aus zufalle, sondern er vermöge von sich aus nur zu krächzen. Ähnlich sei es beim Menschen: Selbst seine trefflichsten Unterredungen mit Gott fielen ziemlich lächerlich aus und seien dennoch etwas rührend Wunderbares. Zu bewundern sei daran vor allem, mit welcher unermüdlichen Geduld der unaussprechlich transzendente Gott sich voller Erbarmen mit dem dumpfen Verstand des Menschen befasse, um ihm etwas von sich beizubringen. Das Hauptproblem des Papageis beim Erlernen dieser ihm völlig fremden Sprache sei sein Mangel an Aufmerksamkeit auf jenen göttlichen Bereich, in den ihn der Allgegenwärtige einziehen wolle. Weil er immer wieder vom Bewusstsein dieser Gegenwart abschweife, komme er beim Lernen nur äußerst langsam voran. Doch in den Momenten, in denen er sich etwas lernend aneigne, ja in seinem Herzen etwas lerne, vermöge er seinen Meister anzusprechen. Dann sehe er seinen Herrn von Angesicht zu Angesicht, und genau so sei es auch beim Menschen:

Vermöge es sein Herz zuweilen, sich bis zur Gegenwart des Heiligen zu erheben, so werde es sich in diesem Augenblick voll dessen Gegenwart bewusst. Ephräms Bild vom Jünger beim Gebet, der wie ein Papagei Sprechversuche macht, wobei ihm sein Herr entzückt zuschaut, erinnert heilsam daran, dass im spirituellen Leben stets Demut vonnöten ist.

Beisetzung Ephräms, mit Szenen aus seinem Leben, von Emanuel Zanfurnari (15.–16. Jh.).

Die syrischen spirituellen Schriftsteller

(4. bis 8. Jahrhundert)

Auch wenn die syrischen christlichen Schriftsteller nicht unmittelbar in diesen Abschnitt zu gehören scheinen, der die griechische christliche Gebetstradition vorstellt, müssen doch zwei ihrer berühmtesten Vertreter besonders erwähnt werden, da sie bereits früh ins Griechische übersetzt wurden und einen starken Einfluss auf die klassische byzantinische spirituelle Theologe ausübten.

Isaak von Ninive († ca. 700)

Isaak stammte aus Qatar am Persischen Golf und war Mönch im Kloster Beth Abe in Kurdistan. Er wurde zum Bischof von Ninive geweiht, zog sich jedoch bald danach als Einsiedler in das Randgebirge von Chuzistan zurück. Im Alter wurde er blind und begab sich in ein Kloster, wo er gegen Ende seines Lebens seine spirituellen Lehren in Form der *Asketischen Homilien* herausgab. Diese wurden in Palästina ins Griechische übersetzt und im 9. Jahrhundert in Konstantinopel veröffentlicht und übten seither einen starken Einfluss auf die griechische christliche Welt aus. Isaak ist für die Geschichte der christlichen Spiritualität nicht nur wegen seiner eigenen Schriften wichtig, sondern auch, weil er ein synthetischer Denker ist, ein Brückenbauer zwischen der intellektuellen mystischen Tradition von Evagrius, der vom Aufstieg des Geistes zu Gott sprach, und den Traditionen Syriens und Ägyptens, die den Abstieg des Geistes ins Herz beschrieben, wo der Jünger Gott begegne. Isaaks lebhafte und liebenswürdige Persönlichkeit ist auf jeder Seite zu spüren:

> Oft, wenn ich dies alles niederschrieb, versagten mir die Finger dabei, es aufs Papier zu bringen; sie vermochten die Süßigkeit nicht auszuhalten, die in mein Herz herabstieg und meine Sinne zum Verstummen brachte.[21]

Ein Hauptsymbol in Isaaks Theologie ist das Herz unter Gottes Auge. Er hob sehr stark hervor, wie unerlässlich für den Menschen, der wahrhaft beten wolle, die Reinheit des Herzens sei.

Außerdem lehrte er, die Offenbarung der Anwesenheit Gottes im Herzen führe unvermeidlich zu einem bestimmten Empfinden, und in seinen *Asketischen Homilien* lieferte er genaue Unterscheidungsmerkmale für die spirituellen Empfindungen, einen Leitfaden für seine Schüler: Wie man genau unterscheiden könne zwischen gewöhnlichen psychischen Erfahrungen und der Art Empfindungen, die der Geist Gottes in der Seele als Zeichen seiner Gegenwart und seines Wirkens hervorrufe.[22] Dabei lehrte er wie viele der frühen Wüstenväter, dass die wichtigsten Anzeichen der Gegenwart Gottes der innere Friede und die Freude und ein Gefühl der Demut seien. Das Hauptmerkmal einer falschen spirituellen Erfahrung seien verwirrte oder erregte

Dionysius der Areopagit (5. Jahrhundert)

Es gibt einen weiteren syrischen Schriftsteller, der historisch in der Mitte zwischen Ephräm und Isaak liegt und eindeutig einen wichtigen Platz in der griechischen spirituellen Tradition einnimmt. Seine Werke entstanden zwar zunächst nicht auf Griechisch, wurden jedoch sehr rasch darin übersetzt und wirkten sich stark auf die nachfolgende Geschichte der Ost- wie der Westkirche aus. Hinter dem Namen Dionysius der Areopagit (oder Pseudo-Dionysius) verbirgt sich eine besondere Gestalt der Geschichte des Christentums, die zwar völlig unbekannt ist, deren Werke ihr aber eine weit verbreitete Anhängerschaft gewannen und sehr stark die christliche Tradition der Mystik beeinflussten. In der Ostkirche wirkte sich Dionysius maßgeblich auf Maximos den Bekenner (ca. 580–662) aus, der ihn für eine breitere Leserschaft popularisierte und »systematisierte«. Der mittelalterliche Westen entdeckte ihn später wieder, nachdem ihn der Ire Johannes Scotus Eriugena (ca. 810–877) ins Lateinische übersetzt hatte, und in der Folge wurde er regelrecht zum Gründervater der Renaissance der Mystik des Mittelalters. Seine Schriften waren zum ersten Mal im 6. Jahrhundert während eines theologischen Konflikts in der Ostkirche aufgetaucht, und zwar von vornherein unter einem falschen Namen: Es wurde behauptet, diese Abhandlungen stammten aus der Feder jenes Dionysius, den Paulus in Athen auf dem Areopag bekehrt hatte, wie in der Apostelgeschichte (17,34) berichtet wird.

In Wirklichkeit tragen diese Schriften alle Merkmale von Werken eines syrischen Mönchsbischofs aus dem 5. Jahrhundert, der seine kleine Gemeinde unterweist und ihr auslegt, wie die heiligen Rituale der Liturgie die kosmische Struktur des Universums widerspiegeln. Die Hauptwerke dieses anonymen Schriftstellers (*Mystische Theologie, Die Göttlichen Namen, Die himmlische Hierarchie* und *Die kirchliche Hierarchie*) sind inzwischen in die modernen Sprachen übersetzt. Sie reichen von ganz kurzen Predigten bis zu langen, komplizierten Darlegungen.

Die spirituelle Lehre des Dionysius

Gott hat im Universum vorgesehen, dass ständig von seiner höchsten Herrlichkeit Geister nieder- und wieder aufsteigen. Der Christ, einbezogen in die mystischen Riten der Sakramente der Kirche, hat mit den Engeln (die alle Verrichtungen der irdischen Kirche umgeben) an diesem glorreichen Aufstieg Anteil und kann das auf vielerlei Weise erfahren. Die wichtigste ist der Aufstieg von Geist und Herz, denn beides erhebt sich ganz natürlich zu seiner göttlichen Quelle, sobald durch Disziplin und Gebet der Lärm materiellen Begehrens und widerstreitender Süchte zum Verstummen gebracht ist. Dionysius beschäftigt sich sehr stark mit den »Hierarchien« oder Ordnungen und Formen des Fortschritts und Aufstiegs und erörtert genau die Ränge der Engel. Sein Werk sprach die Phantasie der Menschen in der Antike sehr an, und dann wieder diejenige der Denker des Mittelalters und namentlich der Architekten der Gotik, die ebenfalls in hierarchischen Ordnungen dachten und diese abbildeten. Aber Dionysius ging es vorwiegend darum, ein Bild vom Leben des Christen zu zeichnen und dabei zu verdeutlichen, darin lasse sich nicht »alles auf einmal« erfahren und es sei nicht statisch vorzustellen. So schilderte er das christliche Leben als ständigen Reifungsprozess; auf den verschiedenen (»hierarchischen«) Stufen sprächen den Menschen jeweils verschiedene Inhalte besonders stark an. Jedoch könne der Gläubige nicht nur Fortschritte machen, sondern auch Rückfälle erleben; wer sich indes aus ganzem Herzen nach Gott sehne, der werde immer tiefer in das Einssein mit Gott eingeführt, vom Glauben zum Schauen, vom Fürwahrhalten zum Wissen.

Drei Stufen des Wachstums

Ein markanter Aspekt in den Schriften des Dionysius ist die Art, wie er zur Beschreibung des spirituellen Lebens in Sprache und Erfahrung die Negation verwendet (wie wir das schon bei Evagrius gesehen haben). Gott ist der Eine jenseits aller Namen oder Bilder oder Seinskategorien. Die christliche Gotteserfahrung ist laut Dionysius im Wesentlichen »unwissbar«. Wer in dieses »Wissen des Nichtwissens« eintritt, verwendet eine Sprache, die sich selbst beim Formulieren von Aussagen ständig sofort widerruft. Er sagt das so:

> Gott wird erkannt in allen Dingen und abseits aller Dinge … daher kann von ihm alles zugleich ausgesagt werden und er ist zugleich nichts von alledem.[23]

Dionysius stellte ein Grundschema mit drei Stufen vor, über die der spirituelle Aufstieg jedes Menschen erfolge. Die erste Stufe bestehe darin, durch Disziplin, moralisches Verhalten und zunehmende Hinwendung zum Gebet seine Selbstsucht abzulegen. Das sei die Anfangsstufe, die Läuterung. Wer dank seines festen Willens, sich an die Disziplinen eines Lebens als Bekehrter zu halten, darin festen Stand erlange, dem öffne Gott zunehmend Geist, Herz und innere spirituelle Augen für die Geheimnisse seiner Natur und Absichten mit der Welt. Das sei die zweite Stufe, die der Erleuchtung. Sei der Jünger dann in diese beiden Stufen genügend eingeführt, so folge ein sich immer mehr vertiefender und friedvoller Zustand, der die formellen Gebetsworte übersteige und in dem das Suchen ins Finden münde, der Glaube in die direkte Erfahrung. Das sei die dritte Stufe, das Einswerden.

Diese Schema beeinflusste die gesamte nachfolgende spirituelle Literatur. Weil nach Dionysius der Aufstieg ins unsagbare Geheimnis führe, wurde sein Ansatz als die »apophatische« Theologie bekannt (vom griechischen Ausdruck für »sich vom Sprechen abkehren«), im Westen dann auch als die »negative« Theologie (weil sie durch negative Aussagen die Unaussprechlichkeit des Geheimnisses Gottes hervorheben will). Maximos der Bekenner sollte diesen Stil der Theologie in der griechischen Kirche weit verbreiten, wo er zum beliebten Medium oder Stil wurde, um die transzendente Erfahrung mit den begrenzten Mitteln der Sprache zu umschreiben.

Unruhe und ein selbstgefälliger Stolz. Isaak beschreibt, wie sich die Seele, wenn sie die Gegenwart Gottes verspüre, zuweilen in einer Ekstase befinde, die sich mit der »Trunkenheit« an Pfingsten vergleichen lasse:

> Die Liebe Gottes ist von Natur aus feurig. Wenn sie in außergewöhnlichem Maß auf einen Menschen herabkommt, versetzt sie diese Seele in Ekstase. Und so kann das Herz des Menschen, der diese Liebe erfährt, sie nicht für sich behalten oder ertragen, ohne dass sich ungewöhnliche Veränderungen an ihm ergäben… Sein Gesicht hellt sich auf und ist voller Freude; sein Körper erhitzt sich; Angst und Scham verlassen einen solchen Menschen, der dadurch wie ein Ekstatiker wirkt … Der Blick des Intellekts dieses Menschen ist untrennbar und voller Entzücken auf Ihn gerichtet. Obwohl zwischen ihm und Gott ein großer Abstand ist, spricht er mit Ihm wie mit einem ganz Nahen… Diese Vision ist natürlich, aber der Sinneswahrnehmung unzugänglich. Ein solcher ist in seinem Tun und auch in seinem Erscheinen entflammt… Das ist jene spirituelle Leidenschaft, die die Apostel und Märtyrer berauschte.[24]

Diese syrische Tradition der im Herzen »gespürten« Erfahrung Gottes spielte bereits bei dem spirituellen Schriftsteller Makarios von Ägypten (+ um 390) eine große Rolle. Dessen im 18. Jahrhundert ins Englische übersetzte und veröffentlichte Schriften sollten den jungen John Wesley stark beeinflussen.

Maximos der Bekenner
(ca. 580–662)

Das späte 6. und das 7. Jahrhundert war für die Kirche und die römische Gesellschaft insgesamt eine Zeit großen Umbruchs, denn es wurde deutlich, dass die griechische und lateinische Welt immer mehr auseinander wuchsen. Maximos ist einer der letzten Theologen des griechischen patristischen Zeitalters, der die lateinische Welt kannte und in regelmäßiger Korrespondenz mit ihr stand, und das vor allem deshalb, weil ihn persische Invasoren aus seinem Kloster in Palästina vertrieben und er im Exil im Westen (in Nordafrika und Rom) weilte. Er

Jesus. Illumination aus einem byzantinischen Manuskript des 11. Jhs.

war ein hochintelligenter Kommentator und schrieb ausführlich über theologische und spirituelle Themen. Seine Werke sollten einen wichtigen Einfluss auf das gesamte spätere griechische Christentum ausüben, während sie im Westen bis ins 20. Jahrhundert viel weniger bekannt waren. Maximos widersetzte sich der Kirchenpolitik von Kaiser Konstans II., der in den christologischen Streitigkeiten eine Kompromissformel durchzusetzen versuchte, die besagte, Jesus habe nur einen einzigen, seinen göttlichen Willen besessen (Monotheletismus). Die Partei des Kaisers vertrat, diese überhöhte Sicht, bei der die göttliche Natur Christi die menschlichen Charakterzüge derart aufsaugte, dass kein Raum mehr für die Entwicklung eines menschlichen Willens in Jesus blieb, entspreche beispielhaft dem vollkommenen Leben des Erlösers.

Für Maximos machte die Lehre, Jesus habe keinen menschlichen Willen, sondern nur den Willen

Gottes, aus dem Menschsein Jesu eine leere Hülle; sein menschliches Leben würde dabei als Vorbild für die Jünger in ihren Anfechtungen völlig wertlos. Daher verfocht er energisch, Christus habe zwei Willen, von denen jeder seiner jeweiligen »Natur« angehöre; mit anderen Worten: als ewiges Wort Gottes verfüge er über einen göttlichen Willen, als der Mensch Jesus über einen menschlichen. Seiner Ansicht nach werde Jesus nur wirklich und wahrhaftig sowohl menschlich als auch göttlich, wenn man daran festhalte. Weiter legte Maximos dar, das Einmalige an Jesus als Mensch sei, dass bei ihm sein menschlicher Wille in vollkommener Übereinstimmung mit dem göttlichen Willen gewesen sei. Damit fand er genau das Muster für die Gläubigen vorgegeben, die die Erlösung erlangen wollten: Auch sie müssten es lernen, ihr menschliches Wollen, Entscheiden und Tun ganz in Übereinstimmung mit dem Willen Gottes zu bringen.

Maximos musste für seinen politischen Widerstand schwer leiden: Er wurde von den Schergen des Staates gefoltert und verstümmelt und starb in Folge seiner Verletzungen vorzeitig. Deshalb wurde ihm der Titel »der Bekenner« zugelegt, mit dem Menschen ausgezeichnet wurden, die ein Martyrium überlebt hatten. Die Auseinandersetzungen gipfelten schließlich nach seinem Tod im Ökumenischen Konzil von Konstantinopel (681), auf dem seine Lehre bestätigt wurde. Diese Zeit wird oft als finstere Phase betrachtet, während der eine Theologie gepflegt worden sei, die von vielen als für ihren Geschmack zu »mechanisch« bezeichnet wird, aber das Werk des Maximos stellte sehr praktisch eine philosophische Verteidigung der menschlichen Willensfreiheit dar. Nach Maximos' Überzeugung war die Vervollkommnung des Menschen, seine Heiligung, untrennbar mit dem Heranreifen zur vollen menschlichen Freiheit verbunden. Für ihn wäre die Vorstellung eines neurotischen Heiligen völlig undenkbar gewesen, da Christus doch genau deshalb Mensch geworden sei, um eine gefährlich aus dem Lot geratene Menschheit wieder zu heilen, die in der Sucht, egoistische Bedürfnisse zu befriedigen, ihre Freiheit verloren habe. Sein Werk geht davon aus, dass Gott beim Prozess der Erlösung unbedingt die Ausübung der Freiheit als wesentliches Grundelement verlange, weshalb Maximos die Erfahrung der Heiligkeit als tiefgreifende Befreiung der menschlichen Psyche beschreibt und damit als

Hineinwachsen in die Ebenbildlichkeit mit Gott. Er sagte es so:

> Der Geist, der mit Gott vereint ist und durch Gebet und liebevolle Hingabe bei ihm weilt, wird weise und gut, stark und barmherzig und leidensfähig. Mit einem Wort, er wird bei sich selbst geradezu alle die Eigenschaften kennen lernen, die Gott eigen sind.[25]

Hätten mehr Christen diese Ansichten eines Helden des christlichen Widerstands ernst genommen, dann wäre vielleicht in der Geschichte der Christenheit beträchtlich weniger Unterdrückung und autoritäre Maßregelung angewandt worden und man hätte deutlicher und überzeugender das spirituelle Leben als natürlichen Weg zu Heilung und Ganzheit vorstellen können. Maximos ist obendrein bemerkenswert wegen seiner »kosmischen Theologie«, wie man sie schon genannt hat. Seine Vision der Heilung des Menschen schließt den gesamten Kosmos mit ein, von dem er glaubt, er finde seinen Sinn und seine Freude im Paradox des Gottes, der zu einem bestimmten Zeitpunkt der Geschichte in das materielle Dasein eingetreten sei. Diese höchste mystische

Maria mit dem Kind und die Erzengel Gabriel und Michael. Mosaik aus dem 7. Jh. in der Kirche der Panagia Angeloktistos in Kiti auf Zypern.

Kommunion dient als lichtvoller Schlüssel zur Erschließung des Sinnes des Lebens; praktisch äußert sie sich als geheimnisvolle Erfahrung liebender Kommunion, die darum die Quintessenz der christlichen Wahrheit ausmacht. Seine wichtigsten Schriften sind die *Centurien über die Liebe*, die Abhandlung *Über das asketische Leben* und sein *Kommentar über das Gebet des Herrn*. Er schrieb auch einen Kommentar zur Liturgie und zahlreiche kritische Werke über die Glaubenslehre.

Die griechischen christlichen Dichter

Bis jetzt haben wir bei unserer Beschreibung der griechischen christlichen Tradition etliche theologische Lehrer und Altväter aus dem Mönchtum vorgestellt, jedoch sollten wir nicht den Umstand übersehen, dass die Christen damals wie heute ihren Glauben und ihre Spiritualität vor allem auch in Liedern und Gebeten zum Ausdruck brachten. Von Anfang an waren Lieder in Form von Hymnen ein wichtiges Element des christlichen Lebens; mehrere der frühesten Hymnen sind in die Texte des Neuen Testaments eingegangen und uns darin erhalten geblieben.[26] In späterer Zeit wurde die Kunst der Hymnendichtung in der lateinischen Kirche besonders stark von Schriftstellern wie Ambrosius, Prudentius und Sedulius weiter entfaltet, während im griechischen Osten der Hymnus bereits früh zum festen Bestandteil des Gottesdienstes der Kirche wurde. Im 6. Jahrhundert allerdings führte der große Dichter und Musiker Romanos der Melode diese Form auf neue Höhen und von da an prägte sie den Gottesdienst der griechischen Kirche für immer. Ihre Gebetsgottesdienste, wie etwa die Matutin (das Morgengebet) und das Abendgebet bestehen aus einer ganzen Anzahl dieser von Romanos verfassten Hymnen oder aus solchen von späteren Nachfolgern wie Andreas von Kreta, Joseph dem Hymnographen, Kosmas von Aitolas und Johannes von Damaskus.

Den griechischen Hymnendichtern sind bestimmte Stileigenschaften gemeinsam. Mit Vorliebe fügen sie biblische Paraphrasen zusammen und erzählen die biblischen Geschichten (oft für ein des Lesens unkundiges Publikum) nach, wobei

Christus das Licht

Noch heute wird bei jedem Abendgottesdienst der orthodoxen Kirche Christus mit einem wunderschönen alten griechischen Hymnus als »Phos hilaron«, »heiteres Licht« besungen, das nie verlösche. Das Thema bezieht sich also auf die Tradition, dass dieser Gottesdienst immer zu der Stunde begann, in der das Tageslicht schwand und daheim und in der Kirche die Öllampen angezündet werden mussten, weshalb er auch als »Luzernarium«, »Feier des Lichtanzündens«, bezeichnet wird:

Heiteres Licht vom herrlichen Glanze
deines unsterblichen, heiligen, sel'gen
*   himmlischen Vaters:*
Jesus Christus. Dich verherrlichen alle
*   Geschöpfe.*

Siehe, wir kommen beim Sinken der
*   Sonne,*
grüßen das freundliche Licht des Abends,
singen in Hymnen Gott, dem Vater,
singen dem Sohn und dem Heiligen Geist.

Würdig bist du, dass wir dich feiern
zu allen Zeiten mit heiligen Liedern,
Christus, Sohn Gottes, Bringer des Lebens:
Dich lobpreise die ganze Erde.[27]

sie von sich aus Einzelheiten und Kommentare hinzufügen, um die zentralen Themen deutlich hervorzuheben. Diese langen biblischen Hymnen wurden zu Recht schon als »Homilien in Versform« bezeichnet und waren in der frühen Kirche ein wichtiges Element zur Unterweisung der Gläubigen. Häufig fügen die Schriftsteller – und Romanos ganz besonders – paradoxe Aspekte zusammen und stellen so die scheinbar miteinander unvereinbaren Aspekte des Lebens Christi, des göttlichen Wortes, ins Licht.

Damit folgen sie der Lehre von Athanasius und Kyrill, drücken sie jedoch stärker in volkstümlicher und poetischer Form aus, wenn sie etwa von der Jungfrau singen, die Mutter ist, vom Kind, das von Kopf bis Fuß in Windeln gewickelt ist und zugleich den Lauf der Sterne lenkt, vom Sterben des unsterblichen Gottes am Kreuz usw.

Die Fülle von Bildern, mit denen hier die Paradoxa der Theologie vor Augen geführt werden, betonen, dass man beim Betrachten der Grundwahrheiten des Christentums staunend vor unsagbaren Geheimnissen stehe. Weil diese Hymnen in der griechischen christlichen Spiritualität eine so wichtige Rolle spielten, trugen sie maßgeblich dazu bei, das Element des Staunens und des Geheimnisvollen deutlich hervorzuheben und sie bewahrten die Ostkirchen davor, die Theologie zur sterilen denkerischen Übung werden zu lassen. Der einfachste Weg, diese Dichter zu beschreiben, besteht darin, einige wenige Auszüge aus ihrem Werk zu zitieren.

Johannes von Damaskus zwischen Johannes Klimakus und Arsenius. Russische Ikone aus dem 15. Jh.

Die Reichtümer dieser Tradition der mittelalterlichen griechischen Dichtung harren noch der Entdeckung, denn viele von ihnen sind noch nicht in moderne Sprachen übersetzt worden.

Wir können mit dem berühmten Hymnus von Romanos über die Jungfrau Maria anfangen, an der Stelle, wo er die Verkündigung beschreibt:

Ich rufe dir zu: Sei gegrüßt, unvermählte Braut
* du!*
Ein Engel der obersten Chöre
Wurde vom Himmel herab gesandt,
Zur Jungfrau zu sprechen: Gegrüßet seist du!
Und bei diesem körperlosen Klang, o Herr,
Gingest du ein in körperliche Form.
Er stand überrascht und voll Staunen
Und rief, als sie Ja gesprochen, alsbald:
Gruß dir, aus der strahlende Freude aufbricht,
Gruß dir, durch die der Fluch aufgehoben ist.
Gruß dir, die du Adams Fall wieder gut machst.
Gruß dir, du Thron unsres Königs,
Trägst du doch den Einen,
Der selbst alles trägt.[28]

Einer der späteren griechischen Dichter, der zugleich ein wichtiger Theologe war, Johannes von Damaskus (ca. 675–749), war der politische Leiter der Christengemeinde von Damaskus zur Zeit der Herrschaft der islamischen Kalifen. Er gab seine Laufbahn auf und wurde Mönch im Kloster Mar Saba bei Bethlehem. In seinem theologischen Werk verteidigte er die theologische Tradition von Athanasius und die trinitarische Tradition der kappadokischen Väter. Er ließ sich im so genannten »Bilderstreit« auf eine lange Auseinandersetzung darüber ein, ob Christen religiöse Bilder (Ikonen) anfertigen und verehren dürften. Sein Hauptargument war, die angemessene Verehrung von Bildern Christi, Marias oder der Heiligen sei ein nützlicher und wichtiger Aspekt eines lebendigen Glaubens, der die Tatsache der materiellen Inkarnation des göttlichen Wortes ernst nehme. Seine Lehren übten einen ungemein starken Einfluss auf die orthodoxen Ostkirchen aus, bei denen die Ikonen immer noch eine sehr viel größere Rolle spielen als in der abendländischen Christenheit. Noch größer war jedoch sein Einfluss auf die ostkirchliche Liturgie durch seine Hymnen, die er zusammen mit seinem Halbbruder Kosmas, ebenfalls einem begabten Dichter, verfasste. Sein

Symeon der Neue Theologe (949–1022)

Einer der Vorläufer der Hesychasten war Symeon der Neue Theologe, ein Aristokrat, der seine politische Laufbahn aufgab und in ein Kloster in Konstantinopel eintrat. Er erzählt uns in bemerkenswert lebendigen autobiografischen Schilderungen, wie er sich nur nachlässig und sporadisch um ein spirituelles Leben bemühte, aber ihn Gott eines Tages dank der Gebete eines gütigen alten Mönchs, der sein spiritueller Vater geworden war, gewaltsam mit der ersten einer Reihe von Visionen des Göttlichen Lichts gepackt habe. Den Rest seines Lebens betont er mit Nachdruck, mit dem Christentum könne man nur von lebenden Heiligen »angesteckt« werden, so wie man das Licht von einer brennenden Kerze zur andern weitergebe; in Büchern könne man es nicht finden.

Symeons tiefe Verehrung für seinen spirituellen Führer, den er als einen Engel des Lichts beschreibt, der für ihn vor dem Angesicht Gottes bete, zusammen mit seiner bemerkenswert dichten Theologie des Lichtes Christi, das ihn umhülle und verwandle, prägte sehr stark den weiteren Weg des nachfolgenden hesychastischen Denkens. Die »Theologie des Lichts« konzentrierte sich immer stärker auf die Gestalt des auf dem Berg verklärten Jesus (der in so strahlender Gestalt erschien, dass die Jünger seinen Anblick nicht mehr zu ertragen vermochten) als Symbol dafür, wie auch der echte Jünger, der Christus im Gebet nahe kommt, auf ähnliche Weise im Licht umgewandelt werde. Es handelt sich in neuer Form um die alte Lehre von der »Vergöttlichung« durch die Kommunion mit Gott, die wir bereits bei den alexandrinischen Vätern Kyrill und Athanasius kennen gelernt haben. So wird die tiefe und lichtvolle »Transfiguration« zum vorherrschenden Motiv der gesamten hesychastischen Schule.

Symeon selbst war eine lange und kontroverse Laufbahn als Mönchsvater beschieden und er hinterließ ein beträchtliches Werk. Seine *Hymnen Göttlicher Liebe* gehören zu den außergewöhnlichsten persönlichen und dichten Zeugnissen der gesamten ostchristlichen spirituellen Literatur. In den Texten der Mönche seit der Spätantike, die bislang den Ton angegeben hatten, war noch nie ein Werk aufgetaucht, das derart stark die eigenen Emotionen des Verfassers ins Spiel gebracht hatte. Eine seiner Hymnen, mit der er schildert, wie er die Kommunion empfängt, mag eine Kostprobe seines leidenschaftlichen und persönlichen Stils liefern sowie seiner Theologie lichtvoller »Kommunion« mit dem Göttlichen:

> *Mein Blut ward mit dem deinen vermischt*
> *Und ich weiß, dass ich in deine Gottheit getaucht bin.*
> *Ich selbst bin dein lauterster Leib geworden,*
> *Ein Glied daran, blendend hell, ein wahrhaft geheiligtes Glied,*
> *ein glorreiches, transparentes, lichtvolles Glied …*

Was war ich einst?
Was bin ich jetzt geworden?
Wohin soll ich mich setzen? Was soll ich anrühren?
Wo soll ich diese Glieder ruhen lassen, die jetzt ganz deine eigenen
 geworden sind?
Zu welchen Werken oder Taten soll ich jetzt verwenden
Die Glieder, die jetzt so furchterregend göttlich sind?[29]

Seine Erfahrung dieser ekstatischen Kommunion mit Christus ließ Symeon mit
Nachdruck darauf bestehen, dass es für alle Christen unerlässlich sei, persönlich
die lebensspendende Kraft Gottes zu erfahren. Er vertrat diese Lehre derart eindringlich, dass es in der Hauptstadt zu heftigen Diskussionen darüber kam. Doch
seiner Überzeugung nach kam es dem Geständnis gleich, noch überhaupt nicht
Christ geworden zu sein, wenn man sagte, man habe Gott in seinem eigenen Leben
noch nie persönlich erfahren. Er hatte keinerlei Verständnis für diejenigen, die rie-
ten, man solle nicht »auf Erfahrungen aus sein«:

Sagt nicht: Es ist unmöglich, den Heiligen Geist zu empfangen.
Sagt nicht: Es ist möglich, ohne Ihn erlöst zu werden.
Sagt nicht: Man kann den Heiligen Geist besitzen, ohne ihn zu spüren.
Sagt nicht: Gott erscheint doch den Menschen nicht.
Sagt nicht: Die Menschen sehen doch das göttliche Licht nicht –
Oder zumindest sei das in der derzeitigen Generation nicht möglich.
Das ist etwas, meine Freunde, was nie unmöglich ist, zu keiner Zeit.
Im Gegenteil: Für die, die danach verlangen, ist es durchaus möglich.[30]

Inneres der Hagia Sophia, der Kirche der Heiligen
Weisheit in Konstantinopel, in der Symeon der
Neue Theologe Gottesdienst hielt.

Hymnus zum Fest der Kreuzerhebung (14. September) ist ein Beispiel dafür, wie die griechischen Theologen gewöhnlich das Leiden und Sterben Christi als den Prozess der Erschließung des wahren Lebens in der Welt deuten:

Unablässig neigen wir, o Christus, unser Gott,
Vor deinem Kreuz uns, das uns Leben spendet,
Verherrlichen dein Auferstehen,
Du allgewaltig starker Herr,
Der du an jenem dritten Tag ganz neu
Die hinfällige Natur der Menschen schufst
Und so den Weg uns strahlend wiesest
Zurück zum Himmel über uns:
Denn du allein bist gut,
Liebhaber aller deiner Menschen.[31]

Die hesychastische Bewegung

(ab dem 11. Jahrhundert)

Das größte Einzelwerk des Johannes von Damaskus, *Über den orthodoxen Glauben*, bietet eine umfassende Synthese aller Lehren der Ostkirchen, die bis zu seiner Zeit definiert worden waren. Es stellte ein Quellenwerk dar, auf das auch Thomas von Aquin im mittelalterlichen Westen zurückgriff. Systematische und zusammenfassende Werke wie dieses waren Anzeichen dafür, dass der christliche Osten im Begriff war, in eine lange Phase der Konsolidierung und (in manchen Gebieten) radikalen Niedergangs einzutreten, denn alte

christliche Zentren wie Ägypten und Syrien verschwanden völlig aus dem politischen Horizont der christlichen Herrscher. Die großen Erfolge des sich in den Gebieten des alten römischen Reiches aus-

Maria streckt ihre Arme Christus entgegen, der vom Himmel herabschaut. Reliquiar aus Gold und Email aus dem 11. Jh. Es wurde um den Hals getragen, um vor Schaden zu schützen.

breitenden Islams ließen viele christliche Gemeinschaften, besonders diejenigen außerhalb der slawischen Welt, auf den Rang von um ihr Überleben kämpfenden religiösen Minderheiten zusammenschrumpfen. Das Zentrum der ostchristlichen Welt verlagerte sich jetzt endgültig nach Konstantinopel. Die riesige, von Konstantin dem Großen im 4. Jahrhundert gegründete Hauptstadt sollte bis zu ihrer Eroberung durch die ottomanischen Türken im Jahre 1453 das östliche Zentrum der christlichen Kunst und Theologie bleiben. Dann erlosch das Reich von Byzanz endgültig.

Aber Byzanz sollte mit seinem Einfluss noch ungemein lange nachwirken, denn bevor es als unabhängiges politisches Gebilde verschwand, hatte es seinen Einfluss weit und breit mit nachhaltigem Erfolg ausgeübt: von Armenien bis Äthiopien, von Italien sogar bis ins Gebiet der Angelsachsen. Eine der bemerkenswertesten Leistungen dieser spätbyzantinischen Zeit, die eine wunderbare Blüte der Kunst und weithin die Entwicklung der reichen östlichen Liturgien und Gebetsgottesdienste erlebte, war eine spirituelle Bewegung, die als der Hesychasmus bekannt wurde, abgeleitet vom griechischen Wort *hesychia* für »Stille«, »Ruhe«. Diese Bewegung ist seit dem 11. Jahrhundert bis heute lebendig, denn immer noch ist sie in den Klöstern überall in der orthodoxen Welt die vorherrschende spirituelle Tradition.

Die hesychastische Tradition greift weithin die Lehren der spirituellen Meister unter den Wüstenvätern wieder auf, wie wir sie am Beispiel von Schriftstellern wie Barsanuphius und Johannes oder von Diadochus von Photike kennen gelernt haben. Genau wie bei ihnen wird hier darauf hingewiesen, wie wichtig es sei, innerlich zur Stille zu finden; das Jesusgebet steht im Mittelpunkt; es gilt als wichtig, einen erfahrenen spirituellen Leiter zu finden, der einem das eigene innere Leben deuten kann; und es wird gelehrt, das Herz sei das Zentrum der spirituellen Einsicht des Menschen, der Brennpunkt seiner Begegnung mit Gott. Doch die Hesychasten fassten diese verschiedenen Elemente aus der alten Tradition mit ganz neuer Prägnanz zusammen und schufen daraus eine Synthese, die in der spirituellen Tradition des Ostens zu einer gewaltigen Renaissance führte.

Die Grundgedanken, die man etwa bei Symeon dem Neuen Theologen findet (siehe Kasten S. 146), kristallierten sich in den nachfolgenden Jahrhunderten deutlicher heraus und ließen den Hesychasmus im eigentlichen Sinn entstehen. Diese Bewegung ist für immer mit zwei führenden Theologen der spätbyzantinischen Zeit verbunden, Gregor vom Sinai (+ 1346) und Gregor Palamas (1296–1359). Gregor vom Sinai war Einsiedlermönch auf dem Berg Athos, der heute noch existierenden Mönchsrepublik auf der Halbinsel Chalkidike, die sich seit byzantinischer Zeit geistig noch kaum verändert hat. Gregor propagierte das Jesusgebet als die sicherste Methode, zu einer intensiven Vereinigung mit dem verklärten Christus zu gelangen. Er empfahl, die äußere Körperhaltung gezielt zur Unterstützung der Praxis des Gebets einzusetzen. Dazu regte er an, der Schüler solle sich auf einen niedrigen Schemel setzen und »seinen Verstand in das Herz herabziehen«. Dabei sollte er seinen Atem kontrollieren und verlangsamen, damit er sich in den Rhythmus des Kommens und Gehens des Satzes: »Herr Jesus Christus, sei mir Sünder gnädig« einfüge. Die Atemtechnik und das langsame Wiederholen der Worte sollten dem Zweck dienen, die Gedanken, die zur Zeit des Gebets oft wie wild rasen, zur Ruhe kommen zu lassen und den Mönch auf die Gegenwart Christi zu konzentrieren, dessen Anwesenheit schließlich durch ein deutliches »Warmwerden des Herzens« spür- und erfahrbar werde.

Gregor Palamas wurde zum bekanntesten Theologen der gesamten hesychastischen Bewegung. Die Lehren, die im Hesychasmus entstanden, lösten heftige Kontroversen aus, nicht zuletzt mit Denkern, die betonten, Gott sei absolut unerkennbar. Solche, die behaupteten, »das göttliche Licht geschaut zu haben«, wurden von den kritischen Theologen als »Spinner« abgetan. Andere mit eher rationalistischer Ausrichtung (von denen es in der christlichen Religion immer viele gab) verachteten die Hesychasten als ignorante Mystiker, die zur »modernen Welt« nichts beizutragen hätten. Es war Palamas, der an der intellektuellen Front für die hesychastische Tradition focht. Sein Hauptargument lautete, wenn man Gott in dieser gegenwärtigen Welt nicht nahen oder ihn erfahren könne, dann stimme die ganze Theologie der Inkarnation nicht. Der immaterielle Gott habe sich tief ins Fleisch eingepflanzt und verwende das Fleisch dazu, seinen Erwählten seine wahre Gottheit zu offenbaren, genau wie Christus einst auf dem Berg der Verklärung den drei Aposteln seine wahre Gottheit offenbart habe. Nach der Auffassung von Palamas werden Christen, die durch das Gebet in eine intensive Beziehung zu Christus treten, zu echten Aposteln seiner Gegenwart für ihre Zeit. Sie seien die für die Endzeit bestimmten Auserwählten.

Gregor Palamas verwendete wie Symeon der Neue Theologe seine spirituelle Lehre dazu, um mit Nachdruck darauf hinzuweisen, dass das Christentum hohl bleibe, wenn es nicht zur direkten und persönlichen Erfahrung von Gläubigen werde, die mit ihrer eigenen Lebenserfahrung und durch diese die Wahrheit des auferstandenen Christus bezeugen können. Wer bete und in seinem Gebet und durch dieses die Kraft und Gegenwart Gottes erfahre, bilde eine jener lebendigen Flammen, die zur Rettung ihrer Zeitgenossen beitrügen. Für Gregor Palamas ist das Gebet alles andere als ein Beiwerk, eine Art frommer Introversion; es ist im Gegenteil das lebensspendende Blut

Gregor Palamas. Russische Ikone aus dem 19. Jh.

und Ziel aller Theologie und die *raison d'être* der christlichen Kirche.

Gregor vom Sinai verbrachte seine letzten Lebensjahre an der Grenze nach Bulgarien; zur Zeit seines Todes hatten seine Schüler bereits begonnen, seine Lehre in die gesamte slawische Welt hinauszutragen, in der sich der Hesychasmus ungemein stark auf das Leben der orthodoxen Kirchen von Bulgarien, Russland, Serbien und Rumänien auswirken sollte. Gregor Palamas wiederum war schon zu seinen Lebzeiten derart einflussreich, dass der Kaiser ihn darin ermutigte und förderte, seine Lehren in ganz Griechenland zu verbreiten. Sie erhielten einen besonders starken Stützpunkt auf dem Berg Athos, dem Zentrum des orthodoxen Mönchtums.

Die Philokalia (18. bis 20. Jahrhundert)

Die erfolgreiche Ausbreitung des Hesychasmus gipfelte in der Abfassung des Werkes namens *Philokalia*. Dabei handelt es sich um eine umfangreiche Sammlung aller bisherigen griechisch christlichen Schriften vom 4. bis zum 15. Jahrhundert, die die Praxis des spirituellen Lebens behandeln, und zwar aus der Sicht des Hesychasmus. Zusammengestellt wurde sie von drei Mönchen – Makarios, Notaras und Nikodemos – und erstmals 1782 in Venedig auf Griechisch als Buch veröffentlicht. Sie wurde in der Folge (1793) von Paisij Velitschkowskij ins Kirchenslawische und dann (1876–1890) von Theophan dem Reklusen ins Russische übersetzt und in der gesamten christlichen slawischen Welt verbreitet. Im 20. Jahrhundert wurde dieses umfangreiche Werk auch ins Englische übersetzt, zum Teil dank der Bemühungen des britischen Mönchsbischofs und Hesychasten Kallistos Ware. Im deutschen Sprachraum wurde die Tradition des Jesusgebets vor allem dank der »Aufrichtigen Erzählungen eines Russischen Pilgers« bekannt, die von der Philokalie (auf russisch *Dobrotoljubie*) inspiriert sind und deren Spiritualität in einen anschaulichen Erlebnisbericht umsetzen.

Zusammenfassung

Dies war ein knapper Überblick über die spirituellen Traditionen der ostchristlichen Kirchen. Dabei wurde mehr ausgelassen als aufgegriffen, und auch den großen Lehrern, die erwähnt wurden, konnte kaum angemessen Genüge getan werden. Jedoch dürfte das ausreichen, um die gemeinsamen Grundgedanken, die sich aus den Werken der ostchristlichen Schriftsteller deutlich abzeichnen, zu skizzieren. Das beherrschende Thema ist Christus. Das Gebet zur transzendenten Gottheit beginnt für einen Christen mit der Regung des Heiligen Geistes in seinem Herzen und geht unbeirrbar immer einzig über Christus. Daher hat das christliche Gebet immer einen ausgeprägt trinitarischen Charakter und wahrt dabei den Monotheismus: »An den Vater durch den Sohn im Heiligen Geist.« Alle Schriftsteller betonen zudem, dass ein lebendiges und gläubiges Gebetsleben für die Gesundheit und das Wirken der Kirche von wesentlicher Bedeutung sei. Gebet ist für den Christen kein frommes Beiwerk, sondern das Blut in den Adern seines Glaubens und der Daseinszweck der Kirche in der Welt. Durch sein Gebet wird der Leib der Christenheit für die Menschen seiner Zeit mit Licht erfüllt. Die Schriftsteller verweisen auch auf die tiefen Geheimnisse, die der Mensch durch das Gebet in seinem Inneren zu entdecken vermöge. Die meisten von ihnen lehren, es sei unbedingt notwendig, sich in die Tiefen des eigenen Herzens einzulassen und mittels der Praxis des Gebets und durch Disziplin und Ausdauer Läuterung und Erleuchtung zu finden. Sie alle sind sich darin einig, dass immer, wenn sich jemand auf den Weg des Gebets macht, alles sich für ihn verändert und auch er selbst anders wird.

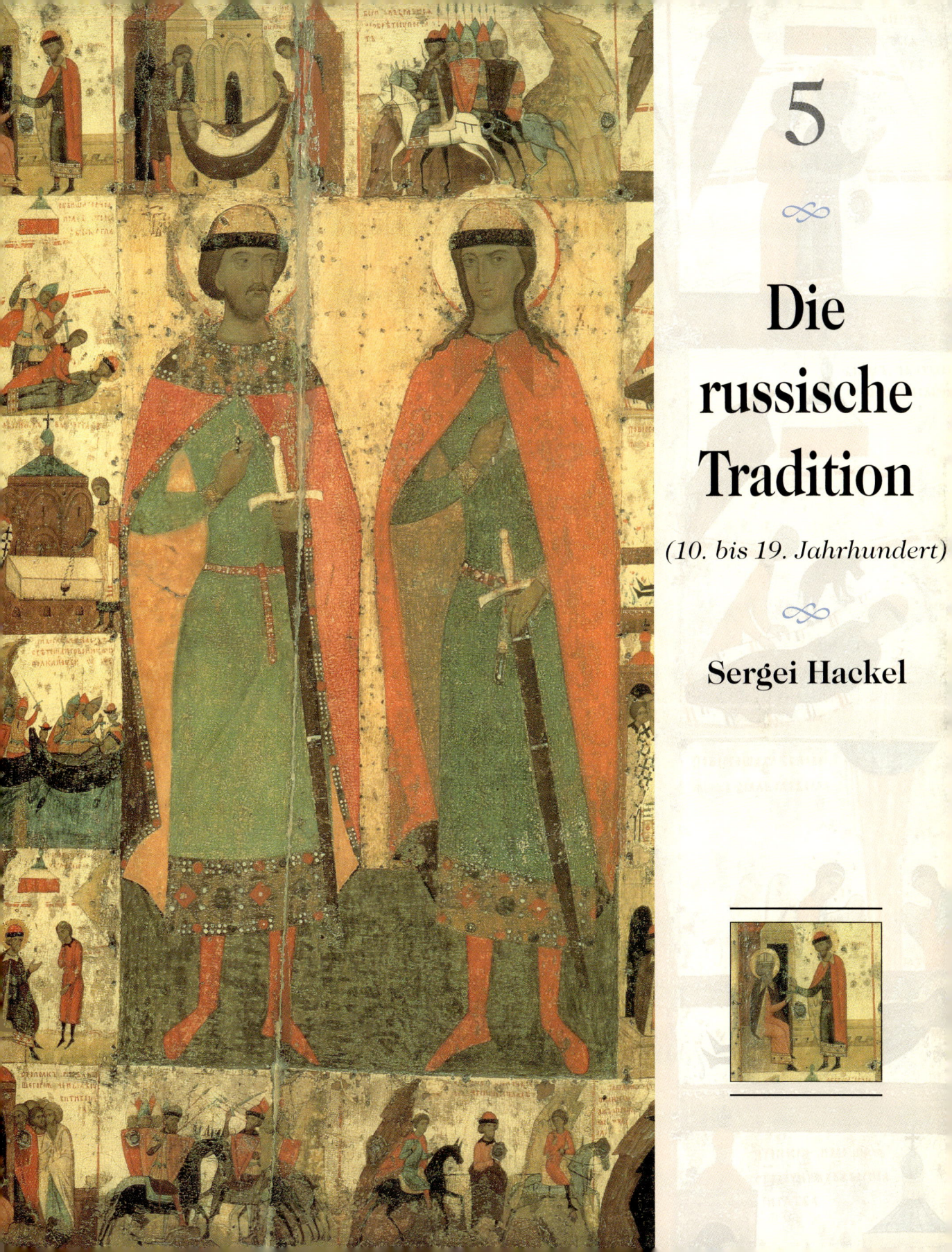

5

Die russische Tradition

(10. bis 19. Jahrhundert)

Sergei Hackel

Zeittafel

1000
1400
1600
1700
1800
1900

Die Taufe von Wladimir (ca. 988). Aus einem russischen Manuskript des 15. Jhs., der *Chronik von Radziwill*.

Erst im 17. Jahrhundert sprach man allgemein vom »Heiligen Russland«, und auch da noch war das mehr ein Ideal als die tatsächliche Wirklichkeit. Trotzdem gab es zu der Zeit bereits eine Fülle einzelner russischer Heiliger.

Russland bezog den christlichen Glauben über die byzantinische Kirche. Die Berichte darüber, wie das geschah und wann genau, sind widersprüchlich. Als entscheidendes Ereignis darf die Taufe des heidnischen Herrschers der Russen Wladimir ums Jahr 988 angesehen werden. Doch die Bekehrung seines ganzen Volkes sollte ein langwieriger Prozess werden.

Das mittelalterliche Russland war keine zusammenhängende, starke Einheit, sondern ein loser Verbund einer Anzahl von Herrschaften, die nur allzu oft miteinander um den Vorrang und Führungsanspruch stritten. Als Wladimir getauft wurde, war er der Fürst des damals vorherrschenden Stadtstaats Kiew. Das bedeutete nicht, dass Kiew während der ganzen nachfolgenden Jahrhunderte einen Vorrang als Zentrum des russischen Christentums erhalten sollte. Der rangälteste russische Bischof konnte abwechselnd derjenige von Kiew, Wladimir oder Moskau sein, und bis 1448 war er nichts anderes als der Stellvertreter des Patriarchen im fernen Konstantinopel und in dieser Rolle oft sehr untertänig.

Erst 1448 wählten die russischen Kirchenmänner ihren eigenen Oberbischof.

Natürlich hat die Machtpolitik noch nie Heiligkeit hervorgebracht oder gewährleistet. Weit wichtiger waren dafür immer die Heiligen vor Ort, die als Muster und Garanten der christlichen Lebensweise dienten. Tatsächlich sollten wir genauer von heiligmäßigen Menschen und nicht direkt von Heiligen sprechen. Nicht alle wurden bereits wenige Jahrzehnte nach ihrem Tod zu Heiligen erklärt. Bei manchen dauerte es bis zur Kanonisierung sehr lange, wieder andere erlangten nie die offizielle Anerkennung. Doch jedenfalls gab es die Gemeinschaft der Heiligen, deren Fürbitte für die Lösung der Probleme ihrer Mitmenschen entscheidend sein konnte, hatte doch Gott selbst schon im Alten Bund gesagt, er werde sich Sodoms erbarmen, wenn sich darin auch nur zehn Gerechte fänden (Genesis 18, 26–32).

Boris und Gleb († 1015)

Die beiden ersten russischen Heiligen waren Fürstensöhne, die ihren Glauben außerhalb der sichtbaren Grenzen des kirchlichen Lebens bezeugten, nämlich die beiden noch jungen Söhne Wladimirs, Boris und Gleb, die 1015 ermordet wurden. Wladimir war im Sommer dieses Jahres gestorben und Boris und Gleb wurden von ihrem Halbbruder als Rivalen im Wettstreit um die Thronnachfolge betrachtet. Wie die stilisierten Berichte, die darüber erhalten sind, erzählen, ertrugen beide ihren Tod in aller Demut und auf christusähnliche Weise. Vor allem Boris blieb vorsätzlich wehrlos in den südlichen Steppen zurück. Er entließ seine zahlreichen Anhänger und weigerte sich, dem Feind Widerstand zu leisten. Das tue er, so sagte er ausdrücklich in einem seiner letzten Gebete zu seinem Herrn, »aus Liebe zu deinem Wort. Um deinetwillen werde ich heimgesucht.« Doch er ziehe um jeden Preis »den Weg des Friedens vor, der zu dir führt.«

So starben die beiden ersten russischen Heiligen, die kanonisiert werden sollten. Für ihren Fall musste ein neuer Titel geprägt werden, denn sie waren nicht eigentlich Märtyrer. So wurden sie als »Leidendulder« bezeichnet. Selbst in einem schmutzigen Wettstreit um den Thron hatten sie es fertiggebracht, sich an die Ansprüche eines neuen

Moralkodex zu halten. Dessen unerbittliche Logik verlangte in ihren Augen den Nicht-Widerstand gegen das Böse.

Leo Tolstoi und seine Anhänger sollten dann diese Lehre aufgreifen und weiterentwickeln (siehe Kasten S. 163). Doch die Russen des Mittelalters zogen es vor, dem Kult dieser beiden Fürstensöhne eine weltlichere Deutung zu geben. Boris und Gleb wurden in erster Linie als himmlische Beschützer der russischen Länder populär. Ja, die öffentliche Meinung verlangte von ihnen zu diesem Zweck sogar den Verzicht auf ihre pazifistische Einstellung und es dauerte nicht lange, dann wurden sie auf den Ikonen mit Waffen dargestellt.

Boris und Gleb bewaffnet. Russische Ikone.

Theodosius aus dem Kiewer Höhlenkloster († 1074)

Russland hatte auch schon bald seine Mönche. So wählte im 11. Jahrhundert der junge Theodosius (Feodossij) ein Leben der Armut in Höhlen bei Kiew. Aus diesem Ort hoch über dem Dnjepr-Fluss entwickelte sich eine der einflussreichsten Mönchskommunitäten, das bis heute bekannte Kiewer Höhlenkloster. Seine größte Bedeutung erlangte es, als es aus den wirklichen Höhlen herausgewachsen war. Schon Theodosius siedelte die Mönche auf der Erdoberfläche an und legte Wert darauf, dass sich seine Mönchsgemeinschaft nicht ganz von der Gesellschaft abwandte.

Ihm ging es nicht um das genaue Einhalten einer Regel. Sein Biograph schreibt: »Das Erbarmen unseres guten Vaters Theodosius war dergestalt, dass, wenn er einen Bettler oder Armen in Not und spärlich bekleidet sah, er seinetwegen traurig wurde, sich große Sorgen um ihn machte und ihm unter Tränen nachging.« Er ließ solche Begegnungen nicht zufällige Episode bleiben, sondern errichtete auf dem Klostergrund etwas abseits eine Kirche mit Innenhof und »ordnete an, dass dort Bettler, Blinde, Lahme und Kranke beherbergt werden sollten. Er versorgte sie vom Kloster aus mit dem, was sie brauchten, und gab dazu einen Zehnten von allem, was das Kloster besaß.« Darüber vergaß er nicht andere Bedürftige. Jeden Samstag zum Beispiel »schickte er eine Wagenladung Brot zu denen, die im Gefängnis oder in Banden lagen.«

Er kleidete sich selbst mit Vorliebe ärmlich. Wegen seiner schäbigen Kleider erkannten ihn viele nicht als Abt, sondern »hielten ihn aus Versehen für einen der Köche«. Eine verarmte Witwe kam, um seine Hilfe zu erbitten. »Mönch, sag mir, wo ist dein Abt?«, fragte sie ihn. »Was willst du von ihm?«, fragte Theodosius sie. »Der Mann ist ein Sünder.« Doch er versprach ihr, für sie bei einem Richter vorzusprechen, »wenn unser Abt kommt.«

Als Abt war Theodosius tolerant, ja zärtlich und darum erfolgreich. Sein Biograph berichtet, jeder Mönch, der vom Kloster weggelaufen war und dann doch wieder zurückkehrte, sei mit offenen Armen wieder aufgenommen worden. Doch gegen Besitz und Habgier ging er energisch vor. Wenn er etwa seine Jünger in ihren Zellen besuchte und »etwas

Auszug aus einer Predigt von Theodosius

Ich bitte euch inständig, Brüder, mühen wir uns im Gebet und Fasten und sorgen wir uns um das Heil unserer Seelen. Wenden wir uns ab von unseren Sünden und trügerischen Wegen, von Ehebruch, Diebstahl, Verleumdung, eitlem Geschwätz, Streit, Trunksucht, Fressgier und Hass auf die Brüder. Lasst uns alles das meiden und verschmähen, Brüder, dass wir damit nicht unsere Seelen beflecken. Lasst uns vielmehr den Weg des Herrn beschreiten, der uns ins Paradies führt, und lasst uns Gott mit Tränen und Schluchzen, mit Fasten und Nachtwachen und in Demut und Gehorsam suchen, damit wir von ihm Erbarmen erlangen. Lasst uns auch immer mehr diese Welt verachten und immer an das Wort des Herrn denken: »Wer nicht Vater und Mutter, Frau und Kinder, Brüder und Schwestern um meinet- und um des Evangeliums willen verlässt, ist meiner nicht wert« und: »Wer sein Leben finden will, soll es verlieren, und wer sein Leben um meinetwillen verliert, wird es finden.«

Da nun auch wir, Brüder, die Welt verlassen und auf die verzichtet haben, die in ihr leben, lasst uns jede Art von Unaufrichtigkeit hassen und nichts tun, was zu dieser Welt gehört und nicht zu unseren Sünden zurückkehren wie ein Hund, der sich wieder seinem Erbrochenen zuwendet. Denn, so spricht der Herr, »niemand, der die Hand an den Pflug gelegt hat und zurückschaut, ist für das Himmelreich tauglich.« Wie sollten wir der ewigen Pein entgehen, wenn wir den Rest unserer Lebensspanne müßig und ohne Buße verbringen? Uns, Brüder, ziemt es, täglich neu unsere Sünden zu beweinen, denn die Buße ist der Schlüssel in das Himmelreich. Keiner kann ohne sie leben; die Buße ist der Weg, der ins Paradies führt. So lasst uns, Brüder, unermüdlich auf diesem Weg bleiben; unsere Schritte sollen nie davon abweichen. Die hinterhältige Schlange darf diesen Weg nicht betreten. Die Stationen dieses Wegs sind zwar mit vielerlei Mühsal verbunden, aber am Schluss wird uns helle Freude winken.

fand, sei es Nahrung oder Kleidung, was über das von der Regel Erlaubte hinausging, ergriff er es unverzüglich und steckte es in den Ofen.« Denn Theodosius war der Überzeugung, es sei »falsch für uns, die wir Mönche sind und auf weltliche Dinge verzichtet haben, in unseren Zellen Besitz anzusammeln. Wie können wir Gott ein reines Gebet darbieten, wenn wir dort Besitztümer anhäufen?«

Die Sorge um das »reine Gebet« sollte für Theodosius selbst wie auch für die russischen Mönche der nachfolgenden Generationen das wichtigste Anliegen bleiben. Das mochte zuweilen zu einer zu einseitigen Konzentration auf die Innerlichkeit verführen, wirkte sich aber dennoch sozial aus. Es motivierte zu den schlichten Werken der Barmherzigkeit, die die Kommunität des Höhlenklosters entschieden vorsah. Außerdem lag es dem Standpunkt des Abtes bezüglich der weltlichen Herrschaft und öffentlicher Angelegenheiten zugrunde.

Als der Herrscher von Kiew, Izjaslav I., 1073 von seinem jüngeren Bruder vom Thron gestürzt wurde, weigerte sich Theodosius, den Usurpator anzuerkennen und ging ihm aus dem Weg, um ihn seine Auffassung spüren zu lassen. Zuweilen sagte er dem Usurpator auch mündlich seine Meinung. Bei einem wichtigen Anlass formulierte er seinen Standpunkt in einem Brief, über den der Usurpator so wütend wurde, dass er ihn zu Boden schleuderte. Es wurde zunehmend fraglich, ob er Theodosius in Frieden lassen würde. Jedoch selbst die Aussicht, ins Gefängnis zu kommen, schreckte Theodosius nicht ab, »denn ich hänge an nichts in diesem Leben.« Als die ihm günstig gesinnten Weltleute ihn beschworen, sich zurückzuhalten, griff er auf Vergleiche zurück, die sie wohl verstehen konnten. »Kann man mich etwa durch die Aussicht, Reichtum und Wohlstand zu verlieren, zwingen? Oder damit, dass ich vieler Dörfer verlustig ginge? Nichts von all dem haben wir in die Welt mitgebracht. Wir wurden nackt in sie geboren, und so ist es auch angemessen, dass wir nackt aus ihr scheiden. Daher bin ich durchaus auf Gefängnis oder Tod gefasst.«

In der Folge wurde jedoch die offene Konfrontation vermieden. Kurz vor dem Tod von Theodosius im Jahre 1074 zeigte sich der neue Herrscher sogar bereit, das Höhlenkloster zu besuchen und es bestand Aussicht auf einen friedlicheren Dialog. Aber die Standpunkte blieben unverändert. Theodosius sagte: »Es ist unsere Pflicht, dich zurechtzuweisen und dir zu sagen, was zum Heil deiner Seele notwendig ist. Und deine Pflicht ist, dir das anzuhören.« So beanspruchte er für die Kirche eine prophetische Rolle, ganz gleich um welchen Preis.

Das Kiewer Höhlenkloster.

Sergius von Radonesch

(ca. 1314–1392)

Das »reine Gebet« war auch das Hauptanliegen eines anderen demütigen Mönchs des Frühmittelalters, des Sergius (Sergej) von Radonesch. Doch das Umfeld dafür hatte sich seit der Zeit des Theodosius radikal verändert.

Als im 13. Jahrhundert Mongolenhorden die russischen Landschaften überschwemmten, wurden die meisten örtlichen Einrichtungen zerstört oder verlegt. Was übrig blieb, wurde einem eng kontrollierten Besteuerungssystem unterworfen. Die Kirche war die einzige davon ausgenommene Institution. Die Mongolen waren mit einer tief sitzenden Toleranz für alle Religionen gekommen, die auch noch durchhielt, als sich die Mongolenherrscher im 14. Jahrhundert zum Islam bekehrten.

Diese Toleranz, verbunden mit der Steuerfreiheit für alle kirchlichen Einrichtungen, schuf günstige Voraussetzungen für alle, die vorhatten, in der Wildnis neue Klöster zu gründen. Sergius war in dieser Hinsicht ein Pionier. Sein erstes Abenteuer unternahm er schließlich ganz allein, denn sein Bruder Stefan, der ihn zunächst in die unbewohnten Wälder jenseits von Moskau begleitet hatte, fand das Leben dort zu hart und verließ ihn wieder.

Daher waren die ersten Anfechtungen, die Sergius zu bestehen hatte, diejenigen eines Einsiedlers. Seine kargen Brotrationen teilte er mit einem Bären. Er baute aus Baumstämmen eine Kapelle und eine Zelle. Doch schon bald verbreitete sich das Gerücht von seinem anhaltenden Fasten. Innerhalb weniger Jahre entstand auf einem von Palisaden eingefassten Gelände eine Siedlung von etlichen Anhängern, die die Führung des Heiligen suchten. Dabei war Sergius keineswegs auf Anerkennung oder eine Leitungsfunktion aus. Man musste ihn förmlich dazu überreden, die Rolle des Abtes und Priesters zu übernehmen. Seine neu errichtete Kommunität wurde als das Kloster der Heiligen Dreifaltigkeit bekannt. Zu denen, die sich ihm dort anschlossen, sagte er: »Wenn ihr kommt, um in der Wüste zu leben, ist der Anfang aller Tugend die Gottesfurcht.«

Er weigerte sich in aller Demut, darüber hinaus noch weiter befördert zu werden, denn schließlich war er so bekannt, dass ihn der Hauptbischof der

Sergius von Radonesch beaufsichtigt in Sergejiv Posad den Bau einer Zelle und Kirche. Lebensbeschreibung aus dem 16. Jh. mit Illustrationen eines Schülers von Andrej Rubljew.

russischen Kirche daraufhin ansprach, ob er nicht eventuell sein Nachfolger werden könne. Aber seine Antwort war fest: »Wer bin ich, als ein Sünder und der Letzte der Menschen?«

Nicht einmal als Abt wollte er seine Rechte für sich beanspruchen. Als die Kommunität gut eingerichtet war, kehrte sein älterer Bruder wieder zurück, um an seiner Seite zu leben. Stefan war auf die Rolle eifersüchtig, die sein Bruder jetzt spielte. Während eines Gottesdienstes, bei dem Sergius der Zelebrant war, wurde dem Chorleiter ein Buch gereicht. Als man zu Stefan sagte, es komme »vom Abt«, entgegnete er: »Wer ist hier Abt? War nicht ich der Erste, der sich hier angesiedelt hatte?« Sergius hatte diese Äußerung mitbekommen, sich jedoch jeglichen Kommentars enthalten. Nach dem Gottesdienst verließ er einfach das Kloster. Nach kurzer Zeit hatte er sich in der Wildnis wieder eine Einsiedelei eingerichtet. Es bedurfte einiger Zeit, bis man ihn wieder zum Zurückkehren überreden konnte. Aber er hatte die Kommunität von Eifersucht und Stolz läutern müssen. Im Lauf der Zeit sollte er vierzig Klöster gründen.

Sergius mit seinem Bemühen um die Reinheit des Gebets dürfte wohl die Praktiken jener Experten im

Ikonen

Von Anfang an waren Ikonen ein Charaktermerkmal des Frömmigkeitslebens in der Russisch Orthodoxen Kirche. Die leidenschaftlichen Auseinandersetzungen über die Frage, ob es erlaubt sei, das Göttliche oder Heilige abzubilden, hatten bereits in den Jahrhunderten davor in der Welt von Byzanz stattgefunden und waren beigelegt. So konnten die Russen gleichzeitig mit den Ikonen auch eine Lehre darüber importieren, was sie bedeuteten.

Das Mindeste war, dass sie den christlichen Glaubensüberzeugungen sichtbaren Ausdruck verliehen, also eine erzieherische Rolle zu spielen vermochten. Man hielt sich allgemein an den Spruch eines früheren Kirchenlehrers: »Wenn mich jemand fragt, was ich glaube, zeige ich ihm das Innere meiner Kirche.« In einer Zeit, zu der nur wenige lesen konnten, war die visuelle Darbietung des Glaubens von entscheidender Bedeutung.

Doch glaubte man darüber hinaus, dass die Ikonen Zugang zu den dargestellten Personen selbst gewährten. Daher verehrten die Gläubigen das Bild, das sie vor sich hatten. Ihre Aufmerksamkeit blieb dabei nicht auf die Darstellung beschränkt, sondern richtete sich auf die dargestellte Person. Ikonen waren Fenster in die andere Welt, Offenbarungen des Himmelreichs.

Die Kommunikation mit dieser »anderen Welt« wurde durch den direkten Blick ins Antlitz Christi, des offenbarten und inkarnierten Gottes, unterstützt. So stellte man Christus gewöhnlich in frontaler Ansicht dar, und ebenso seine Heiligen.

Der Ikonenmaler Andrej Rubljew

Einer der größten russischen Ikonenmaler war Andrej Rubljew (ca. 1360–1430), der in den 1420er Jahren eine berühmte Christusikone malte. Doch am bekanntesten ist er durch ein geheimnisvolleres Werk geworden, seine *Dreifaltigkeitsikone*. Er ist nicht der erste Künstler, der das Bild von den Engeln, die zu Abraham zu Besuch kamen (Genesis 18), als Vorbild des dreieinen Gottes verwendet, aber seine Abbildung ist kaum mehr zu übertreffen.

Die drei Gestalten sind in einer kreisförmigen Komposition miteinander verbunden und jede ist doch auf sehr subtile Weise mit ihrem ganz eigenen Charakter ausgestattet. Sie sitzen wie in ewiger Kontemplation eines Opferkelchs versunken, den einer von ihnen in Übereinstimmung mit allen annehmen soll.

Diese Ikone ist die Frucht und das Werk kontemplativen Gebets. So überrascht es nicht, wenn man erfährt, dass sie für das Kloster des Sergius von Radonesch angefertigt wurde, unter dessen Aufsicht der Ikonenmaler lebte und arbeitete.

Die *Dreifaltigkeitsikone* (ca. 1422–1427) von Andrej Rubljew (ca. 1360–1430). Tretjakow-Galerie, Moskau.

innerlichen Gebet gekannt haben, deren Lehren sich zur damaligen Zeit vom Athos und anderen Klöstern der griechischen Welt aus verbreiteten. Bedeutsam für diese Lehre war der Glaube, der Mensch habe Zugang zum göttlichen Licht, dem Licht, in dem Jesus verklärt worden sei. Sergius schrieb darüber nichts (und auch nicht über andere Themen), jedoch gibt es Züge in seinem Leben, die vermuten lassen, dass ihm sein Gebetsleben den Zugang zu genau diesem Licht eröffnet hatte. Man sprach von einem wunderbaren Licht, das über dem Kelch geschienen habe, als der Heilige den Kommuniongottesdienst feierte. Ein staunender Zeuge sagte: »Ich habe gesehen, wie die Gnade des Heiligen Geistes mit dir zusammen wirkt.« Aber Sergius war deutlich darauf bedacht, nur ja keinen Kult um sich aufkommen zu lassen: »Sage niemandem, was du gesehen hast, bis der Herr mich aus diesem Leben zu sich zurückruft.«

Schon wenige Jahre nach seinem Tod setzte sich jedoch der Kult um Sergius durch. Er wurde 1422 heiliggesprochen und sein Grab wird bis heute von zahllosen Pilgern besucht.

Nilus von Sora

(1433–1508)

Das 15. Jahrhundert erlebte die Ausbreitung des Mönchslebens und die starke Zunahme solider und wohlgeordneter Gründungen. Manche von ihnen waren derart wohlhabend geworden, dass sich eine grundsätzliche Frage stellte: Sollten Mönche oder Klöster überhaupt über Besitz verfügen? Nilus von Sora beantwortete diese Frage mit »Nein« und verließ aus diesem Grund eines der blühendsten Klöster und stieß in die Wildnis vor. Dort richtete er mit gleichgesinnten Mönchen eine kleine Kommunität ein. Er legte Wert darauf, dass sie seine »Brüder«, nicht »Schüler« sein sollten. Die Tatsache, dass er sein ganzes Leben in entschiedener Armut und anhaltendem Gebet verbringen konnte, bestätigte ihm die Weisheit seines Weges. Gegen Ende seiner Tage lag ihm daran, dies in der Kirche insgesamt zur Sprache zu bringen, statt dass es nur von einer Gruppe von Außenseitern wie der seinigen gepflegt würde. So trat er auf dem Moskauer Kirchenkonzil von 1503 mit der Frage auf, ob nicht der Umstand, dass der Mönch grundsätzlich ein Armutsgelübde ablege, ein für allemal verlange, dass ausnahmslos jeder Mönch besitzlos leben müsse. Das war seine Überzeugung, die er energisch vertrat. Das Konzil sah das anders. In der Folge wurden die Anhänger von Nilus von der etablierten Kirche an den Rand gedrängt und sogar verfolgt.

Noch wichtiger war für die Kommunität der feste Vorsatz, sich nicht von ihrem innersten Streben abbringen zu lassen. Auch das ging nicht ohne mühsames Kämpfen, dem sie sich unter möglichst vollkommenem Schweigen widmen wollten. Dieses Schweigen sollte vom Gebet aller Gebete genährt werden: vom Jesusgebet ihrer Meister im Nahen Osten. Nilus zitiert mehrere verschiedene Fassungen davon, die alle authentisch sind und im Kern immer die Anrufung des heiligen Namens enthalten: »Herr Jesus Christus, Sohn Gottes, erbarme dich meiner« oder »Herr Jesus Christus, sei mir armem Sünder gnädig«.

Ein solches Gebet sollte im Einzelnen wohnen, in jedem auf seine eigene Art. Jede spirituelle Übung sollte »mit kluger Unterscheidung und in gesundem Maß« gepflegt werden. Denn »wenn der Verstand klug Zeit und Maß festlegt, kann das zu einem wahrhaft wunderbaren Ergebnis führen.« Ja, das Gebet könne schließlich in die Begegnung mit seiner Quelle und seinem Ziel münden, mit Gott selbst. Nilus entlieh die folgenden Worte einem früheren Visionär, Symeon dem Neuen Theologen (949–1022), gab ihnen jedoch ein neues Gewicht, als wären es seine eigenen:

Ich nehme ein Licht wahr, über das die Erde nicht verfügt, und es leuchtet in meiner Zelle. Ich sehe es, wenn ich auf meinem Lager sitze. In meinem eigenen Wesen schaue ich den Schöpfer der Welt und ich unterhalte mich mit ihm, liebe ihn und zehre von ihm, werde genährt nur von dieser Schau Gottes. Ich vereine mich mit ihm und erhebe mich über die Himmel. Wo der Körper während dieser Zeit ist, weiß ich nicht.

Nilus stellte hohe Ansprüche an sich selbst. Er sagte: »Wir müssen uns an die folgende Grundregel des Lebens halten: Es geht darum, ständig mit dem Werk Gottes beschäftigt zu sein, mit Leib und Seele, in Wort, Denken und Tun, im Maß unserer eigenen Kraft.« Doch war er anderen gegenüber tolerant. Zu einer Zeit, als für Häretiker noch die Todesstrafe galt, forderte Nilus dringend: »Lasst uns die vom Pfad der Tugend Abgekommenen nicht schmähen oder in Schande stoßen.« Zu allen Zeiten »müssen wir unsere Nächsten lieben, gehorsam den Geboten unseres Herrn.«

Joseph von Wolokolamsk
(1439–1515)

Joseph von Wolokolamsk war ein Wortführer derjenigen, die Nilus 1503 auf dem Moskauer Kirchenkonzil widersprochen hatten. Er vertrat, die Klöster

Narren um Christi willen

Iwan der Schreckliche kommt in einem Kloster in Sergejiv Posad an. Aus einem Manuskript des 16. Jhs.

Die moskowitische Gesellschaft des 16. Jahrhunderts war ganz versessen auf Rang, Präzedenz und Regeln. Daher überrascht es nicht, dass in dieser Epoche eine besondere Form des Aufbegehrens dagegen entstand. Die führenden Gestalten dieser Bewegung fand man auf den Straßen, ja sogar in den Gossen der Stadt. Ihre Eigenart war es, sich über alle sozialen Normen und Konventionen lustig zu machen und sie anzugreifen. Dazu nahmen sie die Rolle von Einfaltspinseln oder Verrückten an: die »Narren um Christi willen«. Ihre Torheit diente immer wieder als Korrektiv und war sogar hilfreich, wenn sie die Tyrannen ihrer Zeit angriffen. Im späten 16. Jahrhundert vermerkte ein englischer Moskaubesucher, solche heiligen Männer »wiesen offen auf die Fehler ihrer Großen hin, über die sonst kein Mensch zu reden wagt.«

Einer dieser »Gottesnarren«, Nikolaus von Pskow (+ 1576), ist dafür berühmt, dass er sogar Iwan dem Schrecklichen ins Gesicht hinein seine Schandtaten vorhielt. Dieser Zar hatte in Nowgorod, einer Nachbarstadt von Pskow, bereits Tausende massakrieren lassen und jetzt drohte den Bürgern von Pskow das gleiche Schicksal. Die örtlichen Autoritäten versuchten den russischen Tyrannen zu besänftigen und traten mit gebührender Unterwürfigkeit vor ihn. Aber Nikolaus war nicht willens, um den Brei herum zu reden. Er trat vor Iwan mit, wie es in der Ortschronik formuliert ist, »bewundernswerten Worten, um dieses großes Blutvergießen zu beenden.« In einem anderen Bericht werden diese »bewundernswerten Worte« in einen dramatischen Rahmen gestellt. Nikolaus soll Iwan rohes Fleisch dargeboten haben. Schon der Umstand, dass es roh war, war ein Affront, aber hinzu kam, dass zur damaligen Fastenzeit sein Verzehr verboten war. Iwan habe unverzüglich entgegnet: »Ich bin Christ und esse darum in der Fastenzeit kein Fleisch.« Der Narr habe darauf erwidert: »Aber Christenblut trinkst du?« Daraufhin sei das »große Blutvergießen« unterblieben.

besäßen nicht nur zu Recht Land, sondern seien dazu sogar verpflichtet. Wie sonst könne die Kommunität die Bedürftigen unterstützen? Josephs Kloster konnte sechs- bis siebenhundert Menschen verköstigen. In der Regel, die Joseph verfasste, erinnerte er seine Mönche daran, dass ihr Dienst an den Hungrigen, Durstigen, Obdachlosen, Kranken oder Gefangenen nichts weniger als ein Dienst am Herrn selbst sei. Als Beleg führte er die Bibelstelle an, in der das ausdrücklich gesagt wird (Matthäus 25,35–40). So folgte er auf dem Gebiet der Sorge um die Armen den Spuren von Theodosius. Allerdings wäre Theodosius nicht mit der Strenge von Josephs neuer Regel einverstanden gewesen, die genaue Vorschriften für das innere und äußere Leben des Einzelnen enthielt. Bestimmte Verhaltensmuster sollten das spirituelle Verständnis fördern: »Kümmern wir uns zunächst einmal um die genaue Eigenart und die richtige Ordnung aller Dinge, und (erst) dann um die innere Achtsamkeit und den Gehorsam.«

Das ist eine Einstellung, die in starkem Kontrast zur Flexibilität von Nilus steht, der die Integrität des einzelnen Suchers anerkannte. Nilus hatte geäußert, jeder, der bessere oder wirksamere Möglichkeiten zum Erreichen spiritueller Ziele kenne als diejenigen, die er vorschlage, solle »tun, was ihm am besten hilft«.

Die Niederlage von Nilus auf dem Konzil von 1503 war für die Zeit typisch. Das moskowitische Establishment des 16. Jahrhunderts zog den Weg Josephs vor.

Awwakum (ca. 1620–1682)

Die frommen Normen der Ordnungsgeber im 16. Jahrhundert sollten im darauf folgenden Jahrhundert aufs Neue in Frage gestellt werden. Es gab viele, die sich gegen jegliche Abwandlung, geschweige Reform der ererbten Tradition sperrten. Sie verstanden sich als Verteidiger der wahren Tradition und waren bereit, für ihre Überzeugungen zu leiden und sogar zu sterben. Einer ihrer Anführer, der Erzpriester Awwakum, wurde vom Kirchenkonzil, vor das er gerufen wurde, in Schmach entlassen. Er erwiderte spontan mit den Worten von Paulus: »Wir stehen als Toren da um Christi willen, ihr dagegen seid kluge Leute in Christus. Wir sind schwach, ihr seid stark; ihr seid angesehen, wir sind verachtet« (1 Korinther 4,10).

Awwakum wurde in der Folge sechzehn Jahre lang in einem eiskalten unterirdischen Gefängnis eingekerkert und starb auf dem Scheiterhaufen. Aber die innere Stärke, mit der er seine Leiden ertrug (seine Autobiographie blieb erhalten) offenbart die außerordentliche Kraft der »Schwachen«, die unerschütterliche Ehre der »Verachteten«:

Gebt acht, meine Zuhörer. Unsere Leiden sind unvermeidlich; es ist unmöglich, ihnen zu entgehen. Darum lässt Gott Ärgernisse zu, damit seine Auserwählten offenbar, im Feuer geläutert und rein werden. Alle, die ihre Prüfung schon bestanden haben, sind mitten unter euch. Satan hat Gott überredet, ihm das leuchtende Russland zu überlassen, damit er es mit dem Blut der Märtyrer rubinrot färbe. Gut für dich, du Teufel. Aber auch wir sind glücklich, für unseren lieben Christus leiden zu dürfen.

Awwakum war darauf bedacht, seine Kirche gegen fremde Einflüsse jeder Art abzuschirmen. Nicht einmal die griechische Welt vermochte er als Vorbild zu schätzen, so orthodox zu sein sie auch behauptete, und von den westeuropäischen Kirchen hielt er erst recht nichts. Die »Altgläubigen« (Raskolniken), die er vertrat, wurden noch bis 1905 in Russland hart verfolgt.

Tychon von Zadonsk
(1724–1783)

Gegen Ende des 18. Jahrhunderts förderte, ja erzwang Zar Peter der Große auf allen Gebieten die Verwestlichung. Die Verwaltung der Kirche wurde nach westlichem Vorbild streng den staatlichen Instanzen unterworfen. Das wirkte sich auch auf die Ausbildung des Klerus aus; es wurden neue Seminare mit Lehrplänen nach westlichem Vorbild eingerichtet. Damit wurden die Grenzen zwischen den kirchlichen Traditionen verwischt, was zu einiger Verwirrung führte. Zugleich gab es auch Formen kreativen Zusammenspiels der Traditionen. So schöpfte der russische Bischof Tychon von Zandonsk in seinen Schriften aus mehreren westlichen Autoren, darunter vor allem aus denen des anglikanischen Bischofs Joseph Hall und des lutherischen

Theologen Johann Arndt. Awwakum hätte das
unerträglich gefunden. Jedoch wurde Tychons
Orthodoxie dadurch zweifellos bereichert.

Die Heiligkeit Tychons kam allerdings nicht in
erster Linie in seinen Schriften zum Ausdruck; er
ist am eindrucksvollsten in seinem persönlichen
Leben. Als Tychon aus seinem Amt schied, lebte er
in höchster Anspruchslosigkeit in einem Landklos-
ter und wurde zum Ratgeber und Wohltäter der
Armen im Geiste. Tychon war von einem tiefen
Sündenbewusstsein erfüllt und musste sich alle
Mühe geben, an die Hoffnung wider alle Hoffnung
(Römer 4,18) zu glauben:

> Ich gebe nicht die Hoffnung auf meine Erlösung
> durch Christus auf . Er verurteilt nicht die Sün-
> der, sondern die unbußfertigen Sünder. Wenn uns
> der Gedanke entmutigt: Wie könnte ich jemals
> den Aposteln, Propheten, Märtyrern und anderen
> großen Heiligen beigezählt werden, die von sol-
> chen Tugenden glänzen?, dann lasst uns unsere
> Zweifel auflösen, indem wir uns den Schächer
> vor Augen halten, der am Ende seines Lebens nur
> einen einzigen Schrei um Vergebung ausstieß
> und erhört wurde.

Eine 1649–1654 erbaute russische Kirche.

Allen, die zu ihm kamen, legte Tychon eine einfache
Lebensweise nahe. Als ihm einer seiner Besucher
erwiderte, das gelte für ihn nicht, denn schließlich
habe er nie ein Gelübde abgelegt und denke gar
nicht daran, Mönch zu werden, gab ihm Tychon mit
der mildesten aller Rügen zur Antwort: »Mein Lieber, alle diese Worte über Liebe, Armut und Dienen
wurden schon lange gesprochen, bevor es überhaupt
Klöster gab.« Dass Tychon selbst sich an »diese
Worte« hielt, darüber besteht kein Zweifel. Seine
Nächstenliebe war grenzenlos. Der Schlusssatz seines Testaments lautete folglich: »Ich habe nichts zu
eigen und hinterlasse nichts.«

Seraphim von Sarow
(1759–1833)

Seraphim verbrachte sein gesamtes Erwachsenenleben in oder bei einem einzigen Kloster in Sarow. Er
suchte vor allem die Einsamkeit. Sechzehn Jahre
lang lebte er in einer Einsiedelei im nahe gelegenen

Wald. Selbst als ihm befohlen wurde, wieder im Kloster selbst zu leben, kapselte er sich völlig in seiner Zelle ab. Diese zweite Isolation dauerte fünf ganze Jahre. Während dieser gesamten Zeit widmete sich Seraphim dem inneren Gebet. Vom Jesusgebet sagte er: »Mit diesem Gebet in deinem Herzen wirst du inneren Frieden und die Nüchternheit von Körper und Seele finden.« Zugleich sei es von dynamischer Wirkung und werde zu »einem Brunnen lebendigen Wassers«, der unablässig in der Seele sprudle.

Im Jahre 1815 kam der Moment, in dem Seraphim seine Zellentür aufstieß. Sie sollte nur mehr ganz selten verschlossen werden. Damit begann ein außergewöhnlicher Dienst für alle und jeden. Es konnte sein, dass an einem einzigen Tag bis zu 2000 Pilger zu ihm kamen, um seinen Rat einzuholen. Seraphim kannte viele ihrer Anliegen schon im Voraus und gab oft auf ganz spezielle Probleme Antworten, ohne abzuwarten, bis man sie ihm darlegte. Sein Anliegen war es nicht, allgemein der Menge Anleitungen zu geben, sondern er wollte für jeden einzeln da sein. Manche Menschen erfuhren bei ihm auch Heilung und die meisten bekamen neue Kraft. Er hielt sich an den Spruch Isaak des Syrers, den er mit Vorliebe zitierte: »Lass der Gabe, die du schenkst, ein frohes Herz vorauseilen.« Daher war es seine Gewohnheit, das ganze Jahr über seine Besucher mit dem frohen Ostergruß »Christus ist erstanden!« willkommen zu heißen und ausnahmslos jeden Menschen mit der Anrede »meine Freude« anzusprechen.

Den Kern der Lehre Seraphims bildet die Überzeugung, der Christ solle auf nichts anderes aus sein als auf »den Erwerb des Heiligen Geistes«. Er hob immer wieder hervor, dass Gebet, Nachtwachen, Fasten und Werke der Barmherzigkeit immer nur Mittel zu diesem Zweck seien. Als ihn im Winter 1831 ein gebildeter Laie, Nikolaus Motowilow, besuchte, wurde diesem die Gnade zuteil, ein geheimnisvolles Licht aus Seraphim herausstrahlen zu sehen. Darauf sprach er den Heiligen an: »Dein ganzes Gesicht wird heller als die Sonne und mir schmerzen die Augen.« Jedoch erhielt er eine verblüffende Antwort: »Auch du bist so strahlend wie ich geworden. Du bist jetzt selbst in der Fülle des Gottesgeistes, denn sonst wärest du nicht in der Lage, mich so zu sehen.«

Nichts von alledem wäre Nilus von Sora unver-

traut gewesen. Er hätte genau wie Seraphim hervorgehoben, dass die innere Ausgeglichenheit, die eine Offenbarung dieser Art begleitet, für die Sendung der Kirche von allerhöchster Bedeutung sei. In einem anderen Zusammenhang sagte Seraphim: »Lerne, in Frieden zu sein und Tausende um dich werden gerettet.«

Es gibt nicht besseres als den Frieden in Christus, denn er führt zum Sieg über alle bösen Geister in der Schöpfung. Wenn der Friede im Herzen eines Menschen wohnt, befähigt er diesen Menschen, die Gnade des Heiligen Geistes von innen her zu beschauen. Wer im Frieden wohnt, sammelt eimerweise spirituelle Gaben und wirft das Licht der Einsicht auf andere. Alle unsere Gedanken, alle unsere Wünsche, alle unsere Anstrengungen und alle unsere Taten sollten uns dazu führen, ständig zusammen mit der Kirche zu sprechen: »Herr, gib uns Frieden.« Denn Gott offenbart denen, die im Frieden leben, Geheimnisse.

Makarius von Optino
(1788–1860)

In der auf Seraphim von Sarow folgenden Zeit wurde es sehr beliebt und üblich, sich an einen spirituell erfahrenen Menschen, einen »Alten«, auf Russisch »Starez«, zu wenden. Niemand richtete offiziell das Starzentum ein – die Starzen, ob Mönche oder nicht, entsprachen einfach dem Bedürfnis der Gläubigen. Das bedeutendste Zentrum, an dem solche Starzen zu finden waren, stellte das Kloster Optino bei Kozelsk dar. Dorthin kamen genau wie zu Seraphim unzählige Einzelpersonen aus weit entfernten Gegenden, um einen Starez zu sprechen; viele standen auch brieflich mit einem solchen in Kontakt. Die Briefe eines Starez wie Makarius gestatten uns einen direkten Einblick in die Ratschläge, die diese heiligen Männer gaben. Sie offenbaren zudem, wie anspruchsvoll sie sich selbst gegenüber waren, zugleich jedoch wie einfühlsam für die Bedürfnisse und Grenzen der Vielen, die zu ihnen kamen.

Makarius etwa ist absolut vom Wert des Jesusgebets überzeugt und baut darauf sein eigenes Gebetsleben auf. Doch einen seiner Korrespondenten warnt er davor: »Es überfordert Sie, entspricht nicht

Leo Tolstoj (1828–1910)

Tolstoj widmete sich während seiner drei letzten Lebensjahrzehnte einer Neuinterpretation des Christentums. In dieser Zeit spielte daneben sein Romanschreiben nur eine bescheidene Rolle. Er tilgte aus den Evangelienerzählungen alles Übernatürliche und bereitete sogar seine eigene griechische »Edition« des Textes vor, denn er hatte sich aus rationalen Gründen einer deistischen Einstellung zum Leben zugewandt. Jedoch wurde er ein unerbittlicher Prophet der öffentlichen Moral. Wie einige der frühen »Narren um Christi willen« unternahm er einen Feldzug gegen die Mängel der Gesellschaft. Da er als Romanschriftsteller bereits weltweit bekannt geworden war, kam ihm der russische Staat trotz seiner anarchistischen Parolen nicht bei. Doch die Russisch Orthodoxe Kirche distanzierte sich entschieden von ihrem irrigen Mitglied und Tolstoj wurde 1901 exkommuniziert.

Daher mussten Tolstojs Lehren für sich selbst sprechen. Er verstärkte ihre Kraft, indem er, so gut er es konnte, selbst gemäß seinen Lehren lebte. Das erforderte vor allem »Vereinfachung«, wie er es nannte. Als Landadliger schämte er sich über die Art, wie die gewöhnlichen Leute ausgebeutet wurden. Er schrieb: »Unvermeidlich muss ich mich immer als Mittäter an einem ständig weitergehenden Verbrechen fühlen, solange ich überflüssige Nahrungsmittel habe, während andere keine haben und solange ich zwei Mäntel habe und es auch nur einen Menschen gibt, der gar keinen hat.« So kleidete er sich als Bauer und arbeitete auf den Feldern. Er schränkte seine Ernährung gemäß seiner vegetarischen Überzeugung ein. Er vertrat die Überzeugung, das Tragen von Waffen sei falsch. Er beschwor jeden, seine Mitmenschen zu lieben und auf Gewalt zu verzichten. Außerdem befürwortete er den gewaltlosen Widerstand gegen das Böse. Diese Lehre sollte langfristig nachwirken, denn sie wurde von Gandhi und später auch Martin Luther King aufgegriffen.

Tolstoj war der Überzeugung: »Nur der ist größer als andere, der sich erniedrigt und zum Diener aller wird.« Doch trotz aller seiner »Vereinfachung« muss man bezweifeln, ob er je in sich selbst Frieden gefunden hat. Er verfocht seine Ideale unerbittlich; seine Ehe war eine Katastrophe, aus der er floh. So starb er als einsamer Kämpfer, auf seine Art durchaus bewundernswert.

Oben: Porträt von Leo Tolstoj (1884) von Nikolai Ge (1831–1894).

Ihren Fähigkeiten und verträgt sich nicht mit Ihren Umständen. Bemühen Sie sich lieber um ein schlichtes Leben und halten Sie sich an die Mahnungen Ihres Gewissens sowie auch sorgfältig an die Gebote unseres Herrn. Mit anderen Worten, führen Sie das Leben eines gewöhnlichen gottesfürchtigen Mitglieds der christlichen Laienschaft.« Weiter rät er: »Hüten Sie sich davor, irgendetwas oder eine Übung zu vergötzen, denn das könnte Sie stolz machen. Alles Gute kommt von der Demut; darum seien Sie demütig und finden Sie so Frieden.« Nur dann, schrieb Makarius, werde das Gebet fruchtbar sein:

Halten Sie sich immer vor Augen, dass das Gebet allein, wenn es nicht von moralischer Besserung begleitet wird, nutzlos bleibt. Der heilige Makarius von Ägypten sagt, ein solches Gebet sei unwirklich, nur eine Maske des echten Gebets. Und was Ihre Sehnsucht nach der Einsamkeit angeht, so denken Sie immer an den Spruch von Nilus von Sora, sie nütze nicht allen. Unsere Liebe findet ihren Ausdruck in unserer Liebe zu den Menschen. Selbst wenn uns die Menschen hassen, sollten wir ihnen dafür dankbar sein, denn dann verfügen sie über die Mittel, uns zurechtzuweisen.

Nach Optino kamen Pilger aus allen Bevölkerungsschichten. Darunter war auch der Romanschriftsteller Fjodor Dostojewski (1821–1881), der einen der dortigen bekannten Starzen, Ambrosius Grenkow (1812–1891), in *Die Brüder Karamasow* in der Gestalt des Starez Zosima verewigte. Ein noch überraschenderer Besucher war ein anderer bekannter Schriftsteller, nämlich Leo Tolstoj (siehe Kasten S. 163), denn als er diese schicksalsträchtige, weil letzte Reise kurz vor seinem Tod unternahm, hatte er längst mit dem orthodoxen Christentum gebrochen.

Johannes von Kronstadt
(1829–1908)

Der heiligmäßige Johannes Sergijew, ein Zeitgenosse Tolstojs, verbrachte sein gesamtes aktives Leben als Priester auf der umtriebigen Festungsinsel Kronstadt. Sein Werk wurde weit über die Grenzen seiner Pfarrei hinaus fruchtbar. Er nahm sich wie Tolstoj der Bedürftigen an und gründete viele Werkstätten. Jedoch seine Hauptsorge galt dem spirituellen Wohl seiner Gemeinde, die sich, je mehr sein Ruf wuchs, von nah und fern um ihn scharte. Das hatte für ihn zur Folge, dass er sich nicht ins private Gebet zurückzog, sondern öffentlich das Gebet mit jedem Einzelnen teilte, was vor allem eine aktive Teilnahme an der Heiligen Kommunion bedeutete.

In Russland ging man vor lauter ehrfurchtsvoller Scheu nur selten zur Kommunion. Das war schon Jahrhunderte lang so gewesen. Johannes fand diese Enthaltung untragbar. Er ermutigte zur regelmäßigen und häufigen Kommunion und wandelte die Praxis der ihr vorausgehenden Beichte ab. Da es für Johannes ausgeschlossen war, einzeln die Ohrenbeichte all der Tausende zu hören, die schließlich die Kommunion empfangen wollten, ermutigte er sie, ihre Beichte nicht weniger gründlich, jedoch gemeinsam und laut abzulegen. In einer konservativen Kirche war das eine verblüffende Neuerung. Nur die Autorität von Johannes konnte sie zuwege bringen und unter Kontrolle halten, und diese Praxis sollte ihn nicht überleben.

Johannes schrieb zwar: »Wir müssen immer auch sehen, dass Krankheiten einen Nutzen haben können«, denn »keine einzige Krankheit bleibt ohne Gewinn für unsere Seele«, jedoch war er auch für den Dienst der Krankenheilung offen, denn »ein lebendiger, unerschütterlicher Glaube kann mit einem Augenzwinkern Wunder wirken.« Er vermochte in seinem »geistlichen Tagebuch« Heilungen zu verzeichnen, die aus medizinischer Sicht völlig unerklärlich waren. Hier wurden Gebete »in kühnem Vertrauen« erhört. Er schärfte sich in seinem Tagebuch ein, dass das keinerlei Grund zum Eigenlob sei. Denn wie bei jedem Gebet »bin nicht ich es, der für Gottes Volk betet, sondern ›der Geist selbst‹ in mir ›tritt mit unaussprechlichen Seufzern‹ für es ein (Römer 8,26).« Trotz solcher sorgfältiger Selbstbescheidung konnte Johannes es nicht verhindern, dass er weit und breit in den Ruf eines Heilers kam.

Anders als Theodosius von Kiew war Johannes von Kronstadt nie darauf aus, seinen Herrscher zu kritisieren. Zudem war er nicht Mönch, sondern verheiratet und ein einfacher Gemeindepfarrer. Daher sah er auch keinen Grund, sich schäbig zu kleiden. Doch auch die seidenen Soutanen, die er mit Vorliebe trug, konnten den Menschen, der er war, nicht verbergen oder mindern. Daher sein Rat: »Schaut nicht auf die Kleidung eines Menschen (oder seinen Körper, der für einige Zeit sein ›Kleid‹ ist), sondern auf den Menschen selbst, der darin steckt.«

Zusammenfassung:
Die Tradition in Lebensgefahr

Johannes von Kronstadt sollte schon bald nach seinem Tod unter der Sowjetherrschaft der Verachtung anheimfallen. Aber so ging es damals jedem heiligmäßigen Menschen und jeder religiösen Einrichtung. Es kam zu fürchterlichen Verfolgungen, in deren Verlauf Millionen als Märtyrer starben. Die Zeit der atheistischen Herrschaft bedeutete einen völlig neuen Abschnitt der Geschichte Russlands. Der Preis für die Kirche hätte höher gar nicht sein können. Aber die Herrlichkeit Gottes lässt sich nicht auf Dauer unterdrücken. Schon gleich am Anfang konnte im Jahre 1918 einer der russischen Bischöfe, Metropolit Arsenius von Nowgorod, sagen: »Die unzählbare Schar der Märtyrer leuchtet über unserem Weg und hält uns jene Kraft vor Augen, die keine Verfolgung zu brechen vermag.«

6

Die protestantische Tradition in Europa

(16. bis 19. Jahrhundert)

Herman J. Selderhuis

Zeittafel

ca. 1450	**Buchdruck mit beweglichen Lettern**
1483–1546	Martin Luther
1484–1531	Huldrych Zwingli
ca. 1490–1536	William Tyndale
1491–1551	Martin Butzer
1497–1560	Philipp Melanchthon
1509–1564	Johannes Calvin
1513–1572	John Knox
1517	**Luthers »95 Thesen«**
1524–1525	**Bauernkrieg**
1555	**Augsburger Religionsfriede**
1555–1621	Johannes Arndt
1558–1602	William Perkins
1575–1624	Jakob Böhme
1599–1658	Oliver Cromwell
1600–1661	Samuel Rutherford
ca. 1607–1676	Paul Gerhardt
1608–1674	John Milton
1610–1674	Jean de Labadie
1618–1648	**Dreißigjähriger Krieg**
1624–1691	George Fox
1635–1705	Philipp Jakob Spener
1635–1711	Wilhelmus à Brakel
1643–1648	**Westminster Assembly**
1663–1727	August Hermann Francke
1674–1748	Isaac Watts
1678	**John Bunyans** *The Pilgrim's Progress*
1685	**Aufhebung des Edikts von Nantes**
1697–1769	Gerhard Tersteegen
1700–1760	Nikolaus Ludwig von Zinzendorf
1703–1791	John Wesley
1707–1788	Charles Wesley
1714–1770	George Whitefield
1725–1804	John Newton
1749–1832	Johann Wolfgang von Goethe
1757–1827	William Blake
1768–1834	Friedrich Daniel Schleiermacher
1789	**Französische Revolution**
1813–1855	Søren Kierkegaard
1813–1873	David Livingstone
1829–1912	William Booth
1832–1905	James Hudson Taylor
1834–1892	Charles Haddon Spurgeon
1837–1920	Abraham Kuyper
1851–1897	Henry Drummond

Zeitleiste-Markierungen: 1500, 1600, 1700, 1800

Die Reformation des 16. Jahrhunderts ist nicht lediglich die Geschichte eines einfachen Mönchs, der sich nach einer reinen Kirche und einer Religion des Herzens sehnt. Zum Umstand, dass Luther ein gebildeter Theologieprofessor war, kam hinzu, dass seine Reformtätigkeiten eng mit politischen und kulturellen sowie auch theologischen Ereignissen verknüpft waren. Zum Beispiel war die Geschwindigkeit, mit der sich seine Ideen in ganz Europa verbreiteten, nur deshalb möglich, weil ungefähr fünfzig Jahre zuvor die Druckerpresse erfunden worden war. Ohne die Buchdrucker und Buchhändler wären Luthers Ideen nur in einem begrenzten Bereich gehört worden. Zudem kann man mit Recht bezweifeln, ob der Reformation ein derart großer Erfolg beschieden gewesen wäre, wenn nicht so viele deutsche Fürsten zu Luther gestanden hätten, weil sie ihn gut für ihren politischen Kampf gegen Papst und Kaiser brauchen konnten. Nicht in allen Fällen unterstützten sie den Professor aus Wittenberg aus religiöser Überzeugung. So bediente sich die Spiritualität der Reformation des Buches und bezog sich direkt auf soziale und politische Fragen, oder anders gesagt: Die protestantische Spiritualität wird von der Literatur genährt, steht jedoch auch in direktem Kontakt mit der Welt, in der sie lebt. Das Wesen dieser Spiritualität ist jedoch theologischer Natur, denn es geht um die Beziehung zwischen dem gnädigen Gott und dem geretteten Sünder.

Die Spiritualität der Reformation

Zwar kennt die Reformation des 16. Jahrhunderts viele Themen und Aspekte, aber das entscheidende Thema ist eindeutig: Rechtfertigung allein aus dem Glauben. Der Begriff »Rechtfertigung« scheint in die Religion einen juristischen Aspekt hineinzutragen,

Gegenüber: *Das Jüngste Gericht* von Hieronymus Bosch (1450–1516). Luthers Ideen forderten seine Zeitgenossen zum Nachdenken über den Tod und das Endgericht heraus.

der sich zur Gefahr für die Spiritualität entwickeln könnte. Aber das Gegenteil ist der Fall.

Am Vorabend der Reformation war für viele die Glaubenserfahrung von der Angst beherrscht, in der Hölle zu landen oder jedenfalls viele qualvolle Jahre im Fegfeuer verbringen zu müssen. Das Ausmaß dieser Angst veranschaulicht der Umstand, dass zum Beispiel Kurfürst Friedrich von Sachsen eine Sammlung von nahezu 19 000 Reliquien besaß und verehrte. Jeder, der in Ehrfurcht diese Reliquien besuchte, erhielt einen Strafnachlass von fast zwei Millionen Jahren!

Da das ewige Seelenheil offenbar davon abhing, wie man gelebt hatte, pflegten die Menschen alles nur Erdenkliche zu tun, um sich ihrer Erlösung zu versichern. Martin Luthers Erfolg lässt sich weithin von dieser Angst her erklären. Er zeigte auf lange vergessene Worte der Heiligen Schrift, die besagten, der Mensch werde durch Glauben gerechtfertigt, nicht durch Werke.

Luthers Lehre, die Erlösung sei kein selbst zu vollbringendes Werk, sondern ein Geschenk, entspannte das spirituelle Leben ungemein. Die Menschen begannen, Gott weniger als Richter und mehr als Vater zu sehen und sich selbst weniger als Knechte und mehr als Kinder. An die Stelle der Angst vor Gott trat die Liebe zu Gott. Es lag auf der Hand, dass diese »neue« Lehre grundlegende Konsequenzen für die Spiritualität hatte.

Die Gemeinschaft mit Christus

Die Reformatoren sahen das Ziel der Rechtfertigung in der Gemeinschaft mit Christus, worin sie einige Ähnlichkeit zur mittelalterlichen Frömmigkeit aufwiesen. Ein grundlegender Unterschied ist jedoch, dass diese Frömmigkeit nicht auf die Gemeinschaft mit Gott im Sinn einer Mystik zielte, die für Christus im Grunde keinen Platz ließ.

Ein weiterer Unterschied ist die Überzeugung, dass Gott für den Menschen die Gemeinschaft mit Christus vorherbestimmt habe, sie also auf Gottes freier Entscheidung beruhe und nicht vom Menschen abhänge. Gemeinschaft mit Christus bedeutet: Was sich an Christus ereignet, geschieht auch mit mir. Auch ich sterbe und auch ich auferstehe

Gegenüber: Martin Luther (links) und Philipp Melanchthon, von Lukas Cranach dem Jüngeren (1515–1586).

von den Toten: Mein altes Leben der Sünde stirbt und ein neues Leben ersteht. Die Spiritualität der Reformation zeichnet sich durch den Wunsch aus: Ich will abnehmen, damit Christus in mir wachsen kann. Dennoch bleibt es eine Gemeinschaft, bei der Christus und ich unsere je eigene Individualität wahren. Diese Gemeinschaft mit Christus und mit allen Mitchristen, wie sie im Abendmahl des Herrn gefeiert wird, ist typisch für den Protestantismus; stark betont wurde sie vom Schweizer Reformator Huldrych Zwingli (1484–1531; siehe Kasten S. 175).

»Lasst sie predigen, lasst sie predigen!«

Das war die Botschaft, die der Straßburger Reformator Martin Butzer (1491–1551) ausrief. Die neue Lehre veränderte auch den Gottesdienst. Viele typische Elemente der römisch katholischen Frömmigkeit verschwanden, wie etwa das Aufstecken von Kerzen und die Heiligenstatuen; die Kanzel wurde von der Seite in die Mitte des Kirchengebäudes gerückt. Der Altar, von dem man bislang geglaubt hatte, dass darauf das Geheimnis der Transsubstantiation stattfinde, wurde durch den Abendmahlstisch ersetzt, auf dem man die Kommunion als Versöhnungsfeier beging. Der Glaube konzentrierte sich nur auf das Wort, das heißt auf Gott, der zum Menschen in seinem Wort komme. Aus den Priestern wurden Prediger. Huldrych Zwingli betonte, wie wichtig es sei, die Prediger gut auszubilden; er war der erste, der in Zürich eine entsprechende Ausbildungsstätte schuf.

Das Ergebnis all dessen ist, dass die Spiritualität nicht länger auf die Glaubens*erfahrung* beschränkt blieb, sondern dass dazu jetzt auch die Glaubens*erkenntnis* gehörte. Die reformierten Prediger waren der Überzeugung, ein spirituelles Leben, das nicht von Erkenntnis genährt werde, müsse in Lauf der Zeit absterben. So wird der Gottesdienst in der Kirche von der Predigt beherrscht, denn diese liefert die theologischen Wahrheiten, von denen sich die

Frömmigkeit leiten lassen muss. Für die Reformatoren musste die Botschaft zuerst gehört werden, um dann erfahren werden zu können.

Das Kloster in der Welt

Sind die Menschen erst einmal von der Last befreit, ihr Heil selbst wirken zu müssen, so können sie mehr Aufmerksamkeit der sie umgebenden Welt zuwenden. Um wahrhaft fromm zu sein, muss man nicht die Welt verlassen und ins Kloster gehen. Die Welt wird zum Kloster und Gott kann man im Alltagsleben dienen. Die Arbeit, die ein Bauer verrichtet, ist nicht weniger fromm als die Tätigkeit eines Geistlichen. Das bedeutet für die Spiritualität, dass sie sich auf andere Lebensbereiche ausweitet. Es bedeutet auch, dass sie sich offen mitten ins Herz der Gesellschaft stellt. So löste die Reformation einen starken Impuls zur Entwicklung von Naturwissenschaft und Handel aus und mischte sich in die Politik ein.

Zwingli, Calvin und Butzer und andere Reformatoren vertraten entschieden, es sei die Aufgabe der Regierung, Gottes Gesetz in politische und soziale Gesetze umzuformen.

Kirche, Schule und Heim

Da der Inhalt und die Erfahrung des Glaubens kommenden Generationen weitergegeben werden müssen, schrieb Luthers Kollege Philipp Melanchthon (1497–1560) sein Werk über die *Loci Communes* (»Gemeinplätze«), das zu einem weit verbreiteten Handbuch für Theologiestudenten wurde. Melanchthon stellte ins Zentrum des Glaubens das Vertrauen; der Glaube sei eine Sache des Herzens:

> So ist also Glaube nichts anderes als das Vertrauen auf die uns in Christus versprochene Barmherzigkeit Gottes und es ist gleich, mit welchem Zeichen sie versprochen wurde. Dieses Vertrauen in Gottes Wohlwollen oder Barmherzigkeit beruhigt zunächst unsere Herzen und entflammt sie sodann zur Danksagung für seine Barmherzigkeit, so dass wir das Gesetz froh und willig halten.[1]

In der Tradition der Reformation entstand im Katechismus ein ideales Handbuch für alle, die auf der Kanzel standen. Katechismen waren systematische Zusammenstellungen der biblischen Lehre und wurden für den Unterricht im reformierten Glauben sowohl in der Schule als auch daheim verwendet. Weltweite Anerkennung fand der Heidelberger Katechismus, in dem der Glaube als Wissen und der Glaube als Erfahrung eng miteinander verknüpft werden.

Frage: Was ist dein einziger Trost im Leben und im Sterben?

Antwort: Dass ich mit Leib und Seele im Leben und im Sterben nicht mir selbst überlassen bin, sondern meinem Heiland Jesus Christus, der mit seinem Blut für alle meine Sünden bezahlt und mich aus der Gewalt des Teufels erlöst hat. Christus beschützt mich, so dass mir – ohne dass mein Vater im Himmel es will – auch nicht ein einziges

Martin Luther (1483–1546)

Der Begründer der protestantischen Reformation in Deutschland wurde in Sachsen als Sohn eines Bergarbeiters geboren. 1505 trat der in der katholischen Orden der Augustiner ein und wurde 1508 Professor an der Universität von Wittenberg. 1515 wurde er in ein Leitungsamt im Augustinerorden berufen.

Die Ereignisse, die zu seinem Bruch mit Rom führten, wurden von seiner wachsenden Überzeugung ausgelöst, dass der Mensch sich nicht aus eigenem noch so frommem Bemühen retten könne und auch nicht einfach durch seine Zugehörigkeit zur Kirche gerettet werde, sondern dass Erlösung nur als Geschenk der freien Gnade Gottes empfangen werden könne, die er uns

durch den Tod Jesu erschließe, der eine neue Beziehung des Menschen zu Gott ermöglicht habe, indem er die Auswirkungen unserer Sünden hinweggenommen habe.

Dieser Glaube (den die Theologen als »Rechtfertigung aus dem Glauben« bezeichnen) scheint sich bei ihm vor 1519 entwickelt zu haben, zum Teil aus Reaktion auf Luthers wachsenden Widerstand gegen die römisch katholische Ablasslehre, der zu Folge (aus seiner Sicht) die Einzelnen sich ihr Heil erkaufen konnten, indem sie sich von den Folgen ihrer Sünden in dieser und der kommenden Welt durch eine Zahlung freikauften. 1517 machte Luther diesen seinen Widerstand publik, indem er seine »95 Thesen« an das Portal der Schlosskirche von Wittenberg heftete.

Die römisch katholische Reaktion auf Luthers Wittenberger Thesen führte zu einem Prozess gegen ihn wegen Häresie, der in seiner Abwesenheit in Rom stattfand. Luther weigerte sich, zu widerrufen und ging einen Schritt weiter, indem er 1519 öffentlich die höchste Autorität des Papstes leugnete. Damals hatte er bereits die Aufmerksamkeit und Unterstützung einiger deutscher Fürsten gewonnen, die ihre eigenen Gründe hatten, die Autorität Roms in Frage zu stellen. Luther wurde 1521 offiziell in Worms exkommuniziert und soll vor dem dortigen Gericht gesagt haben: »Hier stehe ich. Ich kann nicht anders.«

Im Lauf der folgenden Jahre entwickelte Luther seine reformatorische Theologie und zugleich ein Programm zur moralischen und spirituellen Erneuerung in Deutschland. 1524 legte er endgültig seine Augustinerkutte ab und 1525 heiratete er eine frühere Nonne. 1530 wurden im »Augsburger Bekenntnis« die Grundprinzipien dessen niedergelegt, was dann als »Luthertum« bezeichnet werden sollte. Luther starb 1546 und wurde in der Schlosskirche zu Wittenberg beigesetzt, also am Ort seines ersten Schritts, der zur Reformation geführt hatte.

Altarbild von Torslunde in Dänemark: Luther predigt zu Gläubigen (1561).

Haar ausfallen kann und alles meiner Seligkeit dienen muss. Durch seinen heiligen Geist sichert er mir das ewige Leben zu und macht mich von Herzen willig und bereit, von nun an mit ihm zu leben.[2]

Alle Reformatoren betonten, die in der Kirche gepredigte und gelehrte Frömmigkeit solle auch daheim und in der Schule angewandt und genährt werden. Man begann die Familie als kleine Kirche innerhalb der großen Kirche zu sehen. Das erklärt, weshalb bis heute in protestantischen Familien die Bibellesung und das Gebet vor und nach den

Luthers große Entdeckung

Luther war davon überzeugt, dass wir unsere Erlösung nicht aus eigener Kraft erlangen können. Für ihn ist der Mensch ein paradoxes Wesen, eine Mischung aus Gut und Böse: »Beides beißt sich gegenseitig: Dass der Christ gerecht sei und von Gott geliebt werde und trotzdem ein Sünder sei. Hier kann nichts anderes helfen, als dass der einzige Mittler Christus eintrete. Er spricht: Der Vater liebt euch nicht deshalb, weil ihr der Liebe würdig seid, sondern weil ihr mich geliebt und mir geglaubt habt, dass ich vom Vater ausgegangen bin.«[3] Erst die Liebe Gottes befähige den Menschen zu guten Werken: »Christen werden nicht gerecht, indem sie Gerechtes tun, sondern erst wenn sie durch den Glauben an Christus gerechtfertigt sind, tun sie Gerechtes.«[4] Wenn der Mensch Gottes freies Geschenk der Erlösung annehme, verändere sich sein ganzes Leben und er spiegle seinen Glauben in seinen Werken:

> In ihm (Christus) sind wir durch den Glauben und er in uns (Joh 6). Der Bräutigam Christus muss mit seiner Braut allein in seiner Ruhekammer sein, ganz ohne alle Diener und Hausgenossen. Aber später, wenn der Bräutigam die Tür öffnet, sollen die Knechte und Mägde herbeieilen und ihm dienen und Speise und Trank herbeibringen. Denn dann fangen die Werke und die tätige Liebe an.[5]

Luther glaubte, dass Gott im Herzen des Menschen eine echte Änderung herbeiführen könne und wolle, wenn wir nur willens seien, ihn das tun zu lassen. Hat Gott aber diese Änderung bewirkt, dann wird das ganze Leben anders. Man wird sich seines Heils *gewiss*. Dadurch wird man nicht überheblich, sondern wird sich des staunenswerten und unverdienten Vorrechts, geliebt zu werden, bewusst. Luther beobachtete um sich herum, dass die

katholischen Christen durch den Missbrauch des Ablasses nur noch mehr Ängste bekamen, wohin sie nach ihrem Tod gelangen würden. Er hielt das für eine fatale Verkehrung des Christentums. Deshalb wollte er wieder den Glauben an einen Gott erschließen, der groß genug sei, das Leben der Menschen zu ändern und liebevoll genug, um auch ihre Herzen zu verwandeln. Gott sei kein grausamer Richter, sondern ein liebevoller Vater.

Die Auswirkungen von Luthers Ideen

Luthers Einfluss war enorm. Seine Reform begann in seinem eigenen Herzen. Dann breitete sie sich aus: zunächst in der akademischen Welt von Wittenberg, dann in der bürgerlichen Welt des 16. Jahrhunderts in Deutschland, und schließlich auch nach Frankreich, England und auf der ganzen Welt. Die Erfindung des Buchdrucks half seine Ideen verbreiten, genau wie die Verbesserung der Reisemöglichkeiten.

Warum war er so einflussreich? Zum Teil auch deshalb, weil sein Aufbegehren gegen den Papst den politischen Bestrebungen vieler deutscher Fürsten genau ins Konzept passte. Jedoch auch deshalb, weil Luther das Empfinden seiner Zeit traf. Das 16. Jahrhundert war eine Epoche, in der der »Humanismus« mächtig erstarkte. Dieser äußerte sich als Sehnsucht, den Urzustand der Menschheit wiederzufinden, in welchem sie sich im Garten Eden vor dem Sündenfall, in der frühen Kirche und im alten Griechenland und Rom befunden habe. Luthers Theologie des »Zurück zu den Quellen« wurde ungeheuer populär, weil andere berühmte Zeitgenossen (etwa Erasmus) auf andere Weise genau die gleiche Devise ausgaben. Und was noch wichtiger war: Luther gab den einfachen Leuten das Gefühl, dass sie Gott etwas wert seien, und folglich auch füreinander Wert hätten. So wundert es kaum, das sein Einfluss derart gewaltig war.

gemeinsamen Mahlzeiten und zu Beginn und Ende jedes Tages zum festen Bestandteil des Familienlebens wurden. Zudem besprachen die Gläubigen ihr geistliches Leben mit Älteren und Pastoren, die zu regelmäßigen Hausbesuchen kamen.

Die Schule wurde als der Ort betrachtet, an dem man aktive Christen heranzog, und so wurden auch dort Bibellesen und Gebet gefördert.

Die Botschaft Martin Luthers

Als junger Student war Martin Luther so von der Angst vor Gott beherrscht, dass er sein Jurastudium aufgab und zur Überraschung seiner Freunde und Verwandten in ein Kloster eintrat. Im Kloster setzte er es sich zur Aufgabe, als Christ einen derartigen Grad der Heiligkeit zu erreichen, dass Gott mit ihm zufrieden sein würde. Das stellte sich als aussichtsloses Unternehmen heraus. Das Mönchsleben brachte ihn in Wirklichkeit nur weiter weg von Gott, denn Luther hatte das Gefühl, immer wieder angesichts der Ansprüche zu versagen, die seiner Auffassung nach Gott an ihn stellte. Er kam zur Überzeugung, Gott verlange vom Menschen Unmögliches und wisse das auch. Damit endete er schließlich damit, wie er sich später erinnerte, Gott zu hassen.

Dieser Hass hörte erst auf, so gestand er, als sich ihm die Tore des Paradieses öffneten. Er hatte die Heilige Schrift intensiv durchforscht, um einen Ausweg aus seinem spirituellen Elend zu finden, und plötzlich war ihm aufgegangen, dass die Rechtfertigung kein Gebot, sondern ein Geschenk sei. Da schlug sein Hass auf Gott in Liebe um.

Diese Botschaft wollte er unbedingt allen in seiner Umgebung bekannt machen, die sich ebenfalls verzweifelt darum bemühten, Gott Genüge zu tun. Als Luther dann damit anfing, seine spirituelle Erfahrung und seine Einsicht in die Heilige Schrift weiterzugeben, begann seine Geschichte als berühmtester Theologe der Welt. Viele in Kirche und Politik feierten ihn als Befreier; andere bekämpften ihn als gefährlichen Häretiker (siehe Kasten S. 170).

Der fröhliche Tausch… und Streit

Luther hatte etliche Zeit um Gott gerungen. Er

hatte versucht, ihn im Himmel und auf der Erde zu finden, aber vergebens. Das heißt, er hatte keinen Weg gefunden, zu Gott im Himmel aufzusteigen, und er fand Gott gewiss auch nicht in sich selbst oder den Menschen. Schließlich fand er Gott am Kreuz Jesu Christi. Die Spiritualität Luthers ist eine Spiritualität des Kreuzes. Das Kreuz von Kalvaria erschlägt mich, denn an ihm sehe ich, wie verheerend meine Sünden sind und wie tief die Sünde in mir Wurzeln geschlagen hat. Das Kreuz von Kalvaria richtet mich jedoch auch auf, denn daran sehe ich, wie Christus von mir Sünde und Schuld wegnimmt und sie selbst trägt. Luther bezeichnet das als den fröhlichen Tausch und Streit. Christus möchte mit mir tauschen: Ich soll ihm meine Schuld geben und er gibt mir dafür seine Gerechtigkeit; ich soll ihm meinen Tod geben und er gibt mir dafür sein Leben. Dieser Tausch macht den Glauben zu einem fröhlichen Unternehmen. Luther versteht es, am Glauben Freude zu haben. Trotzdem bleibt er ein Streit, ein Kampf. Der Glaube muss gegen den Zweifel kämpfen und gegen den Satan, der ihm ins Ohr flüstert, das sei zwar ein wunderbares Evangelium, gelte aber nicht für ihn, Martin Luther. Die Themen von Freude und Kampf klingen aus allen seinen Briefen und Büchern, Predigten und Gebeten:

Der Glaube beschenkt die Seele nicht nur so reich, dass sie wie das göttliche Wort die Fülle aller Gnaden erhält und frei und selig wird, sondern er vereinigt auch die Seele mit Christus wie eine Braut mit ihrem Bräutigam. Aus dieser Vermählung folgt, wie St. Paulus sagt, dass Christus und die Seele ein Leib werden und ihnen alle Dinge gemeinsam gehören, Erfolge wie Misserfolge. Das, was Christus hat, das gehört auch der gläubigen Seele, und was die Seele hat, das gehört auch Christus. So werden alle Güter und die Seligkeit Christi auch der Seele zu eigen, und alle Untugenden und Sünden der Seele werden auch Christus zu eigen. So hebt damit also ein fröhlicher Austausch und Wettstreit an.[6]

Sünder und Gerechter zugleich

Luther fordert auf, darauf Acht zu haben, dass der Mensch unablässig vor Gott stehe. Immer habe er es mit Gott zu tun. So besehen, lebe der Mensch in einer starken Abhängigkeit von Gott, weil er wisse, dass er immer zugleich Sünder und Gerechter sei:

> Ist der Mensch etwa vollkommen gerecht? Nein, er ist zugleich Sünder und Gerechter *(Simul peccator et iustus)*; Sünder in Wirklichkeit, aber Gerechter gemäß der Anrechnung und sicheren Verheißung Gottes… So ist er in der Hoffnung vollkommen gesund, in Wirklichkeit aber (noch) Sünder, hat jedoch den Anfang der Gerechtigkeit, damit er sie immer mehr suche, im Wissen, noch nicht (ganz) gerechtfertigt zu sein.[7]

Luther vergleicht das mit einem Patienten, dem der Arzt verspreche, es werde ihm bald wieder gut gehen. Der Patient vertraue ihm und nehme gläubig die verordneten Arzneien ein. Das bedeute jedoch nicht, dass er dadurch bereits wieder ganz gesund sei, wenn auch der Potenz nach. In dieser Situation seien die Menschen von Gott abhängig, was erklärt, weshalb sich die Spiritualität fest auf die Verheißung Gottes gründe. Das ist auch der Grund, weshalb Luther die Mystik scheut und nicht mag. Die Mystik konfrontiere den Menschen mit sich selbst, was Panik auslösen müsse, weil man ja nur sein eigenes Kranksein sehe. Der Mensch brauche darum das Wort, um nicht auf sich selbst, sondern auf den Heiler zu schauen. Aus diesem Grund übersetzt Luther die Bibel und fördert, wo er nur kann, die Predigt, denn im Wort finden wir die Verheißung Gottes, und dank der Verheißung Gesundheit und Leben.

»Wir sind Bettler«

Die Umwandlung, die Luther durchmachte, war radikal und veränderte von Grund auf seine Spiritualität. Er hatte als Mönch angefangen und geglaubt, er müsse die Ärmel hochkrempeln und sich sein Heil mühsam verdienen; er starb schließlich als Prediger, der gelernt und gelehrt hatte, dass wir nur die offenen Hände hinzuhalten brauchen, um das Heil geschenkt zu erhalten. Die letzten Worte, die er schrieb, fand man gleich nach seinem Tod in seiner Manteltasche. Er hatte sie auf ein Stück Papier gekritzelt. Sie enden mit den Sätzen: »Wir sind Bettler. Das ist wahr.«

Johannes Calvins Spiritualität

Die Art, wie Johannes Calvin über echte Spiritualität spricht und schreibt, offenbart viel über sein eigenes spirituelles Leben.

Der Pilger

Sobald Calvin seine Sympathie für die neue Reformbewegung bekundet hatte, wurde er gezwungen, sein Heimatland Frankreich zu verlassen. Nach einigem Umherwandern landete er in Genf, der Stadt, der er so viel geben sollte und die ihm so viel abverlangte (siehe Kasten S. 174). Erst wenige Jahre

Johannes Calvin. Porträt aus der französischen Schule des 16. Jahrhunderts.

Die Schweizer Reformatoren

Johannes Calvin (1509–1564)

Calvin war ein französischer Reformator und Theologe. Geboren in der Picardie, studierte er Philosophie und Theologie und dann Recht und veröffentlichte 1532 einen Kommentar über ein Werk des klassischen römischen Autors Seneca. Dieses sein Interesse für antike Texte ist wichtig; es gehörte zur zeitgenössischen humanistischen Vorliebe, sich unter dem Aspekt des »Zurück zu den Quellen« mit Glauben und Bildung zu befassen.

1535 sah er sich wegen seiner wachsenden Begeisterung für die Ideen der protestantischen Reformation gezwungen, aus Frankreich in die Schweiz zu fliehen. 1536 wurde er eingeladen, in Genf die Reformation voranzutreiben zu helfen. Nach einigen Jahren kam es dort zum Konflikt und der Rat der Stadt verbannte ihn aus der Stadt. Jedoch wurde er nach drei Jahren als Pfarrer einer französischen Protestantengemeinde in Straßburg vom Genfer Rat der Stadt eingeladen, sich wieder dort wohnlich niederzulassen und eine Reformordnung durchzuführen. Calvin nahm die Einladung an und ließ sich 1541 in Genf nieder.

Aber selbst unter diesen Umständen war das Leben in Genf für ihn nicht leicht. Er wurde ständig erbittert sowohl von Katholiken als auch anderen Protestanten, die seine Ansichten nicht teilten, bekämpft. Seine Frau Idelette starb 1549, nachdem ihr einziges Kind bereits bei der Geburt gestorben war. Erst nach 1555 war er wirklich frei vom Widerstand und konnte seine Ideen systematisch entwickeln. Seine *Institutio religionis Christianae* (»Einrichtung der christlichen Religion«), erstmals 1536 erschienen, überarbeitete er später noch einmal; es wurde der einflussreichste Einzeltext der protestantischen Reformation. Insgesamt war Calvins Einfluss enorm. In den hundert Jahren von 1550 bis 1650 war er der meistveröffentlichte Autor in England.

Die *Institutio* beginnt mit den Worten: »Unsere Weisheit … besteht fast ganz aus zwei Dingen: der Erkenntnis Gottes und unserer selbst.«[8] Die Gotteserkenntnis mache uns unsere eigene Sündhaftigkeit und Unzulänglichkeit nur desto deutlicher. Aber Calvin sagt weiter, die Kenntnis Gottes sei nicht das gleiche wie das Wissen *über* Gott. Echte Gotteserkenntnis führe direkt zu echter Frömmigkeit. Er schrieb: »Mit Frömmigkeit meine ich jenes Einssein in der Ehrfurcht und Liebe mit Gott, zu welchem die Erkenntnis seiner Wohltaten anregt.«[9]

Calvins Denken steht unter dem Eindruck der überwältigenden Größe und lebendigen Gegenwart Gottes. Mittels unseres Glaubens, so führte er aus, bekommen wir Anteil an dieser erstaunlichen Wirklichkeit und erfahren ihre Liebe: Der Glaube sei »ein festes und sicheres Erkennen der Zuneigung Gottes zu uns.« Er wurzle in der Überzeugung, »wir sollten uns nicht vorstellen, dass Gottes Heilsverheißungen losgelöst von uns wahr seien, sondern dass sie direkt uns angehen; darum sollten wir sie uns aneignen, indem wir sie innerlich umfassen.«

Der Glaube mache uns dank der verborgenen Kraft des Heiligen Geistes zu Gliedern am Leib Christi. Genau wie Luther betont Calvin, dass Gott es sei, der die Initiative zu unserer Rettung ergreife. Er habe von Ewigkeit her manche für das ewige Leben und andere zur Verdammung vorherbestimmt. Jedoch anders, als man sich oft vorstellt, rückte Calvin das nicht ins Zentrum seines Glaubens, sondern die Betonung lag bei ihm auf Gottes souveräner Gnade und Freiheit und auf dem Geheimnis der göttlichen Liebe, die uns zu einer ewigen und innigen Beziehung mit ihm berufe. Indem wir Christus nachahmten, würden wir in die Vereinigung mit ihm gezogen, eine Vereinigung, die für Calvin »eine heilige Hochzeit ist, bei der wir Bein von seinem Bein und Fleisch von seinem Fleisch werden.«[10]

Calvin glaubte zudem an einen Gott, der frei sei, uns mit dem Wehen und der Flamme seines Heiligen Geistes zu überraschen, der ständig in der uns umgebenden Welt am Wirken sei:

> Die Schönheit, die die Welt entfaltet, wird von der sie kräftigenden Macht des Heiligen Geistes unterhalten … Der bloße Umstand, dass ihm keinerlei Grenzen gesetzt sind, erhebt ihn über den Rang aller Geschöpfe, indes seine sich in alle Dinge verströmende Kraft, die in sie Sein, Leben und Bewegung haucht, ganz und gar göttlich ist … Dank seines Wirkens werden wir zu Teilhabern der göttlichen Natur, sodass wir gewissermaßen in uns seine uns beschleunigende Energie spüren.«[11]

Es sei der Heilige Geist, der die Menschen in Beziehung zu Gott bringe; es sei der Heilige Geist, der uns das erfahrungsmäßige Wissen um Christus einflöße; es sei der Heilige Geist, der uns zu Gebet und Lobpreis anrege. Es sei auch der Heilige Geist, der uns das Gesetz als Mittel, Gott und unseren Nächsten zu dienen, neu schätzen lehre. Der calvinistische Nachdruck, mit dem die Heiligung des Alltagslebens betont wird, ergibt sich aus dieser Betonung des Wirkens des Heiligen Geistes.

Huldrych Zwingli
(1484–1531)

Huldrych Zwingli, der (nach Luther und Calvin) »dritte Mann« der protestantischen Reformation, wurde 1484 im Toggenburger Tal in der Schweiz geboren. Er eignete sich mittels klassischer und biblischer Studien eine komplexe Bildung an, wurde katholischer Priester und Pfarrer und 1518 zum Leutpriester am Großmünster zu Zürich ernannt. Anfang 1520 führte ihn eine Krankheit (»Pesterlebnis«), verbunden mit einer inneren Krise, zur immer stärkeren Annäherung an Martin Luthers Ideen. Diese Entwicklung erreichte einen Höhepunkt, als Zwingli 1523 seine neuen Überzeugungen in einer öffentlichen Debatte vor 600 Zuhörern gegen den römisch katholischen Generalvikar verteidigte und der Rat der Stadt seine Lehre billigte und sich von Rom unabhängig erklärte.

Zwinglis Theologie war in mancher Hinsicht protestantischer als diejenige Luthers; so lehnte er etwa die Vorstellung einer Realpräsenz Christi im Brot und Wein des Abendmahls ganz ab. Er glaubte stattdessen fest an die Gegenwart Christi in den Herzen und Leben derer, die ihn anbeteten. Zwingli fiel 1531 als Militärpfarrer der Züricher in einer Schlacht.

Aus Zwinglis Glaubensartikeln

Die nachbenannten Artikel und Meinungen bekenn ich, Huldrych Zwingli, … in der löblichen Stadt Zürich geprediget (zu) haben, auf Grund der (Heiligen) Schrift …

2. Summa des Evangelions ist, dass unser Herr Christus Jesus, wahrer Gottessohn, uns den Willen seines himmlischen Vaters kund getan und mit seiner Unschuld (uns) vom Tod erlöst und (mit) Gott versöhnt hat.

3. Dannenher der einzige Weg zur Seligkeit Christus ist, aller, die je waren, sind und (sein) werden.

9. … wie die leiblichen Glieder ohne Leitung des Haupts nichts vermögen, also (vermag) in dem Leib Christi niemand etwas ohne sein Haupt Christus.

13. Wo dem (Haupt) gelauscht wird, erlernt man lauter und klar den Willen Gottes und (es) wird der Mensch durch seinen Geist zu ihm gezogen und in ihn verwandelt.

14. Darum (sollen) alle Christenmenschen ihren höchsten Fleiß aufbieten, (dass überall einzig) das Evangelion Christi gepredigt werde.[12]

Oben: Porträt von Huldrych Zwingli, nach Hans Asper (1499–1571).

Die Geschichte der christlichen Spiritualität

vor seinem Tod verlieh ihm die Stadt das Bürgerrecht; bis dahin blieb er in einer Stadt voller Feindseligkeit ein Fremder und Asyl Suchender. Für Calvin ist das die ständige Situation des Gläubigen auf Erden. Dem Christen geht auf, dass er sich auf das ausrichten muss, was er nicht sieht, denn was er sieht und was er durchmachen muss, ist dazu angetan, ihn vom Glauben abzubringen. So ist das Leben des Glaubenden voller Mühsal, jedoch trägt er sein Kreuz mit Freude und Vertrauen.

Trotz dieses Grundansatzes ist Calvins Spiritualität positiv: Denn der Glaubende freut sich auf seiner Wüstenwanderung durch diese Welt über die Vorsehung und Gnade Gottes und die Aussicht, dereinst ins Gelobte Land zu gelangen.

Irreführende Porträts

Die uns erhaltenen Porträts Calvins zeigen uns einen Menschen, der steif, stoisch und vielleicht sogar gefühllos wirkt. Diese Porträts sind irreführend. Wir haben hier einen Menschen vor uns, der von physischen und spirituellen Schmerzen geplagt wurde und mit der Verborgenheit und Unbegreiflichkeit Gottes rang. Er kannte aus eigener Erfahrung die Leiden, die so viele aus seiner Herde durchmachen mussten. Er tröstete sie mit dem Gott, bei dem er selbst Trost fand. Das ist der Gott Israels, der gibt und nimmt, hilft und verwundet, jedoch alles nur zum Wohl seiner Kinder tut. Seine Vorsehung und Vorausbestimmung zielt nur auf die Erlösung des Gottesvolkes.

»Ich biete dir mein Herz dar«: Dieser Wahlspruch von Johannes Calvin umschreibt treffend die Spiritualität der Reformierten. Der Mensch ist auf Erden, um Gott zu dienen und die Ehre zu geben, aber nicht mit äußeren Ritualen, sondern mit liebendem Herzen. Der Glaube ist etwas Spirituelles, etwas, das man erfahren kann. Doch dieser Glaube, diese Spiritualität bedarf der Nahrung und Anleitung, weshalb es einer wohlgeordneten Kirche bedarf, die auf Predigt, Bibelstudium und Hymnen Wert legt.

War Luther die Quelle der reformatorischen Spiritualität, so Calvin sozusagen ihr Organisator.

Die Reformation und die Spiritualität der Laien

Die Auswirkungen des Reformation wurden zuerst und am stärksten in Europas Städten spürbar. Im frühen 16. Jahrhundert kam es zunehmend zu sozialer Unruhe, da die Folgen erhöhter Preise für Nahrungsmittel und der wirtschaftlichen Not immer spürbarer wurden. So stieß der Aufruf Luthers und anderer, energisch für die Unantastbarkeit und Unabhängigkeit des Einzelnen einzutreten, auf offene Ohren. Er wurde von den deutschen Fürsten aufgegriffen, die ihre eigenen Gründe dafür hatten, vom Papsttum unabhängig zu werden.

Aber die Auswirkungen der Reformation gingen noch weiter. Die starke Betonung des Protestantismus, der Einzelne werde aus Glauben gerechtfertigt, gab den Menschen ein ganz neues Gefühl, etwas wert zu sein – vor Gott und folglich auch vor den anderen Menschen. Damit entstand das Bewusstsein, der Einzelne gehe vor Gott seinen ganz eigenen Glaubensweg, und folglich nahm das Bedürfnis nach Priestern als Alleinvermittlern der Gnade Gottes ab. Auch das entsprach der Grundstimmung einer Gesellschaft, in der die Laien immer selbstbewusster, mündiger und gebildeter wurden. Man hat zu Recht gesagt, bei der Reformation in England habe es sich um einen Sieg des niedrigen Adels über den Klerus gehandelt. Auch wenn sich in ländlichen Gegenden die neuen Gewohnheiten der Reformation viel langsamer durchsetzten als in den Städten, ist es doch bemerkenswert, wie rasch quer durch ganz Europa eine unzählige Schar von Menschen die Lehren Luthers und Calvins annahm; außerdem stärkten diese Lehren die Macht lokaler Herrscher.

William Tyndale
(ca. 1490–1536)

William Tyndale war ein erfolgreicher Prediger des Evangeliums, jedoch brachte ihn der Umstand, dass er kein Blatt vor den Mund nahm und für das Evangelium eiferte, in Konflikt mit der kirchlichen Obrigkeit. Er kam zur Überzeugung, die Buße und Erneuerung lasse sich am besten dadurch zuwege bringen, dass man dem Volk die Bibel in seiner eigenen Sprache aushändige:

So ist also die Heilige Schrift ein Licht und zeigt uns den wahren Weg; sie sagt uns sowohl, was wir tun, als auch, was wir erhoffen sollen. Sie verteidigt uns gegen allen Irrtum, tröstet uns in Widrigkeit, damit wir nicht verzagen, und im Wohlstand macht sie uns Angst, damit wir nicht sündigen. Suche also in der Heiligen Schrift zunächst das Gesetz, das dir sagt, was Gott dir befiehlt; und sodann die Verheißungen, die Gott uns macht, nämlich in Christus Jesus unserem Herrn. Sodann suche Beispiele, zunächst des Trostes: Wie Gott alle läutert, die sich einlassen, auf seinen Wegen zu gehen, und sie schließlich doch erlöst, und wie er es nie zulässt, dass einer von denen verloren geht, die sich fest an seine Verheißungen halten.[13]

im 3. Kapitel S. 110) und befürchtete, eine englische Bibel würde Häresien begünstigen.

Tyndale war klar, dass er folglich sein Vorhaben nur verwirklichen konnte, wenn er es im Ausland unternahm. So ging er nach Wittenberg und studierte an der gleichen Universität wie Luther. 1525 hatte er die Übersetzung des Neuen Testaments fertiggestellt, drucken lassen und nach England geschmuggelt, wo sie viele Leser fand. Sein Stil machte seine Übersetzung sehr flüssig lesbar. Welch große Wertschätzung dieses Werk später erfuhr, zeigt sich eindeutig daran, dass die »King James Version« des Neuen Testaments neunzig Prozent von Tyndales Wörtern und Syntax beibehielt. Doch damals beschlossen die Bischöfe, sie müsse verbrannt wer-

Titelseiten von Tyndales Neuem Testament, überarbeitete Auflage, erschienen im November 1534 in Antwerpen.

Nur eine englische Bibel würde die Menschen zu solchen Christen machen, wie Gott sie haben wollte. Jedoch wurde der Antrag Tyndales, sich an eine Bibelübersetzung machen zu dürfen, vom Bischof von London abgelehnt. Der Bischof hatte noch das Beispiel John Wycliffes vor Augen (siehe

den. Hierauf ging Tyndale nach Antwerpen, eine der Verlags-Hauptstädte Europas. Er schrieb dort eine Anzahl Kommentare zu verschiedenen biblischen Büchern und veröffentlichte weitere Werke, in denen er die Autorität der Heiligen Schrift und den Gehorsam gegenüber weltlichen Herrschern ver-

Martyrium und Verbrennung von Tyndale in Flandern, aus *John Foxe's Acts and Monuments* (1563).

Gegenüber: John Knox und Christopher Goodman (ca. 1520–1603) blasen die Protesttrompeten gegen Königin Maria von Schottland. Holzschnitt aus dem späten 16. Jh.

teidigte, beides in Opposition zur Autorität der Kirche.

Tyndale begann auch mit der Übersetzung des Alten Testaments. Er hatte gerade das Buch Jona fertig, als er in Brüssel verraten und eingesperrt wurde. Sein einjähriger Gefängnisaufenthalt war produktiv, denn er konnte an seiner Übersetzung des Alten Testaments weiterarbeiten. Doch war sein Ende tragisch: Das kirchliche Gericht befand ihn der Häresie schuldig und verurteilte ihn zum Tod. Die Hinrichtung fand 1536 bei Brüssel statt und es wird berichtet, seine letzten Worte seien gewesen: »O Herr, öffne dem König von England die Augen!«

John Knox (1513–1572)

Luthers Botschaft wurde in Britannien schon bald bereitwillig aufgenommen (siehe das 8. Kapitel). John Wycliffe und William Tyndale hatten der Saat der Reformation den Boden bereitet. Eines der bemerkenswertesten Beispiele für diese Aufgeschlossenheit ist der schottische Reformator John Knox.

Er wurde in Haddington, East Lothian, geboren, studierte an St Andrews und wurde 1536 zum Priester geweiht. Seine erste Predigt nach seiner Bekehrung zur reformatorischen Überzeugung hielt er 1547 ebenfalls in St. Andrews. In dieser Predigt griff er scharf die römische Kirche und den Papst an, setzte beide mit dem Antichrist gleich und erwies sich als Mann starker Überzeugungen und dazu oft unbeherrschter Emotionen.

Im selben Jahr besetzten die römischen Katholiken St Andrews; Knox wurde zu einem schlimmen Leben auf den Galeeren verurteilt. Nach fast zwei Jahren kam er wieder frei, ging nach England und betätigte sich als Prediger, aber nachdem Maria die Katholische Königin geworden war (von 1553–1558), musste er auf den Kontinent flüchten. Während dieser Zeit schrieb er sein berühmtes Buch mit dem vielsagenden und provozierenden Titel *First Blast of the Trumpet Against the Monstrous Regiment of Women* (»Erster Trompetenstoß gegen das monströse Regiment von Weibern«, 1557). Obwohl die Schrift gegen Maria die Katholische und Maria von Guise gerichtet war, die ihm übel zugesetzt hatten, stieß sich auch Königin Elisabeth, die nach dem Tod Marias an die Macht kam, derart an diesem Buch, dass Knox auf keinen Fall in England bleiben konnte. So musste er wieder nach Schottland zurück und wurde in Edinburgh Prediger.

Schottischer Nationalheld

In Edinburgh setzte Knox seine ganze Kraft daran, die Reformation in Schottland durchzusetzen. Seine Überzeugungskraft bezeugt ein englischer Diplomat, der schrieb, Knox sei fähig, »in einer Stunde mehr Leben in uns zu wecken, als wenn man uns pausenlos mit fünfhundert Trompeten in die Ohren dröhnen würde.« Seine Einstellung und Glaubensüberzeugung legte Knox selbst in seiner *History of the Reformation* nieder, an der er 1559 zu arbeiten begann und die er erst kurz vor seinem Tod im Jahre 1572 fertig stellte. Daraus spricht eine leidenschaftliche Liebe zur Kirche, jedoch vermischt mit ungezügeltem Hass auf alle, die er als Feinde betrachtete. Die Spiritualität von Knox konzentriert sich auf die Allmacht Gottes und die Unterwerfung des Menschen unter ihn. Seine starke Betonung der Verdorbenheit des Menschen findet ihr Gegengewicht in der Predigt von Christus als Erlöser.

Seine Überzeugung, Untertanen hätten das Recht, ihren Herrschern Widerstand zu leisten und die Herrscher hätten kein Recht, ihren Untertanen ihre religiösen Überzeugungen aufzuzwingen, war modern, ja revolutionär. Viele Schotten waren bereit, das, was Knox predigte, in die Tat umzusetzen. Das führte zum Aufstand von 1559, der zum Rückzug der Franzosen aus Schottland führte und schließlich zur Abdankung von Maria Stuart im Jahre 1567. Es wundert nicht, dass Knox nach seiner Beisetzung als Grabinschrift den Spruch erhielt: »Here lies he, who has never feared the face of human being« (»Hier liegt, der nie Angst vor dem Angesicht eines Menschen hatte«).

Der deutsche Pietismus

Wenn man sich zu sehr auf den Kopf verlegt, fühlt sich das Herz vernachlässigt und wird rastlos. Das ist eine Hauptursache für den Aufbruch des deutschen Pietismus ab dem 17. Jahrhundert. Als die Aufklärung begann, argumentierte sie mit Vernunftgründen nicht nur wichtige Glaubenslehren weg, sondern drohte auch die Glaubenserfahrung zu ersticken. Abgesehen davon wurde zu Beginn des 17. Jahrhunderts das kirchliche Leben immer stärker einseitig von dogmatischen Darlegungen beherrscht, was auf den Mann und die Frau in der Kirchenbank selten fruchtbar wirkt. Wenn Predigten immer mehr zu Vorlesungen werden, das Predigen also zur wissenschaftlichen Darlegung wird und wenn viele nur noch auf dem Papier Kirchenmitglieder sind, beginnt sich bei etlichen Gläubigen der Wunsch nach Veränderung, Erneuerung und Wiederbelebung zu regen. Dieser Wunsch stand am Anfang der Bewegung, die dann als der Pietismus

Ein unübersetzbares Wort

Jede Sprache verfügt über bestimmte Wörter, die derart tiefgründig und spezifisch sind, dass sie sich nicht genau übersetzen lassen. Ein solches Wort ist das lateinische *pietas*. Die Humanisten des 16. Jahrhunderts übernahmen es aus der klassischen Antike und wenig später verwendeten es die Reformatoren für ihre Botschaft.

Pietas kann man zwar annähernd mit »Frömmigkeit« oder »Innigkeit« übersetzen, aber es meint viel mehr als einen innerlichen, persönlichen Glaubensvollzug. *Pietas* wird von den Reformatoren als Lebenshaltung verstanden, deren Zentrum die Gemeinschaft mit Christus ist und die in einem Leben des Dienstes für Gott und die Menschen durch Wort und Tat äußere Gestalt annimmt. Die »Pietät« der Reformation bildet ein dynamisches Dreieck aus Gott, dem Nächsten und dem Ich.

August Hermann Francke. Stich von S.R. Wolfgang (1729).

So ist ein Wesensmerkmal des Pietismus, dass man die Bibel nicht nur für sich liest und studiert, sondern auch meditativ in Gruppen von Gläubigen bespricht.

August Hermann Francke (1663–1727) machte auf der Linie Speners weiter, betonte jedoch stärker als Spener die Buße, verstanden als spiritueller Kampf, den der Gläubige bestehen müsse, bis seine Neuwerdung stattfinden könne. Zugleich weitete Francke Speners Ansatz aus: Die Frömmigkeit werde sich nur dann in den Herzen der Menschen entfalten, wenn ihre äußeren Umstände dafür förderlich seien. Wolle man Menschen helfen, ihren Unglauben zu überwinden, dann müsse man ihnen zunächst einmal aus ihrer Armut, Einsamkeit und Sucht heraushelfen. So vertrat Francke, jeder Gläubige sei berufen, sich tätig seines Nächsten anzunehmen. Diese Überzeugung setzte er auch in die Praxis um; das Ergebnis war, dass in Halle, wo Francke Professor war, ein Waisenhaus, Schulen und ein Obdachlosenheim gegründet wurden. Man verbreitete die Bibel und begann eine rege Missionstätigkeit. Die »Halleschen Stiftungen«, eine Frucht der Spiritualität des Pietismus, sind bis heute bekannt und aktiv.

bezeichnet werden sollte. Der Pietismus ist die wichtigste Erneuerungsbewegung seit der Reformation des 16. Jahrhunderts. Anfangs war das nur der Spitzname für die Anhänger des Mannes, der dieser Bewegung Gestalt und Inhalt verlieh, Philipp Jakob Spener (1635–1705; siehe Kasten S. 181).

Schon vor Spener hatte Johann Arndt (1555–1621) in seinen *Vier Büchern vom wahren Christentum* (1605–1610) darauf hingewiesen, dass der christliche Glaube vor allem erfahren werden müsse. Dieses Werk wurde zum Bestseller und regte das spirituelle Leben und den Wunsch nach der Verlebendigung des Glaubens gewaltig an.

Praktische Frömmigkeit

Der Pietismus fand einen Weg, das ausgeprägte Interesse für den persönlichen Glauben mit dem Aufbau der Kirche zu verbinden; er vertrat, sowohl die Mitglieder der Kirche, als auch die Kirche selbst müssten sich bekehren und erneuern. Das könne nur geschehen, wenn man die Bibel ernst nehme.

Der Teil und das Ganze

Spener hatte durchaus die Kirche als Ganze im Sinn, aber seine besondere Betonung der persönlichen Glaubenserfahrung trug dennoch das Risiko in sich, die Gemeinschaft und den Zusammenhalt der Kirche abzuwerten. Zudem konnte der Gläubige, der sich intensiv um innere Verwandlung bzw. Heiligung bemühte, zum Opfer des Perfektionismus werden. Dieser Gefahr erlag tatsächlich Jean de Labadie (1610–1674), der derart hohe Anforderungen für das Christsein aufstellte, dass zum Schluss von seiner Bewegung nur noch eine kleine Hausgemeinde übrig blieb.

Die Überbetonung der Innerlichkeit lässt sich vor allem auch in den Schriften des deutschen Mystikers Gerhard Tersteegen (1697–1769) finden. Nach seiner Bekehrung schrieb er mit seinem eigenen Blut eine Erklärung, in der er versprach, sein Leben künftig voll und ganz dem Dienst Christi zu weihen. Nach Tersteegen muss unser Ziel darin bestehen, die Seele in einen Zustand vollkommener Ruhe und Ergebung zu bringen: je passiver, desto besser. Das sei das

Philipp Jakob Spener (1635–1705)

Spener formte maßgeblich die einflussreiche spirituelle Bewegung namens »Pietismus«. Als Seelsorger war er entsetzt über die Kluft zwischen den endlosen dogmatischen Diskussionen seiner Kollegen und den spirituellen Bedürfnissen der einfachen Gläubigen. So begann er 1670 mit seinen *collegia pietatis*, Treffen begeisterter Gläubiger, die miteinander über die Bibel und ihre persönlichen spirituellen Erfahrungen sprachen. Über diese Gruppen, die als eine Art kleiner Kirchen innerhalb der Kirche wirkten, versuchte er die gesamte Kirche zu erreichen. Er beschrieb sein spirituelles Programm in seinem berühmtesten Werk, den *Pia Desideria*. Das heißt wörtlich übersetzt »Fromme Wünsche«, aber worum es Spener ging, war der allgemeine Wunsch nach einer echten Gottesbeziehung. Der volle Titel sagt das deutlicher: *Pia Desideria oder hertzliches Verlangen nach Gottgefälliger Besserung der wahren evangelischen Kirchen, begleitet von einigen einfachen Christlichen Ratschlägen zur Erlangung dieses Ziels.*

Spener wollte die Menschen und ihr Leben enger mit der Bibel in Verbindung bringen, weniger Polemik in der Kirche sehen und dafür mehr Predigten, die die Herzen rührten und den Glauben stärkten. Vor allem aber ging es ihm um ein »geistliches Priestertum«. Jeder Christ habe den Heiligen Geist empfangen und sei daher befähigt und berufen, seine Mitchristen im Glauben aufzuerbauen und für sie zu beten. Speners Spiritualität hat einen stark eschatologischen Beigeschmack. Er erwartete bessere Zeiten für die Kirche und eine Massenbekehrung der Juden. Danach werde das Königreich Christi anbrechen. Sein Werk *Pia Desideria* fand eine große Leserschaft, aber letztlich ging es ihm um eine Erneuerung der ganzen Kirche.

Spener über das innere Leben

Unser ganzes Christentum bestehet in dem innern oder neuen Menschen, dessen Seele der Glaube und seine Wirkungen die Früchte des neuen Lebens sind. (Darum sollten) die Predigten insgesamt dahin gerichtet werden. Einesteils wären die teuren Wohltaten Gottes, wie sie auf den innern Menschen zielen, also vorzutragen, dass daher der Glaube und in demselben solcher innere Mensch immer mehr und mehr gestärkt werde, anderen Teils aber die Werke also zu treiben, dass wir beileibe nicht zufrieden seien, die Leute allein zu Unterlassung der äußerlichen Laster und Übung der äußerlichen Tugenden zu treiben und also gleichsam nur mit dem äußerlichen Menschen es zu tun zu haben, was die heidnische Ethik auch tun kann, sondern dass wir den Grund recht in dem Herzen legen; zeigen, es sei lauter Heuchelei, was nicht aus diesem Grunde gehet und daher die Leute gewöhnen, erstlich an solchem Innerlichen zu arbeiten, die Liebe Gottes und des Nächsten bei sich durch gehörige Mittel zu erwecken und nachmal aus solchem erst zu wirken.[14]

höchste Ziel: Nichts als Gott allein zu haben, nichts zu wollen, als ihm zu gefallen, nichts mehr aus sich selbst zu tun und aus sich selbst überhaupt nichts mehr zu sein. Diese Anschauungen übten nach seinem Tod ihren Einfluss aus, als einige seiner Gedichte als Kirchenlieder eingeführt wurden. Sie wurden auch in andere Sprachen übersetzt und fin-

den sich in den Kirchengesangbüchern der ganzen protestantischen Welt.

Der wichtigste und kreativste Vertreter des Pietismus im 18. Jahrhundert war Nikolaus Ludwig von Zinzendorf (1700–1760). Er hatte die Christenheit als Ganze im Auge. So durchreiste er ganz Europa und Amerika, um die Christen davon zu überzeugen, dass sie trotz ihrer kirchlichen Unterschiede in Christus eins seien und diese Einheit als Geschenk feiern sollten.

Zur sichtbaren Wirklichkeit wurde Zinzendorfs Vision in einer Kolonie gemeinsam betender und arbeitender Menschen, der Brüdergemeinde von Herrnhut in Sachsen. Sie wurde zum Ausgangspunkt der weltweiten Missionsarbeit der Herrnhuter, zu der sie Zinzendorf inspirierte:

Die Herrnhuter… müssen in einem steten Liebesband mit allen Kindern Gottes in den verschiedenen Glaubensrichtungen verknüpft bleiben. Sie sollen niemanden richten, sich mit niemandem auf Streitgespräche einlassen, noch sich unziemlich gegenüber irgend jemand benehmen, sondern lieber darauf bedacht sein, untereinander die reine Lehre des Evangeliums, Einfachheit und Gnade zu wahren.[15]

Oliver Cromwell. Porträt von Sir Peter Lely (1653). Cromwell bat Lely, ihn »wahrhaftig, … Rauheiten, Pickel, Warzen und alles« zu malen.

Die Spiritualität der Puritaner

Die Bezeichnung »Puritaner« kam auf, als sich gegen 1560 einige Mitglieder der Kirche von England zum Widerstand gegen das formierten, was sie als die »papistischen« Elemente in der Liturgie und Leitung der Kirche bezeichneten und die Kirche davon säubern (auf Englisch »purify«) wollten und sie deshalb mit dem Spottnamen »Puritaner« (»Saubermänner«) bezeichnet wurden. Zudem wurde ihnen von der offiziellen Kirche ziemliche Verachtung entgegengebracht. Wegen der engen Beziehung zwischen Kirche und König nahm der Puritanismus rasch eine politische Dimension an. Ein schottischer Geistlicher namens Samuel Rutherford (1600–1661) verfocht energisch calvinistische Grundsätze, und nicht zuletzt solche, die sich auf die Politik bezogen. Er wurde jedoch erst nach seinem Tod durch seine Briefe bekannt, in denen er seine Frömmigkeit und sein religiöses Leben beschrieb. Diese Briefe wurden in puritanischen Familien viel gelesen, weil sie als hilfreich zur Nährung des spirituellen Lebens galten.

In seinem Werk *Lex Rex* (1644) vertritt Rutherford seine Überzeugung, Gott habe die politische Macht nicht dem König, sondern dem Volk verlie-

hen. Gegen den Absolutismus der Monarchie politisch aktiv wurde der Puritanismus dann unter der Führung von Oliver Cromwell (1599–1658). Den Höhepunkt dieser Phase stellte die Westminster Assembly dar (1643–1648), eine Synode, die die englische Kirche nach puritanischem Muster reformieren sollte. Auf ihr wurden ein Glaubensbekenntnis und zwei Katechismen formuliert, die für Jahrhunderte zur Grundlage der puritanischen Spiritualität wurden. Nachdem die Puritaner ihren politischen Einfluss verloren, mussten sie von 1682 bis 1689 eine Zeit schwerer Unterdrückung erleben. In der Folge konzentrierte sich der Puritanismus auf das Ziel, durch das die Bewegung berühmt wurde: auf die Förderung eines praktischen und strikt spirituellen Lebens sowohl privat wie auch öffentlich.

Die Sünde

Da die Sünde die Ursache aller Probleme in dieser Welt und der Grund für Gottes Zorn und Leid sei, richtete der Puritanismus seine Aufmerksamkeit darauf, öffentliche wie private Sünden zu bekämpfen. Was das öffentliche Leben angeht, beklagten die Puritaner als eine der schlimmsten Sünden die Verweltlichung des Sonntags, den sie mit dem Sabbat des Alten Testaments gleichsetzten. Sozial noch wichtiger wurde der Kampf der Puritaner gegen den Missbrauch des Alkohols. Im persönlichen Leben des Christen konzentrierten sie sich auf weniger augenfällige, aber dennoch sehr hartnäckige Sünden wie das schlechte Begehren und die Nachlässigkeit im Glauben und Gebetsleben. Der Puritanismus bemühte sich um ein konsequentes Christentum, das heißt einen lebendigen Glauben und eine bewusste Lebensweise. Beide Elemente – der innere Kampf gegen die Sünde und die Pflege des innerlichen Lebens – werden ausgiebig in den Schriften des berühmten Puritaners William Perkins (1558–1602) behandelt.

Perkins unternimmt in seinem Buch *A Golden Chaine* einen ziemlich unglücklichen Versuch, Gottes Werk der Auserwählung logisch zu erklären, womit er eine lebendige Frömmigkeit gefährlich bedroht. Jedoch die meisten seiner Werke sind vom Staunen über die unfassbare Liebe Gottes zu den gefallenen Sündern und über die Majestät und Erhabenheit Gottes erfüllt:

> Aber wenn Gottes Geist im Licht des Wortes Gottes die Augen des Menschen geöffnet und sein Herz angerührt hat, damit er seinen Zustand bedenke, so erblickt er die zerbrechliche Brücke dieses engen Lebens und er sieht, ein wie kleiner Schritt zwischen ihm und der Verdammnis liegt; dann sieht er die Hölle als Lohn für seine Sünden offen stehen und sich selbst schnurstracks auf dem Weg dorthin: Die Sünde ist der raue Fels und die Hölle die darunter gähnende Schlucht. Dann erschrickt er über seinen elenden Zustand und bewundert das Erbarmen Gottes, das ihn davor bewahrt hat, auf den Grund der Hölle zu stürzen, und er schlägt sich vor den Kopf, wie anmaßend kühn er bislang in seiner Verderbtheit so zuversichtlichen Sinnes seiner Vernichtung entgegengeschritten ist. Er schämt sich über sich selbst und diese seine Wege, wendet sein Herz dem Gott zu, der ihn aus diesen Gefahren erlöst hat und setzt seine Schritte auf heiligere Wege und geziemendere Pfade und bekennt, dass ihn die Unwis-

senheit kühn und blind und derart anmaßend habe sein lassen.[16]

Perkins' Leitthema ist, ein Glaube, den man nicht erfahren könne, sei kein echter Glaube. Dieses Thema bewog ihn, eine sorgfältige Selbstprüfung zu verlangen, sich um ein wahrhaft christliches Leben zu bemühen und die Menschen zur Einsicht zu bringen, dass das Leben kurz sei und man sich vor dem Urteil Gottes fürchten müsse:

> Gott erfüllt das Herz mit heilsamer Furcht, die dem Menschen die Augen für seine Sünden öffnet und ihn mit Angst vor der Strafe und Hölle erfüllt und ihn am Heil verzweifeln lässt, wenn er nur all das betrachtet, was in ihm ist.[17]

Charakterzüge des Puritaners

Der puritanische Gläubige zeichnet sich durch klare Festigkeit aus, die sich im kompromisslosen Willen äußert, Gott zu ehren und zu dienen. Charakteristisch ist für ihn auch die Spannung zwischen einerseits dem Appell an die religiöse Toleranz und andererseits dem Eifer, die Gesellschaft nach einem biblischen Modell umzuformen. Trotz aller ihrer Kritik an der Kirche traten die meisten Puritaner nie aus der Kirche von England aus. Sie wollten nicht einmal eine eigene Gruppierung innerhalb dieser Kirche bilden, weil sie befürchteten, dadurch die Einheit der Kirche aufs Spiel zu setzen. Den Mangel an spiritueller Nahrung, den sie in den Gottesdiensten der Kirche empfanden, versuchten sie auszugleichen, indem sie in kleinen Gruppen zusammenkamen. In diesen »Konventikeln« eröffneten die Gläubigen einander ihr Herz und besprachen ihre religiösen Gefühle. So galten diese Gruppen als die Orte, an denen das religiöse Leben immer wieder seine Frische und Lebendigkeit schöpfte.

Der internationale Einfluss

Beim Puritanismus und Pietismus handelte es sich um zwei europäische Bewegungen mit lokal unterschiedlichen Akzenten. Der Umstand, dass man sich in beiden auf das innerliche, spirituelle Leben konzentrierte, ermöglichte ihnen Kontakte über die

Grenzen der Kirchen und Nationen hinweg. Diese Kontakte wurden ganz konkret in den Übersetzungen der wichtigen Werke der Puritaner und Pietisten. Der Puritanismus hatte englische, holländische und amerikanische Zweige (siehe das 9. Kapitel, S. 275ff.). Der Zweig, der sich in den Niederlanden entwickelte, wurde gewöhnlich die »weitergehende Reformation« (*Nadere Reformatie*) genannt, von der Vorstellung her, die Reformation des 16. Jahrhunderts müsse in Leben und Lehre weitergeführt und stärker verbreitet werden. Diese »Weitere Reformation« war wie der anglo-amerikanische Puritanismus eine Frömmigkeitsbewegung, der es um die spirituelle Erneuerung der ganzen Kirche ging. Als es jedoch in einer späteren Phase offensichtlich wurde, dass dieses Ziel in Kirche und Nation nicht erreicht werden konnte, verlegte man

sich derart stark auf die Innerlichkeit, dass diese holländische Form des Puritanismus schließlich zu einem elitären und geradezu erstickenden Mystizismus führte. Diese Phase war zu Lebzeiten von Gisbertus Voetius (1589–1676) und Wilhelmus à Brakel (1635–1711) noch nicht erreicht, um nur die einflussreichsten Theologen dieser Bewegung zu nennen. Aber als sich bei ihren spirituellen Nachfahren der Mystizismus durchsetzte, brachte dies die Spiritualität vieler Gläubiger in ein negatives Licht.

Ein wichtiger Unterschied zum deutschen Pietismus ist der Umstand, dass der Puritanismus viel Aufmerksamkeit dem Gewissen zuwendet, was ein sehr ausgeprägtes Bewusstsein um die eigene Sündhaftigkeit zur Folge hat. Umgekehrt weckt dieses Sündenbewusstsein eine starke Sehnsucht nach der Herrlichkeit des Himmels, wo Sünde und Schuld überwunden sind. Das hat ausgiebig Richard Baxter in seinem viel gelesenen Buch *The Saint's Everlasting Rest* geschildert:

Eine Puritanerfamilie beim Dankgebet vor dem Essen (1585), vom flämischen Maler Anthuenis Claeissins (1536–1613).

Elisabeth Fry besucht Frauen im Gefängnis von Newmate.

Ruhe! Wie süß das klingt! Es tönt als Lied in meinen Ohren! Es stärkt und belebt mein Herz und lässt es frische Lebensgeister aussenden, die meine Seele ganz und gar durchpulsen! Ruhe! Nicht wie ein Stein auf der Erde ruht, nicht wie dieses Fleisch im Grabe ruht, nicht wie die Ruhe ist, nach der die fleischliche Welt begehrt. O selige Ruhe! Wenn wir Tag und Nacht nicht ruhen, zu sprechen: Heilig, heilig, heilig, Herr Gott, du Allmächtiger! Wenn wir ruhen von der Sünde, nicht vom Gotteslob; von Schmerz und Leiden ruhen, nicht jedoch von unsrer Freude! O seliger Tag, an dem ich mit Gott ruhen werde! Tag, an dem ich im Schoße meines Herrn ruhen darf.[18]

Vorrang der Frömmigkeit vor der Lehre

Wie jede Zeit kannte auch das 17. Jahrhundert seine entschieden außerkirchlichen Gruppen. Eine spezifische Form nichtkirchlicher Spiritualität ist diejenige der Quäker. Ihr Gründervater George Fox (1624–1691) war davon überzeugt, von außen her könne man kein wahres Licht erwarten. Er vernahm immer stärker in seiner Seele die innere Stimme Gottes. Fox gelang es, auch andere davon zu überzeugen, sich ganz dem innerlichen Leben zu widmen, und so begann die Bewegung der Quäker. Charakteristisch für ihre Spiritualität ist eine nicht lehrhafte persönliche Frömmigkeit, der es einzig um die Gemeinschaft mit Gott geht, wobei es keine äußeren Kriterien für diese innere Gottverbundenheit gibt, weil sogar die Bibel als Stimme von außen gilt. Dass dieses Achten auf das Innere nicht unbedingt die Vernachlässigung des Alltagslebens und der physischen Bedürfnisse zur Folge haben muss, lässt sich am besten mit dem Leben von Elisabeth Fry veranschaulichen.

Elisabeth Fry (1780–1845)

Nach einer Phase des Zweifelns erlangte Elisabeth Fry dank der Predigt eines amerikanischen Quäker-

predigers die Gewissheit, dass Gott lebendige Gegenwart sei. Sie erstarkte in dieser Überzeugung und kam zudem zur Auffassung, ihr persönlicher Glaube solle sich in der tätigen Nächstenliebe auswirken: »Charity to the soul is the soul of charity«, »Liebe zur Seele ist die Seele der (Nächsten)-Liebe«. Dafür bot sich ihr die günstige Möglichkeit dank ihrer Ehe mit dem reichen Kaufmann Joseph Fry, einem prominenten Mitglied der Londoner Quäkergemeinschaft. Joseph und Elisabeth hielten auch ihre elf Kinder zum Mitmachen bei ihren Unternehmungen an, um der Spiritualität Hände und Füße zu verleihen.

Elisabeth Fry bot ihrer Zeit das Zeugnis einer tief religiösen Frau, die die Kraft des Gebets aus eigener Erfahrung kannte, was ihr half, ihren Kampf gegen Sklaverei und Armut zu beginnen. Sie gründete Schulen, unterstützte die Zigeuner, nahm sich der Obdachlosen an und verteilte Bibeln, wo immer sie konnte. Mit ihrem aktiven Einsatz zur Besserung der

John Bunyan (1628–1688)

In einer Liste der meistgelesenen christlichen Bücher aller Zeiten wird wahrscheinlich immer John Bunyans *Pilgrim's Progress* gleich nach der Bibel kommen. Dieses Buch bekam in vielen christlichen Haushalten seinen Platz als spiritueller Leitfaden gleich neben der Bibel. Der Erfolg dieses Werks ist umso bemerkenswerter, als sein Verfasser ein einfacher Schuster war, der kaum lesen und schreiben konnte.

Bunyan war von Geburt Puritaner und entschloss sich, für dieses Anliegen Soldat zu werden, weshalb er sich der Armee des Parlaments anschloss, die gegen König Charles I. kämpfte. Diese Erfahrung lieferte ihm die Bilder, mit Hilfe derer er dann in einem anderen berühmten Werk, *The Holy War*, den spirituellen

Kampf beschrieb. Einige Jahre nach seiner Heimkehr vom Krieg heiratete er und seine Frau brachte in den Haushalt einige Erbauungsbücher mit. Bunyan machte schwere seelische Krisen durch und kämpfte gegen Ängste an, die unvergebbare Sünde gegen den Heiligen Geist begangen zu haben. Er verfiel in derartige Depressionen, dass er an Selbstmord dachte, aber nach langem inneren Aufgewühltsein fand er wieder inneren Frieden und wurde Geistlicher in Bedford.

Auf dem Weg Richtung Himmel

Bunyan wollte nichts anderes als das Evangelium predigen. Das tat er auch, ohne jedoch dazu die schriftliche Genehmigung zu haben, die die Regierung für Prediger vorgeschrieben hatte. Das brachte ihn ins Gefängnis, wo er die Jahre von 1660 bis 1672 verbrachte. 1675 wurde er wieder ins Gefängnis geworfen, wo er mit der Niederschrift von *The Pilgrim's Progress* begann[19]. In diesem Buch schildert er allegorisch die Reisen eines Christen in Richtung Himmel. Das

Die Karte mit dem Weg des Pilgers von der Stadt der Vernichtung (links unten) bis zur Himmlischen Stadt. Stich für eine spätere Ausgabe des *Pilgrim's Progress*.

Buch wurde sofort nach seinem Erscheinen im Jahre 1678 zum Bestseller und sprach breite Schichten der Arbeiterschaft an. Erst im 19. Jahrhundert begannen auch die Gebildeteren dieses Werk als Buch spirituellen Trostes und von literarischer Qualität zu schätzen. Bunyan hatte den Schlüssel zum Herzen der Menschen gefunden, wobei er die Sprache der King James-Bibelübersetzung verwendete, um eine unterhaltsame, ja spannende Geschichte zu schreiben, die alle Arten von Menschen zu lesen und zu verstehen vermochten.

Lied des jungen Hirten im »Tal der Demut«

Mich führt durch Licht und Nächte
des guten Hirten Hand;
Er lehrt mich Seine Rechte
in diesem Pilgerland.

Bald schenkt er reiche Gabe,
bald hemmt er meinen Flug;
Doch wenn ich Ihn nur habe,
so hab ich stets genug!

Heut salbt Er mich mit Öle
und decket mir den Tisch,
erquicket meine Seele
und macht den Mut mir frisch.

Und sollt ich morgen wenig
aus Seiner Hand empfahn,
so bleibt Er doch mein König
und ich Sein Untertan.

Er schenkt mir Seine Gnade
und Seinen Geist zum Pfand,
Sein Licht erhellt die Pfade
mir bis zum Heimatland.

Sein Lieben ist unsäglich,
drum ist Sein Preis mein Ziel;
Und rühmt ich Ihn auch täglich,
ich rühm Ihn nie zuviel![20]
(Aus der *Pilgerreise zur seligen Ewigkeit*)

Lage weiblicher Häftlinge war sie ihrer Zeit weit voraus. Zwanzig Jahre lang durchreiste sie England, Schottland und Irland, um zahllosen Menschen persönlich physische und spirituelle Hilfe zu bringen, was ihr den Namen »Engel der Gefangenen« eintrug. Bemerkenswert war auch ihre Hingabe, mit der sie das harte Leben der vielen Familien in den Leuchttürmen längs der britischen Küste zu lindern versuchte. Ihr Hauptanliegen war, den Unterdrückten das Evangelium der Befreiung zu bringen. Für all das war die Bibel ihre Quelle; aus ihr bezog sie die Wärme und lichtvolle Hoffnung, die sie in so viele kalte und finstere Orte trug.

Jakob Böhme (1575–1624)

Von Jakob Böhme wurden viele der kleineren protestantischen Bewegungen beeinflusst, die während des 17. Jahrhunderts in Nordeuropa entstanden. Er war dem Herzen nach Lutheraner; seine Kombination aus Mystik, Bibelauslegung und spekulativer Theologie wurde äußerst beliebt.

Der Bauernsohn aus der schlesischen Kleinstadt Alt-Seidenberg machte nach Abschluss einer Schusterlehre 1599 seine eigene Werkstatt auf, verkaufte sein Geschäft jedoch nach wenigen Jahren und wurde Getreidehändler. 1624 starb er ziemlich jung mit 49 Jahren. Obwohl nicht akademisch gebildet, kannte er doch die Schriften von Martin Luther und Caspar Schwenckfeld. Vor allem aber war er in der Heiligen Schrift bewandert. Wie er später bezeugte, widerfuhr ihm im Jahre 1600 jäh ein Erlebnis, bei dem ihm aufging, worin das wahre Wissen bestehe. Als er während der Arbeit in seinem Geschäft einmal gesehen habe, wie sich das Licht in einem Zinnkessel spiegelte, sei ihm plötzlich die Einsicht gekommen, dass es eine ständige Spaltung zwischen Licht und Finsternis, Gut und Böse, Gott und Sünde gebe und man durch wahre Erkenntnis zum Licht gelangen könne. Er erläutert das so: »Gott hat mir dieses Wissen geschenkt. Nicht ich als das Ich, das ich bin, weiß das, sondern Gott weiß es in mir. Die Weisheit ist seine Braut und die Kinder Christi sind in Christus, in der Weisheit, ebenfalls seine Braut.«

Er begann, seine neuen Einsichten in etlichen Büchern und Pamphleten niederzuschreiben. Die Hauptfrage, um die es in seinem Werk geht, lautet, wie ein unvollkommenes, sündiges Menschenwesen in erlösende Gemeinschaft mit dem heiligen Gott treten könne. Die Antwort ist: auf dem Weg des Wissens, eines mystischen Wissens, das zu einer mystischen Vereinigung der Seele mit Christus führe und von dieser her rühre.

> Der Jünger sprach zum Meister: Wie mag ich kommen zu dem übersinnlichen Leben, dass ich Gott sehe und höre reden?
> Der Meister sprach: Wenn du dich magst einen Augenblick in das schwingen, da keine Kreatur wohnet, so hörest du, was Gott redet.
> Der Jünger sprach: Ist das nahe oder ferne?
> Der Meister sprach: Es ist in dir, und so du magst eine Stunde schweigen von allem deinem Wollen und Sinnen, so wirst du unaussprechliche Worte Gottes hören....
> Der Jünger sprach: Womit soll ich Gott hören und sehen, so er über Natur und Kreatur ist?
> Der Meister sprach: Wenn du stille schweigest, so bist du das, was Gott vor Natur und Kreatur war, daraus er deine Natur und Kreatur schaffete. So hörest und siehest du es mit deme, damit Gott in dir sahe und höreten, ehe dein eigen Wollen, Sehen und Hören anfing.[21]

Kontrovers, aber erfolgreich

In Böhmes Tagen hatte sich eine Kluft zwischen den Theologen und den einfachen Gläubigen aufgetan. Die Kirchenmänner waren so mit ihren Debatten beschäftigt, dass sie gar nicht den Hunger und Durst der Menschen nach nährender spiritueller Kost wahrnahmen; hinzu kam ein sozialer Riss zwischen der Elite der Amtsträger und den relativ ungebildeten und armen Gläubigen. Böhme war kein Theologe, verfügte jedoch über echte spirituelle Tiefe, und das verschaffte ihm eine große Leserschaft. Doch dies zog ihm auch Kritik seitens lutherischer Theologen zu, die keinen Gedanken zu dulden vermochten, der nicht in ihr eigenes theologisches System passte. Sie kritisierten, Böhme habe offensichtlich die Grenze zwischen Gott und dem Menschen verwischt; ihrerseits jedoch brachten sie es nicht fertig, mit der biblischen Botschaft die Herzen ihrer Pfarrangehörigen anzusprechen.

Böhme war zu seinen Lebzeiten in Deutschland noch kaum bekannt; überraschenderweise machten ihn zunächst Übersetzungen seiner Werke in den Niederlanden und dann in England zu einem der berühmtesten religiösen Denker des 17. Jahrhunderts.

Die Spiritualität der Romantik

Das 19. Jahrhundert bietet, was die Spiritualität angeht, eine Art Kombination dessen, was in den vorausgehenden drei Jahrhunderten entwickelt wurde. Man mischte Elemente der Reformation, des Pietismus und des Rationalismus miteinander; das Ergebnis lässt sich als »die Spiritualität der Romantik« bezeichnen. Die Welt dieses Jahrhunderts ist sich nicht ganz sicher, ob sie wirklich die Erlösung braucht, denn die neuen menschlichen Errungenschaften lassen es dem Menschen möglich erscheinen, sich aus eigener Kraft eine vollkommene Welt aufzubauen. Die Autorität der Heiligen Schrift wird geleugnet oder zumindest ernsthaft in Frage gestellt. Dennoch wollen die Christen nicht ganz auf die biblische Botschaft verzichten. Die Geschichte, wie diese Botschaft verteidigt wird, lässt sich am besten anhand der Geschichten von drei Einzelpersönlichkeiten erzählen: eines Theologen, eines Philosophen und eines Dichters.

Der Theologe

In der Theologie wurde dieser Zeitraum beherrscht von dem einflussreichen und originellen Denken von Friedrich Daniel Schleiermacher (1768–1834).

Dieser Sohn eines Feldgeistlichen wuchs im Klima des deutschen Pietismus auf und verband diese Wurzeln mit der rationalistischen Denkungsart des zeitgenössischen Universitätslebens. In seinem Buch *Reden über die Religion an die Gebildeten unter ihren Verächtern* versuchte er den Intellektuellen seiner Zeit den christlichen Glauben verständlich zu machen:

Ich fordere also, dass Ihr von allem sonst zur Religion gerechneten absehend Euer Augenmerk nur auf die inneren Erregungen und Stimmungen richtet, auf welche alle Äußerungen und Taten gottbegeisterter Menschen hindeuten. Erst wenn Ihr auch dann nichts Wahres und Wesentliches daran entdeckt, noch eine andere Ansicht von der Sache gewinnt, ... wenn sie auch dann nicht Eure kleinliche Vorstellung erweitert und verwandelt...; wenn Ihr auch dann noch diese Richtung des Gemüts auf das Ewige verachten könnt, und es Euch lächerlich scheint, alles, was dem Menschen wichtig ist, aus diesem Gesichtspunkte betrachtet zu sehen: dann freilich will ich verloren haben.[22]

Für Schleiermacher stellten Lehraussagen die rationale Ausformulierung religiöser Empfindungen dar. Das Problematische daran war, dass er das Subjektive in der Religion derart betonte, dass die Auferstehung, Himmelfahrt und Wiederkunft Christi entbehrlich wurden. Jedoch hat Schleiermachers Definition der Religion als »Gefühl der schlechthinnigen Abhängigkeit von Gott« die Kirche und Theologie derart nachhaltig geprägt, dass man ihn zu Recht als den »Kirchenvater des 19. Jahrhunderts« bezeichnen kann.

Faust und Wagner auf dem Land im Gespräch, von Eugène Delacroix (1798–1863).

Der Philosoph

Das Werk des dänischen Philosophen Søren Kierkegaard (1813–1855) war von vergleichbarer Bedeutung und ähnlichem Einfluss. Der von Natur aus zur Melancholie neigende Kierkegaard wurde depressiv, nachdem er seine Verlobung mit einer jungen Frau gelöst hatte, derer er sich für unwürdig hielt. Dieses Ereignis wirkte sich auf sein ganzes Werk aus. Kierkegaards Botschaft lautet, es gebe keine objektive Wahrheit, sondern genau das Gegenteil gelte: »Alle Wahrheit ist subjektiv.« Es bestehe eine ständige Spannung zwischen Gott und Mensch, Zeit und Ewigkeit. Daher sei der christliche Glaube von Grund auf paradoxer Natur, so, als seien zwei völlige Gegensätze aneinander gekettet. Der Mensch könne Gott nur über einen absurden und paradoxen Sprung des Glaubens finden, unter Hintanstellung der Vernunft. Er beklagt, dass die Borniertheit der offiziellen Kirche die Menschen davon abhalte,

dieses kühne Abenteuer des Glaubens zu wagen. Seine Ansichten führten zu einer in weiten Kreisen akzeptierten Spiritualität, die man als »ruhelose Gewissheit« charakterisieren könnte.

Der Dichter

Johann Wolfgang von Goethes (1749–1832) Gedichte und Theaterstücke zeigen deutlich den pietistischen Einfluss, dem er lange Zeit ausgesetzt war. Er selbst bezeichnete sein Werk als »ein einziges großes Bekenntnis«. Dieses Bekenntnis äußert sich besonders ausdrücklich in seinem berühmten *Faust*. Die Religion der Hauptfigur Faust besteht im Trachten nach dem Höchsten und Edelsten. Das Böse ist lediglich die Kehrseite des Guten und der Mensch kann es aus eigener Kraft besiegen. Daher findet Erlösung immer dann statt, wenn jemand im Dienst der Göttinnen Kunst und Wissenschaft eine Schranke überschreitet.

Die Treppe zum Himmel: die Spiritualität des Gebets

Zu allen Zeiten hat die christliche Kirche das Gebet als die innerlichste Form der Gemeinschaft zwischen Gott und Mensch betrachtet und erfahren. Die Christen leben aus dem unerschütterlichen Glauben, dass ihnen Gott das Gebet als Möglichkeit, sein Herz anzusprechen, geschenkt habe und sie sind davon überzeugt, dass Gott das Gebet jedes einzelnen Gläubigen aufmerksam höre.

Die christlichen Theologen mögen über viele Themen unterschiedlicher Meinung sein, allen ist jedenfalls die Praxis des Gebets gemeinsam. Das Gebet bietet die Möglichkeit, alle Emotionen des Glaubens, Hochs und Tiefs, Freude und Trauer, Mühsal und Glück vor Gott auszubreiten. Die Spiritualität des Gebets bewegt sich zwischen den Extremen des lauten Schreiens zu Gott und des Verstummens vor Gott, zwischen den Höhen des Lobpreises und den Tiefen des Sich-Niederwerfens vor ihm. Was diese Extreme angeht, ist das Gebet zu allen Zeiten das gleiche geblieben. Jedoch kannte jede Epoche der Kirchengeschichte ihre eigenen Akzente.

Gebetsregeln

Die Reformatoren des 16. Jahrhunderts waren überzeugt, es sei nutzlos und nicht gemäß der Schrift, sich mit Gebeten an Maria und andere verstorbene Heilige zu wenden. Außerdem lehnten sie alle das ritualisierte, scheinbar gedankenlose Gebet ab. So wurde es notwendig, das Gebet neu zu überdenken. Calvin nannte darum das Gebet eine Leiter, auf der die Gläubigen mitten aus allen ihren Ängsten aufsteigen könnten. In seinen *Institua* liefert er vier Regeln für das Gebet.[23] Erstens solle man mit Ehrfurcht vor Gott treten und sich dessen bewusst sein, dass man mit dem Allheiligen spreche. Zweitens solle man nach dem Gebet verlangen, einfach aus dem Grund, weil wir das Gebet brauchen. Drittens solle man alles Bauen auf sich selbst aufgeben und Gott um Vergebung bitten. Und schließlich sei das Gebet nur dann gut, wenn der Beter voll und ganz darauf vertraue, dass Gott sein Gebet höre.

Im 18. Jahrhunderte reduzierte Friedrich Schleiermacher, der besonders die Erfahrungsdimension des Glaubens hervorhob, diese vier Regeln auf einen Satz: »Fromm sein und Beten sind in Wirklichkeit ein und dasselbe.«

Die innere Einstellung

Der Protestantismus hat immer betont, im Gebet zähle nicht die äußere Körperhaltung, sondern die spirituelle Einstellung. Wie diese Einstellung beschaffen sein soll, wurde in einem Buch dargelegt, das für Millionen zum Gebetsbegleiter geworden ist: *My Utmost for His Highest*,[24] eine Sammlung täglicher Lesungen aus Predigtniederschriften des Baptistenpredigers Oswald Chambers (1874–1917). Chambers Eifer, das Evangelium in neue Weltgegenden zu tragen, führte ihn in so unterschiedliche Länder wie Japan und Ägypten. Seine vielen Publikationen zeichnen sich durch einen mystischen Geist und eine starke Betonung der praktischen persönlichen Heiligkeit aus. *My Utmost for His Highest* erlebte eine Menge Neuauflagen und zählt bis heute zu den Bestsellern der Gebetsliteratur. Es ist das beste Beispiel für die allgemeine protestantische Praxis der Frömmigkeit: Man liest ein Buch mit täglichen geistlichen Anregungen und kommt darüber ins Gebet zu Gott.

Das persönliche Gebet

Im reformatorischen Gottesdienst gibt es zwar das gemeinsame Gebet, doch wird mehr Wert auf das persönliche Gebet gelegt. Den Gläubigen werden von Kind an feste Gebete beigebracht und sie werden angeleitet, im frei formulierten Gebet ihre persönlichen Bedürfnisse und ihren Dank vor Gott zur Sprache zu bringen. Aus diesem Grund sind nicht zu viele Gebete berühmter Christen bekannt. Das Gebet ist etwas zu Persönliches, als dass es sich zum Aufschreiben und Veröffentlichen eignen würde. Die Christen verbrachten viel Zeit im Gebet. Philipp Melanchthon beispielsweise stand gegen vier Uhr morgens auf, um vor Tagesanbruch mit dem Gebet zu beginnen, und sein Kollege Luther war der Auffassung, je geschäftiger der bevorstehende Tag werde, desto mehr Zeit solle man zuvor dem Gebet widmen.

Anregungen der Reformatoren für das Gebet

Knie nieder oder stehe mit gefalteten Händen und (den) Augen gen Himmel und sprich oder denke aufs Kürzeste (wie) du kannst: Ah, himmlischer Vater, du lieber Gott, ich bin ein unwürdiger armer Sünder, nicht wert, dass ich meine Augen oder Hände (zu) dir aufhebe oder bete. Aber weil du uns allen geboten hast zu beten, und dazu auch Erhörung verheißen und (darüber hinaus) uns beides, Wort und Weise, gelehrt (hast) durch deinen lieben Sohn, unsern Herrn Jesum Christ, so komm ich auf solches dein Gebot (hin), dir Gehorsam zu sein, und verlasse mich auf deine gnädige Verheißung, und im Namen meines Herrn Jesu Christi bete ich mit allen deinen heiligen Christen auf Erden, wie er mich gelehrt hat: Vater unser, der du bist etc., ganz aus von Wort zu Wort.[25]

Martin Luther, *Eine einfältige Weise zu beten, für einen guten Freund* **(1535)**

Beim ersten Augenaufschlag am Morgen bete zu Gott und danke ihm von ganzem Herzen. Dann wird Gott die Ehre gegeben und dein Herz ist für den ganzen anschließenden Tag besser gestellt. Denn wir wissen aus Erfahrung, dass jedes Gefäß noch lange den Geschmack der Flüssigkeit behält, mit der es zunächst erfüllt war. Und wenn du dich niederlegst, so lass das auch das Letzte sein, denn du weißt nicht, ob du, einmal in Schlaf gefallen, daraus wieder aufstehen wirst. Daher ist es gut, wenn du dich schon wachend in die Hände Gottes gelegt hast.

William Perkins, *A Grain of Mustard Seed* **(1592)**

Gott ist der vollkommene Planer und er lässt Schwierigkeiten in deinem Leben zu, um zu sehen, ob du sie richtig bewältigen kannst: »… mit meinem Gott über Mauern springen« (Ps 18,30). Gott schützt dich nicht vor dem, was zum Leben eines Menschen gehört, der sein Kind ist. Im ersten Petrusbrief 4,12 steht: »Ihr Lieben, lasst euch durch die Hitze nicht befremden, die euch widerfährt zu eurer Versuchung, als widerführe euch etwas Seltsames.« Wachse an der Aufgabe: Tu das, was die Situation erfordert. Es ist nicht entscheidend, wie weh es tut, sondern

Die Jakobsleiter, von William Blake (1757–1827).

ob Gott dadurch die Möglichkeit hat, das Leben Jesu in deinem Körper sichtbar zu machen.

Gott möchte nicht, dass wir uns bei ihm beschweren, sondern dass wir Freude am Leben mit ihm haben – dass wir bereitwillig akzeptieren, was er uns begegnen lässt. Das einzige Ziel unseres Lebens ist, dass wir Gottes Sohn erfahrbar machen; und wenn wir das erreichen, verschwinden all unsere Ansprüche und Forderungen an Gott.[26]

Oswald Chambers, *My Utmost for His Highest* **(1937)**

Literatur und Musik

Die christliche Spiritualität ist nicht nur eine Sache der Theologie, sondern ebenso sehr der Literatur und Musik. Schriftsteller, Dichter und Komponisten stellten in ihrem Werk ihre Spiritualität dar und beeinflussten damit das spirituelle Leben vieler Menschen.

Literatur

Wenn man unter einem christlichen Roman ein Buch versteht, das den Glauben mittels einer unterhaltsamen Geschichte nährt, dann ist John Foxes *Book of Martyrs* (1559) der erste protestantische Roman. Sein Hauptzweck bestand darin, verfolgten Gläubigen mit den Geschichten derer Mut zu machen, die schon vor ihnen für Christus gelitten und im Glauben standgehalten hatten. Foxe erzählte diese Geschichten besonders dramatisch, spannend und romantisch. Das Buch war ein großer Erfolg und ermutigte dazu, Gott mehr zu gehorchen als den Menschen, selbst wenn es das Leben kosten sollte.

Ein meisterliches Beispiel dafür, wie man die Glaubenslehre in Versform fassen kann, ist John Miltons (1608–1674) *Paradise Lost*. Es schildert das Leben im Paradies und wie der Mensch es verspielt. Dabei bringt es deutlich die puritanischen Grundsätze von der Macht der Sünde und Gnade, der Souveränität Gottes sowie des Menschen als Gottes Diener zum Ausdruck. Das Werk endet mit den Zeilen:

> … Worauf der Engel flugs mit jeder Hand
> Unser saumselig Elternpaar ergriff
> Und sie geradewegs zum Tor im Osten
> Und also rasch über die Felsenklippe
> Hinunterführte in das Niederreich,
> Und dann verschwand. Sie schauten hinter sich,
> Des Paradieses ganze Morgenseite
> Erblickend, eben noch der schöne Sitz
> Des Glückes, der von jenem Flammenschwert
> Jetzt überzückt; mit schreckenden Gesichtern
> Die Pforte dicht, und Waffenfeuerschein:
> Noch rannen Tränen, balde abgewischt;

»Nunmehr hob an die Nacht …« Illustration zu Miltons *Paradise Lost* von Ligny (1882).

> Vor ihnen offen lag die Welt, wo sich
> Die feste Stätte ihres Bleibens fände
> Und die Vorsehung ihre Schritte wies:
> Sie gingen Hand in Hand, langsamen Ganges,
> Durch Eden einsam wandernd ihren Weg.[27]

Eine viel mystischere Spiritualität findet sich in den Werken von William Blake (1757–1827). Blake war ein Gegner der Industrialisierung und des Rationalismus und glaubte an die Macht der Phantasie und Imagination. Seine eindrucksvollen, ja zauberhaften Kupferstiche voller Zeichen und Symbole bezeugen die Fruchtbarkeit seiner Phantasie. Die Verzweiflung seiner frühen Jahre wich langsam einer Hoffnung auf Erlösung durch gegenseitiges Mitempfinden und Vergeben. Die folgenden Strophen aus seinen *Songs of Innocence* lassen die mystische Dimension von Blakes Werk deutlich erkennen:

> For Mercy, Pity, Peace and Love
> Is God, our father dear,

And Mercy, Pity, Peace and Love
Is Man, his child and care

And all must love the human form,
In heathen, Turk or Jew;
Where Mercy, Love and Pity dwell
There God is dwelling too.[28]

Henry Drummond (1851–1897) hob den Primat der Liebe in der Religion hervor und verschaffte sich einen Platz in der Geschichte der christlichen Spiritualität mit einem Essay über 1 Korinther 13, worin der Apostel Paulus sagt, die Liebe sei für den wahrhaft Glaubenden das Allerwichtigste. Drummond gab seinem Essay den Titel *The Greatest Thing in the World*, weil er die Liebe tatsächlich für »das Größte in der Welt« hielt. Die Liebe sei der Motor, der die Welt in Richtung Himmelreich treibe. In dieser positiven Botschaft verbindet Drummond christliche mit nichtchristlichen Vorstellungen auf eine Weise, dass man seine Rechtgläubigkeit in Frage stellte. Seine eigenen Worte scheinen über allen Verdacht erhaben zu sein:

Die Kraft, das Herz zu richten und die Quellen des Handelns zu erneuern, kommt von Christus. Das Gespür für den unendlichen Wert jeder einzelnen Seele und die Zuversicht, dass auch der schlimmste Mensch heilbar sei, sind ein Geschenk Christi. Die Freiheit von Schuld und die Vergebung der Sünden kommen vom Kreuz Christi; die Hoffnung auf Unsterblichkeit bricht uns aus dem Grab Christi auf. Die persönliche Bekehrung bedeutet, dass das eigene Leben von einer persönlichen Religion, einem persönlichen Gottvertrauen, einer persönlichen Dankespflicht gegenüber Christus, einer persönlichen Hingabe an seine Sache geprägt ist.

Christus und die Seele waren auch die Kernthemen im Werk von George Macdonald (1824–1905). Dieser Dichter, Romanschriftsteller und Prediger hatte daheim eine große Familie und schrieb (was nahe liegt) vor allem im Hinblick auf Kinder. Daher verfasste er neben seinen vielen Werken für Erwachsene auch Kinderbücher. Macdonald führte seine jungen Leser in eine Phantasiewelt ein; C.S.Lewis und J.R.R.Tolkien standen später direkt unter seinem Einfluss. Macdonald war der Überzeugung, alle

Imaginationskraft stamme von Gott und die Phantasie sei ein hervorragendes Mittel, um Gottes Gedanken Erwachsenen wie auch Kindern zu erschließen.

Lieder

Während die Poesie anfangs weithin der gebildeten Schicht vorbehalten blieb, waren Lieder allen zugänglich. Kirchenlieder können den Stand der Theologie und Zustand der Seele spiegeln und zugleich beeinflussen. Sie eignen sich dazu, die ganze Bandbreite der Gefühle von Trauer bis Freude und Hoffnung bis Verzweiflung zum Ausdruck zu bringen. Bei den Protestanten wurde das alte biblische Liederbuch der Psalmen Davids in höchsten Ehren gehalten; dieses grundlegende Liederbuch inspirierte zu zahllosen weiteren Liedern. Den Protestanten wurde von Kindheit an das Singen beigebracht. Im Genf Calvins waren es die Kinder, die in den Gottesdiensten ihren Eltern das Singen vormachten. Kein Wunder also, dass die protestantische Tradition eine beträchtliche Anzahl Liederdichter hervorbrachte.

Ein hervorragendes Beispiel der Fassung des evangelischen Glaubens in Liedform ist das Werk des deutschen lutheranischen Predigers Paul Gerhardt (ca. 1607–1676). Er schrieb und vertonte rund 120 Kirchenlieder, die viele Generationen von Gläubigen beeinflusst haben, darunter auch Nichtlutheraner. Gerhardt verstand es, die evangelischen Glaubensvorstellungen mit einer tief empfindsamen Spiritualität zu verknüpfen. Da vier seiner fünf Kinder schon jung starben, kannte er gewiss aus eigener Erfahrung die Trauer, das Vertrauen und den Glauben, wovon seine Lieder handeln.

Im englischen Sprachraum wurden die Lieder von Isaac Watts (1674–1748) und Philip Doddridge (1702–1751) international geschätzt. Watts, bekannt als der Vater des englischen Kirchenlieds, war Seelsorger in London, musste jedoch einen Großteil seiner Amtspflichten aufgeben, nachdem er schwer erkrankt war und fast invalid blieb. So verlegte er sich auf das Schreiben von Büchern und Liedern, woraus ein Werk von 52 theologischen Büchern und 600 Liedern entstand. Watts war der Überzeugung, unsere Lieder seien eine Gabe an Gott und sollten deshalb mit unseren eigenen Worten formuliert sein; die Psalmen solle man moderni-

Ein Dorfchor, von Thomas Webster (1800–1886).

sieren und christianisieren. Seine Lieder »When I Survey the Wondrous Cross« und »O God, Our Help in Ages Past« fanden rund um die Welt in vielen Sprachen einen festen Platz in den Gesangbüchern.

Sein Freund Doddridge fasste ebenfalls die puritanische Spiritualität in Liedform. Doddridge verließ den Belagerungszustand, in den sich die meisten Puritaner eingeigelt hatten und wandte sich der Weite des evangelikalen Christentums zu, wie er es bei Jonathan Edwards und im »Great Awakening« (siehe im 9. Kapitel, S. 284) fand. In seinen Liedern rief er zur Bekehrung zu Gott und zu seinem Lobpreis auf. Der frohe Grundzug seiner Glaubenseinstellung kommt gut im Lied »O Happy Day, That Fixed My Choice« zum Ausdruck.

Die *Collection of Hymns for the Use of the People Called Methodists* (1780) besteht hauptsächlich aus Liedern aus der Feder von Charles Wesley. Im Vorwort zu diesem Liederbuch wird das Werk als »kleine Sammlung erprobten und praktischen Got-

teslobs« bezeichnet, das »alle wichtigen Wahrheiten unserer heiligen Religion« enthalte. Dieses Liederbuch wurde die Mutter aller offiziellen methodistischen Gesangbücher bis heute. In einem Fall wurde das Lied berühmter als sein Komponist. Es war John Newton (1725–1804), der der Christenheit den zeitlos beliebten Klassiker »Amazing Grace« schenkte:

Amazing grace – how sweet the sound
That saved a wretch like me!
I once was lost, but now am found,
Was blind, but now I see.

'Twas grace that taught my heart to fear,
And grace my fears relieved;
How precious did that grace appear
The hour I first believed!

Die großen Prediger

Die Spiritualität der Missionare und großen Prediger ist das genaue Gegenteil einer introvertierten, weltabgewandten Spiritualität. Der Baptistenpfarrer William Carey (1761–1834), in Anspielung auf seinen früheren Beruf als der »geweihte Schuster« verspottet, wurde mit seiner Leidenschaft, das Evangelium den Heiden zu verkünden, zum Vater der modernen Missionsbewegung. In seinem Drang, ja Enthusiasmus ließ er sich von der Tatenlosigkeit in den Kirchen nicht entmutigen, die sich auf den Standpunkt zurückzogen, die Missionsarbeit sei das Vorrecht der Apostel gewesen. Carey ging nach Indien, wo er predigte, lehrte und Übersetzungen anfertigte, und alle diese Tätigkeiten verhalfen Tausenden von Menschen zu einem besseren spirituellen und physischen Dasein. Seine Spiritualität äußerte sich auch in der Bekämpfung der Sklaverei und der Kinder- und Witwenverbrennung. Sein Lebensmotto »Erwarte von Gott Großes und tue für Gott Großes« bringt Careys gewaltiges Gottvertrauen und seinen Eifer für Gott auf den Punkt. Sein Beitrag zur Ausbreitung der christlichen Spiritualität macht Carey für deren Geschichte wichtig.

Was Carey für Indien war, wurde David Livingstone (1813–1873) für Afrika. Wegen seiner Reisen ist er meistens nur als Erforscher bekannt, aber er wollte in erster Linie Missionar sein. Da er sowohl Theologie wie auch Medizin studiert hatte, war er bestens für diese Arbeit gerüstet. Seine Einstellung gegenüber den Afrikanern war für seine Zeit ungewöhnlich, denn er betrachtete sie als Menschen, die die gleiche Würde wie die Europäer besäßen: »In Christus sehen wir alle anderen Rassen als Träger des Ebenbildes Gottes und als Mitmenschen.« Das gleiche vertrat James Hudson Taylor (1832–1905) gegenüber den Chinesen: Um das Herz der Chinesen anzusprechen, solle man sich so wie die Chinesen kleiden und so leben und sprechen wie sie. Taylor erfuhr mit fünfzehn seine Bekehrung und hatte von da an nur noch eines im Sinn: als Missionar in China zu arbeiten. Sein Wunsch ging in Erfüllung und trotz vieler Widrigkeiten begann und organisierte er die »China Inland Mission« mit so großem Erfolg, dass ihr bei seinem Tod 828 Missionare angehörten.

Volkstümliche Spiritualität

Gegen Ende des 19. Jahrhunderts taucht ein neues Phänomen auf: die Massenversammlung. Es war die Epoche der enthusiastischen Redner, die mit bloßen Worten und Gesten riesige Menschenmengen in ihren Bann zu schlagen vermochten. Pfarrer und Evangelisten nutzten solche Versammlungen, um das Evangelium denen zu verkünden, die anders nicht den Weg zur Kirche gefunden hätten. Einer von ihnen war der stimmgewaltige Charles Haddon Spurgeon (1834–1892). In seinem »London Tabernacle« konnte er ohne Mikrofon zu Tausenden von Menschen sprechen. Die Anwesenden hörten nicht nur akustisch seine Worte, sondern er erreichte mit seinem Enthusiasmus und seiner Rednergabe auch viele Herzen. Die selbst nicht hingehen und ihn hören konnten und auch die späteren Generationen vertieften sich in seine gedruckten Predigten und biblischen Studien, die großen Einfluss ausübten.

Charles Haddon Spurgeon zu Beginn seiner Predigerlaufbahn.

Seine Botschaft war einfach: Wir können nur durch den Glauben an Jesus Christus gerettet werden. Spurgeon hob die Schuld und Verderbtheit der Menschheit hervor, tat das aber auf eine Weise, dass dadurch seine dringende Einladung, zu Christus zu kommen, nur desto attraktiver wurde:

Ich fühle mich zuweilen wie in den Himmel erhoben, dann wieder wie in die Tiefen gestürzt; einmal strahle ich vor Freude und Zuversicht, und dann bin ich wieder rabenschwarz voller Zweifel und Ängste. Sogar Elija, der doch gewiss tapfer war, hatte seine Zeiten des Versagens. Mitten in diesem beklagenswerten Auf und Ab freuen wir uns, die Stimme des Herrn selbst zu hören, die sagt: »Fürchte dich nicht, denn ich habe dich erlöst.« Nicht alles ist nur schwankende Woge; es gibt an einer Stelle festen Fels. Die Erlösung ist geschehen und ist Tatsache.[29]

»Gerettet!« Aus einem volkstümlichen Ausschneidebogen des späten 19. Jahrhunderts mit Darstellungen des Wirkens der Heilsarmee.

Praktische Predigt

Als Junge war William Booth (1829–1912) stark von den Predigten des Methodisten Wesley beeindruckt. Mit fünfzehn erfuhr er seine Bekehrung zu Christus und einige Jahre danach verspürte er den Drang, selbst das Evangelium zu predigen. Er wählte sich als Kanzel die Elendsquartiere von Nottingham und wurde schon bald zum bekannten Erweckungsprediger, obwohl er nicht Theologie studiert hatte und nicht ordiniert war. Er konnte die Tatenlosigkeit der Kirche und die Unmoral ihrer Mitglieder nicht akzeptieren und fasste schließlich den Entschluss, mit der Kirche zu brechen. Daraus entstand seine eigene Organisation, die später als die »Heilsarmee« bezeichnet werden sollte. Booth wollte Frömmigkeit und tätige Praxis untrennbar miteinander verknüpfen. Er war der Überzeugung, dass die Spiritualität leide, wenn Menschen in Armut und Elend lebten. Das ursprüngliche Ziel seiner Armee war die Rettung von Seelen, aber das Mittel zu diesem Zweck war die Rettung von Leben.

General Booth war militant für ein heiligmäßiges Leben und gegen den Genuss von Alkohol. Ein Viertel seines Handbuchs für die Soldaten der Heilsarmee handelt von der persönlichen Heiligung und Heiligkeit. Der militärische Zug seines Denkens äußert sich auch in seiner festen Überzeugung, die Schlacht sei zu gewinnen. So bezeugt der triumphierende Klang der Blaskapellen der Heilsarmee eine Spiritualität des Enthusiasmus und der festen Entschlossenheit.

Abraham Kuyper (1837–1920)

Der holländische Theologe Abraham Kuyper war 1874 vom Amt des Pfarrers ausgeschieden, um sich politisch zu betätigen und wurde schon bald Innenminister der Niederlande. In dieser Zeit gründete er eine rasch anwachsende politische Partei und eine renommierte Universität, was ihm den Spitznamen »der mächtige Abraham« eintrug. Seine vielfältigen Aktivitäten und Publikationen offenbarten eine ungeheure Energie. Am berühmtesten wurde Kuyper für seine öffentlichen Auftritte und Ansprachen zu politischen, kirchlichen und religiösen Themen. Doch die Quelle seiner Kraft waren eine tiefe persönliche Frömmigkeit sowie die Überzeugung, die Oberherrschaft Christi müsse in jedem Lebensbereich ihren sichtbaren Ausdruck finden. Dazu müsse sich aber zunächst einmal das Herz des Menschen Christus als König unterwerfen. Alles Wissen sei nutzlos, wenn es nicht im Herzen wurzle. Seine Spiritualität war von einem starken Sünden- und Schuldbewusstsein geprägt sowie vom Empfinden, tagtäglich auf die Gnade Gottes angewiesen zu sein. Er stachelte die Christen zu sozialem und politischem Einsatz an und sagte dennoch: »Wir brauchen mehr als das. Es muss Augenblicke in unserem Leben geben, in denen wir die Welt aus unserem Herzen ausschließen, damit wir – wenn auch nur für kurze Zeit – mit unserem Gott völlig allein sein können.«

Die Methodisten

Die Gemeinschaft der Methodisten erwuchs aus der Sehnsucht nach echter Spiritualität und der weit verbreiteten Sorge, das Evangelium Christi sei im Begriff, von einer toten Orthodoxie und einer erstarrten Liturgie erstickt zu werden. Ihre Anführer, namentlich John Wesley (1703–1791, siehe Kasten S. 198) und George Whitefield (1714–1770), versuchten die Kirche von England und ihre Mitglieder zu neuem Leben zu erwecken. Ihrer Ansicht nach hatte die Kirche die ursprüngliche Botschaft von der Sünde und Gnade ersetzt durch die Anleitung, wie man ein guter Bürger werde. Die Reformer erhielten die Bezeichnung »Methodisten«, weil sie sich für eine klare Ordnung im eigenen spirituellen Leben stark machten und sich methodisch darum bemühten, jeden Aspekt ihres Lebens mit dem Glauben an Jesus Christus als dem Herrn in Beziehung zu bringen. Mit »Methode« gingen sie auch die Bereiche Bekehrung und Religion an. Eine kurze, aber gründliche Erfahrung der Sünde, Schuld und Gnade sollte zu einer jähen, starken Bekehrung führen. Um diese Erfahrung in den Herzen der Menschen zu fördern, betonte die methodistische Predigt den Zorn Gottes und seine Folgen

für diejenigen, die nicht willens seien, sich Christus auszuliefern.

Christliche Heiligkeit

Die frühen Methodisten waren der Überzeugung, eine Bekehrung des Herzens müsse sich in einer deutlichen Bekehrung des Lebensstils äußern. Um die Kraft des Evangeliums und auch seine Predigtqualitäten zu erproben, ging Whitefield ins englische Bergbaugebiet von Kingswood bei Bristol. Würde es möglich sein, die dortigen, für ihre rohen Sitten und ihren zügellosen Lebensstil bekannten Bergarbeiter radikal zu ändern? Zuerst stieß der Prediger auf Ablehnung, aber dann kamen zunächst einige wenige und später Hunderte, um zu sehen, zu hören und zu glauben. Von da an breitete sich die methodistische Predigt in England und den amerikanischen Kolonien aus; vor allem unter dem gewöhnlichen Volk wurde sie weithin beliebt, dagegen viel weniger beim Mittelstand. Dabei erzielte Whitefield weit größere Erfolge als die Brüder Wesley. Der Hörer einer Predigt von Whitefield schildert seine Reaktion so:

> Ich spürte Liebe zu Christus in meiner Seele und so große Freude darüber, dass sich Christus mir süß als Bräutigam meiner Seele darbot. Vor lauter Herzensfreude hätte ich fast mitten zwischen allen Leuten darüber geweint, und jetzt war ich bereit, meinen Handschlag zum heiligen Handel zu geben. Und nach der Predigt traf ich einen mir bekannten Burschen, von dem ich wusste, dass er gerade aus dem Manöver zurückgekommen war und ich stürzte ihm in die Arme und sagte zu ihm, dass dieser Geistliche meine Seele mit Christus vermählt habe.

Obwohl auch Whitefield großen Wert auf ein reines, gottgefälliges Leben legte, stimmte er in dem Punkt mit John Wesley nicht überein, dass man bereits in diesem Leben vollkommene Sündenlosigkeit erlangen könne. Dieser »Glaube an die Heiligkeit« zeichnete den Wesleyschen Zweig des Methodismus aus, in dessen Spiritualität großer Nachdruck auf das Meiden der Sünde, Selbstprüfung und einen strikten Lebensstil gelegt wurde.

In der methodistischen Predigt beschrieb man

John and Charles Wesley

John Wesley (1703–1791) war der Augustinus seines Zeitalters. Der energiegeladene, rastlose, ungeheuer erfolgreiche Vermittler und Lehrer achtete zugleich auch minutiös auf die inneren Regungen seiner Seele und schrieb jeden Tag jedes nur erdenkliche Vorkommnis auf. Diese seine Begeisterung für *methodisches Vorgehen* und klare Struktur führte zur Bezeichnung seiner Anhänger.

Wesleys einziges Ziel bestand darin, »so weit ich irgend kann, die lebendige, praktische Religion« zu verbreiten. Er wandte sich leidenschaftlich gegen jegliche

verdünnte, oberflächliche Art von Glauben; die einzige Art Spiritualität, die ihm etwas bedeutete, war die *gelebte*. Er und sein Bruder Charles (1707–1788) waren zwei von neunzehn Kindern der Susanna und des Samuel Wesley (von denen nur neun das Kindesalter überlebten). An ihrer Ausbildungsstätte Oxford gründeten die Brüder 1729 eine Gruppe (den »holy club«) aus spirituell interessierten Laienchristen. 1735 reisten beide nach Amerika und betätigten sich in Georgia als Missionare. Auf der Überfahrt begegneten sie einigen Vertretern der Böhmi-

schen Brüder, die später großen Einfluss auf sie haben sollten.

Die Bekehrung

An Pfingsten 1738 widerfuhr sowohl Charles wie John ihr entscheidendes Bekehrungserlebnis. John besuchte am Nachmittag des Mittwoch, 24. Mai 1738 St Paul's in London, wo als Lied eine Nachdichtung von Psalm 130 gesungen wurde (»Aus der Tiefe rief ich zu dir, o Herr …«) Hierauf

ging ich ziemlich lustlos zu einer Gesellschaft in der Aldersgate Street, wo jemand Luthers Vorwort zum Römerbrief vorlas. Ungefähr viertel vor neun, als er gerade den Wandel beschrieb, den Gott durch den Glauben an Christus im Herzen bewirke, empfand ich, wie mein Herz auf eigenartige Weise warm wurde. Ich spürte, dass ich tatsächlich auf Christus mein Vertrauen setzte, einzig auf Christus als mein Heil, und mir wurde die Gewissheit zuteil, dass er *meine* Sünden, ja, auch *meine* Sünden, hinweggenommen und *mich* vom Gesetz der Sünde und des Todes erlöst hatte.

Danach reiste John nach Deutschland und besuchte wieder die Böhmischen Brüder. Von ihrer intensiven Frömmigkeit wurde er stark beeinflusst, und außerdem auch von ihrem enthusiastischen Singen (was schon bald auch ein besonderes Merkmal des methodistischen Gottesdienstes werden sollte): Charles Wesley sollte rund 6000 Lieder dichten, die zum Teil den erlesensten Ausdruck der methodistischen Spiritualität darstellen. Hier ein Beispiel der Kunst des Liederdichtens von Charles:

*'Tis not a dead external sign
Which here my hope require,
The living power of love Divine
In Jesus I desire.*

*I want the dear Redeemer's grace,
I seek the Crucified,
The Man that suffer'd in my place,
The God that groan'd and died.*

*Swift, as their rising Lord to find
The two disciples ran,
I seek the Saviour of mankind,
Nor shall I seek in vain.*

*Come, all who long His face to see
That did our burden bear,
Hasten to Calvary with me,
And we shall find him there.*[30]

Bemerkenswert an diesem Hymnus ist die Bewegung vom Individuellen zum Gemeinschaftlichen, sowie die Sehnsucht nach einer persönlichen Begegnung mit Christus und die leidenschaftliche Hoffnung, dass der Christus, der auf Kalvaria anwesend war, auch im Leben aller gegenwärtig sein wird, die sich ihm zuwenden. Diese Züge verliehen dem frühen Methodismus seine dynamische und ansteckende Kraft.

Gegenüber: John Wesley predigt am Grab seines Vaters in Epworth, England. Ilustration von A. Hunt (1885).

ausgiebig den Zorn Gottes, um zu einer lebenslangen Haltung der Buße anzuhalten. Jedoch wurde diese Bußpraxis mit der Freude über die aktive Gegenwart des Heiligen Geistes im Herzen der Gläubigen verbunden. Diese Gegenwart erschafft eine enthusiastische und (laut Wesley) vollkommene Liebe zu Gott und zum Nächsten.

Spirituelle Gefährtenschaft

Zur Betonung der individuellen Glaubenserfahrung kam die Aufforderung hinzu, diese Erfahrung mit anderen Gläubigen zu teilen. Bei den Methodisten ist es darum üblich, kleine Gruppen einzurichten, in denen mittels des gemeinsamen Bibelstudiums und Gebets eine intensive spirituelle Gefährtenschaft (»spiritual fellowship«) unterhalten werden kann. Ursprünglich entstanden diese Gruppen als Abhilfe gegen den Mangel an spiritueller Nahrung seitens der offiziellen Kirche. Die Weggemeinschaft mit Gott nährte man auch, indem man viel öfter das Abendmahl des Herrn feierte und zur Kommunion ging. Zu einer Zeit, in der man in der Kirche von England dieses Sakrament nur vier- oder fünfmal im Jahr empfing, nahm John Wesley alle vier oder fünf Tage daran teil. Dafür schrieben die Brüder Wesley eine spezielle Sammlung von »Hymnen zum Abendmahl des Herrn«.

Man kann vom Methodismus sagen, dass ihm eine geradezu katholische Spiritualität eigen ist, nämlich insofern, als er in Leben und Frömmigkeit stark die Sakramente betont. Die Methodisten lassen die Christen aller Konfessionen zu ihrer Kommunion zu, sofern sie in ihrer Lehre nicht Wesentliches am christlichen Glauben leugnen. Es gibt sogar den Wunsch, Unterscheidendes wegzulassen, um mit allen Christen geistliche Gefährtenschaft pflegen zu können. Wesley sagte: »Von der ersten Stunde an, als ich ins Reich Gottes eintrat, war es für mich heilige Regel, nie über einen kontroversen Punkt zu predigen, oder jedenfalls nicht auf kontroverse Weise.«

Zusammenfassung

Überblickt man die Geschichte der protestantischen Reformation mit allen ihren Bewegungen, Höhepunkten und Persönlichkeiten, so lässt sich leicht ein gemeinsamer Faden entdecken. Hier wird ständig die Botschaft von der bedingungslosen Gnade Gottes gehört und empfangen, und die Botschaft von dieser Gnade führte in allen Fällen zu einer Spiritualität, die sich durch eine innige und frohe Glaubens- und Vertrauensbeziehung des einzelnen Gläubigen zu Gott auszeichnet. Diese Spiritualität widerstand Tendenzen zum Individualismus und suchte immer wieder ihre Leitlinien im Wort Gottes, fand ihre Heimat immer wieder in der Kirche und blieb auf einen praktischen Glauben mitten in der Gesellschaft ausgerichtet. Diese Grundelemente ließen diese Spiritualität sowohl zeitgemäß als auch anpassungsfähig werden. Die Zeiten mögen sich ändern und die Kirchen mögen sich in vielem unterscheiden, aber worauf es ankommt, ist die gegenseitige Liebe zwischen Gott und Mensch.

7

Katholische Heilige und Reformer

(16. bis 19. Jahrhundert)

Liz Carmichael

Zeittafel

Im Zeitraum vom 16. bis 19. Jahrhundert vollzogen sich einschneidende Veränderungen. Die Westkirche spaltete sich in einen katholischen und protestantischen Zweig und die entstehenden europäischen Nationen wandten sich jeweils einer von beiden Seiten zu. Ab dem 17. Jahrhundert traten immer stärker die moderne Naturwissenschaft und das skeptische Vernunftdenken auf den Plan und während des gesamten Zeitraums wandelten sich die sozialen Einstellungen, was schließlich zum Entstehen der Demokratie führte. Langsam begannen die Frauen eine aktivere Rolle in der Gesellschaft zu spielen. Die Kirche im Westen war an allen diesen politischen, intellektuellen und sozialen Umwälzungen beteiligt und wurde stark davon betroffen.

Die Spiritualität der »Gegenreformation« in Spanien

Im 16. und frühen 17. Jahrhundert reagierte die römisch katholische Kirche auf die Herausforderung durch die Reformation durch eine innere Reform, bekannt als die »Gegenreformation«, die man sich von einer Erneuerung des katholischen spirituellen Lebens erhoffte.

Dieser Neuaufbruch begann zunächst in Spanien, das damals politisch sein »Goldenes Zeitalter« erlebte. Dort hatten König Ferdinand und Königin Isabella schon zuvor durch Kardinal Ximenes, von 1495 bis 1517 Primas von Spanien, eine innere Kirchenreform durchführen lassen. Diese brachte viele bemerkenswerte spirituelle Schriftsteller hervor und trug ihre berühmteste Frucht in der begeistert aktiven Spiritualität von Ignatius von Loyola und in der von Teresa von Avila und Johannes vom Kreuz unternommenen Reform des kontemplativen Lebens.

Ignatius von Loyola (ca. 1491–1556)

Iñigo López de Loyola war ein in höfischen Kreisen Kastiliens aufgewachsener baskischer Edelmann voller Träume von Ritterschaft und kriegerischen Ehren, weshalb er Berufssoldat werden wollte. Sein Leben nahm abrupt eine völlige Wende, als ihn bei der Belagerung von Pamplona ein Kanonenschuss am Bein traf. Während seiner langen Genesungszeit las er das *Leben Christi* von Ludolf von Sachsen (eine Nacherzählung der Evangeliengeschichten mit Kommentaren wichtiger spiritueller Schriftsteller als Hilfe zum meditativen Gebet) und eine Lebensbeschreibung der Heiligen. Das weckte in ihm die Begeisterung, sich dem heroischen Dienst für Christus zu weihen und es Heiligen wie Franziskus und Dominikus nachzutun. Er beschloss, zunächst zur Buße eine Wallfahrt nach Jerusalem zu unternehmen. Im März 1522 suchte er das Marienheiligtum von Montserrat auf, um dort alle Sünden seines Lebens zu beichten, hängte sein Schwert und seinen Dolch als Votivgabe ins Heiligtum, verschenkte seine besten Kleider an einen Armen, hüllte sich in einen Kittel aus Sackleinwand als Pilgerkleid und ergriff den Pilgerstab.

Das anschließende Jahr verbrachte er als Bettler in der Kleinstadt Manresa. Er hielt in einem Notizbuch fest, wie er allmählich hilfreiche Methoden für das Gebet und die spirituelle Unterscheidung fand. Das war der Anfang seiner *Geistlichen Übungen*. Ignatius machte reichlich Gebrauch von der »imaginierenden Kontemplation«, einer damals beliebten Form des Gebets: Man stellte sich in seiner Phantasie lebhaft eine Szene, gewöhnlich aus dem Evangelium, vor und versetzte sich selbst darin hinein. Seine mystische Erfahrung war gekennzeichnet von intuitiven Visionen mit oder ohne bildhafte Vorstellungen.

1523 pilgerte Ignatius nach Jerusalem in der Absicht, dort für immer zu bleiben; er betete an den heiligen Stätten und »half den Seelen«. Der für die Pilger aus Europa zuständige Franziskanerprovinzial hielt von seinen Plänen nichts und befahl ihm, wieder abzureisen. So dauerte sein Besuch nur zwei Wochen. Nach seiner Rückkehr nach Spanien beschloss er, gründlich zu studieren, um sich qualifizierter für die Erneuerung der Kirche einsetzen zu können. Das tat er in Barcelona, Alcalá, Salamanca und Paris. Nebenher gab er Katechismusunterricht, hielt spirituelle Vorträge und fing an, andere mittels seiner Übungen, seiner »Exerzitien«, zu einem intensiveren Glaubensleben anzuleiten. In Spanien bildete sich um ihn eine Gruppe, diese war jedoch

Ignatius von Loyola, von Peter Paul Rubens (1577–1640).

nicht von Bestand, und mehrmals wurde er bei der Inquisition denunziert und eingesperrt. 1534 legten er und sechs Freunde, darunter Franz Xaver, ein lebenslängliches Gelübde ab, in Armut und für den Dienst an anderen zu leben. Sie nahmen sich vor, sich wenn möglich in Jerusalem niederzulassen und dort zu arbeiten, und falls das nicht gehe, ihre Dienste dem Papst anzubieten und anzunehmen, was immer er ihnen auftrage. Der Krieg zwischen Venedig und den Türken vereitelte die Reise nach Jerusalem, und nachdem sie in Venedig die Priesterweihe empfangen hatten, machte sich die inzwischen auf zehn Gefährten angewachsene Gruppe auf den Weg nach

Die Ignatianische Spiritualität

Warum ist die ignatianische Spiritualität so beliebt?

Die ignatianische Spiritualität verknüpft die Evangelien mit unserer eigenen Alltagserfahrung und verwendet Methoden, die sich leicht erlernen lassen. Es geht dabei um »geistliche Übungen« (»Exerzitien«), die sich entweder für Gebetszeiten im Alltagsleben oder bei besonderen Einkehrtagen anwenden lassen. Sowohl Einzelne wie Gruppen können die von Ignatius entwickelten Methoden der Reflexion und Unterscheidung anwenden.

Die »geistlichen Übungen« von Ignatius

Diese Übungen stellen ein genaues Programm von Gebet und Betrachtung vor; das Buch der »Geistlichen Übungen« (»Exerzitienbuch«) des Ignatius ist ein Handbuch zur Anleitung derer, die andere durch die Übungen begleiten. Im ersten Teil bzw. der ersten »Woche« (dieser in der Vollform auf vier Wochen angelegten Übungen) wird der Übende (der »Exerzitant«) angeleitet, den Sinn des Lebens, Gottes Ruf und die Schwere der Sünde zu erwägen. Die zweite »Woche« beginnt mit Christi Ruf, ihm als König zu dienen und führt durch das Leben Jesu von seiner Menschwerdung bis zum Palmsonntag; in der dritten »Woche« werden das Leiden und die Kreuzigung Jesu betrachtet, in der vierten seine Auferstehung. Der Übende erlernt verschiedene Weisen des Gebets, der Selbsterkundung und des Treffens von Entscheidungen (der »Wahl«). Die gesamte Erfahrung führt zu einem intensiveren Leben als Christ. Man kann diese Übungen intensiv während einer Zeit der Einkehr (»Exerzitien« über mehrere Tage oder einen Monat) machen oder im Alltagsleben, indem man sich täglich eine Stunde oder mehr für das Gebet nimmt.

Eine ignatianische Evangelienbetrachtung oder »imaginierende Kontemplation«

Die Anleitung zur Betrachtung der Geburt Christi, wie sie im »Exerzitienbuch« geboten wird, lautet ungefähr so: Nimm dir eine bestimmte Zeit, zwanzig Minuten bis eine Stunde, ganz für dich, zu der du nicht gestört wirst. Es ist hilfreich, als Zeitmaß einen Wecker aufzustellen. Nimm eine bequeme Körperhaltung ein, setze dich entspannt hin oder knie dich vielleicht auf einen Gebetsschemel. Biete diese Zeit Gott dar und bitte ihn um die Anwesenheit des Heiligen Geistes und dass er dich führen möge. Dann lies langsam ein- oder zweimal Lukas 2,3–7. Hierauf lege deine Bibel beiseite und versetze dich in die Szene hinein:

> Zuerst sieh in deiner Imagination die Straße von Nazareth nach Bethlehem. Betrachte ihre Länge, ihre Breite; ob sie eben ist oder durch Täler und über Berge führt. Sieh genau den Ort oder die Höhle vor die, wo Christus geboren ist; ist die Stelle groß oder klein, hoch oder niedrig; und wie ist sie beschaffen? Jetzt äußere ich meine Bitte: Ich bitte um innige Erkenntnis unseres Herrn, der für mich Mensch geworden ist, damit ich ihn stärker liebe und ihm enger nachfolge.
> Jetzt sehe ich die Personen: Maria, Josef, die Geburtshelferin und das Jesuskind nach seiner Geburt. Ich stelle mir vor, dass ich als kleiner unwürdiger Diener dabeistehe. Als wäre ich dabei, schaue ich sie an, betrachte sie intensiv und bringe ihnen alles, was sie brauchen, in aller erdenklichen Hilfsbereitschaft und Ehrfurcht. Sodann denke ich über mich selbst nach, um einige Frucht zu ernten.
> Als nächstes erwäge, beobachte und beschaue ich, was

Rom. Ignatius hatte bei der Vorbereitung auf die Feier seiner ersten heiligen Messe zu Maria gebetet, sie möge ihn »zu ihrem Sohn versetzen«, und in der Kirche von La Storta bei Rom »verspürte er eine solche Veränderung in seiner Seele und sah ganz deutlich, dass Gott Vater ihn zu Christus seinem Sohn versetzt hatte«.[1] 1540 wurde die Gruppe vom

Papst als »Gesellschaft Jesu« bestätigt und Ignatius zu ihrem ersten Generaloberen ernannt. Er war ein hervorragender Organisator, verfasste in den Jahren bis zu seinem Tod 1556 die vollen *Konstitutionen* seines Ordens und leitete die Arbeit der rasch wachsenden Gemeinschaft. 1622 wurde er heilig gesprochen.

die Personen sagen, denke hierauf über mich selbst nach und ziehe einige Frucht daraus.

Sodann sehe ich zu und erwäge, was sie tun; zum Beispiel, wie sie sich auf den Weg machen und sich abplagen, weil unser Herr in so äußerster Armut geboren ist, und dass er nach so vielen Mühen, nach Hunger, Durst, Hitze und Kälte, nach Schmähungen und Misshandlungen, schließlich am Kreuz sterben wird, und all das für mich. Dann denke ich darüber nach und ziehe einige spirituelle Frucht aus dem, was ich gesehen habe. Schließlich denke ich darüber nach, was ich zu unserem Herrn sagen sollte und ich unterhalte mich ganz frei mit ihm. Ich bitte ihn um die Gnade, ihm, der für mich Mensch geworden ist, enger nachfolgen und ihn genauer nachahmen zu können. Ich schließe ab mit dem »Vater unser.«[2]

Es kann sehr hilfreich sein, das, was in dir vorgeht, mit einem spirituellen Begleiter zu besprechen, der dir Vorschläge für dein weiteres Gebet machen kann. Eine Einkehrzeit mit individueller Begleitung ist eine gute Möglichkeit, diese Weise des Gebets zu vertiefen.

Die Methode der »Unterscheidung der Geister«

Einer der engsten Anhänger des Ignatius, Jéronimo Nadal, bezeichnete ihn als »Kontemplativen in Aktion«. Für das Treffen von Entscheidungen, die »Wahl« oder »Unterscheidung«, welche Eingebungen des Menschen vom Geist Gottes stammten und welche »vom Bösen«, entwickelte er eine Methode, wie man sorgfältig die Ursachen und Wirkungen unserer Gefühle des »Trostes« und der »Trostlosigkeit« prüfen und bewerten könne. Während seiner Genesungszeit von der Verwundung bei Pamplona

1521 dachte er viel über seine Zukunft nach und stellte fest, dass ihn Gedanken an die Ritterromantik vorübergehend befriedigten, aber anschließend mit Unzufriedenheit und Leere zurückließen, während seine Gedanken, die Heiligen nachzuahmen, zu anhaltenden Gefühlen des Hochgemutseins und der Zufriedenheit führten. Daraus zog er den allgemeinen Schluss, dass weltliche Vergnügen aus sich nur oberflächlichen und vorübergehenden Genuss, also »falschen Trost« bringen; bleibende Freude und anhaltender Friede, also »echter Trost« lasse sich in Handlungen finden, die auf die Verherrlichung Gottes abzielten – und es sei Gottes Geist, der uns zu ihnen anrege. Wahrer Trost zeitige seine Wirkung ferner darin, dass er den Glauben, die Hoffnung und die Liebe steigere. Ignatius fuhr weiter fort, seine eigenen und die Gefühle anderer genauer zu untersuchen und stellte fest, jemand, der ganz am Anfang seiner Bekehrung stehe, könne wohl Trostlosigkeit darüber empfinden, von weltlichen Vergnügen zu spirituellen Dingen gezogen zu werden; aber im weiteren Fortgang des Prozesses werde das genau umgekehrt. Er entwickelte daraus eine Übung, die man zweimal täglich machen solle, um genauer zu untersuchen, wie man die Ereignisse des Vor- und des Nachmittags empfunden habe, um dadurch die Achtsamkeit darauf zu schärfen, wie einen Gott führe und wie man darauf reagiere.

Ein Ignatius zugeschriebenes Gebet

Herr, lehre mich, großzügig zu sein. Lehre mich, dir zu dienen, wie es dir gebührt; zu geben, ohne auf die Kosten zu achten; zu kämpfen und nicht auf die Wunden zu sehen; mich zu mühen und nicht nach Ruhe zu suchen; mich einzusetzen und nicht auf Belohnung zu warten. Mir genügt das Wissen, deinen Willen zu tun. Amen.

Die Gesellschaft Jesu (»Jesuiten«)

Die von Ignatius gegründete *Compañía de Jesús*, »Gesellschaft Jesu«, war eine neue Art Ordensgemeinschaft gut ausgebildeter und hoch motivierter Priester, die sich nicht auf das Kloster beschränkten, sondern für die Arbeit überall auf der Welt zur Verfügung standen. Ihr Ort des Gebets sollte dort sein, wo immer sie gerade waren; sie sollten nicht das Kloster, sondern die Welt als ihr »Haus« betrachten. In den *Konstitutionen* legt Ignatius ihnen ans Herz, »Gott in allem zu finden«, in Ereignissen, Menschen und in der Umgebung ihres alltäglichen Arbeitens und Lebens.

Zwei Jesuiten am Hof eines islamischen Fürsten in Indien.
Buchmalerei von Nar-Singh (ca. 1605).

Die Jesuiten breiteten sich rasch über ganz
Europa, den Fernen Osten (besonders dank der
Missionstätigkeit von Franz Xaver in Indien und
Japan) und Lateinamerika aus und widmeten sich
der Predigt, der spirituellen Begleitung, Werken der
Barmherzigkeit und dem Unterricht und Bildungs-
wesen. Ihre sofortige Verfügbarkeit kam in einem
»vierten Gelübde« des direkten Gehorsams gegen-
über dem Papst zum Ausdruck, jedoch führte ihre
Unabhängigkeit von den kirchlichen Autoritäten

Die Spiritualität von Teresa von Avila

Teresas *Seelenburg*

Teresa beschreibt den Menschen mit dem Bild einer
von einem Wassergraben umgebenen Burg oder eines
großen Hauses mit vielen Wohnungen darin, entsprechend den »vielen Wohnungen« im Himmel. Diese
Burg ist aus Diamant oder Kristall und ihre Wohnungen sind in konzentrischen Kreisen angeordnet. Gott
wohnt in den zentralen (siebten) Räumen, und das
Licht seiner Gegenwart würde die ganze Burg erfüllen
und aus ihr leuchten, wäre der Kristall nicht durch die
Sünde verdunkelt. Die Reise des spirituellen Lebens
beginnt außerhalb der Burg und führt nach innen bis in
die innersten Wohnungen, in denen Gott wohnt. Gott
ruft den Menschen auf diesen Weg, den er mittels des
Gebets zurücklegen kann. Sein Ziel ist das Einswerden
seines Liebens und Wollens mit dem Willen und der
Liebe Gottes. Erreicht er das, so vermag der Diamant,
sein Ich, in seiner vollen Schönheit leuchten.

Wer sich zu Christus bekehrt und zu beten beginnt,
betritt die ersten Wohnungen. Nach einiger Zeit
gelangt man durch das Bemühen, Christus nachzufolgen und die Sünde zu meiden, in die zweiten Wohnungen, wo man leicht den Mut verlieren kann. Vielen
gelingt es, schließlich auch bis zu den dritten Wohnungen vorzustoßen, wo man sich stärker hingibt, jedoch
noch nicht tief verwurzelt ist und Gefahr läuft, im Stadium des durchschnittlichen Kirchgängers stehen zu
bleiben; man ist aus eigener Anstrengung Christ und
erfährt und bezeugt noch nicht die Fülle der Liebe
Gottes. Der Weg tritt in eine neue Phase ein, wenn
man es jetzt Gott erlaubt, die Führung in seinem Leben
zu übernehmen und sich ganz ihm überlässt. Die vierten Wohnungen bedeuten die Anfänge des kontemplativen Schweigegebets und der Liebe. In den fünften
Wohnungen nimmt die Nähe zu Gott zu; die Frucht
davon ist eine sichtlich größere Liebe zu seinen Nächsten. Jetzt geht einem auf, dass Christus nachzufolgen
bedeutet, mit ihm im Leiden genauso zu sein wie in der
Freude. In den sechsten Wohnungen beschreibt Teresa
die Trostlosigkeit und den Schmerz, sowie auch die
unerwartete Freude und Wonne, die das intensive spi-

Teresa von Avila, gemalt 1576 von Juan de la Miseria (ca. 1526–1616).

rituelle Wachstum begleiten. Schließlich gelangt man in den siebten Wohnungen dank der tiefen wechselseitigen Liebe zwischen dem Ich und Gott zum Frieden und festen inneren Stand; eine »geistliche Hochzeit« hat stattgefunden. Jetzt ist man imstande, die beiden Aspekte des christlichen Lebens, die kontemplative Maria und die aktive Martha, in einem apostolischen Leben in Christus zu vereinen, das in der Welt Frucht bringt.

Die *Seelenburg* ist ein wertvoller Leitfaden, jedoch betont Teresa, dass die Stufen schematisch sind und nicht immer genau der persönlichen Erfahrung des Einzelnen entsprechen. Es kann sein, dass man manches gleichzeitig oder in etwas anderer Reihenfolge erlebt oder auch immer wieder einmal Schritte rückwärts statt vorwärts macht. Im Wesentlichen kommt es darauf an, Gott vor allem anderen lieben und ihm dienen zu wollen und sich von ihm führen zu lassen. Eine große Hilfe könne dabei ein gebildeter und erfahrener spiritueller Begleiter sein.

Teresa über die Freundschaft mit Gott

Jeden, der noch nicht zu beten begonnen hat, bitte ich um der Liebe des Herrn willen, diesen Segen nicht zu verpassen. Darin ist kein Platz für Angst, sondern nur für Sehnsucht. Sogar wenn jemand keinen Fortschritt macht oder es nicht schafft, nach Vollkommenheit zu streben und die Tröstungen und Gnadenerweise zu verdienen, die Gott den Vollkommenen schenkt, wird er Kenntnis über den Weg zum Himmel erlangen. Wenn er Ausdauer hat, erfährt er das Erbarmen Gottes. Noch nie hat ihn jemand zum Freund erwählt, ohne dafür belohnt zu werden. Das mentale (innere) Gebet ist meiner Auffassung nach nichts als ein freundschaftlicher Austausch und ein häufiges einsames Zwiegespräch mit dem, von dem wir wissen, dass er uns liebt.[3]

Die Karmeliten und Teresas Reform

Der Karmelitenorden begann in der Zeit der Kreuzzüge im 12. Jahrhundert als Einsiedlergruppe im Heiligen Land, und zwar auf dem Berg Karmel südlich des heutigen Haifa. Diese Männer bezogen ihre Inspiration aus den Erzählungen über die Flucht des Propheten Elija in die Wüste und seine Gemeinschaft von Prophetenschülern. Im 13. Jahrhundert verlegten sie ihren Sitz nach Europa und wurden zum Orden der Karmeliten, die sich dem Gebet und Studium und der apostolischen Arbeit widmeten. 1432 kamen klausurierte Konvente für Frauen dazu, die für die Brüder und die Kirche beten sollten. Die »ursprüngliche Regel« sah strenges Fasten und immerwährendes Gebet vor und wurde immer mehr gemildert, bis Teresa den authentischen anspruchsvollen Lebensstil wiederherstellte. Die reformierten Karmeliten, von denen Frauen- und Männerkonvente entstanden, nannten sich »theresianisch« und machten sich in der Folge ihre volkstümliche Bezeichnung als »Unbeschuhte Karmeliten« zu eigen, denn eines ihrer Erkennungszeichen war, dass sie keine Schuhe, sondern als Zeichen der Armut und Einfachheit nur Sandalen trugen.

vor Ort und der politische Einfluss, den ihnen ihre Bildungsarbeit und spirituelle Leitung verschaffte, zuweilen zu gewaltigen Spannungen und Krisen. Mit ihrer Art, Exerzitien zu halten, leisteten die Jesuiten einen großen Beitrag zur weiten Verbreitung der Gewohnheit, Zeiten der Einkehr zu halten und sich persönlich spirituell von jemandem begleiten zu lassen.

Teresa von Avila (1515–1582)

Doña Teresa de Ahumada, die spätere Mutter Teresa von Jesus, wurde 1515 in Avila auf dem Hochplateau von Zentralspanien geboren. Ihr Vater stammte aus einer reichen, erst unlängst zum Christentum konvertierten jüdischen Kaufmannsfamilie, ihre Mutter aus dem kastilischen Kleinadel. Teresa war ein abenteuerlustiges Kind; mit sieben Jahren versuchte sie von daheim fortzulaufen, um als Märtyrerin »im Mohrenland« zu sterben und nahm dabei ihren älteren Bruder Rodrigo mit. Man griff sie gerade noch außerhalb von Avila auf. Später ging sie bei Augustinerinnen zur Schule, wo sie von der Heiligkeit einer Nonne so beeindruckt war, dass sie selbst 1536 im Konvent der Inkarnation zu Avila Karmeliternonne wurde.

Teresa trat damit eine lange und verworrene Entwicklungsphase an, oft hin und her gerissen zwischen ihrem inneren Antrieb zu ernsthaftem Gebet und dem ziemlich bequemen Leben ihres Konvents, in dem die Schwestern über ihre eigenen Dienerinnen verfügten und viel Zeit im Sprechzimmer mit Besuchern verbrachten. Sie erkrankte schwer und verbrachte die Genesungszeit bei ihrem frommen Onkel Don Pedro, wo sie ein Buch über das kontemplative Gebet fand und las, das *Dritte Geistliche Alphabet* von Francisco Osuna. Aber erst 1554 ging ihr Gebetsleben von einem trockenen Ringen mit langen Übungen anhand der damals beliebten vorgefassten Betrachtungen in eine neue, mystisch-kontemplative Phase über. Ihre Beichtväter und Ratgeber verhielten sich gegenüber den Erfahrungen, von denen sie berichtete, oft ablehnend und sagten zu ihr, ihre Visionen, Auditionen (Worte, die sie zu sich sprechen hörte) und kurzen tranceähnlichen Zustände stammten vom Teufel oder aus ihrer eigenen Einbildungskraft. Doch verfügte sie über einige wenige gute gebildete Freunde, wie den Jesuiten Balthasar Álvarez und den Franziskaner Petrus von Alcántara, die ihre Hingabe an Christus ernst nahmen und ihr halfen, ihre Erfahrungen als Wachstumsschritte in der Liebe zu Gott zu verstehen. Ihre Schriften sind ein ungewöhnlich klarer und hilfreicher Leitfaden für die Stufen des spirituellen Reifens und für Erfahrungen, die diese zuweilen bewusst begleiten mögen, jedoch nicht für sich selbst gesucht werden sollten. Im Gehorsam gegenüber ihrem Beichtvater schrieb sie 1562–1565 ihre Autobiografie, die hierauf die Inquisition beschlagnahmte. Aus der Überzeugung, dass ein ernsthaftes Gebetsleben einen hingebungsvolleren Lebensstil erfordere, gründete Teresa 1565 in Avila den reformierten Karmelitinnenkonvent St. Joseph und schrieb für ihre Nonnen den *Weg der Vollkommenheit* (1565/66), eine Anleitung zum Gebet und Gemeinschaftsleben. Für ihre Nonnen verfasste sie 1577 auch ihre reife und vollständige Beschreibung des spirituellen Weges, *Die Seelenburg*.

Wie sie in einem weiteren Werk, dem *Buch der Klostergründungen*, berichtet, gründete sie zwischen 1567 und ihrem Tod 1582 in ganz Spanien weitere vierzehn Konvente. 1567 begegnete sie einem hochgemuten jungen Karmeliterbruder, dem künftigen Johannes vom Kreuz, und überredete ihn, die Reform im männlichen Zweig des Ordens anzupacken. Teresa wurde 1622 heilig gesprochen und 1970 zur Kirchenlehrerin erklärt.

Johannes vom Kreuz (1542–1591)

Teresas jüngerer Freund und Mitbruder wurde 1542 in der Kleinstadt Fontiveros bei Avila als Juan de Yepes in ärmlichen Verhältnissen geboren. Er wurde einer der größten Dichter Spaniens und eine Autorität auf dem Gebiet des kontemplativen Gebets. 1563 trat er bei den Karmelitern ein, studierte an der Universität von Salamanca und wurde zum Priester geweiht. Danach lernte er Teresa kennen, mit der er ab 1568 bei der Reform der Karmeliter zusammenarbeitete; seinen Namen änderte er in »Johannes vom Kreuz«. Er verbrachte zusammen mit einem Ordensmitbruder ein Jahr in einem kleinen Haus in einem Dorf und widmete sich dort dem Gebet und der Predigt des Evangeliums. Dann begann seine Laufbahn als Lehrer und spiritueller

Ansicht von Toledo von El Greco (1541–1614). In Toledo lag Johannes vom Kreuz 1577 9 Monate lang im Kerker.

Verschiedene Arten des Gebets

Das christliche Gebet lässt sich grob in drei Formen einteilen: das mündliche, meditative und kontemplative Gebet. Der klassische spirituelle Weg führt den Menschen vom mündlichen Gebet (indem man zum Beispiel das Vaterunser spricht und am Gottesdienst teilnimmt) über die Meditation (inneres Gebet unter Verwendung des Denkens oder der Imagination) bis zur Kontemplation (dem schweigenden Gebet liebevoller Aufmerksamkeit jenseits aller Gedanken und Bilder). Die Gebetsweisen, die Ignatius lehrte, waren hauptsächlich mündlich und meditativ, während Teresa und Johannes bis zur Einfachheit der Kontemplation voranschreiten. Zum meditativen Gebet gehört das aktive Nachdenken über Stellen und Begebenheiten aus der Heiligen Schrift oder Glaubensgeheimnisse wie die Menschwerdung, das Leiden und die Auferstehung Christi oder das imaginative Sich-Hineinversetzen darin, und das auf eine Weise, die Liebe, Staunen und Lobpreis weckt. Das ist die Grundlage des von Liebe getragenen Herzensgebets, der schweigenden Kontemplation.

Luis de Granada (1504–1588)

Im späteren 16. Jahrhundert wurde eines der am häufigsten gelesenen und einflussreichsten Bücher über die Meditation das 1554 verfasste und in viele Sprachen übersetzte Werk *Libro de la Oración y Meditatión* von Luis de Granada. Luis entstammte einer armen Familie in Granada, wurde Dominikaner und arbeitete in Spanien und Portugal. Teresa von Avila verwendete und empfahl sein Buch, ebenso Franz von Sales.

Luis entwickelte als klare Anleitung für Anfänger im meditativen Gebet eine Sechs-Punkte-Methode:
(1) *Vorbereitung*: Man tritt vor Gott, wirft alle seine Sünden in den Abgrund seines Erbarmens, hält sich seine atemberaubende Größe vor Augen und stellt sich vor, dass man hier ist, um seinen Heiligen Geist zu empfangen und seinen Willen zu erfüllen.
(2) *Man liest etwas darüber*: eine kurze Stelle aus der Heiligen Schrift, und zwar sowohl mit dem Herzen wie mit dem Verstand, und hält dabei inne,

Leiter. Von 1572 bis 1577 war er Hausgeistlicher des Konvents der Inkarnation in Avila, wo Teresa 1571 Priorin geworden war. Mitbrüder, die seine Reformen erbittert ablehnten, entführten ihn Ende 1577 und sperrten ihn neun Monate lang in Toledo ein. Im Gefängnis begann er seinen *Geistlichen Gesang* zu dichten; die Bilderwelt seines späteren Gedichts *Die dunkle Nacht* verdankt einiges der Freude darüber, dass er schließlich eines Nachts aus dem Kerker fliehen konnte. Die reformierten (»Unbeschuhten«) Karmeliter wurden 1580 ein selbstständiger Orden und Johannes arbeitete weiter an seiner Entfaltung; er lehrte am Ordenskolleg in Baeza und war dann Prior in Granada und Segovia. Er begleitete auch Frauen und Männer aus der Welt in ihrem spirituellen Leben. Mit neunundvierzig Jahren starb er an einer Blutvergiftung. 1627 wurde er heilig gesprochen und 1926 zum Kirchenlehrer erklärt.

Die Spiritualität von Johannes vom Kreuz

Der spirituelle Weg

Die Bücher von Johannes vom Kreuz, der *Aufstieg zum Karmelberg*, *Die dunkle Nacht*, der *Geistliche Gesang* und die *Lebendige Liebesflamme* sind in Form von Kommentaren zu seinen mystischen Gedichten geschrieben, so dass sie also bei dichterischer Symbolik ansetzen, doch sind sie trotzdem systematisch aufgebaut, praktisch ausgerichtet und fußen auf einer soliden Kenntnis der Bibel und Theologie. Vor allem macht er ausgiebig Gebrauch von der Bilderwelt der Liebesdichtung des alttestamentlichen Hohenlieds.

Johannes schrieb für Christen, die bereits einen gewissen Weg zurückgelegt haben und mindestens bis in den Bereich von Teresas »dritten Wohnungen« gelangt und von echter Sehnsucht nach Gott erfüllt sind. Seine »Anfänger« in der Kontemplation sind im mündlichen und betrachtenden Gebet erfahren und an einen Punkt gekommen, an dem sie diese Tätigkeiten nicht mehr richtig lebendig ansprechen oder befriedigen, aber trotzdem sehnen sie sich danach, Gott besser zu erkennen und zu lieben. Johannes leitet solche Menschen an, die »rasch zur Vereinigung mit Gott gelangen« wollen, wie er zu Beginn seines *Aufstiegs* sagt. Er verschreibt einen »negativen« Weg, eine radikale innere Haltung des Verzichts auf alles Festhalten und des sich Lösens von allem Geschöpflichen, sei es irdisch oder spirituell, um für eine direkte Liebesbeziehung mit dem Schöpfergott offen zu werden. Dieser Weg ist aktiv und passiv zugleich: Manchmal muss man handeln, manchmal Gott an sich handeln lassen. Der spirituelle Weg des Johannes ist der Weg eines Liebenden durch die Nacht, im Finstern, die Hänge des Karmelberges hinauf. »Nacht« ist ein komplexes Symbol: Es bezeichnet das erregende Mysterium, den nackten Glauben, den Schmerz und die Loslösung, denn das alles ist mit diesem Weg verbunden.

Auf seiner Skizze des Karmelberges zeichnet Johannes einen oben flachen Berg wie den wirklichen Karmel (siehe Abbildung). Der Weg zum Gipfel ist die einzig auf Gott ausgerichtete Sehnsucht, die sich von keiner anderen mit ihr konkurrierenden Sehnsucht aufhalten lässt, sei es von derjenigen nach weltlichem Reichtum noch

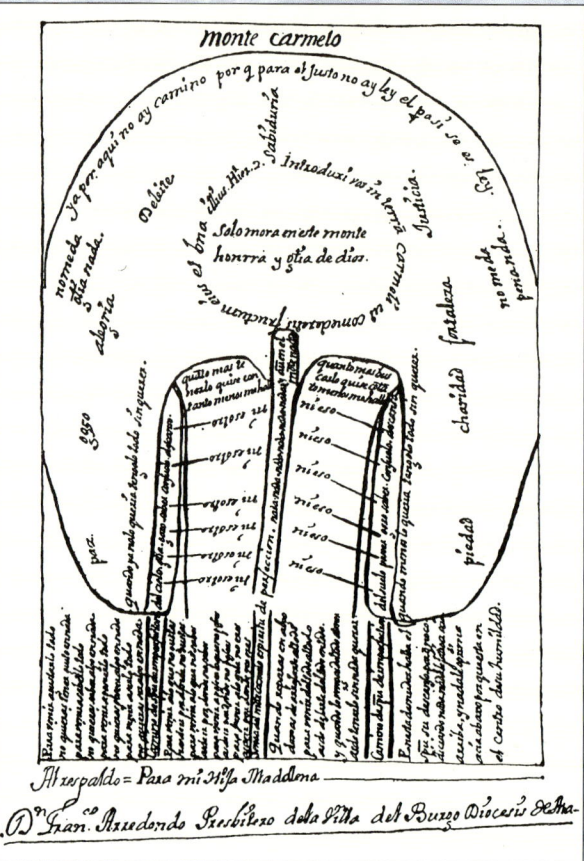

Zeichnung des Karmelbergs von Johannes vom Kreuz. Der Weg in der Mitte, auf dem man nichts außer Gott ersehnt, führt direkt zum Gipfel, der Liebesvereinigung mit Gott.

der nach spirituellen Genüssen (mystischen Erfahrungen, Visionen usw.). Das Ziel sind nicht solche Gaben, sondern ist der Geber selbst. Der Weg besteht zwar darin, ausschließlich Gott zu ersehnen und völlig jeden Wunsch nach etwas außer Gott aufzugeben, aber paradoxerweise erhält man gerade durch die Vereinigung mit Gott Anteil an Gottes liebevollem Entzücken an der ganzen Schöpfung. Der Weg der Negation von allem, wie er in dieser Skizze und im 13. Kapitel seines *Aufstiegs* seine bekannteste Darstellung gefunden hat, führt zu positiver Erfüllung: »Um Befriedigung in allem zu erlangen, ersehne in nichts Befriedigung … Um schließlich alles zu besitzen, ersehne den Besitz von nichts.« Hat man den Weg so vollständig zurückgelegt, wie das in diesem Leben möglich ist, so stellen sich als Ergebnis jener tiefer Friede und jene völlige Freude ein, die Johannes in seiner *Lebendigen Liebesflamme* feiert.

Die »dunkle Nacht der Seele«

Mir diesem Begriff wird Johannes vom Kreuz oft in Zusammenhang gebracht; man muss ihn im Rahmen seines Schemas vom spirituellen Weg richtig verstehen. Johannes spricht von zwei »aktiven Nächten«: Mit der »aktiven Nacht der Sinne« ist der vorsätzliche Verzicht auf Besitz irgendwelcher Dinge dieser Welt um ihrer selbst willen gemeint; mit der »aktiven Nacht des Geistes« der gleiche Verzicht auf dem Gebiet spiritueller Erfahrungen. Er spricht auch von zwei »passiven Nächten«, und bei der zweiten von ihnen handelt es sich um die eigentliche »dunkle Nacht des Geistes«. Die erste »passive Nacht« ist die »passive Nacht der Sinne«, ein Zustand rastlosen Unbefriedigtseins mit dieser Welt und dem meditativen Gebet, in die Gott jene führen kann, die er auf dem Weg zur Kontemplation weiter voranbringen will. Die »passive Nacht des Geistes« ist der viel tiefer gehende und schmerzlichere Entzug jedes spirituellen Trostes, den Gott später dem zumuten kann, den er noch näher zu sich ziehen möchte; es ist ein Stadium, das man auf dem Weg zur Freude des Einsseins mit Gott in der Liebe durchschreiten muss, und das ist die »dunkle Nacht der Seele« im eigentlichen Sinn. Johannes beschreibt sie als qualvolle Erfahrung der Niedergeschlagenheit und des Verlorenseins, des Gefühls, von Gott verlassen zu sein und sich doch weiter nach ihm zu sehnen, die eventuell Monate oder Jahre hindurch andauern kann. Seine Beschreibung hilft vielen Christen auf allen Stufen des spirituellen Lebens, in tiefen Schmerz- und Verlusterfahrungen einen Sinn zu finden. Es können Erfahrungen des Kreuzes sein, die in eine unvorstellbare Auferstehung münden.

»Die Lebendige Liebesflamme«

O Liebesflamme, die nur Leben spendet
Und die so zart mir schlägt manch' tiefe Wunde
In meiner Seele allertiefstem Grunde!
Schon ist das Schreckliche in Lust gewendet.
Mach Schluss, falls mir dein Wille diesen gebe,
Zerreiß' der süßen Einigung Gewebe.

O Feuerbränd', die lieblich mich durchbeben!
O wonnevolle Wunde, segensreich!
Du, sanfte Hand, berührst so zart, so weich
Und gibst den Vorgeschmack vom ew'gen Leben,
Bezahltest aller Schulden harte Last,
Die tötend du den Tod in Leben wandelt hast.

Ihr Feuerlampen, voll von Glanz und Gluten,
Inmitten derer gold'ner Strahlenhelle
Die tiefen Höhl'n des Sinn's bis in die tiefste
    Stelle,
– Einst blind und finster – jetzt mit Lichtesfluten
Durchglüht, in ungewohnter Fülle weih'n
Ihr Licht und Wärm' dem Liebsten im Verein.

Wie du mit sanftem Grüßen
Erwachst und mit Gekose
Im Schoß mir, wo allein du weilst geheime!
Mit deinem Hauch ergießen
Des Himmels reiche Lose
Sich in die Seele mir und minn'ge Träume.[4]

Was ist »Mystik«?

Christliche Mystiker wie Teresa von Avila und Johannes vom Kreuz wählen eine Lebensform, deren Grundmuster das Leben, Sterben und Auferstehen Jesu Christi ist. Er ist der Weg, so dass sein Weg die Wanderkarte ist, und auch wenn die Einzelheiten des Wegs für jeden anders sein mögen, gehören dazu doch immer die Hingabe seiner selbst, die Sehnsucht, Gott über alle Dinge und durch alle zu lieben, die Bereitschaft, im Dienst der Liebe Gottes Leiden auf sich zu nehmen und die Offenheit für die überraschenden Freuden des neuen Lebens in Christus. Es ist ein Weg, auf dem man umgewandelt wird, wie Paulus schreibt: »Wir werden in sein Bild verwandelt, von Herrlichkeit zu Herrlichkeit« (2 Korinther 3,18), und sein Ziel ist das Einswerden mit Gott in der Liebe.

Das Wort »mystisch« weckt die Vorstellung eines verborgenen Geheimnisses, das sich nicht mit dem Intellekt allein ergründen lässt, sich jedoch denen offenbaren kann, die aufrichtig fragen. Mit »mystischer Theologie« ist üblicherweise entweder die durch die Kontemplation erschlossene Kenntnis Gottes gemeint oder die angesammelte Weisheit über das kontemplative Leben. Doch die Begriffe »mystisch« und »Mystik« werden oft auch zur Bezeichnung der verschiedenartigsten Phänomene verwendet: Man nennt auch Menschen anderer Religionen, die ein intensives kontemplatives Leben führen, »Mystiker« und ihre Erfahrungen »mystisch«, aber »mystisch« wird auch fast alles irgendwie Geheimnisvolles bezeichnet, mag es noch so oberflächlich oder nebensächlich sein. Die »Mystik« wirkt anziehend, und das sollte sie auch; aber der Weg des christlichen mystischen Lebens steht zwar allen offen und führt in die Fülle der Freude, jedoch ist er nie oberflächlich oder leicht.

---

wann immer man die innere Anregung dazu spürt. (3) Das *meditierende Betrachten* kann darin bestehen, sich mit seiner Imagination plastisch in eine Szene aus dem Leben Jesu hineinzuversetzen; oder man denkt über Gottes Handeln, seine Güte und Barmherzigkeit nach; oder man verbindet beides, Imagination und Nachdenken, miteinander. Dabei ist die liebevolle Aufmerksamkeit wichtiger, als dass man jede Einzelheit genau versteht. Das führt zur (4) *Danksagung*, dann zur (5) *Darbietung seiner selbst* und schließlich (6) *Bitte* für andere und für sich selbst. Luis hatte vor allem Anfänger vor Augen, aber auch im Gebet Erfahrene können seine Methode hilfreich finden.

Betrachtung contra Kontemplation

Während des 16. Jahrhunderts und in der Zeit danach kam es immer wieder zu lebhaften Diskussionen zwischen Befürwortern des methodischen meditierenden Betrachtens als der einzig akzeptablen Art des inneren Gebets und solchen, die wie Johannes vom Kreuz der Überzeugung waren, wer mittels des Glaubens und der Liebe zu Gott fest im meditativen Gebet verwurzelt sei, dem stehe es frei, zum einfacheren Herzensgebet oder zur Kontemplation fortzuschreiten. Die Jesuiten nahmen bald die eine, bald die andere Position ein. Schriftsteller wie Luis de Granada, denen es hauptsächlich darum ging, Anfänger in die Kunst des Gebets einzuweisen, verloren sich bei Themen wie dem Leiden Christi mit ihren langen Listen von Betrachtungspunkten oft in unzählige Einzelheiten, und es ist leicht verständlich, dass solche, die sich mehr zur wortlosen liebenden Kontemplation hingezogen fühlten, diese langen Listen von »Betrachtungspunkten« als sehr mühsam, ja hinderlich empfanden. Obwohl das kontemplative und mystische Gebet innerhalb der christlichen Tradition seinen festen, anerkannten Platz hat, unterstellten die kirchlichen Autoritäten immer wieder, die Kontemplativen ließen sich ähnlich wie die Charismatiker dazu hinreißen, sich ihrer Aufsicht zu entziehen und sich auf eine direkte persönliche Quelle göttlicher Inspiration abseits der Heiligen Schrift und der Lehre der Kirche zu berufen. Solche Verdächtigungen führten zur Verfolgung bestimmter Gruppen Kontemplativer wie der *alumbrados* (»Erleuchteten«) im Spanien des 16. Jahrhunderts oder zu heftigen Kontroversen wie derjenigen um die »Quietisten« Ende des 17. Jahrhunderts.

Die Erneuerung in Italien

Philipp Neri (1515–1595) und das Römische Oratorium

Im frühen 16. Jahrhundert war Rom in einem Zustand des Niedergangs. Es war in eine Seitenbucht des intellektuellen Lebens der italienischen Renaissance abgedriftet und erholte sich zudem nur mühsam vom Schock der Reformation. 1527 war die Stadt außerdem von den Truppen Kaiser Karls V. geplündert worden.

Der charismatische Philipp Neri wurde als der »Apostel Roms« bezeichnet. 1533 war er mit achtzehn Jahren aus Florenz nach Rom gekommen und sollte dann dort sechzig Jahre lang wirken. Zunächst war er Privatlehrer, studierte dann drei Jahre lang Theologie und widmete sich immer länger dem Gebet. Als er an einem Pfingstfest um die Gaben des Heiligen Geistes betete, »sah« er plötzlich, wie sich eine feurige Kugel auf ihn herabsenkte und ihn ganz erfüllte; er spürte sich von Gottes Liebe überwältigt und stürzte zu Boden. Von da an wurde sein Gebet von unwillkürlichem Zittern begleitet (das er willentlich nicht beherrschen konnte) sowie von Hitze und Herzflattern. Er beteiligte sich an der Gründung der Bruderschaft der Heiligsten Dreifaltigkeit, die arme Pilger unterstützte und sich der Krankenpflege widmete.

1551 wurde er zum Priester geweiht und begann als Beichtvater und spiritueller Ratgeber bekannt zu werden. Für die vielen jungen Männer aus dem Geschäftsleben, vom Hof und aus allen Berufen, die zu ihm kamen, entwickelte er ein aus Studium und Gebet bestehendes Ausbildungsprogramm, das er wochentags allabendlich anbot. Man traf sich einige Stunden zum informellen Studium der Theologie, zum Lesen aus Heiligenbiografien und Werken der Kirchengeschichte (wobei sich die Ausführungen an das Herz richteten, die Heilige Schrift auf den Alltag angewendet wurde und nicht nur Philipp, sondern auch Laien ihre Beiträge leisteten) und zum Singen neuer Gottesdienstlieder, der *laudi spirituali*. Die Gruppe wurde so groß, dass sie nicht mehr in Philipps Zimmer passte, weshalb sie sich

Die Muttergottes erscheint Philipp Neri, von Carlo Maratta (1625–1713).

schließlich ein »Oratorium« (einen »Gebetsraum«) über einem Seitenschiff der Kirche San Girolamo einrichteten. Das war das ursprüngliche »Oratorium«. Philipp erkannte, dass er mit den dortigen Treffen eine fruchtbare seelsorgliche und apostolische Methode gefunden hatte, die eine hervorragende Möglichkeit bot, reife Christen heranzubilden und das Evangelium zu verbreiten, eine Form, die eigentlich überall angewendet werden könnte.

1564 ließ Philipp einige seiner Schüler zu Priestern weihen, um die Florentiner Kirche in Rom zu betreuen. Diese Priester lebten unter Philipps Aufsicht ein Gemeinschaftsleben in großer Einfachheit und boten die Beichte, spirituelle Leitung und eine sorgfältig gefeierte Liturgie an; außerdem wirkten sie weiter am Oratorium von San Girolamo mit. 1575 wurde diese immer stärker werdende Priestergruppe von Papst Gregor XIII. als »Kongregation des Oratoriums« errichtet und Philipp wurde zu ihrem Generaloberen ernannt, obwohl er überhaupt nicht die Absicht gehabt hatte, einen neuen Orden zu gründen. Die neue Kongregation breitete sich in andere Städte aus. In Neapel wurden eine Zeit lang von Philipps wortgewandtem Schüler Tarugi Oratoriums-Versammlungen auch für Frauen abgehalten.

Diese Kongregation bleibt etwas Ungewöhnliches: Es handelt sich um einen losen Zusammenschluss autonomer Häuser von Priestern und Laienbrüdern, die keine Gelübde ablegen, jedoch unter der Autorität des jeweiligen Diözesanbischofs nach einer einfachen gemeinsamen Regel leben. Die einzelnen Häuser unterscheiden sich voneinander in der Art, wie sie das Charisma ihres spirituellen Vaters auslegen und selbst leben.

Philipp leitete zu häufiger Beichte und Kommunion an; außerdem unterwies er im Gebrauch von kurzen Gebeten wie: »O Gott, komm mir zu Hilfe; Herr, eile, mir zu helfen.« Und »Mein Jesus, was kann ich tun, deinen Willen zu erfüllen?« Er lehrte, grundlegend sei die Demut: Es sei unerlässlich, zu erkennen, dass man der Gabe des Gebets unwürdig sei, weshalb man sich ganz Gott in die Arme werfen solle, der einen das Beten lehren werde. Als Philipp schließlich Wunderheilungen und prophetisches Wissen nachgesagt wurde, entgegnete er energisch, das bewirkten Gott und der Glaube anderer, und sentimentale Bewunderung lenkte er durch kauzige Späße und exzentrischen Humor von sich ab. Er starb 1595 und wurde 1622 heilig gesprochen.

Lorenzo Scupoli
(ca. 1530–1610)

Lorenzo Scupoli war Mitglied der Theatiner, eines 1524 gegründeten Priesterordens. Er wirkte in Venedig und verfasste (1589 anonym) das Handbuch *Il combattimento spirituale* (»Der Geistliche Kampf«), in dem er als Ziel des spirituellen Lebens die reine Liebe zu Gott um seiner selbst willen darstellt. Die vier Waffen seien: Misstrauen gegen das eigene Ich (»Selbstverachtung«), Vertrauen in Gott, Übungen, um Laster durch Tugenden zu ersetzen, und das Gebet. Der positive Sinn, der im heute eher negativ klingenden Begriff »Selbstverachtung« steckt, ist, die Selbstsucht zu überwinden und zu erkennen, dass man auf Gottes Hilfe angewiesen ist:

Wann immer du siehst, dass etwas dringend nötig ist, ein Kampf gegen dein Ich ansteht, ein Sieg über die Selbstsucht errungen werden muss, dann halte dir deine eigene Schwäche vor Augen, ehe du dir etwas vornimmst oder einen Entschluss fasst. Zunächst traue dir nicht selbst und wende dich an die Weisheit, Kraft und Güte Gottes; auf sie baue… und dann, begleitet vom Gebet, kämpfe und ringe.

Lorenzo rät, sich geduldig immer nur um eine einzige Tugend zur gleichen Zeit zu mühen und konzentriert und hochherzig darum zu ringen, gütiger oder mutiger usw. zu werden. Gegen ein Laster könne man am besten vorgehen, indem man die ihm entgegengesetzte Tugend einübe. Dabei sei die wichtigste Waffe das Gebet; damit lege man das Schwert Gott in die Hand, der für einen kämpfen werde. Zentral ist für Lorenzo Scupoli das betrachtende Meditieren über das Leiden Christi: »Ich gebe dir das Kruzifix als Buch zum Lesen. Darin kannst du dem Antlitz jeder Tugend begegnen.« Außerdem liefere die heilige Kommunion eine unbesiegbare Kraft.

Die römisch-katholische Spiritualität in England

In England begann die Reformation in den 1530er Jahren unter Heinrich VIII. und wurde unter Elisabeth I. (die von 1558–1603 herrschte) voll eingerichtet. Deshalb verpflichtete der Papst die römischen Katholiken, die Monarchie zu stürzen, was zur Folge hatte, dass sie mit ihrer religiösen Praxis in den Untergrund gehen mussten und heimlich umherwandernde Priester bei sich beherbergten.

Zu den Entwicklungen auf dem europäischen Festland trugen sie über die ins Exil gegangenen englischen Katholiken bei, deren Stützpunkt Douai in Flandern war. Nach und nach wurden die scharfen Maßnahmen gegen die Katholiken gelockert; ab Mitte des 18. Jahrhunderts hatte sich ihr Leben wieder normalisiert, obwohl noch im 19. Jahrhundert solche, die wie Newman katholisch wurden, als Verräter nicht nur an ihrer Tradition und ihren Freunden, sondern auch an ihrem Vaterland betrachtet wurden.

Zur Zeit der Reformation gab es Märtyrer auf beiden Seiten. Der vermutlich bekannteste im öffentlichen Leben stehende Katholik, der sich weigerte, die Reformation zu akzeptieren, war Sir Thomas More (1478–1535). Als junger Mann lebte er für einige Zeit in einem Kartäuserkloster, entschied sich dann jedoch für die Ehe. Das Heim des Anwalts und Gelehrten in Chelsea wurde zu einer Art Miniatur-Kolleg, wo seine eigenen Kinder und diejenigen anderer zu klassischen und christlichen Studien angeleitet wurden. Sein bekannter Freund Erasmus sagte von ihm, er sei »zur Freundschaft geboren« und nannte ihn einen *omnium horarum homo*, den »Mann für alle Jahreszeiten«. Seine öffentliche Laufbahn gipfelte 1529 unter Heinrich VIII. in seiner Berufung zum Lordkanzler, was dem Rang eines heutigen Premierministers entspricht.

Als humanistischer Gelehrter war More ein Kritiker der politischen Verhältnisse und der mittelalterlichen Kirche. Sein Buch *Utopia* (1526) schrieb er als Satire, in der er dem auf möglichst viel Besitz versessenen Lebensstil seiner Zeit das Leben in einem idealen Inselstaat ohne Privateigentum gegenüberstellte, wo alle gemeinschaftlich wie die Frühchristen leben und diejenigen, die dienen, nur einen himmlischen Lohn erwarten. Jedoch lag ihm sehr an der Kontinuität der kirchlichen Tradition, die er mehr von den Entscheidungen der allgemeinen Konzilien als vom Papst allein gewährleistet sah. Als Luther die Autorität der Heiligen Schrift über diejenige der Tradition erhob, wies More darauf hin, dass es seit der Zeit der Apostel die Kirche gewesen sei, die den Kanon der Heiligen Schrift aufgestellt habe. So wurde er zum Verfechter des Katholizismus und als 1532 Heinrich VIII. begann, England aus der kirchlichen Autorität Roms zu lösen, dankte More als Kanzler ab. Er wurde 1534 im Tower eingekerkert und vermutlich auf Grund

meineidiger Beweise 1535 hingerichtet. Sein Andenken war sehr unterschiedlich bei den Protestanten, die er angegriffen hatte (einige waren auf seinen Befehl als Kanzler hingerichtet worden) und bei den Katholiken, die er verteidigte, aber seine persönliche Integrität verschaffte ihm allgemeinen Respekt. Im Gefängnis schrieb er Meditationen, Briefe und Gebete, die seine Hingabe an Christus und seine Vergebung gegenüber seinen Feinden offenbaren. Eines seiner Gebete lautet:

> Allmächtiger Gott, habe Erbarmen mit N und N und allen, die mir Böses tun und mir schaden wollen. Verzeihe ihre Fehler zusammen mit den meinen, in deiner leichten, zärtlichen, gütigen Art, wie nur deine unendliche Weisheit sie ersinnen kann. Bessere und erneuere gnädig unsere Seelen und rette sie, damit wir im Himmel für immer miteinander leben und lieben dürfen, in Gemeinschaft mit dir und deinen glücklichen Heiligen, o glorreiche Dreifaltigkeit, um des bitteren Leidens unseres süßen Erlösers Christi willen.[5]

Titelblatt der Utopia von Thomas Morus; Stich aus der französischen Schule des 16. Jahrhunderts.

1581 wurden vierzig römisch katholische Märtyrer in Tyburn bei Marble Arch in London hingerichtet.

Zwei britische kontemplative Priester, Benet Canfield und Augustin Baker, lebten und arbeiteten vorwiegend jenseits des Kanals in Frankreich und Belgien. Benet wird im Kapitel über die französische

Spiritualität vorgestellt werden. Der Benediktiner Augustin Baker (1575–1641), mit Taufnamen David Baker, war zunächst Richter in seiner Heimatstadt Abergavenny in Wales. Er wurde 1603 römischer Katholik und nahm 1605 bei seinem Eintritt bei den Benediktinern den Ordensnamen Augustin an. Nach seinem Noviziat und seiner Priesterweihe in Frankreich lebte er in England und sammelte heimlich Dokumente für eine Geschichte der englischen Benediktiner. Ab 1624 war er spiritueller Leiter der im Exil in Cambrai lebenden englischen Benediktinernonnen und begann über das kontemplative Gebet zu lehren und zu schreiben.

Baker kannte die Tradition der Mystik recht gut, darunter das englische Werk *Die Wolke des Nichtwissens*, zu dem er ein Vorwort und Anmerkungen verfasste, und Hiltons *Leiter der Vollkommenheit*, sowie auch karmelitische und flämische Schriftsteller. Von den vielen kurzen Abhandlungen über das kontemplative Leben, die er privat in Umlauf brachte, fasste nach seinem Tod Dom Serenus Cressy über vierzig zusammen und veröffentlichte sie unter dem Titel *Sancta Sophia* (»Heilige Weisheit«). Dieses Buch erweist ihn als im Wesentlichen orthodox, jedoch pedantisch und eigenwillig. Er lehnte das detaillierte methodische und diskursive Betrachten energisch ab, es sei denn für Anfänger und mit Maßen. Sein Weg in die erworbene Kontemplation besteht aus dem »ständigen und glühenden Üben mit ›recollections‹« (III.i.iv), womit er das unablässige intensive Wiederholen kurzer Gebete aus dem Herzen heraus meint: »Akte der Reue, Furcht, Zerknirschung usw. (was zum Läuterungsweg gehört) und ebenso Akte der Anbetung, Verherrlichung, Demütigung, Ergebung und Liebe (was zu dem Wege der Erleuchtung und Vereinigung gehört)« (III.iii.ii).

Diese aktive Kontemplation könne auch die Form vorsätzlichen inneren Schweigens annehmen. Eine solche mit dem Willen herbeigeführte »unvollkommene Kontemplation« führe in einen Zustand »vollkommener Kontemplation«, der immer noch aktiv sei, sich jedoch allmählich wie von allein gewohnheitsmäßig einstelle und von kurzen inspirierten Anmutungen genährt werde, die der Heilige Geist im Inneren auslöse: »Mein Gott, wann werde ich einzig dich lieben? Wann werde ich mit dir vereint?… Lass mich nichts sein und dich alles, o mein Gott« (III.iv.ii). Hierbei könne das Gebet zur

Erfahrung eines von Zeit und Raum losgelösten Einsseins mit Gott werden, der dann alles in allem sei. Baker nimmt an, dass es für den Fortgeschrittenen noch eine dunkle Nacht der Verlassenheit gebe, bevor er das volle Einssein erreiche. Den Begriff der »passiven« Kontemplation behält er spezifischen Anrührungen durch Gott in Ekstasen und inneren Visionen vor.

Mary Ward (1585–1645)

Einen ganz anderen Beitrag zum katholischen spirituellen Leben und zur Rolle der Frauen leistete die Engländerin Mary Ward, die erste Pionierin des aktiven Ordenslebens für Frauen unter Leitung von Frauen. Sie entstammte einer katholischen Familie in Yorkshire, gehörte kurze Zeit den Armen Klarissen in St. Omer an und gründete dort 1608 einen Konvent englischer Armer Klarissen; aber sie kam zur festen Überzeugung, dass sie etwas ganz anderes gründen solle. So verließ sie die Armen Klarissen und begann mit wenigen Gefährtinnen ein asketisches Gemeinschaftsleben, wobei sie in St. Omer eine Schule betrieben. Schließlich kam ihr die Eingebung, ihr Institut solle die Form eines apostolischen Frauenordens mit der gleichen Regel, wie sie die Jesuiten hatten, annehmen. Zur damaligen Zeit musste man in allen Frauenorden die strenge Klausur einhalten, so dass das, was sie vorhatte, völlig revolutionär und für die meisten unvorstellbar war. Sie und ihre Gefährtinnen beharrten jedoch darauf, entwarfen eine Regel und gingen nach Rom, um sich beim Papst Unterstützung zu holen. In der Folge gründeten sie in vielen deutschen Städten Niederlassungen. Das Institut wurde 1631 aufgehoben und es blieb nur ein Haus in Rom übrig, aus dem Mary schließlich nach England zurückkehrte und 1645 in York starb. Aber ihre Inspiration trug später reiche Frucht, als der Papst 1703 das »Institut der Seligen Jungfrau Maria« (*Institutum BMV*, in Deutschland »Englische Fräulein« genannt) approbierte und in der Folge eine Fülle aktiver Frauenorden entstand.

Mary Ward spricht Gott mehrmals als »Parent of all parents« und »Freund aller Freunde« an und ihre Briefe sind von Zuversicht und Hoffnung erfüllt:

Seid froh und zweifelt nicht an unserm Meister.

Ein katholischer »metaphysischer« Dichter in England: Richard Crashaw (1613–1649)

Richard Crashaw war ein junger Gottsucher puritanischer Herkunft, der sich in Cambridge der anglikanischen Hochkirche anschloss. Wie George Herbert war er ein enger Freund von Nicholas Ferrar und der Gemeinschaft in Little Gidding. Während des englischen Bürgerkriegs hielt er zur Partei des Königs, wurde gezwungen, Cambridge zu verlassen, ging 1646 nach Frankreich und wurde römisch katholisch.

Seine letzten Jahre lebte er in Rom im Haushalt des Kardinals Palotta; er starb in Loreto im Alter von 36 Jahren. Aus seiner Feder stammen religiöse und lyrische Gedichte auf Englisch, Lateinisch und Griechisch, wobei er stark von der spanischen Dichtkunst beeinflusst war: Sein Gedicht »The Flaming Heart« über Teresa von Avila verdankt viel einem spanischen Gedicht zum selben Thema. Seine Sammlung *Steps to the Temple* wurde 1646 veröffentlicht und 1648 überarbeitet und erweitert; weitere Gedichte erschienen 1652 unter dem Titel *Carmen Deo Nostro.*

Wir sollten unseren Nächsten nicht nur wie uns selbst lieben, sondern uns auch tatsächlich so verhalten, dass wir das tun.

Ich wundere mich nie über den Fehler einer andern, sondern nur über Gottes gnädige Geduld mit mir nach so vielen Versagern.

Wahre Stärke und echter Mut bestehen darin, das, wovon man weiß, dass es richtig ist, unter allen Umständen, in die man versetzt wird, zu tun und sich von keinerlei Gegnerschaft von diesem Tun des Richtigen abschrecken zu lassen.

»A Song of Divine Love«

Lord, when the sense of thy sweet grace
Sends up my soul to seek thy face,
Thy blessed eyes breed such desire,
I dy in love's delicious fire.
   O Love I am thy Sacrifice.
Be still triumphant, blessed eyes.
Still shine on me, fair suns! that I
Still may behold, though I still dy.

Though still I dy, I live again;
Still longing so to be still slain,
So gainful is such loss of breath,
I dy even in desire of death.
   Still live in me this loving strife
Of living Death and dying Life.
For while thou sweetly slayest me
Dead to my self, I live in Thee.[6]

»Two went up to the temple to pray«

Two went to pray? O rather say
One went to brag, th'other to pray:

One stands up close and treads on high,
Where th'other dares not send his eye.

One nearer to God's Altar trod,
The other to the Altar's God.[7]

Richard Challoner (1691–1781): ein katholischer Bischof in England

Richard Challoner, Kind einer presbyterianischen Familie in Lewes, Sussex, wuchs in einem katholischen Haushalt auf, in dem seine verwitwete Mutter arbeitete. Im Alter von dreizehn beschloss er, katholisch zu werden. Nach dem Studium und einer Lehrtätigkeit in Philosophie und Theologie in Douai arbeitete er ab 1730 in London und wurde 1758 Apostolischer Vikar von London. Er widmete sich pastoralen und karitativen Werken, gründete Schulen, übersetzte die Bibel und Werke der Frömmigkeitsliteratur (die *Bekenntnisse* von Augustinus, die *Nachfolge Christi* von Thomas von Kempen, die *Philothea* von Franz von Sales) und verfasste Lebensbeschreibungen der englischen katholischen Märtyrer und der Wüstenväter. Er schuf auch zwei eigene volkstümliche und lange immer wieder gelesene Werke: *The Garden of the Soul* (1740), ein vollständiges Handbuch über Glauben, Leben, persönliches Gebet, Gottesdienst und Messe, sowie *Meditations for Every Day of the Year* (1753), eine Sammlung von 365 Betrachtungen, die einen Kurs über das Leben als Christ darstellten und die Lesungen für die Sonn- und Festtage des Kirchenjahres erschlossen:

> Erwäge zuerst, wie viele Jahre deines Lebens bereits verstrichen und vergangen sind; wie lange es her ist, seit du zum ersten Mal zur Erkenntnis von Gut und Böse gelangt bist; auf welche Weise du diese ganze kostbare Zeit verbracht hast, die dir zu keinem anderen Ende gegeben worden ist, als dass du sie für die Liebe und den Dienst deines Gottes einsetzest…
> Erwäge zweitens den gegenwärtigen Zustand und die Verfassung deines Gewissens. Wie ist dein Leben gegenwärtig beschaffen? Wie steht die Bilanz deiner Seele mit Gott? Was wäre, wenn du heute noch vor die Schranken der göttlichen Gerechtigkeit gerufen würdest? Würdest du nicht dringend einen Aufschub wünschen?…
> Erwäge drittens, wie Gott in seiner Güte bislang so viele Jahre Geduld und Nachsicht mit dir geübt hat; wie er dich trotz all der Beleidigungen durch deine wiederholten Missetaten und ungeachtet deiner ständigen Undankbarkeit jetzt bis zum Anfang dieses neuen Jahres gebracht hat, aus dem aufrichtigen Wunsch, dass wenigstens jetzt endlich ein neues Leben beginnt, und zwar ein Leben von der Art, dass es deiner Seele jenes wahre Leben sichert, das kein Ende kennt…
> Fasse den Vorsatz, dich von dieser Stunde an von

der Sünde abzuwenden und dich fortan allen Ernstes der Liebe und dem Dienst Gottes zu verschreiben. Ach je! Es scheint, nur wenige Christen befassen sich allen Ernstes mit diesem größten aller Anliegen, bei dem es doch um ihr Schicksal für die Ewigkeit geht.[8]

(2. Januar: »Mit dem neuen Jahr ein neues Leben anfangen«)

Römisch katholische Konvertiten aus der Oxford-Bewegung

In den Anfängen des 19. Jahrhunderts setzte bei einer Gruppe anglikanischer Priester und Gelehrter in Oxford eine Bewegung zur Erneuerung des spirituellen Lebens und der Autorität der anglikanischen Kirche ein, die dazu für Lehre, Sakramente und Liturgie auf das Erbe der frühen Kirche zurückgreifen wollte. Etliche aus dieser Bewegung traten später zur römisch katholischen Kirche über, darunter der Dichter Gerard Manley Hopkins (siehe Kasten S. 220) und als berühmteste und einflussreichste Persönlichkeit John Henry Newman.

John Henry Newman (1801–1890)

Der gebildete Anglikaner Newman brachte einen von der Heiligen Schrift und der patristischen Theologie geprägten Geist mit und vermochte in die katholische Welt Gedanken einzubringen, die damals ihrer Zeit voraus waren. Als Kind war er in der Kirche von England aufgewachsen, studierte in Oxford und wurde 1828 Vikar an der dortigen Universitätskirche, St Mary's. Er schloss sich Keble und Pusey von der Oxford-Bewegung an, zu der er durch Predigten und »Traktate« (Kleinschriften) beitrug. 1842 begann er mit einigen Anhängern im Dorf Littlemore ein halb mönchisches Leben. Die Gruppe wurde 1845 römisch katholisch und schloss sich dem Oratorium des heiligen Philipp Neri von Rom an. Ihr Traum war ein Netzwerk missionarischer Oratorien in den Industriestädten Englands; aber es kam nur zu Gründungen in Birmingham unter Newman und London unter F.W. Faber, beide 1849. Von 1854–1858 war Newman Rektor einer neuen katholi-

John Henry Newman nach seiner Ernennung zum Kardinal der römisch katholischen Kirche (1888).

schen Universität in Dublin und verbrachte dann den Rest seines Lebens in Birmingham, einem Ort, den er selbst als »nicht gerade ein Zentrum« beschrieb. Seine Gedanken über die Kirche, die sich auf seine patristische und biblische Gelehrsamkeit gründeten, sollten das katholische Denken im 20. Jahrhundert stärker beeinflussen als zu seiner Zeit im 19.: Man hat ihn als einen der Vordenker des II. Vatikanischen Konzils bezeichnet. Er vertrat die Freiheit des (im Rahmen der Kirche geformten) Gewissens des einzelnen Christen, Konziliarismus und Konsultation; und er erkannte die Notwendigkeit, sich auf das naturwissenschaftliche und historische Studium einzulassen. 1864 schrieb er unter dem Titel *Apologia pro vita sua* seine Autobiografie, um die Geradlinigkeit seines inneren Weges darzulegen. Er war nie Bischof, wurde jedoch 1879 zum Kardinal ernannt.

Newmans Spiritualität

Im Alter von fünfzehn las Newman ein »kalvinistisches« Buch über die Bekehrung und Ausdauer und fühlte sich seiner Hingabe an Gott versichert; es bestätigte »meine Skepsis bezüglich der Realität der materiellen Phänomene... und ließ mich beim Gedanken an zwei Realitäten verweilen, und zwar die beiden einzigen absoluten und lichtvollen selbst-evidenten Realitäten: das waren ich selbst und mein Schöpfer.« Für Newman lag die wahre, die Welt des Spirituellen, jenseits der Welt der Sinne, und er fand, Symbolismus und Ritual seien hilfreich, diese unsichtbare Wirklichkeit zu erschließen. Er entschloss sich zum Zölibat, weil er nicht auf die vordergründige Welt ausgerichtet sein wollte; für ihn hatte seine Beziehung zu Gott vorrangige Bedeutung und seine Weihe zum Diakon verstand er als seine »Vermählung«. Da die Wahrheit das Geheimnis Gottes betreffe, könne der Glaube nicht nur auf der Kraft des menschlichen Vernunftdenkens beruhen. Aus diesem Grund wandte er sich gegen den »Liberalismus«, den er als »den Fehler« definierte, »dem menschlichen Vernunfturteil jene offenbaren Lehren zu unterwerfen, die ihrer Natur nach jenseits von ihm liegen und ihm nicht unterworfen sind« (*Apologia*, Anhang). Sein Leben blieb eine ständige, vom Gebet begleitete Suche nach Wahrheit und absoluter Redlichkeit im Denken, Glauben und Handeln.

»Vollkommenheit«, so führte Newman 1856 in einem Vortrag aus, sei nicht eine Frage, außergewöhnliche Dinge zu tun, sondern Gewöhnliches ganz richtig zu machen: »Vollkommen ist also der, welcher sein Tagewerk vollkommen macht, und wir müssen auf der Suche nach Vollkommenheit nicht darüber hinaus gehen. Man muss nicht den Kreislauf des Alltags verlassen... Wenn Sie mich fragen, was Sie tun sollen, um vollkommen zu werden, dann sage ich als erstes: Bleiben Sie nicht über die für das Aufstehen angemessene Zeit hinaus im Bett liegen; machen Sie eine gute Besuchung des Altarsakraments; beten Sie den ›Engel des Herrn‹ andächtig; essen und trinken Sie zu Gottes Ehre; beten Sie aufmerksam den Rosenkranz; bleiben Sie gesammelt; weisen Sie schlechte Gedanken ab; halten Sie sorgfältig Ihre Abendbetrachtung; machen Sie täglich Ihre Gewissenserforschung; gehen Sie rechtzeitig ins Bett. Dann sind Sie so gut wie vollkommen.«

Drei Dichter des späten 19. Jahrhunderts

Spiritualität kann auch in der Kunst eindrucksvoll artikuliert werden, wie das die folgenden englischen katholischen Dichter kurz vor Anbruch des 20. Jahrhunderts bezeugen: Hopkins, Thompson und Meynell.

Gerard Manley Hopkins
(1844–1889)

Gerard Manley Hopkins entstammte einer der anglikanischen Hochkirche angehörigen Familie in Essex und wurde 1866 in Oxford römisch katholisch. Er schrieb seit seiner Schulzeit Gedichte, hörte damit ab seinem Eintritt 1868 bei den Jesuiten auf und begann wieder damit während seines Theologiestudiums in St. Beuno's in Nordwales, um seine Gefühle angesichts der Nachricht über das Ertrinken einer Gruppe von Nonnen beim Versinken des Schiffes *Deutschland* zum Ausdruck zu bringen. Obwohl er sich seines außergewöhnlichen Talents bewusst war, bemühte er sich zu seinen Lebzeiten nicht um eine Veröffentlichung seiner Gedichte, sondern sandte nur einige an die Jesuitenzeitschrift *The Month*, wo sie aber wegen ihres innovativen Stils und ihrer verhüllten Ausdrucksweise abgelehnt wurden. Nur ein enger Kreis von Freunden, darunter Robert Bridges und Coventry Patmore, kannten sein Werk und ermutigten ihn dazu. Er verstand das Priestertum vom Gedanken des Opfers her, nach dem Vorbild der Selbstentäußerung Christi, die das Trachten nach persönlichem Ruhm ausschließe. Nach seiner Priesterweihe 1877 wurde er immer wieder auf einer ganzen Reihe von Lehrstellen und

Gerard Manley Hopkins. Lithographie aus der englischen Schule des 19. Jhs.

Kaplaneien eingesetzt, wenn jemand ausfiel, bis er 1884 am College der katholischen Universität von Dublin Professor für Griechisch wurde, was eine mühsame und deprimierende Aufgabe war, die ihn zu Gedichten der Verlassenheit bewegte. Er starb dort 1889 am Typhus. Seine gesammelten Gedichte veröffentlichte 1918 Robert Bridges.

Er verwendet bei seiner Dichtkunst unterschiedliche Rhythmen sowie Alliterationen und führt den Blick unter die Oberfläche, um die Welt als sakramental zu erkennen: Gottes Gegenwart ist die Wirklichkeit im Kern der Wirklichkeit von allem. Er ist leidenschaftlich sensibel für Gottes Schönheit und Liebe, für die Bedürftigkeit und Sünde des Menschen und die Zerstörung der Natur durch menschliche Habgier.

»God's Grandeur«

The world is charged with the grandeur of God.
  It will flame out, like shining from shook
    foil;
  It gathers to a greatness, like the ooze of oil
Crushed. Why do men now not reck his rod?
Generations have trod, have trod, have trod;
  And all is seared with trade; bleared, smeared
    with toil;
  And wears man's smudge and shares man's
    smell; the soil
Is bare now, nor can foot feel, being shod.

And for all this, nature is never spent;
  There lives the dearest freshness deep down
    things;
And though the last lights off the black West went
  Oh, morning, at the brown brink eastwards,
    springs –
Because the Holy Ghost over the bent
  World broods with warm breast and with ah!
    bright wings. [9]

beschaffen ist.« Die *Einführung* bietet einen anschaulichen praktischen Kurs im Beten und Leben als Christ. Franz unterweist in einer Methode des betrachtenden Betens, bespricht die Sakramente, die Übung der Tugend, das Umgehen mit Versuchungen und Prüfungen und schließlich die Vertiefung und Erneuerung der Hingabe an Gott. Er lehrt die Kunst kurzer Gebete während des ganzen Tages, um dadurch den Tag über in der Gegenwart Gottes zu leben. Seine Betrachtungsmethode für längere Zeiten des Gebets wurde zum Klassiker. Sie soll jetzt beschrieben werden.

Die »salesianische« Methode des betrachtenden Gebets

Zunächst bereitet man sich darauf vor, indem man sich zu Bewusstsein bringt, dass Gott gegenwärtig ist; man bittet ihn um seinen Beistand und liest dann eine Stelle aus der Heiligen Schrift oder führt sich lebhaft eine Szene aus den Evangelien oder eine Glaubenswahrheit vor Augen. Hierauf erwägt man diese Wahrheit oder Szene und denkt darüber unter besonderem Achten auf seine emotionalen Regungen nach, um in sich die Liebe zu Gott und den Wunsch zu wecken, ihr gemäß zu leben. Drittens soll man dann diese Gefühle aufgreifen und daraus ganz konkrete Vorsätze machen, sein Verhalten zu ändern und es christusförmiger werden zu lassen. Man schließt mit einem Dankgebet ab, bietet sich und seine Vorsätze Gott dar, bittet für sich selbst und in der Fürbitte für andere. Für die weitere Anregung wurde Franz besonders bekannt: Wenn man einige Zeit in diesem heiligen Raum des Gebets wie in einem Garten verbracht habe, könne man noch einmal überlegen, was man erfahren habe und sich zwei oder drei Punkte auswählen, die besonders eindrucksvoll oder wohltuend gewesen seien: Sie stellten eine Art von »spirituellem Blumenstrauß« dar, den man mit sich nehmen könne, um »häufig daran zu denken, damit einen sein Duft den ganzen übrigen Tag hindurch spirituell begleite.«

Franz von Sales. Stich aus der englischen Schule des 17. Jhs.

Theotimus oder Abhandlung über die Liebe zu Gott

Bei der Kontemplation, o Theotimus, handelt es sich um die liebevolle, ungekünstelte, unablässige Beschäftigung des Geistes mit allem, was Gott angeht ... Man denkt über Gottes Güte nach und schürt so seinen Willen, ihn zu lieben. Ist dann die Liebe im Herzen geboren, so sinnt man weiterhin über diese Güte nach, um seine Liebe zu stillen – denn die Liebe findet nur Frieden, wenn sie ständig auf das schaut, was sie liebt. Dann geht es so weiter: Die Liebe vermählt sich mit der Betrachtung und gebiert die Kontemplation, die Beschauung. Dann betrachtet man, um die Liebe zu schüren, und man beschaut, weil man liebt ... Hat einen die Liebe zur wachen Achtsamkeit auf die Beschauung angefeuert, so weckt wiederum diese Achtsamkeit eine noch größere, glühendere Liebe, die schließlich den Gipfel der Vollkommenheit erlangt, wenn sie besitzen darf, was sie liebt.[14]

Jeanne de Chantal (1572–1641)

Jeanne de Chantal. Stich nach Restout.

Jeanne war die Tochter eines Anwalts in Dijon mit Geburtsnamen Jeanne-Françoise Frémyot. Sie heiratete den Baron de Chantal, hatte mit ihm sechs Kinder (vier überlebten die Kindheit) und wurde 1601 Witwe. Das sie eine besondere Berufung durch Gott verspürte, bat sie 1604 Franz von Sales, ihr spiritueller Begleiter zu werden. Daraus ergab sich eine enge Freundschaft, obwohl Jeannes Weg im Gegensatz zur gewöhnlich freudvollen Erfahrung der Gegenwart Gottes bei Franz oft eher eine Frage des nackten Glaubens und eine mühsame Wüstenwanderung war. Franz wollte einen neuen Frauenorden gründen, um das Ordensleben auch solchen zu ermöglichen, die nicht für die strenge äußere Askese geeignet waren, wie sie die Armen Klarissen und die Karmelitinnen übten. 1610 begannen Jeanne und zwei Gefährtinnen in Annecy ein gemeinsames Leben und rasch schlossen sich ihnen weitere an.

Ihr Ziel war das kontemplative Gebet, das Wachsen in der Liebe durch inneren Verzicht auf Stolz und Selbstsucht sowie der Dienst der Nächstenliebe in Form von Krankenbesuchen. Nach den Regeln des Konzils von Trient mussten Frauenorden jedoch immer in strenger Klausur leben. So sah sich auch der neue Orden, der im Hinblick auf seine Aufgabe nach dem Besuch Marias bei Elisabeth benannt war, 1618 gezwungen, die Klausur einzuführen, was hieß, dass die aktive Arbeit unmöglich und auf den Empfang von Gästen zu Tagen der Einkehr beschränkt wurde.

Ab 1618 reiste Jeanne viel, um neue Konvente ihres Ordens zu gründen; bei ihrem Tod gab es 87. Ihre Briefe sowohl an die Leiterinnen der neuen Häuser als auch an Laien und Kirchenleute sind voller praktischer und spiritueller Ratschläge. Zu ihren Briefpartnern zählten Vinzenz von Paul und Charles de Condren, der nach Bérulle dem Französischen Oratorium vorstand. Sie gab die Briefe und Vorträge von Franz heraus und hielt ähnliche Vorträge wie er über das einfache kontemplative Gebet, wobei sie seine Betrachtungsmethode als den Weg dorthin lehrte. Nachdruck legte sie auf Selbstvergessen, Demut, »Indifferenz« (d.h. nichts festhalten und erzwingen, alle Umstände und Ergebnisse Gott anvertrauen) und völliges sich Ausliefern an den Willen Gottes. 1767 wurde sie heilig gesprochen.

Einem überbeschäftigten Priester, der voller Pläne und Vorhaben war, schrieb sie:

Machen Sie sich über all das keine Sorgen und versuchen Sie, mitten in diesem Kleinkrieg der Zerstreuungen ruhig zu bleiben … Widmen Sie die vorgesehene Zeit in Ruhe und Frieden dem Gebet, verharren Sie mit Nichtstun in der Gegenwart Gottes und seien Sie einfach damit zufrieden, da zu sein, ohne den Wunsch, seine Gegenwart zu spüren oder ein bestimmtes Gebet zu verrichten, es sei denn, es kommt Ihnen ganz zwanglos. Sitzen Sie einfach da, in innerer und äußerer Ruhe und Ehrfurcht, mit der Überzeugung, dass diese Geduld ein kraftvolles Gebet vor Gott ist … Kurz gesagt: Wenn man ohnmächtig, unnütz und einfach blank vor Gott und dabei – weil er es fügt – ausgetrocknet und unfruchtbar ist, sollte man damit genauso zufrieden sein, wie wenn man vor Leben sprüht und seine Gegenwart in Leichtigkeit und Andacht genießt. Bei unserem Einssein mit Gott kommt alles darauf an, mit beiden Weisen zufrieden zu sein. [15]

lebte um die Jahrhundertwende eine bemerkenswerte Frau, Madame Acarie (1566–1616), in deren Haus sich viele derjenigen trafen, die auf die Erneuerung einen großen Einfluss haben sollten. Geboren als Barbe Avrillot in einer wohlhabenden Pariser Familie, hatte sie eigentlich bei den Armen Klarissen eintreten wollen, wurde jedoch mit Pierre Acarie verheiratet und führte nicht nur einen glücklichen Haushalt mit sechs Kindern, sondern machte dazu noch ihr Pariser Haus zum Treffpunkt für Menschen, die sich für das Leben als Christ und das Gebet interessierten: Pierre de Bérulle, Franz von Sales, Jesuiten und reformierte Franziskaner (Kapuziner). Sie selbst war eine tief kontemplative Frau, ja Mystikerin mit der Gabe der geistlichen Unterscheidung. Ihr spiritueller Ratgeber war Benet von Canfield. Sie widmete sich Werken der Nächstenliebe und half mehrere Ordenshäuser reformieren oder neu gründen. Nachdem sie 1601 das Leben von Teresa von Avila gelesen hatte, gründete sie den ersten französischen Konvent der Unbeschuhten Karmelitinnen in Frankreich und wurde nach dem Tod ihres Mannes als Schwester Maria von der Inkarnation selbst noch für ihre letzten vier Lebensjahre Karmelitin. Von ihr sind nur einige wenige Gebete und Briefe erhalten, aber ihr Leben war ungemein beeindruckend; zwischen 1621 und 1666 erschienen drei Biografien über sie. 1791 wurde sie selig gesprochen.

Benet von Canfield (1562–1611)

Der Engländer William Fitch aus Little Canfield in Essex wurde während seines Jurastudiums in London römisch katholisch und trat 1587 bei den Kapuzinern in Paris ein. Als er 1593 zum Priester geweiht wurde, hatte er bereits ein ganzes Spektrum mystischer Phänomene erfahren und wurde als Autorität für das kontemplative Leben betrachtet. 1599 unternahm er den Versuch einer Mission in England, wurde dort verhaftet und verbrachte vier Jahre schreibend im Gefängnis, wonach er wieder ganz nach Paris zurückkehrte.

Benets Hauptwerk ist die *Regel der Vollkommenheit*, die ursprünglich nur für diejenigen gedacht war, die er begleitete sowie für seine Novizen, jedoch auf Befehl seines Oberen veröffentlichte er sie 1610. Darin strukturiert er das spirituelle Leben

um drei Aspekte des Willens Gottes: Anfänger suchen Gottes Willen in den äußeren Ereignissen des Lebens; die Fortgeschritteneren finden ihn in inneren Inspirationen und der Erleuchtung; die am meisten Fortgeschrittenen jedoch schauen Gottes Willen direkt, ohne Vermittlung des Intellekts oder bildhafter Vorstellungen. Diese dritte Stufe verrät den Einfluss der *Wolke des Nichtwissens* sowie von Dionysius und den flämischen Schriftstellern. Darin ist vom »Zunichtewerden« (*anéantissement*) des Ich vor Gott die Rede. Das trug dazu bei, dass das »Nichtsein« des Ich zu einem Schlüsselbegriff der französischen Spiritualität des 17. Jahrhunderts wurde. Benets Intention war ganz im Sinne der genuin christlichen Mystik, die er selbst lebte, bei der der Mensch nicht ganz in Gott auf- und vergeht, wenn Gottes Liebe ihn überwältigt. Trotzdem war seine *Regel* so offen, dass man sie auch missverstehen konnte, weshalb Franz von Sales riet, den dritten Teil solle man besser nicht lesen. Als das ganze Werk dann 1689 im Verlauf der »quietistischen« Krise sogar von der römischen Inquisition verboten wurde, geriet Benet zweihundert Jahre lang fast ganz in Vergessenheit.

Pierre de Bérulle (1575–1629)

Bérulle war der Gründer jener Bewegung zur Erneuerung und zur Reform des Klerus in Frankreich, die als die »französische Schule« der Spiritualität bekannt wurde. Von aristokratischer Herkunft, wurde er von den Jesuiten erzogen und studierte anschließend an der Sorbonne; 1599 wurde er zum Priester geweiht. 1604 gründete er zusammen mit Madame Acarie »teresianische« Karmelitinnenkonvente in Frankreich, und 1613 richtete er sein eigenes »Oratorium Jesu Christi« nach einem ähnlichen Muster wie dem der Oratorien von Philipp Neri ein. 1627 wurde er zum Kardinal ernannt; er starb 1629.

Zu Anfang seiner zwanziger Jahre hatte Bérulle eine strenge Spiritualität innerer Loslösung und Abhängigkeit von Gottes Führung entwickelt, mit dem Ziel, einen stabilen inneren Zustand (*état*) der Selbstverleugnung und Andacht zu Gott zu erlangen. Sein Denken kreiste um die Nachahmung Christi in seiner Menschwerdung: »Die Menschwerdung ist die Grundlage unserer Erlösung und ich habe oft erwogen, wie groß dieses Leerwerden von sich selbst (anéantissement) gewesen sein muss.« Ähnlich müssten auch die Christen alle ichbezogene Liebe ablegen, damit die Gnade sie umwandeln könne. Der Weg dazu bestehe im Gleichförmigwerden mit dem inneren und äußeren Leben Jesu in einer mystischen Konzentration auf ihn: »wobei wir in Jesus nicht uns selbst suchen, sondern in Jesus Jesus.« Bérulle sah bei diesem Werk der Menschwerdung Maria ganz eng mit Jesus verbunden; sein persönliches Gelübde bestand darin, Jesus und Maria zu dienen. Die Welt des königlichen Hofes, in der er sich bewegte, spiegelt sich in seiner Sprache, die darum kreist, Gott als der höchsten Majestät die Ehre zu geben und ihm zu gefallen. Bérulle lehrte, man solle sich so lange um die Tugend mühen und sie praktizieren, bis sie zur Gewohnheit werde; aber sein Bemühen um eine christusgleiche Demut verleitete ihn vielleicht zu einer einseitigen Betonung des Zunichtewerdens. Seine Beliebtheit als spiritueller Schriftsteller beschränkte sich auf das Frankreich des 17. Jahrhunderts. Langfristiger wirkte sein Bemühen um eine gediegene Ausbildung der Priester fort und die neue Frömmigkeitsform, die er ins Leben gerufen hatte. Diese wurde vor allem von seinen Anhängern Charles de Condren, Jean-Jacques Olier, Jean Eudes und Vinzenz von Paul weitergetragen.

Das Oratorium Jesu Christi (das Bérullesche oder Französische Oratorium)

1611 begannen Bérulle und fünf andere gebildete Priester in Paris ein Gemeinschaftsleben, das 1613 zur Gründung des »Oratoriums Jesu Christi« führte. Obwohl zum Teil vom Römischen Oratorium beeinflusst, war diese Neugründung zentralisierter angelegt und setzte sich das besondere Ziel, die Priesterschaft durch Anleitung zur persönlichen Heiligkeit und eine solide Ausbildung zu erneuern. Bérulle forderte mit Nachdruck, die Priester sollten sich mehr auf spirituelle als materielle Sorgen konzentrieren: »Eine Seele lenken heißt eine ganze Welt lenken, eine Welt, die mehr Geheimnisse und Überraschungen birgt als die sichtbare Welt vor unseren Augen.« Das Oratorium betonte die innere Andacht zu Jesus in der Liturgie und im Alltagsleben. Man sollte sich dreimal täglich im Licht des Lebens Jesu der Selbst-

prüfung unterziehen und alles Tun vom Gebet begleitet sein lassen: »Ich bringe dir diese Taten zu Ehren der Taten dar, die du auf Erden verrichtet hast… nimm von mir alles, was deiner Liebe missfallen könnte.« Vor allem das liturgische Jahr vom Advent bis zur Himmelfahrt sollte gründlich genutzt werden, um diese Spiritualität des Mitgehens auf dem Lebensweg Jesu einzuüben und zu vertiefen.

Das Französische Oratorium breitete sich rasch aus, hauptsächlich in Frankreich; bis 1629 umfasste es bereits 400 Priester in sechzig Häusern und noch sehr viel mehr Studenten. Seinen Höhepunkt erreichte es im 18. Jahrhundert mit 84 Häusern, verfiel dann, wurde 1792 von der atheistischen Revolutionsregierung völlig verboten und lebte in viel kleinerem Maßstab 1852 wieder auf.

Vinzenz von Paul (1581–1660): Mission, Wohlfahrt und die Vinzentinerinnen

1885, über zweihundert Jahre nach seinem Tod, wurde Vinzenz von Paul zum Patron aller karitativen Vereinigungen erklärt. Seine Spiritualität ist die einer aktiven Nachfolge Christi: Er lehrte, man könne in der Gegenwart Christus in den Gesichtern der Armen sehen und lieben, denn unter den Armen habe Christus Mensch werden wollen. Gebürtig war er aus einer Bauernfamilie, empfing die Priesterweihe und studierte Theologie in Toulouse, wurde Schützling von Bérulle in Paris und war mit Franz von Sales und Jeanne de Chantal bekannt. Er trat dem Haushalt des Generals der Galeeren, des Grafen de Gondi, bei und arbeitete von 1619 bis 1626 als Kaplan der Galeeren, um die Bedingungen der zu diesem Ruderdienst Verurteilten zu erleichtern. Er hielt Missionspredigten in ländlichen Gebieten, erneuerte das kirchliche Leben und gründete die »Kongregation der Mission«, nach ihrem Stützpunkt in St. Lazare in Paris allgemein »Lazaristen« genannt, deren Mitglieder sich der Predigt, Katechese, Unterweisung im Gebet und der Priesterausbildung annehmen sollten. Zudem brachte er Männer und Frauen, die im bürgerlichen Leben standen, in Bruder- und Schwesternschaften zusammen, die sich Werken der Nächstenliebe verschrieben, und vor allem gründete er die »Schwestern der Nächstenliebe«, den ersten

aktiven Frauenorden ohne strenge Klausur. Sie wurden später als »Vinzentinerinnen« bekannt und erschienen als erste als »Barmherzige Schwestern« auf den Schlachtfeldern Europas. Mit seiner Spiritu-

Vinzenz von Paul und die Schwestern der Nächstenliebe (ca. 1729). Gemälde, zugeschrieben Jean (Frère) Andre (1662–1753).

Darstellung eines Mitglieds der Lazaristen, des von Vinzenz von Paul gegründeten Ordens.

alität und seinem Organisationstalent wurde Vinzenz von Paul zum karitativen Vater Frankreichs, der in Paris riesige Volksküchen einrichtete und ganze kriegsverwüstete Provinzen vor der Hungersnot rettete. Daneben bildete er unter anderen Olier und Bossuet zu Priestern aus.

In der Folge ließen sich viele aktive Orden und Gemeinschaften von »Monsieur Vincent« inspirieren, darunter die 1833 gegründeten, weit verbreiteten »Vinzenzkonferenzen«, Gruppen katholischer Laien, die sich aktiv dem karitativen Engagement verschreiben. 1809 wurden von Mutter Elizabeth Seton (1774–1821) die amerikanischen »Sisters of Charity« gegründet, die die Kranken besuchten und Schulunterricht hielten. Nach dem Tod von Mutter Seton erwuchsen aus ihrer Gründung in den USA sechs voneinander unabhängige Kongregationen von »Sisters of Charity«, die alle ihre Inspiration und Regel von Vinzenz von Paul beziehen.

Jean-Jacques Olier (1608–1657) und die »sulpizianische Methode« des meditativen Gebets

Olier erhielt seine Ausbildung vor der Priesterweihe von Vinzenz von Paul; sein späterer spiritueller Begleiter war der französische Oratorianer Charles Condren, Bérulles Nachfolger in der Priesterausbildung. Er unternahm Missionen in ganz Frankreich, bis er 1642 Pfarrer von Saint Sulpice in Paris, einer sehr großen Pfarrei, wurde. Auch dort bildete er Priester im Gebet und in der Kunst der Seelsorge aus; außerdem schrieb er für seine Pfarrangehörigen zwei kleine Werke über das Gebet: *Ein christlicher Katechismus für das innere Leben* und *Einführung ins christliche Leben und die Tugenden*.

Seine Meditationsmethode ist auf Christus zentriert und bietet eine Zusammenfassung alles dessen, was das Leben des Christen ausmacht: »Immer unseren Herrn vor Augen, im Herzen und in den Händen haben... das heißt, *auf* Jesus schauen, sich *mit* Jesus vereinen und *in* Jesus handeln.« So nimmt man einen Abschnitt aus dem Evangelium oder denkt an ein Glaubensgeheimnis wie die Menschwerdung, das Leiden oder die Auferstehung und schaut dabei zunächst intensiv auf Jesus, erspürt seine innere Haltung, verweilt betend bei ihm und öffnet sich für das Wirken des Heiligen Geistes. Sodann übergibt man sich ganz ihm, um von dem, was und wie er ist, erfasst zu werden. Schließlich bittet man ihn, dass sein Wille in einem geschehe und fasst hierauf konkrete Vorsätze, wobei man sich plastisch die Situationen vorstellt, in denen man sich auf die beschlossene Weise verhalten möchte. Die Betonung liegt auf dem Sich-Öffnen, damit man von Christus umgeformt werden und er in einem handeln kann.

Die katholische Volksfrömmigkeit

In der Epoche der Gegenreformation machten die volkstümlichen Ausdrucksformen der katholischen Spiritualität einen starken Wandel durch. Die mittelalterliche Frömmigkeit war auf Wallfahrten und den Kult lokaler Heiliger, auf Zünfte und unabhängige

Bruderschaften mit ihren speziellen Festen und Prozessionen konzentriert gewesen. Das alles wich jetzt nüchterneren und zentraleren Frömmigkeitsformen, die vom Klerus stärker beaufsichtigt wurden. Die vermutlich beliebteste und verbreitetste Form der Spiritualität war die Herz-Jesu-Verehrung. Sie verdankt ihre Einführung zum Teil Jean Eudes, noch stärker jedoch Margareta Maria Alacoque (siehe Kasten S. 232).

Der Jansenismus

Der Jansenismus, eine in der französischen Spiritualität Mitte des 17. Jahrhunderts aufgekomme starke Strömung, ist nach Cornelius Jansen benannt. Er war Theologieprofessor in Löwen und Bischof von Ypern und hatte ein Buch über die augustinische Theologie des Sündenfalls, die Gnade und den freien Willen geschrieben, das nach seinem Tod 1640 veröffentlicht wurde. Darin vertrat er die Vorherbestimmung (Prädestination) und lehrte, nur wenige der vielen Christen seien »auserwählt«. Diese Auserwählten würden dank der Gnade Christi gerettet, die ihren freien Willen überwältige und sie unwiderstehlich zu Gott zurückziehe; so würden sie sowohl durch den Glauben, als auch durch die guten Werke, die sie unvermeidlich täten, erlöst. Obwohl die Jansenisten die Prädestination vertraten, behaupteten sie nicht, sie gehörten zu den Geretteten. Ihre Spiritualität konzentrierte sich auf den gefallenen Zustand der Menschheit und die dringende Notwendigkeit, sich in Zusammenarbeit mit der Gnade moralisch alle Mühe zu geben. Damit reagierten sie auch gegen die in ihren Augen empörende »Kasuistik« der Jesuiten (die eine raffinierte Spezialbehandlung jedes einzelnen moralischen Falles entwickelt hatten), namentlich der einflussreichen Männer, die am französischen Hof als spirituelle Begleiter wirkten. Der Konflikt wurde politisiert und führte 1642 zu einer Verurteilung etlicher Punkte der jansenistischen Auffassung durch eine päpstliche Bulle und zur Schließung des Zentrums der Jansenisten im Kloster von Port Royal in Paris. Aber der Jansenismus blieb eine einflussreiche Denkströmung in Frankreich und wirkte sich unter anderem auf Blaise Pascal und den Pfarrer von Ars aus (siehe Kästen S. 236 und S. 240).

Bruder Lorenz (ca. 1611–1691)

Zur Zeit der Kontroversen um den Jansenismus und die Ideen der Aufklärung lebte in Paris der Karmeliter-Laienbruder Lorenz von der Auferstehung, der als liebenswürdige, anziehende Persönlichkeit von ungewöhnlicher spiritueller Tiefe bekannt wurde. 1666/67 führte Abbé Joseph de Beaufort mit ihm ausführliche Gespräche über seine Spiritualität, deren Aufzeichnung kurz nach seinem Tod veröffentlicht wurde, zusammen mit einer Beschreibung des Bruders und einiger seiner »spirituellen Grundsätze« und Briefe (*Maximes spirituelles*, 1692). Wegen der damaligen »quietistischen« Kontroverse, in die zu Unrecht auch sein Name hineingezogen wurde, blieb Bruder Lorenz in Frankreich ziemlich unbekannt, obwohl Fénelon ihn zitierte. Die erste deutsche Übersetzung erschien 1829.[16]

Bruder Lorenz geht den Weg des unablässigen Gebets, indem er das Achten auf die Gegenwart Gottes so lange einübt, bis dieses Bewusstsein zur Gewohnheit wird.

> Ich besitze Gott so ruhig in den unruhigen Geschäften meiner Küche, wo zuweilen viele Personen auf einmal etwas von mir fordern, wie wenn ich vor dem Altar auf den Knien liege… Die Übung der Gegenwart Gottes sollte mehr durch das Herz und durch die Liebe als durch den Verstand und das Nachdenken erhalten werden … Man sucht Arten und Weisen, zu lernen, wie man Gott lieben soll; man will durch weiß nicht wie viel Übungen dazu gelangen… ist es denn nicht viel kürzer und geradliniger, alles aus Liebe zu Gott zu tun, sich aller Werke und Verrichtungen seines Standes zu bedienen, diese Ihm zu bezeigen und bei allem Seine Gegenwart in uns durch den Umgang unseres Herzens mit Ihm zu unterhalten? Hier ist kein subtiler Griff, keine scharfsinnig zurechtgelegte Methode nötig; man braucht nur kühn und einfältig hinzuzugehen.[17]

In seinen »Grundsätzen« legt Bruder Lorenz dar, dass diese innere Konzentration auf Gott der Übung und Ausdauer bedürfe und voraussetze, dass man sich ernsthaft um ein untadeliges Leben bemühe. Er empfiehlt den um ein intensives Gebetsleben Bemühten »Stoßgebete«, kurze, emotionale Gebetsrufe.

Die Herz-Jesu-Verehrung

Jean Eudes (1601–1680)

Jean Eudes war Mitglied des französischen Oratoriums, ein Priester mit einem ausgeprägten Missionsgeist und sehr sensibel für die sozialen Implikationen des Evangeliums. Er wurde für seinen Einsatz während der Seuchen der Jahre 1627 und 1631 bekannt und leitete viele Volksmissionen. 1641 gründete er einen Frauenorden, die *Religieuses de Notre Dame de Charité du Refuge*, die sich besonders der »gefallenen Frauen« annehmen und für sie offen sein sollten, und 1643 die *Congrégation de Jésus et Marie* (»Eudisten«), eine Gemeinschaft von Weltpriestern, die den Herzen von Jesus und Maria geweiht war. Er sah Maria als im Herzen ganz eins mit Jesus, so dass sich die Verehrung der Herzen beider theologisch als durchaus auf Jesus zentriert betrachten lässt, und er verfasste dafür Gebete und Andachtstexte. Ab 1672 feierten die Eudisten jährlich am 20. Oktober ein Herz-Jesu-Fest.

Margareta Maria Alacoque (1647–1690)

Margareta Maria Alacoque war während eines Großteils ihrer Kindheit krank; 1671 trat sie in den Konvent der Schwestern von der Heimsuchung in Paray le Monial in Burgund ein. Im Orden von der Heimsuchung gab es bereits den festen Brauch der Verehrung des verwundeten Herzens Jesu. Diese Frömmigkeitsform hatte ihre Wurzeln in der mittelalterlichen Passionsfrömmigkeit, also der Betrachtung des Leidens Jesu, und sie entsprach dem Umstand, dass die Gründer des Ordens, Franz von Sales und Jeanne de Chantal, ganz besonders das Herz als das Zentrum des Menschen und den Sitz seiner Liebeskraft betrachtet hatten.

In Margareta Marias Fall nahm diese ausgeprägt »affektive« Frömmigkeit regelrecht visionäre Formen an: Sie berichtete, eine Reihe von Christusvisionen erlebt zu haben, die im Dezember 1673 am Fest des heiligen Evangelisten Johannes begonnen hätten. Sie habe sich zugelassen gefühlt, »zusammen mit dem Lieblingsjünger am Herzen Jesu zu ruhen« und geschaut, wie Christus ihr Herz in das seine versenkt und es ihr dann »als Feuerflamme in Form eines Herzens« zurückgegeben und sie als »die geliebte Jüngerin meines Heiligsten Herzens« bezeichnet habe. Später sah sie das Herz Christi in der Form, wie es Künstler bereits oft gemalt hatten, nämlich mit der Stichwunde und strahlend, von der Dornenkrone umwunden und darüber dem Kreuz. Bei einer dritten Gelegenheit sah sie Christus mit seinen fünf Wunden, und heller Lichtschein floss aus seinem in der offenen Brust sichtbaren Herzen.

Oben: Margareta Maria Alacoque.

Links: Jean Eudes unter einer Herz-Jesu-Abbildung.

Sie berichtete weiter, Christus habe gebetet, man solle jeden Donnerstag Abend eine »Heilige Stunde« vor dem Heiligsten Altarsakrament verbringen und so im Geist mit ihm gemeinsam in Gethsemane wachen und beten, und dazu jeden ersten Freitag im Monat die Kommunion empfangen. In der »großen Erscheinung« kurz nach Fronleichnam 1675 schließlich, so berichtete sie, habe Christus den Auftrag gegeben, ein besonderes jährliches Herz-Jesu-Fest einzuführen. Die Kommunion an diesem Tag werde ein Akt der Wiedergutmachung für die Schmähungen der Liebe Christi und seiner Gegenwart im Altarsakrament sein.

Zunächst betrachtete man im Orden der Heimsuchung diese Visionen als Täuschungen, aber durch das Mitwirken eines Jesuitenpriesters wurde diese Frömmigkeitsform dann doch akzeptiert und verbreitet. 1685 feierte man das Herz-Jesu-Fest zum ersten Mal in Paray; 1856 wurde es in der römisch katholischen Kirche allgemein eingeführt. Margareta Maria wurde 1920 heilig gesprochen.

Der Hintergrund der Herz-Jesu-Verehrung

Das sich Versenken in Szenen des Lebens Jesu mit Hilfe der Imagination war ab dem 11. Jahrhundert eine Weise des Betens. Wenn sich die Menschen die Kreuzigung plastisch vorstellten, konzentrierten sie sich auf die Wunden in den Händen und Füßen und der Seite Jesu; seine Seitenwunde, aus der Blut und Wasser flossen, führte zu seinem Herzen, dem Quell der erlösenden Liebe. In einem mitteldeutschen Manuskript aus Straßburg heißt es: »Wer das Leiden unseres Herrn betrachtet und in seine offene Seite eingeht, findet sein heiligstes Herz. Selig die Herzen derer, die sich auf diese Weise mit dem süßen und heiligsten Herzen Gottes vereinen.« Unter anderen verbreiteten die Franziskaner gern symbolische Abbildungen der »heiligen fünf Wunden«, auf denen auch das verwundete Herz Jesu, umwunden mit Dornen und überragt von einem Kreuz, zu sehen war. Auch Paul Gerhardt besang 1656 das »Herz des Königs aller Welt« mit den Zeilen:

Dich grüßt mein Herz mit Freuden!
Du Träger aller Bürd und Last,
Du aller Müden Ruh und Rast,
Du Trost in allen Leiden.[18]

Die Herz-Jesu-Verehrung

Hinter der Herz-Jesu-Verehrung steht das Anliegen, in enger Vereinigung mit der Liebe Jesu zu leben. Margareta Maria sprach begeistert davon, wie hilfreich und lohnend diese Verehrung sei und empfahl allen dringend, immer ein Bild Jesu, der auf sein von Liebe flammendes Herz zeigt, mit sich zu tragen oder ein solches bei sich daheim aufzuhängen. Für diese Andachtsform gibt es eigene Gebete und Litaneien, die wöchentliche »Heilige Stunde« als Gebetsstunde sowie ein jährliches Fest. Dabei geht es darum, sich ganz der Liebe Jesu auszuliefern, wie das im folgenden Gebet von Margareta Maria zum Ausdruck kommt:

Heiligstes Herz Jesu, du Inbegriff der Liebe, sei du uns Schutz im Leben und Unterpfand des ewigen Heils. Sei du uns Stärke in Schwachheit und Unbeständigkeit. Sei du die Sühne für alle Sünden unseres Lebens.
Du Herz der Milde und Güte, sei unsere Zuflucht in der Stunde unseres Todes. Sei unsere Rechtfertigung vor Gott. Wende ab von uns die Strafe seines gerechten Zornes. Herz der Liebe, auf dich setzen wir unser ganzes Vertrauen. Von unserer Bosheit fürchten wir alles; aber von deiner Liebe hoffen wir alles.
Tilge in uns, was dir missfallen oder entgegen sein könnte. Deine Liebe präge sich so tief in unseren Herzen ein, dass wir dich niemals vergessen und niemals von dir getrennt werden können.
Herr unser Heiland, bei deiner ganzen Liebe bitten wir dich: Lass unsere Namen tief eingeschrieben sein in deinem heiligsten Herzen. Unser Glück und unsere Ehre soll es sein, in deinem Dienst zu leben und zu sterben. Amen.[19]

Die Kontroverse um den Quietismus

Gegen Ende des 17. Jahrhunderts kam es zu heftigen Kontroversen um den »Quietismus«. Damit war eine übertriebene Betonung der Passivität im Gebet gemeint, bei der die Gefahr bestehe, aktive Elemente des christlichen Lebens wie das Meditieren über das Leben Christi und die Übung der Tugenden zu sehr zu vernachlässigen. Zudem befürchtete man, »spirituelle« Menschen könnten sich höhere theologische Einsichten und spirituelle Autorität als die amtlichen Vertreter der Kirche zuschreiben und sich von diesen nichts mehr sagen lassen. Hinzu kam der landläufige Verdacht, der »Quietismus« laufe auf unmoralische Verhaltensweisen hinaus, weil seine Vertreter fälschlicherweise annehmen könnten, als »Erleuchtete« seien sie über die Moral erhaben und gegen Sünden immun und könnten folglich in der äußeren Welt tun, was sie wollten.

Die Kontroverse entzündete sich 1687 um den spanischen Priester Miguel de Molinos und es schloss sich daran eine allgemeine Hexenjagd an: Gruppen, die sich im kontemplativen Gebet übten, wurden aufgelöst, Einzelpersonen und Schriften verurteilt. Davon wurden auch führende Persönlichkeiten in Frankreich betroffen: Madame Guyon, Fénelon und Bossuet.

Von der Inquisition Verurteilte werden zum Scheiterhaufen gebracht. Anonymer spanischer Stich. Die Spanische Inquisition wurde 1479 zum Aufspüren solcher Menschen eingerichtet, die sich nur zum Schein zum Katholizismus bekehrt hatten. Sie war viel grausamer als die Päpstliche Inquisition, die sich mit Häretikern befasste.

Miguel de Molinos (1628–1696) und die päpstliche Bulle gegen den »Quietismus«

Miguel de Molinos ließ sich 1663 in Rom nieder, arbeitete als spiritueller Begleiter und schrieb einen beliebten *Spirituellen Führer* für das kontemplative Gebet (das Stillegebet, auf Spanisch *quietud*). 1682 wurde er wegen seiner Lehre angegriffen und zugleich der Unmoral bezichtigt. Er hatte seine Lehre auf wichtige Schriftsteller, insbesondere Johannes vom Kreuz, gegründet, scheint jedoch aktive und passive Kontemplation miteinander vermengt und vielleicht den weniger Fortgeschrittenen irreführende Anweisungen gegeben zu haben. Zunächst stand Papst Innozenz XI. zu ihm, aber unter dem Druck der Inquisition wurden er und sein Text 1687 mit einer päpstlichen Bulle verurteilt, und der Text dieses Schreibens diente als Grundlage für die Anklage weiterer angeblicher Vertreter des »Quietismus« oder »Molinismus«. Molinos widerrief alle Irrtümer, die ihm unterlaufen sein mochten, musste aber trotzdem bis zu seinem Tod neun Jahre lang im Gefängnis bleiben. Seine Bücher wurden weiterhin in protestantischen pietistischen Kreisen gelesen.

Die Bulle von 1687 liefert nur annähernd eine Definition des »Quietismus«. Sie verurteilt die Gebetsform, bei der das aktive Tun, das Denken oder Wissen aufhört; ebenso die Auffassung, Gott könne sich dem Menschen auf geheimnisvolle Weise direkt zu erkennen geben. Außerdem setzt sie den Quietismus mit der Weigerung gleich, mündliche Gebete jeglicher Art zu verrichten oder sonst etwas aktiv zu tun: weder Dankgebete zu sprechen, noch Gedanken an Christus zu pflegen, noch Gewohnheiten wie das sich Bezeichnen mit dem Kreuz beizubehalten oder das Vaterunser zu beten, nicht der Versuchung zu widerstehen, keine Anstrengung zur Übung der Tugenden zu machen und die Abtötung abzulehnen. Ferner prangerte die Bulle an, die Vertreter des Quietismus behaupteten, den einzigen Weg zum Heil gefunden zu haben und die Institution der Kirche in Frage zu stellen. Dieser Sündenkatalog wurde in den darauf folgenden Jahren zur Jagd auf »Quietisten« verwendet: Jeder, der eines dieser Punkte angeklagt werden konnte, wurde auch aller anderen verdächtigt und zudem der vermutlichen Unbotmäßigkeit und Unmoral.

Diese Verurteilung des »Quietismus« wirkte sich nachhaltig auf die Pflege des echten kontemplativen Gebets und die Tradition der authentischen Mystik aus und ließ während des ganzen 18. und 19. Jahrhunderts in römisch katholischen Kreisen diesen gesamten Bereich als verdächtig und fragwürdig erscheinen.

Madame Guyon (1648–1717)

Die 1648 in Montargis als Jeanne Marie Bouvier de la Mothe geborene Madame Guyon genoss in mehreren Konventen eine bunt gemischte Ausbildung, las ungemein viel und erwarb sich eine gründliche Kenntnis der mystischen Tradition. Nachdem sie sich auf die üblichen aktiven Weisen meditativen Gebets abgemüht hatte, eröffnete sich ihr plötzlich 1668 das kontemplative Gebet, als sie einem Priester, der ihr Ratgeber war, ihre innere Dürre schilderte: »Madame, das kommt daher, dass Sie draußen suchen, was Sie in Ihrem Inneren haben. Gewöhnen Sie sich an, Gott in Ihrem Herzen zu suchen und Sie werden ihn darin finden.« Damit fühlte sie sich in die Freude des schweigenden Herzensgebets entlassen und erfuhr darin die Gegenwart Gottes. Der Rest ihres Lebens war geprägt von ihrem Enthusiasmus, mit dem sie lehrte, was sie entdeckt hatte.

Sie veränderte damit das Leben vieler Katholiken in Frankreich und Italien und später auch von protestantischen Freunden aus Holland, Deutschland und England. In ihrem Werk *Les Torrents spirituels* (1682[20]) vergleicht sie die Freuden und Leiden des mystischen Wegs mit einem fließenden Bergbach. Ihr bekanntestes Werk ist *Moyen court et très facile pour l'oraison* (1685[21]).

Madame Guyon schreibt vor allem über den vollkommenen Verzicht auf die Ichbezogenheit (Zunichtewerdung, *anéantissement*), die Auslieferung an den Willen Gottes, die reine Liebe zu Gott ohne jedes Eigeninteresse und die innere Freiheit (*indifférence*) gegenüber allen Ängsten bezüglich des Kommenden. Sie fiel Intrigen am französischen Hof zum Opfer, wurde als »Quietistin« angegriffen und im Konflikt Bossuets, des Bischofs von Meaux, gegen ihren Freund und Schüler François Fénelon zum Spielball der Interessen: Zweimal wurde sie ins Gefängnis geworfen und verbrachte die Jahre 1698 bis 1703 in der Bastille. Trotz dieser Kontroversen wurde ihr Werk nicht direkt von Rom zensiert und sie starb als voll bekennende Katholikin. Evelyn Underhill sagte zu Recht: »Diese umtriebige Dame war in Wirklichkeit alles andere als eine typische Quietistin.«[22]

François Fénelon (1651–1715)

François de Salignac de la Mothe Fénelon entstammte einer alten Adelsfamilie und war nach seiner Ausbildung am Oliers Seminar von Saint Sulpice in Paris dort als Priester tätig. Er wurde Superior einer neu vom Protestantismus konvertierten Frauenkommunität, schrieb über die Ausbildung von Mädchen, war Hauslehrer eines Enkels Ludwigs XIV. und außerdem ein gesuchter spiritueller Begleiter. 1695 wurde er vom Hof entfernt und zum Erzbischof von Cambrai ernannt.

1688 begegnete Madame Guyon, fühlte sich von ihrer Art des einfachen kontemplativen Gebets angezogen und war überzeugt, sie sei eine authentische spirituelle Persönlichkeit. Schließlich arbeitete er mit ihr zusammen und hielt zu ihr, als gegen sie wegen des Verdachts, »Quietistin« zu sein, Untersuchungen angestellt wurden. Das kostete ihn seine Freundschaft mit dem einflussreichen und entschieden antimystisch eingestellten Bischof von Meaux, Jacques Bénigne Bossuet, sowie seine Stellung am Hof und brachte ihm obendrein eine milde Rüge aus

Blaise Pascal (1623–1662)

Das 17. Jahrhundert erlebte das Aufkommen des modernen rationalistischen Atheismus. Pascal war ein brillanter Mathematiker, Naturwissenschaftler und Erfinder, der sich vornahm, eine *Apologie für die christliche Religion* zu schreiben, um seinen »freigeistigen« Zeitgenossen den christlichen Glauben und das Leben als Christ nahe zu bringen. Er starb, bevor er sie vollenden konnte, jedoch wurden seine Notizen dafür zusammen mit anderen Gedanken und Niederschriften 1670 in dem allgemein als *Pensées* (»Gedanken«) bekannten Buch veröffentlicht.

Pascals äußeres wie spirituelles Leben verlief sehr dramatisch und unter vielen Kämpfen. Sein Vater, ein Anwalt und Mathematiker, brachte ihm bei, Vernunft und Glaube richteten sich auf unterschiedliche Gegenstände. Pascal aber rang darum, Glauben und Vernunft zusammenzuhalten, und zwar mit Hilfe eines starken Glaubens an Gottes Transzendenz, so dass der Glaube sich auf Wahrheiten außerhalb der Reichweite der menschlichen Vernunft beziehe. Er war zutiefst davon überzeugt, dass der Mensch Gott brauche: »Elend des Menschen ohne Gott. Glück des Menschen mit Gott.« (*Pensées* 6). Glaube sei eine Angelegenheit des Herzens, verstanden als Willenskraft und Zentrum unseres Wesens: »Das Herz hat seine Gründe, die die Vernunft nicht kennt … Es ist das Herz, das Gott spürt, und nicht die Vernunft.« (477.481). Er lädt seine Leser zu der vernünftigen »Wette« ein, auf die Annahme zu setzen, dass Gott existiere und ihr Leben Christus zu überantworten: Wenn sie die Wette gewännen, gewännen sie die Ewigkeit; wenn sie sie verlören, hätten sie immerhin in dieser Welt anständig gelebt. Mit seinen augustinisch-jansenistischen Überzeugungen sah er sich schließlich außer Stande, seine Faszination für das naturwissenschaftliche Forschen und den Stolz, den

er dabei empfand, mit einem an Gott hingegebenen Leben zu verbinden. Die Naturwissenschaft erschien ihm als Ablenkung von dem, was wirklich zählte, so dass er sich schließlich von ihr abwandte und unter den Armen arbeitete. Er richtete in Paris den ersten öffentlichen Transportdienst ein.

Pascal widerfuhr an einem Novemberabend des Jahres 1654 eine intensive Erfahrung der Gegenwart Gottes. Einen kurzen Text darüber nähte er sich in seinen Rock an der Stelle seines Herzens ein. Dieses so genannte »Memorial« ist als *Pensée* 913 veröffentlicht:

> Seit ungefähr abends zehneinhalb bis ungefähr eine halbe Stunde nach Mitternacht. Feuer. Gott Abrahams, Gott Isaaks, Gott Jakobs, nicht der Philosophen und Gelehrten. Gewissheit, Gewissheit, Empfinden. Freude. Friede. Gott Jesu Christi. Deum meum et deum vestrum. »Dein Gott wird mein Gott sein.« Vergessen der Welt und aller Dinge außer Gott. Nur auf den Wegen, die das Evangelium lehrt, ist er zu finden. Größe der menschlichen Seele. »Gerechter Vater, die Welt kennt dich nicht; ich aber kenne dich.« Freude, Freude, Freude, Tränen der Freude …[23]

Blaise Pascal. Miniatur von Paul Prieur (tätig gegen 1670) in einem deutschen Album.

Rom ein. Seine *Explication des Maximes des Saints sur la vie intérieure* (1697[24]) ist eine Studie über die christliche mystische Tradition, die er zur Verteidigung seiner Lehre und derjenigen von Madame Guyon verfasste.

Fénelons spirituelle Lehre findet sich in seiner Korrespondenz, einigen kurzen, im Briefstil geschriebenen Büchern und seinen *Maximes*. Seine Vorstellungen liegen auf einer Linie mit der »französischen Schule« und Franz von Sales und er betont den Verzicht auf die Eigenliebe und die Auslieferung an Gott. Seine Schlüsselthemen sind die »*indifférence*« und die »reine«, von allen Eigeninteressen freie Liebe zu Gott. Die *indifférence* bestehe in der absoluten Übereinstimmung des Willens des Menschen mit demjenigen Gottes, so dass, wenn das möglich wäre, der Mensch sogar seine eigene Verdammung bejahen würde, falls das Gottes Liebe von ihm verlangen würde. Im Alltagsleben werde diese Haltung geübt, indem man sich ständig in die Gegenwart Gottes versetze (er zitiert Bruder Lorenz) und den Ausgang aller seiner Unternehmungen ganz Gott in die Hand lege, ohne aufzuhören, tätig zu sein. Das ermögliche die »reine Liebe« (*amour pur*), mit der man sich selbst nur noch liebe, damit Gott verherrlicht werde, und sogar mit seinem Unglück zufrieden wäre, sofern es zur Verherrlichung Gottes gereichen würde.

Das kontemplative Gebet sei »reine Liebe«, bei der der Wille ganz auf Gott konzentriert sei. Nach Fénelons Vorstellung gelangt man dazu von der diskursiven Betrachtung aus in dem Maß, in dem die eigene Liebe ihre Eigeninteressen ablegt.

Jacques-Bénigne Bossuet (1627–1704)

Bossuet, Bischof von Meaux, war ein einflussreicher Prediger und Schriftsteller, Hofprediger und Hauslehrer des Sohnes von Ludwig XIV. Seine persönliche Spiritualität kreiste um den Gehorsam gegen Gott als obersten Souverän und das Vertrauen auf seine Vorsehung. Er lehrte einen »bestaunenden«, anbetenden Stil des betrachtenden Gebets und schrieb klassische Meditationen über die Evangelien und die Geheimnisse Christi. 1694 begann er, sich an die Spitze der Gegner von Madame Guyons Schriften über das kontemplative Gebet zu stellen und verurteilte sie wegen einer einseitigen Beto-

nung des Passivseins (der »Totalhingabe« und des Selbst-Zunichtewerdens) und der ungenügenden Hervorhebung der Notwendigkeit, über die Menschheit Christi in den Evangelien zu betrachten. Er griff auch seinen bisherigen Freund François Fénelon an, der zu Madame Guyon hielt. Das Hauptergebnis dieser Kampagne war, dass jegliches kontemplative Gebet, echtes wie falsches, für die nächsten zweihundert Jahre in Frankreich in Verdacht geriet.

Jean-Pierre de Caussade (1675–1751)

De Caussade steht am Ende dieser kreativen Epoche der französischen Spiritualität. Er war Jesuit und Prediger sowie seit 1729 spiritueller Begleiter der Schwestern der Heimsuchung in Nancy. Erst 1867, über hundert Jahre nach seinem Tod, veröffentlichte Père Henri Ramière eine Auswahl aus seinen Notizen unter dem Titel *L'Abandon à la Providence divine* (»Von der Hingabe an die göttliche Vorsehung«[25]). Das Buch fand unverzüglich eine breite Leserschaft und rückte die »Totalhingabe« (oder »vollkommene Auslieferung an Gott«) wieder ins Zentrum der französischen Spiritualität.

De Caussade konzentriert sich auf die Anweisung, sich der Vorsehung Gottes anzuvertrauen (»auszuliefern«). Sein »abandon« ist keine reine Passivität, sondern dazu gehören die Achtsamkeit auf Gott, wie er aus den jeweiligen Lebensumständen spricht und die Bereitschaft, sich immer wieder spontan als Werkzeug des liebenden Wollens Gottes zur Verfügung zu stellen:

> Gott in den allerkleinsten und allergewöhnlichsten Dingen ebenso gut zu finden wie in den größten, das heißt einen nicht gewöhnlichen, sondern einen großen, außerordentlichen Glauben haben. Sich zufrieden geben mit dem gegenwärtigen Augenblick: Das heißt den göttlichen Willen kosten und anbeten in allem, was sich in den Dingen, die durch ihre Aufeinanderfolge die dahinströmende Gegenwart ausmachen, zu tun und zu leiden findet.[26]

De Caussade kennt aus eigener Erfahrung den Wert der herkömmlichen Aufteilung des spirituellen Weges in eine aktive und eine spätere eher passive Phase des kontemplativen Lebens und lehrt folglich auch diese:

François Fénelon, Jacques Bossuet und Louis Antoine de Noailles, Erzbischof von Paris, unterzeichnen die Artikel von Issy (1694/95), eine nur kurz haltbare Kompromissformel im Quietismus-Streit. Gemälde der französischen Schule des 17. Jhs.

Es gibt eine Zeit, da die Seele in Gott lebt, und eine Zeit, da Gott in der Seele lebt. Was der einen der beiden Zeiten angemessen ist, das ist der anderen entgegengesetzt. Wenn Gott in der Seele lebt, dann muss sie sich völlig Seiner Vorsehung hingeben. Wenn die Seele in Gott lebt, dann versieht sie sich mit Sorgfalt und großer Regelmäßigkeit mit allen Mitteln, die sie ausfindig machen kann, um zu dieser Vereinigung zu gelangen.[27]

Bernadette von Lourdes
(1844–1879)

Bernadette Soubirous war das älteste Kind einer armen Familie in der Kleinstadt Lourdes am Fluss Gave zu Füßen der Pyrenäen. Am 11. Februar 1858 ging sie als Vierzehnjährige mit zwei kleineren Kindern zum Holzsammeln an den Fluss. Da sah sie in einer Grotte über dem Flussufer die Erscheinung einer weißgekleideten Frau mit blauem Gürtel.

Diese Erscheinungen wiederholten sich in den folgenden Wochen. Die Erscheinung sprach zu Bernadette im örtlichen Dialekt und gab ihr den Auftrag, den Priestern zu sagen, sie sollten hier eine Kirche bauen und in Prozessionen herkommen; außerdem unterwies sie sie im Gebet für die Sünder; auch wies sie sie an, unter der Grotto zu graben und dort eine Quelle freizulegen. Ihr Gemeindepfarrer sagte ihr, sie solle die Frau nach ihrem Namen fragen; berichtete ihm dann, diese habe zur Antwort gegeben: »Ich bin die Unbefleckte Empfängnis«. Das war vier Jahre, nachdem Papst Pius XI. proklamiert hatte, die Katholiken sollten als Glaubensartikel festhalten, dass die Jungfrau Maria »unbefleckt« (d.h. ohne von der Erbsünde gezeichnet zu sein) empfangen worden sei. Das betreffende Dokument war 1855 in der dortigen Pfarrkirche verlesen worden; aber Bernadette sagte, dieser Ausdruck sei ihr zu dem Zeitpunkt, als die Erscheinung ihn ausgesprochen habe, neu gewesen.

Bernadettes Berichte über ihre Erscheinungen sind einfach und klar; sie macht den Eindruck eines aufrichtigen, ausgeglichenen jungen Menschen, der nicht das Bedürfnis hat, sich in Szene zu setzen oder groß zu tun. Ihr Ortsbischof erklärte ihre Erscheinungen für echt und es wurde die Wallfahrt eingerichtet. Bernadette arbeitete acht Jahre lang auf der von den »Soeurs de la Charité« unterhaltenen Krankenstation in Lourdes, trat dann selbst in diesen Orden ein und lebte in dessen Mutterhaus in Nevers. Ihre Spiritualität, wie sie ihre Briefe und Aufzeichnungen bekunden, ist vom starken Wunsch erfüllt, sich selbst Gott hinzugeben und für die Sünder zu beten. Sie erkrankte mehrere Male schwer und starb nach einer schmerzvollen Krankheit mit 35 Jahren. 1933 wurde sie heilig gesprochen.

Elisabeth von der Dreifaltigkeit
(1880–1906)

Die in der Nähe von Bourges geborene Elisabeth Catez war Karmelitin in Dijon und starb schon mit 26 Jahren. Ihre besondere Gabe war es, aus der lebendigen Erfahrung zu leben, dass der Dreifaltige Gott in der Tiefe ihres Wesens wohne. Sie fasste ihre Spiritualität 1904 in einem Gebet zusammen: »O mein Gott Dreifaltiger, den ich anbete, hilf mir, mich selbst zu vergessen, um ganz in Dir verwurzelt zu sein, unwandelbar und still, als weilte meine Seele in der Ewigkeit…«[28] Die Lektüre von Teresa von Avila und Johannes vom Kreuz half ihr, ihre eigenen Erfahrungen besser zu verstehen, zu denen auch Zeiten der Trockenheit im Gebet gehörten. Sie bezeichnete das Wohnen Gottes in ihr als einen Vorgeschmack des Himmels: »Ich lebe bereits das Leben des Himmels, denn ich trage ihn in mir;« »im Innersten meiner Seele lebe ich im Himmel des Glaubens und versuche, meinem Meister zu gefallen, indem ich bereits hier auf Erden ›ein Lobpreis seiner Herrlichkeit‹ bin.« Sie hinterließ Briefe und Aufzeichnungen von Einkehrtagen. Einer Mitschwester schrieb sie kurz vor ihrem Tod:

Mir scheint, im Himmel wird meine Sendung darin bestehen, Seelen anzuziehen, indem ich ihnen helfe, aus sich selbst herauszugehen, um Gott anzuhangen… und sie in jenem tiefen inneren Schweigen zu halten, das es Gott erlaubt, sich ihnen einzuprägen und sie in sich selbst umzuwandeln.«

Charles Péguy (1873–1914)

Der Dichter, Sozialphilosoph und Pionier des christlichen Sozialismus, Charles Péguy, entstammte einer armen katholischen Familie in Orléans, war eine Zeit lang Atheist und verheiratete sich zivil, was hieß, dass er von den Sakramenten ausgeschlossen wurde; aber obwohl er ein Kirchenrebell blieb, schrieb er aus einem tiefen neu entdeckten Glauben heraus.

Péguys ideale Gesellschaft war eine »harmonische Stadt«, in der Gerechtigkeit herrscht, alle willkommen sind und niemand ausgeschlossen wird und worin die Vorstellung einer ewigen Verdammnis keinen Platz hat. Zentral war für ihn die Menschwerdung Gottes als der Punkt, an dem die Heils- und Weltgeschichte eng miteinander verknüpft werden. Er kritisierte an der Kirche leidenschaftlich, dass sie sich auf die Seite der Reichen stelle, statt die Anwältin der Arbeiter und der »Armen und Unterdrückten« zu sein und diese in einer Liebesgemeinschaft nach dem Vorbild der Urkirche zu versammeln. Für ihn ging es beim Sozialismus um Liebe und Gerechtigkeit; er lehnte

die orthodoxe marxistische Vorstellung eines »wissenschaftlichen« sozialen Fortschritts und den Klassenkampf ab. Sein Motto lautete: »Die soziale Revolution wird moralischer Natur sein oder gar nicht stattfinden.« Er unterhielt einen sozialistischen Buchladen in der Nähe der Sorbonne und gab eine Zeitschrift heraus, die *Cahiers de la quinzaine*, in der er und seine Freunde ihre Vorstellungen darlegten. 1914 fiel er im Ersten Weltkrieg. Seine leidenschaftliche und mystische Vision nahm später bei der Einrichtung der Arbeiterpriester Gestalt an und trug maßgeblich dazu bei, dass im französischen christlichen Sozialismus im Mittelpunkt die enge Gemeinschaft und Solidarität mit den Armen stand.

Charles de Foucauld (1858–1916) und die Kleinen Brüder und Schwestern Jesu

Charles de Foucauld gab den Anstoß und lieferte die Inspiration für eine der stillsten und einflussreichsten neuen Formen des Ordenslebens im 20. Jahrhundert. Gebürtig aus Straßburg, wuchs er ab dem fünften Lebensjahr als Waise auf und hatte den Titel eines Vicomte geerbt. Stürmisch und unabhängig, empfing er 1872 mit religiöser Begeisterung die erste heilige Kommunion, wurde jedoch bald Atheist. Er besuchte die Militärakademie von Saint-Cyr und Saumur und wurde ein schneidiger und draufgängerischer Kavallerieoffizier. 1883/84 unternahm er ganz allein als Jude verkleidet eine kühne Forschungsexpedition durch Marokko und war stark von der religiösen Hingabe der Muslime beeindruckt. Nach seiner Rückkehr nach Paris kam er unter den Einfluss seiner frommen Cousine Marie de Bondy, die ihn mit ihrem spirituellen Begleiter, dem berühmten Abbé Huvelin, bekannt machte. Charles legte bei ihm seine Beichte ab und empfing die Kommunion. Später schrieb er: »Sobald ich begriffen hatte, dass es Gott gebe, war mir klar, dass ich nichts anderes mehr tun könne, als ganz für ihn zu leben: Meine Ordensberufung kam zur gleichen Stunde wie mein Glaube zur Welt.«

Er ließ sich drei Jahre lang von Abbé Huvelin ins Gebetsleben einführen. Immer stärker reifte dabei in ihm der Wunsch, wie Jesus »den letzten Platz« zu wählen, was ihn schließlich dazu brachte, als Mönch bei den Trappisten einzutreten und sich in eine besonders arme Niederlassung nach Akbès in Syrien versetzen zu lassen. Dort entwickelte sich seine Berufung weiter. Er entwarf das Konzept einer neuen Art von Ordensleben, das darin bestehen sollte, mitten unter den Menschen ein einfaches Leben der Kontemplation und offenen Gastfreundschaft zu führen, wie es Jesus in seinen verborgenen Jahren in Nazareth getan habe. So begann er eine Regel für eine neue Gemeinschaft von »Kleinen Brüdern« zu entwerfen, in der Hoffnung, andere würden sich ihm anschließen, und er

Jean-Baptiste Marie Vianney, der Pfarrer von Ars (1786–1859)

Jean Vianney, kurz vor dem Ausbruch der Französischen Revolution von 1789 geboren, entstammte einer frommen Bauernfamilie aus Dardilly bei Lyon. In den damaligen sozialen Wirren war seine Ausbildung nur bruchstückhaft und er erlebte die Kirche als von der atheistischen Regierung verfolgt. Mit neunzehn erhielt er in der Nachbarpfarrei Écully Unterricht, um Priester zu werden. Er kämpfte sich mit dem Pflichtlatein ab, jedoch nach zehn Jahren (darin zwei Jahre Unterbrechung wegen Einzugs zum Militärdienst, bei dem er jedoch den Anschluss an sein Regiment verlor und als Fahnenflüchtiger lebte), bestand er die Weiheprüfung auf Französisch mit Bravour. Er war zunächst drei Jahre Kurat in Écully, wo ihm der jansenistische Gemeindepfarrer einen tiefen Sinn für Gottes Transzendenz, die Sündhaftigkeit des Menschen und die Notwendigkeit der Umkehr und Buße vermittelte. 1818 wurde er in das Dorf Ars versetzt, wo er dann bis zu seinem Tod im Alter von 73 Jahren 41 Jahre lang wirkte.

Jean Vianney verstand seinen priesterlichen Dienst als Versöhnen der Menschen mit Gott und er verwurzelte diesen Dienst in seinen vielen Stunden des Gebets in der Kirche, wobei er sich auf den im Altarsakrament anwesenden Christus konzentrierte. Zunächst erneuerte er das nach jahrelangen Konflikten darnieder liegende Leben in Dorf und Pfarrei und gründete eine Mädchenschule und ein Waisenhaus, »La Providence«. Sodann predigte er auf Einladung von Nachbarpfarrern bei Volksmissionen. Sein Ruf als Beichtvater mit der Gabe ungewöhnlicher Herzenskenntnis und als Prediger, der schlicht von seinem Herzen aus sprach, begann immer mehr Besucher nach Ars zu ziehen. Ab 1830 setzte eine regelrechte »Wallfahrt« ein, so dass pro Jahre 20 000 oder mehr Menschen kamen. Sie warteten in der vom Gebet erfüllten Atmosphäre der Kirche, bis sie mit der Beichte oder zu einer kurzen Aussprache an die Reihe kamen. Der Pfarrer stand in der Kirche ab Mitternacht bis Mittag zur Verfügung, und dann wieder von 16 bis 20 Uhr, hörte Beichten und richtete die Angeschlagenen auf; kurz vor Mittag gab er eine katechetische Unterweisung und hielt die Messe. Die Belastung war ungeheuer und er versuchte mehrere Male, wegzugehen oder sich zurückzuziehen, aus Sehnsucht nach Ruhe und Zurückgezogenheit, aber die Menschen oder sein Bischof hinderten ihn jedes Mal daran.

In den vielen Geschichten und Legenden über ihn ist oft von seiner Herzenskenntnis die Rede, seiner offensichtlichen Fähigkeit, Einzelheiten über den Betreffenden zu wis-

Jean-Baptiste Marie Vianney auf einem volkstümlichen französischen Druck.

erhielt die Erlaubnis, seiner besonderen Berufung zu folgen. Hierauf lebte er vier Jahre, von 1897–1900, zurückgezogen in Nazareth als Hausknecht eines Schwesternkonvents. Nach seiner Priesterweihe 1901 baute er sich in Beni-Abbès an der Grenze von Marokko eine Einsiedelei und zog

sen, noch ehe dieser ihm etwas erzählt hatte, sowie seine Gabe, künftige Ereignisse vorauszusagen; auch gibt es mehrere Berichte über wunderbare Heilungen, die er der Fürsprache der heiligen Philomena zuschrieb, einer jungen römischen Märtyrerin, die er besonders verehrte. Es gab auch Erzählungen über wunderbare Vermehrungen von Getreide oder Mehl in La Providence sowie über seine Kämpfe mit dem Teufel (von denen es sich bei einigen um fromme Missverständnisse seiner spaßig gemeinten Erwähnungen von »le grappin«, »dem Greifer«, wie er ihn nannte, zu handeln scheint). Bei all dem blieb Jean Vianney einfach und bescheiden, ja von Angst um sein eigenes Heil erfüllt. Er starb mitten im Einsatz, wurde 1925 heilig gesprochen und 1928 zum Patron aller Gemeindepfarrer erklärt.

Wenn wir vor dem Altarsakrament verweilen, lasst uns nicht herumschauen, sondern die Augen schließen und unser Herz öffnen; dann wird der liebe Gott auch das seine öffnen. Wir gehen zu ihm und er kommt zu uns; er kommt als Geber, wir gehen, um zu empfangen. Das ist dann, wie wenn einer dem anderen Atem einhaucht. Welche Freude finden wir darin, wenn wir uns selbst vergessen, um Gott zu suchen! Mir fällt da meine Anfangszeit in Ars ein ... Hört nur, meine Kinder: Da war ein Mann, der nie an der Kirche vorbeiging, ohne hineinzugehen. Morgens, wenn er zur Arbeit ging und Abends, wenn er davon heimkam, lehnte er Spaten und Pickel neben die Tür und verweilte lange Zeit in Anbetung vor dem Altarsakrament. Oh, wie mir das gefiel! ... Einmal fragte ich ihn, was er denn zum Herrn sage, wenn er so lange bei ihm Besuch mache. Wisst ihr, was er mir zur Antwort gab? »Ach, Herr Pfarrer, ich sage gar nichts zu ihm. Ich schaue ihn an und er schaut mich an ...« Ist das nicht schön, meine Kinder, ist das nicht schön?

1905 von dort nach Tamanrasset im Inneren Algeriens weiter. Er lebte ein Apostolat der »Güte und Freundschaft«, hieß alle willkommen, »Gute wie Böse, Freunde wie Feinde, Muslime wie Christen«. Obwohl sich ihm damals niemand direkt anschloss, entwarf er das Lebensprogramm einer Genossenschaft von Laien, die sich einem ähnlichen christlichen Lebensstil nach den Maßstäben des Evangeliums verschrieben. 1916 wurde er in Tamanrasset von Räubern ermordet.

Die Schriften von Bruder Charles bestehen aus seiner Regel, Briefen und Aufzeichnungen über sein spirituelles Leben. Erst 1933 wurde seine Vision von Frauen wie Männern voll aufgegriffen, als Gemeinschaften von »Kleinen Brüdern Jesu« und »Kleinen Schwestern Jesu« gegründet wurden, die das von ihm konzipierte kontemplative Leben mitten in der Welt und vor allem unter den Armen lebten und weltweit verbreiteten. Jahre später erhielten die ersten Brüder von Taizé ihre Ausbildung bei den Kleinen Brüdern in der algerischen Wüste.

Thérèse von Lisieux (1873–1897)

Thérèse Martin wurde zur bekanntesten Karmelitenheiligen des 19. Jahrhunderts. Sie wurde zu Alençon als das neunte Kind einer frommen Familie geboren und wuchs in Lisieux in Nordfrankreich auf. Als kleines Kind war sie lebhaft und aufgeweckt, doch als sie vier war, starb ihre Mutter, und von da an wurde sie in sich gekehrt. Ihr Vater und ihre zwei ältesten Schwestern, Marie und Pauline, zogen sie auf. Als fünf Jahre später Pauline in den nahegelegenen Karmel eintrat, reagierte Thérèse darauf mit Weinen und Kränkeln. Zugleich hatte sie nur noch den einen Wunsch, in den selben Konvent einzutreten, in den 1885 auch Marie eingetreten war, und eine Heilige zu werden. Sie blieb in einer schmerzlich gestörten Gemütsverfassung und spielte noch immer ganz das Kleinkind der Familie, als sie zu Weihnachten 1886 eine »Bekehrung« erlebte, die ganz einfach vonstatten ging. Bei der Rückkehr von der Mitternachtsmesse wusste sie, dass sie jetzt in der Kaminecke ihre Schuhe voller kleiner Geschenke finden würde. Beim Hereinkommen hörte sie ihren Vater sagen, das sei doch eigentlich bloß etwas für kleine Kinder und solle das letzte Mal sein. In diesem Augenblick erwachte sie plötzlich zur Reife. Sie war damals vierzehn und es war ihr auf eine erwachsenere Art klar, dass ihre Berufung die einer Karmelitennonne sei, nicht nur, um es ihren Schwestern nachzutun, sondern um zu beten, »Seelen zu retten und besonders für die Priester zu beten«, sich selbst zu vergessen, die Liebe des leidenden Jesus zu empfangen und sie an andere weiterzugeben.

Im folgenden Jahr nahm Thérèse an einer Diözesanpilgerfahrt teil, zu der auch eine Privataudienz bei Papst Leo XIII. gehörte. Im Kolosseum wollten sie unbedingt in die Ruinen hinuntersteigen, um den Boden zu küssen, auf dem die Märtyrer ihr Blut vergossen hatten. Thérèse stellte den Antrag, vor der vorgeschriebenen Altersgrenze ins Kloster einzutreten, was ihr 1888 erlaubt wurde, als sie erst fünfzehn war. 1890 machte sie ihre Ewigen Gelübde als Theresia vom Jesuskind und vom Heiligen Antlitz. 1893 wurde sie Novizenmeisterin. 1895 begann sie auf Bitten ihrer älteren Schwester Pauline (Schwester Agnes), die damals Mutter Priorin war, ihre spirituelle Autobiografie niederzuschreiben.

Im April 1896 begann sie Blut zu spucken und starb schließlich im September 1897 im Alter von 24 Jahren an Tuberkulose. Ihre letzten Monate waren von physischen und spirituellen Leiden geprägt; es war ihr, als stecke sie in einem »finsteren Tunnel« oder einer »Nacht«, die sie mit Hilfe der Schriften von Johannes vom Kreuz als Erfahrung des Opfers und der Läuterung annahm. Sie blieb überzeugt davon, dass Gott mit ihr einen Zweck verfolge: »Ich spüre, dass meine Mission bald beginnen wird …, andere zu lehren, Gott so zu lieben, wie ich ihn geliebt habe … und den Seelen meinen kleinen Weg zu zeigen … Ich werde meinen Himmel damit verbringen, auf Erden Gutes zu tun.«

Nach ihrem Tod hielten sich ihre Mitschwestern an den üblichen Brauch, ihre Lebensbeschreibung an die anderen Konvente des Ordens zu schicken, doch in diesem Fall versandten sie ihre Autobiografie, die sie nach dem Geschmack der Zeit retuschiert hatten. Bald zirkulierte sie auch außerhalb der Klöster; 1898 erschien eine erste gedruckte Ausgabe der »Geschichte einer Seele« und wurde sehr populär. Thérèse wurde 1925 heilig gesprochen.

Thérèses »kleiner Weg der geistlichen Kindheit«

Seit der Zeit Bérulles hatte in der französischen Spiritualität die Kindheit Jesu ein starkes Bild für das Leerwerden und Vertrauen auf Gott geliefert. Thérèse griff dieses Bild auf und begründete es mit Zitaten aus der Heiligen Schrift, womit es ihr gelang, für einfache Menschen einen kurzen Weg zu Gott zu beschreiben. Sie sagt, sie habe nach »einem Aufzug gesucht, mit dem ich zu Gott hinaufgehoben werde, denn ich bin zu klein, um aus eigener Kraft die steile Treppe der Vollkommenheit zu besteigen.« Dabei begegnete sie den Schriftversen, die ihre Schwester Céline in ein Notizbuch abgeschrieben hatte: »Wer klein ist, der komme zu mir« (Sprichwörter 9,4) und »Ich will euch an der Brust tragen und auf den Knien schaukeln; wie einen, den die Mutter streichelt, will ich euch trösten« (Jesaja 66,12–13). Thérèse wurde davon tief beeindruckt: »O Jesus! Dann sind also deine Arme der Aufzug, der mich sogar bis zum Himmel heben muss. Um den Himmel zu erreichen, muss ich gar nicht groß werden; im Gegenteil, ich muss klein blei-

Thérèse von Lisieux als Karmelitennovizin im Klostergarten von Lisieux (ca. 1890).

auf selbstsüchtige Reaktionen zu verzichten und sich darum zu bemühen, so wie Christus zu lieben. Das ist natürlich nicht so »neu«, wie Thérèse glaubte, sondern liegt ganz auf der Linie der französischen Spiritualität seit dem 17. Jahrhundert.

Brief 143, an Céline

Die heilige Teresa sagt, wir sollten immer die Liebe schüren. Wenn wir im Finstern und in Trockenheit sind, ist das *Holz* nicht in unserer Reichweite, aber sollten wir nicht wenigstens kleine Stückchen Stroh ins Feuer werfen? Jesus ist ja mächtig genug, das Feuer von sich aus am Brennen zu halten. Er ist damit zufrieden, wenn er uns ein klein wenig Brennstoff dazu beitragen sieht. Diese *Aufmerksamkeit* gefällt Jesus, und dann wirft er eine Menge Holz auf das Feuer. Wir sehen das nicht, fühlen aber die *Kraft* der Wärme der Liebe. Ich habe es erfahren: Wenn ich nichts *fühle*, wenn ich zum Beten unfähig bin, wenn ich keine Tugend fertig bringe, dann ist das die Zeit, nach kleinen Möglichkeiten, ja *Nichtig-keiten* zu suchen, die Jesus mehr gefallen als die Meiste-rung der ganzen Welt oder sogar als das großmütig ertragene Martyrium. Zum Beispiel ein Lächeln, ein freundliches Wort, wenn ich eigentlich nichts sagen oder einen gelangweilten Blick aufsetzen möchte, usw. usw. …

ben, ja noch kleiner werden, als ich schon bin.« Kurz vor ihrem Tod beschrieb Thérèse diesen »kleinen Weg«, den sie lehren wollte, als »den Weg der geistlichen Kind-schaft, den Weg des Vertrauens und der absoluten Aus-lieferung … hienieden gibt es nur eines zu tun: unserem Herrn die Blumen *kleiner Opfer* anzubieten und ihn mit unseren Liebkosungen zu gewinnen.«

Lässt man die zeitbedingte blumige Sprache beiseite, so ist das eine Spiritualität der Einfachheit und des Offenseins vor Gott: Man bietet sich Gott so dar, wie man wirklich ist und erfährt die Freude, von ihm so ange-nommen zu werden. Es bedeutet, alles – Freuden wie Schweres, Wonne und Pein – als Ausdruck der Güte Gottes und Anlass zum Danken anzunehmen und alle die vielen Möglichkeiten zu nutzen, die jeder Tag bietet, um

Zusammenfassung

Während der Jahrhunderte, die wir hier überblickt haben, trugen in der katholischen Kirche viele Persönlichkeiten Aspekte von bleibendem Wert zur christlichen Spiritualität bei: Ignatius seine Vision einer weltweiten Mission und seine praktischen Anweisungen zur Verbindung von Gebet und Leben; die großen karmelitischen Mystiker ihr Verständnis der Tiefendimensionen des Gebets; Franz von Sales die Eröffnung der Möglichkeiten für Laien, ein Leben der Hingabe an Gott und der Heiligkeit zu führen; Bruder Lorenz seine Anleitung zum inneren Frieden mitten im Getriebe einer Großküche; Vinzenz von Paul sein Beispiel praktischer, tätiger organisierter Sorge um die Bedürftigen; Pascal als Intellektueller in einem neuen Zeitalter des Skeptizismus seine Gotteserfahrung; de Caussade seine Achtsamkeit auf Gott im gegenwärtigen Augenblick.

Mary Ward begann im 17. Jahrhundert mit dem Durchbruch zur aktiven Teilnahme der Frauen an der praktischen Arbeit der Kirche, so dass schließlich gegen Ende dieser Epoche viele Tausende von Frauen weltweit engagiert waren. Das 19. Jahrhundert bot eine große Vielfalt auf: die außergewöhnliche Herzenskenntnis und den Seelsorgsdienst des Pfarrers von Ars; Newman, der geistig Antike und Moderne umfasste; das kindliche Vertrauen der Thérèse von Lisieux; die theologische Kontemplation der Elisabeth von der Dreifaltigkeit; Dichter und Menschen der Aktion. Und als schließlich das 20. Jahrhundert einsetzt, begegnen wir neuen Strömungen in Péguys Spiritualität des politischen Engagements für soziale Gerechtigkeit und in Charles de Foucaulds kontemplativem Leben mitten unter ganz einfachen Leuten. In der ökumenischen Spiritualität von Hügels werden die Anfänge der Annäherung der getrennten christlichen Konfessionen sichtbar. Am Ende dieser Epoche hatten sich diese reichen Gaben noch kaum über den Bereich der katholischen Kirche hinaus ausgebreitet; aber im 20. Jahrhundert sollte dann ein noch nie da gewesener Austausch zwischen den Konfessionen stattfinden.

8

Der anglikanische Geist

(16. bis 19. Jahrhundert)

Gordon Mursell

Zeittafel

1500	ca. 1485–1555	Hugh Latimer
	1489–1556	Thomas Cranmer
	1531	**Heinrich VIII. erklärt sich zum Oberhaupt der Kirche**
	1549	**Erste Ausgabe des *Book of Common Prayer* (zweite 1552)**
	1553–1600	Richard Hooker
	1556–1626	Lancelot Andrewes
	1558	**Wiedereinführung des Protestantismus**
	1558–1603	**Regierungszeit Elisabeths I.**
	1564–1616	Shakespeare
	1566–1625	Jakob I.
	1572–1631	John Donne
	1593	**Hookers *Gesetze für die Verfassung der Kirche***
	1593–1633	George Herbert
1600	1600–1649	Karl I.
	1605	**Pulververschwörung**
	1608–1674	John Milton
	1611	**die King James Version of the Bible erscheint**
	1611–1684	Robert Leighton
	1613–1667	Jeremy Taylor
	1637–1674	Thomas Traherne
	1642–1649	**Englischer Bürgerkrieg**
	1646–1660	**Cromwell richtet das Commonwealth ein**
	1660	**Wiederherstellung der Monarchie (Karl II.) und des Episkopats**
	1662	**Act of Uniformity**
	1686–1761	William Law
	1689	**Toleration Act**
	1690	**Die schottische Kirche wird presbyterianisch**
	1692–1752	Joseph Butler
1700	1703–1791	John Wesley
	1707–1788	Charles Wesley
	1709–1784	Samuel Johnson
	1725–1807	John Newton
	1731–1800	William Cowper
	1741–1810	Sarah Trimmer
	1745–1833	Hannah More
	1759–1836	Charles Simeon
1800	1792–1866	John Keble
	1800–1882	Edward Bouverie Pusey
	1801–1890	John Henry Newman
	1833	**Beginn der Oxford-Bewegung**

Die anglikanische Kirche entstand Mitte des 16. Jahrhunderts aus einer komplizierten Mischung von Politik, Sexualität und Religion. Den Anlass dazu gab der Wunsch des englischen Königs, Heinrichs VIII., sich von seiner Frau scheiden zu lassen und eine neue Frau zu heiraten und die Weigerung des Papstes, ihm das zu erlauben. Heinrich schuf also seine eigene Kirche, die man später die »anglikanische« nannte; und er brachte seinen Erzbischof Thomas Cranmer (1489–1556) dazu, ihm dabei zu helfen. So verwickelten sich in der anglikanischen Tradition von Anfang an Politik und Religion, Weltliches und Heiliges untrennbar ineinander. Einer ihrer frühen Märtyrer, Hugh Latimer (ca. 1485–1555), erzählt die Geschichte eines Adligen, der versehentlich den Deckel vom Pokal fallen ließ, den er Heinrichs VIII. Vater und Vorgänger darreichte:

> Als der König seine Ungeschicklichkeit sah, sagte er: »Sir, ist das wohl getan?« Er entgegnete hierauf: »Ja, Sir, sofern Ihre Majestät das wohl sein lassen.« Diese schlagfertige Antwort stellte den König zufrieden.

Latimer knüpft daran den verblüffend anschaulichen Vergleich, wie Gott unsere Sünden »wohl sein lasse«, indem er Christi Tadellosigkeit auf uns anrechne, und nennt damit einen Grundpfeiler der reformierten Theologie.[1] Mit anderen Worten heißt das: Gott schaut auf uns, und statt uns so zu sehen, wie wir sind, sieht er, wie Christus an unsere Stelle tritt und nimmt uns an.

Negativ besehen, war der Anglikanismus also von Geburt an mit dem Makel behaftet, politisch ohne Rückgrat zu sein; positiv betrachtet, waren seine tatsächlichen spirituellen Gründer fähig, einen behutsamen Kurs zwischen den (aus ihrer Sicht) Extremen des römischen Dogmatismus und des zeitgenössischen Protestantismus auf dem Festland zu steuern. Adrian Hastings beschrieb 1986 messerscharf die entstehende Kirche von England als »denkerisch eine der freiesten christlichen Kirchen, (jedoch) sozial … eine der unterwürfigsten«.[2] Der Umstand, dass Latimer kühn ein Beispiel höfischer Schlagfertigkeit zur Erläuterung einer theologischen Wahrheit verwendet, weist deutlich darauf hin, dass der Anglikanismus das Heilige nicht vom Weltlichen trennt: In seiner Spiritualität geht es immer darum, diese und die künftige Welt zusammenzuhalten.

Zwar verdankt der Anglikanismus seine Geburt der Realpolitik des 16. Jahrhunderts, aber der Entwurf dazu entstand schon viel früher. Cranmer suchte nach Möglichkeiten, in der englischen Kirche wieder die ursprüngliche Reinheit des apostolischen Glaubens herzustellen: Die frühen Apologeten des Anglikanismus verteidigten ihre Grundsätze immer unter Berufung auf Vorbilder in der Heiligen Schrift und Patristik.

Auch auf weltlichem Gebiet bereiteten viele Faktoren das Entstehen der neuen Kirche vor: Das Anwachsen der Macht des Königs, die Erfindung des Buchdrucks und die damit mögliche rasche Verbreitung der auf dem Festland entwickelten protestantischen Ideen, die Übersetzung der Heiligen Schrift in die Muttersprache, die Entdeckung neuer und fremdartiger Länder fern von Europas Küsten. Zudem hat die Forschung erwiesen, dass die spätmittelalterliche Frömmigkeit in England in einem weit gesünderen Zustand war, als man bislang dachte: Wenn die große Masse des englischen Volkes die neue Kirche akzeptierte, dann nicht, weil sie der alten überdrüssig gewesen wäre, sondern weil sie ihr von oben auferlegt wurde. Auch hier waren äußere und politische Faktoren von entscheidender Bedeutung: Das Überleben der Kirche von England gewährleisteten der frühe Tod der katholischen Königin Maria Tudor, auf die die lange Regierungszeit ihrer protestantischen Schwester Elisabeth folgte sowie die Niederlage der spanischen Armada.

Damit soll nicht einfach behauptet werden, das englische Laienvolk habe sich rein passiv in die Geburt und das Wachstum der anglikanischen Art gefügt, denn im frühen 16. Jahrhundert waren die Laien gebildeter, selbstbewusster und kosmopolitischer als in jeder früheren christlichen Epoche. Dennoch muss Heinrichs brutale Auflösung der Klöster auf sie einen gewaltigen Eindruck gemacht haben. Als kein Feuer vom Himmel fiel, um die Vollstrecker dieses schockierenden Akts königlicher Habsucht zu verzehren, verschwand mit den Mönchen ein Stück von der Substanz des alten Glaubens: die alten Gewissheiten und die Kraft, die man ihnen zugetraut hatte, wurden gestürzt. Das war schon viel früher geschehen, vor allem, als John Wycliffe (ca. 1330–1384), ein Akademiker aus Oxford, einige der zentralen Sätze des katholischen Glaubens und seiner Ordnung in Frage gestellt und

König Heinrich VIII., von Hans Holbein (1465–1524). Heinrichs Wunsch, Anne Boleyn zu heiraten, um einen Thronerben zu bekommen, führte zur Abspaltung von der römisch katholischen Kirche und zu Heinrichs Exkommunikation im Jahr 1533.

viele aus der wachsenden Zahl mündiger und gebildeter Laien seiner Zeit ermutigt hatte, das gleiche zu tun. Was diesmal anders war, war der Umstand, dass jetzt die Macht des Königs auf Seiten derer stand, die manches in Frage stellten; und namentlich der englische Landadel erkannte schnell die Vorteile, die es mit sich brachte, wenn er dem Beispiel seines Herrn folgte.

Das *Book of Common Prayer*

Es war das Genie von Thomas Cranmer, aus dem Gemisch von Sex, Politik und Religion, das zur Geburt des Anglikanismus führte, einen Organismus voller spiritueller Kraft zu schaffen. Das *Book of Common Prayer* knüpft an die mittelalterlichen katholischen Gebetbücher an, deren Vielzahl und Beliebtheit bezeugt, dass eine lesekundige Laienschaft danach immer größeren Bedarf hatte. Das Erscheinen des ersten nationalen Gebetbuchs im Jahre 1545 zeigte, dass solche Bücher vom König zur Verbreitung der richtigen religiösen Überzeugungen und Praktiken eingesetzt werden konnten. So spiegeln denn auch die nachfolgenden Fassungen, die unter dem Protestanten Edward VI. und der Katholikin Mary Tudor erschienen, das Auf und Ab rasch sich wandelnder theologischer Vorlieben der Politiker.

Als erstes trug das 1549 erschienene Buch den Titel »Book of Common Prayer«, und dieser Titel ist bezeichnend. Von Anfang an war es darauf angelegt, das Gebetbuch für die gesamte englische Nation zu werden, und obwohl sein Charakter bei seiner Überarbeitung drei Jahre danach spürbar protestantischer wurde (und wiederum über ein Jahrhundert danach, 1662, nach der Wiederherstellung der Monarchie), war es dieses Gebetbuch (im Wesentlichen das persönliche Werk Cranmers), das der anglikanischen Spiritualität ihren eigentümlichen Charakter verlieh. Worin bestanden die bestimmenden Züge dieser Spiritualität?

Eine Religion für alle

In erster Linie wollte Cranmer die ursprüngliche Reinheit des Zeitalters der Apostel wiederherstellen und die gesamte englische Bevölkerung daran teilhaben lassen. Die Pfarrangehörigen sollten die Heilige Schrift zweimal täglich in der Kirche vorgelesen bekommen, wenn der Pfarrer die Glocke läuten ließ und sie rief, mit ihm gemeinsam das Morgen- und Abendgebet zu verrichten:

> Sooft der Kurat, der die betreffende Pfarrkirche oder Kapelle betreut, daheim und nicht aus gerechtfertigtem Grund verhindert ist, soll er (das Morgen- und Abendgebet) in der Pfarrkirche oder Kapelle verrichten, an der er dient, und dafür sorgen, dass zu einer

geeigneten Zeit vor Beginn eine Glocke geläutet wird, damit die Leute kommen können, um Gottes Wort zu hören und mit ihm zu beten.

Cranmer vereinfachte den klösterlichen Rhythmus von sieben Gebetszeiten pro Tag auf nur zwei Gottesdienste (die Matutin und die Vesper, bald allgemein als »Morning Prayer« und »Evening Prayer« bezeichnet), die beide nicht nur *für* das Volk, sondern *von* diesem verrichtet werden sollten, und zwar nicht nach der alten Ordnung auf Latein, sondern in dessen eigenen Sprache:

> Der Gottesdienst wurde seit vielen Jahren dem Volk auf Latein vorgebetet, das es nicht versteht: So haben sie nur mit den Ohren gehört und ihr Herz, Geist und Sinn ist dadurch nicht auferbaut worden.

In der Apostelgeschichte wird berichtet, dass diese Art täglichen gemeinsamen Gebets bei den ersten Christen Brauch war; Cranmer war entschlossen, das so wieder einzurichten. Die Frage, wie weit ihm das gelang, ist nur schwer zu beantworten, aber jedenfalls gibt es hinlänglich Belege dafür, dass vermutlich in den anderthalb Jahrhunderten nach seinem Tod das *Prayer Book* tatsächlich für die überwiegende Mehrheit der englischen Bevölkerung das Grundmuster für das tägliche Gebet und den Sonntagsgottesdienst vorgab.

Eine Spiritualität für das Alltagsleben

Zweitens sollte das eine echte Spiritualität für die Laien sein, nicht eine komplizierte Gebetsordnung für Mönche und Priester, die man für einfachere Gemüter entsprechend verwässert hätte. Die Gebete und Danksagungen im *Prayer Book* beziehen sich auf eine reiche Vielfalt weltlicher Anliegen: um Regen, gute Ernte, Frieden und Schutz für die Seefahrenden. Der Jahreskalender, gegenüber dem katholischen Kalender stark vereinfacht, enthält beliebte englische Heilige, wie Crispin, den Patron der Schuhmacher, an dessen Fest 1415 König Heinrich V. in der Schlacht von Azincourt das französische Herr vernichtet hatte. Im nüchternen »service of commination« wird versucht, die Religion noch stärker mit dem Alltagsleben zu verbinden, indem

Thomas Cranmer (1546). Porträt von Gerlach Flicke (1547–1558 tätig).

klare moralische Grundsätze aufgestellt und diejenigen gebrandmarkt werden, die ihre Eltern verfluchen, die Blinden irreführen, »ihrem Nachbarn insgeheim schaden« oder zu viel trinken; und bei der Einführung zum Bußakt in der Messe werden nur diejenigen , die in Liebe und Sorge um den Nächsten leben, eingeladen, zum Tisch des Herrn zu gehen.

Eine lokale Religion

Und bei all dem verurteilen wir keine anderen Nationen und schreiben einzig unserem eigenen Volk etwas vor. Denn wir halten es für angemessen, dass jedes Volk die Zeremonien einrichten sollte, die ihm gut scheinen, Gottes Ehre und Herrlichkeit zu fördern und das Volk zu einem möglichst vollkommenen und gottgefälligen Leben anzuleiten, ohne Irrtum oder Aberglauben …

Drittens ist das *Book of Common Prayer* ganz bestimmt eines: nämlich ganz und gar englisch, und zwar nicht nur in seinen (zugegebenermaßen zu untertänigen) Äußerungen über die englische Monarchie und abschätzigen Urteilen über Ausländer, sondern auch in seiner Verwendung der Rhythmen und Reichtümer der englischen Sprache zu einer Zeit, die (dank einer glücklichen Fügung) das Goldene Zeitalter dieser Sprache war. Für die ausländerfeindlichen Äußerungen sollte man ein Stück weit Verständnis haben: Cranmer schrieb zu einer Zeit, als England äußerst anfällig für Bedrohungen von Übersee war; seine Fremdenfeindlichkeit ist jedenfalls nicht schlimmer als die des Psalmisten viele Jahrhunderte zuvor. Immerhin wird sie reichlich durch die Schönheit der Sprache ausgeglichen: Der gefällige Rhythmus selbst der einfachsten Zeilen (»O Lord, open thou our lips«) und die wunderbar einprägsame Qualität der Gebetsformulare Cranmers und der Psalmenübertragung Coverdales bescherten der anglikanischen Tradition eine Vielfalt von Texten, die man im Herzen verwahren und nach Bedarf auswendig hervorholen konnte. Dieses Erbe wurde noch gewaltig vergrößert, als Jakob (James) I. (1566–1625) eine Neuübersetzung der gesamten Bibel in Auftrag gab, die immer noch seinen Namen trägt. Cranmer setzte in bester protestantischer Manier das Wort an die erste Stelle und half eine spirituelle Tradition zu fördern, in der Gottes Wort an uns und unser Wort an ihn, die einander in Jesus, dem Fleisch gewordenen Wort, treffen, höchste Ehrfurcht erfuhren.

Das Gebet in der Kirche

Schließlich leistete das *Prayer Book* einen wichtigen Beitrag zu einer Art sich entwickelnder »Spiritualität des Bauwerks«. War es bei den spätmittelalterlichen Kirchen darum gegangen, Gottes *Gegenwart* spüren zu lassen, so ging es bei ihren protestantischen Nachfahren darum, sie als Orte der *Wahrheit* Gottes vorzustellen: In den puritanischen und lutherischen Bauwerken trat an die Stelle der Ehrfurcht vor dem Sakrament die Ehrfurcht vor der Kanzel. Man kann sagen, dass Cranmer genauer als jede dieser beiden Traditionen für sich genommen die schon in der Bibel steckende kreative Spannung bei der Betrachtung religiöser Bauwerke erfasst hat: Gott verspricht dem

▶

Salomo, er wolle in des Königs neuem herrlichen Tempel wohnen, aber nur, solange sein Volk gemäß seinem Wort lebe (siehe 2 Chronik 6–7). Wie wir gesehen haben, wurde das Volk eingeladen, zweimal täglich zur Kirche zu kommen, um mit seinem Priester zusammen zu beten; und in der Kirche fand auch der Unterricht im Glauben statt. In den 1547 veröffentlichten offiziellen Predigten zum Gebrauch in anglikanischen Kirchen wird ganz klar ausgesagt, das Kirchengebäude sei immer noch ein heiliger Ort, an dem man Christus finden könne:

> Wenn uns Jesus Christus fehlt, das heißt, unser Erlöser für Seele und Leib, dann finden wir ihn nicht so leicht auf dem Marktplatz oder in der Zunfthalle, und erst recht nicht im Bierhaus oder der Taverne unter guten Kameraden (wie man sie heißt), sondern schneller im Tempel, im Gotteshaus, bei den Lehrern und Predigern seines Worts, denn da ist er immer zu finden.[3]

Denn die Kirche ist »das Haus des Gebets, nicht das Haus des Schwätzens, Umhergehens, Lärmens, Liebesliedersingens, Feilschens oder Hundeführens.«[4]

Christus ist nicht auf die Kirche beschränkt; aber er ist dort anwesend, solange dort seine Lehre das Leben seines Volkes beherrscht und beseelt. Genau dem Zweck, diese Synthese aus Heiliger Schrift und Alltagsleben, aus Gebet und Moral herzustellen, diente das *Prayer Book*.

Titelblatt des *Book of Common Prayer* (1549).

Richard Hooker (1553–1600)

Cranmers Vermächtnis (siehe Kasten S. 248) wäre womöglich nur von kurzer Dauer gewesen, hätte es nicht das Werk von Richard Hooker gegeben, eines Landpfarrers, dessen *Laws of Ecclesiastical Polity (Gesetze für die Verfassung der Kirche)* dazu beitrugen, dem sich entwickelnden anglikanischen Geist Tiefe und klare Ausrichtung zu geben. Hooker hielt weder viel vom römischen Dogmatismus noch vom protestantischen Fundamentalismus, sondern bevorzugte eine in der Heiligen Schrift, der Tradition und der menschlichen Vernunft verwurzelte Theologie, da alle drei Bereiche im Gesetz Gottes zum Ausdruck kämen. Für Hooker ist das Gesetz, wie es in der Heiligen Schrift erscheint, ein lichtvoller und lebendiger Schatz voller göttlicher Wahrheit. Diese Wahrheit müsse sich zwar jeder Christ innerlich aneignen, jedoch sei sie nicht nur ein innerliches Prinzip. Sie sei, wie der Apostel Paulus gesagt habe, die Herrlichkeit Gottes auf dem Antlitz

Christi; und durch unsere *Teilhabe* am Leben Christi, der uns als die Seinen annehme und in seine Kirche berufe, werde uns die Erfahrung zuteil, was es bedeute, Vergebung und Erlösung geschenkt zu erhalten. So sagte Hooker:

> Die Teilhabe an Christus bewirkt neben der Gegenwart der Person Christi und neben der dadurch stattfindenden mystischen Vermählung mit den Teilen und Gliedern seiner ganzen Kirche ein echtes aktuelles Einfließen der Gnade, wodurch das Leben, das wir Gott entsprechend führen, zum seinigen wird.[5]

In der Messfeier ist Christus real gegenwärtig; aber seine Gegenwart ist nicht auf das konsekrierte Brot und den Wein beschränkt. Vielmehr »sollte man die reale Gegenwart des heiligsten Leibes und Blutes Christi nicht... im Sakrament suchen, sondern im würdigen Empfänger des Sakraments«;[6] und diese reale Gegenwart solle von diesem in die gesamte Welt hinaus getragen werden. Hooker verteidigt die anglikanische Sicht der Kirche als wesentlich mehr als die einer unsichtbaren Gemeinschaft auserwählter Gläubiger: Sie existiere, um das gesamte Leben der Nation zu heiligen und jeden persönlich zur Erfahrung der göttlichen Herrlichkeit in der lebendigen Gegenwart Christi in ihrer Mitte aufzurufen, so dass (wie Cranmer es formulierte) »wir immer tiefer in Ihm leben und Er in uns.« Das ist die Begründung für die anglikanische Tradition der Kathedralliturgie, die alle einbezieht und zugleich prunkvoll ist, gedankentief und sinnenhaft, um die Menschen ganzheitlich in das Leben und die Herrlichkeit des lebendigen Gottes hereinzuholen.

Lancelot Andrewes (1556–1626)

Andrewes war ein fähiger Gelehrter und Diplomat, der Verbindungen mit dem Protestantismus auf dem Festland herstellte und auf Bitten von Jakob I. eine Anzahl ausfälliger Angriffe gegen die römisch katholische Lehre verfasste (König Jakob/James förderte den anglikanischen Geist mit der Herausgabe einer autorisierten Fassung der Bibel).

Andrewes lag wie Hooker daran, die Kirche von England auf das feste Fundament der apostolischen und patristischen Lehre zu setzen. Ins Zentrum seiner Spiritualität rückte er die Fleischwerdung

Gottes: Es heiße deshalb, das Wort sei »Fleisch« (statt »Mensch«) geworden, weil damit hervorgehoben werden solle, dass Gott auch den niedrigsten Teil des Menschseins angenommen habe und uns dadurch versichere, dass er auch den höchsten umfange. Auf diese Weise sei die gesamte Schöpfung zum Schauplatz der erlösenden und heiligenden Liebe Gottes geworden. Unsere Rolle bestehe nicht in träger Passivität:

> Empfangen ist mehr als annehmen. Wer empfängt, stellt beim Annehmen auch etwas Eigenes zur Verfügung. Von einem Gefäß sagen wir nicht, es ›empfange‹ die Flüssigkeit, die man in es hineingießt. Warum nicht? Weil es dabei von sich selbst nichts einsetzt. Das aber tat die selige Jungfrau, und darum ist sie selig, weil sie es tat. Sie tat beides: geben und annehmen. Sie gab von ihrer eigenen Substanz, damit daraus sein Leib gebildet werde; und sie nahm, ja empfing die Kraft vom Heiligen Geist...[7]

So werden wir nicht nur *Nachfolger* Jesu, sondern *Teilhaber* an seinem Leben: »Die ganze Religion zielt darauf ab, so zu werden wie Er, den wir anbeten.« Das aber könne nur die Gnade Gottes bewirken, die sich im Heiligen Geist betätige:

> Es liegt nicht in der Macht der Natur, sich selbst zu erheben und so weit zu erhöhen, dass sie die Hoffnung empfangen kann, an der Seligkeit des künftigen Lebens Anteil zu erhalten und »der göttlichen Natur« und der himmlischen Substanz »teilhaftig« zu werden; Hoffnung darauf erwächst dem Menschen nur, weil ihn der Geist Gottes dazu erheben kann.[8]

Wir seien von Jesus zur Vollkommenheit berufen; seine Gnade verleihe unseren Seelen »innewohnende Tugenden«, so dass wir »unser ganzes Leben lang von einer Stufe der Vollkommenheit zur nächsten weiterschreiten können, bis zur Stunde unseres Todes, der dann den Eintritt in die Vollendung unserer Vollkommenheit darstellt.« Wir würden Teilhaber an der göttlichen Natur und »after a sort of gods« (»regelrecht eine Art Götter«), wie Andrewes die klassische christliche Lehre von der »Vergöttlichung« des Menschen ausdrückte.[9]

Jedoch ist sich Andrewes zugleich deutlich der Sündhaftigkeit des Menschen bewusst: Es bedürfe eines ständigen und reifen Gebetslebens, um sich offen der Leben spendenden Gnade Gottes aussetzen zu können. Er schrieb: »Wenn wir uns ans Gebet begeben, muss der ganze Mensch damit beschäftigt sein und alle Glieder seines Körpers müssen zum Dienst Gottes zusammenwirken.«[10] Es ist für ihn charakteristisch, wenn er hervorhebt, dass die Menschen auch hier einen entscheidenden Anteil beizusteuern hätten: Ein Gebet ohne einige eigene Anstrengung, das zu erlangen, worum man bitte, sei nutzlos: »Wie wir wissen, dass wir unseren Anteil am Himmel haben werden, so müssen wir unseren Himmel hier auf Erden anfangen; das aber tun wir, wenn wir unser Bemühen zu all dem beisteuern, wovon wir bitten, dass wir es aus Gottes Händen erhalten.«[11] Es genüge nicht, »still zu sitzen, eine Predigt und zwei Kirchenlieder anzuhören und sich erlösen zu lassen.«[12] Aber wir beteten nie allein; und wenn unser Gebet schwach und ohne Glut sei, würden diese Mängel von denen ausgeglichen, die für uns beten:

> Mögen wir auch nur schwach beten und nicht über jene Glut verfügen, die zum Gebet erforderlich ist, so dürfen wir dennoch getrost sein, denn es gibt Heilige Gottes, die mit aller Inbrunst für uns beten, und da wir alle ein Leib sind, kommen ihre Gebete uns zugute… so dass die Schwäche des einen Gliedes durch das glühende und ernsthafte Gebet des anderen ausgeglichen wird.[13]

Seine eigenen persönlichen Gebete, die *Preces privatae*, stellen eine sorgfältige Zusammenstellung von Anmutungen dar, die das ganze Leben mit Gebet erfüllen sollen:

> *Im Krieg gibt es klare Befehle: »zum Angriff bereit« oder »zum Rückzug blasen«, wodurch Einzelkämpfer wieder zurückgerufen werden. So muss auch der Geist des Menschen morgens den Weckruf hören und abends wie mit einem Rückzugsbefehl wieder zu sich selbst und seinem Kommandanten heimgeholt werden.*[14]

Nichts wird dem Zufall oder spontanen Impuls überlassen: Das ist typisch für die geordnete, durchdachte, strukturierte anglikanische Frömmigkeit.

Das 17. Jahrhundert: die Laienspiritualität

Auf die junge Kirche von England übten zwei grundlegende theologische Traditionen auf breiter Front gleichermaßen ihren Einfluss aus: die Tradition von Calvins Reformation, die betonte, Gott kontrolliere absolut alles, was geschehe, und bestimme auch das endgültige Geschick jedes Menschen, und die mit dem Holländer Arminius verbundene (von da her Arminianismus genannte) eher katholische Tradition, die dem Anteil, den der Mensch zu seiner Erlösung beisteuere, mehr Gewicht zukommen ließ. Während der Regierungszeit von Jakob I. und Karl I. (1625–1649) scheint die Arminianische Partei (später die »hochkirchliche« genannt) vorgeherrscht zu haben, während die anschließende Zeit des Commonwealth (1649–1660) den Triumph der Calvinisten erlebte (oder der »Puritaner«, womit sie anfangs beleidigend bezeichnet wurden, im Hinblick auf diejenigen, die die Reinheit eines ausschließlich auf der Schrift gründenden Christentums verfochten). Aber diese Sicht ist zu einfach: Als Oliver Cromwell König Karl enthaupten ließ, war der calvinistische Einfluss auf die Kirche von England schon lange sehr stark gewesen. Zuverlässig sagen lässt sich auf jeden Fall, dass nach der Wiedereinführung der Monarchie das 1661/62 revidierte *Book of Common Prayer* zu einem Markenzeichen für alles eindeutig Anglikanische wurde. Es stellte in originell englischer Färbung eine sorgfältige Synthese aus calvinistischen und arminianischen, protestantischen und katholischen Zügen dar. Es spielte eine wesentliche Rolle bei der Inspiration des spirituellen Lebens unzähliger Engländer, heiligte ihren Lebensrhythmus und heilte ihre Alltagswunden.

Jedoch genügte das *Book of Common Prayer* allein nicht dazu, die spirituellen Bedürfnisse eines derart turbulenten und unsicheren Zeitalters vollkommen zu befriedigen. So wurden zum Zweck, spirituelle und moralische Leitlinien für das Alltagsleben zu liefern, zahlreiche Bücher und Kleinschriften veröffentlicht. Eines der beliebtesten dieser Bücher war *The Whole Duty of Man* (1657), das ein breites Spektrum von Gebeten bot und diejenigen, die nicht lesen konnten, ermutigte, sie auswendig zu lernen.

Es enthielt auch ausführliche Anleitungen für ein heiligmäßiges Leben und behandelte jeden Aspekt des Alltags, vom Sonntagsgottesdienst und Beten in der Familie bis zur Schilderung der Gefahren unmäßigen Trinkens und Glücksspielens. Die Frauen führten Tagebücher (sofern sie über die entsprechende Bildung und Zeit verfügten), stickten biblische Szenen und betrachteten oder sangen während der Arbeit Psalmen. Für viele Menschen blieb das Leben mühsam und unberechenbar; ihre Gebete kreisten vermutlich primär um das Überleben, den Schutz vor Seuchen oder Missernten oder vorzeitigem Tod. Etliche Menschen scheinen bei abergläubischen Praktiken Zuflucht gesucht zu haben: In den Visitationsberichten der Bischöfe aus dem 17. Jahrhundert stehen oft Fragen an die Kirchenvorstände wie: »Gibt es hier irgendwelche Beschwörer, Zauberer, Weissager, Hexen oder Zukunftsdeuter? Wer sind sie? Wer wendet sich an sie?«[15] Manche trugen auch ihre offensichtliche Ratlosigkeit angesichts der Ungerechtigkeiten des Lebens in ihren Gebeten vor Gott, so etwa Ralph

Josselin, ein Tagebuch schreibender Pfarrpriester, der in seinem Tagebuch unter dem 22. August 1680 vermerkte:

> Eine gute Woche. Mit meiner Ernte gut vorangekommen, Dank sei Gott. Heute morgen rissen meine Hunde ein Lamm und ein Schaf. Oft leide ich an Sabbatvormittagen solche Verluste. Herr lass mich verstehen, warum.[16]

John Donne (1572–1631)

Einer der bedeutendsten Männer der anglikanischen Tradition des 17. Jahrhunderts begann sein Leben als römischer Katholik. Die Umstände seines Übertritts zur Kirche von England bleiben unklar; jedoch ist es bemerkenswert, dass Donne in einem polemisch sehr aufgeheizten Klima nie seine Sorge um

Die *Hinrichtung König Karls I. von England* (1649). Darstellung nach dem Augenzeugnis von Weesop (1641–1649 tätig).

die Einheit aller Christen aufgab. Er war ein Mann von außergewöhnlicher Bildung, verbunden mit einem hartnäckigen Hang zur Melancholie, die zumindest teilweise vom frühen Tod seiner Frau ausgelöst worden sein mag. 1621 wurde er Dekan der St Paul's Cathedral in London. Seine schriftlichen Werke spiegeln unter anderen den Einfluss von Augustinus und Calvin; sein literarischer Stil ist einer der Glanzpunkte der englischen Literatur und des anglikanischen Geistes.

Donne vertrat eine positive Sicht des geschaffenen Universums. Im Anschluss an Thomas von Aquin beschrieb er die Welt als *theatrum*, in dem wir sitzen und Gott zuschauen:

Es gibt kein noch so armseliges Geschöpf, das nicht zum Spiegel werden könnte, in dem du Gott zu sehen vermöchtest… alles, was ist, ist genau gleich weit vom Nichtsein entfernt; und was immer Sein hat, ist schon durch dieses Sein ein Spiegel, in dem wir Gott sehen, die Wurzel und den Quell alles Seins.[17]

Er sah auf originelle Weise die gesamte Gesellschaft als Abbild des Lebens der Dreifaltigkeit, die er einmal als »a holy and whole college«, »ein heiliges und vollständiges Kollegium« beschrieb.[18] In einer Predigt schrieb er: »Stelle dir den Himmel ja nicht als Einsiedelei oder Kloster vor, oder den Weg zum Himmel als langweiliges, melancholisches Unternehmen. Der Himmel und der Weg zu ihm ist eine Gemeinschaft der Heiligen in einer heiligen Fröhlichkeit.«[19] Jeder Christ stelle eine Kirche im Kleinen dar und jeder sei auf den anderen angewiesen. Diese Betonung unseres grundlegenden spirituellen Einsseins kommt in einer seiner berühmtesten Formulierungen zum Ausdruck: »No man is

an island«, »Keiner ist eine Insel« (siehe Kasten S. 255).

Donne verfügte über eine messerscharf realistische Sicht der Natur des Menschen: »Nur zwei Dinge müssen wir unbedingt wissen: Wie krank wir sind und wie gesund wir sein könnten.«[20] Er glaubte, die Menschen seien gut erschaffen, aber im Augenblick unserer Geburt erbten wir den Makel der Sünde Adams und fielen deshalb allen in der Welt vorhandenen Übeln zum Opfer. Das sei das Paradox des Menschen: der Umstand, dass »meine Seele Gottes fähig ist und ebenso der Sünde; und dass zwar die Sünde nicht Oberhand über Gott gewinnt, aber Gott auch nicht Oberhand über die Sünde.«[21] Was uns berufe und rette, sei vor allem die freie, unverdiente Gnade Gottes; aber das bedeute nicht, dass wir passive Empfänger unseres Geschicks seien.

Donne ging über die calvinistische Orthodoxie hinaus, wenn er die Frage stellte: »Wie lange machen wir noch von dieser wahren Lehre so schlechten Gebrauch, indem wir, weil wir nicht *genug* tun können, *überhaupt nichts* tun?«[22]

Der erste Schritt zum Glauben bestehe darin, »zu staunen, stehen zu bleiben und mit heiliger Bewunderung die Wege und Vorgehensweisen Gottes mit dem Menschen zu erwägen.«[23] Aber zusammen mit unserem Staunen darüber, was Gott für uns getan hat, indem er Mensch wurde, müssten wir uns auch über unsere alles durchdringende Sündhaftigkeit wundern. Von da her kommt die Wichtigkeit der Zerknirschung in Donnes Spiritualität, und das nicht nur ab und zu, sondern als durchgängiges Element des persönlichen spirituellen Lebens. Denn das ständige Wiederholen von Sünden führe zu »einer Schwammigkeit der Seele, einer Neigung, jegliche Flüssigkeit aufzusaugen und jede sich ihr darbietende Sünde zuzulassen.«[24] Indem man Reue erwecke und damit eine erste Ahnung von der Macht und Reichweite der Liebe Gottes bekomme, beginne man in das Volk umgewandelt zu werden, als das Gott uns habe erschaffen wollen. Das wiederum verlange von uns eine großzügige, allumfassende Liebe zu unserem Nächsten:

John Donne, Stich von Matthäus Merian dem Jüngeren (1621–1687) auf dem Titelblatt des 1640 veröffentlichten Buches mit *Eighty Sermons Preached by Donne*.

Ein Mensch ist dein Nächster nicht kraft seines Menschseins, sondern seiner Göttlichkeit; kraft seiner Natur, nicht seiner Religion; ein Virginier ist genauso dein Nächster wie ein Londoner; und der Diözese und Pfarrei eines guten Menschen gehören alle Menschen an.[25]

Donnes Gespür für den tragischen und bösen Zug in der Welt verleiht einem Großteil seines Werks einen Schuss Melancholie, obwohl er sogar im Leiden betont, Gott wolle und werde uns nicht im Stich lassen. Ja, es gebe eine höhere Art von Freude, die wir gerade im Leiden erfahren könnten:

Das… ist keine beiläufige Freude, die uns in der Bedrängnis beisteht und hält, sondern es ist eine grundlegende Freude, eine Freude an der Wurzel, im Schoß, im Bauch. Sie erwächst aus dem Busen und Bauch und den Eingeweiden der Bedrängnis selbst. Es ist nicht so, dass ich mich freue, obwohl ich in Bedrängnis bin, sondern ich freue mich, weil ich in ihr bin; es ist nicht, weil ich in meinem Unglück nicht versinke und in diesem Tal begraben werde, sondern weil mein Unglück mich hebt und mein Tal zum Hügel macht und mich besonders emporhebt und Gott und mich einander näher bringt, als ich ohne dieses

Unglück gekommen wäre (denn ich werde als würdig erfunden, um Christi willen zu leiden).[26]

Eindeutig sagt er, »im Leiden als solchem ist keine Freude«, noch sollte man ihm zu großen Wert zulegen; nur wenn ich wahrhabe, dass ich alle meine Leiden auf Gottes Verherrlichung hin ausrichten kann, bin ich im Stande, mir sozusagen meine Leiden zu eigen zu machen und durch sie Freude zu finden.[27]

Um das fertig zu bringen, braucht man Quellen außerhalb seiner selbst; von da her kommt es, dass in Donnes Sicht des spirituellen Lebens die Kirche von entscheidender Bedeutung ist. Er schrieb: »Ich kann eine Kirche in meiner Brust bauen. Ich kann Gott in meinem Herzen dienen und nie mein Gebet in Worte kleiden… Aber dennoch finde ich meine höchsten Erhebungen und die edelsten Hochgefühle meiner Hingabe, wenn ich Gott in der großen Gemeinde danke… denn dadurch, scheint mir, komme ich der Gemeinschaft der Heiliger immer näher und näher.«[28] Er beschrieb die ganze Welt als »Gottes Schatzamt«, in dem er ständig seine Gnade auszahle; die Kirche dagegen sei Gottes »Antragsstelle, denn dort nimmt er unsere Bittschriften entgegen und erhalten wir seine Bescheide.«[29]

Charakteristisch für ihn ist die Verwendung welt-

»No man is an island«

Die Kirche ist katholisch, allumspannend, und so sind es alle ihre Verrichtungen; und alles, was sie tut, gehört allen. Wenn sie ein Kind tauft, geht das mich an; denn dadurch wird das Kind mit dem Haupt verbunden, das auch mein Haupt ist und es wird dem Leib eingepfropft, an dem auch ich ein Glied bin. Und wenn sie jemanden begräbt, geht auch dieses Tun mich an: Alle Menschen haben einen einzigen Autor und stehen in ein und demselben Buch. Stirbt jemand, so wird dieses Kapitel nicht herausgerissen, sondern in eine bessere Sprache übersetzt, und jedes Kapitel muss auf diese Weise übersetzt werden. Gott verwendet mehrere Übersetzer: Manche Stücke übersetzt das Alter, manche die Krankheit, andere der Krieg

oder der Arm des Gesetzes; aber Gottes Hand ist in jeder Übersetzung am Werk, und seine Hand wird alle verstreuten Blätter wieder zusammenbinden und jener Bibliothek zuführen, in der jedes Buch offen für das andere daliegen wird … Keiner ist eine Insel und ganz für sich selbst; jeder ist ein Stück des Kontinents, ein Teil des Festlands. Wird ein Stück Erde vom Meer weggespült, so wird Europa gemindert, genau wie wenn ein Vorgebirge verschwände, oder das Gutshaus eines deiner Freunde oder dein eigenes. Jedes Menschen Tod mindert mich, denn mich betrifft die ganze Menschheit. So schicke nie jemanden, dich zu erkundigen, für wen die Glocke läutet; sie läutet immer für dich.[30]

licher Bilder, was Donne den Vorwurf eingebracht hat, er stelle sich Gott als eine Art höheren höfischen Monarchen vor, dem man sich in einer Haltung der Unterwürfigkeit nähern müsse. Aber das ist ungerecht: Donne übernahm von Calvin das Grundprinzip, dass wir zu Gott beten, und *kühn* beten könnten, und zwar genau aus dem Grund, weil wir von Gott als sein Eigentum angenommen seien. Er schrieb: »Wenn du erst einmal in Gunst stehst, kannst du jeden Antrag stellen.«[31] Wir mögen Gottes Höflinge bleiben, aber nur, weil wir zuerst einmal Gottes Kinder sind. In einer Predigt über den Abschnitt aus dem Buch Genesis, wo Abraham bei Gott für die Menschen von Sodom Fürsprache einlegt, gebraucht Donne den folgenden ungewöhnlichen Vergleich:

Die Worte des Menschen, aus dem Mund eines gläubigen Menschen wie Abraham gesprochen, sind eine Kanone gegen Gott, die alle seine strengen und schweren Gerichtsabsichten zerschießt. Jedoch, weiß Gott, der Grund ist nicht das Gewicht oder die Kraft unserer Worte, sondern die Leichtigkeit Gottes. Gott stellt sich selbst in die Schusslinie, er lässt sich von einem schwachen Gebet treffen und freut sich dankbar darüber, von ihm verwundet zu werden. Gott stellt sogar ein Licht aus, damit wir den Schuss genau auf ihn richten; er erleuchtet uns mit dem Wissen, wie und wann und um was wir beten sollen. Ja, Gott lädt die auf ihn gerichtete Kanone selbst und schießt sie selbst ab.[32]

Es war der hier beschriebene Gott, der Donne aus Traurigkeit und Verzweiflung herauszog und zu einer der größten Gestalten der anglikanischen Tradition werden ließ. Donne war überzeugt davon, dass Gott, was er in dieser Welt begonnen habe, in der nächsten vollenden werde. Über das Leben im Himmel predigte er auf seine wunderbar geistreiche Weise:

Ich, der gleiche Körper und die gleiche Seele, werde wieder zusammengesetzt und identisch, numerisch, persönlich genau der gleiche Mensch sein. Mein Körper wird wieder vollständig wiederhergestellt sein, und genauso meine Seele, die inneren Organe meines Körpers und auch die Fähigkeiten meiner Seele. Ich werde ganz da sein, mein Körper, meine Seele, und zwar mein

ganzer Körper, meine ganze Seele. Hier bin ich noch nicht ganz, ich bin hier als Prediger über diesen Text, bin aber auch daheim in meiner Bibliothek und überlege, ob der heilige Gregor oder Hieronymus schon vor mir etwas besseres über diesen Text gesagt haben. Ich bin hier und spreche zu euch, und doch geht mir nebenbei im gleichen Augenblick durch den Kopf, was ihr wohl zueinander sagen werdet, wenn ich fertig bin. Auch ihr seid nicht ganz hier. Ihr seid zwar jetzt hier und hört mir zu, aber trotzdem denkt ihr gleichzeitig, dass ihr anderswo schon eine bessere Predigt gehört habt…[33]

Der anglikanische Geist im späten 17. Jahrhundert

Die Hinrichtung Karls I. war für alle, die das Königtum für von Gott eingerichtet hielten, ein traumatisches Erlebnis: Wenn schon Könige nicht mehr unantastbar waren, was dann noch? Zudem war das nachfolgende Commonwealth von Ausbrüchen radikaler und puritanischer Bewegungen geprägt, die sich alle als kurzlebig erwiesen, weil ja bereits 1660 die Monarchie wiederhergestellt und unverzüglich auch der anglikanische Klerus wieder in seine Funktionen eingesetzt und 1662 das *Book of Common Prayer* neu aufgelegt wurde. Alle, die die Bischöfe und das *Prayer Book* ablehnten, sahen sich gezwungen, aus der Kirche von England auszutreten und sich dem so genannten »Dissent« zuzuordnen. Fortan sollte die Kirche von England, mochte es ihr passen oder nicht, nur noch einen Teil der Christenheit Englands darstellen. Zudem lebte die seit 1660 etablierte Kirche in einer radikal anderen Welt, als es die von Hooker und Donne gewesen war. Manche der alten Gewissheiten waren für immer dahin. Neue Einsichten der Naturwissenschaften führten zu neuen Fragen über die religiöse Wahrheit. Es waren nicht mehr nur Könige, deren Dasein und Autorität man nicht länger als unhinterfragbar hinnahm. Die Folge war, dass sich ab der zweiten Hälfte

Die Rückkehr Karls II. Illustration aus einem Gebetbuch (ca. 1660).

des 17. Jahrhunderts innerhalb wie außerhalb der etablierten Kirche in der englischen Spiritualität eine Art Wende nach innen vollzog: Es regte sich eine neue Vitalität, aber von ziemlich anderem Temperament als bisher. Sie äußerte sich in der Vorliebe für Dichtung und Schönheit, in einem neuen Interesse für die Schöpfungsordnung und dafür, welche Art Gott man darin am Werk sehen könne, sowie in einer verstärkten Sehnsucht nach dem Himmel.

Thomas Traherne (1637–1674)

Ein Beispiel für dieses neue Klima in der Spiritualität war Thomas Traherne. Er war wie Herbert Landpfarrer; ein Großteil seines schriftlichen Wer-

kes blieb bis ins erste Jahrzehnt des 20. Jahrhunderts unbekannt. Es ist von einem tiefen Gefühl des Staunens über die Schönheit der Schöpfung durchzogen, die jedoch stets als Hinweis auf die noch viel größere Schönheit ihres Schöpfers empfunden wird. In Trahernes anmutigem Gedicht »The Salutation« schwingt eine geradezu franziskanische Dankbarkeit: Es ist fast unvorstellbar, dass ich einer so wunderschönen Welt würdig sein könnte, einer Welt, die genau in dem Maß die meine ist, in dem ich nicht besitzgierig nach ihr greife.

> From Dust I rise,
>   And out of Nothing now awake,
> These Brighter Regions which salute mine Eys,
>   A Gift from GOD I take.
> The Earth, the Seas, the Light, the Day, the Skies,
> The Sun and Stars are mine; if those I prize…
>
>   A Stranger here
>   Strange Things doth meet, Strange Glories
>   see;
> Strange Treasures lodg'd in this fair World
>   appear,
>   Strange all, and new to me,
> But that they mine should be, who nothing was,
> That Strangest is of all, yet brought to pass.

(»The Salutation«, Strophen 5 und 7[34])

Traherne schreibt in einer anderen Tradition als Herbert; seine Spiritualität verdankt mehr Plato als Calvin, obwohl er genau wie Herbert stark unter dem Einfluss von Augustinus steht. Am ansprechendsten jedoch ist vielleicht seine Ehrfurcht vor dem Kindsein als dem deutlichsten Merkmal einer authentisch christlichen Spiritualität: »God in our Childhood with us walks« (»In unsrer Kindheit schreitet Gott mit uns«), schrieb er (»The approach«, 2. Strophe); und in seinem Gedicht »The Return« (1. Strophe) betet er:

> To Infancy, O Lord, again I com,
>   That I my Manhood may improv:
>   My early Tutor is the Womb;
>   I still my Cradle lov.
>   'Tis strange that I should Wisest be,
>   When least I could an Error see.[35]

George Herbert (1593–1633)

George Herbert in Bemerton (1860), von William Dyce (1806–1864).

War John Donne der größte Prediger der anglikanischen Tradition, so ließe sich George Herbert zu Recht als ihr größter Dichter bezeichnen. Ausgebildet an der Westminster School und in Cambridge, gehörte er kurz dem englischen Parlament an, wurde dann jedoch Priester und 1630 Pfarrer von zwei Dörfern bei Salisbury, wo er schon nach drei Jahren erst 39-jährig starb. Herbert wurde oft als Vertreter der Hochkirche angesehen, zum Teil wegen der Darstellung, die Izaak Walton mehrere Jahrzehnte nach seinem Tod von ihm gab. In Wirklichkeit wurzelte er tief in Calvins Theologie, wie auch grundsätzlich in der Bibel und insbesondere in den Psalmen: ihre Bilderwelt und ihre lebhafte Verflechtung von Klage und Lobpreis beeinflussten seine Dichtkunst sehr stark. In Herberts Spiritualität gehören Theologie und erdgebundenes menschliches Leben untrennbar zusammen:

Pitch thy behaviour low, thy projects high;
So shalt thou humble and magnanimous be:
Sink not in spirit: who aimeth at the sky,
Shoots higher much then he that means a tree.
A grain of glory mixt with humblenesse
Cures both a fever and lethargicknesse.
(»**Perirrhanterium**« **II.331–336**)[36]

Herberts Themen kreisen um das innere Leben und die Weisen, wie wir Gottes erlösendes Wirken in uns erfahren. Gedichte wie »The Glance« bringen das mit feinem Gespür zum Ausdruck.

Die Art, wie dieses Gedicht Gott vorstellt, der in die Abgründe unserer Sündhaftigkeit und Entfremdung hinabschaut und sie mit seiner Gnade erlöst, ist ungemein eindrucksvoll; und ebenso in der letzten Strophe seine Beschreibung von Gottes zweitem Blick (»glance«) am Ende der Zeit (»When thou shalt look us out of pain«). Bemerkenswert ist auch die Hinbewegung innerhalb des Gedichts vom einsamen Einzelnen in der ersten Strophe bis zur versammelten Christenfamilie in der dritten:

»What wonders shall we feel.« Am wichtigsten ist jedoch die tiefe und lebendige Beschreibung von Gottes unvorstellbarem freiem Geschenk des Lebens und der Ganzheit an diejenigen, die wissen, wie wenig sie es verdienen; sie erinnert stark an die *Bekenntnisse* des Augustinus.

Das soll nicht heißen, dass Herbert das Leben, nachdem man »erlöst« oder »gerecht gemacht« ist, als auf Rosen gebettet betrachtet. In einem Gedicht mit dem Titel »The Temper (I)« erkundet er die Bandbreite der Erfahrungen, von den angenehmen bis zu dem schlimmen, die die Seele durchmacht. Das veranlasst ihn zur bitteren Klage, dass Gott ihn zu sehr »zerdehne« (»stretching«); die Verwendung des schrecklichen Wortes »rack« (»auf der Streckbank foltern«) ist dabei besonders vielsagend:

> O rack me not to such a vast extent;
>   Those distances belong to thee:
>   The world's too little for thy tent,
>   A grave too big for me.
>
> Wilt thou meet arms with man, that thou
>   dost stretch
>   A crumme of dust from heav'n to hell?
>   Will great God measure with a wretch?
>   Shall he thy stature spell?

Sodann bittet er Gott um Schutz:

> O let me, when thy roof my soul hath hid
>   O let me roost and nestle there:
>   Then of a sinner thou art rid,
>   And I of hope and fear.

Aber dann gibt er sich mit einem großartigen Schluss ganz Gottes Willen anheim:

> Yet take thy way; for sure thy way is best:
>   Stretch or contract me, thy poore debter:
>   This is but tuning of my breast,
>   To make the musick better.
>
> Whether I flie with angels, fall with dust,
>   Thy hands made both, and I am there:
>   Thy power and love, my love and trust
>   Make one place ev'ry where.[37]

The Glance

> When first thy sweet and gracious eye
> Vouchsaf'd ev'n in the midst of youth and night
> To look upon me, who before did lie
>   Weltring in sinne;
>   I felt a sugred strange delight,
> Passing all cordials made by any art,
> Bedew, embalme, and overrunne my heart,
>   And take it in.
>
>   Since that time many a bitter storm
> My soul hath felt, ev'n able to destroy,
> Had the malicious and ill-meaning harm
>   His swing and sway:
>   But still thy sweet originall joy,
> Sprung from thine eye, did work within
>   my soul,
> And surging griefs, when they grew bold,
>   controll,
>   And got the day.
>
>   If thy first glance so powerfull be,
> A mirth but open'd and seal'd up again;
> What wonders shall we feel, when we shall see
>   Thy full-ey'd love!
>   When thou shalt look us out of pain,
> And one aspect of thine spend in delight
> More then a thousand sunnes disburse in light,
>   In heav'n above.[38]

Die anglikanische Spiritualität in Schottland

Im weiteren Verlauf des 17. Jahrhundert blieb das bemerkenswerte spirituelle Schrifttum der anglikanischen Tradition nicht auf England beschränkt. Während dieses Jahrhunderts machte die Schottische Episkopalkirche traumatische Konflikte mit den Presbyterianern durch; jedoch brachte sie dennoch einige herausragende Gestalten hervor, darunter den besonders bedeutenden Erzbischof von Glasgow Robert Leighton (1611–1684), der einen starken Einfluss auf Samuel Taylor Coleridge ausüben sollte. Leighton verfasste eine Reihe gelehrter Texte, darunter eine eindrucksvolle Auslegung des Vaterunsers, *Exposition of the Lord's Prayer*. In einer tiefsinnigen Predigt über »The Christian's Course in the Church's Calamity« (»Der Weg des Christen in der Notlage der Kirche«) scheint er zudem aus den schmerzlichen Wirren, von denen seine Kirche und sein Land heimgesucht worden waren, seine Lehren zu ziehen. Sie schließt mit einer bewegenden Ermahnung an alle Christen, die es schwer haben oder leiden, auf Gott zu harren mit einer »frommen Hartnäckigkeit, die auch nicht dem schlimmsten Widerstand nachgibt oder gar kapituliert, solange noch die geringste Überlebensmöglichkeit besteht.« Er schließt:

> Das ist das reinste Handeln aus Glauben, wenn ihn überhaupt nichts zu stützen scheint und er dennoch fest bleibt und wie Abraham wider alles Hoffen hofft. Wenn die Seele in der äußersten Bedrängnis ist, sagt der Glaube: Ich werde am Schemel des Throns der Gnade liegen bleiben, bis ich davon fortgejagt werde. Von mir aus gehe ich nicht weg. Ich werde bis zum letzten Augenblick warten.[39]

Jeremy Taylor (1613–1667)

Einer der vielen anglikanischen Geistlichen, die fest zu ihrem Glauben an die Monarchie und die etablierte Kirche gestanden hatten und folglich während des Commonwealth aus ihrem Broterwerb vertrieben worden waren, war Jeremy Taylor, einer der größten Prosaschriftsteller seiner Generation.

Er verlebte den Bürgerkrieg als Kaplan des königlichen Haushalts und wurde 1645 von den Truppen des Parlaments gefangen genommen. Doch nach der Wiederherstellung der Monarchie 1660 wurde er zum Bischof von Down and Connor in Irland ernannt. Taylors wacher Geist ging mit einer stark pastoral ausgerichteten Spiritualität einher, weil er jenen vielen frommen Anglikanern Mut machen wollte, die wie er während der politischen Wirren physisch und spirituell viel durchgemacht hatten.

Den Laien, die er als »das Saatbeet der Kirche« betrachtete, wollte er Anleitung und Unterstützung geben. Er schrieb: »Die Ehe ist das Pflanzbeet (seminary) der Kirche.«[40] Scharfsinnig vermerkte er: »Die Menschen lieben die Sünde nur, weil sie verboten ist.«[41] Und er sagte, dass die Menschen von ihren religiösen Überzeugungen natürlich nicht viel hätten, wenn sie kaum etwas dafür aufbrächten:

> Es ist so wenig, was wir für die Religion und so viel, was wir für uns selbst aufwenden; unser Aufwand ist für die Armen gering, jedoch unermesslich groß, um uns selbst krank zu machen. Darum sieht es fast so aus, als seien wir in unser eigenes Unheil verliebt, hingen mit Leidenschaft am Bedürftigsein und Begehren, dass wir alles nur Erdenkliche tun, um mehr zu brauchen, als die Natur für uns vorgesehen hat.[42]

Das Heilmittel dagegen nannte der Titel von Taylors berühmtestem Buch: *Holy Living*, »Leben in Heiligkeit«. Taylor verstand das jedoch nicht als eng kirchlichen Weg. Wenn der Heilige Geist in uns wirke, verwandle er unsere Fähigkeiten: Wir würden durch Adoption Söhne und Töchter Gottes, »fähig eines neuen Zustands…, im Stande, Neues und Größeres auf höhere Ziele hin zu tun; wir haben neue Gefühle, neues Verständnis, neues Wollen.«[43] Das Schlimme sei, dass wir dieses uns von Gott geschenkte Vermögen auf unangemessene Ziele lenkten: Statt uns selbst ans »religiöse Wandeln mit Gott« zu begeben, verbrächten wir unsere Zeit mit weltlichen Zerstreuungen, unschicklicher Gesellschaft oder Völlerei.[44] Es sei unser Glück, dass Gott uns die Fähigkeit geschenkt habe, die Erfüllung der Notwendigkeiten unserer Natur zum Bestandteil unserer religiösen Pflichterfüllung zu machen. »Indem er sie in die Religion einbezieht, kann er unsere Natur in Gnade umwandeln und unsere natürlichen Verrichtungen zu Akten der Religion machen.«[45]

Aber wie sieht das in der Praxis aus? Taylor nennt drei praktische Punkte. Der erste lautet, man solle sorgfältig mit seiner Zeit umgehen. Er schreibt: »Müßiggang ist die größte Verschwendung der Welt.« Das bedeute nicht, dass man dauernd nur beschäftigt sein solle, jedoch, dass man in seinem Leben die Prioritäten richtig setzen und den religiösen Pflichten den ersten Platz einräumen sollte,

> nicht wie der Patriarch (von Konstantinopel), der in seinem vollen Bischofsornat mitten aus dem Gottesdienst vom Altar der Sophienkirche in seinen Stall wegrannte, um unverzüglich das Fohlen zu sehen, das gerade seine geliebte und über alles geschätzte Stute Phorbante geworfen hatte.

Stattdessen müsse man »die Zeit erlösen«; am Ende jedes Tages solle man »die Handlungen des verflossenen Tages mit einem Partikularexamen überprüfen« und »unterstellen, dass jeder Tag ein Geschäftstag ist« (obwohl natürlich auch Zeit für Erholung und Ausruhen vorgesehen sein müsse); »denn dein ganzes Leben ist ein Wettlauf und ein Kampf, ein Handelsgeschäft und eine Reise.«[46] Fester Bestandteil der Vorbereitung auf die heilige Kommunion solle die Überprüfung der eigenen Wünsche sein; große und edle Wünsche verwirrten und machten rastlos, solange man ihnen nicht nach Gebühr entsprochen habe.[47]

Die zweite praktische Anregung für ein Leben in Heiligkeit ist die Reinheit der Absicht: man solle alles zur Verherrlichung Gottes tun, denn es sei durchaus möglich, dass man aus völlig falschen Gründen fromm sei:

> Besucht jemand seinen kranken Freund und schüttelt ihm aus Nächstenliebe und aus alter Zuneigung die Kissen auf, so finden wir das gut. Aber wenn er das aus Hoffnung, ihn bald beerben zu können, tut, ist er ein Geier und wartet nur auf den Kadaver.[48]

Menschen, die sich kopfüber ins Geschäftsleben stürzten, sich jedoch um ihre Pflichten gegenüber Gott und dem Nächsten »langsam, oberflächlich und ohne Appetit« kümmerten, wüssten selbst, dass ihre Herzen »mit Gott nicht richtig liegen«.[49] Man müsse wollen, was Gott will, und indem man das tue, finde man seine eigene tiefste Erfüllung.

Taylors dritte Anregung für ein Leben in Heiligkeit lautet, man solle sich ins Verweilen in der Gegenwart Gottes einüben. Das könne man überall tun, denn Gott sei überall, in der Schönheit der Schöpfung genauso wie im Leben unserer Nächsten:

> Gott ist ganz an jedem Ort, einschließlich dem Nirgendwo; mit keinen anderen Stricken gebunden als denen der Liebe… Man kann sich Gott wie die Luft oder das Meer vorstellen, und sich selbst ganz davon umfangen, umschlossen vom Schoß seiner grenzenlosen Natur; oder als Kind im Schoß seiner schwangeren Mutter. Man kann genauso wenig aus der Gegenwart Gottes entfernt werden wie von seinem eigenen Sein.[50]

Taylor äußert öfter eine pessimistische Weltsicht: Er ist sich äußerst schmerzlich der schrecklichen und scheinbar willkürlichen Leiden bewusst, die die Menschheit befallen. So rät er, dieses Leben im

Jeremy Taylor, alter Stich.

Licht und der Vorwegnahme des künftigen Lebens zu gestalten (siehe sein *Holy Dying*). Dabei sollten die Christen ja nicht feige oder schwermütig sein:

Wer mit seinem Glauben Gott zu gefallen trachtet, muss seinen Glauben in sich vom Heiligen Geist und angemessenen Gründen für die Religion zeugen lassen; er muss ihn furchtlos bekennen und es wagen, für ihn zu sterben, und er muss beschließen, gemäß seiner Einrichtung zu leben; er muss zuversichtlicher und heiliger werden, weniger Zweifel nähren und mehr Tugenden pflegen, muss entschlossen und standhaft sein.[51]

Das Gebet sei mühsame Arbeit; man müsse in ihm trotz mancher Enttäuschung verharren:

Wer darum betet, eine Familie solle von einem ererbten Fluch erlöst werden oder Gott möge einen Spruch widerrufen oder einen Beschluss des Himmels gegen einen guten Freund aufheben; wer die Kranken mit seinem Gebet heilen oder mit seinem Gebet ein Heer besiegen will, der kann derlei mächtige Wirkungen nicht von einem einzigen Morgen- oder Abendgebet erwarten.[52]

Letztlich allerdings sei das spirituelle Leben nicht bloß eine Plackerei des Menschen: es sei das, was Gott in und durch uns wirke; darum werde es – jedenfalls irgendwann – von Freude durchflutet: »Unsere Pflichterfüllung gegenüber Gott sollte uns ungemein gut gefallen und wir sollten uns über sie freuen.«[53]

Taylor zitiert zum spirituellen Leben den römischen Philosophen Seneca: »Es gibt keine andere Wissenschaft oder Kunst auf der Welt, mit der sich so schwer leben und so leicht sterben lässt. Die Vertreter anderer Künste sind ohne Tiefgang und ihrer gibt es viele.«[54]

Wenige anglikanische Schriftsteller haben derart vollkommen Gelehrsamkeit, Geistreiches, pastoralen Scharfsinn und tiefes Mitempfinden miteinander verschmelzen können wie Jeremy Taylor; und kaum einer hat so gut geschrieben.

Der anglikanische Geist im 18. Jahrhundert

Das England des 18. Jahrhunderts war sozial ruhiger als das 17., aber spirituell nicht weniger geschüttelt. Kolonien in Übersee wurden gegründet, von denen einige (in Nordamerika) unabhängig wurden; daheim zogen immer mehr Menschen zum Leben in die Klein- und Großstädte, die Industrialisierung und die expandierende Wirtschaft zeigten ihre Wirkungen. Es war ein Zeitalter der Expansion, der Erweiterung der Horizonte und beunruhigender Fragen und Zweifel: Philosophen, Naturwissenschaftler und Historiker wie David Hume und Edward Gibbon stellten immer stärker die Natur, ja sogar die Möglichkeit des religiösen Glaubens in Frage. Es war auch die Blütezeit des »English

Joseph Butler, alter Stich.

Dissent«; spirituelle Gestalten wie John Wesley und Isaac Watts beherrschten die religiöse Landschaft. Doch die Kirche von England verfügte durchaus über Vitalität und Erfindungsgeist, obwohl sie selbst in »high church«, »low church« und evangelikale Gruppierungen aufgespalten war. Zu ihren eindrucksvollsten Theologen gehörte Joseph Butler (1692–1752), dessen *Analogy of Religion* einen nachhaltigen Einfluss ausüben sollte, weil er es darin unternahm, aufzuzeigen, dass der christliche Glaube durch und durch sowohl mit dem Vernunftdenken als auch der Naturwissenschaft vereinbar sei. Nach Butlers Überzeugung musste eine derart reiche und vielfältige Schöpfung einen intelligenten Schöpfer haben. Dieser Ansatz ermutigte viele Anglikaner, der Schöpfungsordnung mehr Wert zuzuerkennen, als das die meisten ihrer Vorgänger es getan hatten. Der Dichter Christopher Smart behandelte das Thema der Schönheit im folgenden »Lied für ein junges Mädchen«:

Christ, keep me from the self-survey
Of beauties all thine own;
If there is beauty let me pray,
And praise the Lord alone.

Pray – that I may the fiend withstand,
Where'er his serpents be:
Praise – that the Lord's almighty hand
Is manifest in me.

It is not so – my features are
Much meaner than the rest;
A glow-worm cannot be a star,
And I am plain at best.

Then come, my love, thy grace impart,
Great saviour of mankind;
O come, and purify my heart,
And beautify my mind.

Then will I thy carnations nurse,
And cherish every rose;
And empty to the poor my purse,
Till grace to glory grows.
(aus *Hymns for the Amusement of Children*, no. 11[55])

William Law (1686–1761)

Nicht alle anglikanischen Schriftsteller waren so positiv eingestellt: William Law, dessen *Serious Call to a Devout and Holy Life* (»Ernster Aufruf zu einem frommen und heiligen Leben«, 1729) den Rang eines spirituellen Klassikers erlangen sollte, vertrat eine viel stärker auf Innerlichkeit angelegte Sicht der Spiritualität. Als hervorragender englischer Anglikaner des 18. Jahrhunderts verkörpert er eine Art Reaktion gegen das zeitgenössische Interesse für Naturwissenschaft und Forschergeist; wo Butler dieses Interesse bejahte, zog Law die Zugbrücke hoch und verschanzte sich in einer rigorosen spirituellen Innerlichkeit. Unter dem starken

Einfluss des esoterischen Deutschen Jakob Böhme durchzog sein Spätwerk ein stark spekulativer und ganz auf die andere Welt ausgerichteter Ton. Trotzdem betonte auch er, der christliche Glaube müsse alle Aspekte des menschlichen Lebens durchdringen; zudem zeugt ein Großteil seiner Schriften von einem herzerfrischenden Ökumenismus und Einfühlungsvermögen.

Law legte es darauf an, auf die Herausforderungen einer zunehmend säkularen Welt mit einem ganzheitlichen, jedoch stark nach innen gerichteten christlichen Glauben zu reagieren. In seinem Angriff gegen das Theater (das im London des 18. Jahrhunderts ungemein beliebt war) schrieb er an seine imaginäre Gegnerin Jucunda:

> Du bist für eine Religion, die aus Arten und Weisen des Gottesdienstes besteht, welcher an feste *Zeiten* und *Orte* gebunden ist und dich nur an den *Sonntagen* ein bisschen Zeit kostet, dir aber die ganze Woche überlässt, darin zu tun, was dir gefällt. Aber Jucunda, das ist so gut wie nichts. In der Heiligen Schrift heißt es nicht umsonst: *Wer in Christus ist, ist eine neue Schöpfung.* Das ganze Gesetz und Evangelium sind für dich umsonst: alle Sakramente, Frömmigkeitsformen, Lehren und Weisungen sind zwecklos, solange sie aus dir nicht dieses *neue Geschöpf* machen, das in allen Verrichtungen deines Lebens sichtbar wird.[56]

Das Christentum sollte also nicht nur Anregungen zu oberflächlichen Verbesserungen des Verhaltens, der »Etikette«, geben (ein weiteres Lieblingsthema des 18. Jahrhunderts):

> Das Christentum ist keine *Schule* für den Unterricht in moralischer Tugend, es ist nicht dazu da, die Manieren aufzupolieren oder dem Leben in dieser Welt den Schliff des Anstands und der Höflichkeit zu geben. Es ist auf etwas Tieferes und Göttlicheres angelegt und verfolgt viel edlere Ziele als all dies: Beim Christentum geht es um eine *völlige Veränderung* des Lebens, die Hingabe seiner selbst mit Seele und Leib an Gott, im strengsten und höchsten Sinne der Worte.[57]

Für Law ist die Triebfeder dieser Veränderung die Wiederentdeckung der biblischen Tugend, wie ein Kind zu werden:

Unsere besondere Verfassung als Kinder besteht darin, dass Kinder noch alles lernen müssen… In diesem Sinn müssen wir vor allem erst einmal Kinder werden und uns so einstellen, als müssten wir alles neu lernen… also auf keine eigene Weisheit pochen, sondern bereit sein, jenes Glück zu verfolgen, das Gott uns in Christus vorstellt und es mit solcher Einfalt des Geistes annehmen, wie Kinder das tun, und dem gar nichts Eigenes entgegenstellen.[58]

So sollte sich, sagt Law,

> jeder *Gentleman, Kaufmann* oder *Soldat* allen Ernstes diese Fragen stellen: *Was ist eigentlich das Beste, auf das ich mein gesamtes Tun ausrichten und auf das ich hinarbeiten sollte? Wie soll ich es anstellen, um mein Menschenleben möglichst erfüllt zu leben? Welche Wege eingeschlagen zu haben werde ich mir wünschen, wenn ich diese Welt verlasse?*[59]

Samuel Johnson (1709–1784)

Die berühmteste Einzelpersönlichkeit Englands aus dem 18. Jahrhundert war wohl zugleich auch einer der größten Anglikaner aller Zeiten: Samuel Johnson, dessen Gelehrsamkeit und geistreiches Genie ihr Gegengewicht in einer tiefen Spiritualität und alldurchdringenden Melancholie fanden, wobei die letztere weithin durch den frühen Tod seiner geliebten Frau Tetty bedingt war. Trotz dieser Depression verlor er nie seinen Sinn für das Verspielte. Im Januar 1764 besuchte er einen Freund in Lincolnshire. Sie hatten einen steilen Hügel erklommen, als Johnson plötzlich einen verblüffenden Entschluss kundtat. Sein Freund schilderte das später so:

> Als der arme liebe Dr. Johnson an diese Stelle kam, wandte er sich um, schaute den Abhang hinunter und sagte, er sei entschlossen, »sich hinabzurollen«. Als wir begriffen, was er damit meinte, taten wir alles, ihm das auszureden; aber er war fest entschlossen und sagte, er sei schon ewig keinen Abhang mehr hinabgerollt. So nahm er aus seinen Taschen alles, was darin war – Schlüssel, Bleistift, Börse, Federmesser usw. –, legte sich parallel zur Hügelkante auf den Boden

Dr. Samuel Johnson (ca. 1783), Porträt von John Opie (1761–1807).

und rollte und rollte sich immer weiter hinunter, bis er unten ankam.[60]

Im Mittelpunkt von Johnsons spirituellem Leben stand das unnachgiebige, aufrichtige Bemühen um die Wahrheit. Seine hartnäckige Weigerung, nie einer Konfrontation mit ihr aus dem Weg zu gehen, so unerquicklich sie auch sein mochte, verliehen seiner Frömmigkeit ihre Stärke und Spannkraft. Als 1752 seine Frau starb, schrieb er folgendes Gebet:

> Verzeih mir, o gütiger Gott, alle meine Sünden, und gib mir die Kraft, jene Besserung anzufangen und zu vollenden, die ich ihr versprochen habe. Hilf mir, in dem Entschluss zu verharren, um den sie dich angefleht hat, und das zu verfolgen, was ich dir dargelegt habe, als sie tot vor mir lag, im Gehorsam gegenüber deinen Gesetzen und Glauben an dein Wort. Und jetzt, o Gott, befreie mich von meiner Trauer…[61]

Seine intellektuelle Redlichkeit stellte ihn vor das Problem, ob er für die Verstorbenen beten solle oder nicht. So schrieb er ein Jahr nach Tettys Tod in sein Tagebuch: »Ich hielt diesen Tag als den Jahrtag des Todes meiner Tetty mit Gebet & Tränen am Morgen. Am Abend betete ich für sie bedingungsweise, falls das erlaubt ist.« Doch die Trauer war, wie wir gesehen haben, nicht das einzige Element seiner Spiritualität; sowohl sein sprühender Geist als auch seine Traurigkeit waren in seiner lebenslangen Entschlossenheit verankert, ohne Illusion zu leben. 1758 schrieb er an seinen Freund in Lincolnshire und kritisierte ihn behutsam, weil dieser einen im Kampf gefallenen englischen General betrauerte:

Der einzige Grund, weshalb wir den Tod eines Soldaten beklagen, ist der, dass wir denken, er hätte länger leben können, doch ist diese Ursache zur Trauer auch vielen anderen Todesarten eigen, die man nicht derart leidenschaftlich beklagt. Wahr ist, dass jeder Tod gewaltsam ist, der durch einen Unfall verursacht wird, jeder Tod, der nicht nach und nach durch die Minderungen des Alters erfolgt, oder wenn das Leben aus irgendeinem anderen Grund erlischt (als dem), dass es ausgebrannt ist... Machen wir uns daran, die Dinge zu sehen, wie sie sind und dann zu fragen, ob wir Grund zur Beschwerde haben. Ob uns das Trost gibt, wenn wir das Leben so sehen, wie es ist, weiß ich nicht, aber jedenfalls ist der eventuelle Trost, denn man aus der Wahrheit zieht, solid und von Bestand; der vom Irrtum bezogene dagegen ist wie der Anlass zur Trauer trügerisch und flüchtig.[62]

Johnson war der Auffassung, man bete, *um* zum Gottvertrauen *zu* finden, und nicht etwa, weil man dieses Gottvertrauen bereits erfahren habe:

Das Gottvertrauen... lässt sich nur durch Reue, Gehorsam und Flehen erlangen, nicht, indem wir in unseren Herzen eine verschwommene Vorstellung vom Gutsein Gottes nähren oder uns in der festen Überzeugung wiegen, wir seien im Stand der Gnade. Damit haben sich schon manche getäuscht.[63]

Genau in dieser Entschiedenheit, jeden falschen Trost von sich zu weisen und nur eine Spiritualität zu suchen, die sich aufrichtig den Zwiespältigkeiten und Schmerzen des menschlichen Lebens stellt, liegt die Bedeutung von Johnson.

Die Evangelikalen im 18. und 19. Jahrhundert

Butlers rationale Theologie und Johnsons nachdenkliche Frömmigkeit stellten zwei mögliche Reaktionen auf die wachsende Herausforderung durch das säkulare und naturwissenschaftliche Denken dar. Eine weitere Reaktion bestand im entschiedenen Versuch, wieder die Fülle des Evangeliums zu erschließen, indem man die Offenbarung über die Vernunft stellte und das Übernatürliche über die Naturwissenschaft. Diese Bewegung, die dann als die »evangelikale« bekannt wurde, stand unter dem starken Einfluss der protestantischen Reformatoren, der Puritaner, der europäischen Pietisten und natürlich der Gründer des Methodismus. Sie sollte nach und nach im Anglikanismus einen beachtlichen Anteil ausmachen; und sie wirkte sich keineswegs nur nach innen aus. Evangelikale wie William Wilberforce spielten eine maßgebliche Rolle dabei, dass es schließlich in England zur Abschaffung der Sklaverei kam, und Evangelikale übten im 18. und 19. Jahrhundert bis in die höchsten Kreise der Regierung ihren Einfluss auf die Politik aus. Die Bewegung insgesamt verhalf dem Anglikanismus wieder in einer Zeit zur Vitalität, in der sonst die Initiative auf spirituellem Gebiet fast ganz auf die Dissenters und römischen Katholiken übergegangen wäre. Insbesondere drei Gestalten verkörpern die erlesenste Blüte des englischen anglikanischen Evangelikalismus: William Cowper, John Newton (siehe Kasten S. 269) und Charles Simeon.

Spirituelle Schriftstellerinnen im 18. Jahrhundert

Das 18. Jahrhundert erlebte bedeutende Verbesserungen auf dem Gebiet der Ausbildung der Frauen, obwohl dies zumindest teilweise darauf abzielte, sie zu besseren Helferinnen ihrer Männer zu machen. Jedenfalls wirkte sich das so aus, dass etliche fähige und hoch intelligente Frauen das Wort ergriffen und viele allgemein gültige Traditionen und Selbstverständlichkeiten in Frage stellten.

Sarah Trimmer (1741–1810)

Sarah Trimmer engagierte sich aktiv bei sozialen Reformen und verfasste religiöse Bücher in der Absicht, bei Kindern wie Erwachsenen ein besseres Verständnis der christlichen Religion zu fördern. Sie prangerte die Leiden der Armen an und entwickelte im Verlauf dieses Einsatzes eine Spiritualität, die an die der Propheten des Alten Testaments heranreicht:

Es ist wirklich ein Skandal für die Nation, derartige Scharen gewöhnlichen Volks in äußerster Entbehrung zu sehen, während es die Fülle und der Reichtum unseres Landes den Leuten höheren Standes ermöglichen, sich allen Vorzügen und Annehmlichkeiten des Lebens hinzugeben. Jede Pfarrei ist eine große Familie und es obliegt ihren Häuptern, sich darum zu kümmern, dass jeder Einzelne in ihr Nahrung und Kleidung hat oder zumindest die Möglichkeit, sich das zu beschaffen; und dass Anstalten getroffen werden, sie in allem zu unterweisen, was ihrem zeitlichen und spirituellen Wohl dient.[64]

Sie war der Überzeugung, wahre Heiligkeit wurzle in einem glücklichen Familienleben und die Ehemänner hätten eine ganz besondere Verantwortung dafür, dass sämtliche Mitglieder des Haushalts täglich zum gemeinsamen Gebet zusammenkämen.[65] Außerdem ermahnte sie zum genauen Einhalten des christlichen Sabbat: dessen Vernachlässigung sei es, was zum »häuslichen Übel« führe.[66]

Hannah More (1745–1833)

Hannah More war die Tochter eines Schulmeisters und eine der einflussreichsten Gestalten in der Bewegung zur Verbesserung der religiösen Erziehung von Kindern. Wie Sarah Trimmer engagierte sie sich stark für soziale Reformen und die Hebung des moralischen und spirituellen Lebens ihrer Zeitgenossen; ihre Werke wurden ungemein beliebt. Ihr Buch *Practical Piety* (1811) wurzelt in ihrer Überzeugung, dass jede gesunde Religion aus inneren Grundsätzen erwachse:

Echte Religion verlangt nicht nur ein äußeres Bekenntnis zu unserer Bindung an Gott, sondern von innen heraus eine Hingabe an seinen Dienst. Diese versetzt den Christen in einen neuen Zustand, eine neue Daseinsweise … Das Glück des Christen besteht nicht aus bloßen Gefühlen, die täuschen können, noch aus bloßen Maßregeln, die nur Anhaltspunkte liefern, sondern aus einer gefestigten, ruhigen Überzeugung, dass in seinem Herzen Gott und die ewigen Dinge über allem anderen stehen.[67]

Sie definiert »praktisches Christentum« als die tatsächliche Anwendung christlicher Grundsätze und das »Einüben unserer selbst ins Göttlichsein«.[68] Zu diesen zu übenden Grundsätzen gehörten das Vergeben, das sie als »die Ökonomie des Herzens« beschreibt.[69] Vor allem aber möchte sie zu einer Frömmigkeit anleiten, die in der ausdrücklichen Bereitschaft wurzelt, ein moralisches und mitempfindendes Leben zu führen: »Wir müssen uns durch unsere Gleichförmigkeit mit Christus als Christen erweisen«, sagt eine Gestalt in einer ihrer Erbauungsgeschichten (*Stories for Persons in the Middle*

Hannah More. Stich von E. Scriven.

Ranks). Sie hatte kein Interesse für eine abgehobene oder spekulative Spiritualität, weil diese zu nichts Praktischem tauge. In einer anderen ihrer Geschichten wird der intelligente, aber ineffektive Philosoph Mr. Fantom von Mr. Trueman so kritisiert:

> »Ja, Mr. Fantom, Ihr seid nur zu bewundern, wie Ihr um so geringe Kosten einen derart riesigen Vorrat an Wohlwollen lagern könnt. Ihr vermögt die Menschheit innig zu lieben und zugleich alle Gelegenheiten zu meiden, ihr Gutes zu tun; Ihr vermögt edlen Eifer für Millionen Menschen zu entwickeln und zugleich für die Einzelnen kein Mitleid zu zeigen; Ihr vermögt nach freien Ländern und erleuchteten Königreichen zu rufen und zugleich keinen Finger zur Unterweisung der Menschen in Eurem eigenen Dorf oder zum Trost Eurer eigenen Familie zu rühren. Gewiss ist nur ein Philosoph im Stande, derart gewaltige Philanthropie und zugleich so große Zurückhaltung zu entwickeln.«[70]

More war keine Radikale und sie fühlte sich ganz in der etablierten Kirche ihrer Zeit aufgehoben. Aber sie war vielen ihrer Zeitgenossen darin weit voraus, dass sie jede Art religiöser Intoleranz verurteilte, weil diese das Wachstum in der wahren Frömmigkeit hemme:

> Jeder Mensch, der allen Ernstes die Interessen der Religion verfolgt, wird einen solchen Grad an Klarsicht erlangen, dass es ihm keinen Unterschied macht, von wem das Gute getan wird oder wer im guten Ruf steht, es zu tun, wenn es nur tatsächlich getan wird.[71]

Eine Familie spricht das Tischgebet. Gemälde von Sir David Wilkie (1785–1841).

Dabei ging es ihr um eine Frömmigkeit, die in einem Beten verwurzelt war, das zugleich direkt, aufrichtig und hingebungsvoll sein sollte. Für sie ist Gebet

> der Vortrag des Wunsches bei dem, der allein ihn erfüllen kann; die Stimme der Sünde an den, der allein sie vergeben kann. Es ist das Drängen der Armut, das sich Niederwerfen der Demut, die Glut der Reue, die Zuversicht des Vertrauens. Es ist nicht Beredsamkeit, sondern Ernsthaftigkeit, nicht die Beschreibung der Hilflosigkeit, sondern deren Gefühl; nicht gedrechselte Redewendungen, sondern Zerknirschung des Herzens. Es ist das »Herr, rette uns, wir sinken!« des ertrinkenden Petrus; der Schrei des Glaubens ins Ohr des Erbarmens.[72]

William Cowper (1731–1800)

William Cowper begann sein Erwachsenenleben als Anwalt, aber eine ernsthafte psychische Erkrankung sowie eine tiefgreifende religiöse Bekehrung veranlassten ihn, einen Großteil seiner Zeit auf das Schreiben von Gedichten zu verwenden. Cowpers Lieder und Gedichte sind gefällig und durchdacht und spiegeln durch und durch einen evangelikalen Glauben, der in seiner eigenen persönlichen Überzeugung wurzelt, Gott lenke alles, was geschehe, so schlimm das Leben auch zuweilen sein möge:

> *Judge not the Lord by feeble sense,*
> *But trust him for his Grace;*
> *Behind a frowning Providence,*
> *He hides a smiling face.*
> (»Light Shining Out of Darkness«[73])

Diese Überzeugung ersparte es ihm jedoch nicht, unter Ängsten bezüglich der Frage zu leiden, ob Gott ihn zu den Erlösten zähle oder nicht. In einem seiner Lieder behandelt er diese schmerzliche Frage mit bohrender Aufrichtigkeit:

> *The LORD will happiness divine*
> *On contrite hearts bestow:*
> *Then tell me, gracious GOD, is mine*
> *A contrite heart, or no?…*
>
> *I sometimes think myself inclin'd*
> *To love thee, if I could;*
> *But often feel another mind,*
> *Averse to all that's good.*
>
> *My best desires are faint and few,*
> *I fain would strive for more;*
> *But when I cry, 'My strength renew',*
> *Seem weaker than before.*
>
> *Thy saints are comforted I know*
> *And love thy house of pray'r;*
> *I therefore go where others go,*
> *But find no comfort there.*

Eine Szene aus dem Slum in Drury Lane, London. Cowper kämpfte leidenschaftlich für soziale Gerechtigkeit und gegen die Armut im städtischen England.

John Newton (1725–1807)

John Newton hatte ein außergewöhnliches Leben. Er beschreibt es auf die Art seiner puritanischen Vorfahren in seinem autobiografischen *Authentical Narrative* mit Kraft und Leidenschaft. Nach Jahren als Handelsmatrose, Sklavenhändler und Aufseher wurde er durch die Predigt von George Whitefield bekehrt und schließlich 1764 ordiniert. Er erhielt die Pfründe von Olney in Hertfordshire, wo er Cowper Gastfreundschaft und Unterstützung gewährte. 1779 wurde er Pfarrpriester in einer Stadtkirche in London, wo er sich mit aller Kraft für die Abschaffung des Sklavenhandels einsetzte. Newtons Spiritualität ist nach Bilderwelt und Inhalt stark biblisch und die Frucht seines persönlichen Gebetslebens und seiner eigenen Erfahrung. Manche seiner Kirchenlieder (namentlich »Amazing Grace«) wurden zu festen Klassikern im Liedgut der christlichen Kirchen.

Newton war der Überzeugung, der religiöse Glaube als solcher sei ein Geschenk von Gott und in keiner Weise das Ergebnis verstandesmäßiger Zustimmung, »so, wie wir etwa einen Satz des Euklid annehmen«,[74] wie er verächtlich bemerkte. Aber er betont, dass das Glaubensleben oft ein schwerer Kampf sei (siehe unten). Für ihn ist der entscheidende Punkt, dass der Glaube tatsächlich ein *Leben* ist, das den gesamten Menschen umwandelt und uns ein radikales Loskommen von uns selbst abverlangt: »Je stärker die Gnade überwiegt«, schrieb er in einem Brief, »desto mehr nimmt sich das Ich zurück.«[75] Die Ergebnisse liegen dann auf der Hand:

> *grace, like the salt in the cruse,*
> *When cast in the spring of the soul,*
> *A wonderful change will produce,*
> *Diffusing new life through the whole…*[76]

Selbst wenn der Glaube letztlich Gottes freies Geschenk sei, könne man sich auf seinen Empfang aktiv vorbereiten, indem man sich von der Sünde abwende und bete: »Denn dieses Warten auf Gott (dessen, der Christ werden möchte) verfügt über eine moralische Kraft; und wenn er so im Suchen verharrt, erweist sich das Versprechen als wahr, dass er nicht vergeblich suchen wird.«[77] Christus komme zu uns, nehme uns als ihm eigen an, indem er uns als seine Kinder adoptiere, wodurch »wir

mit ihm vereint werden, in dem die Fülle der Gottheit wesenhaft wohnt, und in dem alle Reichtümer der göttlichen Weisheit, Macht und Liebe verwahrt sind.«[78]

Dieses Einswerden mit Christus sei kein privates oder exklusives Privileg: Im Gegenteil, das Leben des wahren Christen »ist aufgeteilt in den öffentlichen Dienst für sein Land und in das Ringen für es im privaten Bereich«[79] – eine Auffassung, die Newton selbst in die praktische Tat umsetzen wollte. Ein solches Leben wandle nicht nur einen selbst, sondern auch andere um; und es verlange uns ab, all das Unsere zu geben:

> *When my prayers are a burden and task,*
> *No wonder I little receive;*
> *O Lord, make me willing to ask,*
> *Since Thou art so ready to give…*[80]

Trost in der Verzweiflung

Trotz aller meiner Beschwerden ist es doch wahr, dass Jesus starb und wieder erstand und seither immer lebt, um für uns Fürbitte einzulegen und dass er uns im Letzten retten kann. Aber andererseits macht es mich traurig, wenn ich daran denke, mit welcher Herzensfreude manche der Seinen leben dürfen, und ich dagegen innerlich so tot bin und spüre, wie mir ein spirituelles Leben abgeht. Jedoch denke ich, macht die Schrift einen Unterschied zwischen Glauben und Fühlen, Gnade und Trost; beides lässt sich sehr wohl voneinander trennen, und wenn es zusammen ist, mag der Grad des einen nicht immer das zutreffende Maß des anderen sein. Doch obwohl ich darum bete, ich möge für immer voller Sehnsucht und Verlangen nach dem Licht seines Angesichts sein, wäre ich vorerst doch damit zufrieden, wenn ich nur glauben könnte, der Herr habe weise und gnädige Gründe, mich mit den Tröstungen so knapp zu halten, die zu ersehnen und mehr als das Licht der Sonne zu schätzen er mich gelehrt hat.[81]

O make this heart rejoice, or ach;
  Decide this doubt for me;
And if it be not broken, break,
  And heal it, if it be.[82]

Trotz seiner Ungewissheiten und dem schlimmen Nachwirken seiner eigenen wiederholten Nervenzusammenbrüche blieb Cowpers Spiritualität entschieden optimistisch. Wie viele Evangelikale zeigte er relativ wenig Interesse für die Schöpfungsordnung, sondern befasste sich leidenschaftlich mit dem Thema der sozialen Gerechtigkeit, namentlich mit der zunehmenden Unmoral und Armut in Englands Städten und mit den Übeln des Sklavenhandels. Vor allem aber lag ihm daran, seine Mitchristen sollten nie die Segnungen, derer sie teilhaftig geworden waren, für selbstverständlich halten:

Have you no words? Ah, think again,
Words flow apace when you complain;
And fill your fellow-creature's ear
With the sad tale of all your care.

Were half the breath thus vainly spent,
To heav'n in supplication sent;
Your cheerful song would oft'ner be,
'Hear what the LORD has done for me!'
(»Exhortation to Prayer« Strophen 5–6[83])

Charles Simeon (1759–1836)

Charles Simeon war einer der herausragenden Evangelikalen seiner Tage und übte als zentrale Gestalt an der Universität von Cambridge sein gesamtes Erwachsenenleben hindurch einen gewaltigen Einfluss auf die Studenten aus, die zu seinen Predigten strömten. Wie Newton lag auch ihm sehr die soziale Gerechtigkeit am Herzen und er spielte eine wichtige Rolle bei der Gründung der »Church Missionary Society« im Jahre 1799.

Simeon betonte, wie wichtig es sei, uns als Erben der Sünde von Adam und Eva unserer eigenen Sündhaftigkeit bewusst zu sein, um dadurch dann für den Empfang des freien Geschenks der Erlösung von Gott offen zu werden. Er hält sich an die klassische christliche Lehre, wenn er sagt, wir seien als Gottes Ebenbild erschaffen, und zwar in intellektueller und moralischer Hinsicht[84], und selbst wenn

Gegenüber: *Die Taufe* (»The Christening«, 1863) von Emma Brownlow (1832–1905).

dieses Ebenbild durch die Sünde entstellt sei, sei es doch in uns der Grund einer Sehnsucht, die einzig Gott stillen könne: »Der wahre Christ wird seinen Bemühungen keine Grenzen setzen; er wird seinen himmlischen Sehnsüchten keine Schranken aufrichten.«[85] Von da her sieht er das spirituelle Leben derer, die durch Christus frei geworden sind, als etwas, das sie völlig umwandelt: »Wir sind nicht berufen, bloß eine dürftige Moral zu predigen, sondern wir sollen die frohe Botschaft einer Erlösung verkünden, die uns voll und ganz frei macht.«[86] Man beachte diese Betonung des »voll und ganz«: Die Evangelikalen setzten dem unerbittlichen Aufstieg des Säkularismus und Skeptizismus temperamentvoll ein entschieden ganzheitliches biblisches Christentum entgegen; und in den Augen Simeons war es geradezu grenzenlos, was aus einem Christen werden konnte: »Es gibt kein Maß an Heiligkeit, mit dem wir uns je zufrieden geben sollten.«[87]

Der Weg, um diese umwandelnde Kraft in uns erfahren zu können, sei die Wiedergeburt im Glauben. Simeon bringt es fertig, ganz loyal gegenüber der anglikanischen Lehre von der Angemessenheit der Kindertaufe zu bleiben und sie dennoch von dieser Wiedergeburt zu unterscheiden: Die Taufe bedeute einen Wechsel unseres *Standes*, »denn durch sie erlangen wir den Anspruch auf alle Segnungen des Neuen Bundes. Aber sie bewirkt keinen Wechsel unserer *Natur*.«[88] Denn, so sagt Simeon weiter, Simon der Magier sei zwar getauft worden, habe sich jedoch nicht geändert (vgl. Apostelgeschichte 8,9–24). Erst wenn man in Christus wiedergeboren sei, werde man auch in seiner innersten Natur umgewandelt. Dann, und nur dann, werde das Christsein zu mehr als zu einem äußerlichen Formalismus, nämlich zu einer allumfassenden Quelle der Wonne: »Die Religion ist tatsächlich eine Quelle der Freude.«[89]

Die Oxford-Bewegung

Stellte der Evangelikalismus eine Reaktion gegen die Wogen des Säkularismus und der Gleichgültigkeit dar, so wurde eine andere Reaktion von einer Bewegung ausgelöst, die in den frühen Jahren des 19. Jahrhunderts bei einer Gruppe von Akademikern an der Universität von Oxford entstanden war. Sie wurde später als »the Oxford Movement«, »die Oxford-Bewegung« bezeichnet. Dabei handelte es sich jedoch nicht nur um eine Reaktion gegen den Säkularismus ganz allgemein, sondern um den Versuch, nicht weniger allumfassend als die Evangelikalen wieder zu einem authentischen, ganzheitlichen Christsein zurückzufinden, um England davor zu bewahren, zum moralischen und spirituellen Vakuum zu werden. Aber während die Evangelikalen ihre Anleitung ausschließlich in der Bibel suchten, griffen die Anglo-Katholiken oder »Tractarians« (wie sie genannt wurden) auf die Lehren der frühchristlichen Jahrhunderte zurück und vor allem auch auf die großen patristischen Theologen, denn sie waren (wie Hooker und Andrewes) der Überzeugung, dass deren Erbe für den anglikanischen Geist von entscheidender Bedeutung sei.

Die Oxford-Bewegung kristallisierte sich um drei gelehrte Priester: John Henry Newman (1801–1890), Edward Bouverie Pusey (1800–1882) und John Keble (1792–1866). Als Newman 1843 auf seine

Pfründe an der Oxforder Universitätskirche verzichtete und sich in der Folge in die römisch katholische Kirche aufnehmen ließ, verlor die Bewegung ihren Anführer, denn weder Pusey noch Keble waren charismatische Führungspersönlichkeiten. Aber ihre Kombination aus solider Theologie, kraftvoller Predigt und weiser spiritueller Anleitung schuf ein bleibendes Vermächtnis, das dem anglikanischen Geist nicht nur wieder zu einem ausgeprägt katholischen Zug verhalf, sondern auch zu einer Zeit, als die aufstrebenden Industriestädte für Kirche und Gesellschaft gleichermaßen eine ungeheure Herausforderung darstellten, neu den Sinn für soziale Gerechtigkeit weckte.

1840 formulierte Pusey in einem Brief, was er für die zentralen Prinzipien der neuen Bewegung hielt: die Betonung der beiden Sakramente der Taufe und Eucharistie sowie des Bischofsamtes; eine »hohe Wertschätzung der sichtbaren Kirche« (im Gegensatz zur Betonung der Beziehung des Einzelnen zu Gott bei den Evangelikalen); »Sinn für den

Edward Bouverie Pusey. Karikatur von Carlo Pellegrini in *Vanity Fair* (1875).

sichtbaren Aspekt der Frömmigkeit, etwa die Ausschmückung des Gotteshauses, die sich unwillkürlich auf den Geist auswirkt«; »Ehrfurcht vor der Alten Kirche und Ausrichtung nach ihr... anders als die Reformatoren, da sie uns letztlich den Sinn unserer Kirche erschließt«; und »die Notwendigkeit, ständig seine vergangenen Sünden zu bereuen«. Diese Prinzipien nannten jeden Aspekt, an dem der Oxford-Bewegung besonders lag. Nach Puseys Überzeugung »pfropft uns die Kindertaufe dem wahren Weinstock auf«, indes der Hauptzweck der Eucharistie darin bestehe, »das Leben zu nähren und zu stärken«, und zwar nicht irgendein Leben, sondern das Leben Christi selbst in uns. Die Vollkommenheit, nach der laut Paulus die ganze

Schöpfung seufzt (Römer 8,22), sei das vollkommene Einswerden mit Christus durch das Geheimnis seiner Menschwerdung und der Eucharistie. Indem man regelmäßig an der Eucharistie teilnehme, erfahre man »ein ganz inniges Einssein mit Gott. Ich denke, meistens können wir uns das gar nicht richtig vorstellen, wie wir auf diese Weise täglich im Himmel und zugleich hier unten bei unseren Alltagsgeschäften sein können.«[90] Zudem bewirke die häufige Kommunion im Gläubigen eine echte Veränderung, mache ihm Gottes lebendige Gegenwart deutlicher bewusst und lasse ihn stärker einem Leben in Heiligkeit zuneigen.

Da die »Tractarians« die Wichtigkeit der sichtbaren Kirche hervorhoben, führte das zu einer Wiederbelebung von Ritual und Zeremoniell und einer farbenprächtigen, sorgfältigen Liturgie; zugleich verlieh das der anglo-katholischen Spiritualität einen stark korporativen Zug, wie er sich im Evangelikalismus nicht immer findet. Für Keble ist die Kirche »unsere Mutter«[91] und er und seine Mit-Tractarians verlegten sich kräftig darauf, die Trennung der Kirche vom Staat zu betonen. Die Oxford-Bewegung lieferte auch einen kräftigen Anreiz zum Kirchenbau und viele der neuen oder restaurierten Kirchen stellen mit ihrer flamboyanten und neo-mittelalterlichen grandiosen Gotik eine unapologetische Herausforderung an die moderne Welt dar; die hochaufstrebenden Spitztürme überragten die Fabrikkamine und wollten sich als Zeichen der Hoffnung und Lebenskraft über die wie Pilze wuchernden Slums erheben.

Doch lag der Oxford-Bewegung auch sehr an der inneren Umwandlung des Christen, weshalb sich die Tractarians bemühten, den Menschen Weisheit und Anleitung zum spirituellen Leben zu bieten. In ihrer Lehre spielte das Gewissen eine wichtige Rolle, und folglich die regelmäßige sorgfältige Gewissenserforschung: »Die Erinnerung an ein einwandfrei verbrachtes Leben und ein sorgfältig gehütetes und rein gehaltenes Herz sind die größtmögliche Hilfe für unsere Gottesverehrung.«[92] Die Tractarians hoben wie die Evangelikalen hervor, wie wichtig eine ganzheitliche Spiritualität sei, also ein religiöses Lebensprogramm, das Kopf und Herz, Geist und Körper, Willen und Gefühle gleichermaßen einbeziehe. Aber betonten die Evangelikalen die Wichtigkeit des *Gehorsams* gegenüber Christus, so neigten die Tractarians eher dazu, das *Einssein* mit ihm zu betonen. Für Pusey ist das Innenleben Gottes als Dreifaltig-

Inneres der Divinity School in Oxford. Illustration aus der *History of Oxford* (1813); Stich von F.C. Lewis (1779–1856).

keit in sich ein inniges Einssein und bei unserer Taufe »wurde uns, ohne dass wir das wussten, der erste Keim des spirituellen Lebens eingepflanzt. Dieses Einssein nimmt zu, sooft wir zu Gott beten, denn wir rufen ihn in sich selbst hinein…«[93]

Das Gebet sei also ein »Hineinrufen Gottes in sich selbst«, denn Gott wohne bereits in uns kraft der Tatsache, dass wir in der Eucharistie sein Leben teilten. Das sei ein Eintreten

ins Licht des Ewigen Glanzes, ein Angestecktwerden von der Glut der immerwährenden Liebe, das Hereinkommen eines geladenen Gastes in die unsichtbare Herrlichkeit der Göttlichen Gegenwart, und hier, von Angesicht zu Angesicht, bittet man ihn, der zum Geben bereiter ist als wir zum Bitten.[94]

Das Gebet sei auf diese Weise immer viel mehr als nur die Bitte um bestimmte Dinge. Es sei Lobpreis und Anbetung, das schlichte Genießen der Gegenwart eines Anderen, wie ein anderer führender Tractarian, Henry Liddon, es formulierte:

Wenn wir die Gesellschaft unserer Freunde suchen, dann nicht einfach deshalb, weil wir etwas Bestimmtes von ihnen haben wollen. Vielmehr macht es uns Freude, mit ihnen zusammen zu sein, überhaupt mit ihnen zu sprechen, oder auch über irgendein Thema … So verhält es sich auch mit der Seele, wenn sie sich mit dem Freund aller Freunde abgibt – mit Gott.[95]

Diese Betonung der Freundschaft mit Gott ist einer der vielen sympathischen Züge der Spiritualität der Tractarians. Ein weiterer ist, dass sie die Gegenwart Gottes in der Schöpfung hervorheben – vorzüglich in der Eucharistie, jedoch, als Folge der Inkarnation, auch in der gesamten uns umgebenden Welt. Pusey wies deutlich darauf hin, dass die Schöpfung verschmutzt sei, weil der Mensch sie missbraucht habe – eine verblüffend moderne Einsicht; aber »die gesamte Natur, die zusammen gelitten hat, wird auch zusammen wiederhergestellt«; denn »Beseeltes wie Unbeseeltes trägt als Werk Gottes in sich eine gewisse Ähnlichkeit mit seinem Erschaffer und Spuren seiner Hände.«[96] Hier ist deutlich der Einfluss der Romantiker auf die Tractarians spürbar und etliche der Gedichte Kebles spiegeln den Geist von Coleridge und Wordsworth.

In allgemeiner Hinsicht führte das Anliegen der Mitglieder der Oxford-Bewegung, die Fülle der patristischen Zeit wieder herzustellen, unvermeidlich dazu, dass sie akademisch geprägt war, was ihre Zugänglichkeit beschränkte. Jedoch übte sie einen gewaltigen Einfluss auf den anglikanischen Gottesdienst aus und lieferte einen mächtigen Antrieb für die Arbeit der Priester und die Menschen in einigen der ärmsten Gegenden Großbritanniens. Eine weitere wichtige Errungenschaft der Bewegung war die Wiedereinführung des klösterlichen Lebens im Land während des 19. Jahrhunderts. Viele der neuen Ordensgemeinschaften, wie die Community of the Resurrection in Mirfield in Yorkshire oder die Society of St John the Evangelist in Oxford selbst übten auch noch im 20. Jahrhundert auf Kirche und Gesellschaft in England und weltweit einen gewaltigen Einfluss aus.

Zusammenfassung

Zu Anfang des 20. Jahrhunderts bot die anglikanische Kirche ein völlig anderes Bild als die noch in den Kinderschuhen steckende Church of England, wie sie Cranmer und Heinrich VIII. entworfen hatten. Selbst in England genoss die Kirche nicht mehr ein derart privilegiertes Verhältnis zum Staat (in späteren Jahren mussten anglikanische Führungspersönlichkeiten, wie etwa Janani Luwum von Uganda, sogar noch für ihren Glauben leiden). In zunehmend pluralistischen Gesellschaften konnte der Anglikanismus auch nicht mehr als die einzige oder auch nur vorherrschende spirituelle Tradition gelten. Doch blieben ihm wichtige Züge weiterhin erhalten, und diese halfen ihm, sich den Ungewissheiten des 20. Jahrhunderts mit Hoffnung zu stellen. Der anglikanische Geist zeichnete sich weiterhin, wie immer schon, dadurch aus, dass er nicht das Heilige vom Weltlichen, den Kopf vom Herzen, den Einzelnen von der Gemeinschaft, den Protestanten vom Katholiken, die Welt vom Sakrament zu trennen gewillt war. Die Schwächen eines so umfassenden Ansatzes sind wohlbekannt: Man hat zu Recht darauf hingewiesen, dass einige der größten religiösen Gestalten der hier vorgestellten Jahrhunderte (John Bunyan, John Wesley, John Henry Newman) sich genau aus dem Grund von der anglikanischen Tradition abwandten, weil sie den Eindruck hatten, sie vermähle sich mehr mit dem Geist und den Strukturen des jeweiligen Zeitalters als mit den umwandelnden Wahrheiten des christlichen Evangeliums. Aber der anglikanische Geist – irenisch, nachdenklich, integrierend, in Schrift und Tradition verwurzelt – schenkte während einiger der turbulentesten Jahrhunderte der Geschichte des Christentums zahllosen Christen auf der ganzen Welt Tiefe, Nahrung und eine Vision. Das war nicht das erste und wird auch nicht das letzte Mal sein, dass ein unter den unwahrscheinlichsten Bedingungen der Selbstsucht und parteiischen Habgier geborenes Geschöpf zu einem unvorstellbar fruchtbaren Leben aufzublühen vermochte. Und schon das ist für sich selbst kein geringes Zeugnis für seinen spirituellen Charakter und seine spirituelle Kraft.

9

Die protestantische Tradition in Amerika

(17. bis 19. Jahrhundert)

Stephen R. Graham

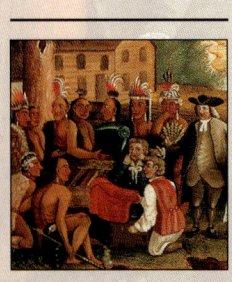

Zeittafel

1600	1588–1649	John Winthrop
	ca.1603–1683	Roger Williams
	ca.1612–1672	Anne Bradstreet
	1630er	**Einwanderung der Puritaner aus England**
	1631–1705	Michael Wigglesworth
	1644–1718	William Penn
1700	ca.1645–1729	Edward Taylor
	1703–1758	Jonathan Edwards
	1714–1770	George Whitefield
	1718–1747	David Brainerd
	1720–1772	John Woolman
	1730–1760	**das »Great Awakening«**
	1736–1784	Ann Lee
	1743–1826	Thomas Jefferson
	1745–1816	Francis Asbury
	1748–1784	Henry Alline
	1760–1831	Richard Allen
	1776	**Erklärung der Unabhängigkeit von England**
	1780–1842	William Ellery Channing
	1792–1875	Charles G. Finney
	1797–1878	Charles Hodge
1800	ca.1797–1883	Sojourner Truth
	1800–1830	**das »Second Great Awakening«**
	1802–1876	Horace Bushnell
	1803–1882	Ralph Waldo Emerson
	1803–1886	John Williamson Nevin
	1805–1844	Joseph Smith
	1807–1874	Phoebe Palmer
	1809–1865	Abraham Lincoln
	1811–1896	Harriet Beecher Stowe
	1813–1887	Henry Ward Beecher
	1819–1893	Philip Schaff
	1819–1910	Julia Ward Home
	1820–1915	Fanny J. Crosby
	1830–1886	Emily Dickinson
	1832–1911	Hannah Whitall Smith
	1837–1899	Dwight L. Moody
1850	1839–1898	Frances Willard
	1861–1865	**Amerikanischer Bürgerkrieg**
	1861–1918	Walter Rauschenbusch
	1865	**Abschaffung der Sklaverei**
	1870–1922	William J. Seymour
	1890–1920	**das »Third Great Awakening«**
	1906–1909	**Blütezeit des »Azusa Street Revival«**

Philipp Schaff, der Kirchenhistoriker des 19. Jahrhunderts, bezeichnete die Christenheit in Amerika einmal als »buntes Sammelsurium« aus der gesamten Kirchengeschichte. Die Amerikaner hätten sich unzählige Bewegungen und Sekten ausgedacht, auf die ihre europäischen Vorfahren nicht einmal im Traum gekommen wären. Schaff klagte:

> Jeder Träumer, der irgendeine innere Erfahrung hat oder sich eine solche einbildet, und dazu noch über eine flinke Zunge verfügt, kann sich selbst die Berufung zum Reformator zulegen und damit unverzüglich zu einem revolutionären Bruch mit dem historischen Leben der Kirche fortschreiten, der gegenüber er sich unendlich erhaben fühlt. Also baut er sich über Nacht eine neue Kirche, in der nun erstmals seit den Tagen der Apostel wieder eine reine Gemeinde zusammenkommt. Er tauft seine Anhänger auf seinen eigenen Namen… Selbst wenn er völlig unfähig sein sollte, auch nur ein einziges Buch zu verstehen, scheut er sich keineswegs, sich ständig auf die Heilige Schrift zu berufen. Er tut, als durchschaue er mehr oder weniger, was achtzehnhundert Jahre falsch gelaufen ist… und verkündet, endlich habe es Gott gefallen, in einem finsteren Winkel der Neuen Welt das wahre Licht zu entzünden![1]

Die amerikanischen Christen schöpften aus den Schätzen der Vergangenheit. Sie lasen wie die Europäer Thomas von Kempen und Augustinus. Einige von ihnen entdeckten Juliana von Norwich und Teresa von Avila. Doch was sie aus diesen Quellen machten, nahm oft neue Formen an. Ihr neues Land mit seinen weiten offenen Räumen und seiner Fülle, ihre neuen Nachbarn, die aus so gut wie jedem Volk auf dem Globus stammten, ihr Individualismus, ihre soziale Mobilität und vor allem ihre neue politische Philosophie – die ihr Verständnis ziviler wie kirchlicher Leitung prägte –, all das veranlasste sie, einen Großteil des Vergangenen aufzugeben und nach neuen Formen der Spiritualität zu suchen.

Es gibt nach Geoffrey Wainwright und H. Richard Niebuhr einige klassische Grundmuster, wie jeweils Christus und sein Verhältnis zur Kultur gedeutet werden.[2] Jeden Typ hat es in der Kirchengeschichte schon gegeben; vier von ihnen kristallisierten sich besonders deutlich im amerikanischen Kontext heraus.

Christus contra Kultur

Für diesen Ansatz stehen die kommende Welt und
die derzeitige in einem unlösbaren Konflikt miteinander. Wer sich an diesen Typ von Spiritualität hält,
sucht die Distanz zur Welt und ihren Systemen. Der
extremste Fall dieses Typs ist das Martyrium; das
vorherrschende Bild Christi ist das des Leidens-
mannes, der sich den Systemen der Welt widersetzte und darum unter die Räder kam. Diese Form
der Spiritualität als Gegen-Kultur bildete sich bei
radikalen Reformgruppen wie den Mennoniten und
Hutterern heraus, in ausgestoßenen Minderheiten-
gruppen wie etwa einigen Baptistengemeinschaften
oder den Quäkern und in neueren Gruppen wie den
frühen Pfingstlern.

Across the Continent. Abbildung aus einer Reihe
amerikanischer Lithographien des 19. Jhs. von Nathaniel
Currier und James Ives.

Christus mit Kultur

Wenn die Kirche sich beim Versuch, relevant zu
erscheinen, oder – noch schlimmer – aus Gleichgültigkeit gegenüber ihrem prophetischen Auftrag eng
auf ihre Gastkultur einlässt, passt auf sie das Modell
»Christus mit Kultur«. Dabei beherrscht im völligen
Gegensatz zum Modell »Christus contra Kultur« die
Spiritualität des jeweiligen Zeitalters die Kirche in
einem solchen Maß, dass man kaum mehr erkennt,
was sie eigentlich spezifisch ausmacht. Fast jede
Form der Spiritualität sieht sich der Gefahr ausgelie-

fert, in die kulturelle Konformität abzugleiten, und selbst wenn sie eine kulturelle Strömung ablehnen mag, schwimmt sie vielleicht dennoch bei einer anderen mit. Das Ergebnis kann dann ein bequemes, honoriges Mittelstands-Christentum sein, das sich spielend leicht in die Kultur der amerikanischen Gesellschaft einfügen lässt.

Christus paradox für Kultur

Bei diesem Typ von Spiritualität »wird die apokalyptische Saite des Konflikts« zwischen einem prophetischen Christentum und seinen Gastkulturen angeschlagen.[3] Dieses Modell ist nicht so negativ wie das Modell »Christus contra Kultur«, sondern stärker von der Hoffnung geleitet, sieht jedoch realistisch die Herausforderung durch eine zum Bösen neigende Welt. Das beste Beispiel dieses Typs der Spiritualität ist das der afro-amerikanischen Sklaven, die in der Hoffnung auf einen Exodus und auf Gleichheit lebten, diesen Traum jedoch weithin in die kommende Welt verschoben.

Christus – Umwandler der Kultur

Viele der in diesem Kapitel vorzustellenden Spiritualitäten passen am besten in diese Kategorie, denn die große Mehrheit der amerikanischen Institutionen und Menschen ist eher aktivistisch ausgerichtet und vom Optimismus erfüllt, die Gesellschaft lasse sich bei entsprechendem Einsatz zum Besseren umwandeln. Die Puritaner mit ihrer Vision einer »Stadt auf dem Berg«, die Vertreter der Post-Millenniums-Erweckungsbewegungen des 18. und 19. Jahrhunderts und die Reformer mit einem sozialen Evangelium im späten 19. und frühen 20. Jahrhundert glaubten alle, ihre Sendung bestehe darin, auf Erden eine neue Gesellschaft zu schaffen.

Die amerikanischen Christen pendelten immer zwischen den Polen einer innerlichen Herzensspiritualität und einer nach außen gerichteten Spiritualität der Tat. Insgesamt hat sich das Gewicht eher auf die aktive Seite verschoben; die Kontemplation ist weithin dem aktiven Einsatz gewichen.

Innerhalb jedes Typs gibt es viele Spielarten und für jede Regel gibt es eine Menge Ausnahmen. Das gilt schon allein für das »protestantische« Lager, noch ganz zu schweigen von den katholischen und orthodoxen Körperschaften oder den unzähligen Spiritualitäten außerhalb des christlichen Gesichtskreises. Im Folgenden kann also nur eine Auswahl aus dem protestantischen Strom der amerikanischen Spiritualität geboten werden.

Die Puritaner im kolonialen Amerika

Der Puritanismus stellt einen Typ der protestantischen Spiritualität dar, der viele Formen einer früheren katholischen Spiritualität übernommen, jedoch deren Sprache verändert hat. Die Puritaner und andere Protestanten sprachen lieber von »religiöser Erfahrung« und »Heiligung« als von Mystik und spiritueller Begleitung, aber die Wege glichen sich oft sehr. Jedoch glaubten die Puritaner, die Spiritualität gedeihe am besten im Rahmen eines normalen Familienlebens und der Alltagsroutinen von Arbeit, Gottesdienst und Haushalt. Die puritanischen Heiligen waren keine getrennt von der Welt lebenden Menschen mit außergewöhnlichen Gaben, die sich der mystischen Kontemplation widmeten, sondern gewöhnliche Gläubige, die ihr christliches Leben mit großer Ernsthaftigkeit zu führen versuchten. Diese Verlagerung der Spiritualität in Richtung Alltagsleben war einer der wichtigsten Beiträge des Puritanismus zur Entwicklung einer eigenständigen »amerikanischen« Spiritualität.

Die Spiritualität des »Holy Commonwealth«

Diese Betonung der »Alltagsheiligkeit« zeigt sich sehr deutlich im Leben und den Schriften von John Winthrop (1588–1649), dem ersten Gouverneur der Kolonie in der Bucht von Massachusetts. Er war

Gegenüber: John Winthrop an Bord der *Arabella*.

1629 gewählt worden, bevor die Gruppe in Richtung Neue Welt in See stach und sollte von da an bis zu seinem Tod fast zwanzig Jahre lang der neuen Kolonie dienen. Geprägt war er von der puritanischen Vision, private und öffentliche Frömmigkeit sollten eins sein und man solle ein Leben führen, das zum »Heiligen Commonwealth« beitrage, welches man in Amerika zu errichten gedachte. Während der Überfahrt an Bord der *Arabella* ermahnte er seine Gefährten:

Wir müssen einander in ungeheuchelter brüderlicher Liebe zugetan sein; wir müssen einander mit reinem Herzen glühend lieben. Wir müssen einander die Lasten tragen. Wir dürfen nicht nur auf unser Eigenes schauen, sondern auch auf das unserer Brüder, noch sollten wir denken, der Herr werde bei uns solches Versagen dulden, wie er das bei denen getan hat, unter denen wir bisher lebten.[4]

Winthrop glaubte, Gott habe mit den Puritanern seinen Bund geschlossen und ihnen damit einen ganz besonderen Auftrag erteilt. Ihr Commonwealth würde schließlich als »Stadt auf dem Berge« strahlen, als Vorbild dafür, wie die Gesellschaft auf der Erde aussehen könnte.

Allerdings wurde seine Vision durch innere Auseinandersetzungen mit Roger Williams (ca. 1603–1683) gefährdet, einem ebenfalls visionären Puritaner, der 1631 nach Massachusetts kam und fast unverzüglich mit der Leitung der Kolonie und der Kirche übers Kreuz kam. Williams lag aus seinem Anliegen der Reinheit heraus an einer klaren Trennung von der seiner Überzeugung nach »tyrannischen englischen Kirchenordnung«. So warf er den Gemeinden in Massachusetts ihre Bande mit der korrupten Kirche von England vor, die sich staatlichen Zwangs bediene und den Indianern ihr Land stehle. 1635 wurde Williams von den Autoritäten von Massachusetts verbannt. Einige Zeit später kaufte er von den Indianern Land für eine neue Siedlung, Providence, aus der schließlich die neue Kolonie von Rhode Island wurde. Diese Kolonie wurde von Anfang an ein Sammelbecken für religiöse Dissenters, denn sie basierte auf dem Prinzip völliger religiöser Freiheit.

Die Spiritualität von Williams zeigt sich am klarsten in seinem Buch mit Gedanken über das spirituelle Leben. Er nennt darin viele der Hauptthemen der puritanischen Spiritualität,[5] darunter sieben »Hilfsmittel« zum Erhalt spiritueller Gesundheit und Fröhlichkeit:

1. Gewissenserforschung (ist) ein Mittel, spirituell lebendig zu bleiben.
2. Gebet mit Fasten ist zweifellos ein Mittel christlicher Gesundheit und Freude.
3. Meide kalte Gesellschaften und Orte, die von Jesus Christus nichts wissen.
4. Gottes Kinder müssen wachsam sein, um sich nicht zu sehr weltlichen Annehmlichkeiten hinzugeben.
5. Halte dir immer wieder die künftigen Freuden vor Augen.
6. Bittere und schwer erträgliche Dinge können oft von segensreichem und heilsamem Nutzen sein.
7. Denke oft über den Tod nach.

Anne Bradstreets Gedicht nach dem Brand ihres Hauses, 10. Juli 1666

In stiller Nacht ich ruhig schlief,
War nicht gefasst auf großes Leid.
Da weckten mich ein Donnerkrach
Und schlimme Hilfeschreie auf.
Dies schrecklich Feuer überall
Wünsch keinem andern Menschen ich.

Entsetzt sprang ich vom Lager auf,
Im Feuerschein schrie ich zu Gott,
Er geb' mir Kraft in solchem Leid
Und lass' mich ohne Hilfe nicht.
Entkommen ließ er mich daraus,
Jedoch verbrannte ganz mein Heim.

Ich konnte nicht mehr länger schau'n,
Pries meinen Gott, der gibt und nimmt,
Alles das Meine macht' zu Staub:
So war es, und so war es recht,
War's doch nicht mein, gehörte ihm:
War mir da Murren denn erlaubt?

Ich nahm mir das zu Herzen sehr:
Gabst du dein Herz dem Reichtum hin?
Hast Hoffnung auf den Staub gesetzt?
Vertraut den Armen, die aus Fleisch?
Heb jetzt dein Denken himmelan,
Lass ird'sche Nebelschwaden flieh'n.

Im Himmel hoch hast du ein Haus,
Gebaut vom höchsten Architekt,
Mit Möbeln seiner Herrlichkeit,
Die ewig bleiben unverbrannt.
Das hat erworben und bezahlt
Der Höchste, der für dich schon sorgt.

Da wartet dein unendlich viel,
Das er dir schenkt, dir zum Besitz.
Da wirst du reich und brauchst nichts mehr.
Ade also, Mammon und Haus!
Die Welt verdient die Liebe nicht,
Mein Hoffnungsschatz im Himmel ist.[6]

Anne Bradstreet (ca. 1612–1672)

Wohl das erlesenste Beispiel puritanischer Spiritualität, wie sie aus den alltäglichen Rhythmen des Haushaltslebens erwuchs, ist Anne Bradstreed, die mit ihrem Mann Simon an Bord der *Arabella* in die Neue Welt ausgewandert war. Mitten in einem geschäftigen Haushaltsleben fand Anne Zeit zum Gedichteschreiben und setzte sich damit dem Missfallen ihrer Umgebung aus:

I am obnoxious to each carping tongue
Who says my handle a needle better fits.[7]

Sie weist Ähnlichkeiten mit Teresa von Avila auf. Beide Frauen beschreiben einen Pilgerweg im Glauben: zunächst eine eigensinnige Jugend, dann eine schwere Erkrankung, die sie aus der spirituellen Gleichgültigkeit herausriss; den Einfluss spiritueller Schriftsteller; Zeiten spiritueller Trockenheit, auf die solche spiritueller Erneuerung folgen. Doch der entscheidende Unterschied zwischen beiden veranschaulicht den grundlegenden Unterschied zwischen katholischer und puritanischer Spiritualität: Teresa legte Ordensgelübde ab, während Anne einen Haushalt führte.

Bradstreets Spiritualität wurde durch Verluste geformt: Sie verlor ihre Gesundheit, verlor Kinder ins Erwachsenwerden und Enkel durch den Tod und ihr Haus durch einen Brand. So rang sie mit dem Geheimnis des Gottes, der dem Menschen alle guten Gaben schenkt, ihn aber auch durch Schicksalsschläge und Verluste züchtigt.

Diese Spannung offenbart sich kraftvoll und eindringlich in ihrem anlässlich des Brandes ihres Hauses im Jahre 1666 geschriebenen Gedicht (siehe Kasten gegenüber). Die Puritaner legten Einzelheiten ihres Alltagslebens oft spirituelle Bedeutung zu, und eine solche sah Bradstreet auch im Datum dieser Katastrophe. Sie deutete ihr Erlebnis von Offenbarung 13 her, wo das satanische Große Tier der letzten Tage, dessen Zeichen 666 ist, beschrieben wird, das »vor den Augen der Menschen Feuer vom Himmel auf die Erde fallen lässt«.

Bradstreets Ausführungen sind typisch für viele Ansichten der Puritaner der Haupttradition.

Das Meerungeheuer und das Ungeheuer mit den Widderhörnern. Aus einer Serie von Holzschnitten zur Apokalypse von Albrecht Dürer (1471–1528).

Edward Taylor (ca. 1645–1729)

Ein gutes Beispiel der puritanischen spirituellen Innenschau war der puritanische Pastor Edward Taylor. Taylor wanderte 1668 nach Neu England aus, studierte in Harvard und versah von 1671 bis zu seinem Ruhestand 1725 seinen Dienst als Pastor in Westfield, Connecticut.

Wie viele Mystiker in der katholischen Tradition und eine Reihe anderer Puritaner bediente sich Taylor der Bilderwelt des Hohenlieds, um damit seine Sehnsucht nach inniger Nähe zu Christus auszudrücken. Wenn er vom spirituellen Einswerden des Christen mit seinem Erlöser sprach, verwendete er regelmäßig den Vergleich mit der Ehe. Am aufschlussreichsten für seine persönliche Spiritualität ist die Reihe von Meditationen, die er über einen Zeitraum von 43 Jahren immer am Samstagnachmittag zur Vorbereitung der Predigt und Kommunionfeier am Sonntag schrieb; er nannte sie seine *Preparatory Meditations*:

*Unfassbar große Liebe! Zum Staunen allen
    Heiligen!
Strahlende Engel sind schwarze Stäubchen in
    dieser Sonne Überglanz…*

*Ein Fieber schüttelt' meine Seele, wie Hölle
    brannte heiß ihr Durst.
Zu jedem Quell eilte sie rasch,*

*Doch diese strahlend helle Liebe entsprang als
    Strom lebend'ger Wasser aus der Gottheit,
Brach auf des Himmels höchstem Berge auf
Und floss herab, von dort her mir den Durst zu
    löschen.*

*Doch wie er kam, zum Staunen war's für alle
    insgemein:
Gott's einz'ger Sohn umarmte fest die Menschheit
In seiner eigenen Person. Durch dieses
    Einigwerden
Wurden zu gold'nen Röhren seine
    Menschenadern.*

*Ja, dass meine Seele nicht vor Durst noch sterbe,
Brachen die gold'nen Röhren, mich zu tränken…*

*Ach, der ich doch für diesen Roten Wein gar
    nichts bezahle
Und kaum einmal für ihn dir danke, ist's doch
    ein seltsam Ding!
Doch wären deine Silberhimmel mir ein
    Bierkrug,
Und fänd'ich dich, den Herrn, würd' ich ihn bis
    zum Rande füllen.
So lass, o Herr, mein Leben dir zum Lobpreis
    werden
Für dein so kostbar Blut, davon ich ständig
    trinke.*[8]

David Brainerd (1718–1747) und Jonathan Edwards (1703–1758)

David Brainerd ist vor allem für seine Missionsarbeit unter den Ureinwohnern Amerikas in New York, Pennsylvania und New Jersey bekannt. Doch sein Vermächtnis für die puritanische Spiritualität ist sein 1746 geschriebenes *Tagebuch*, 1749 von Jonathan Edwards überarbeitet und veröffentlicht. Brainerd hatte 1739 eine dramatische Bekehrung erfahren, ließ sich in Yale zum Seelsorger ausbilden und begann seine Missionarslaufbahn. Der junge Missionar hatte mit dem Kranksein zu kämpfen, rang derweil jedoch auch immer mit dem »spirituellen Hochmut« und züchtigte sich selbst wegen seiner »spirituellen Verschmutzung« und »kindischen Torheiten« und bezeichnete sich selbst als nicht besser als »einen sehr guten Pharisäer«.

Edwards war der Sohn und Enkel von Pastoren, besuchte ebenfalls Yale, wurde nach seiner Graduierung Assistent seines Großvaters Solomon Stoddard und folgte ihm nach seinem Tod 1729 im Pastorenamt nach. Er wurde zu einer der führen-

Quäkerspiritualität in Amerika

Seit ihren Anfängen in den 1640er Jahren unter George Fox stellte die Spiritualität der Quäker eine »religiöse Demokratie« im Heiligen Geist dar, wie man sie genannt hat. Fox und seine »Society of Friends« vertraten, weil alle Menschen über das »innere Licht« verfügten, gebe es für jeden Einzelnen die direkte Kommunion mit dem Heiligen Geist. So waren die Quäker radikal egalitär ausgerichtet, da der Heilige Geist in jedem Menschen sei und zu jedem und durch jeden Menschen sprechen könne; folglich lehnten sie viele der Strukturen und Hierarchien der Gesellschaft ab, in der sie lebten. Ihre Gottesdienstform hob die gemeinschaftliche Natur des Leibes Christi hervor und die Gemeinde wurde sowohl zum Kontext, in dem die Stimme des Heiligen Geistes zu vernehmen war, als auch zum Prüfstein dafür, ob die Impulse tatsächlich vom Heiligen Geist stammten.

In der Spiritualität der Quäker ging es darum, für die Stimme des Heiligen Geistes sensibel zu werden. Das Bemühen darum wurde von manchen als »das Nähren des in uns wohnenden Christus« bezeichnet.

John Woolman (1720–1772)

Das eindrucksvollste Beispiel für die Spiritualität der Quäker zur Zeit der Kolonien ist sicher John Woolman. Von frommen Eltern in der Tradition der Quäker aufgezogen, entwickelte Woolman schon in jungen Jahren ein ungewöhnliches Feingespür seines Bewusstseins und die intensive Wahrnehmung des »inneren Lichts«. Da bei den Quäkern allgemein das Führen eines Tagesbuchs empfohlen wurde, zeichnete Woolman viele bemerkenswerte Geschichten und Berichte über »Wirkungen der göttlichen Liebe« in seinem Leben auf. Aus seinem *Tagebuch* erfahren wir, dass er als kleiner Junge einmal gedankenlos Steine nach einem Amselweibchen warf und es tötete. Mit Entsetzen ging ihm auf, dass ihre Jungen verhungern würden, wenn sie sie nicht mehr fütterte, und er beschloss, sie auf der Stelle zu töten, um ihnen weitere Leiden zu ersparen. Dieses Ereignis hinterließ in der Psyche des Jungen offensichtlich eine tiefe Narbe und erteilte ihm eine eindringliche Lektion über den Wert des Lebens sowie aller Geschöpfe Gottes.

Im übrigen schilderte Woolman eine typische Jugend mit »viel wilden Trauben« und »Ausrutschern«; durch eine schwere Erkrankung sei er daraus »erlöst« worden.

Da packten mich Finsternis, Schrecken und Staunen mit voller Kraft, selbst als mein Schmerz und körperliches Leiden sehr groß waren … Ich hatte nicht das Vertrauen, mein Schreie zu Gott zu erheben, den ich derart beleidigt hatte; aber im tiefen Gefühl meiner großen Torheit demütigte ich mich vor ihm. Zuletzt brach und löste das Wort, das wie ein Feuer und ein Hammer ist, mein rebellisches Herz; aus meinen Schreien wurde Zerknirschung; und in der Vielzahl seiner Gnaden fand ich innerlich Erleichterung und kam schließlich zum festen Entschluss, wenn es ihm gefalle, meine Gesundheit wieder herzustellen, in Demut vor ihm zu wandeln.[9]

den Gestalten in der Erweckungsbewegung, dem »Great Awakening« der 1740er Jahre, und rief in seiner Gemeinde ständig zur spirituellen Erneuerung auf. Weil er verlangte, man solle für die Aufnahme als Kirchenmitglied strenge Bedingungen stellen, wurde er 1750 von seiner Gemeinde in Northampton entlassen.

Als einer der größten theologischen und philosophischen Geister Amerikas und zutiefst spiritueller Mensch war Edwards nicht nur führend am »Awakening« beteiligt, sondern lieferte auch theologische Kategorien für die Beurteilung von dessen Aus-

wirkungen. Sein *Treatise Concerning Religious Affections* (»Abhandlung über religiöse Affekte«) stellt den Versuch dar, zwischen echten Äußerungen der Spiritualität und bloßem Gefühlsüberschwang zu unterscheiden. Edwards' vom Herzen kommende, jedoch intellektuell begründete Spiritualität brachte Herz und Kopf mit einer Fähigkeit und Einsicht in Einklang, an die nicht viele andere amerikanische Christen heranreichten.

Ein Ereignis, das seinem späteren Leben und seiner Botschaft nachhaltig Gestalt geben sollte, fand statt, nachdem Woolman eine Stelle als Angestellter und Buchhalter in einem Geschäft angenommen hatte. Dabei hatte er unter anderem die Aufgabe, für Kunden juristische Dokumente zu schreiben, und als ein Kunde, der Quäker war, von ihm eine Verkaufsquittung für einen Sklaven ausgestellt haben wollte, kam er in Nöte.

> Ich gab nach und schrieb sie; aber bei ihrer Ausführung setzte mir das so zu, dass ich meinem Arbeitgeber und dem Quäker-Glaubensgenossen sagte, meiner Überzeugung nach sei das Halten von Sklaven eine mit der christlichen Religion unvereinbare Praxis.[10]

Schließlich lehnte Woolman es ab, weiter solche Dokumente zu schreiben. Wenn er Testamente in Auftrag hatte, schrieb er den gesamten übrigen Text des Dokuments, weigerte sich aber, irgendetwas aufs Papier zu setzen, das mit der Übergabe von Sklaven zu tun hatte. Als er seinen Reisedienst zum Besuch von Quäkern in anderen Gegenden begann, fing er an, als Ausdruck des Protests gegen die Sklaverei Sklaven, die ihm einen Dienst erwiesen, dafür zu bezahlen. Das Beispiel und die Schriften dieses »stillen Revolutionärs« trugen dazu bei, dass die Quäker die erste Religionsgruppe in Amerika waren, die ihren Mitgliedern schließlich das Halten von Sklaven verbot.

Woolman setzte sein Wirken für die Gerechtigkeit gegenüber Afro-Amerikanern und amerikanischen

Nach Amerika auswandernde Quäker werden beim Verlassen Londons von Karl II. vom königlichen Hausboot vor dem Tower aus verabschiedet (1673), von C.S. Reinhart.

Ureinwohnern fort und kam zu dem Schluss, die Quelle dieses Unrechts sei die unersättliche Gier des Menschen nach Luxus. Von ihr würden diejenigen mit vielen Besitztümern angestachelt, immer noch mehr haben zu wollen, mit der Folge, dass sich die Armen schließlich nicht einmal mehr das Lebensnotwendige kaufen könnten.

Die Spiritualität des »Renewal« und »Revival«

Eine Form des amerikanischen Christentums, die die Vorstellungen vieler beherrschen und auf Generationen hin zur Quelle von Kontroversen werden sollte, war die Bewegung des »Renewal« und »Revival«, also der »Erneuerung« und »Wiederbelebung« des christlichen Lebens. Die »Revivalists« und andere, die sich um eine Erneuerung der Kirche bemühten, veränderten die Vorstellung davon, was es heiße, Christ zu werden und zu bleiben, als sie die Demokratisierung in Politik wie Religion auf ihre Fahnen schrieben, sich auf die persönliche Bekehrung konzentrierten und besonders die persönliche Frömmigkeit pflegten. Bei ihrem Bemühen, sich von ihrer europäischen Vergangenheit zu distanzieren, konzentrierten sich die Amerikaner auf die Gegenwart und Zukunft und machten sich ans Werk, für alle Zeiten ihre neue Ordnung zu schaffen. Damit ging ein starker Pragmatismus einher, der das Theoretische überlagerte. Die vorherrschende Frage hieß jetzt: »Does it work?«, »Funktioniert das?«, und nicht: »Welche Gedanken stehen dahinter?« Dieser Pragmatismus führte zunehmend zu einem auf den Markt hin angelegten Modell von Kirche und Gesellschaft. Um Alexis de Tocqueville zu paraphrasieren: Wo man einen Priester erwartet hätte, fand man einen Politiker oder Handelsvertreter. Die Verkäufer religiöser »Produkte« boten sich auf dem freien Markt der Ideen im Wettbewerb untereinander und mit anderen Ideenverkäufern an und jeder wollte möglichst viele »Kunden« für sich gewinnen. Dabei entwickelten die »Revivalists« und Befürworter einer Kirchenerneuerung viele neue Möglichkeiten, die Botschaft des Evangeliums für neue Anhänger anziehend zu machen.

George Whitefield (1714–1770)

Der erste große Formgeber der Tradition des »Revival« war George Whitefield. Geboren in Gloucester in England, studierte er in Oxford und wurde Kollege von John und Charles Wesley in ihrem »Holy Club«. 1737 wurde Whitefield in der Kirche von England zum Predigerdiakon ordiniert, fing aber fast unverzüglich an, mit seinen neuen Praktiken die Kirchenhierarchie zu irritieren und setzte das sein Leben lang fort. Besorgt darüber, dass gewöhnliche Menschen namentlich der Arbeiterschicht vom Evangelium nicht erreicht wurden, begann Whitefield auf offener Straße zu predigen. John Wesley fand das sehr anziehend, »to be more vile«, »gemeiner zu werden«, wie er es formulierte.

Diese Neuerung war lediglich ein Vorgeschmack dessen, was noch alles kommen sollte. Whitefields echter Ruhm stellte sich erst später ein, als er 1740 als Wanderevangelist die amerikanischen Kolonien bereiste. Er löste als »Grand Itinerant« die Bewegung aus, die später als das »Great Awakening«, die »große Erweckung«, bekannt werden sollte. Seine gewaltige Stimme und die Dramatik seines Vortrags schlugen die Zuhörer derart in ihren Bann, dass jede Predigt zu einem Ereignis wurde, das niemand verpassen wollte. Whitefield betonte wie Edwards die Wichtigkeit religiöser Gefühle. Doch anders als Edwards glaubte der Wanderprediger, der Wille des Menschen werde weniger vom Verstand als vielmehr von den Gefühlen geleitet.

Das Ergebnis war eine neue Spiritualität der Bekehrung, die ihre Gestalt von einer auf den Markt orientierten Gesellschaft erhielt, eine Form, die von da an einen gewaltigen Einfluss auf das amerikanische Verständnis des christlichen Glaubens ausübte. Unter der Führung von George Whitefield und anderen veränderte das »Great Awakening« dramatisch und auf Dauer die Gestalt eines bedeutenden Teils der amerikanischen protestantischen Christenheit.

Henry Alline (1748–1784)

In Kanada propagierte in den späten 1770er Jahren Henry Alline, der »GeorgeWhitefield« der kanadischen Küstenprovinzen, die Erneuerung. Geboren in Newport, Rhode Island, machte Alline 1775 eine Krise durch und erfuhr schließlich seine Bekehrung. Das wurde zum zentralen Ereignis seines Lebens, das ihn drängte, andere zu einer ähnlichen Veränderung hinzuführen. Allines Predigt glich derjenigen Whitefields; sie war gekennzeichnet vom »brennenden Verlangen, den Unbekehrten zu predigen, die Neue Geburt anzupreisen, eine eigene Sprache des religiösen Gefühls zu pflegen und fest damit zu rechnen, dass sich aus der Bekehrungserfahrung die Heiligkeit des Lebens ergebe.«[11]

Alline mochte in vieler Hinsicht Whitefield gleichen, unter anderem darin, dass er, wie manche sagten, »den Whitefield-sound« verbreitete, jedoch unterschied er sich in der Erlösungstheologie scharf von ihm, denn er betrachtete den von anderen in Neuschottland gelehrten Calvinismus als »eine gefährliche Häresie«.[12]

Alline schilderte sein spirituelles Ringen durch Tiefen und Höhen über etliche Jahre in seinem *Tagebuch*:

Die »aufgeklärte« Spiritualität von Thomas Jefferson (1743–1826)

Zur Zeit, als sich allmählich die neue Nation herausbildete, übten die Ideen der Aufklärung einen gewaltigen Einfluss auf viele derjenigen aus, die ihre politischen und sozialen Strukturen entwarfen. Das treffendste Beispiel für das, was man als eine »aufgeklärte Spiritualität« bezeichnen könnte, war Thomas Jefferson. Jefferson stand absolut hinter den Aussagen der Aufklärung über den Fortschritt des Menschen und seine Fähigkeit und Freiheit, und er entwarf viele amerikanische Traditionen, darunter die der Trennung von Kirche und Staat und der vollständigen Religionsfreiheit. Nach Jeffersons Überzeugung hätte Christus, wenn er wiedergekommen wäre, das Christentum nicht als ihm zugehörig wiedererkannt, weil es völlig von Intoleranz, Aberglauben und irrationalen Dogmen entstellt sei. Das Problem war in seinen Augen nicht, was Christus tatsächlich gelehrt hatte, sondern das, was die Christen daraus gemacht hätten. Jefferson vertrat: »Zerfetzt« Dogma und Aberglauben, und das Christentum ist wie keine andere Religion »der Freiheit, der Naturwissenschaft und der freiesten Entfaltung des menschlichen Geistes höchst wohlgesonnen.«[13]

Das Leben und die Moral von Jesus von Nazareth

Der außergewöhnlichste Beitrag Jeffersons zum Gespräch über Religion und Spiritualität war sein Buch mit dem Titel *The Life and Morals of Jesus of Nazareth*. Sein Zustandekommen beschrieb er einem Freund so:

Ich habe ein winzig kleines Buch verfasst, das ich die Philosophie Jesu nenne. Es ist der Raster seiner Lehren, den ich angefertigt habe, indem ich die Texte aus dem Buch schnitt und sie auf den Seiten eines leeren Buchs in einer bestimmten Ordnung nach Zeit und Thema anordnete. Ein schöneres oder kostbareres Stück Ethik habe ich noch nie gesehen. Es ist ein Dokument, das den schlagenden Beweis liefert, dass ich ein echter Christ bin, das heißt, ein Schüler der Lehren Jesu.[14]

Das Buch lässt jeden Hinweis auf die übernatürlichen Kräfte Jesu weg; nach Jefferson waren das abergläubische Elemente, die man am besten in den Papierkorb werfe. Das ist eindeutig unorthodox, entspricht aber ganz dem Strom aufklärerischen Denkens, der viele der Gründer der amerikanischen Nation beeinflusste. So ist Jefferson ein glänzendes Beispiel für eine Spiritualität, die in der neuen Nation neben traditionelleren christlichen Versionen vorherrschend war.

So sucht und schweift die arme erwachte Seele in ihrer Not hier und dort herum; jede Maßnahme, die sie sich ausdenkt, um Frieden, Ruhe und Glück zu finden, versagt ihr; der Mensch kann nichts für seine arme, hungrige, umherwandernde Seele Heilsames finden, bis er dem Herrn Jesus Christus begegnet… So wanderte ich Nacht und Tag in diesem notvollen Zustand umher, beladen von Schuld und Finsternis, ein Fremdling ohne auch nur einem Augenblick echter Ruhe oder wahren Glücks …

Meine ganze Seele, die noch vor wenigen Minuten unter Bergen des Todes stöhnte, sich wankend durch Stürme des Schmerzes kämpfte, von notvollen Ängsten gemartert wurde und zu einem unbekannten Gott um Hilfe schrie, war jetzt von unsterblicher Liebe erfüllt, schwebte auf den Flügeln des Glaubens, frei von den Ketten des Todes und der Finsternis.«[15]

Grenzland-Spiritualität

Um die Wende zum 19. Jahrhundert kamen an der amerikanischen Westgrenze (damals noch östlich des Mississippi) »Camp Meetings« zur religiösen Erneuerung auf, ein Phänomen, das in vieler Hinsicht das Wesen des Erweckungschristentums einfing. Dabei wurde der Kampf zwischen Gut und Böse, zwischen der Sache Christi und den Werken des Teufels höchst anschaulich an den Seelen und Körpern der Bekehrten vor Augen geführt und in bemerkenswerten Formen ausagiert. Zur gleichen Zeit waren auch »Revivals« in Neu England und am Yale College und in Gemeinden des gesamten Gebiets aufgebrochen, aber die Grenzland-Revivals stellten etwas deutlich anderes dar. Die Menschen an der Westgrenze lebten im Gegensatz zu den kultivierten, angesehenen Bewohnern der älteren Ansiedlungen im Osten buchstäblich am Rand. Nach dem Historiker Bernard A. Weisberger

war der Mensch an der Grenze anders. Er lebte, arbeitete und starb hart. Es war ganz natürlich, dass er sich auch hart bekehrte; dass er beim Ringen mit seiner Schuld laut hinausschrie; und dass er aus Freude darüber, Vergebung erlangt zu haben, hüpfte und tanzte und schrie.[16]

Der umherreitende Prediger Peter Cartwright, der ganz und gar willens war, mittels Predigt *und* Kämpfen zu evangelisieren, sagte, auch die Geistlichen im Grenzland müssten aus hartem Holz geschnitzt sein. Verächtlich bemerkte er: »Ich habe schon

Ein »Camp Meeting« in Tennessee (1850).

viele von diesen gebildeten Predigern gesehen, die mich unwillkürlich an Salat erinnern, der im Schatten eines Pfirsichbaums wächst… Davon gehe ich krank und schwach weg… Wer die Welt in Brand setzt, sind die ungebildeten Methodistenprediger… wenn sie ihre Streichhölzer anzünden!«[17]

In ihrem Drang, möglichst viele Seelen zu retten, vergaßen die Grenzlandkonfessionen – Presbyterianer, Methodisten und Baptisten – für kurze Zeit ihren Konkurrenzgeist und zogen gemeinsam Versammlungen auf, die zu regionalen Spektakeln gerieten. Viele Tage lang versammelten sich buchstäblich Tausende von Menschen in der Wildnis, um sich Predigten anzuhören, zu singen, die heilige Kommunion zu empfangen, Bekehrung zu erfahren und Zeugen dramatischer Beispiele der Macht Gottes zu werden. Die Urform aller dieser Meetings wurde 1801 in Cane Ridge in Kentucky veranstaltet. Barton Stone, ein Augenzeuge, erinnerte sich an einige der augenfälligen Manifestationen:

> Die körperlichen Erregungen oder Übungen, die die Aufregung zu Beginn dieses Jahrhunderts begleiteten, waren vielfältig und wurden mit verschiedenen Namen bezeichnet… Bei allen Klassen war die Übung des Umfallens sehr üblich… Wer diese Übung unternahm, ließ sich im allgemeinen mit einem markerschütternden Schrei wie ein Stück Holz auf den Boden, die Erde oder in den Schlamm fallen und wirkte wie tot…

Stone beschrieb dann weiter die »Zuckungen«, die »Tanzübung«, die »Bellübung« und die Übungen des Lachens, Rennens und Singens.[18] Im Lauf der Zeit wurden die Meetings dann etwas gemäßigter und galten schließlich vorwiegend als Einrichtung der Methodisten.

Charles G. Finney (1792–1875)

Gleich als Zweiter nach George Whitefield kam als Gestaltgeber des »Revival« Charles G. Finney. Er war in Connecticut geboren, doch seine Familie zog nach Upstate New York, in ein Gebiet, das als der »burned-over district« bekannt werden sollte, wegen der regelmäßigen Wogen der Erneuerungsfeuer, die diesen Landstrich durchzogen. Finney stand als junger Mann dem Christentum gleichgül-

tig gegenüber und verachtete trockene, vom Manuskript abgelesene Predigten. Sein Interesse wurde gereizt, als er während seiner Lehre in einem Anwaltsbüro die Bibel als Quelle des englischen Rechts las. Er erlebte eine dramatische Bekehrung und empfing »eine gewaltige Taufe vom Heiligen Geist«, die für ihn zum Muster für das wurde, was alle Bekehrten bei seinen Erweckungsfeldzügen erfahren sollten. Fortan wollte er sich nicht mehr mit juristischen Dingen abgeben, sondern jetzt hatte er »vom Herrn Jesus Christus einen Anwalt, der seine Sache verfechten würde.«[19]

Im echten kreativen Geist der amerikanischen Revival-Bewegung entwickelte Finney eine ganze Reihe »neuer Maßnahmen«, um Seelen in das Reich Gottes zu holen. Trotz harter Kritik verteidigte er energisch Praktiken wie das Beten in öffentlichen Versammlungen für namentlich genannte Einzelne; er organisierte und leitete »protracted meetings«, wochen- oder sogar monatelange Treffen; er richtete eine »anxious bench«, eine »Bank für Ängstliche« ein, wohin reuige Sünder zur Ermutigung und Unterweisung kommen konnten; er kümmerte sich nicht um die Kooperation mit dem Geistlichen der betreffenden Stadt; und er ließ Frauen zu »promiscuous meetings« zu, Treffen, zu denen Männer und Frauen kommen konnten.

Finney löste auch mit seiner Lehre über die »christliche Vollkommenheit« eine heftige Kontroverse aus. Seiner Auffassung nach bestand Heiligkeit in erster Linie aus der Vollkommenheit des Willens und sei von jedem Christen nach seiner Bekehrung zu erlangen. In seinen 1837 veröffentlichten *Lectures to Professing Christians* beschrieb Finney sein Verständnis dieser Lehre so:

> Die christliche Vollkommenheit ist vollkommener Gehorsam gegenüber dem Gesetz Gottes. Das Gesetz Gottes erfordert vollkommenes, selbstloses, unparteiisches Wohlwollen – Liebe zu Gott und Liebe zu unserem Nächsten. Es verlangt, dass man vom selben Gefühl wie Gott motiviert ist und nach den selben Grundsätzen wie Gott handelt. Es erfordert, dass man sich selbst so durchgehend aus dem Spiel lässt wie er das tut und so sehr von der Selbstsucht getrennt ist wie er – mit einem Wort: dass wir unserem Maß entsprechend so vollkommen wie Gott sind.«[20]

Die Christen müssten glühend nach der Vollkommenheit begehren und sich um sie bemühen, zugleich sich jedoch beim Werk einsetzen, Christi Tausendjähriges Reich auf Erden Wirklichkeit werden zu lassen. Da blieb wenig Zeit für das stille Leben der Kontemplation. Finneys Spiritualität »verlangte ständige hektische Aktivität für Gott«.[21]

Dwight L. Moody (1837–1899)

Ein weiterer wichtiger Gestaltgeber der Spiritualität und Praxis des Revival war Dwight L. Moody. Er wurde durch die Sonntagsschule bekehrt und als Kirchenmitglied aufgenommen, obwohl das Prü-

Fanny Crosby (1820–1915)

Weniger bekannt als die berühmten Erweckungsprediger dieser Ära, jedoch eindeutig nicht weniger einflussreich, war die produktive Hymnen-Schriftstellerin Fanny J. Crosby. Fanny hatte als Kind unter einer Augenstörung gelitten, die ein Quacksalber so behandelte, dass sie schließlich völlig blind wurde. Sie entwickelte ein phänomenales Gedächtnis. Als Mädchen mit acht oder neun konnte Fanny bereits die Bücher Genesis, Exodus, Levitikus und Numeri sowie die vier Evangelien auswendig. Fanny sang auch gern Hymnen und lernte sie auswendig, besonders diejenigen von Charles Wesley und Isaac Watts. Sie studierte an der New Yorker »Institution for the Blind« und wurde dort Lehrerin. Da zur damaligen Zeit die Menschen die Erinnerung an bestimmte Ereignisse in Versform festgehalten haben wollten, wurde Fanny eine meisterhafte Gelegenheitsdichterin. Eine Freundin sagte: »Sie schien nur so Verse abzusondern«, und sie schrieb Verse über jedes Ereignis ihres eigenen Lebens und dasjenige ihrer Freundinnen und Freunde.

Bei Erweckungsveranstaltungen in New York erfuhr Crosby 1850 eine dramatische Vertiefung ihres Glaubens. Sie trat als Büßerin dreimal zum Altar vor, jedoch ging kaum etwas in ihr vor, bis sie die fünfte Strophe von Watts Hymne »Alas and Did My Saviour Bleed« hörte: »Here, Lord, I give myself away. Tis all that I can do« (»Hier, Herr, geb' ich mich selbst dahin, mehr kann ich gar nicht tun«). Diese, wie sie sie später nannte, »Novembererfahrung« durchflutete ihre Seele »mit himmlischem Licht«. Sie sagte: »Zum ersten Mal wurde mir klar, dass ich bislang versucht hatte, mit der einen Hand die Welt und mit der anderen den Herrn festzuhalten.«[22]

Evangelienhymnen

1864 kam Fanny zu dem Glauben, Gott habe ihrem Leben einen neuen Zweck und eine neue Richtung gegeben: Sie solle Hymnen schreiben. So ließ sie sich auf eine Phase gewaltiger Produktivität ein, in deren Verlauf sie buchstäblich Hunderte von Hymnentexten schrieb, von denen viele noch weit verbreitet im Gebrauch sind, darunter »Pass Me Not, O Gentle Saviour«, »Rescue the Perishing«, »Praise Him! Praise Him!«, »Jesus Keep Me Near the Cross«, »Blessed Assurance«, »Draw Me Nearer«, »All the Way My Saviour Leads Me«, »To God Be the Glory« und »Tell Me the Story of Jesus«.

Ihre Hymnen wurden von Erweckungssängern unters Volk gebracht, darunter vor allem Ira D. Sankey, mit dem Crosby seit ihrer ersten Begegnung 1876 während der Moody-Sankey-Erweckung in New York bis zu ihrem Tod 1908 zusammenarbeitete.

Crosby empfing die Inspiration für ihre Hymen oft während meditativer Zustände, die sie »the valley of silence«, »das Tal des Schweigens« nannte. Während dieser Zeiten, so glaubte sie, trete sie in eine besondere, mystische Kommunion mit dem Heiligen Geist ein. Sie gestaltete ihre aus den allgemeinen Erfahrungen gewöhnlicher Leute geschöpften Texte in einer einfachen Sprache. Um formale theologische Kategorien oder Distinktionen kümmerte sie sich nicht und sagte sogar, sie habe »nie viel von Theologie gehalten.« Ihr lag mehr daran, Herz und Seele und nicht so sehr den Verstand anzusprechen und die Menschen zur Freundschaft mit Jesus, ihrem Freund und engen Gefährten, zu führen. Ihre Hymnen brachten das alles fertig und bleiben für Christen auf der ganzen Welt Quellen der Inspiration.

Das große Feuer von Chicago (1871) zerstörte Moodys Haus und Kirche; auf der North Side blieb nur ein einziges Haus stehen. Gemälde von C. Graham in der *Chicago Tribune*.

fungskomitee seinen beklagenswerten Mangel an Bibelkenntnis rügte. Moody wurde ein erfolgreicher Geschäftsmann in Chicago, kehrte dann jedoch seinem Erfolg den Rücken, um Verkäufer für Christus zu werden. Er richtete eine blühende Sonntagsschule ein, aus der die Illinois Street Church wurde, nach seinem Tod in Moody Church umbenannt.

1871 zerstörte das große Feuer von Chicago Moodys Haus, die Illinois Street Church und das neue Gebäude des YMCA, für das er Spenden gesammelt hatte. Schlimmer noch war, dass es auch Moodys Vertrauen in seine Berufung zerstörte und ihn in eine spirituelle Krise stürzte. Gebrochen und in Tränen vor Gott, überkam Moody ein überwältigendes Gefühl der Liebe Gottes. So widmete er sein Leben noch einmal der Predigt und dem Suchen nach den Verlorenen.

Der Wendepunkt in Moodys Laufbahn als Erweckungsprediger kam in Großbritannien, wo er von 1873 bis 1875 evangelistische Feldzüge unternahm. Er kehrte als Held in die Vereinigten Staaten zurück und wurde in die meisten größeren Städte eingeladen, um dort Versammlungen abzuhalten.

Moody hatte keine Zeit für das formelle theologische Ringen oder für genaue Unterscheidungen: »Wenn ich einen Menschen in den Fluss fallen und ertrinken sehe, würde es nichts helfen, wenn ich mich hinsetzen, den Kopf beugen und mich tiefem Nachdenken und Grübeln hingeben würde, aus welchen Gründen der Mensch hineingefallen ist. Da gibt es nur eine Frage: Wie bekomme ich ihn wieder heraus?«

Moodys Spiritualität war aktivistisch wie diejenige von Charles Finney und entsprach ganz dem fortschrittsorientierten Geschäftsgeist der amerikanischen Gesellschaft. Moody glaubte, der Heilige Geist taufe den Menschen mit einer Kraft, die man für den Dienst am Reich Gottes einsetzen solle.

In einer Predigt beschrieb Moody den beklagenswerten Zustand der meisten Christen: »Ich denke, ich verleumde die Kirche nicht, wenn ich sage,

Die afro-amerikanische Erfahrung

Die Spiritualität der ihren afrikanischen Wurzeln entris-
senen Sklaven wurde aus den Umständen des Leidens, der
Verschleppung und unmenschlicher Lebensverhältnisse
geboren und passte sich an die ihnen neue christliche Religion an. James Cone schrieb: »Eine schwarze Gemeinde
mag methodistisch, baptistisch oder sogar katholisch sein,
aber immer ist sie anders.« Da »der Gottesdienst der
Schwarzen in der Sklaverei geboren wurde«, ist er vom
Klang von Themen wie Befreiung, Freiheit, Sicherheit und
Würde aller Menschen durchdrungen.

Die Sklaven griffen auf ihr afrikanisches Erbe mit seiner
Vorstellung eines »hohen« Gottes und vieler niedrigerer
Geister und Götter zurück und behielten aus Afrika die
Tradition der Verehrung der Geister der Ahnen und die
zentrale Rolle von Magie, Ritual, Musik und Tanz bei. Aus
all dem entwickelten sie im christlichen Kontext kreativ
eine neue Form des Glaubens und der Spiritualität.

Eine Spiritualität der Hoffnung

Bemerkenswerter Weise übernahmen die Sklaven den
Glauben ihrer Unterdrücker, wenn auch mit bedeutenden
Änderungen und Schwerpunktverlagerungen. Ihre Eigner
versuchten sie zu evangelisieren und stellten für die Mission in den Plantagen eigene Evangelisten an. Jedoch bekamen sie oft ein verstümmeltes »Evangelium« zu hören.
Eine frühere Sklavin, Lucretia Alexander, erinnerte sich:

> Der Prediger kam und … sagte einfach: »Dient euren
> Herren … Stehlt nicht das Fleisch eurer Herren. Tut,
> was immer euch eure Herren zu tun heißen.« Immer
> die gleichen alten Sprüche. Mein Vater pflegte in Wohn-
> häusern Kirche zu halten und sie mussten dabei leise
> flüstern … Das machten sie, wenn sie einen richtigen
> Gottesdienst mit einer richtigen Predigt haben
> wollten.[23]

Solche »echten Gottesdienste« waren gewöhnlich streng
verboten und Sklaven, die dabei erwischt wurden, wurden
schwer bestraft. Dennoch gediehen sie, und im Gottesdienst der Sklaven rückten die Themen der Befreiung –
wie sie sich namentlich im Buch Exodus finden –, der

Sorge Gottes für sein Volk und ihrer Würde als Gottes
Kinder stark in den Mittelpunkt.

Ein bezeichnender Unterschied zwischen dem Selbstverständnis der Sklaven und demjenigen der aus Europa
stammenden Amerikaner bezog sich auf das Bild von
Gottes »neuem Israel«. Die Puritaner griffen oft auf dieses Bild zurück und beschrieben damit ihren Ort in
Gottes Heilsplan. Sie sahen sich als Gottes Volk, auserwählt, sich im amerikanischen »Gelobten Land« niederzulassen, und durch einen Bund an Gott gebunden. Im
scharfen Gegensatz dazu sahen die Sklaven die europäischen Amerikaner in der Rolle der Ägypter, und sich als
Israel, das auf seine Befreiung von seinen Sklavenhaltern
harrte. Ihre Spiritualität wurde nachhaltig von diesem
Selbstverständnis als Gottes auserwähltes, aber leiden-
des Volk geprägt. Dieser Unterschied zur vorherrschenden Sicht Amerikas als Gottes auserwähltem »neuen
Israel« ermöglichte der schwarzen Kirche die Kritik an
der Tendenz der Amerikaner, auch der amerikanischen
Christen, zum Triumphalismus. Die afro-amerikanische
Spiritualität gehörte nicht zur Religion der Mächtigen
und Reichen und betonte nachdrücklich, dass »zum
Christentum die Identifikation mit den Armen und
Unterdrückten gehört.«[24]

Die Sklaven verwendeten das Bild Jesu als des leidenden Gottesknechtes (Jesaja 53,1–3) als starkes Symbol
ihrer eigenen Erfahrung: Jesus als der Gefährte, Freund,
Mitleidende, in Niedrigkeit Geborene, Misshandelte ist in
jeder Hinsicht der, mit dem sie sich in ihrem Zustand
identifizieren konnten.

Eine Spiritualität des Leidens

In den Sklaven wuchs die Einsicht, dass das Leiden erlösende Kraft habe. Stärker als der Glaube der meisten
anderen Christen in den Vereinigten Staaten und erst
recht derjenige ihrer Besitzer wurzelte der Glaube der
Sklaven in den grundlegenden Paradoxa des Christentums: Christus ist in der Schwäche stark, Verlust ist
Gewinn und im Leiden steckt Erlösung. Als keinerlei
Ausweg aus ihrer Notlage sichtbar war, vertrauten die
Sklaven auf Gott.

Selbst der Umstand, dass sie nicht lesen und schreiben konnten, vermochte den Eifer der Sklaven für ihren neuen Glauben nicht zu dämpfen, den sie mit anderen »Leuten des Buches« teilten. Die Bibel war das Herzstück der Sklavenspiritualität und die Erzählungen daraus wurden zum festen Bestandteil ihrer mündlichen Traditionen, die sie von einer Generation an die nächste weitergaben. Die Sklaven predigten mit Leidenschaft, feierten mit Inbrunst Gottesdienst und sangen Lieder, »die nur so aus dem Herzen sprudelten« und begriffen, dass diese Welt nicht die »Heimat« sei und ihre Leiden sie nicht für immer plagen würden.

Die Spirituals

Die Sklaven entwickelten ihre eigene musikalische Form, wobei sie afrikanische Rhythmen mit christlichen Themen verschmolzen. Die »Spirituals« sind vielleicht das erlesenste Beispiel der Sklavenspiritualität. Sie bringen mitten in Leiden und Unterdrückung Freude, Hoffnung und Freiheit zum Ausdruck. James Cone schreibt in seinem *The Spirituals and the Blues*:

Den Spirituals liegt der Gedanke zugrunde, dass die Sklaverei Gott widerspricht; sie ist ein Verstoß gegen seinen Willen. Versklavt sein heißt, zum Niemand erklärt zu werden, und diese Daseinsform widerspricht der Tatsache, dass Gott die Menschen als seine Kinder erschaffen hat.«[25]

Das Bild vom Exodus erscheint in vielen der Spirituals. Das bekannteste Beispiel ist »Go Down Moses«:

When Israel was in Egypt's land,
Let my people go;
Oppressed so hard they could not stand,
Let my people go;
Go down Moses, 'way down in Egypt's land;
Tell ole Pharaoh,
Let my people go.

Andere Spirituals dienten sowohl als Lieder über die Befreiung am Ende der Zeiten als auch als Signale zur Flucht, oft auf geheimen Fluchtrouten in die Freiheit im Norden. Zum Beispiel wurde »Steal away, steal away, steal away to Jesus. I ain't got long to stay here« gelegentlich als Signal für den Zeitpunkt, sich in den Norden »davonzustehlen«, verwendet.

Das Vermächtnis der Sklavenspiritualität gab der afroamerikanischen Gemeinde auch nach der Abschaffung der Sklaverei weiterhin ihr Gepräge. Ihr Kampf war ja mit der bloßen Verfassungsänderung nicht zu Ende, und nicht einmal mit der Gesetzgebung bezüglich der Bürgerrechte im 20. Jahrhundert. So bleibt die aus den Lebensumständen der Sklaverei geborene Spiritualität eine der stärksten, tief christlichen Ausprägungen der Religion in Amerika.

Sojourner Truth
(ca. 1797–1883)

Genau diese leidenschaftliche Spiritualität der Befreiung und sozialen Gerechtigkeit verkörperte Isabella Baumfree. Sie wurde als Sklavin eines holländischen Besitzers im Ulster County in New York geboren und bereits vor ihrem zwölften Lebensjahr von ihren Eltern getrennt und zweimal verkauft. Schließlich ließ sie ihr Herrn 1827

Sojourner Truth.

frei. Nachdem sich Isabella mit verschiedenen niedrigen Arbeiten durchgeschlagen hatte, wurde ihr eine Vision zuteil, in der Gott sie anwies, »sie solle landauf, landab reisen, den Leuten ihre Sünden zeigen und ein Zeichen für sie sein.«[26] Der neue Name, den Gott ihr zur Bestätigung ihrer Sendung gab, war Sojourner Truth (»Gast Wahrheit«). Sie wurde im Norden ziemlich bekannt als Wanderpredigerin, Abolitionistin, Anwältin der Armen und Förderin der Frauenrechte.

heute sind neun Zehntel aller Kirchenmitglieder ohne power.« Gott sei bereit, den Menschen »power und die Taufe« zu geben, und dann »wird die ganze Gemeinde diese power spüren.«[27]

Andere Formen der Spiritualität

Neben der bemerkenswerten Bandbreite spiritueller Stile, die mehr oder weniger in den Rahmen der Orthodoxie passen, gewährte Amerika auch noch vielen anderen Formen der Spiritualität Raum.

Eine besondere spirituelle Gemeinschaft ent-wickelte schon früh die in Manchester in England geborene Ann Lee (1736–1784). Sie schloss sich 1758 einer von Quäkern geführten Gruppe von Leuten an, die auf den baldigen Anbruch des Tausendjährigen Reichs warteten. Lee heiratete, aber angesichts des Todes ihrer vier Kinder kam sie zur Überzeugung, Gott habe sie wegen ihrer »sexuellen Lust« verdammt. So begann sie den Zölibat als Weg zur Erlösung zu verkünden und führte mit anderen einen einfachen, gemeinschaftlichen Lebensstil ein. Sie und ihre Anhänger entwickelten eine Gottesdienstform, bei der sie die Erfahrung machten, dass regelmäßig die Kraft des Heiligen Geistes auf sie herabkomme, unter deren Einwirken sie zum Tanzen, Schreien und zuckenden Körperbewegungen (»shaking«) hingerissen wurden, weshalb die Mitglieder ihrer Gemeinschaft schließlich als die »Shakers« bezeichnet wurden. Während eines Gefängnisauf-

Die einsame Spiritualität von Emily Dickinson (1830–1886)

Emily Dickinson war zu ihren Lebzeiten kaum bekannt oder gar geschätzt, weil sie sich weigerte, ihre Werke drucken zu lassen, jedoch gilt sie heute als eine der größten Dichterinnen Amerikas und laut Roger Lundin als »eine der großen religiösen Denkerinnen ihrer Zeit.«[28] In ihren Schriften ringt sie oft mit theologischen und spirituellen Fragen ihrer Innenwelt, indes sie sich in zunehmendem Maß aus der äußeren Welt zurückzog. »Sie trieb die protestantische Tendenz, das Zentrum von Gottes Tun aus der Welt außerhalb des Ich in dessen spirituelle Innenwelt zu verlagern, bis an die äußerste Grenze.«

Emily wurde 1830 in Amherst in Massachusetts als Tochter von Edward und Emily Norcross Dickinson geboren. Während ihrer Studienzeit 1847/48 am Mount Holyoke Female Seminary im nahegelegenen South Hadley sperrte sich Emily gegen die Erwartung, alle Studentinnen sollten ihren christlichen Glauben deutlich bezeugen und blieb eines der wenigen Mädchen, die sich weigerten, öffentlich ein Glaubenszeugnis abzulegen. Sie widerstand auch 1850 während einer Erweckungskampagne in Amherst der Bekehrung. Dank ihrer Schulbildung und religiösen Erziehung daheim und in der Kirche wurde sie sehr gut mit der Bibel und den Hymnen von Isaac Watts vertraut, und beides lieferte ihr die Sprache und den Rhythmus für ihre eigenen Gedichte.

Den Gipfel ihres Schaffens erreichte sie 1862, als sie mehr als 350 Gedichte schrieb. Ab 1865 verließ sie nie mehr

Emily Dickinson, gemalt von einem ungenannten Künstler.

enthalts, wahrscheinlich, weil die Shaker den »Sabbat gestört« hatten, wurde Lee eine Vision ihres einzigartigen Einsseins mit Christus zuteil. Sie reiste 1774 nach Amerika und sammelt dort um sich eine Gemeinschaft, die sie wegen ihrer prophetischen Kräfte und Heilungsgaben und ihres ekstatischen Singens und Betens verehrten. 1784 starb Lee an den Verletzungen, die sie bei einem Angriff wütender Nachbarn auf die Shaker während eines ihrer Missionsunternehmen erlitten hatte, und schon bald danach entstand bei ihren Anhängern der Glaube, »Mother Ann« sei der zweite wiederkommende Christus in weiblicher Gestalt gewesen. Die Shaker glaubten, sie hätten die spirituelle Vitalität und den gemeinschaftlichen Lebensstil der frühen Christen wiedergefunden.

Joseph Smith (1805–1844), der Gründer einer der rührigsten und zahlenmäßig bedeutendsten neuen religiösen Bewegungen der modernen Welt, sammelte eine Anhängerschaft um eine verblüffend unorthodoxe Ideologie und Spiritualität. Er wurde in der Nähe von Sharon in Vermont von Eltern geboren, die religiöse »Disssenters« waren und zu keiner Konfession gehörten. 1816 zog die Familie nach Palmyra im Staat New York. Joseph betete als junger Mann zu Gott, er möge ihn in die richtige Glaubensgemeinschaft führen. Doch stattdessen erfuhr Joseph einen Besuch Gottes des Vaters und Jesu Christi, beider in menschlicher Gestalt, die ihm den Auftrag gaben, auf Erden wieder die wahre Kirche herzustellen, die »Kirche Jesu Christi der Heiligen der Letzten Tage«. Er wurde an einen geheimen Ort geführt, wo goldene Schrifttafeln vergraben waren, deren Text Smith übersetzte und 1830 als das *Buch Mormon* herausgab. Dieses Buch stellt im Stil und ungefähr halben Umfang des Alten Testaments die

Amherst und auch kaum noch das elterliche Haus. Sie suchte äußerlich Sicherheit, um im Inneren die Tiefen ihrer Seele ausloten zu können und schlug sich mit der Frage nach der Existenz Gottes herum:

Those – dying then,
Knew where they went –
They went to God's Right Hand –
That Hand is amputated now
And God cannot be found –

The abdication of Belief
Makes the Behavior small –[29]

Ihr Verhältnis zu Gott beschrieb sie als das der »Maus / Von der Katze überwältigt.« Während ihr jedoch Gott Vater unzugänglich und angstmachend blieb, empfand sie Gott Sohn als vertrauenswürdigen Freund. Der Mensch Jesus war gekreuzigt worden und kannte die Realität des menschlichen Leidens. Da war einer, der die Zwiespältigkeit des Menschen erfahren hatte. Jedoch selbst Jesus ließ einige Fragen offen. In einem Gedicht befasst sie sich mit dem Sterben und schreit:

And »Jesus«! Where is Jesus gone?
They said that Jesus – always came –
Perhaps he doesn't know the House – .[30]

Ab 1874, als ihr Vater starb, bis zu ihrem eigenen Tod 1886 verlor Dickinson die meisten für ihr Leben wichtigen Menschen, darunter Familienangehörige, enge Freunde und Briefpartner. In ihrer Dichtung ist ihr Gefühl des Verlusts schmerzlich präsent, zumal ihre Hoffnung wiederum durch die Realitäten von Leben und Tod in Trümmer ging.

»Heilige Schrift der Ureinwohner Amerikas« dar, unter denen der auferstandene Christus vor Zeiten predigend und lehrend gewirkt habe. Die Lehren der Gemeinschaft, die Smith gründete, wurden von ihrer Umgebung als sozial, politisch und theologisch gefährlich betrachtet, weshalb sie ihm mit großer Feindseligkeit begegneten. So sah sich die Gruppe schließlich zum Wegzug gezwungen und ging zunächst 1832 nach Kirkland in Ohio, dann 1838 nach Nauvoo in Illinois. Weil Smith und sein Bruder Hyrum ihre Gegner zum Schweigen bringen wollten, zerstörten sie die Druckpresse einer Zeitung, die ihre Praktiken kritisiert hatte. Die Brüder wurden eingesperrt und wenige Tage später stürmte ein Mob das Gefängnis und ermordete beide. Smith hatte die Vision eines Amerika als des neuen Gelobten Landes unter der Autorität der Heiligen der Letzten Tage. Aus dem Anliegen, ihre Version des Reiches Gottes auf Erden zu verwirklichen, zeichnete sich die Spiritualität dieser Gemeinschaft durch starke soziale und politische Kontrolle aus.

Eine Form der Spiritualität, die sich im Schoß des amerikanischen Protestantismus entwickelte und dann den Rahmen des allgemeinen Selbstverständnisses der Orthodoxie sprengte, war der Transzendentalismus. Die Transzendentalisten behaupteten, das Spirituelle stehe über dem Materiellen und verfochten die Intuition als verlässliche Führerin zur Wahrheit. Sie vertraten den Selbstausdruck, den Wert der gewöhnlichen Leute, die Gleichheit der Rassen und Geschlechter und die wechselseitige Abhängigkeit zwischen der Naturwelt und ihren menschlichen Bewohnern.

Ralph Waldo Emerson (1803–1882) verwarf den Unitarismus, dem er zunächst angehörte, weil er ihn als »leichenkalten Rationalismus« empfand und suchte in der Natur lebendige spirituelle Anregungen. Mit seiner »Divinity School Address« von 1838 in Harvard umriss er den Rahmen für eine neue Deutung oder auch Verwerfung traditioneller Glaubenssätze über Jesus und Grundlehren des christlichen Glaubens wie Inkarnation und Dreifaltigkeit. Emersons Ideen beeinflussten viele außer- wie auch innerhalb des traditionellen Christentums, darunter den bekannten Prediger Henry Ward Beecher.

Der Essayist und Philosoph Henry David Thoreau (1817–1862) verkündete mit Nachdruck die Würde und den Wert aller Menschenwesen und forderte, alle Menschen sollten in Harmonie mit der Natur leben. Eine Zeit lang verwirklichte er ganz praktisch sein Lebensideal, zu dem die Ablehnung des Materialismus, der Kontrolle durch die Regierung und der amerikanischen Ideale des Fortschritts und der Kontrolle über alle gehörte, indem er sich in eine Hütte am Walden-See auf Emersons Grundstück zurückzog. Das Buch *Walden*, das er darüber schrieb, wurde zu einem Klassiker.

Die Spiritualität und der amerikanische Bürgerkrieg

Der amerikanische Bürgerkrieg (1861–1865) war ein politisches, militärisches, wirtschaftliches und soziales Ereignis katastrophalen Ausmaßes. Man kann auch sagen, dass er die zentrale spirituelle Krise der amerikanischen Geschichte darstellte. Seit Generationen hatten die Amerikaner mit der Vorstellung gelebt, sie hätten eine privilegierte Stellung in Gottes Heilsplan; viele hatten sich sogar als Gottes auserwähltes Volk betrachtet. Eine immer stärker werdende Minderheit vertrat, die schlimme Einrichtung der Sklaverei stehe der Erfüllung der Absicht Gottes im Weg, Amerika zur ihm gefälligen Nation zu machen. Schon vor der amerikanischen Revolution hatte der Quäker John Woolman unermüdlich unter seinen Glaubensgenossen darauf hingearbeitet, dass sie bei sich die Sklaverei abschafften. In den mittleren Jahrzehnten des 19. Jahrhunderts verlangte schließlich eine wachsende »Abolitionisten«- (»Abschaffungs«-)Bewegung, angeführt von Propheten wie William Lloyd Garrison und Frederick Douglass, die sofortige Abschaffung der Sklaverei. Fest entschlossen, ihre Rechte und den politischen Einfluss ihrer Fraktion, der »Apologisten« (»Verteidiger« der Sklaverei), zu verteidigen, verfochten Männer wie Senator John Calhoun aus South Carolina diese »besondere Einrichtung«, ausgehend von einer entsprechenden Sozialtheorie, wirtschaftlichen Argumenten und Bibeltexten. Pastoren schlossen sich beiden Seiten der Diskutierenden an und brachten ihr spirituelles

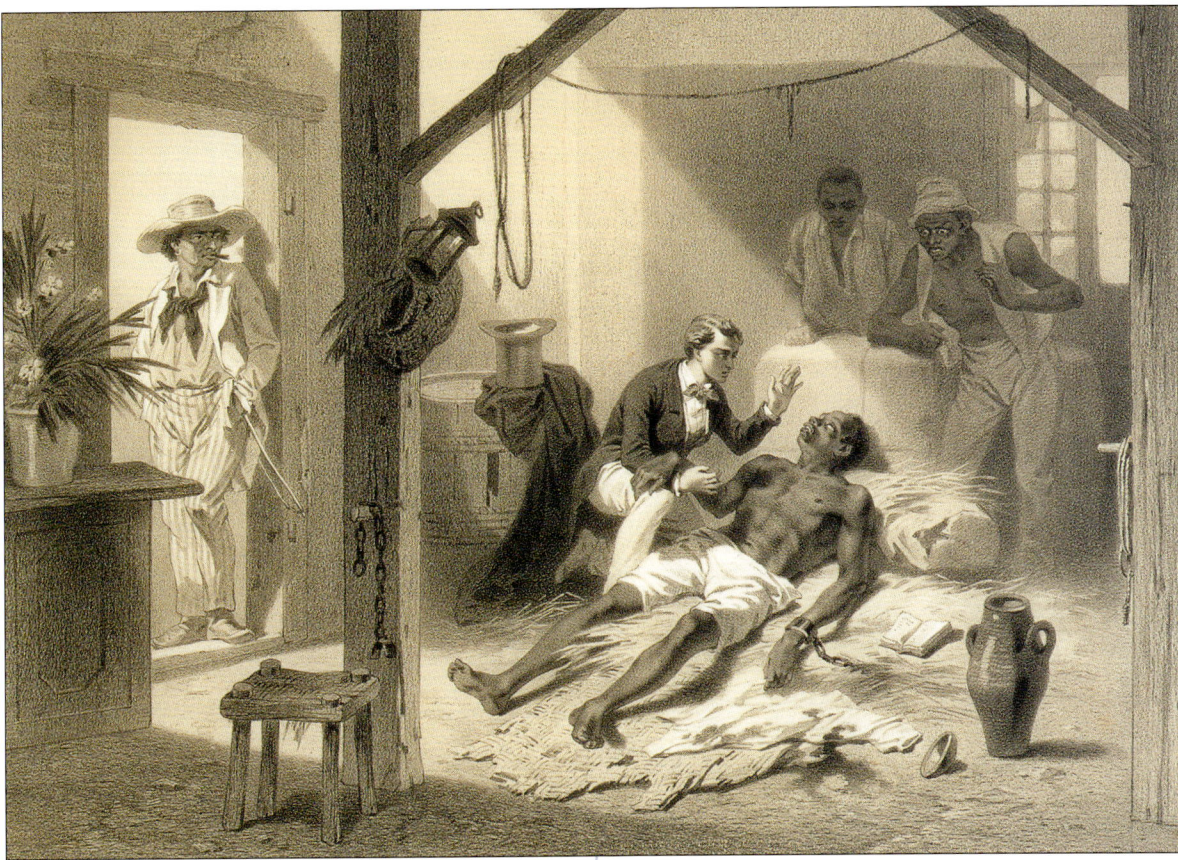

Onkel Toms Sterben. Stich von Charles Bour (1814–1881) in *Uncle Tom's Cabin* von Harriet Beecher Stowe.

Gewicht in den moralischen Kreuzzug beider Parteien ein.

Nach dem Erscheinen von Harriet Beecher Stowes *Onkel Toms Hütte* (1852[31]) begannen sich die Opponenten auf Positionen hinter scharf gezogenen Frontlinien festzulegen und die Möglichkeit eines Kompromisses rückte in immer weitere Ferne. Harriet (1811–1896) war die Tochter des bekannten Pastors und Lehrers Lyman Beecher und die Schwester von Henry Ward Beecher, der einer der bekanntesten Prediger Amerikas wurde. Stowes Roman ging auf ihre Erlebnisse beim Besuch einer mit Sklaven bewirtschafteten Plantage in Kentucky zurück und aktivierte schließlich viele zum Einsatz gegen die Sklaverei. Im Kapitel des Buches mit dem Titel »Der Märtyrer« zeichnet sie den Sklaven Onkel Tom, der sich weigert, das Versteck zweier flüchtender Sklaven zu verraten, und deshalb zu Tode geprügelt wird, deutlich als Christusgestalt.

Die Kirchen spalteten sich längs der Demarkationslinien der Nation und die Presbyterianer,

Methodisten und Baptisten bildeten nördliche und südliche Zweige aus, jeweils gemäß ihrer unterschiedlichen politischen und sozialen Parteinahme. Beide Seiten betrachteten schließlich die Sache ihrer »Nation« als die Sache Gottes gegen die Mächte des Unglaubens und auf beiden Seiten predigten die Pfarrer, Gott stehe hinter ihrem Anliegen und die Mächte des Unrechts würden bald geschlagen.

Eines der stärksten Beispiele für die Verschmelzung von patriotischen und religiösen Themen, wie sie für das Denken bei beiden Konfliktparteien typisch war, ist Julia Ward Howes »Battle Hymn of the Republic«. Dieses Gedicht hatte Howe (1819–1910) nach einem Besuch in einem Militärlager der Unionisten verfasst; als Melodie dafür wurde die des bekannten »John Brown's Body« verwendet, eines Lieds zu Ehren einen hingerichteten

Die komplexe Spiritualität von Abraham Lincoln (1809–1865)

Dass Abraham Lincoln ein Mensch mit tiefer Spiritualität war, ist allgemein bekannt. Aber wie sah diese Spiritualität genau aus? Über diese Frage streiten sich die Fachleute schon seit dem Zeitpunkt, zu dem Lincoln 1832 als Kandidat für den Staat Illinois zur öffentlichen Gestalt wurde. Selbst Lincolns engsten Freunden und Gefährten blieb seine religiöse Überzeugung – oder sein Mangel einer solchen – ein Rätsel. Doch mehr als jeder andere Präsident vor oder nach ihm rang Lincoln ungemein mit den unerforschlichen Wegen der Vorsehung, um einen Sinn des Blutbads des amerikanischen Bürgerkriegs zu erkennen.

Als junger Mann hatte Lincoln die Werke von Skeptikern wie Thomas Paine und Voltaire gelesen und geschätzt, und 1846 hielt er es für politisch notwendig, Anwürfe zurückzuweisen, er sei »ein offener Verspötter des Christentums«. Zugleich jedoch war er tief geprägt von seiner persönlichen Bibellektüre. Lincoln hatte nur wenige Monate eine formelle Schule besucht und sich seine Bildung selbst beigebracht, und wie viele andere im Vorkriegs-Amerika empfand er die Bibel als günstiges und nützliches Lesebuch. Seine Spiritualität wurde vom amerikanischen Muster geprägt, wie es vor allem stark im Grenzland, in dem Lincoln aufwuchs, im Schwange war: Man las die Bibel ohne große Rücksicht auf die Traditionen der christlichen Theologie oder auf kirchliche Unterscheidungen.

Präsident Lincoln im Oktober 1862 beim Besuch des Kriegslagers von Antietam.

Eine vom Krieg geprägte Spiritualität

Die bedeutendsten Entwicklungen in Lincolns Spiritualität vollzogen sich während seiner Präsidentschaft angesichts des Blutbads des Bürgerkriegs. Im Maß, wie er in seine Aufgaben und Verantwortlichkeiten hineinwuchs, reifte er auch an spiritueller Tiefe und Einsicht. Bei seinem Ringen um die Erkenntnis von Gottes Absichten zehrte er von seiner Bibelkenntnis, als er Enttäuschungen über Niederlagen und die immer länger werdenden Gefallenenlisten des Nordens wie Südens verkraften musste. So suchte er auf den Seiten der Bibel nach Einsichten über die sozialen und politischen Probleme, denen sich die Nation ausgeliefert sah.

Lincolns Ansprachen und Schriften sind voller biblischer Bilder und aus der Bibel geschöpfter theologischer Einsichten. Für seine bis dahin wichtigste Rede von 1858 wählte er das biblische Bild vom in sich selbst gespaltenen Haus, um damit die Gefahren des Versuchs zu veranschaulichen, als Nation »halb mit Sklaven, halb ganz frei« zu existieren.

Lincolns tiefste theologische Aussage, die seine sich vertiefende Spiritualität belegt, findet sich in seiner zweiten Antrittsrede. Es zeichnete sich bereits immer deutlicher ab, dass der Krieg seinem Ende zuging und die Sache der Union siegen würde. Im Gegensatz zu denjenigen auf beiden Seiten des Konflikts, die jeweils den anderen die Schuld zuweisen und auch zu denjenigen, die den Sieg des

Nordens triumphierend feiern wollten, sagte Lincoln, Gottes Absichten überstiegen diejenigen beider Seiten. Außerdem anerkannte er Gottes Gericht über die Nation als ganze, weil sie bezüglich des Übels der Sklaverei lange unter einer Decke gesteckt habe.

Aus Lincolns zweiter Antrittsrede (4. März 1865)

Keine Partei hat damit gerechnet, dass der Krieg so groß werden oder so lange dauern würde, wie das bereits der Fall ist. Keine erwartete, dass die *Ursache* des Konflikts mit dem Konflikt oder sogar schon davor behoben sein würde. Jede hatte auf einen leichteren Sieg gehofft und auf ein weniger tiefgreifendes und verblüffendes Ergebnis. Beide lesen die gleiche Bibel und beten zum gleichen Gott; und jede ruft ihn gegen die andere an. Es mag merkwürdig erscheinen, wenn jemand, der sein Brot aus dem Schweiß vom Antlitz anderer Menschen erpresst, es überhaupt wagt, Gott um seinen gerechten Beistand zu bitten; aber lasst uns nicht richten, damit wir nicht gerichtet werden. Die Gebete beider Parteien konnten unmöglich erhört werden; das Gebet keiner wurde ganz erhört. Der Allmächtige verfolgt seine eigenen Zwecke. »Wehe der Welt wegen der Ärgernisse! Denn Ärgernisse müssen kommen; aber wehe dem Menschen, durch den das Ärgernis kommt!« Wenn wir unterstellen müssen, dass die amerikanische Sklavenhaltung eines jener Ärgernisse ist, das in der Vorsehung Gottes kommen musste, das aber Gott jetzt, nachdem es seine ihm vorbestimmte Zeit hindurch bestanden hat, beseitigen will; und dass er als das Wehe, das denen bestimmt ist, durch die das Ärgernis kam, dem Norden wie Süden diesen schrecklichen Krieg geschickt hat – müssen wir darin ein Abweichen Gottes von jenen göttlichen Eigenschaften sehen, die die an den lebendigen Gott Glaubenden ihm immer zuschreiben? Zuversichtlich hoffen wir – und inbrünstig beten wir –, dass diese gewaltige Geißel des Krieges rasch vorbei sei. Doch selbst falls Gott will, dass der Krieg weitergehe, bis aller Reichtum verdorben ist, der durch die zweihundertfünfzigjährige unbezahlte Mühsal des in Ketten

geworfenen Mannes angehäuft wurde, und bis jeder mit der Peitsche verursachte Blutstropfen mit einem vom Schwert verursachten Blutstropfen heimgezahlt ist, wie es vor dreitausend Jahren hieß, dann müssen wir immer noch sagen: »Die Urteile des Herrn sind allesamt wahr und gerecht.«

Lasst uns danach trachten, das Werk, das wir begonnen haben, zu vollenden, ohne jemandem Böses zu wollen; mit Nächstenliebe für alle; mit Festigkeit im Richtigen in dem Maß, in dem Gott uns das Richtige sehen lässt; so lasst uns die Wunden der Nation verbinden; lasst uns uns dessen annehmen, der die Schlacht geschlagen hat, und seiner Witwe und seiner Waisen – lasst uns alles tun, was dazu beiträgt, einen gerechten und dauerhaften Frieden unter uns selbst und mit allen Nationen zu schaffen und zu genießen.[32]

Abolitionisten. Die Schlussstrophe zeigt deutlich, wie ganz wesentlich spirituell Howe das Anliegen ihrer Partei deutete: »As Christ died to make men holy, let us die to make men free«, »Wie Christus starb, um die Menschen zu heiligen, so lasst uns sterben, um die Menschen frei zu machen.«

Die Spiritualität der Bürgerkriegssoldaten

Beide Armeen erlebten gewaltige Erweckungsschübe, da Prediger den Soldaten Trost boten und sie zur noch rechtzeitigen Buße aufriefen, da ihr Leben auf Erden womöglich nicht mehr lange dauere. Man schätzt, dass es in beiden Armeen zusammen zu 100 000 bis 200 000 Bekehrungen kam. Die Tagebücher und Briefe der Soldaten spiegeln ein starkes Gefühl für Gottes Vorsehung, die in diesem Konflikt am Werk sei, was ihnen half, den Tod ihrer Freunde und den womöglichen eigenen

Tod als Willen Gottes zu akzeptieren. Außerdem waren sie überzeugt, es erwarte sie ein besseres Leben und die Schrecken des Todes könnten sie nicht endgültig von ihren Lieben trennen.

Die Soldaten spiegelten in ihrer Frömmigkeit oft diejenige ihrer Kommandeure. Nördliche Generäle wie George MacLellan, Oliver O. Howard und Joshua Chamberlain waren für ihren Glauben bekannt. Laut seinem Biografen Stephen Sears erlebte MacLellan während seines Dienstes als Oberkommandierender des nördlichen Heeres seine Bekehrung. Howard hatte wegen seiner Frömmigkeit bei seinen Soldaten den Spitznamen »Old Prayer Book« und er sah den Grund für die Niederlage des Nordens bei der ersten Schlacht von Bull Run (Manasses) im Umstand, dass die nördliche Armee am Sabbat angegriffen hatte. Chamberlain rang darum, Gottes Rolle im Krieg zu begreifen.

Im Bürgerkrieg: Die Schlacht von Spotsylvania (10.-12. Mai 1864). Gemälde von E. Packbauer in Elsons *Civil War*.

»War es Gottes Gebot, das wir hörten, oder müssen wir für immer um seine Vergebung flehen?«

Die südlichen Generäle waren sogar noch bekannter für ihre Frömmigkeit. General Leonidas Polk hatte in West Point graduiert und war später Bischof der Episkopalkirche von Louisiana geworden. Die Südstaatler bewunderten Robert E. Lee nicht nur wegen seiner strategischen Kunst auf dem Schlachtfeld, sondern auch wegen seines gottesfürchtigen Charakters. Eines der berühmtesten Porträts Lees zeigt ihn in seiner Konföderierten-Uniform mit einem Kind auf den Knien, mit dem er in der Bibel liest.

Bestimmt der eigenwilligste aller Generäle und zugleich einer der glühendsten in seiner Glaubensüberzeugung war Thomas J. »Stonewall« Jackson. Von Stonewall hieß es, »er lebe nach dem Neuen Testament und kämpfe nach dem Alten«. Er war ein standhafter calvinistischer Presbyterianer, der sich und seine Armee als das Instrument Gottes sah, das Gericht und Rache über Gottes Feinde bringen solle. Einerseits war er ein zärtlicher Gatte und Vater und zeitweise auch Sonntagsschullehrer für Sklaven, aber was die Disziplin seiner Männer anging, konnte er gnadenlos sein, und für den Gegner ein kalter, berechnender Killer. Auch er gehörte zu denen, die der Überzeugung waren, am Sabbat solle man nicht kämpfen, obwohl bei seinen Soldaten schließlich der Verdacht aufkam, dass er es vorwiegend sonntags zu Konflikten kommen ließ, weil er glaube, Gott begünstige die südliche Armee an diesem Tag besonders.

Auch die Menschen an der Heimatfront wurden spirituell vom Krieg geformt. Die meisten Haushalte erlitten den Verlust von Familienmitgliedern, Freunden oder guten Bekannten. Der »leere Stuhl« wurde für viele zur Wirklichkeit, und daran schlossen sich spirituelle Fragen an. Die Amerikaner der 1860er Jahre lebten mit einem schlichten und tiefen Glauben an ihre Anführer und an ihren Gott. Die Südstaatler entwickelten eine Spiritualität des »Verlorenhabens«, um ihre Niederlage erklären und mit ihr leben zu können.

Die Spiritualität des »Holiness Movement«

Als Frucht der methodistischen Kirche und insbesondere ihrer »Camp Meetings« und Erweckungsfeldzüge erwuchs Mitte des 19. Jahrhundert das »Holiness Movement«. Jahrzehntelang hatte es Meinungsverschiedenheiten und Kontroversen über die Lehre der Heiligung gegeben, insbesondere darüber, ob man sie in einem jähen Augenblick als Geschenk der vollkommenen Liebe erfahren könne oder ob sie mit einem lebenslangen Kampf gegen die Sündhaftigkeit verbunden sei. Diese Bewegung vertrat, das Wirken des Heiligen Geistes sei so stark, dass es zu einer sofortigen Erlösung von der Sünde führe. Als »Mutter des Holiness Movement« wird Phoebe Palmer (1807–1874) bezeichnet, die eine Theologie entwickelte und verbreitete, der zu Folge eine Totalhingabe an Gott die volle Reinigung von allen Sünden bewirke. Ihre Vorstellungen waren sehr ausgeprägt, aber Thomas Oden bemerkt: »Phoebe Palmers Spiritualität… wurzelt tief im klassischen Christentum und lebt nicht am fanatischen, eigensinnigen Rand eines Enthusiasmus ohne echte Mitte. Sie verdient es, den tiefschürfendsten spirituellen Schriftstellern der amerikanischen Tradition beigezählt zu werden.«[33] Palmer schöpfte insbesondere aus den Schriften der methodistischen Tradition, speziell der Wesleys (John, Charles und Susanna) und John und Mary Fletchers.

Phoebe Palmers spiritueller Durchbruch geschah im Gefolge des tragischen Verlusts von drei Kindern, von denen zwei an natürlichen Ursachen starben, ein drittes jedoch in seiner Wiege verbrannte. Palmer glaubte, diese tragischen Ereignisse seien ihr als Zeichen gesandt, dass sie ihre Kinder mehr als Gott geliebt habe. So beschloss sie, sich völlig Gott auszuliefern, oder, wie sie sagte »alles auf den Altar zu legen«.

Ihre Themen der »Heiligkeit«, »Ganzhingabe« und »vollkommenen Weihe an Gott« wurden von fast allen protestantischen Denominationen in Amerika und Britannien übernommen und Palmer lieferte damit das wichtige Verbindungsglied zwischen der Spiritualität der Methodisten und derjenigen der Pfingstler.

Trotz des mystischen Beiklangs von Palmers Verständnis der Heiligung vertrat sie, die mystische Erfahrung oder das mystische Gefühl habe wenig mit der Heiligkeit zu tun. Sie betonte, es genüge, Gottes Versprechen, uns zu heiligen, zu begreifen und anzunehmen. Man müsse glauben, was Gott gesagt habe, das in Anspruch nehmen und diese Wirklichkeit in seinem eigenen Leben bezeugen.

Ihren Ideen und ihrem Einfluss nach ganz ähnlich wie Phoebe Palmer war Hannah Whitall Smith (1832–1911). In einer Quäkerfamilie aufgewachsen, kämpfte Hannah als junge Frau mit religiösen Zweifeln. Sie und ihr Mann Robert Pearsall Smith erfuhren ihre Bekehrung 1858 bei einem Erweckungs-Gebetstreffen. Hannah erlebte ihre spirituelle Wiedergeburt 1867 und sie und Robert wurden bekannte Redner bei »holiness meetings« in den Vereinigten Staaten und in England. 1875 veröffentlichte Hannah *The Christian's Secret of a Happy Life*,[34] das rasch zu einem beliebten Leitfaden der Frömmigkeit wurde. Wie der Titel andeutet, hat Smiths Glaubensverständnis wenig mit der düsteren Gewissenserforschung der Puritaner zu tun, sondern sie spiegelt den spirituellen Optimismus ihrer Zeit: »Sie nahm das Düstere vom Evangelium … und machte das Leben zur endlosen Freude.«[35]

Smith erinnert sich selbst: »Zum ersten Mal sah ich wie im Licht eines Blitzes, dass die Religion Christi für ihre Besitzer nicht als etwas gedacht war, das sie unglücklich, sondern glücklich machen sollte.«[36]

Hannah Whitall Smith.

Spiritualitäten des Hauptstroms im 19. Jahrhundert

Die führenden Köpfe der »Princeton theology« des 19. Jahrhunderts sind gewöhnlich vor allem für ihr hartnäckiges, konservatives Festhalten an den Lehren des Calvinismus bekannt, aber sie nahmen sich auch der Spiritualität an. Der bedeutendste Vertre-

ter dieser Strömung der Theologie und Spiritualität in Amerika war Charles Hodge (1797–1878). Hodge verband das kompromisslose Stehen zur objektiven Wahrheit, wie sie in der Bibel offenbart ist, mit der Überzeugung, es sei ganz wichtig, seinen Glauben subjektiv lebendig zu erfahren. Hodge kämpfte immer streithaft gegen zahlreiche Trends der Religion in Amerika, darunter die Erweckungsbewegung und ihre Betonung der Emotion und Erregung. Er betonte die religiöse Orthodoxie und wollte keinen Unterschied zwischen religiöser Überzeugung und religiösem Leben gelten lassen. In seinem Vorwort zu *The Way of Life*, das er als Formulierung der Grundlagen des christlichen Glaubens für die »American Sunday School Union« schrieb, kommt sein Sinn für das enge Verhältnis zwischen Wahrheit und gelebtem Glauben deutlich zum Ausdruck:

Es ist eines der klarsten Prinzipien der göttlichen Offenbarung, dass Heiligkeit die Frucht der Wahrheit ist; und es ist eine der offenkundigsten Schlussfolgerungen aus diesem Prinzip, dass die Darlegung der Wahrheit das beste Mittel zur Förderung der Heiligkeit ist.«[37]

Horace Bushnell (1802–1876)

Ganz anders sah das der Pastor, Schriftsteller und Lehrer Horace Bushnell: Der christliche Glaube sei dynamisch und lebendig und lasse sich nur angemessen »mittels phantasievoller Bilder symbolisieren«.[38] Der Kontrast zu Hodge und den Theologen von Princeton könnte schärfer kaum sein, so dass diese beiden Theologen deutlich die Frontlinie innerhalb der amerikanischen protestantischen Theologie während der zweiten Hälfte des 19. Jahrhunderts abstecken.

Bushnell wurde wegen seiner Konzentration auf die religiöse Erfahrung als Anfangspunkt des christlichen Glaubens als der »amerikanische Schleiermacher« bezeichnet. 1848 wurde ihm ein neues Verständnis des Evangeliums zuteil, das sein Leben verändern sollte. Das Evangelium sei nicht »etwas, worüber man mit dem Verstand viel nachdenken solle«, sondern »eine Inspiration – eine Offenbarung aus dem Geiste (mind) Gottes selbst.«[39] Der Theologe solle darauf bedacht sein, den Geheimnischarakter der Religion mittels Dichtung und Phantasie zu wahren und nicht etwa unterstellen, der Zweck der Theologie sei es, die Geheimnisse Gottes zu erklären. Bushnell sehnte sich nach der Erfahrung des mystischen Einswerdens mit Gott.

Er vertrat, die Kommunion zwischen dem Heiligen Geist und dem Geist des Menschen komme nicht durch einen Akt der Vernunft oder des Willens zustande, sondern kraft des Geheimnisses des in uns wohnenden Christus. Das Zentrum der Spiritualität und Achtsamkeit solle nicht das Ich, sondern Gott sein. In seinem Buch *The Spirit in Man* schrieb er dazu:

Die erhabenste Wirklichkeit ist, dass sich das Göttliche mit unserer Natur verknüpft und Christus angefangen hat, in uns Gestalt anzunehmen – aber erst angefangen hat. Von daher ist der große Gegenstand und das Ziel des christlichen

Lebens, das Angefangene zu vollenden. Ganz gleich, ob wir dann von Wachstum oder Heiligung oder vollkommenem Neuwerden oder Erlösung sprechen, darin ist alles enthalten: dass Christus vollends in uns Gestalt annehme.[40]

Die Theologen von Mercersberg

Im Hauptstrom des Protestantismus wurde im kleinen Deutsch Reformierten Seminar von Mercersberg in Pennsylvania ab der Mitte des 19. Jahrhunderts bis zu dessen Ende von John Williamson Nevin (1803–1886) und Philipp Schaff (1819–1893) ein weiterer Ansatz zum Versuch entwickelt, die sektiererische und theologische Spaltung zu überbrücken.

Die Theologen von Mercersberg schufen eine historisch fundierte Form liturgischer Spiritualität, die kirchlich und sakramental war, was alles in direktem Gegensatz zu den vorherrschenden Trends in der amerikanischen Christenheit stand. Nevin und Schaff waren wie Hodge gegen die Übersteigerung des Emotionalen und die theologische Schlampigkeit bei den Erweckern. Jedoch vertraten sie ein ökumenisch ausgerichtetes, dynamisches Kirchenmodell, das Hodge abgeschmackt und gefährlich fand. Es handelte sich um eine Art alles übergreifender evangelisch-katholischer Kirche, die sowohl die Reichtümer der christlichen Tradition als auch die im Lauf der Kirchengeschichte unternommenen Reform- und Erneuerungsbewegungen positiv integrieren sollte. Gegen die innerhalb vieler amerikanischer Denominationen vorherrschende Tendenz zu einem so genannten »freien« oder »nichtliturgischen« Gottesdienst plädierte Schaff für eine überarbeitete Form der Liturgie der Deutschen Reformierten, um deren Ausgestaltung sich er und Nevin bemüht hatten. Seiner Auffassung nach diente die Liturgie als »heiliges Einigungsband zwischen den unterschiedlichen Zeitaltern der Kirche Christi«. Den Mercersbergern schwebte »eine wirklich *schriftgemäße, historische, evangelisch-katholische* und *künstlerische* Liturgie für das *Volk* wie auch die Geistlichkeit« vor.[41]

Die Bewegung für ein soziales Evangelium

Mitten im amerikanischen Fortschritts- und Zukunftsoptimismus, der im späten 19. Jahrhundert im Schwange war, entstand eine Form der Spiritualität, die ihr Augenmerk auf die Unterschicht der amerikanischen Gesellschaft richtete und sich der beim Wohlstand zu kurz Gekommenen annahm. Diese Bewegung für ein soziales Evangelium wurde aber innerhalb des amerikanischen Protestantismus nie vorherrschend oder auch nur bedeutend. Die Hauptbefürworter eines sozialen Wandels rechneten bei aller Zukunftshoffnung wohl auch gar nicht damit, dass ihre prophetische und kritische Bewegung jemals so weit kommen werde. Dennoch machten sie sich mit Energie an die Arbeit.

Der bekannteste und einflussreichste Anführer der Bewegung für ein soziales Evangelium war Walter Rauschenbusch (1861–1918). Obwohl der Riss zwischen der Betonung der persönlichen Bekehrung bei den Erweckern und der Konzentration auf soziale Anliegen bei den Liberalen immer größer wurde, hielt Rauschenbusch beides fest zusammen. Er war überzeugt davon, dass soziale Wandlungen nur von Bestand sein könnten, wenn sie »aus den tiefen Brunnen des persönlichen religiösen Lebens« genährt würden.[42] Er schöpfte aus vielen Klassikern der christlichen spirituellen Tradition, darunter den *Bekenntnissen* von Augustinus, der *Nachfolge Christi* von Thomas von Kempen, dem *Pilgrim's Progress* von John Bunyan und dem *The Saints' Rest* von Richard Baxter.

Für Rauschenbusch war der Heilige Geist die Quelle der Kraft der Kirche, gegen soziale Ungerechtigkeiten anzukämpfen:

> Wir müssen unseren Geist für den Geist Jesu in seiner ursprünglichen, unverdorbenen und immer noch unerschöpften Kraft öffnen. Dieser Geist ist der Jungbrunnen der Kirche. Als menschliche Organisation wird sie genau wie jede andere menschliche Organisation alt und hinfällig. Aber sie ist immer und immer wieder dank einer neuen Taufe in diesem Geist verjüngt worden.[43]

Rauschenbuschs Lieblingsbuch war sein 1910 verfasstes *Prayers for the Social Awakening*. Er war selbst überrascht, wie beliebt es wurde, aber es bleibt bemerkenswert relevant und aussagekräftig.

Die vibrierende Spiritualität der Pfingstbewegung

Die christliche Tradition hat stets vertreten, der Heilige Geist mit seinem verblüffenden, unerwarteten Wirken könne immer wieder eine Erneuerung auslösen. Keine Bewegung des 20. Jahrhunderts war überraschender oder sogar letztlich einflussreicher als die Pfingstbewegung. Gegen Ende des 19. Jahrhunderts konzentrierten sich viele führende christliche Persönlichkeiten auf den Heiligen Geist; im »Holiness Movement« zum Beispiel hatte man von der »Taufe durch den Heiligen Geist«, von der »Kraft des Heiligen Geistes« und vom »Pfingstsegen« *(pentecostal blessing)* zu sprechen begonnen. Ab Anfang des neuen Jahrhunderts betrachteten dann viele das »Zungenreden« als das unfehlbare Zeichen der Taufe durch den Heiligen Geist. Viele behaupteten, die für die »letzten Tage« verheißene Ausgießung des Heiligen Geistes habe begonnen und die Wiederkunft Christi stehe nahe bevor. Die vielleicht wichtigste Gestalt der frühen Pfingstbewegung war William J. Seymour (1870–1922). In Centerville in Louisiana als Sohn ehemaliger Sklaven geboren, verkörpert Seymour wunderbar die Anfänge der Pfingstbewegung bei den Ausgestoßenen der Gesellschaft. Die frühen Pfingstler waren weithin Menschen außerhalb der Strukturen von Macht, Reichtum, Bildung und Einfluss und sie entwickelten eine Spiritualität, die ihnen zu glauben ermöglichte, sie stünden im Zentrum von Gottes Absicht für das Zeitenende. Seymour leitete das »Azusa Street Revival« in Los Angeles, nach Aussage der Teilnehmer daran eine drei Jahre lang andauernde pausenlose Ausgießung des Heiligen Geistes. Seine Gegner, die sich zahlreich und lautstark zu Wort meldeten, neigten zur Ansicht, es

Rauschenbuschs Gebet um das Kommen des Reiches Gottes

O Christus, du hast uns aufgetragen, um das Kommen des Reiches deines Vaters zu beten, in dem sein rechter Wille auf Erden geschehen werde. Wir haben deine Worte bewahrt, aber ihren Sinn vergessen; in deiner Kirche ist deine große Hoffnung zum schwachen Schimmer geworden. Wir preisen dich um der inspirierten Seelen aller Zeiten willen, die von ferne die hell leuchtende Stadt Gottes schauten und ihren Glauben uns Heutigen vermachten, damit auch wir an ihrer Schau teilhaben können. Wir sind von Freude erfüllt, dass heute die Hoffnung dieser einsamen Herzen zum klaren Glauben von Millionen wird. Hilf uns, o Herr, voller Glaubensmut jetzt das zu ergreifen, was nun so nahe gerückt ist, damit endlich der frohe Tag Gottes anbrechen kann. Wie wir die Natur bewältigt haben, um uns Reichtum zu verschaffen, so hilf uns jetzt, die sozialen Beziehungen der Menschen untereinander zu bewältigen, damit wir Gerechtigkeit erlangen und eine brüderliche Welt schaffen. Denn welchen Gewinn hat unsere Nation, wenn sie an Zahlen und Reichtum zunimmt und dabei das Gespür für den lebendigen Gott und die Freude darüber, dass alle Menschen Brüder sind, verliert?

Mach uns entschlossen, mit Wahrheit und nicht mit Lügen zu leben, unser gemeinsames Leben auf die ewigen Grundlagen der Rechtschaffenheit und Liebe zu stellen und nicht länger das wacklige Haus der Falschheit mit Grausamkeit und Gewalt stützen zu wollen. Hilf uns, die Wohlfahrt aller zum obersten Gesetz unseres Landes zu machen, damit unser Commonwealth fest und sicher auf die Liebe aller seiner Bürger gegründet sei. Zertrümmere den Thron des Mammon, der immer wieder das Leben der Menschen zermalmt und richte deinen Thron auf, o Christus, denn du starbst, damit die Menschen leben. Zeige deinen irrenden Kindern endlich den Weg von der Stadt der Vernichtung zur Stadt der Liebe und erfülle die Sehnsüchte der Propheten der Menschheit. Unser Meister, noch einmal machen wir uns im Glauben dein Gebet zu eigen: »Dein Reich komme! Dein Wille geschehe auf Erden!«[44]

Männer erhalten in einer Missionssuppenküche in der Bowery in New York kostenlos Kaffee (1908).

handle sich um eine geschmacklose Zurschaustellung exzessiver Gefühlsausbrüche und hyperaktiven Phantasierens.

Solche Gegenstimmen bestätigten den an der Erneuerung Beteiligten nur, dass sie Recht hatten – denn hatte nicht Jesus vorhergesagt, dass seine wahren Jünger in der Welt verfolgt würden? Berichte über Azusa Street gingen um die ganze Welt und spirituelle Wallfahrer machten sich dorthin auf, um selbst Zeugen dieses Krafterweises des Heiligen Geistes zu werden, ja ihn vielleicht sogar selbst zu erfahren. Es verbreiteten sich auch Nachrichten, Sprachexperten hätten das Zungenreden als tatsächliches Phänomen erwiesen, und man hielt es für die Gabe, in einer ausländischen Sprache zu reden, um sich der missionarischen Arbeit widmen zu können. Außerdem wurden in Artikeln Ärzte zitiert, die medizinisch nicht erklärbare Heilungen durch Gott bestätigt hätten. Die Teilnehmer behaupteten ferner, Dämonen austreiben zu können und andere ähnliche Äußerungen der Kraft Gottes zu erleben, darunter auch eine sichtbare Geistaura um das Gebäude von Azusa Street. Die Zeugen trugen das, was sie gesehen und erfahren hatten, mit sich heim und die Pfingstbewegung wurde buchstäblich eine weltweite Bewegung.

Zusammenfassung

Die Pfingstbewegung liefert in vieler Hinsicht den passenden Schluss für diesen Überblick über die protestantische Spiritualität vom 17. bis 19. Jahrhundert in Nordamerika. Die Vitalität der Spiritualität der Pfingstler stellte eine weitere machtvolle Äußerung des Interesses Amerikas für die Spiritualität dar, das durch alle Generationen auf und ab wogte. Die Amerikaner haben eine verwirrende Vielzahl unterschiedlichster spiritueller Stile ausprobiert und auf den eigenartigsten Wegen ihre Versuche und Erfahrungen gemacht, wie man als Christ leben könnte. Das reichte vom Bemühen der Puritaner zur Errichtung eines christlichen Commonwealth durch »sichtbare Heilige« bis zur Betonung der Erweckungsprediger, alles komme auf die persönliche Bekehrung an; von der afro-amerikanischen Vision eines anderen Amerika und der Spiritualität des Leidens bis zum Ziel des Holiness Movement, ganz und gar heilig zu werden. Die Christen Amerikas sehnten sich nach der Nähe Gottes und dem harmonischen Miteinander der Menschen und erkundeten eine Fülle von Wegen zu diesem Ziel.

Der amerikanische Protestantismus, mit einem vorwiegend eher aktivistisch als kontemplativ ausgerichteten Stil und gewöhnlich eher zum Individualismus als zur Gemeinschaft neigend, bot ein wunderbares Spektrum von Beispielen dafür, wie das Christentum mit der Kultur zusammenwirkt und stellte ein faszinierendes Laboratorium für die vielfältigsten Versuche zur Interaktion zwischen Spiritualität und Gesellschaft dar.

10

Spirituali-täten des 20. Jahrhunderts

Bradley Holt

Zeittafel

1906	Azusa Street Revival in Los Angeles; Ursprünge der Pfingstbewegung
1908	Erste Gebetswoche um die Einheit der Christen
1910	Weltmissionskonferenz in Edinburgh
1911	Evelyn Underhills *Mysticism*
1913–1915	William Wade Harris' Missionsreise längs der Elfenbeinküste
1914–1918	Erster Weltkrieg
1917	Russische Revolution
1917	Marienerscheinung in Fatima, Portugal
1930er Jahre	Große Wirtschaftskrise
1930er Jahre	Anfänge der ostafrik. Erneuerungsbewegung
1930er Jahre	Anfänge der Kommunität von Iona in Schottland
1930er Jahre	Anfänge der Anonymen Alkoholiker
1930er Jahre	»Bekennende Kirche« in Hitlerdeutschland
1932–1967	Karl Barths *Kirchliche Dogmatik*
1939–1945	Zweiter Weltkrieg
1940er Jahre	Anfänge von Taizé in Frankreich
1940er Jahre	Anfänge der Cursillo-Bewegung in Spanien
1945	Hinrichtung Dietrich Bonhoeffers
1945	Abwurf der Atombombe auf Hiroshima
1946	Mutter Teresa gründet in Indien die Missionarinnen der Nächstenliebe
1948	Weltrat der Kirchen offiziell gegründet
1948	Gründung des Staates Israel
1949	erster Evangelisierungskreuzzug von Billy Graham in Los Angeles
1950er/1960er	Bürgerrechtsbewegung in der USA
1950er/1960er	Anfänge d. charismatischen Bewegung in USA
1957	Teilhard de Chardins *Das Göttliche Milieu*
1959	Wahl von Papst Johannes XXIII.
1962	C.G. Jungs *Erinnerungen, Träume, Gedanken*
1962–1965	II. Vatikanisches Konzil in Rom
1968	Unfalltod von Thomas Merton in Thailand
1968	Ermordung von Martin Luther King
1968	Mary Dalys *Beyond God the Father*
1978	Wahl von Papst Johannes Paul II.
1978	M. Scott Pecks *The Road Less Travelled*
1980	Ermordung von Erzbischof Oscar Romero
1981	Marienerscheinung in Medjugorje in Kroatien
1984	Desmond Tutu erhält den Friedensnobelpreis
1989	Fall der Berliner Mauer
1990er Jahre	Ära des Internet
1990	Freilassung von Nelson Mandela als Signal für das Ende der Apartheid in Südafrika
1991	Auflösung der Sowjetunion
1994	»Segen von Toronto«

(Zeitmarkierungen am linken Rand: 1910, 1930, 1940, 1950, 1970, 1990)

Eine vollständige Darstellung der gesamten christlichen Spiritualität im 20. Jahrhundert lässt sich unmöglich schreiben, weil der Großteil der Erfahrung und der Lehre von Christen niemals schriftlich festgehalten wird. Zudem wird im Folgenden weithin den bekannt gewordenen Schriftstellern der Vorrang gegeben, während gewöhnliche Christen, darunter diejenigen, die unter Armut, Unterdrückung oder Analphabetismus leiden,[1] kaum zu Wort kommen. Die Hauptkriterien für die vorliegende Auswahl waren, ob die Schriftsteller und Bewegungen einflussreich, repräsentativ und/oder von typischer Eigenart waren. Es war eine mühsame Arbeit, die Zahl der Schriftsteller und Bewegungen auf den in diesem Kapitel zur Verfügung stehenden Platz einzuschränken.

Der Hintergrund des 20. Jahrhunderts: einige wenige Hauptzüge

Die christliche Spiritualität ist eine dynamische, sich ständig weiter entwickelnde Tradition. Sie wirkt mit ihrem jeweiligen Kontext zusammen, reagiert auf die Welt und die verschiedenen Kulturen, in denen Christen leben, und beeinflusst den weiteren Verlauf dieser Kulturen. Hatte kurz nach 300 mit Kaiser Konstantin eine enge Zusammenarbeit von Kirche, Staat und Gesellschaft begonnen, so haben viele Beobachter den Eindruck, dass diese Ära im 20. Jahrhundert zu Ende ging.

Jedoch darf man zugleich nicht vergessen, dass es tatsächlich auch Elemente der christlichen Spiritualität gibt, die sich im Lauf der Jahrhunderte nicht ändern. »Jesus Christus ist derselbe gestern, heute und in Ewigkeit« (Hebräer 13,8). Alle Christen lesen die gleiche Bibel, taufen ihre Mitglieder, feiern bei Brot und Wein Gemeinschaft und zeitigen die gleichen Früchte des Heiligen Geistes wie die Christen früherer Jahrhunderte. Dieses Ineinanderwirken von zeitlosen Elementen des Christentums mit zeitbedingten führt ja erst dazu, dass sich überhaupt eine Geschichte der Spiritualität erzählen lässt.

Internationale Entwicklungen

Zu Beginn des 20. Jahrhunderts waren Europa und die Vereinigten Staaten sehr optimistisch gestimmt: Man war allgemein der Zuversicht, dass das technische Können und die weitere politische Entwicklung eine neue Welt des Wohlstands und Friedens herbeiführen würden. Aber noch bevor das Jahrhundert zu Ende ging, wuchsen unsere Zweifel über die Nutzung aller unserer technischen Möglichkeiten und viele Nationalstaaten wurden von ethnischen Spannungen zerrissen.

Jedoch gab es in diesem Jahrhundert auch Zeichen der Hoffnung. Das Ende der Apartheid in Südafrika und der Fall der Berliner Mauer waren geradezu wunderbare Ereignisse. Die Fortschritte in der Technologie führten zu wesentlich besseren Kommunikationsmitteln und Reisemöglichkeiten. Die Sterberate von Kindern und Müttern wurde drastisch gesenkt, so dass heute wesentlich mehr Menschen ihre volle Lebensspanne erleben können. Wir haben den Mond besucht, bauen an einer Weltraumstation und reisen vielleicht schon bald zum Mars. Wir lernen die Grundbausteine des Lebens zu entschlüsseln und kommen dahinter, wie sich die DNS zu nützlichen Zwecken verändern lässt. Wir können mit Hilfe von Computern schreiben, veröffentlichen und in Kommunikation treten; oft frustrieren sie uns zwar auch, aber sie steigern unsere Fähigkeiten beträchtlich.

Auch auf einzelnen anderen Gebieten sind durchaus Fortschritte zu verzeichnen: der Analphabetismus ging zurück, die Frauen bekamen mehr Rechte, die Informationsfreiheit setzte sich weithin durch und in Europa und den Vereinigten Staaten entstand zunehmend eine multikulturelle Gesellschaft. Die Weltreligionen näherten sich nach einem Jahrhundert des Wachstums in einem gegenseitigen besseren Verständnis aneinander an. Wer zu Beginn des Jahrhunderts für dessen Ende das völlige Verschwinden der Religion voraus gesagt hatte, unterlag einem gewaltigen Irrtum. Die meisten großen Religionen sind heute, gemessen an ihrem zahlenmäßigen Umfang oder praktischen

Im Juli 1969 landeten die ersten Astronauten auf dem Mond. Ihre Fotos der Erde aus dem Weltraum veränderten unser Bewusstsein für die Schönheit und Zerbrechlichkeit unseres Planeten. Tiefe spirituelle Auswirkungen sind immer noch im Gange.

Engagement, stärker, als sie es 1900 waren (siehe Kasten S. 308). Viele Beobachter verzeichneten gegen Ende des Jahrhunderts in der westlichen Welt einen zunehmenden Bedarf nach spiritueller Orientierung.

Einer der bedeutenden Entwicklungsschritte dieses Jahrhunderts war die Einführung des Begriffs »Spiritualität« in seinem heute üblichen Sinn, zunächst bei den römischen Katholiken und später auch bei den Protestanten. Gegen Ende des Jahrhunderts wurde es möglich, sich interkonfessionell, ja sogar interreligiös über Spiritualität zu verständigen und sich auf bestimmte gemeinsame Inhalte zu einigen. Früher wurde das damit Gemeinte nur von Teilgebieten her, etwa von der Aszetik, Theorie der Mystik oder Frömmigkeit usw. angegangen. Die Abfassung eines Buches wie des vorliegenden ist erst nach den Entwicklungen des 20. Jahrhunderts möglich.

Die Globalisierung von Christentum, Kirchen

Das 20. Jahrhundert vermochte auf das vorangehende »große Jahrhundert« der christlichen Missionen aufzubauen und erlebte das Heranwachsen christlicher Gemeinden auf der ganzen Welt. In den letzten Jahrhunderten hatte sich das Christentum von seinen Hauptstützpunkten Europa und Nordamerika aus über alle Erdteile ausgebreitet. Damit war die lange Zeit des Mittelalters, während der es auf Europa konzentriert blieb, zu Ende und es begann wieder seinen universalen Charakter zu beanspruchen, den es in den ersten Jahrhunderten vertreten hatte. Die Epoche der europäischen Kolonisierung und Missionierung Nord- und Südamerikas, Afrikas, Asiens und Australasiens wurde durch die Ungerechtigkeiten des Kolonialismus, den Völkermord an eingeborenen Völkern und kulturellen Imperialismus verdüstert. Aber in ihr wurde der Grund für sich selbst verwaltende Christengemeinden in praktisch jedem Land gelegt, die einander jetzt gegenseitig mit ihrer Spiritualität und Musik, ihrem Personal und ihren finanziellen Mitteln tragen können. Die Missionare des späten 20. Jahrhunderts kamen aus allen Erdteilen und gingen in alle Erdteile. Die Erleichterung der Reisemöglichkeiten hatten zur Folge, dass sich nicht nur Kirchenoffizielle, sondern auch gewöhnliche Christen gegenseitig besuchten und voneinander lernten. Die Auffassung, kulturell müssten alle Christen Europäer sein, wurde durch einen christlichen Multikulturalismus ersetzt, in dem die unterschiedlichen Gaben der verschiedenen Christengemeinschaften voll zum Tragen kommen können.

Zu den wichtigsten theologischen Bewegungen des 20. Jahrhunderts gehören der Liberalismus, der Fundamentalismus, die neo-reformatorische Theologie, der Existenzialismus, die Suche nach dem historischen Jesus, die biblische Theologie, säkulare Theologie und Got-ist-tot-Theologie, die Befreiungstheologie und die Black Theology, der Dialog mit anderen Religionen, die Prozesstheologie, feministische Theologie, post-liberale Theologie – und eine gute Portion Verwirrung.

Kulturelle Entwicklungen vom Viktorianischen Zeitalter bis zur Postmoderne

Das 20. Jahrhundert begann in Europa mit großer Zuversicht. Die technischen Fortschritte des 19. Jahrhunderts, die Kolonisierung eines Großteils der nichteuropäischen Welt und der diplomatische Machtausgleich ließen die Menschen stolz auf ihre Errungenschaften sein und erfüllten sie mit gewaltigen Hoffnungen für die Zukunft des neuen Jahrhunderts. Es war eine Epoche des Vertrauens in den Menschen, der von den vorherrschenden liberalen Theologien des Protestantismus als wenig geringer als Gott eingeschätzt wurde.

In England hatte die lange, stabile Herrschaft von Königin Viktoria (1837–1901) eine Kulturperiode herbeigeführt, die als das »viktorianische Zeitalter« bezeichnet wird; die neue Epoche dagegen wurde »Moderne« genannt. In ihr begehrte man gegen den Idealismus, Historizismus, Optimismus und Moralismus des vorangegangenen Zeitalters auf. Unter dem Einfluss Sigmund Freuds forderte man das offene Gespräch über die Sexualität, im Gegensatz zur bisherigen »Prüderie« und »Heuchelei«.

Dass für Frauen das aktive und passive Wahlrecht eingeführt wurde, sie grundsätzlich alle Führungspositionen einnehmen können, vor dem Gesetz mit den gleichen Rechten wie die Männer stehen und ihre eigenen Entscheidungen treffen können, dürfte auf lange Sicht der für die menschliche Gesellschaft und die christliche Spiritualität bedeutsamste kulturelle Fortschritt sein.

In der Moderne ging es nicht mehr in erster Linie um das Richtig oder Falsch einer Handlung, sondern um deren ästhetischen Aspekt: gefiel sie, entsprach sie dem eigenen Vergnügen? Ferner betrachtete man den Historismus – die einseitige Deutung aller Phänomene von ihrer historischen Entwicklung her – als unzureichend. Man vertrat, es bedürfe vielmehr eines einschneidenden Augenblicks intensiver Erfahrung, um das Wesen von etwas zu erfassen.

Auf dem Gebiet der Bildenden Kunst waren einige der repräsentativen Gestalten Van Gogh, Matisse, Munch, Klimt, Braque und Picasso. Ein führendes Licht der Bewegung der Moderne war der christliche Dichter T.S. Eliot. In der Philosophie reagierten die verschiedenen Schulen von Wittgenstein, Heidegger und James gegen den Idealismus von Hegel aus dem 19. Jahrhundert. Von Einstein, Rutherford, dem Ehepaar Curie, Heisenberg und Bohr wurde eine ganz neue Physik geschaffen. Maßgeblich an der Entwicklung der Moderne beteiligt waren auch die neuen Sozialwissenschaften, besonders die Psychologie und Soziologie, aber auch neue Entwicklungen in der Anthropologie und Wirtschaftswissenschaft.

Lässt sich zur allgemeinen Kennzeichnung der euro-amerikanischen Kultur der ersten vier Jahrzehnte des 20. Jahrhunderts der Begriff der Moderne verwenden, so stand die nachfolgende Phase unter dem Einfluss des Existenzialismus. Die sensiblen Menschen reagierten auf die Brutalitäten der beiden Weltkriege mit einem radikalen Individualismus, der oft schonungslos direkt geäußert wurde. Wenn der klassische Philosoph in seinem Bemühen um eine objektive Aussage formuliert hatte: »Alle Menschen sind sterblich. Da Sokrates ein Mensch ist, folgt daraus, dass Sokrates sterblich ist«, so zwang der Existenzialist seinen Leser mit dem Spruch: »Du wirst sterben!« direkt dazu, sich der Zerbrechlichkeit seines Daseins zu stellen. Dieser neue Grundansatz war bereits im 19. Jahrhundert in Dänemark von der christlichen »Stechmücke« Søren Kierkegaard entwickelt worden. In seinem Gefolge gab es auch im 20. Jahrhundert christliche Existenzialisten (wie Marcel und Tillich), aber die Bewegung insgesamt, angeführt von Sartre, Heidegger und anderen, war atheistisch geprägt.

Der Marxismus-Leninismus und der Nationalsozialismus

Die Extreme zur Linken und zur Rechten, die sich in diesem Jahrhundert gewaltig regten, hatten für die Christengemeinschaft unzählige Märtyrer und Belastungsproben zur Folge. Millionen wurden von den Sowjets ermordet, Millionen von den Faschisten. Diese beiden Blöcke waren Feinde des Christentums, jedoch hielten die Faschisten damit zunächst hinter dem Berg und nutzten die Kirchen zu ihrem eigenen Vorteil aus. Die Bolschewiken dagegen waren von Anfang an erklärtermaßen militante Atheisten. In beiden Bereichen entstand wei-

Innenansicht farbiger Glasfenster der Rosenkranzkapelle im französischen Vence von Henri Matisse (1869–1954).

terhin christliche Literatur, die für die Christen die jeweils ganz eigenen Umstände thematisierte. Bonhoeffer und Solschenizyn wiesen die etablierten abendländischen Christen nachdrücklich darauf hin, dass ihr Christsein eine Überzeugung darstelle, für die man im Ernstfall auch leiden müsse.

Die Postmoderne

Der Begriff »Postmoderne« wurde im späten 20. Jahrhundert zunehmend für die Bezeichnung der starken kulturellen Umbrüche dieser Zeit verwendet. Versteht man unter »Moderne« im weiteren Sinne die gesamte Epoche ab der Aufklärung des 18. Jahrhunderts mit allen nachfolgenden naturwissenschaftlichen Theorien und zuversichtlichen kulturellen Normensetzungen, derer wir uns im Westen seither bedient haben, so bezeichnet der Begriff »Postmoderne« eine radikale Infragestellung aller der Überzeugungen und Annahmen, aus denen heraus die modernen Nationalstaaten und Kirchen entwickelt wurden. Norman Cantor deutet die Bewegung folgendermaßen:

> Die Kultur der Postmoderne erinnert an die Barockzeit des 17. Jahrhunderts... Beide Zeiträume entfalten eine erstaunliche Fähigkeit zur detaillierten Technik und Beherrschung aller technischen Fähigkeiten, sei es auf den Gebieten der Naturwissenschaft, Kunst oder Sprache. Doch diese Fähigkeiten äußern sich in beiden Zeiträumen in der gleichen Fülle und auch der gleichen Sterilität der Ideen.[2]

Geografischer Überblick
Eine globale Christenheit: interkontinentale Entwicklungen

Das »Gravitationszentrum« der Christengemeinschaft verlagerte sich im 20. Jahrhundert nach und nach immer weiter nach Süden. Das bedeutet, dass die Zahl der Christen in den tropischen Ländern und der südlichen Hemisphäre im Lauf der Zeit größer geworden ist als diejenige im nordatlantischen Raum. Der Kontinent mit der rasantesten zahlenmäßigen Zunahme an Christen ist Afrika, jedoch trugen auch das Bevölkerungswachstum in Lateinamerika und Asien zu dessen globalem Wachstum bei. Nach David Barrett betrug die Weltbevölkerung 1900 rund 1,6 Milliarden, zu Beginn des 21. Jahrhunderts dagegen über 6 Milliarden. Der prozentuale Anteil an Christen ist fast der gleiche geblieben, nämlich ungefähr ein Drittel der Menschheit, aber zahlenmäßig ist die Christengemeinschaft entsprechend stark angewachsen.[3]

Ökumenische Spiritualität

Schon seit es unter den Kirchen Spaltungen gibt, beteten auch immer schon Menschen um ihre Wiedervereinigung, aber im 20. Jahrhundert brachte der Ökumenismus größere Institutionen hervor und wurde in allen Konfessionen zu einem wichtigen Thema für Diskussionen und das Gebet.

1908 wurde eine diesem Anliegen gewidmete Woche eingeführt und dann 1909 von Papst Pius X. gutgeheißen. Zu diesem Zeitpunkt verstanden viele Protestanten das römisch katholische ökumenische Anliegen so, als gehe es darum, die Protestanten wieder nach Rom »heimzuholen«. Aber Abbé Couturier (1881–1953), einem erfahrenen Mann auf dem Gebiet der Verständigung zwischen den französischen Katholiken und den dortigen Reformierten Kirchen, gelang es, die Protestanten dazu zu bringen, die gleiche Woche vom 18. bis 25. Januar als Gebetswoche um die Einheit der Christen einzuführen. Seit 1966 planen und fördern der Vatikan und der Weltkirchenrat diese Woche immer gemeinsam.

Im 20. Jahrhundert lernten es Orthodoxe, Katholiken und Protestanten auf vielen Treffen, Konferenzen und Einkehrzeiten, miteinander zu beten. Viele glauben, nur das Gebet habe trotz der vielen Hindernisse die Bewegung in Gang zu halten vermocht. Bis jetzt gibt es noch recht wenig offiziell erlaubte Abendmahlsgemeinschaft, aber inoffiziell wird die Interkommunion schon recht großzügig geübt.

Pfingst- und charismatische Spiritualität

Die Pfingstbewegung entstand bewusst als Rückbesinnung auf das Urchristentum, wie es in der Apos-

wenn das notwendig ist… Lass uns keinen anderen Gott vor dir haben, weder Nation noch Partei noch Kirche. Lass uns keinen anderen Frieden suchen als den deinen und mach uns zu seinen Werkzeugen. Öffne unsere Augen und unsere Ohren und unsere Herzen, damit wir immer erkennen, welches Friedenswerk wir für dich anpacken sollen.[12]

Asien

Niemand, der Kosuke Koyamas (* 1929) Streiflicht quer durch alle Theologien Asiens gelesen hat, wird Asien noch als homogene Einheit ansehen können. In seinem Werk *Waterbuffalo Theology*[13] schildert er die ganz unterschiedlichen Verhältnisse in Singapur, Thailand, China, Hongkong, Indien, den Philippinen, Indonesien, Burma, Vietnam, Japan und Taiwan. Für Nordthailand, wo er schreibt, spricht er von einer »Orientierung nach dem Monsun« als »zyklischer kosmischer Regelmäßigkeit, von der man ohne Hast und Diskussion heilsam abhängig ist«. Das ist ein gewaltiger Unterschied zum Geist der industrialisierten Länder, darunter auch dem seiner eigenen Heimat Japan. Diesen Unterschied behandelt er auch in seinen Meditationen unter dem Titel *Three Mile an Hour God*.[14] Koyama ist sich stark der kulturellen Unterschiede innerhalb Asiens selbst bewusst wie auch derjenigen zwischen Asien und dem Westen. Sein Plauderstil, seine mit leichter Hand hingeworfenen Zeichnungen und geistreichen Bemerkungen verraten eine Spiritualität, die mit beiden Füßen fest auf dem Boden steht.

Koyama plädiert für einen spezifisch eigenen Ansatz der asiatischen Spiritualität, der ganz anders als derjenige in Lateinamerika und Afrika sein müsse. Es handle sich dabei nicht um eine Spiritualität der sozialen Gerechtigkeit oder der Einwurzelung, sondern um eine solche des Kreuzes. In seinem *No Handle on the Cross*[15] wendet sich Koyama gegen alle Versuche, Gott in den Griff zu bekommen oder die Anstößigkeit der christlichen Botschaft abzumildern, indem man die Aufmerksamkeit vom Kreuz Jesu ablenke. Koyama ist äußerst sensibel für das Auftauchen von Götzendienst in verschiedenster Form; er schreibt darüber ausführlich in *Mount Fuji and Mount Sinai*.[16]

William Johnston (*1925) schrieb ausgiebig über Christentum und Zen-Buddhismus. Er sieht starke Gemeinsamkeiten zwischen der Spiritualität der *Wolke des Nichtwissens* und anderen apophatischen christlichen Texten und dem Zen. Einen großen Teil seines Lebens verbrachte er in Japan und wies mit seinen Schriften auf die Vereinbarkeit dieser beiden Hauptströme der Spiritualität hin.

Ein amerikanischer Missionar auf den Philippinen, Frank C. Laubach (1884–1970), wurde als Apostel der Alphabetisierung bekannt. Von seiner Methode namens »Each One Teach One« heißt es, sie habe 100 Millionen neue Lese- und Schreibkundige hervorgebracht. Er war auch der Autor von 56 Büchern. Das bekannteste davon sind die *Letters by a Modern Mystic*. Diese Briefe schrieb er vom 3. Januar 1930 bis 2. Januar 1932. Seine spirituelle Methode lässt sich mit derjenigen von Bruder Lorenz vergleichen.

In Indien gab es das Christentum bereits in den ersten Jahrhunderten seines Bestehens. Zu Anfang des 20. Jahrhunderts erregte ein bemerkenswerter Sikh, Sadhu Sundar Singh (1889-ca.1929) die Aufmerksamkeit der Abendländer. Durch eine Vision des auferstandenen Christus zum Christentum bekehrt, wurde er aus seinem Haushalt vertrieben und wanderte in Indien umher, bis er schließlich in den frühen 1920er Jahren eine Rundreise unter anderem durch England und die USA unternahm. Schließlich kehrte er nach Indien zurück und verschwand auf mysteriöse Weise beim Hinaufsteigen zum Himalaya. Sein Leben war voller Abenteuer und Gefahren und bezeugte die überraschende Gnade Gottes, die weit über das Wirken der Missionare hinaus nach einem Menschen ihrer Wahl greifen kann.

Indien forderte die christlichen Missionare zu einem gründlichen Dialog zwischen der christlichen und der hinduistischen Spiritualität heraus.

Schriftstellerisch sehr fruchtbar wurde eine britische Missionarin in Südindien, die zunächst von der Keswick-Bewegung motiviert war, Amy Carmichael (1867–1951). Sie betrachtete die christliche Mission in Indien als weites spirituelles Kampffeld und engagierte sich energisch für die Frauen und besonders die Kinder, die von ihren Eltern an Tempel weggegeben und dort misshandelt und vernachlässigt wurden. Im Gegensatz dazu schöpfte A.J.Appasamy aus traditionellen hinduistischen Quellen und entwarf eine christliche Spiritualität im indischen Kontext.

Toyohiko Kagawa (1880–1960)

Der Dichter, Romanschriftsteller und Prediger Toyohiko Kagawa lebte in den Slums des japanischen Kobe, um dort den Armen zu dienen. Schon am ersten Tag seines dortigen Aufenthalts sah er sich gezwungen, seine kleine Hütte mit einem Mann mit einer Hautkrankheit und anderen zu teilen. Kagawa hatte von 1915 bis 1917 am Princeton Seminary studiert. Später zog er nach Tokyo und beherbergte jede Nacht bei sich daheim zwischen 15 und 30 Fremde. Er organisierte gewerkschaftliche Zusammenschlüsse von Arbeitern und Bauern und wurde in den 1940er Jahren von der japanischen Regierung wegen seiner Friedenspropaganda eingesperrt. Der Zweite Weltkrieg schien sein ganzes Lebenswerk zu zerstören.

Kagawas Spiritualität wurde international bekannt und bewundert. Ihre Merkmale sind eine enge Nähe zum Evangelium, sein soziales Anliegen und seine ausgeprägte Poesie:

> »Er kann sich selbst nicht helfen« –
> Vor langer Zeit
> schmähte die Menge
> einen Mann
> der gekommen war
> sie zu erlösen.
> Ich aber
> würde ihm so gerne folgen.
> Doch ich bin ausgebrannt.
> Denn Hoffnung
> für die Slums
> kann ich nicht sehen …
>
> Aber ach,
> ein Jammer, Jammer!
> Mein Volk
> muss bleiben
> in der Stadt.
> Darum ist diese Sechs-Fuß-Hütte
> über meinem Kopf
> der einzige Ort
> an dem ich leben möchte.[17]

Bede Griffiths (1906–1993)

Bede Griffiths begann seinen Lebensweg in England und beschloss ihn nach vielen Reisen in Indien.

Nach einer Phase in der anglikanischen Kirche wurde er römisch katholisch, legte 1936 Profess als Benediktinermönch ab und nahm dabei den Namen Bede an; 1940 wurde er zum Priester geweiht. Anschließend lebte er fünfzehn Jahre als Benediktiner in England. Zu dieser Zeit schrieb er eine Autobiografie.[18]

Sein gesamtes Leben nahm jedoch eine Wende, als er 1955 beschloss, nach Indien zu gehen. Er besuchte dort eine Reihe von Kommunitäten, lebte in einigen mit und wirkte schließlich bei der Neugründung eines Ashram mit, schloss sich dann jedoch 1958 den Christen des westsyrischen Ritus in Kerala an. Immer noch nicht zufrieden, ließ er sich 1968 mit zwei anderen Mönchen in Shantivanam (in Tamil Nadu) nieder.

Beim Rückblick auf seine Erfahrung so vieler Jahre reflektiert er auf einige frühe Themen seines Lebens und gibt uns im Westen Lebenden eine wichtige Anregung:

> Ich spürte, dass Indien mir die andere Hälfte meiner Seele gab. Zunächst einmal war mein Leben in England vom Intellekt, vom Vernunftdenken beherrscht. Ich ging von der Schule ins College, machte Prüfungen in Latein und Griechisch, und so fort. Doch ich versuchte zugleich immer, über den bloßen Verstand hinaus zu kommen… Aber während das in England etwas Seltenes war, war es in Indien die Norm – die natürliche Gesellschaftsordnung… Ich denke, ich kann sagen, dass ich das Weibliche entdeckte, denn in Europa dominiert der männliche Verstand und er beherrschte auch meinen Geist. Das Weibliche ist das Intuitive, das Sensible und auch das Sinnliche – in gewisser Hinsicht alles, was mit unserer leibhaftigen Verfassung zu tun hat. Das Christentum neigt dazu, das zu unterdrücken; Indien hat es vollständig angenommen. In Indien ist alles integriert: das Sinnliche und das Spirituelle. Ich bin immer noch die ganze Zeit dabei, diese andere Hälfte zu entdecken.[19]

Bede Griffiths gründete im September 1992 in Kalifornien die »Society for the Renewal of Contemplative Life«. Er sagte: »Kontemplation ist das Erwa-

Bede Griffiths 1991 während eines Besuchs in London.

chen der Gegenwart Gottes im Herzen des Menschen und im uns umgebenden Universum. Kontemplation ist Wissen aus Liebe.«[20] Er starb im Mai 1993 in seinem Ashram, umgeben von treuen Anhängern.

Anthony de Mello (1931–1987)

Die Lehren und Geschichten dieses indischen Jesuiten erlangten weltweit große Beliebtheit :

Was ihn und seine Gedanken für viele Menschen so anziehend machte, war, dass er alle zum Fragen, zum Erkunden herausforderte; es ging ihm darum, vorfabrizierte Denk- und Verhaltensmuster zu durchbrechen, von Routinen loszukommen und sich auf das Wagnis einzulassen, wirklich man selbst zu sein – kurz: nach einer immer größeren Authentizität zu suchen.[21]

De Mello machte in seiner Lehre mehrere Phasen durch. Zunächst wurde er zum begabten Erschließer der Geistlichen Exerzitien seines Ordensvaters Ignatius. Aber dann entwickelte er zwei unterschiedliche Ansätze der Spiritualität, beide *sadhana* genannt. Der erste war von dem damals beliebten psychologischen Buch *Ich bin OK, du bist OK* beeinflusst, aber mit dem zweiten revidierte er diesen wieder. »Ich bin, was immer ich bin, und ich fühle, was immer ich fühle, und das reicht. Ich muss nicht OK sein, damit es OK ist, dass Sie mir folgen; vielleicht bin ich gar nicht OK, und das ist bei mir ganz OK.«[22]

Eine der Leistungen De Mellos ist, dass er das Jesusgebet (siehe 1. Kapitel, S. 57) in die katholische Kirche Indiens eingeführt hat; er selbst hatte es aus den *Aufrichtigen Erzählungen eines russischen Pilgers* gelernt.[23]

Er schöpfte aus dem reichen Schatz des Christentums, in diesem Fall des orthodoxen, und er machte auch Anleihen bei der Weisheit Indiens, namentlich für seine Geschichten, denn er war der Überzeugung, vor allem Geschichten förderten das spirituelle Wachstum. Hier folgt eine seiner Lieblingsgeschichten, die besonders für Wohlstandschristen geeignet ist:

Ein Mönch fand auf seinen Reisen einen Edelstein und nahm ihn mit. Eines Tages traf er einen anderen Reisenden, und als er seine Tasche öffnete, um mit diesem seinen Proviant zu teilen, sah der Reisende das Juwel und bat den Mönch, es ihm zu geben. Der Mönch tat das bereitwillig. Der Reisende ging überglücklich mit dem unerwarteten Geschenk des Edelsteins davon, der ausreichte, ihm für den Rest seines Lebens Reichtum und Sicherheit zu verschaffen. Jedoch wenige Tage danach suchte er nach dem Mönch, fand ihn, gab ihm den Stein zurück und bat ihn inständig: »Jetzt gib mir etwas viel Kostbareres als diesen Stein, so wertvoll er auch ist. Gib mir das, was dich befähigt hat, ihn mir zu schenken.[24]

Eli Stanley Jones (1884–1973)

Dieser bedeutende evangelikale spirituelle Schriftsteller und einer der hervorragendsten Köpfe des Methodismus im 20. Jahrhundert verbrachte den größten Teil seines Lebens bei der Missionsarbeit in

Mutter Teresa von Kalkutta (1910–1997)

Meinem Blut und Ursprung nach bin ich Albanerin. Meiner Staatsangehörigkeit nach Inderin. Meiner Religion nach katholische Ordensfrau. Meinem Ruf nach gehöre ich der ganzen Welt. Und mit meinem Herzen gehöre ich ganz dem Herzen Jesu.[25]

Eine der weltweit bekanntesten Christinnen des 20. Jahrhunderts ist aus einem kleinen Land gebürtig, dessen Bevölkerung nur zu zehn Prozent christlich ist. Agnes Gonxha Bojaxhiu trat einer Ordensgemeinschaft bei und wurde als Lehrerin an eine Schule ihrer Gemeinschaft nach Indien gesandt. Während einer Erholungszeit in Darjeeling erfuhr sie im September 1946 ihre »Berufung innerhalb ihrer Berufung«, die »Missionarinnen der Nächstenliebe« zu gründen:

> Wenn einem das widerfährt, kann man nur eines sagen: »Ja«. Diese Botschaft war recht klar – ich sollte alles aufgeben und Jesus in die Slums folgen – um ihm in den Ärmsten der Armen zu dienen. Ich wusste, dass dies sein Wille war und ich ihm folgen musste. Es gab keinen Zweifel, dass dies sein Werk war. Ich sollte den Konvent verlassen und bei den Armen arbeiten, unter ihnen leben. Es war ein Befehl. Ich wusste, wohin ich gehörte, aber ich wusste nicht, wie ich dorthin gelangen sollte.[26]

Mutter Teresa. Foto von 1987.

Sie plante eine Ordensgemeinschaft mit einem vierten Gelübde: »Von ganzem Herzen umsonst den Ärmsten der Armen zu dienen.« Sie hielt eine Einkehrzeit über die Worte Jesus »Mich dürstet«, und diese beiden Worte sind heute in jeder Kapelle der Missionarinnen der Nächstenliebe angeschrieben. Gemeint ist damit der Durst Jesu und Gottes nach uns und unser Durst nach ihm.

Mutter Teresa war keine Buchschreiberin, aber viele ihrer Ansprachen und kürzeren schriftlichen Äußerungen wurden zu Büchern zusammengefasst.

> Die größte Krankheit ist heute im Westen nicht die Tbc oder Lepra; es ist die Krankheit, unerwünscht, ungeliebt und unversorgt zu sein. Körperliche Krankheiten können wir mit der Medizin heilen, aber das einzige Heilmittel für Einsamkeit, Verzweiflung und Hoffnungslosigkeit ist die Liebe. Es gibt viele in der Welt, die um ein Stück Brot sterben, aber sehr viele mehr, die um ein bisschen Liebe sterben. Die Armut im Westen ist eine andere Art Armut – nicht nur eine Armut der Einsamkeit, sondern auch an Spiritualität. Es gibt einen Hunger nach Liebe, aber auch einen Hunger nach Gott.[27]

Mutter Teresa starb am Freitag, den 5. September 1997. Ihr Leichnam wurde auf der gleichen Geschützlafette durch die Straßen von Kalkutta gefahren, die schon die Leichname von Mahatma Gandhi und Jawaharlal Nehru getragen hatte.

Asien. Bis 1968 waren von seinen 24 Büchern über 3,5 Millionen Exemplare verkauft worden, davon allein *Victorious Living*[28] fast eine Million mal. Zum Teil erlangte er seine Berühmtheit dadurch, dass er mit vielen Prominenten persönlich bekannt war, darunter Gandhi (über den er ein Buch schrieb), Nehru, MacArthur, Kagawa, Tschombé, Syngman Rhee, Martin Luther King, John Foster Dulles, Tschiang Kaischek, Franklin Roosevelt und Martin Niemöller.

Jones schreibt in seiner spirituellen Autobiografie *A Song of Ascents*, er sei mit siebzehn in der Memorial Methodist Church in Baltimore bekehrt worden. Nach einem siegreichen Jahr habe er sich selbst wieder wankend gefunden, weil er mit seinem »unbekehrten Unbewussten« habe ringen müssen. Seine Gedanken über dieses Thema zeigen, dass er im Dialog mit den psychologischen Strömungen des 20. Jahrhunderts stand und dazu sehr stark von einem Klassiker der Frömmigkeitsliteratur beeinflusst war, nämlich von Hannah Whitall Smiths 1875 erschienenem *The Christian's Secret of a Happy Life*:

> Das Unterbewusste ist wie der im Wasser unsichtbare Teil eines Eisbergs, von dem ein Zehntel über, neun Zehntel unter Wasser sind. Freud sagt, wir würden von niedrigeren Antrieben im Unterbewussten bestimmt. Wir meinen, dass wir unser Verhalten bewusst bestimmen, aber in Wirklichkeit werden wir von diesen Grundantrieben im Unbewussten bestimmt. Diese Grundantriebe lassen sich grob als derjenige des Selbst, der Sexualität und der Herde bestimmen. Sie sind das Erbe einer langen Menschheitsgeschichte; daher haben wir bestimmte Neigungen, und zwar in Richtung des Bösen… Bei der Bekehrung, wenn wir bewusst Christus als unseren Erlöser und Herrn annehmen, wird in unseren bewussten Geist ein neues Leben eingeführt. Eine neue Liebe und eine neue Loyalität durchfluten den bewussten Geist.[29]

Jones war der Auffassung, das Unterbewusste könne der Freund statt der Feind des christlichen Lebens werden, sobald es dem Heiligen Geist anheim gestellt werde. Er schrieb, aus dieser Erweckungserfahrung stamme seine Berufung auf das Feld der Mission. Er ging 1907 nach Indien ins Zentrum der methodistischen Mission in Lucknow.

Nach einer ihn stark schwächenden Erkrankung wurde er an Körper, Geist und Seele wieder ganz gesund. Diese Erfahrung schenkte ihm eine neue, angemessenere Sicht, die sein Festhalten an seiner alten Theologie und der westlichen Kultur lockerte:

> Ich brauchte nicht länger zu versuchen, die westliche Zivilisation oder die westlichen Formen des Christentums zu verteidigen. Das Beste an der westlichen Zivilisation ist im christlichen Glauben verwurzelt… Wir sagen zum Osten: »Übernehmt von unserer Zivilisation alles Gute und Schöne, das ihr darin findet und das euch zusagt. Aber behaltet auch das Gute, das ihr selbst habt. Es ist nicht unsere Aufgabe, eure östlichen Kulturen durch die Kultur des Westens zu ersetzen. Das Einzige, was wir zu geben haben, ist Christus, und er ist für euch genauso ein Geschenk wie für uns. Wenn es euch gelingt, um Christus eine bessere Kultur und Zivilisation zu bauen, als wir sie zustande gebracht haben, dann werden wir uns euch zu Füßen setzen. Das meinen wir ernst.« Kulturen sind immer unvollkommen und austauschbar – nur Christus ist vollkommen und nicht austauschbar.[30]

Lateinamerika

Das römisch katholische Christentum kam mit den spanischen Eroberern nach Lateinamerika und hat sich seither zumindest dem Namen nach auf die überwältigende Mehrheit der Bevölkerung ausgebreitet. In vielen Ländern verstanden die gewöhnlichen Leute den Glauben nicht wirklich und er legte sich einfach als Schicht über ihre bisherigen Glaubensvorstellungen. Zudem wurde die Kirche zur Bastion der europäischen Bevölkerung dieses Erdteils, die das Land und die wirtschaftliche Macht in Händen hatte, was sich bis heute nicht geändert hat. In manchen Ländern besitzen zwei Prozent der Bevölkerung neunzig Prozent des Grund und Bodens. Die Frage nach der sozialen Gerechtigkeit wurde durch die kulturelle Befangenheit der Hierarchie stark gedämpft.

Aber ab der Mitte des 20. Jahrhunderts begannen sich christliche »Basisgemeinden« zu bilden, in denen sich die Armen in Gruppen trafen und miteinander die Bibel besprachen, was den Glauben lebendig werden und gleichzeitig auch heftige Fragen bezüglich der vorherrschenden Wirtschaftsordnung aufbrechen ließ (siehe Kasten gegenüber). Die Bauern, die *campesinos*, lernten zu lesen und über ihr Leben kritisch nachzudenken. Diese Graswurzel-Bewegung führte zu einer neuen Form der Theologie: der Befreiungstheologie.

Zu deren ersten Anführern, die allgemeine Bekanntheit erlangten, gehörte Bischof Helder Câmara (*1909) von Brasilien, der Autor von *Gott lebt in den Armen* (Olten 1986) und vieler anderer Bücher. Sein leidenschaftliches Engagement für die Armen führte zur Kritik seitens des Vatikan, inspirierte jedoch viele auf dem ganzen Kontinent.

Europa

Die Neuentdeckung und Neuinterpretation der christlichen Tradition

Kein anderes Jahrhundert hatte ein derart breites Spektrum an spirituellen Texten zum Studieren und Nachahmen zur Verfügung wie das 20. Neue Texte wurden entdeckt, alte in moderne Sprachen übersetzt. Diese Neuentdeckung war das Werk von Tausenden von Gelehrten in verschiedenen Wissenschaftszweigen. Zwei Persönlichkeiten und eine Erweckungsbewegung sollen das veranschaulichen.

Friedrich von Hügel (1852–1925), ein unabhängiger Laientheologe, Philosoph und Fachmann für das spirituelle Leben, verfasste umfangreiche Werke und sehr persönliche Briefe. Er war in England sehr einflussreich, aber überraschenderweise nicht bei den römischen Katholiken. Von Hügel wurde in Florenz geboren, verbrachte jedoch die meiste Zeit seines Lebens in England, und zwar in London. Seine Mutter war eine schottische Konvertitin zum Katholizismus und er war selbst sein Leben lang ein überzeugter Katholik.

Sein wichtigster Beitrag dürfte seine Unterscheidung von drei Elementen des religiösen Lebens sein: des institutionellen, intellektuellen und mystischen. Er betonte, alle drei müssten ausgewogen zusammenspielen. Er münzte das als spiritueller Begleiter von Evelyn Underhill in ganz praktische Anleitungen um.

Die Befreiungstheologie

Was ist das: Befreiungstheologie?

Die Befreiungstheologie vertritt einen neuen Ansatz der Theologie, nämlich aus der Perspektive der Armen, »von unten nach oben«. Zur Offenlegung der Ungerechtigkeit und Konflikte der menschlichen Verhältnisse bedient sie sich der marxistischen Gesellschaftsanalyse und verwendet sodann die christliche Frohbotschaft, um damit ihre Hoffnung auf Befreiung von der Unterdrückung in der innerweltlichen Zukunft zu begründen. Diese Theologie wurde aus einer ganzen Reihe von Gründen von konservativen katholischen und protestantischen Kreisen kritisiert. In den Augen mancher neigt sie zu einer säkularen Theologie der sozialen und wirtschaftlichen Revolution, ohne noch über irgendeinen transzendenten oder spezifisch spirituellen Inhalt zu verfügen.

Gustavo Gutierrez (*1928)

In seinem Buch *Aus der eigenen Quelle trinken*[31] entwickelt Gustavo Gutierrez eine Spiritualität der Befreiungstheologie, die solchen Einwänden standhält. Angesichts der Armen Lateinamerikas versage die katholische Spiritualität in zwei Punkten: Sie sei für eine Minderheit bestimmt, nämlich die Ordensleute, und sie sei zu individualistisch und einseitig innerlich ausgerichtet. Wessen es bedürfe, sei eine Spiritualität für alle Menschen, die auch den praktischen Einsatz zur Befreiung auf kommunaler Ebene umfassen müsse. Gutierrez beruft sich auf die Bibel und ausgewählte Gestalten aus der Geschichte der europäischen Spiritualität und plädiert für eine ganzheitliche Sicht des christlichen Lebens, die trinitarisch geprägt sei: von der »Begegnung mit Christus, dem Geführtwerden durch den Heiligen Geist und dem Weg zum Vater als Ziel«.

Für Protestanten ist einer der ansprechenden Züge des Buches die Ernsthaftigkeit, mit der Gutierrez von der Bibel ausgeht. Im Lauf seiner Darlegung beschäftigt er sich auch ausführlich mit dem Verständnis dessen, was Paulus als »Fleisch«, »Geist« und »Leib« bezeichnet. Er zeigt auf, dass Paulus sich nicht an die neuplatonische Abwertung des Leibes hält, sondern »Fleisch« in einem anderen Sinn verwendet. Dieser Abschnitt wäre für viele Bücher über Spiritualität hilfreich und man kann nur bedauern, dass diese Ergebnisse einer sorgfältigen Begriffsuntersuchung nicht schon vor Jahrhunderten vorlagen.

Als besondere Merkmale der Befreiungsspiritualität werden in diesem Buch vorgestellt: die Bekehrung (der notwendige Bruch mit der Vergangenheit, der immer wieder erfolgen muss), die Geschenkhaftigkeit (der kostenlosen, unverdienten Gnade Gottes), die Freude im Leiden und Martyrium (den Folgen des Kampfes um Befreiung), die spirituelle Kindschaft (die er als unerlässlich für die Hingabe an die Armen ansieht) und die Gemeinschaft (als der angemessene Rahmen für das Alleinsein).

Im Buch von Gutierrez tauchen die problematischen Elemente der Befreiungstheologie kaum auf. Er liefert keine marxistische Analyse. Für ihn steht Spiritualität unmissverständlich im Dienst der Beziehung des Einzelnen und der Gemeinschaft zu Gott und nicht lediglich im Dienst der politischen Revolution. Von Gutierrez ist bekannt, dass er als Theologe ganz einfach unter dem Volk lebt und das selbst praktiziert, was er in seinen Schriften vertritt. In ganz ähnlichem Tonfall ist Jon Sobrinos *Spirituality of Liberation*[32] gehalten. Dieses Buch stellt eine anregende, ernsthafte Herausforderung an Menschen in anderen Lebensverhältnissen dar, ihre Spiritualität unter den Gesichtspunkten der Bibel und der Befreiung neu zu überdenken.

Die Spiritualität der »Basisgemeinde«

Einer der wichtigen Träger der Befreiungstheologie ist die »Basisgemeinde«, in der sich arme Landbauern, *campesinos*, treffen, um gemeinsam die Bibel zu besprechen. Es gibt eine bemerkenswerte Aufzeichnung solcher Bibelgespräche aus der Feder von Ernesto Cardenal: *Das Evangelium von Solentiname*[33]. Hier einige Zitate aus dem Gespräch über die Weihnachtsgeschichte in Lukas 2:

Noch einmal spricht Pedro Rafael Gutiérrez: Ich glaube, diejenigen, die am meisten unter (dem diesjährigen) Erdbeben leiden, sind die Reichen, und ich will euch sagen, warum: Im Armenviertel Acahualinco

hatten sie noch nie Wasser und Licht, noch Milch, noch Reis, noch Bohnen. An diesem Weihnachtsfest haben alle anderen das auch nicht. Aber die Armen mussten schon lange ohne Essen und Licht auskommen, alle Weihnachten waren für sie so. Im Radio sprachen sie von Menschen, die ohne Schuhe und ohne Kleidung auf die Straße gelaufen sind – aber verflixt, seit wie langer Zeit haben die Armen keine Schuhe und keine Kleider? – Schon seit der Zeit, als Jesus geboren wurde …

Wieder spricht Félix:

Jesus kam, um das Schicksal der Armen zu teilen. Josef und Maria wurden in der Herberge zurückgewiesen, weil sie arm waren. Wenn sie reich gewesen wären, hätte man sie bestimmt gut aufgenommen.

– Gott wollte, dass sein Sohn in einem Stall geboren wurde. Er wollte, dass sein Sohn zur Arbeiterklasse gehörte, nicht? Wenn Gott gewollt hätte, dass sein Sohn von einer reichen Dame geboren würde, dann hätte diese Dame ihr Zimmer in dem Hotel schon bestellt gehabt, vor allem in ihrem Zustand.

– Ich sehe hier die Demut Gottes. Denn Jesus war sein Sohn, und Maria brachte ihn wie irgendeine Hundemutter zur Welt. Und Jesus wollte die Welt von solchen Ungerechtigkeiten, die heute noch immer weiter beste- ▶

Treffen einer Basisgemeinde in Pich in Mexiko.

hen, befreien. Und er kam auch, um uns zu vereinen, damit wir gemeinsam gegen diese Ungerechtigkeiten kämpfen …
– Ich meine, mit diesem Weihnachtsevangelium darf sich kein Armer mehr selbst geringschätzen. Ich glaube, ein Armer ist viel wichtiger als ein Reicher. Christus hält zu uns, zu den Armen. Ich glaube, für Gott sind wir viel wichtiger. Für die Reichen nicht, für die sind wir nur gut, um für sie zu arbeiten …
– Jesus konnte dort in Bethlehem nicht im Hotel zur Welt kommen, weil er arm war, und aus diesem gleichen Grund wird er auch heute noch überall zurückgewiesen. In diesem System, meine ich.«[34]

Die Weltöffentlichkeit wurde auf die Anliegen der Befreiungstheologie stärker aufmerksam, als 1980 Erzbischof Oscar Romero ermordet wurde und es auch noch weitere Märtyrer aus den USA und anderen Ländern gab.

Die Spiritualität der Befreiungstheologie ist in zweifacher Hinsicht eine ernste Anfrage an uns: Ist unsere Spiritualität so individualistisch und verpsychologisiert, dass sie Fragen der sozialen Gerechtigkeit ausklammert? Sind wir bereit, unsere Macht mit Gruppen zu teilen, denen man alle Macht genommen hat, sei es innerhalb unserer eigenen Gesellschaft oder in der Zweidrittel-Welt?

Der Umstand, dass Papst Johannes Paul II. die Befreiungstheologie ablehnte, beeinträchtigte gegen Ende des 20. Jahrhunderts deren Auswirkungen in Lateinamerika. Jedoch forderte der Papst seinerseits zur Kritik an wirtschaftlichen Ungerechtigkeiten auf, die sich aus dem Kapitalismus und der Globalisierung der Weltwirtschaft ergeben. So bleiben die von der Befreiungstheologie angesprochenen Fragen weiter bestehen.

Erzbischof Oscar Romero (1917–1980) 1979 in der Kathedrale von San Salvador.

Evelyn Underhill (1875–1941)

Evelyn Underhills äußeres Leben verlief sehr ruhig; ihre Dramen spielten sich im Inneren, Spirituellen ab. Sie durchwanderte einen Weg vom Agnostizismus über den Neuplatonismus und die Mystik bis zum Anglikanismus und schließlich Pazifismus. Obwohl als Anglikanerin getauft und gefirmt, hatte sie die Absicht, römisch katholisch zu werden, wurde davon jedoch durch die vatikanischen Verurteilungen des Modernismus abgeschreckt. Schließlich hatte Underhill am King's College in London graduiert und war nicht willens, ihre intellektuelle Freiheit aufzugeben. Später wurde sie praktizierende Anglikanerin und tatsächlich in dieser Gemeinschaft eine deutlich vernehmbare Stimme. Sie hielt als erste Frau in Oxford Vorlesungen über Religion und war die erste, die spirituelle Einkehrzeiten hielt. Schon zu ihren Lebzeiten genoss sie als Schriftstellerin und Wissenschaftlerin hohes Ansehen.

Sie lieferte nicht eigentlich etwas ganz Originelles, sondern ihr wichtigster Beitrag war der drängende Ruf, sich wieder auf die Mystiker der Vergangenheit zu besinnen. Sie selbst verstand sich nicht als Mystikerin, sondern als Interpretin der Mystiker, und in dieser Hinsicht brachte sie es fertig, die christliche Tradition auf erfrischende Weise für ihre Zeit wieder zum Leben zu erwecken. Darin wurde sie zu einer der bedeutendsten englischen Schriftstellerinnen des 20. Jahrhunderts, die in der anglikanischen Kirche neu den Sinn für das spirituelle Leben weckte.

Underhill sah ihre Ansichten durch den Ersten Weltkrieg radikal in Frage gestellt. Sie plädierte in Aufsätzen und Büchern, namentlich mit *The Life of the Spirit in the Life of Today*, weiter für die Mystik, aber nach ihrer eigenen Aussage »fiel« sie während des Kriegs einige Zeit »auseinander«. Als sie diese Phase überstanden hatte, war sie verändert: Sie verstand sich nicht länger als Neuplatonikerin und sah, wie wichtig die institutionelle Religion sei. Im Sommer 1922 schrieb sie einem hochgeachteten Freund, den sie bislang hauptsächlich aus seinen Veröffentlichungen und Briefen gekannt hatte: Baron Friedrich von Hügel. Er beeinflusste sie als spiritueller Begleiter bis zu seinem Tod 1925. Dank ihm kam sie zur Überzeugung, wie wichtig die historische Seite des Christentums sei; er führte sie aus ihrer intellektuellen Welt heraus in die Welt der Armen hinein und leitete sie an, durch Jesus Christus zu Gott in Beziehung zu treten. Sie war eine mystisch, intellektuell, neuplatonisch, theozentrisch orientierte Schriftstellerin gewesen; jetzt wurde sie eine anglikanische Christin, die sich der Armen annahm, Einkehrzeiten leitete und andere spirituell begleitete. Ihre Schriften nahmen einen anderen Stil an und wurden dem gewöhnlichen Leser zugänglicher und für ihn ansprechender. Ihr *The Mystics of the Church* (1925) schrieb sie aus einer ziemlich anderen Perspektive als ihr bekannteres *Mysticism* (1911[35]). Hier zeigte sie den historischen Hintergrund der Mystiker auf, ihre Vielfalt und, was am wichtigsten war, ihr Verhältnis zur Kirche, was in ihrem früheren Buch völlig gefehlt hatte.

Underhill betonte während ihrer gesamten Laufbahn als Schriftstellerin immer wieder, dass das Leben aus dem Heiligen Geist das praktische Sich-Einlassen auf die Welt impliziere. Jedoch kritisierte sie jene das ganze 20. Jahrhundert hindurch vorhandene Tendenz in der Kirche, das christliche Evangelium schlicht mit sozialer Aktion gleichzusetzen. Es war ihr ein Kernanliegen, das Verhältnis zwischen Gebet und Alltagsleben zu klären:

> Einer der größten Mängel der derzeitigen institutionellen Religion scheint mir der zu sein, dass sie eine flache Religiosität pflegt und dazu neigt, sich mit einer einleuchtenden ethischen Frömmigkeit zufrieden zu geben und diese fälschlicherweise als praktisches Christentum zu bezeichnen. Das aber ist nicht viel mehr als ein netter, glänzend lackierter Glaube an diese Welt. So driften wir in eine Religion ab, die ihre Aufmerksamkeit bewusst oder unbewusst immer stärker auf die Menschheit statt auf die Gottheit richtet, und der gesamte Nachdruck liegt auf dem Dienst an der Welt, wobei kaum mehr das ehrfürchtige Staunen vorkommt. Das aber ist die Art Religion, die in der Praxis nicht weit trägt.[36]

1935 gab sie ihre Vortragstätigkeit ganz auf, um ein umfangreicheres Buch zu schreiben, *Worship*, das 1936 erschien. Es behandelte nicht mehr vor allem Einzelpersönlichkeiten, wie das bei *Mysticism* der Fall gewesen war, sondern Glaubensgemeinschaften. Sie begann sich stark für die russische Orthodoxie zu interessieren und besuchte regelmäßig orthodoxe Gottesdienste.

Andere europäische Wissenschaftler trugen ebenfalls zur Neuentdeckung der Klassiker bei, darunter Hilda Graef (*1907) und David Knowles (1896–1974). In Frankreich gab es eine ganze Reihe hervorragender Schriftsteller; so ist etwa Jean Leclercqs Buch *L'amour des lettres et le désir de Dieu*[37] sehr bekannt geworden. Louis Bouyer (*1913) war einer der ersten, die eine umfassende Geschichte der Spiritualität schrieben. Seine drei Bände (Paris 1960–1965) brachen die Bahn für viele weitere Versuche, die Tradition als ganze neu auszuwerten.

Das Wiederaufleben der keltischen Tradition

Bei den Iren, Walisern, Schotten und Engländern stößt derzeit wohl keine frühe christliche Spiritualität auf ein derart großes Interesse wie die keltische Tradition. A.M. Allchin sieht Verbindungen zwischen der Spiritualität des heiligen Patrick und der späteren walisischen Spiritualität, wie sie in der Hymnendichtung von William Williams Pantycelin (1717–1791) und in der zeitgenössischen walisischen Poesie zum Ausdruck kommt.

Iona, das von Columba gegründete Kloster auf einer Insel vor Schottland, ist heute der Sitz einer in den 1930er Jahren von George MacLeod gegründeten ökumenischen Christengemeinschaft, die Gebet, Meditation und sozialen Dienst miteinander verbindet. Unzählige Pilger sind schon nach Iona zu Einkehrzeiten in der wiederhergestellten Abtei mit ihren keltischen Kreuzen aus der Zeit vor der Wikinger-Ära gekommen. Neuere Kommunitäten sind auch auf der Heiligen Insel Lindisfarne an der Nordostküste Englands entstanden.

Europäische Theologen und Schriftsteller

In diesem Abschnitt sollen spirituelle Schriften von Autoren vorgestellt werden, die in erster Linie als Theologen und Kirchenführer bekannt sind. Sie haben sich meist wegen ihrer Beiträge zur christlichen Theologie einen Namen gemacht, jedoch auch direkt über die Spiritualität geschrieben. Es gäbe noch viele andere, die man eigentlich hier einbeziehen müsste. Zum Beispiel hat jeder der Folgenden, die sich als Schriftsteller vorwiegend mit anderen Themen befassten, auch mindestens ein Buch über Spiritualität geschrieben: William Temple (1881–1944), John Baillie (1886–1960), Wolfhart Pannenberg (*1928), Jürgen Moltmann (*1926), John Macquarrie (*1919), Austin Farrer (1904–1968), David Martin Lloyd-Jones (1899–1981), Edward Schillebeeckx (*1914) und Francis Schaeffer (1912–1984).

Karl Barth (1886–1968)

Karl Barth war zweifellos der größte protestantische Theologe des 20. Jahrhunderts. Seine *Kirchliche Dogmatik* gehört zu den ausführlichsten systematischen Darstellungen der Theologie, die es in der Geschichte je gab: Selbst unvollendet umfasst sie mehr als 9000 Seiten!

Aus seinen Ausführungen ergeben sich für die christliche Spiritualität die Betonung der Bibel, die Konzentration auf Jesus Christus, das Gebetsleben und das Engagement im sozialen Bereich. Barth widersetzte sich als einer der Mitbegründer der »Bekennenden Kirche« im Deutschland der 1930er Jahre dem Einfluss des Nationalsozialismus auf die Kirchen. Zwar kritisierte er später auch die Bekennende Kirche, sie sei nicht mutig genug gewesen, doch hatte er sie dazu gebracht, in der »Barmer Erklärung« eindeutig zu sagen, nur Jesus Christus sei der Herr der Kirche, nicht Adolf Hitler.

In seiner umfangreichen *Kirchlichen Dogmatik* sagt Barth, das Gebet sei die wichtigste Aktivität des Menschen:

> Das Gebet ist das eigentliche Werk des Christen. Und die größte christliche Geschäftigkeit wäre doch nur Müßiggang, wenn etwa dieses eigentlichste christliche Werk nicht geschehen sollte, wogegen, wenn nicht alles täuscht, gerade die tätigsten Arbeiter, Denker und Kämpfer im Dienste Gottes in der Welt zugleich – und offenbar zuerst – die tätigsten Beter gewesen sind und dieses Tun offenbar nicht als Zeitverlust angesehen haben.[38]

Dietrich Bonhoeffer (1906–1945)

Einer der Mitstreiter Barths in der »Bekennenden Kirche« erlangte ebenfalls den Rang eines Theologen von nachhaltiger Bedeutung. Er wurde zunächst durch seinen provozierenden Kommentar über die Bergpredigt mit dem Titel *Nachfolge* (1937) bekannt. Wie Kierkegaard fast ein Jahrhundert davor warf auch er seiner eigenen lutherischen Tradition vor, sie predige eine »billige Gnade«, ein leichtes, unengagiertes Christentum. Man habe die ganze Bevölkerung getauft, ohne dass die Menschen viel Ahnung davon hätten, was es heiße, ein Jünger Jesu zu sein.

Bonhoeffer wurde von den Nazis hingerichtet, fünf Tage, bevor die Amerikaner sein Gefängnis befreiten. Verhaftet war er worden, weil er an der Planung eines Anschlags auf Hitler beteiligt gewesen sein sollte. Davor war er mit Erfolg nach New York emigriert gewesen, hatte jedoch die Verpflichtung verspürt, nach Deutschland zurückzukehren, um Hitler zu bekämpfen. Er unterrichtete heimlich in einem Predigerseminar in Finkenwalde und bot den dortigen Studenten spirituelle Unterweisung; dort entstand auch sein Buch *Gemeinsames Leben* (1938), in dem er die Grundlagen christlicher Gemeinschaft beschreibt. Darin finden sich auch Anweisungen zur Schriftlesung und Meditation. Für ideal Gesinnte sind seine Ausführungen ernüchternd:

> Unzählige Male ist eine ganze christliche Gemeinschaft daran zerbrochen, dass sie aus einem Wunschbild heraus lebte… Es ist aber Gottes Gnade, die alle derartigen Träume rasch zum Scheitern bringt. Die große Enttäuschung über die Andern, über die Christen im allgemeinen und, wenn es gut geht, auch über uns selbst, muss uns überwältigen, so gewiss Gott uns zur Erkenntnis echter christlicher Gemeinschaft führen will. Gott lässt es aus lauter Gnade nicht zu, dass wir auch nur wenige Wochen in einem Traumbild leben, uns jenen beseligenden Erfahrungen und jener beglückenden Hochgestimmtheit hingeben, die wie ein Rausch über uns kommt. Denn Gott ist nicht ein Gott der Gemütserregungen, sondern der Wahrheit.[39]

Manche kennen Bonhoeffer ausschließlich aus seinen im Gefängnis verfassten Schriften, die sein Freund Eberhard Bethge nach seinem Tod unter dem Titel *Widerstand und Ergebung* herausgab.[40] Darin finden sich Formulierungen, die in der Theologie der 1960er Jahre oft verwendet wurden: »religionsloses Christentum«, »weltliche Heiligkeit« und »Mündigkeit«. Er stand der »Religion« als Ersatz für den lebendigen Gott sehr kritisch gegenüber und lehnte den »Lückenbüßergott« ab, einen Gott, der nur noch dazu gebraucht werde, das zu erklären, was die Naturwissenschaft noch nicht erklären könne. Bonhoeffer ist sicher einer der Theologen und spirituellen Schriftsteller, die noch weit über ihr Jahrhundert hinaus bekannt bleiben werden.

Dietrich Bonhoeffer. Foto vor seiner Inhaftierung in Flossenbürg durch die Nazis.

Pierre Teilhard de Chardin (1881–1955)

Mehr als jeder andere spirituelle Schriftsteller des 20. Jahrhunderts lenkt Teilhard unsere Aufmerksamkeit auf die Schöpfung, und damit auf das Verhältnis von Naturwissenschaft und Religion. Er weilte lange in Nordchina, wo er sich intensiven geologischen und paläontologischen Forschungen widmete.

Teilhard entstammte einer großen Familie, musste jedoch den Tod fast aller seiner Geschwister erleben. Außerdem erlitt er als Sanitäter im Ersten Weltkrieg blutige Wunden und psychologische Traumata. Dennoch sind seine Ausführungen von einem optimistischen Grundzug beherrscht und nehmen scheinbar das menschliche Leid und die Sünde nicht genügend ernst. 1924 bekam er wegen des Themas der Erbsünde mit seinen Oberen Schwierigkeiten und erklärte sich einverstanden, seine Vorstellungen darüber nicht zu veröffentlichen. Die wichtigsten seiner später veröffentlichten Bücher sind: *Le Phénomène humain*[41], *Le Milieu Divin*[42], *Le Coeur de la matière* und *Hymne de l'Univers*[43].

Alle in diesen Büchern behandelten Themen tauchen bereits in einem frühen Gedicht auf:

Aus der »Hymne an die Materie« (1919)

Ich segne dich, Materie, und grüße dich, nicht so, wie dich die hohen Herren der Wissenschaft und die Tugendprediger verkürzt oder entstellt beschreiben – eine Zusammenhäufung, so sagen sie, brutaler Kräfte oder niedriger Neigungen –, sondern so, wie du mir heute erscheinst, in deiner Totalität und in deiner Wahrheit.

Du schlägst und du verbindest – du widerstehst und du beugst dich – du stürzest um und du baust auf – du verkettest und du befreist – Saft unserer Seelen, Hand Gottes, Fleisch Christi, Materie, ich segne dich.
Ich grüße dich, mit schöpferischer Kraft geladenes, göttliches Milieu, vom Geist bewegter Ozean, von dem inkarnierten Wort gekneteter und beseelter Ton.

Pierre Teilhard de Chardin.
Porträt von Caroline Cowell (1993).

Trage mich dorthin empor, Materie, durch das Bemühen, die Trennung und den Tod – trage mich dorthin, wo es endlich möglich sein wird, das Universum keusch zu umarmen![44]

Teilhards Spiritualität

Sein Buch *Das Göttliche Milieu: Ein Entwurf des Innern Lebens* schrieb er bereits 1927, aber es wurde erst 1957 veröffentlicht. »Für die Unruhigen ist es geschrieben, in der Kirche und außerhalb«, bemerkte er voraus:

> Was diese Seiten enthalten und vorschlagen, ist … nur eine praktische Haltung – oder, genauer vielleicht, eine Erziehung der Augen … Wenn ihr imstande seid, euer geistiges Auge anzupassen und diese Herrlichkeit zu schauen, werdet ihr … nur noch ausrufen: »Noch größer, Herr, immer größer sei dein Universum, damit ich es immer lebendiger und umfassender berühre und Dich so festhalte und von Dir gehalten werde.«[45]

In seinem autobiografischen Werk *Le Coeur de la Matière* kommen einige der Konsequenzen aus seiner großartigen Vision für die Spiritualität in seinem »Gebet an den immer größeren Christus« zum Ausdruck:

> Herr der Dauerhaftigkeit und der Vereinigung, Du, dessen *Erkennungsmerkmal* und *Wesen* ist, unendlich wachsen zu können, ohne Deformation noch Bruch, im Maß der geheimnisvollen Materie, deren Herz Du einnimmst und deren Bewegungen in letzter Instanz alle Du kontrollierst, – Herr meiner Kindheit und Herr meines Endes, – Gott, in sich vollendet, und dennoch für uns nie am Ende mit dem Geborenwerden, – Gott, der Du, um Dich unserer Anbetung als »Evoluteur und Evolvierender« vorzustellen, fortan der einzige bist, der uns genügen kann, – verjage endlich alle Wolken, die Dich noch verhüllen, – sowohl diejenigen der feindseligen Vorurteile als auch die falscher Glaubensvorstellungen.
> So möge, durch Diaphanie und Brennen zugleich, Deine universale Gegenwart aufleuchten.
> O immer größerer Christus![46]

Teilhards Einfluss

Über Teilhard wurde zur Zeit des II. Vaticanums viel diskutiert. Er lieferte eine ganz neue, auf das zentrale Bild des Feuers und die Dynamik des evolutionären Wandlungsprozesses konzentrierte Vorstellung von der Natur der Welt. Sie war äußerst spekulativ, jedoch verstand er es, die mit seinen Theorien verbundenen neuen Themen für das spirituelle Leben faszinierend anzusprechen.

In den 1990er Jahren fand seine Vision und Theorie einer Geosphäre, die sich zur Biosphäre entwickelt und aus dieser wiederum zur Noosphäre, neues Interesse, weil sie sich auf das Internet anwenden ließ. Manche sahen die Vernetzung der Menschen untereinander durch diese neue Technologie völlig revolutioniert und fanden, der Begriff der Noosphäre (»Geistsphäre«) eigne sich ausgezeichnet zur Beschreibung des Wunders eines neuen Schritts in der Evolution des Menschen.

Simone Weil (1909–1943)

Die Französin Simone Weil ist für ihre mutigen Akte des Widerstands während des Zweiten Weltkriegs bekannt; so etwa weigerte sie sich, in einem Bett zu schlafen und ausreichend zu essen, während es vielen anderen an Wohnung und Nahrung fehle. In einer agnostischen jüdischen Familie aufgewachsen, kam Weil zum Glauben an Jesus, ließ sich jedoch nie taufen. Sie bewunderte George Herberts Gedicht »Love«, lernte das Vaterunser auf Griechisch auswendig und rezitierte beides oft. Sie lernte auch Sanskrit, um die *Bhagavadgita* im Original lesen zu können. Zu ihren bekannten Schriften gehören *Attente de Dieu (Das Unglück und die Gottesliebe)*, *Die Einwurzelung*, *Schwerkraft und Gnade* und *Cahiers I-III* (ihre letzten Tagebücher). 1942 emigrierte sie nach England und starb in Ashford in Kent.

Karl Rahner (1904–1984)

Karl Rahner gehört zu den größten Theologen des 20. Jahrhunderts und zugleich auch zu den produktivsten. Es heißt, über 4000 Titel stammten aus seiner Feder. Aber er ist auch ein wichtiger spiritueller Schriftsteller.[47]

Rahner war wie Teilhard Jesuit, und wie dieser fand er die ältere strenge Theologie seiner Lehrer zu beengend. Er schaffte es, sich derart gründlich in die mittelalterliche Tradition einzuarbeiten, dass er allen seinen Schmähern in der Kenntnis der Quellen der Tradition überlegen war, als er daraus seine »progressiveren« Ansätze entwickelte. Großen Einfluss übte er auf das Zweite Vatikanische Konzil aus, hätte aber fast das gleiche Schicksal wie Teilhard gehabt: Er sollte zum Schweigen verurteilt werden, jedoch verhinderte ein persönliches Einschreiten von Papst Johannes XXIII. die Durchführung dieses Urteils.

Rahner hatte eine großartige akademische Laufbahn. Nach dem Erwerb seines Doktorats 1936 lehrte er in Innsbruck, Wien, München und Münster. Er wurde an viele der wichtigsten Universitäten der Welt zu Vorträgen eingeladen. Sein Werk *Von der Not und dem Segen des Gebets* erschien 1946 im ausgebombten München. Es wurde in Deutschland anschließend in über 100 000 Exemplaren verkauft.

Hier zwei Kostproben aus Rahners Schriften:

Lacht! Denn dieses Lachen ist ein Bekenntnis, dass Ihr Menschen seid. Ein Bekenntnis, das selber der Anfang des Bekennens Gottes ist. Denn wie soll der Mensch anders Gott bekennen als dadurch, dass er in seinem Leben und durch sein Leben bekennt, dass er selber nicht Gott ist, sondern ein Geschöpf, das seine Zeiten hat, von denen die eine nicht die andere ist. Ein Rühmen Gottes ist das Lachen, weil es den Menschen – Mensch sein lässt.[48]

Liebe zu Gott und Gebet haben beide für uns eine gemeinsame Schwierigkeit. Sie gehören beide zu den Taten des Herzens, die eigentlich nur recht gelingen, wenn man über dem, *dem* man sie darbringt – Gott nämlich –, vergisst, dass man sie tut... Man kann zwar nachträglich darauf reflektieren, ... man kann über Liebe und Gebet nachdenken und zu beschreiben versuchen, was sich dabei begibt. Aber die prüfende Reflexion ist immer irgendwie der Tod der Tat selber (so wie

Karl Rahner. Foto von 1968.

Anthony Bloom (*1914)

Anthony Bloom kam zwar als Sohn eines russischen Diplomaten in Lausanne in der Schweiz zur Welt, verbrachte seine Kindheit jedoch in Russland und Persien. Er erzählt, bis zu seinem fünfzehnten Lebensjahr sei er aggressiv antikirchlich eingestellt gewesen. Dann hörte er eines Tages einen Priester sprechen und rannte heim, um im Evangelium nachzulesen und den Beweis des Gegenteiles dessen zu finden, was er gehört hatte:

> Ich las den Anfang des Markusevangeliums und war noch nicht bis zum dritten Kapitel gelangt, als ich plötzlich merkte, dass auf der anderen Seite meines Pults jemand war. Die Gewissheit, dass da Christus stand, wurde derart stark, dass sie mich nie mehr verließ. Das war der eigentliche Wendepunkt ... Die Historie musste ich glauben, die Auferstehung dagegen wusste ich als Tatsache. Sie sehen also, ich entdeckte das Evangelium nicht Schritt für Schritt, angefangen mit der ersten Botschaft der Verkündigung an Maria, und es entfaltete sich vor meinen Augen nicht als eine Geschichte, die man glauben oder nicht glauben kann. Es begann als ein Ereignis, das alle Probleme des Unglaubens wegwischte, denn das war eine direkte und persönliche Erfahrung.[66]

Später wurde er an der Pariser Universität Doktor der Medizin. Er diente als Offizier im Zweiten Weltkrieg und war danach in der französischen Résistance aktiv. 1943 legte er, immer noch als Chirurg tätig, die Mönchsgelübde ab und wurde 1948 zum orthodoxen Priester geweiht. 1949 kam Bloom nach England, und zwar als Geistlicher der »Fellowship of St Alban and St Sergius«, einer kurz zuvor gegründeten Gruppe, die sich um eine bessere Verständigung zwischen Anglikanern und Orthodoxen bemühte. 1958 zum Bischof geweiht, wurde er schon bald darauf Erzbischof der Russischen Kirche in England und Irland, Exarch des Patriarchen von Moskau in Westeuropa und schließlich Metropolit von Surosch. Am bekanntesten wurde er durch sein klassisches Werk Schule des Gebets, das erstmals 1970 erschien[67]. Aus diesem Buch, das man-

che zu den besten Werken über das Gebet zählen, die im 20. Jahrhundert verfasst wurden, hier einige kurze Texte:

> An dem Tag, an dem Gott abwesend ist, an dem er verstummt – da fängt das Gebet an. Echtes Gebet findet nicht dann statt, wenn man eine Menge zu sagen hat, sondern wenn man zu Gott sagt: »Ich kann ohne dich nicht leben. Warum bist du so grausam und schweigst?« Dieses Wissen, dass man finden oder sterben muss – das hilft einem zu dem Ort durchzubrechen, an dem man in der Gegenwart Gottes ist. Wenn man auf das horcht, was das eigene Herz über Liebe und Sehnsucht weiß und vor der Verzweiflung keine Angst hat, dann geht einem auf, dass der Sieg immer auf der anderen Seite davon ist.[68]

> Nur wenn man vollkommen offen dem Unbekannten gegenübersteht, kann sich der Unbekannte offenbaren, sich selbst offenbaren, so wie er sich einem offenbaren will als dem, der man gerade ist. Auf diese Weise, mit dieser absoluten Offenheit von Herz und Geist, muss man sich vor Gott stellen, ohne zu versuchen, ihm eine Gestalt zu geben oder ihn in bestimmte Begriffe oder Bilder einzusperren, und man muss an eine Tür klopfen ...
> Wo? Das Evangelium sagt uns, dass das Reich Gottes zunächst einmal in uns sei. Wenn man das Reich Gottes nicht in sich finden kann, wenn man Gott nicht in sich zu begegnen vermag, in der Tiefe des eigenen Selbst, dann sind auch die Chancen ziemlich gering, dass man ihm außerhalb seiner selbst begegnet. Als Gagarin aus dem Weltraum zurückkam und seine bemerkenswerte Äußerung tat, er habe nirgendwo am Himmel Gott gesehen, bemerkte einer unserer Priester in Moskau: »Wenn du ihn nicht auf Erden gesehen hast, wirst du ihn auch nie am Himmel sehen.«[69]

Das Labyrinth

Das Labyrinth in der Kathedrale von Chartres, von Kerzen beleuchtet.

Der Steinboden der Kathedrale von Chartres in Frankreich trägt ein Muster, das ursprünglich für das meditative Abschreiten angelegt war, jetzt jedoch gewöhnlich mit Stühlen zugestellt ist. Diese vergessene Element wurde in der Grace Episcopal Cathedral in San Francisco zu neuem Leben erweckt. Unter der Leitung von Lauren Artress legte man in dieser Kathedrale nicht nur zwei neue Labyrinthe an, sondern ein Zentrum zur Förderung von deren Gebrauch liefert international Anregungen, wie man solche bauen kann und weist in deren tieferen Sinn und Verwendung ein.[70]

Die spirituelle Übung besteht dabei im meditativen Gehen. Das Labyrinth ist kein Irrgarten, sondern ein klar ausgelegter Weg von der Peripherie bis zur Mitte und von da aus wieder zurück. Eine ganze Gruppe Menschen kann unter Musikbegleitung das Labyrinth begehen und sich dabei unterwegs begegnen, oder man kann es auch ganz allein beschreiten. Es bietet eine ganz praktische Möglichkeit, bei der Meditation den Körper einzusetzen. Das Gehen erhält eine zusätzliche Bedeutung, wenn es als Metapher für den eigenen Lebensweg betrachtet wird. So wird das Wandern nach innen zum Weg der Läuterung, die Meditation in der Mitte wird mit der Erleuchtung verglichen, und der Weg von da nach außen mit dem Weg zur Vereinigung und mit der Rückkehr zum Dienst in der Welt, den der meditierend Schreitende dann erneuert und geheilt antreten kann.

Benediktinische Spiritualität

Im späten 20. Jahrhundert fühlten sich einige Schriftsteller besonders von der Regel des heiligen Benedikt angezogen. Wie Esther de Waal in England schrieb auch die amerikanische Benediktinerin Joan Chittister über sie einen Kommentar, *The Rule of Benedict: Insights for the Ages* und verfasste dazu noch weitere hilfreiche spirituelle Werke. Doch die bekannteste Vertreterin des benediktinischen Weges ist eine weitere Frau in Amerika, Kathleen Norris. 1993 erschien *Dakota: A Spiritual Geography*[71]. Die New Yorkerin hatte ihren Wohnsitz in die Great Plains verlegt und dort den christlichen Glauben neu entdeckt. In ihrem Buch vertrat sie, der Ort sei für die Spiritualität sehr wichtig, weshalb sie sich ausführlich damit beschäftigte, Klima, Landschaft und Menschen der dortigen Gegend zu beschreiben. Zugleich schilderte diese gleichgültig gewordene Presbyterianerin, wie sie ihren Glauben lebendig neu entdeckt hatte, vor allem dank benediktinischer Mönche. Über die derzeitige religiöse Lage in den USA äußerte sie:

Das Bedürfnis des Menschen nach Religion verschwand zwischen dem 17. Jahrhundert und heute nicht. Seine Unterdrückung als anerkannte

Form emotionalen und intellektuellen Engagements führte vor allem zu einem dramatischen Ausbruch der Schattenseite der Religion und damit zu einem Amerika, das durchaus keine säkulare Gesellschaft ist, sondern ein Land voller unzähliger verschwommener Spiritualitäten, die zum größten Teil individualistisch sind, ja sogar säkular, soweit sie das konventionell Religiöse verschmähen, nämlich alles, was mit dem Kirchenbesuch und anderen traditionellen Praktiken des christlichen Glaubens zu tun hat.[72]

In ihrem Werk *Amazing Grace: A Vocabulary of Faith* behandelt Norris geläufige religiöse Begriffe auf die ihr eigene erfrischend direkte Art und lädt die vielen Menschen, die sich als »spirituell«, aber nicht »religiös« verstehen, dazu ein, sich wieder auf die christliche Kirche zu besinnen.

Das Centring Prayer

Die beiden Trappisten Basil Pennington (*1931) und Thomas Keating (*1917) schrieben ausführlich über die von ihnen entwickelte Methode des *Centring Prayer*.[73] Mit diesem Begriff bezeichnen sie eine apophatische Art der Meditation, das heißt eine solche ohne Bilder. Von da her sind ihre wichtigsten Vorgänger in der Tradition *Die Wolke des Nichtwissens* und die Schriften von Johannes vom Kreuz. Thomas Keating lebt im Trappistenkloster Snowmass in Colorado und hat ein Netzwerk zur Verbreitung des kontemplativen Lebens gegründet, »Contemplative Outreach«.

Diese beiden Autoren führen die Menschen anhand von Büchern und Kursen darin ein, sich in Stille auf die Gegenwart Gottes zu konzentrieren, ohne ihn um etwas zu bitten. Es handelt sich um eine anspruchsvolle mentale Disziplin des Freiwerdens von allen Gedanken, um einfach in der Gegenwart Gottes zu ruhen. Sie lehren die Verwendung eines einzelnen Wortes eigener Wahl, nicht als Mantra, sondern als Hilfe, um immer wieder zur Mitte zurückzukehren: Wenn die Gedanken abschweifen, kehrt man in die Gegenwart Gottes zurück, indem man sich mittels dieses besonderen Wortes wieder daran erinnert. Dieser Ansatz ließe sich mit den von John Main und Morton Kelsey gelehrten Methoden vergleichen.

Römisch katholische amerikanische Schriftsteller und Theologen

Dorothy Day (1897–1980)

Dorothy Day lebte als kommunistische Journalistin in Zivilehe mit ihrem Mann in New York, und als sie ein Kind zur Welt brachte, bestand sie darauf, es taufen zu lassen. Das führte zum Bruch mit ihrem Mann und sie trat aus voller Überzeugung in die römisch katholische Kirche ein. Eine Zeit lang war sie ratlos, was sie mit ihrem Leben anfangen solle, aber ihr Gebet um Führung wurde erhört und sie begegnete Peter Maurin, der ihr Lehrer wurde, sie zur Lektüre anleitete und ihr eine Vision des Sich-Identifizierens mit den Armen und des Widerstands gegen den Krieg vermittelte. Das brachte sie dazu, zunächst eine Zeitung zu gründen, *The Catholic Worker*, und hierauf eine Reihe von Obdachlosenheimen im ganzen Land.

Dorothy Days Spiritualität konzentrierte sich stark auf das Engagement für Frieden und Gerechtigkeit und war für Mittelstandskatholiken und deren Priester und Bischöfe alles andere als bequem. Daniel Berrigan schrieb später als Sozialprotestler:

> Dorothy schrieb über alle möglichen Gruppen, verfocht deren Rechte, schilderte ihre Verhältnisse: Baumwollpflücker, *braceros*, Häftlinge und Strafentlassene, Familien aller Schattierungen, Arbeitslose, Priester und Nonnen, Wissenschaftler, Indianer, Mönche, Alkoholiker, Drogensüchtige, Slumbewohner, Automobilarbeiter, Kohlenbergwerksarbeiter. Unter anderem. Sie ergriff ihre Partei.[74]

Bei Dorothy Day selbst liest man:

> Aber das letzte Wort heißt Liebe. Zuweilen war das, wie Starez Zosima sagte, etwas Herbes und Schreckliches und unser Glaube an die Liebe musste manche Feuerprobe bestehen. Wir können nicht Gott lieben, solange wir nicht einander lieben, und um einander lieben zu können, müssen wir einander kennen lernen. Wir lernen Ihn beim Brotbrechen kennen und sind von da an nicht mehr allein. Der Himmel ist ein Festmahl; auch das Leben wird ein Festmahl – wenn

Thomas Merton (1915–1968)

»Tom« wurde als Kind eines neuseeländischen Vaters und einer US-amerikanischen Mutter in der Kleinstadt Prades in der Nähe der südfranzösischen Pyrenäen geboren. Er besuchte zunächst französische Schulen, dann englische und studierte schließlich kurze Zeit an der Universität von Cambridge.

Merton der Mönch

Nach dem Studium der englischen Literatur an der Columbia University machte Thomas Merton den entscheidenden Schritt, sich in einer kleinen römisch-katholischen Kirche in New York taufen zu lassen. Abgestoßen von einer Welt, die auf den Zweiten Weltkrieg zuraste, trat er in einen der strengsten, abgeschiedensten Orden, den der Trappisten, ein, dessen Kloster Gethsemani in Kentucky er bei einer Einkehrzeit kennen gelernt hatte. Nach seinem Eintritt am 10. Dezember 1941 fühlte er sich glücklich und im Frieden.

Sein Abt bat ihn, eine Reihe von Heiligenbiografien zu schreiben; er erkannte seine ungewöhnliche Begabung und drängte ihn gegen seinen Willen, auch eine Autobiografie zu verfassen. Daraus entstand das Buch *Der Berg der sieben Stufen (The Seven Storey Mountain)*, das 1948 zum Bestseller wurde und Merton nicht nur in den USA, sondern bald schon in der ganzen Welt bekannt machte. Das Buch wirkte wie eine Fassung der *Bekenntnisse* des Augustinus aus dem 20. Jahrhundert: die Geschichte eines weltlich gesinnten jungen Mannes, der seinem Leben eine radikal andere Richtung gibt, die Welt hinter sich lässt und sich ganz Gott hingibt.

Im Lauf der 1950er Jahre hatte ihn *Der Berg der sieben Stufen* unzähligen Lesern bekannt gemacht, jedoch änderte sich seine Weltsicht in diesem Jahrzehnt sehr stark. Vielleicht geschah das plötzlich, wie man aus der Schilderung seines Erwachens-Erlebnisses in Louisville während eines geschäftlichen Ausgangs dorthin schließen könnte:

> In Louisville, an der Ecke von Fourth und Walnut Street, mitten in der Einkaufspassage, überwältigte mich plötzlich das Bewusstsein, dass ich alle diese Menschen liebte, dass sie mir gehörten und ich ihnen, dass wir einander nicht fremd sein konnten, obwohl wir ganz und gar Fremde füreinander waren. Es war, als erwachte ich aus einem Traum des Abgetrenntseins, des Isoliertseins als Partikel in einer Eigenwelt für mich, in der Welt der Entsagung und der vorgeblichen Heiligkeit. Die Vorstellung, man könne abgetrennt von der übrigen Menschheit eine heilige Existenz führen, ist ein frommes Wunschbild, eine Illusion …
>
> Über dieses Gefühl der Befreiung von einem illusionären Anderssein empfand ich eine solche Erleichterung und Freude, dass ich fast laut losgelacht hätte. Und ich denke, mein Glück hätte sich mit den folgenden Worten aussprechen lassen: »Ich danke dir, Gott, ich danke dir, dass ich wie alle anderen Menschen bin, dass ich nur ein Mensch unter vielen anderen bin.« Wie unvorstellbar, dass ich sechzehn oder siebzehn Jahre lang diese pure Illusion, die ein gutes Stück weit unser klösterliches Denken beherrscht, hatte so ernst nehmen können![75]

Er sah jetzt, dass er auch als Mönch immer noch in der Welt war; er war ihr nicht entronnen. Und er erkannte seine Verantwortung, nicht nur für sie zu beten, sondern auch auf andere Weise für sie offen zu sein:

> Das spirituelle Leben ist nicht ein Leben des Rückzugs in die Stille, ein Dasein in einem Gewächshaus, in dem man sich künstlichen asketischen Praktiken widmet, abgetrennt vom gewöhnlichen Alltagsleben der Menschen. In Wirklichkeit kann und sollte der Christ sein spirituelles Einssein mit Gott inmitten der alltäglichen Pflichten und Mühen seines Lebens entwickeln … Die christliche Heiligkeit besteht in unserer Zeit mehr denn je darin, unsere gemeinsame Verantwortung wahrzunehmen, mit den geheimnisvollen Absichten Gottes für das Menschengeschlecht mitzuwirken. Diese Verantwortung kann man aber nur dann realistisch wahrnehmen, wenn man von der Gnade Gottes erleuchtet wird, sein eigenes hochherziges Bemühen dazu beiträgt und nicht nur mit den Autoritäten der Kirche zusammenarbeitet, sondern mit allen Menschen guten Willens, die sich für das zeitliche und spirituelle Wohl der Menschheit einsetzen.[76]

Merton der Aktivist

Als Mitgestalter der Welt fühlte sich Merton berufen, seine Ansichten, die gegen den Strich der öffentlichen Meinung in Amerika gingen, deutlich zu äußern. So wurde er für den Rest seines Lebens zum ungemein produktiven Schriftsteller. Er veröffentlichte rund vierzig Bücher mit Gedichten, Tagebuchaufzeichnungen, Essays und anregenden Texten sowie Hunderte von Artikeln für Zeitschriften. Seine Tagebücher offenbaren einen suchenden Intellekt mit einem ungemein breiten Fächer an Interessen; sie sind voller tiefer und zuweilen humoriger und paradoxer Einsichten ins Leben. Über das innerste Verhältnis Mertons zu Gott offenbaren sie nicht allzu viel, jedoch vieles über die Widersprüche des Lebens.

In seinen Beiträgen behandelte er die wichtigsten sozialen Tagesfragen, was ein neues Kapitel in Mertons Entwicklung darstellte. Er engagierte sich stark für die amerikanische Bürgerrechtsbewegung, gegen den Kalten Krieg, die nukleare Aufrüstung und schließlich gegen den Vietnamkrieg. Für jedes dieser Anliegen galt es zeitweise ziemlich einsam einzustehen und sich dabei unbeliebt zu machen, und die katholische Kirche fühlte sich von ihrem »Aushängemann« verraten. Die Zensoren versuchten ihn zum Schweigen zu bringen und verboten ihm zu bestimmten Themen weitere Veröffentlichungen, aber er ließ weiterhin in einem großen Freundeskreis hektographierte Aufsätze zirkulieren.

Als Mönch mit dem Namen »Brother Louis« wurde er zunächst durch die Profess Mitglied des Ordens, empfing dann die Priesterweihe, wurde schließlich Novizenmeister und Ausbilder der jungen Mönche, von denen sich manche dank seiner Schriften zu diesem Orden hingezogen gefühlt hatten. Später wurde er für viele im Kloster zum spirituellen Ratgeber. Er verspürte immer stärker den Wunsch, innerhalb des Ordens Einsiedler zu werden und erhielt schließlich von seinem Abt die Erlaubnis, für sich allein in einem kleinen Haus auf dem Klostergelände zu leben, jedoch weiterhin am Tagzeitengebet des Klosters teilzunehmen.

Merton in Asien

Für Asien empfand Merton bereits seit den 1950er Jahren eine besondere Faszination. Er begann sich intensiv mit dem Zen-Buddhismus, Taoismus und Hinduismus zu beschäftigen. Mit den Mönchen dieser Traditionen empfand er große Gemeinsamkeiten, denn auch sie lehnten einen Großteil dessen ab, was die westliche Gesellschaft für erstrebenswert hielt: Reichtum, Macht und Vergnügen. Mertons einzige wirkliche und lange Reise vom Kloster aus wurde zugleich seine letzte. Er konnte auf dieser Reise Indien, Ceylon (das jetzige Sri Lanka) und Thailand besuchen. In der Nähe von Bangkok verunglückte er tödlich durch einen defekten elektrischen Ventilator und starb auf den Tag genau 27 Jahre nach seinem Eintritt ins Kloster. Nach seinem Tod am 10. Dezember 1968 wurden viele weitere seiner Schriften veröffentlicht, wodurch er als meisterhafter spiritueller Autor noch größere Bekanntheit erlangte.

Thomas Merton mit dem Dalai Lama in Dharamsala in Indien im November 1968, kurz vor seinem Tod.

auch mit manchen Bitterkräutern –, wenn man Gefährten findet.

Wir alle haben die lange Einsamkeit erlebt und gelernt, dass die einzige Lösung die Liebe ist; und diese Liebe ergibt sich aus der Gemeinschaft.[77]

Protestantische amerikanische Schriftsteller und Theologen

Unseren Überblick über protestantische Schriftsteller in Amerika beginnen wir mit einer Reihe von Quäkern. Deren Tradition hat viele Fäden, aber die im Gottesdienst der Quäker praktizierte Übung intensiven Wartens hat sowohl eine tiefe spirituelle Innerlichkeit als auch ein soziales Aktivsein gefördert, was viele bewundern.

Rufus Jones (1863–1948), Professor für Philosophie am Haverford College, schrieb rund 56 Bücher, die meisten über Spiritualität und die Geschichte der Quäker.[78] Jones stand unter dem Einfluss des Werkes *Varieties of Religious Experience* von William James.[79]

Thomas R. Kelly (1893–1941) lehrte an den Colleges von Earlham und Haverford Philosophie. Nach seinem Tod sammelten Freunde seine Aufzeichnungen und gaben sie als *A Testament of Devotion* heraus. Es wurde so beliebt, dass es zwanzig Auflagen erlebte.

Auch Douglas V. Steere (*1901) war Philosophieprofessor in Haverford. Neben etlichen eigenen Schriften[80] übersetzte er Texte von Kierkegaard und erschloss den Amerikanern die Schriften von Friedrich von Hügel. Er schreibt:

Oft schleichen sich Ichbezogenheit, Stolz und Festhaltenwollen in unser persönliches Gebet ein. Das alles löst sich auf, wenn wir uns zum Gottesdienst versammeln. Der im Innern wohnende Christus bringt dem einzelnen Gottesdienstteilnehmer zu Bewusstsein, dass er nur ein einzelnes gewöhnliches Schaf in Gottes großer Hürde ist und überschwemmt sein Herz oft mit einem überwältigenden Gefühl, sein Geschöpf zu sein.[81]

Richard J. Foster (*1928)

Foster wurde zunächst sehr bekannt durch sein *Celebration of Discipline* (1978).[82] Darin beschreibt

er zwölf spirituelle Disziplinen, unterteilt in drei Arten: die inneren, äußeren und gemeinschaftlichen Disziplinen. Foster ist zwar davon überzeugt, dass wir nur dank der Gnade Gottes das christliche Leben führen können, vertritt jedoch zugleich, dass man die Disziplinen brauche, um für diese Gnade Gottes in der Regelmäßigkeit empfänglich zu sein, wie man sie für seinen Weg als Christ brauche:

Stellen Sie sich einen langen, schmalen Grat vor, zu dessen beiden Seiten es schroff abfällt. Der Abgrund zur Rechten ist der Weg moralischen Bankrotts, auf dem der Mensch sich selbst zu rechtfertigen sucht. In der Geschichte wurde das als die Häresie des Moralismus bezeichnet. Der Abgrund zur Linken ist der moralische Bankrott durch das Fehlen menschlichen Bemühens. Das wurde als die Häresie des Antinomismus bezeichnet. Auf dem Grat verläuft ein Pfad, der aus den Disziplinen des spirituellen Lebens besteht. Dieser Pfad führt zu jener inneren Umwandlung und Heilung, nach der wir suchen… Wir müssen uns immer dessen bewusst bleiben, dass der Pfad nicht die Veränderung bewirkt; er bringt uns nur dorthin, wo die Veränderung stattfinden kann. Das ist der Pfad des disziplinierten Offenseins für die Gnade.

Dieser Bestseller ist unter anderem dadurch wertvoll, dass er deutlich zeigt, wie zu diesen Disziplinen auch die Gemeinschaft und die Welt gehören. Die Spiritualität soll sich unter anderem dank des Alltagslebens entwickeln.

Auf dieses erstes Buch folgten viele weitere. Außerdem erschloss Foster vielen Menschen die klassischen Schriftsteller der christlichen Spiritualität, indem er das Buch *Devotional Classics: Selected Readings for Individuals and Groups* mit herausgab und selbst *Streams of Living Water* schrieb.[83] Er stellt seinen Lesern darin sechs verschiedene Strömungen der christlichen Traditionen vor: die kontemplative, die um Heiligkeit bemühte, die charismatische, die für soziale Gerechtigkeit engagierte, die evangelikale und die inkarnatorische. Dabei schöpft er aus der Weisheit einer Vielzahl von Konfessionen: der katholischen, den protestantischen wie der orthodoxen.

Foster gründete eine Organisation namens »Renovaré« mit der Aufgabe, die Lehre über das spirituelle Leben in Gemeinden vor Ort zu verbreiten. Sein Name wird nicht nur als der eines Bestseller-Autors in der Erinnerung bleiben, sondern auch als des Gründers einer Einrichtung, die sich auf die gewöhnlichen Menschen in den christlichen Pfarreien konzentriert.

Martin Luther King (1929–1968)

Martin Luther King ist der weltweit bekannteste Afro-Amerikaner. Es ist kein Zufall, dass der Anführer der Bürgerrechtsbewegung zugleich auch Baptistenprediger war. Seine Vision vom Berg, die er in der Nacht vor seinem Tod hatte, bezeugt seine spirituellen Wurzeln, die sein Bemühen um Gerechtigkeit durch militante Gewaltfreiheit nährten. Sowohl sein *Letter from a Birmingham Jail*, in dem er erläutert, warum er sich entschied, um der Gerechtigkeit willen das Gesetz zu brechen, als auch sein *Strength of Love*, mit dem er die spirituelle Grundlage für ein lange andauerndes Ringen schuf, bezeugen, dass seine öffentlichen Aktionen der Ausfluss einer starken Spiritualität waren.

Die afro-amerikanische Bevölkerung ist zum überwältigenden Teil christlich und nährte sich Jahrhunderte lang von einer Spiritualität des Aushaltens, der Befreiung und des Feierns. Die Afro-Amerikaner haben unsäglich unter der Sklaverei und Diskriminierung gelitten. Dieses ganze Leiden schuf eine Gemeinschaft, die sich gern in einem an das Herz rührenden Gottesdienst findet. James Cone, der früher Bücher mit radikalen Aussagen zum Thema der Befreiungstheologie der Schwarzen schrieb, wandte sich in den letzten Jahren der Analyse der Spiritualität der schwarzen Kirchen zu. Er sieht in der Musik und Predigt der christlichen Gemeinden den Kern an Werten, die den Afro-Amerikanern zum Überleben verhalfen.

Howard Thurman (1899–1981)

Howard Thurman verbindet ein tiefes Gespür für die Wichtigkeit der Spiritualität mit seiner Erfahrung des Diskriminiertwerdens als Afro-Amerikaner. Am bekanntesten wurde sein erstes Werk *Jesus and the Disinherited* (1949).[84]

Für seine spirituelle Erfahrung und sein Denken wurde eine Reise nach Indien, Burma und Ceylon entscheidend, die er 1935 unternahm. In Indien bestieg er bei Sonnenaufgang den Berg Kanchenjunga:

Martin Luther King 1967 in der Gefängniszelle im Jefferson County Courthouse in Birmingham, Alabama, von wo aus er seinen *Letter from a Birmingham Jail* schrieb.

Seit diesem Morgen sind mehr als vierzig Jahre vergangen. Er bleibt für mich ein Augenblick schierer Herrlichkeit und Seligkeit. Zeit, Raum und Umgebung lösten sich auf und mein nackter Geist schaute in die Tiefen dessen, was niemandem zu sehen erlaubt ist. Ich sollte nie mehr der gleiche sein.[85]

Als er 1945 nach San Francisco umzog, nahm er sich vor, eine rassisch gemischte Kirche zu gründen, etwas, was er in Amerika noch nie gesehen hatte. Aus diesem Traum entstand die »Church for the Fellowship of All Peoples«. Sie ist bewusst offen für »alle Denominationen, Nationalitäten, Rassen und Kulturen«. Thurman entwickelte an der Universität von Boston einen Kurs in »Disziplinen und Quellen der Spiritualität«. Man erzählt, Martin Luther King habe Thurmans *Jesus and the Disinherited* immer in seiner Aktentasche bei sich getragen.

Andere prominente amerikanische protestantische Schriftsteller

Ein ziemlich einflussreicher Southern Baptist, der einem wahrscheinlich nicht gleich als spiritueller Schriftsteller einfällt, ist Jimmy Carter (*1924), der frühere Präsident der Vereinigten Staaten. Carter leitet die soziale Hausbau-Aktion »Habitat for Humanity«, ist diplomatisch zur Versöhnung von Feinden im Einsatz und engagiert sich, um in Afrika weit verbreitete Krankheiten zu überwinden. Darüber hinaus schreibt er Bücher: *Living Faith, Sources of Strength: Meditations on Scripture for a Living Faith* und *The Virtues of Aging*.

Radikaler ist Jim Wallis, der Gründer der Zeitschrift *Sojourners*, der die Evangelikalen zum politischen Engagement weitab von der konservativen

Billy Graham (*1918)

Billy Graham fällt einem nicht spontan als spiritueller Schriftsteller ein; er ist in erster Linie Evangelist. Aber wenn man dann bedenkt, dass es kaum einen Menschen gibt, den mehr Menschen persönlich haben sprechen hören und dass er die spirituelle Praxis von Millionen von Christen beeinflusst hat, nicht nur durch persönliche Ansprachen, sondern auch über Fernsehen, Rundfunk, Zeitschriften, Zeitungen *und auch* Bücher zur Spiritualität, wird klar, dass Graham in der Geschichte der Spiritualität des 20. Jahrhunderts eine wichtige Gestalt ist. Er kommt von der Spiritualität der Southern Baptists her, die sich auf die Bibel und den Gedanken der Bekehrung konzentriert.

Der Wendepunkt in Billy Grahams Laufbahn war seine Kampagne von 1949 in Los Angeles in einem Großzelt. Er erregte nicht viel Aufmerksamkeit, bis William Randolf Hearst Reporter zu ihm schickte. Es bleibt unerklärlich, warum Hearst das tat. Die Kampagne war auf drei Wochen angesetzt, dauerte dann aber sieben Wochen lang; am Schlussgottesdienst nahmen 11 000 Menschen teil. Insgesamt veranstaltete Billy Graham über 400 Evangelisierungs-Kreuzzüge.

Graham schrieb 23 Bücher,[86] die seinen einfachen, direkten Stil widerspiegeln, seine Betonung der Eschatologie und seinen Appell, sich zum Glauben zu bekehren. Er gründete auch zwei größere Zeitschriften: *Christianity Today*, mit Nachrichten und Kommentaren für Evangelikale, und *Decision* für die Förderer seiner evangelistischen Vereinigung.

Die Evangelisierungs-Kreuzzüge waren für alle, die sie weit im Voraus planten, intensive Einübungen ins Gebet, und auch die Zuhörer wurden zum Gebet angeleitet, wenn Graham die Einladung aussprach, nach vorn zu kommen und »Christus als ihren persönlichen Erlöser anzunehmen«.

Billy Grahams persönliche spirituelle Praxis konzentrierte sich auf die Bibel und das Gebet:

> Was das Gebet betrifft, habe ich, glaube ich, gelernt, »ohne Unterlass zu beten«. Ich fühle mich ständig im Gebet und der Verbindung mit Gott, selbst wenn ich zu anderen Menschen spreche oder etwas anderes tue. Zeitweise besteht dieses Gebet aus der unausgesprochenen Sehnsucht, ein bestimmter Mensch möge zu Christus finden oder die Antwort Christi auf ein Problem finden. Es kann auch ein Gedankenblitz sein, der kaum zum Gebet ausformuliert wird, wenn ich etwas in der Zeitung lese oder die Nachrichten im Fernsehen anschaue.[87]

Billy Graham predigt im Juli 1973 bei einem Kreuzzug in St Paul in Minnesota vor 21 000 Zuhörern.

»christlichen Koalition« aufruft. Wallis vertritt, zur Jüngerschaft gehöre unbedingt der Einsatz bei den Armen und für sie.

Nicht nur bei den Baptisten, sondern auch in den anderen protestantischen Traditionen gibt es zahlreiche bedeutende Prediger und Schriftsteller. Von denjenigen mit eher liberaler Überzeugung schrieben und predigten namentlich Harry Emerson Fosdick (1878–1969) und Paul Tillich (1886–1965) über das Gebet.

Aus jüngster Zeit sollten unter vielen anderen zwei amerikanische Lutheraner besonders erwähnt werden. Walter Wangerin jr., Autor von *Whole Prayer: Speaking and Listening to God*, ist stärker wegen seiner erzählerischen Fähigkeiten bekannt geworden. Er setzte diese dazu ein, die gesamte Bibel in einen Roman umzuformen, *The Book of God*. Martin Marty (*1928) dürfte der bekannteste Religionswissenschaftler in den USA sein. Er lehrt an der Universität von Chicago und trat schon oft in Fernseh-Dokumentarsendungen auf. Über seine wissenschaftlichen Publikationen hinaus (mehr als 40 Bücher) brachte er jedoch auch seine pastorale Seite in einer Reihe von spirituellen Schriften zum Ausdruck, etwa in *A Cry of Absence: Reflections for the Winter of the Heart*, worin er aus eigener Erfahrung Anregungen zur Bewältigung von Trauer bietet.[88]

Eugene H. Peterson (*1932) ist ein spiritueller Schriftsteller presbyterianischen Bekenntnisses.[89] Sein Werk *Subversive Spirituality* (1994) ist eine Sammlung kürzerer Texte, die seine Hauptthemen veranschaulichen. Petersons Schriften beziehen sich oft direkt auf die Bibel. So schrieb er z.B. über »Saint Mark: The Basic Text for Christian Spirituality«, und in »Jeremiah as an Ascetical Theologian« sagt er:

> Die Spiritualität ist immer in Gefahr, sich zu sehr mit sich selbst zu beschäftigen oder sich von seelischen Dingen derart faszinieren zu lassen, dass man angesichts seiner Erfahrungen Gott nur noch als Nebensache behandelt. Daher muss man hier auf der Hut sein. Unter anderem geht es bei der Theologie der Spiritualität um diese Wachsamkeit. Die spirituelle Theologie ist die Disziplin und Kunst, uns in die volle und reife Teilhabe an der Geschichte Jesu einzuüben und uns dabei zugleich davor zu hüten, diese Geschichte selbst in die Hand zu nehmen.[90]

Peterson scheut sich nicht, von seinem biblischen Standpunkt aus kühne und kontroverse Aussagen zu machen. So schreibt er zum Beispiel:

> Zunächst fühlte ich mich überwältigt und dann gewaltig in Wut versetzt, die Verkaufsladen-Mentalität so vieler meiner Kollegen im Pastorenamt mit ansehen zu müssen, und dann empfand ich das starke Bedürfnis, in meinem eigenen Leben die Achtsamkeit auf Gott zu entwickeln und mich vor ihm zu verantworten, das religiöse Marktverhalten dagegen ganz abzulehnen… Ich bin der festen Überzeugung, der Pastor muss sich energisch dagegen verwahren, von der Kultur, sei es die weltliche oder kirchliche, geprägt zu werden, und sich alle Mühe geben, ein Mensch des Gebets in der Gottesdienstgemeinschaft zu werden. Das ist die uns übertragene Aufgabe; alles, was weniger ist, ist Amtsmissbrauch.[91]

Ein einflussreicher episkopaler Schriftsteller ist Alan Jones, Dekan der Grace Cathedral in San Francisco.[92]

Ausgewählte Themen

Im 20. Jahrhundert wurde die Theologie genau wie andere Gebiete zunehmend spezialisiert und das Anliegen der Spiritualität wurde dabei oft ausgelassen oder ganz an den Rand gedrängt. Erst gegen Ende dieses Jahrhunderts verwoben etliche Professoren von Seminaren, Universitäten und Colleges die verschiedenen Disziplinen wieder miteinander, etwa systematische Theologie, Bibelwissenschaft, Geschichte, Literatur, Psychologie, Soziologie, geschlechtsspezifische Forschungen und andere und schufen einen Forschungsbereich namens »Spiritualität«. Dieser Bereich ist immer noch jung und noch nicht allgemein als Wissenschaftsdisziplin anerkannt. In den USA gibt es jedoch bereits Lehrstühle für die Disziplin »Spiritualität«, und in England verfügt die Universität Oxford erstmals über eine Dozentin für die Geschichte der christlichen Spiritualität, Benedicta Ward.

Aus einer ganzen Reihe von Themen, die sich hier weiter verfolgen ließen, soll dieses Kapitel mit kurzen Darstellungen der folgenden Bereiche abgeschlossen werden: Begegnung mit anderen Religionen; Psychologie, Heilung, spirituelle Führung und Gesundung; Spiritualitäten von Frauen, Männern, Homosexuellen/Lesben und ökologische Spiritualität; und schließlich noch die Medien der Spiritualität.

Begegnung mit anderen Religionen

Die Christen sind sich in einem Maß wie nie zuvor der anderen großen Glaubensbekenntnisse auf der Welt bewusst. Diese Religionen existieren nicht mehr irgendwo in weiter Ferne, sondern werden von unseren unmittelbaren Nachbarn in der westlichen Welt und natürlich auch von unseren globalen Nachbarn gepflegt. Für die christliche Theologie stellt sich in dieser Situation ganz neu die Frage nach der Einzigartigkeit des Christentums und seinem traditionellen Anspruch, über die einzige Heilsbotschaft für die Menschheit zu verfügen. Auf dem Gebiet der Spiritualität kommen für die Christen Fragen bezüglich ihrer spirituellen Praxis hinzu. In welchem Maß sollten Christen in Asien, Afrika oder im Abendland Praktiken anderer Glaubenstraditionen übernehmen oder für sich abwandeln? Sind solche Praktiken hilfreich oder eher schädlich?

Auf den verschiedenen Erdteilen beschäftigen sich die Vertreter eingeborener Religionen in ganz unterschiedlichen Formen mit dieser Problematik. Wie sollten zum Beispiel afrikanische und asiatische Christen mit ihrer überlieferten Ahnenverehrung umgehen? Oder ist es für Christen nordamerikanischer oder europäischer Herkunft passend, sich in Schwitzhütten zu setzen und sich um schamanische Visionen zu bemühen? Wie sollten sich Europäer gegenüber dem Wiederaufleben vorchristlicher Religionen verhalten, etwa der keltischen Spiritualität oder der Verehrung von Muttergottheiten? Können die in Amerika Eingewanderten von den in Harmonie mit der Natur lebenden nordamerikanischen Eingeborenen (Indianern) bestimmte innere Einstellungen und Praktiken lernen? Eines der klassischen Bücher über die Spiritualität der Indianer ist das Buch *Black Elk Speaks*.[93] Black Elk (»Schwarzer Hirsch«) war ein Schamane, der die

Überlieferungen seines Volkes, der Oglala Sioux, retten wollte. Oder Bulaji Idowu, Andrew Walls und John V. Taylor forderten nachdrücklich, man solle die Weisheit der afrikanischen Überlieferungen mehr beachten und schätzen.

Im Gefolge des Holocaust wurde das Judentum ein wichtiger Dialogpartner der Christen. Manche Christen vertraten sogar, das sei für die Christenheit ein derart einschneidendes Ereignis gewesen, dass von da an die ganze Theologie und Spiritualität nie mehr so sein könne wie vorher. Der Holocaust wurde nicht von Christen eingeleitet, aber eine Unzahl Christen wirkten daran mit, indem sie entweder vor allen Beweisen dafür die Augen verschlossen oder als pflichteifrige Verwalter des Schrecklichen an ihm mitwirkten.

Im 20. Jahrhundert übte eine ganze Reihe jüdischer Schriftsteller beträchtlichen Einfluss auf die Christen aus, darunter Martin Buber (1878–1965), Abraham Heschel (1907–1972), die beide von einem ziemlich konservativen jüdischen Hintergrund kamen, sowie Elie Wiesel (*1928), der wohl bekannteste Überlebende des Holocaust. Gegen Ende des Jahrhunderts kam es zu einem Neuerwachen der jüdischen Spiritualität und manche Christen finden die Schriften aus dieser Richtung recht anregend.

Christlich-jüdische Dialoge seit dem II. Vatikanischen Konzil sowie Dialoge vor Ort zwischen Kirchen und Synagogen sind hoffnungsvolle Zeichen der Versöhnung zwischen den beiden Glaubensgemeinschaften.

Zu Ende des 20. Jahrhunderts war der Islam die zweitgrößte Weltreligion und erhob den Anspruch, die am raschesten wachsende zu sein. Der Islam ist wie das Christentum eine weltumspannende Religion mit Gläubigen auf allen Erdteilen. Der bekannteste amerikanische Konvertit zum Islam, Malcolm X (1925–1965), lernte nach einer Phase bei den Black Muslims alle Muslime als seine Brüder und Schwestern kennen, als er die *hadsch* (Pilgerfahrt nach Mekka) unternahm und zusammen mit hellhäutigen Gläubigen betete.

Die Wertschätzung des Islam ist für die Christen angesichts der Jahrhunderte langen Feindseligkeit zwischen beiden Religionen eine besondere Herausforderung, und dazu noch, weil in jüngster Zeit radikale Fundamentalisten im Mittleren Osten und im Westen Menschen mit Bomben, Geiselnahmen und Schusswaffen bedrohten. Aber es ist ein Irrtum, in den Muslimen nur Terroristen zu sehen. Wenn gläubige Muslime und Christen sich auf einen Dialog einlassen, kann es zu verblüffenden Entdeckungen kommen. Es kann sein, dass beide Seiten sich in einer ganz ähnlichen Kritik an der abendländischen säkularen Kultur einig sind. Beide verehren zudem ein Buch und etliche gemeinsame Vorväter ihrer Religion, darunter Abraham, den Vater des Judentums, Christentums und Islam.

Nicht wenige Christen finden die Schriften der islamischen Sufis, vor allem des persischen Weisen Rumi (1207–1273), recht inspirierend.

Zwei große Religionen, deren Spiritualität im 20. Jahrhundert auf sehr viele Abendländer eine starke Anziehungskraft ausgeübt hat, sind der Hinduismus und der Buddhismus. Begrifflich sind die Unterschiede zwischen Ost und West sehr schwerwiegend, aber viele versuchten diese Kluft zu überbrücken und verbanden auf recht unterschiedliche Weisen beide Traditionen miteinander. Im Westen praktizieren immer mehr Menschen christliches Yoga und christliches Zen. Zu den bahnbrechenden Gestalten auf diesem Gebiet gehörten Bede Griffiths, Thomas Merton, Hugo Enomiya Lassalle und William Johnston.

Zu den Autoritäten aus der buddhistischen Tradition, die von Christen besonders geschätzt und gelesen werden, gehören der Dalai Lama (*1935) aus Tibet und Thich Nhat Hanh (*1926) aus Vietnam.

Unter den Christen gibt es sehr unterschiedliche und teilweise stark emotional geprägte Einstellungen zur Begegnung mit anderen religiösen Traditionen. In den Augen mancher kommt die Anerkennung, irgendeine nichtchristliche Praxis habe einigen Wert, dem Leugnen der allein erlösenden Kraft des christlichen Evangeliums gleich. Die Christen pflegten allzu lange eine triumphalistische, kolonialistische und überhebliche Einstellung und verkannten, dass Gott auch außerhalb der christlichen Kirche am Wirken ist. Die Fragen, die sich daraus für die christliche Spiritualität ergeben, sind komplexer Natur und bedürfen für jeden einzelnen Fall ihrer eigenen Antwort, zu der die Weisheit des Heiligen Geistes notwendig ist.

Papst Johannes Paul II., begleitet von Scheich Tantawi, wird im Februar 2000 in Kairo von muslimischen Geistlichen begrüßt.

Psychologie, Heilung, spirituelle Führung und Gesundung

Spiritualität und Psychologie

Gegen Ende des 20. Jahrhunderts dachte die Öffentlichkeit vorwiegend in psychologischen Kategorien und nahm fasziniert die Ergebnisse der psychologischen Forschung zur Kenntnis. Da die Spiritualität nicht nur mit der Person des Menschen, sondern direkt mit seiner Seele (Psyche) zu tun hat, überschneiden sich ihre Interessen mit denen der Psychologie. In der Frühzeit des 20. Jahrhunderts klaffte zwischen beiden Disziplinen ein breiter Riss, der immer noch nicht ganz überwunden ist. Psychologen und Psychoanalytiker lehnten häufig die Religion als unwissenschaftlich, neurotisch und für das allgemeine Wohlbefinden des Menschen schädlich ab. Umgekehrt misstrauten die Christen den Therapeuten. Heute hat sich diese Situation beträchtlich verbessert. Die Psychologen betonen nicht mehr derart stark, ihre Disziplin sei eine rationale, die Religion ablehnende Wissenschaft, und die Christen haben den Wert psychologischer Begriffe und Therapien erkannt.

Auf der Grundlage des Werkes von C.G. Jung wurde die Typenlehre von Myers-Briggs entwickelt. Sie dient zum besseren Verständnis der Vielfalt der Spiritualitäten innerhalb des Christentums. In dem Buch *Prayer and Temperament*[94] werden vier Grundformen vorgestellt und daraus sechzehn unterschiedliche Persönlichkeitstypen entwickelt, denen jeweils die ihnen angemessenste Gebetsform zugeordnet wird. Diese Typen werden mit den vier Evangelien und wichtigen spirituellen Traditionen verknüpft, etwa der ignatianischen, augustinischen, franziskanischen und thomistischen. Der Grundgedanke dabei ist, dass es ganz unterschiedliche Charaktere gebe und die Kirchen deshalb nicht erwarten sollten, dass allen ihren Mitgliedern die gleiche Art von spirituellen Disziplinen oder Gebetsweisen liege.

Eine andere Weise, bestimmte Menschentypen zu unterscheiden, ist das häufig von spirituellen Begleitern verwendete Enneagramm. Diese Typenlehre kennt neun verschiedene Charaktere, die jeweils zu einem spezifisch ausgeprägten Rollenverhalten neigen. Auch das bietet eine Möglichkeit, sich selbst und den Umstand, dass und wie man sich von anderen unterscheidet, besser zu verstehen, um damit seinen eigenen spirituellen Weg zu finden und anderen in der Gemeinschaft fruchtbar helfen zu können.

Joseph Campbell (1904–1987) beschäftigte sich mit dem mythologischen Kontext des kollektiven Unbewussten und verfasste zahlreiche Studien über die Mythologien der Welt. Seine Ansichten können allerdings nicht eigentlich als christliche Spiritualität bezeichnet werden. Er geht von einem metareligiösen Ansatz aus, dem zu Folge alle Religionen letztlich gleich seien.

Carl Gustav Jung (1875–1961)

Unter allen auf dem Gebiet der Psychologie Forschenden erlangte der Schweizer Carl Gustav Jung den größten Einfluss auf die christliche Spiritualität. Seine Doktordissertation vom Jahre 1909 trägt den Titel »Über die Psychologie und Pathologie der sogenannten okkulten Phänomene«. Das spiegelt sein frühes und nachhaltiges Interesse für spirituelle Realitäten sowohl außer- wie innerhalb des Christentums.

Er stand damit in scharfem Gegensatz zum Erfinder der Psychoanalyse, Sigmund Freud. Während Freud die Religion in seinem Werk *Die Zukunft einer Illusion* verabschiedete, hieß Jung sie willkommen, und sogar ihren Glauben an ein Leben jenseits des Grabs:

Jung beschäftigte sich im Zusammenhang mit seiner Überzeugung vom kollektiven Unbewussten jahrelang intensiv mit Mandalas. Dieses Mandala aus dem 19. Jahrhundert zeigt die Phase zwischen Tod und Reinkarnation.

Ich bin daher der Auffassung, dass alle Religionen, die ein überirdisches Ziel verfolgen, vom Gesichtspunkt der psychischen Hygiene aus eminent vernünftig sind … Vom Standpunkt der Psychotherapie aus wäre es daher wünschenswert, sich den Tod nur als einen Übergang vorzustellen, als Teil eines Lebensprozesses, dessen Ausmaß und Dauer jenseits unseres Wissens liegen.[95]

Zu den zentralen Einsichten Jungs über die Natur der menschlichen Psyche, die die spirituellen Schriftsteller nachhaltig beeinflusst haben, gehören seine Aussagen über das Unbewusste und das kollektive Unbewusste mit seinen Archetypen, die Lebensphasen, die männliche und weibliche Seite der Persönlichkeit (Animus und Anima), den »Schatten« und die Hauptfaktoren, die die einzelnen Persönlichkeitstypen ausmachen, wie sie in der Klassifizierung von Myers-Briggs verwendet werden. Über das kollektive Unbewusste schreibt er:

Wir müssen drei Schichten der Psyche unterscheiden: (1) das Bewusstsein, (2) das persönliche Unbewusste und (3) das kollektive Unbewusste… Das kollektive Unbewusste… ist nichts Individuelles, sondern allen Menschen gemeinsam, ja vielleicht sogar allen Tieren, und stellt die eigentliche Grundlage der individuellen Psyche dar… Soweit wir überhaupt etwas über es zu sagen vermögen, scheint das kollektive Unbewusste aus mythologischen Motiven oder Urbildern zu bestehen, und aus diesem Grund findet es in den Mythen aller Völker seinen Niederschlag. Tatsächlich könnte man die gesamte Mythologie als eine Art Projektion des kollektiven Unbewussten auffassen.[96]

Morton Kelsey (*1917)

Morton Kelsey, Priester der Episkopalkirche und früher Professor der Universität von Notre Dame, betont, er verdanke viel der Psychologie, und namentlich C.G. Jung. In einer Ausführung über die Meditation sagt er, es sei ihm unverständlich, dass die meisten spirituellen Schriftsteller bislang den Wert der psychologischen Erkenntnisse verkennen:

In der Literatur über Gebet und Meditation fand ich so gut wie nichts, worin die in jetzt schon 95-jähriger Forschungsarbeit von der Tiefenpsycho-

logie gewonnenen Erkenntnisse über die Seele des Menschen wirklich berücksicht worden wären. Es ist, als hätte es Freud, Adler, Jung, Maslow, Carl Rogers und Rollo May nie gegeben, eine so geringe Bedeutung spielen sie bei den meisten, die über das Gebet schreiben.
Doch die Meister des Frömmigkeitslebens und die Tiefenpsychologen brauchen einander. Beide haben etwas Wesentliches über die Seele des Menschen entdeckt und jede dieser beiden Disziplinen hat der anderen etwas Wichtiges zu sagen. Es besteht die dringende Notwendigkeit, die Meditation in diesem neuen Licht zu sehen.[97]

Morton Kelseys Schriften über Träume gehören zu den wenigen Abhandlungen über dieses Thema aus christlicher und zugleich Jungscher Sicht. Er schreibt auch über das Zungenreden, ein Thema, das zum Dialog zwischen Psychologen und Charismatikern ansteht. Ein ihm besonders wichtiges Thema ist jedoch das der Heilung, das er in *Healing and Christianity* ausführlich behandelte, einer kurzen Geschichte des Bemühens der Christen um physische wie emotionale Heilung.

Thomas Moore (*1940)

Ein anderer Psychotherapeut mit christlichem Hintergrund ist Thomas Moore, ein früherer Mönch. Er hat mit zahlreichen Büchern und in Fernsehsendungen und Vorträgen versucht, dem modernen Menschen eine Tiefendimension für sein Leben zu erschließen und Themen behandelt wie: Im Alltagsleben Tiefe und die Dimension des Heiligen finden, der Sexualität Seele geben und sie zum Medium echter Liebe werden lassen, Liebe und Beziehung neu als Geheimnis erfahren, dem Alltagsleben einen neuen Zauber abgewinnen usw.[98] Sein Ansatz ist nicht ausdrücklich christlich, was ihn für solche Amerikaner anziehend macht, die auf Distanz zur Religion sind. Im Unterschied zu Moore schrieb Scott Peck viel offener über seinen christlichen Glauben und seine Probleme mit den Kirchen.

Seelsorge und spirituelle Begleitung

Das Studium der Psychologie wirkte sich auch auf zwei ganz unterschiedliche Ansätze zur persönlichen Seelsorge in der Kirche aus. In den USA wurde besonders gründlich ein neuer Stil der individuellen

M. Scott Peck (*1936)

Scott Peck wuchs als Kind wohlhabender Eltern in New York City auf. Seine Ausbildung erhielt er an Privatschulen, der Harvard University und der Columbia Medical School und er wurde Psychiater. Dann geschah etwas Überraschendes.

1978 schrieb Peck *The Road Less Travelled: A New Psychology of Love, Traditional Values and Spiritual Growth*[99]. Das Buch gelangte rasch in die Bestsellerliste und blieb darauf jahrelang; schließlich erreichte es die Auflage von 5 Millionen Exemplaren. Hier war ein Psychotherapeut, der während der Niederschrift seines Bestsellers zum Christen geworden war und in einer Gesellschaft, die man für durch und durch säkular hielt, über spirituelles Reiferwerden schrieb! Später beschrieb er selbst seinen spirituellen Wandel so:

Mein Glaube ist offen christlich. Lily mit ihrer Gabe für Diskretion hält damit viel stärker zurück; sie ist, was ich jetzt als Christin im Verborgenen bezeichnen würde. In beiden Fällen gelangten wir nicht leicht zum Glauben. Ich kam als Kind nur sehr oberflächlich mit dem Christentum in Berührung. Lily wurde es eher gewaltsam aufgedrängt. Beide waren wir damals nicht für es zugänglich. Erst als wir bereits unsere Lebensmitte überschritten hatten, begann es uns Sinn zu machen, und dann war es kein Strohhalm, nach dem wir verzweifelt gegriffen hätten. Eher handelte es sich um ein zunehmendes Verstehen, in das wir widerstrebend durch Jahre voller wichtiger Erfahrungen hineingezogen wurden.[100]

Das Buch handelt von Spiritualität und Psychologie, aber eindeutig überwiegt die Psychologie. Bei einigen seiner Aussagen wird manchen Christen etwas unwohl zumute sein. Aber Peck verstand es, über Sünde, Gnade und Verantwortung auf eine Weise zu schreiben, die sowohl Christen wie Skeptiker ernst zu nehmen vermochten. Die Hauptabschnitte des Buches tragen Titel wie »Disziplin«, »Liebe«, »Reiferwerden und Religion« und »Gnade«. Zum Erfolg dieses Buches trugen vor allem die Autorität von Scotts Beruf, seine Kunst, Geschichten von wirklichen Menschen zu erzählen und sein frischer Ansatz zu alten Themen wie Sünde und Liebe bei. Hier drei Zitate:

Ich definiere die Liebe so: Der Wille, das eigene Selbst auszuweiten, um das eigene spirituelle Wachstum und zugleich auch dasjenige eines Anderen zu nähren.

Der Weg zur Heiligkeit verläuft über das Erwachsenwerden. Es gibt keine raschen und leichten Abkürzungen. Grenzen des Ego müssen sich erst festigen, ehe sie weich werden können. Zunächst muss eine Identität aufgebaut werden; erst dann kann man sie transzendieren. Bevor man sich vergessen kann, muss man sich erst einmal richtig finden.

Nach dem atemberaubenden Erfolg seines ersten Buches gab Peck seine Praxis als Psychotherapeut auf und verlegte sich schließlich ganz auf das Schreiben. Seine Aufmerksamkeit blieb nicht auf das individuelle Leben konzentriert, sondern es wurde ihm zum Anliegen, Gemeinschaft zu stiften. In seinem Buch *The Different Drum: Community-making and Peace* (1987) schrieb er: »Das Heil der Welt liegt in der Gemeinschaft und kommt durch sie.«[101]

seelsorglichen Begleitung entwickelt, der inzwischen auf der ganzen Welt Bestandteil der Lehrpläne für die Ausbildung der Seelsorger ist. Nicht immer stand im Mittelpunkt des seelsorglichen Bemühens das Anliegen, eine lebendige Spiritualität zu fördern. Zunächst herrschten lange psychologische Anliegen vor, jetzt jedoch werden eigentlich spirituelle Themen immer wichtiger. Ein weiterer bedeutender spiritueller Schriftsteller des 20. Jahrhunderts, Henri Nouwen, wurde in den USA in der noch stark psychologisch ausgerichteten Pastoraltheologie ausgebildet und trug in der Folge durch seine Schriften maßgeblich dazu bei, diesen Ansatz viel stärker auf das Gebiet der Spiritualität zu verlagern.

Henri Nouwen (1932–1996)

Der römisch katholische holländische Priester Henri Nouwen erhielt seine Ausbildung sowohl in der Theologie wie in der Psychologie, zum Teil in den Niederlanden und zum Teil in den USA. Es dürfte sein viertes Buch, *The Wounded Healer,* ein Buch über die Seelsorge, gewesen sein, was ihm zu größerer Bekanntheit verhalf, während sein zweites, im selben Jahr (1972) in den USA veröffentlichtes Buch eine Einführung in Thomas Merton war, mit dem Untertitel *Contemplative Critic.*

In drei seiner spirituellen Tagebücher schildert er die Hauptabschnitte seiner Laufbahn als Seelsorger: *Genesee Diary* (deutsch: *Ich hörte auf die Stille*[102]) enthält seine Aufzeichnungen während einer siebenmonatigen Sabbatzeit in der Trappistenabtei Genesee im Staat New York; *Gracias!* (deutsch: *Wohin willst du mich führen*[103]) schildert seinen Aufenthalt in Lateinamerika und seine Begegnung mit den dortigen Armen und Gustavo Gutierrez; und in *The Way to Daybreak* (deutsch: *Nachts bricht der Tag an*[104]) beschreibt er, wie er schließlich zur Lebensgemeinschaft von Daybreak in Toronto fand, einer Niederlassung der von Jean Vanier gegründeten »Arche«, wo Menschen mit geistig Behinderten in Gemeinschaft leben. In ihnen fand er die Armen, denen zu dienen er sich berufen fühlte. Er starb im Herbst 1996 und hinterließ rund vierzig Bücher über das spirituelle Leben.

Auf Nouwens spirituellem Weg gibt es zwei wichtige Wendepunkte. Zunächst engagierte er sich 1965 sehr stark auf sozialem Gebiet und marschierte mit Martin Luther King in Selma in Alabama mit. Mitte der 1970er Jahre änderte sich seine Schreibweise stark. Er versuchte nicht länger, abstrakt spirituelle Grundsätze oder Praktiken zu beschreiben, sondern schrieb über sie anhand seiner ganz persönlichen Erfahrung. Einen guten Teil seines Erfolgs verdankt er seiner Fähigkeit, auf sehr offene und ehrliche Weise Gefühle und Erfahrungen zu artikulieren, wie sie viele Menschen kennen. Die intellektuelle Brillanz Mertons kann trotz seines kameradschaftlichen Wesens und gesunden Humors gelegentlich erschlagend wirken; die Offenheit des spirituellen Weggefährten Nouwen lädt zur Identifikation mit einem genauso verletzten, stolpernd seinen Weg suchenden Menschenwesen ein, wie man selbst eines ist:

Es gibt in dir das Lamm und den Löwen. Spirituell reif sein heißt, das Lamm und den Löwen friedlich nebeneinander lagern lassen können. Dein Löwe ist dein erwachsenes, aggressives Selbst; er ist das in dir, was Initiativen ergreift und Entscheidungen trifft. Aber es gibt in dir auch das ängstliche, verletzliche Lamm, den Teil deiner selbst, der Zuneigung, Unterstützung, Bestätigung und Nahrung braucht.

Wenn du dich nur um deinen Löwen kümmerst, wirst du schließlich überspannt und erschöpft sein. Wenn du nur dein Lamm pflegst, wirst du leicht zum Opfer deines Bedürfnisses, von anderen beachtet zu werden. Die Kunst des spirituellen Lebens besteht darin, sowohl deinen Löwen wie dein Lamm zu pflegen. Dann kannst du entschieden handeln, ohne deine eigenen Bedürfnisse zu verleugnen. Und du kannst um Zuneigung und Sorge bitten, ohne dein Talent zu verraten, auch Leitung anbieten zu können.[105]

Spirituelle Begleitung

Die spirituelle Begleitung bzw. Führung ist nicht nur in römisch katholischen, sondern auch in anglikanischen und protestantischen Kreisen zur festen Praxis geworden. Zu den Schriftstellern, die zu diesem Gebiet Wichtiges beigetragen haben, gehören Kenneth Leech (*1939), Gerald May (*1898) und Tilden Edwards (*1935).

Kenneth Leech ist anglikanischer Priester und versieht seinen Dienst nicht in einer bequemen Vorstadt oder Universität, sondern in East London, einem Gebiet, das dringend der christlichen Seelsorge bedarf. Er verfasste ein dreibändiges Werk, dessen erster Band zu den Grundlagenwerken über spirituelle Begleitung gehört: *Soul Friend.* Im zweiten Band, *True Prayer,* geht es vor allem um das Gebet, die wichtigste christliche Disziplin. Und im dritten mit dem Titel *Experiencing God: Theology as Spirituality* kommt er direkt auf Gott, das Subjekt und Objekt des spirituellen Lebens, zu sprechen:

Tatsächlich gibt es deutliche Anzeichen nicht für den Tod Gottes, sondern bei vielen Menschen eher für sein Fehlen und die ständige und zuweilen verzweifelte Suche nach seiner Gegenwart…
Es ist kaum zu bezweifeln, dass sich ein gewaltiges Interesse für Spiritualität regt. Damit ergibt sich das dringende Bedürfnis nach spiritueller Unter-

scheidung und Klärung, was substanzlos und was authentisch ist, also danach, die falschen Götter vom wahren Gott unterscheiden zu können. Eindeutig klar ist jedenfalls, dass das unkritische Bejahen der totalen Säkularisierung des Westens, wie man es in den 1960er Jahren weithin pflegte, falsch war.[106]

Tilden Edwards und Gerald May lehren an einer der neueren Ausbildungsstätten für spirituelle Begleiter, dem Shalem Institute in Washington, D.C. Edwards verfasste eine Reihe von Büchern über das spirituelle Leben im komplizierten modernen Alltagsleben, über Achtsamkeit und über spirituelle Begleitung.[107] Auch von May liegen etliche Titel über das spirituelle Leben als das sich führen Lassen vom Geist und der Gnade Gottes vor.[108] Katholische Ausbildungszentren gibt es schon längere Zeit, während protestantische Zentren jüngeren Datums sind und erst allmählich ihr Potenzial voll entfalten.

Wenig wurde bislang für die Geistlichen geschrieben, die gern in ihren Pfarreien ein praktisches spirituelles Programm und spirituelle Begleitung anbieten möchten. Immerhin gibt es jedoch von John Ackerman einen recht hilfreichen »Leitfaden für das spirituelle Leben in Gemeinden«.[109]

Positives Denken und Selbstwertgefühl

Eine der umstritteneren Bewegungen in der amerikanischen Spiritualität war die Schule des »positiven Denkens«, das als erster Dr. Norman Vincent Peale zum Thema machte. Er schrieb als Pastor einer einflussreichen New Yorker Gemeinde eine Reihe von Büchern, in denen er die Überzeugung propagierte, wenn man seine Ziele erreichen wolle, müsse man entschieden positiv denken. Später gründete er die Zeitschrift *Guideposts*.

Dieser Ansatz verdankt einen guten Teil seiner Kritik dem Umstand, dass er ziemlich auf der gleichen Linie wie die überall im Handel zu findende Literatur über »Wege zum Erfolg« liegt. Er wirkt nicht ausdrücklich christlich und seine Hauptabsicht steht vielleicht sogar in direktem Widerspruch zum Gedanken der Gnade, weil sie sich auf bestimmte wirtschaftliche und materielle Ziele konzentriert, auf die unzählige spirituell noch nicht erwachte Menschen aus sind.

Robert H. Schuller (*1926)

Schuller hat sich mit seiner Fernsehsendung *The Hour of Power* und seiner Gemeinde »Crystal Cathedral« in Garden Grove in Kalifornien einen Namen gemacht. Er ist Geistlicher der Reformed Church in America und hat seine Fähigkeit an den Tag gelegt, auf die Wellenlänge der kalifornischen Kultur einzugehen. Von ihm gibt es zahlreiche Bücher und er ist mit vielen berühmten Persönlichkeiten bekannt.

Schuller spricht statt von »positivem Denken« lieber davon, »Mögliches zu denken«. Dabei konzentriert er sich auf das, was die Psychologen als »Selbstwertgefühl« bezeichnen: »Denn das Selbstwertgefühl, der ›Stolz, ein Menschenwesen zu sein‹, ist das, was die Menschen heute am allernotwendigsten brauchen.«[110]

Schuller ist der Überzeugung, wir brauchten eine neue Reformation, damit die Kirche anders denken lerne, denn sonst werde sie auf der Strecke bleiben:

> Jahrzehnte lang sehen wir nun schon zu, wie die Kirche in Westeuropa und in Amerika immer mehr an Macht, Mitgliedern und Einfluss verliert. Ich glaube, dieser Verfall rührt daher, dass wir vorwiegend theozentrische Aussagen gemacht haben, statt auf die tieferen emotionalen und spirituellen Bedürfnisse der Menschen einzugehen…
> Ich rufe die Kirche auf, sich entschieden daran zu machen, sich selbst umzugestalten, bis sie zum Besten wird, was dem Menschengeschlecht jemals beschert wurde. Die Kirche wird zur besten Freundin aller Menschen, wenn wir das Evangelium von Glaube – Hoffnung – und Liebe auf eine Weise verkünden, dass es wirklich das Selbstwertgefühl der Menschen fördert und stärkt.[111]

Die »Chicken Soup«-Bücher

Im letzten Jahrzehnt des 20. Jahrhunderts brachte es eine volkstümliche Schriftenreihe in Amerika auf über 15 Millionen Exemplare. Sie bietet im Stil von *Reader's Digest* und *Guideposts* anregende und ermutigende Geschichten; oft sind es Schilderungen inspirierender Taten ganz einfacher, gewöhnlicher Menschen. Der erste dieser Bände hieß *Chicken Soup for the Soul: 101 Stories to Open the Heart & Rekindle the Spirit* (»Hühnerbrühe für die

Crystal Cathedral, das ganz von Glasflächen umschlossene Studio des Fernseh-Evangelisten Robert Schuller in Garden Grove, Kalifornien (1987).

Seele: 101 Geschichten, das Herz zu öffnen & den Geist wieder zu entfachen«).

Der Erfolg dieses ersten Bandes war derart überwältigend, dass ihm über 15 weitere folgten, darunter *Chicken Soup for the Christian Soul*. Die Reihe »Chicken Soup« vermittelt eine volkstümliche Spiritualität an Amerikaner, die etwas Kurzes und Aufbauendes wollen. Der Verkaufserfolg dieser Reihe und ihre Ausweitung auf das Fernsehen offenbaren das Bedürfnis der Amerikaner nach Erfolg und Selbstwertgefühl, aber auch ihren Hunger nach Spirituellem.

Das Heilen in der Tradition der Charismatik und darüber hinaus

Praktisch alle Christen beten irgendwann einmal um Heilung. Im 20. Jahrhundert aber entstand ein besonderer Impuls für das Gebet darum, und zwar in verschiedenen Kreisen, am intensivsten allerdings wohl im Rahmen der charismatischen Erneuerung. Davor wurden viele in den USA von Agnes

Sanford (1897–1976) beeinflusst, deren Eltern Missionare in China waren. Sie heiratete später einen Geistlichen der Episkopalkirche und gründete mit ihm zusammen die »Schools of Pastoral Care«. Mit ihren ersten Schriften, darunter ihrem *Healing Light*, war sie eine Vorläuferin der charismatischen Erneuerung, beeinflusste später viele in dieser Bewegung und schloss sich ihr in ihren späteren Jahren selbst an. Sie schrieb zahlreiche weitere Werke über die Heilkraft der Bibel und die heilenden Gaben des Heiligen Geistes[112] und auch einen Roman, *The Lost Shepherd*. Sanford hob vor allem die Bereitschaft Gottes, die Menschen zu heilen, hervor sowie das Bedürfnis nach physischer und auch emotionaler Heilung. Sie lud die Betreffenden dazu ein, sich lebhaft vorzustellen, wie sie geheilt würden und wie sie von der Liebe Gottes umhüllt seien. Auch prägte sie den Begriff der »Heilung seiner Erinnerungen«

Heilung von Süchten

Ein Dialog zwischen den verschiedenen Zwölf-Schritte-Programmen und der christlichen Spiritualität ist im Gange. Die Anonymen Alkoholiker wurden in den 1930er Jahren von zwei Männern, »Bill W. und Dr. Bob« – William Wilson (1895–1971) und Robert Smith (1879–1950) – gegründet, die stark von der Oxford Group, der später als »Moralische Aufrüstung« bekannten Bewegung, beeinflusst waren.[113] Eine genauere Untersuchung zeigt, dass die AA ihr Gepräge sowohl von christlichen wie weltlichen Bewegungen erhielten.[114] Sie und andere Alkoholiker-Heilungsgruppen wurden oft von den Kirchen und konventionellen Christenkreisen abgelehnt, glaubten jedoch zutiefst an die Botschaft des Evangeliums. Sie entwickelten Gruppen für Alkoholiker, die allen Menschen offen standen, anders als die meisten Kirchen.

Im Lauf der Jahre wurden die ursprünglichen zwölf Schritte durch eine umfangreiche Literatur über Grundhaltungen, Gebet und Meditation ergänzt. Einer der in der Spiritualität der AA meistverwendeten Texte ist der erste Teil eines längeren Gebets, das der Theologe Reinhold Niebuhr verfasst hat:

> Gott, gib mir die Gnade, mit Gelassenheit
> anzunehmen, was ich nicht ändern kann,
> den Mut, zu ändern, was ich ändern kann,
> und die Weisheit, das eine von andern zu
> unterscheiden.
> Hilf mir, jeweils einen Tag ganz zu leben,
> mich immer des jeweiligen Augenblicks zu
> erfreuen,
> alles Schwere als Etappe des Wegs zum Frieden
> anzunehmen,
> diese sündige Welt so wie du zu nehmen: wie sie
> ist,
> und nicht, wie ich sie haben möchte.
> Schenk mir das Vertrauen, dass du alles recht
> machen wirst,
> wenn ich mich deinem Willen überlasse,
> und die Zuversicht, dass ich in diesem Leben
> einigermaßen glücklich sein kann,
> und im künftigen Leben mit dir für immer über
> alle Maßen. Amen.[115]

In den letzten Jahrzehnten hat diese Literatur in zunehmendem Maß die Aufmerksamkeit von christlichen spirituellen Begleitern und Seelsorgern geweckt. So ergeben sich vielleicht in Zukunft mehr Möglichkeiten der Zusammenarbeit zwischen den Kirchen und den AA.

Ein Aspekt, der diese Bewegung und ihre Erfahrungen interessant macht, ist die Einsicht, dass das Phänomen Sucht allgegenwärtig ist.[116] Das heißt, was die Anonymen Alkoholiker für eine Form der Sucht erkundeten, ist genauso für andere Formen gültig, und nicht nur für die offensichtlichen wie die Drogen-, Spiel- oder Ess- bzw. Magersucht. Zwanghafte Verhaltensweisen sind nicht unbedingt eine Frage der freien Wahl. Schon Paulus klagte im Römerbrief (7,19): »Ich tue nicht das Gute, das ich will, sondern das Böse, das ich nicht will.«

Bei den Zwölf Schritten handelt es sich um ein Programm, das etliche Elemente der früheren Spiritualität aufgreift, etwa, einen Seelengefährten zu haben, täglich Gewissenserforschung zu halten, Schaden wieder gut zu machen, sich ganz Gott auszuliefern und seinen Glauben mit anderen zu teilen. Man konzentriert sich dabei auf die Entdeckung irrationaler, schädlicher Gewohnheiten und deren Überwindung, an deren Wurzel die Behauptung steckt: »Ich bin (mein eigener) Gott.« An der Wurzel der Sucht wird also ein spirituelles Problem gesehen und die Heilung beginnt damit, dass man sich der Gnade als freiem Geschenk Gottes ausliefert.

Die Kombination der Zwölf Schritte mit regelmäßigen Gruppentreffen und dem persönlichen Mentor stellt insgesamt ein wirksames Programm zur spirituellen Veränderung dar, das grundsätzlich für alle Kirchenmitglieder von großem Wert sein könnte.

(»healing of memories«): Man solle seine Wunden aus der Vergangenheit emotional loslassen, indem man sich die damit verbundenen Ereignisse noch einmal in der Gegenwart Jesu lebendig vorstelle.

Agnes Sanford beeinflusste Morton Kelsey und trug dazu bei, dass Francis MacNutt (*1925) in den Heilungsdienst eingeführt wurde. Dessen erstes Buch mit dem einfachen Titel *Healing* (1974) wurde ein Bestseller. Er unterscheidet darin vier Arten der Heilung: die spirituelle, die physische, die emotionale und die Befreiung von bösen Geistern. Außerdem hob er hervor, dass für den Heilungsprozess die Liebe genauso wichtig sei wie der Glaube. Er ermutigt genau wie auch andere Charismatiker die Menschen, diejenigen, für die sie beten, im Kreis zu umstehen und zu berühren.

Nach etlichen Jahren der Arbeit in einem Seelsorgeteam trat MacNutt aus dem Orden aus und heiratete eine der Episkopalkirche angehörende Psychotherapeutin. Jetzt leiten Frank und Judith MacNutt ihre eigene Organisation, die »Christian Healing Ministries«.

In Großbritannien entstand in der anglikanischen Kirche beträchtliches Interesse für Heilungsgottesdienste, was nicht immer im Zusammenhang mit dem charismatischen Ansatz stand. Bischof Morris Maddocks leitete zunächst eine Kommission zur genaueren Untersuchung aller damit verbundenen Fragen und förderte schließlich aktiv durch Bücher wie *The Healing Ministry of the Church* die Verbreitung eines Heilungsdienstes in der Kirche. Mitglieder der Episkopalkirche in den USA gründeten den St.-Lukas-Orden, der eine Ausbildung im Gebet für die Kranken anbietet und für Mitglieder aller Konfessionen offen steht.

Spiritualitäten von Frauen, Männern, Homosexuellen/ Lesben und ökologische Spiritualität

Feministische Spiritualität

Bis Mitte des 20. Jahrhunderts hatten in den westlichen Demokratien die Frauen allgemein das Wahlrecht erlangt. 1963 veröffentlichte Betty Friedan ihr Buch *The Feminine Mystique*.

In den Kreisen der Christen führte die feministische Bewegung oft zu Spaltung und Kontroversen, genau wie früher das Thema der Sklaverei. Radikale Vorkämpferinnen der Bewegung sind nicht an einer Reform des Christentums interessiert, sondern wollen es lieber ganz zerstört sehen, weil sie es als bis in den Kern patriarchalisch und frauenfeindlich betrachten. Das hat zur Folge, dass konservative Christen den Feminismus als Abirrung brandmarken, die in der Kirche keinen Platz habe. Die Bibel und die Tradition hätten bereits alles Wichtige zu diesem Thema entschieden, weshalb es keiner Änderung bedürfe. Aber eine beträchtliche Anzahl Christen lernten schließlich den Weg der Reform als den angemessensten sehen. Die Stimmen der christlichen Frauen überzeugten viele davon, dass die gesamte Tradition unter dem Gesichtspunkt des Verhältnisses der Geschlechter noch einmal überdacht werden muss. Die Bibel selbst schildert zwar patriarchalische Gesellschaftsverhältnisse, aber es gibt Hinweise darauf, dass namentlich Jesus und Paulus mit den Frauen anders umgingen, als das die allgemeine Norm in ihrer zeitgenössischen Gesellschaft war.

Im Lauf dieses turbulenten Veränderungsprozesses wandten sich etliche Frauen ganz vom christlichen Glauben ab, und zwar wegen seiner Sünden des Patriarchats. Die bekanntesten dieser Frauen taten das auf ganz unterschiedlichen Wegen. Eine der frühesten und bekanntesten ist Mary Daly, eine frühere römische Katholikin, auf deren erstes Werk *Beyond God the Father* (1968) zunehmend radikalere Neuentwürfe für das religiöse Leben von Frauen folgten. In jüngerer Zeit hat die amerikanische Protestantin Carol Christ in Büchern wie ihrem *Why Women Need the Goddess* ernsthaft die Wiedereinführung der hellenistischen Religion befürwortet. In England schrieb Daphne Hampson, nachdem ihr in der anglikanischen Kirche die Priesterweihe verweigert wurde, mehrere Bücher als »Post-Christin«.

Der Feminismus innerhalb wie außerhalb der Kirche ist ein globales Phänomen. Frauen nichtweißer Hautfarbe legten hie und da den Begriff »Feminismus« ab und sprechen lieber von »womanist« oder *»muhajarista* theologies«. Sie wollen damit den ganz eigenen Charakter ihres Kampfes um Befreiung als nicht-weiße Frauen zum Ausdruck bringen. Frauen aus Afrika und Asien schlossen sich den Frauen beider Amerika und Europas im Ruf nach

Rosemary Radford Ruether (*1936)

Viele Theologinnen sind in den christlichen Kirchen geblieben und setzten sich darin für Reformen im Sinn der feministischen Anliegen ein. Eine der bekanntesten und jedenfalls produktivsten von ihnen ist Rosemary Radford Ruether, eine römisch katholische Laientheologin und Mutter dreier Kinder.

Ruether bringt in ihre feministischen Ansichten eine ethische Perspektive ein, wie das christliche Feministinnen weithin tun, nämlich die Sorge um alle Menschen, vor allem Farbige, Homosexuelle und Lesben sowie wirtschaftlich benachteiligte Gruppen. Sie wendet die lateinamerikanische Befreiungstheologie auf alle Bevölkerungsgruppen in Nordamerika an. Außerdem hat sie sehr deutlich die Unterdrückung der Palästinenser durch die Israelis kritisiert. Zehn Jahre lang lehrte sie an der Howard School of Religion, einem der führenden afroamerikanischen Seminare der USA.

Die Weite ihrer Vision erscheint sehr deutlich in ihrer folgenden Aussage in ihrem sehr bekannt gewordenen Buch *Sexism and God-Talk* (1983; deutsch: *Sexismus und die Rede von Gott*[117]):

Wenn Frauen den Androzentrismus (Männer als Maßstab des Menschseins) ablehnen, müssen sie auch alle anderen Formen des Chauvinismus in Frage stellen, z. B. dass weiße Bewohner des Westens zum Maßstab des Menschseins gemacht werden oder Christen oder privilegierte Klassen. Frauen müssen auch den Humanozentrismus kritisieren, d.h. wenn Menschen als Maßstab und Krone der Schöpfung gelten, so dass dadurch die anderen Seinsformen in der Schöpfungsgemeinschaft entwertet werden.[118]

Ruethers Methode

Ruether legt in ihrer Theologie auf zwei Elemente ganz besonderen Wert: die hebräischen Propheten und die Erfahrung von Frauen:

Der Feminismus übernimmt die prophetischen Prinzipien anders als es die biblischen Autoren meistenteils getan haben, nämlich um damit diesen nicht hinterfragten patriarchalischen Rahmen zu kritisieren und abzulehnen. Eine biblisch begründete feministische Theologie ist nur möglich, wenn die prophetischen Prinzipien so verstanden werden, dass sie jede Selbsterhöhung einer sozialen Gruppe als Bild und Werkzeug Gottes und jeglichen Gebrauch Gottes zur Rechtfertigung sozialer Herrschaft oder Unterdrückung ausschließen. Das Patriarchat selbst fällt unter das biblische Verbot der Götzenverehrung und Gotteslästerung, weil es letztlich den Mann als Repräsentanten des Göttlichen verehrt. Es ist Götzendienst, Männer für »gottesähnlicher« als Frauen zu halten.[119]

So erklärt Ruether diejenigen Teile der Bibel für überholt, die diesem Grundsatz nicht genügen. Sie geht dabei mit der gleichen Logik vor, mit der die frühen Christen das Ritualgesetz abschafften oder die Christen des 19. Jahrhunderts ihre biblische Lehre bezüglich der Sklaverei revidierten. Dieser kontroverse Schritt scheidet Ruether von den Theologen, die die gesamte Bibel für autoritativ halten. Da sie bezüglich des persönlichen Weiterlebens nach dem Tod eine agnostische Haltung einnimmt, ergibt es sich folgerichtig, dass sich ihre Theologie auf soziale Diesseitsfragen konzentriert:

einem neuen Status der Frauen in der Spiritualität und Theologie und im Leben der Kirche an.

Männerspiritualität

Eine Anzahl Männer reagierten auf die Frauenbewegung weder mit voller Ablehnung noch mit voller Annahme deren Sichtweise. Es kam zur Formierung einer Männerbewegung nach dem Vorbild der Frauenbewegung. Genau wie bei den Frauen ging es auch bei der »Befreiung« der Männer um eine neue Bewusstseinsbildung, Gruppentreffen, Kritik sozialer stereotyper Rollenvorstellungen und den Versuch, das wesentlich Männliche neu zu entdecken. Die Vertreter dieser Bewegung stellen die in unserer

Prophetischer Glaube klagt religiöse Ideologien und Systeme an, die die herrschende ungerechte Gesellschaftsordnung rechtfertigen und sanktionieren. Das sind die für die Propheten und für die Mission Jesu zentralen Traditionen.[120]

Feministische Theologie bringt zum Ausdruck, was in der männlichen Verteidigung der Armen und Unterdrückten übersehen worden ist: dass Befreiung bei den Unterdrückten der Unterdrückten beginnen muss, nämlich bei den *Frauen* der Unterdrückten. Das bedeutet, dass die Kritik der Hierarchie ausdrücklich eine Kritik des Patriarchats sein muss. Alle befreienden prophetischen Visionen müssen vertieft und umgewandelt werden, damit sie einschließen, was sie bisher nicht eingeschlossen haben: die Frauen.[121]

Ruether verkörpert die sozial-prophetische Seite des christlichen Feminismus. Sie kritisiert unerschrocken die Unterdrückungsmächte unserer Zeit und greift auf diese Weise ganz praktisch die prophetische Tradition wieder auf, nur dass sie im Unterschied zu diesen auch die Unterdrückung der Frauen ins Visier nimmt. Andere feministische Autorinnen schreiben unter verschiedenen anderen Gesichtspunkten. Zu den einflussreichen christlichen Schriftstellerinnen des 20. Jahrhunderts gehören Anne Carr, Elizabeth Johnson, Denise Lardner Carmody, Sally McFague und Mercy Amba Oduyoye.

Frauen vor der Freiheitsstatue anlässlich des Marsches der »Women's Liberation« im August 1970 in New York.

Einer der führenden Autoren der Männerbewegung ist Sam Keen, der vertritt, die Männer müssten von der Beherrschung durch die Macht der Frauen befreit werden. Er spricht sich scharf gegen den »ideologischen Feminismus« aus, findet jedoch den »prophetischen Feminismus« begrüßenswert.

Der prophetische Feminismus ist ein Vorbild dafür, welche Veränderungen auch Männer zu erfahren beginnen. Der ideologische Feminismus ist nur die Fortsetzung eines Musters allgemeiner Feindseligkeit gegeneinander und jenes Schaffens von Sündenböcken, das bislang üblicherweise die Männer gegenüber den Frauen gepflegt haben.[122]

Kultur üblichen Bilder für Männlichkeit in Frage. Wenn Männer zuweilen Schlimmes anrichten, wird das unter anderem auf die Art zurückgeführt, wie Jungen psychisch geprägt werden sowie auf die »Vaterwunde«, das heißt die Abwesenheit des Vaters im Leben des Jungen. Für das Lexikon ist analog zur »Misogynie« das Wort »Misandrie« geprägt worden, das die Verachtung des Männlichen bezeichnet.

Was bedeuten diese neuen Sichtweisen für die christliche Spiritualität? Eine Anzahl Schriftsteller machten sich ans Werk, die damit verbundenen Fragen genauer zu erörtern; außerdem entstand in Kreisen der Evangelikalen eine beachtliche Bewegung. Eines der Themen stellt sich genau wie bei der feministischen Spiritualität: die Frage nach dem Gottesbild. Sollten wir die in Liturgie und Spiritualität überlieferte Sprache ablegen und Gott stattdessen im Licht der Kritik am Patriarchat ansprechen (oder sogar für das Wort »Gott« einen anderen Ausdruck finden)? Eine der besonnensten Antworten gab Brian Wren in seinem Buch, dessen Titel übersetzt lautet: »Welche Sprache soll ich nehmen? Die Rede von Gott im Gottesdienst: Antwort eines Mannes auf die feministische Theologie.«[123]

David James baut auf Wren und anderen auf und behandelt die Frage:

> *Ist für die männliche Spiritualität ein männlicher Gott notwendig?* Die Antwort lautet »Ja«… Die Schlussfolgerung der Autoren, die auf diesen Seiten zu Wort kamen, ist, dass für Männer männliche Bilder von Gott eine reiche Quelle zum Nachdenken sind. Sie aus dem religiösen Bewusstsein herauszureißen, wäre ein genauso gewalttätiger Akt gegen eines der Geschlechter, wie irgend sonst eine vom Patriarchat ausgeübte Gewalttätigkeit.[124]

Eine andere Ansicht bieten konservative Schriftsteller sowie die Bewegung der so genannten »Promise Keepers«. Der Gedanke der »Promise Keepers« kam erstmals am 20. März 1990 durch den Football-Trainer Bill McCartney auf. In ihrer Frühform zeichnete sich diese Bewegung vor allem durch riesige Versammlungen in Sportstadien aus, bei denen Männer zum Glauben an Jesus Christus und zur Übernahme ihrer Verantwortung in ihren Familien aufgefordert wurden. Später konzentrierte man sich stärker auf die Ortskirchen.

Die Großversammlungen der »Promise Keepers« wurden von Feministinnen kritisiert, die darin eine Äußerung der männlichen Macht sahen; von liberalen Protestanten, die mit ihren Idealen nicht einverstanden sind; und von Männern mit liturgischem Hintergrund, die den freischwebenden und stark emotionalen Stil ihrer Gottesdienste abstoßend finden. Das Verhältnis der »Promise Keepers« zum Feminismus ist nicht ausdrücklich feindselig, aber

einige ihrer Sprecher sind in ihren Aussagen weit über die offiziell eingehaltene Linie hinausgegangen und scheinen Frauen doch als zweitrangig zu betrachten.

Die Spiritualität von Homosexuellen und Lesben

Eine markante Entwicklung im 20. Jahrhundert bestand darin, dass Äußerungen christlicher Spiritualität von Homosexuellen und Lesben in gedruckter Form erschienen.[125] Homosexuelle, lesbische, bisexuelle und geschlechtsumgewandelte Christen fanden ein neues Vertrauen in ihre Möglichkeit, ihre eigene Erfahrung in einem christlichen Kontext zu beschreiben (also sozusagen auch auf diesem Gebiet ihr »coming out« zu erleben) und sich in ihren Glaubensgemeinschaften dafür einzusetzen, dass die Seelsorge auch sie mit einschließe. So wurden in der gesamten Literatur die im Rahmen der Menschheitsfamilie vorhandene Vielfalt und die Forderung nach Freiheit, Gerechtigkeit und Würde für alle hervorgehoben. Die Liebe als Agape müsse konkret werden, nicht nur verbaler Natur bleiben, damit gesunde spirituelle Gemeinschaften aufblühen könnten.

In vielen der frühen spirituellen Äußerungen von Homosexuellen und Lesben ging es vor allem um die Schwierigkeit, mit Geheimnissen zu leben, die den eigenen Glauben erstickten, und um den mühsamen Weg, das Risiko und den Schmerz der Ehrlichkeit auf sich zu nehmen, die Wahrheit zu sagen, »die frei macht« und dadurch zu einem neuen Leben in Freiheit und Integrität vorzustoßen. Diese persönliche Authentizität gegenüber Gott, sich selbst und den Anderen stellt die Grundlage für die Entwicklung aller spirituellen Eigenschaften dar (Liebe, Mitgefühl, Wahrheit, Großzügigkeit, Vergebung, Toleranz, Frieden und Mut), die man braucht, um in einer gesunden Beziehung zu Gott, sich selbst und den Anderen leben zu können. Eine ungesunde Spiritualität fördert das Gegenteil dieser gerade genannten Eigenschaften: Lügen, Hass, Intoleranz, Angst, Neid, Eifersucht, soziale Ungerechtigkeit, Diskriminierung und Krieg.

In einem Großteil der Literatur über die Spiritualität von Homosexuellen und Lesben wird ausdrücklich ein körperfeindlicher Dualismus abgelehnt, der behauptet, der Körper und alles Irdisch-Materielle seien böse und müssten unterdrückt werden. In dieser Spiritualität wird eine positive Sicht der physischen Natur der irdischen Wirklichkeit vertreten. Die Spiritualität von Homosexuellen und Lesben ist sich mit der feministischen Spiritualität im Anliegen einig, den Einzelnen zu helfen, eine Stimme zu finden und sie verlangt wie diese nach einer sinnlichen Leibhaftigwerdung in der Welt. Diese Wertschätzung der physischen Wirklichkeit geht weiter und wird zur Wertschätzung der Natur und zur ökologischen Verantwortung für den gesamten Kosmos.

Ökologische Spiritualität

Eine weitere markante Entwicklung in der Spiritualität des 20. Jahrhunderts bestand darin, dass man die Natur neu schätzen lernte und sensibel für die Rolle des Menschen darin wurde, der sie fördern oder zerstören kann. Bedrohungen durch einen nuklearen Winter oder eine globale Erderwärmung, die Erkenntnis, dass zunehmend mehr Arten ausgerottet und Land, Meer und Luft verseucht werden, konzentrierten die Aufmerksamkeit auf die Ökologie in einer Weise, wie dies noch nie in der Geschichte der Fall war. Man hat dem Christentum vorgeworfen, zu dieser Situation geführt zu haben, weil es grundsätzlich eine ausbeuterische Haltung des Menschen gegenüber der Schöpfung gefördert habe. Namentlich die Aufforderung in Genesis 1,28: »Seid fruchtbar und vermehrt euch, bevölkert die Erde, unterwerft sie euch und herrscht über die Vögel des Himmels und über alle Tiere, die sich auf dem Land regen« erfuhr gewaltige Kritik und strenge Überprüfung. Liefert sie die moralische Rechtfertigung für die Ausbeutung der Erde und den hemmungslos vom Konsum geprägten Lebensstil, wie er für hoch entwickelte Wirtschaften so typisch ist? Oder haben Naturwissenschaft, Technologie und Wirtschaft zusammengewirkt, um uns in die gegenwärtige Sackgasse zu bringen? Der Beitrag der ökologischen Spiritualitäten besteht darin, deutlich zu machen, dass Ökologie nicht nur ein technologisches, sondern vor allem ein spirituelles Thema ist: Die Menschen müssen sich zu einer anderen Art der Wahrnehmung der Welt und des Verhältnisses zu ihr bekehren, um sich anders verhalten zu können.

An dieser Stelle sei an einige Gestalten erinnert, denen wir bereits begegnet sind: Teilhard de Char-

Infolge sauren Regens abgestorbene Bäume in Ontario, Kanada. Immer mehr Christen gelangen zur Überzeugung, sie müssten sich aus Verantwortung aktiv für den Umweltschutz einsetzen.

din spannte seine Theologie in den Rahmen eines sich in Evolution befindlichen Universums. Albert Schweitzer lehrte die Ehrfurcht vor dem Leben. Johannes Paul II. erklärte Franz von Assisi zum heiligen Patron der Ökologie. Oder der lutherische Theologe Joseph Sitler (1904–1987) begann bereits in den 1950er Jahren über diese Problematik zu schreiben. Alle diese Schriftsteller reihten sich in den Chor derer ein, die eine grundsätzliche Änderung der Einstellung der Christen der reichen Länder gegenüber der Welt, in der sie leben, verlangten.

Rosemary Radford Ruether sagt über die spirituellen Wurzeln unserer diesbezüglichen Probleme und über mögliche Maßnahmen dagegen:

Eine heile Beziehung zueinander und zur Erde… erfordert ein neues Bewusstsein, eine neue symbolische Kultur und Spiritualität. Wir müssen unsere Psyche innerlich verändern, und damit auch die Art und Weise, wie wir das gegenseitige Verhältnis von Männern und Frauen, Menschen und dem Göttlichen, dem Göttlichen und der Erde symbolisieren… Es kommt darauf an, den inneren Zusammenhang zwischen der Öko-Gerechtigkeit und der lebendigen Spiritualität zu sehen und sie als innere und äußere Aspekte eines einzigen Prozesses der Bekehrung und Umwandlung zu erkennen.[126]

Matthew Fox (*1940) vertritt eine »schöpfungszentrierte Spiritualität« oder einfach eine »Schöpfungsspiritualität«. Seine Anliegen gehen weit über die der Ökologie hinaus, aber in seinen Schriften spielt die Ökologie eine große Rolle. Fox ist eine umstrittene Gestalt; er wurde 1993 aus dem Dominikanerorden und dem katholischen Priestertum ausgeschlossen. 1994 wurde er Priester der Episkopalkirche in San Francisco.

Warum waren Fox' Kritiker so unerbittlich in ihrem Urteil, er lehre nicht mehr den orthodoxen christlichen Glauben? Weil er anscheinend das Hauptthema der christlichen Erlösung beiseite wischte, das, was er als die auf Sündenfall und Erlösung zentrierte Spiritualität bezeichnet. Das heißt, trotz seiner Appelle, alle Dualismen aufzugeben und eine Theologie des sowohl/als auch zu entwickeln, unterteilte Fox faktisch den christlichen Glauben in zwei sich widerstreitende Aspekte und forderte, der eine müsse den anderen überwinden. Er schien den ersten Artikel des Credo (über die Schöpfung) über und gegen den zweiten (die Erlösung) zu setzen.

Hier eine Kostprobe dafür, mit welcher Leidenschaft dieser spirituelle Reformer seine Thesen vertritt; sie stammt aus seinem Frühwerk *On Becoming A Musical Mystical Bear: Spirituality American Style:*

In den westlichen Spiritualitäten finden wir zahlreiche Beispiele für eine eher lebens-verleugnende als lebens-bejahende Spiritualität. Und Tatsache ist, dass die lebens-verleugnende Spiritualität in der westlichen Zivilisation vorherrschend war, nicht die jüdische lebens-bejahende (aus der Jesus kam, was wir nicht vergessen sollten). Repression, nicht Expression; Schuldgefühl, nicht Genießen; Himmel, nicht dieses Erdenleben; Sentimentalität, nicht Gerechtigkeit; Abtötung, nicht Entfaltung seiner Talente: das sind die Parolen, die die westliche Spiritualität weithin den Menschen eingeimpft hat… Die Spiritualitäten von Plato, Augustinus und (Pseudo-)Dionysius sind dazu angetan, zum Verzicht auf wirkliches Leben und in einen tiefen Pessimismus

bezüglich des Menschen zu führen. Und dennoch waren sie in der Christenheit unhinterfragt am beliebtesten und übten den stärksten Einfluss aus.[127]

Zum Schluss sei noch ein ökologischer Schriftsteller erwähnt, der nicht so bekannt wie Ruether oder Fox ist und viel näher an der überlieferten christlichen Spiritualität bleiben möchte. Charles Cummins schlägt in seinem Buch *Spirituality: Toward a Reverent Life* ein neues Paradigma vor, bei dem es sich um eine Kombination aus der Sündenfall/Erlösungs-Tradition der katholischen Lehre und der Schöpfungsspiritualität von Fox handelt.[128] Christen, die Fox' Kritik an der Tradition ein Stück weit teilen, jedoch nicht damit einverstanden sind, dass er die zentrale Bedeutung des Kreuzes in Abrede stellt, werden den Ansatz von Cummins akzeptabler finden. Cummins bietet einen hilfreichen Überblick über die Entwicklungen auf naturwissenschaftlichem wie spirituellem Gebiet, die uns in unsere derzeitigen Krisen geführt haben und gibt Anregungen für die spirituelle Praxis. Unter anderem ruft er die Christen dazu auf, ein einfacheres Leben zu führen. Dazu gehört, die globalen Ressourcen sparsamer zu verbrauchen, in der Auswahl seiner Nahrungsmittel kritischer und bescheidener zu sein, mehr die öffentlichen Verkehrsmittel als das eigene Auto zu benutzen und der Neigung zu widerstehen, alles unbedacht auf unsere ständig wachsenden Müllhalden zu werfen, was eigentlich noch durchaus wiederverwendbar wäre. Die Anliegen von Cummins werden von nachdenklichen Christen in den Wohlstandsländern weithin geteilt, aber die praktische Umsetzung bleibt weit hinter der moralischen Unterstützung zurück.

Die Medien der Spiritualität

Das Buch ist nicht das einzige Medium!

Am Ende des 20. Jahrhunderts war das Buch immer noch vorherrschend und wird das vielleicht noch lange Zeit bleiben, weil es sich leicht überall hin mitnehmen lässt und man einem greifbaren Buch gegenüber auch eine persönliche Anhänglichkeit entwickeln kann. Aber in zunehmendem Maß beziehen wir unsere Information auch aus anderen

Quellen. Hinzu kommt, dass Spiritualität grundsätzlich ganzheitlicher Natur ist und folglich nicht nur in gedruckter Form, sondern auf dem Weg über alle Erfahrungsbereiche des menschlichen Daseins und der menschlichen Ausdrucksmöglichkeiten weitergegeben wird.

Das vorzüglichste Medium der Weitergabe von Spiritualität ist der Mensch selbst. Der Prozess, mittels dessen Menschen das spirituelle Leben erlernen, ist in erster Linie der Kontakt mit einem anderen Menschen, der als Mentor, Lehrer, Leiter oder Begleiter wirken kann. Evelyn Underhill schrieb: »Am leichtesten nehmen wir die spirituelle Wirklichkeit wahr, wenn wir erleben, dass sie den Charakter eines Menschen verwandelt, und am leichtesten geht sie auf dem Weg sympathischer Ansteckung auf uns über.«[129] Man braucht nur an Jesus und seine ersten Jünger zu denken, um zu sehen, dass das bestimmt das wichtigste Mittel war, sie ins spirituelle Leben einzuführen.

Für die Weitergabe des spirituellen Lebens spielten zweifellos Bücher eine hervorragende Rolle: Bücher zu Themen der Frömmigkeit, Gebetbücher, Bücher mit Predigten, Heiligenbiographien oder zu spirituellen Themen jeglicher Art. Aber zur Abrundung dieses Kapitels soll unsere Darstellung jetzt noch einige andere Bereiche erwähnen. Das kann nur noch in sehr begrenztem Umfang geschehen, aber weitere Informationen lassen sich leicht in Werken finden, die speziell diese Gebiete behandeln: Gemeinschaften (siehe Kasten S. 362), die literarischen und visuellen Künste, Musik, Radio und Fernsehen sowie das Internet.

Die literarischen Künste

Werke der Poesie und Romane können das spirituelle Leben wecken oder nähren, selbst wenn es sich bei den Verfassern nicht um Christen handelt. Daher ist grundsätzlich die gesamte Literatur des 20. Jahrhunderts für die Spiritualität fruchtbar. Doch soll sich im vorliegenden Abschnitt die Darstellung auf einige wenige allgemein bekannte Schriftsteller beschränken, die von einem ausdrücklich christlichen Standpunkt aus schreiben.

Ein Roman, der zu Beginn des 20. Jahrhunderts zum Bestseller wurde, war Charles Sheldons *In His Steps*, durch den die Frage berühmt wurde: »Was würde Jesus tun?« Darin werden die Veränderun-

gen vor Augen geführt, die sich in einer Kirche und Stadt ergeben, wenn die Menschen sich immer diese Frage stellen, wenn irgendeine wichtigere Entscheidung ansteht. In diesem Roman wird geschildert, wie sich dadurch der Stil der Zeitungen, der Gaststätten und der Stadtverwaltung spürbar veränderte. Bemerkenswerter Weise gab es gegen Ende des 20. Jahrhunderts in den USA eine Jugendbewegung, die sich in Form des Logos WWJD? (»What Would Jesus Do?«) Sheldons berühmte Frage auf Armbänder und andere Gegenstände schrieb. Natürlich hat dieser Ansatz auch seine eigene Problematik, aber immerhin zeigt er, dass Jesus als moralische Instanz immer noch über Anziehungskraft verfügt und dass zudem in einer pluralistischen Gesellschaft, in der alles relativ zu

C.S. Lewis 1938 vor einer Kirche in Oxford.

Gemeinschaften

Das 20. Jahrhundert erlebte das Entstehen einer bunten Vielfalt neuer christlicher Gemeinschaften und Kommunitäten. Weiter oben wurden bereits diejenigen von Iona und Taizé genauer vorgestellt. Ohne den Anspruch auf Vollständigkeit sollen hier einige weitere repräsentative Beispiele kurz geschildert werden.

Der Brüderhof

1919 bildete sich in Deutschland eine Gemeinschaft unter Leitung von Eberhard Arnold (1883–1935), der vom lutherischen Pietisten Christoph Blumhardt (1805–1880) beeinflusst war.[130] Während der Hitlerzeit wurde sie aus Deutschland vertrieben, ließ sich zunächst in Paraguay nieder und fasste schließlich im Staat New York Fuß. Es handelt sich um eine Gütergemeinschaft, die fest an einem Ort zusammenwohnt und ihren Lebensunterhalt mit dem Herstellen von Spielzeug und Veröffentlichen von Büchern verdient. Bezüglich der Geschlechterrollen und Sexualität ist sie sehr konservativ und in den Auffassungen vom Abendmahl und Pazifismus entspricht sie ziemlich der mennonitischen Tradition. Im späten 20. Jahrhundert schloss sich die Gemeinschaft mit den Hutterern zusammen. Das ist eine der am längsten existierenden nicht-klösterlichen Kommunitäten, die von einer strikten, jedoch humanen Spiritualität zusammengehalten wird und sich in scharfem Kontrast von der sie umgebenden Gesellschaft absetzt.

Corrymeela

Die Gemeinschaft von Corrymeela in Nordirland setzte sich das Ziel, sich für die Versöhnung zwischen den dortigen Katholiken und Protestanten einzusetzen. Sie wurde von Reverend Ray Davey gegründet, der zuvor mit einigen Gefährten Iona, Taizé und Agape-Kommunitäten besucht hatte, um aus deren Erfahrungen zu lernen. Sie kauften sich dann ein früheres Ferienhaus mit dem Namen Corrymeela. Nach langwierigen ehrenamtlichen Arbeitseinsätzen feierten sie 1965 ihre offizielle Eröffnung.

Ab Oktober 1968 fingen die »Troubles« richtig an; 1969 schritt die englische Armee direkt ein. Corrymeela nahm vorübergehend Jugendliche aus den Kampfgebieten auf. Später formierte die Kommunität Gruppen vor Ort in Belfast und an anderen Krisenbrennpunkten.

1971 schloss sich Corrymeela dem Kommunitäten-Netzwerk »Cross of Nails« an und ging eine besondere Beziehung zur Kathedrale von Coventry ein. 1974 wurden das »London Corrymeela Venture« und das »Dublin Glencree Centre« ins Leben gerufen.

Koinonia Partners

Ein Prediger der Southern Baptists mit einem Doktorat in neutestamentlichem Griechisch und Autor der vorzüglich übersetzten *Cottonpatch Gospels*, Clarence Jordan (1912–1969), gründete 1942 in Georgia eine neue interrassistische Kommunität:

> »Nie zeigten Paulus oder Petrus oder Stephanus auf ein leeres Grab, um damit die Auferstehung zu beweisen«, sagte er. »Der Beweis war ihre geisterfüllte Gefährtenschaft.« Sein Denken ließ sich auf diese Richtung weiter ein: »Wenn diese enge Verbundenheit in einem gemeinsamen Leben in diesen Männern so deutlich den lebendigen Geist Jesu offenbarte – warum sollte dann so etwas heute nicht möglich sein ...«[131]

Oft suchte sie der Ku Klux Klan heim, aber durch viele Anfechtungen hindurch gelang es der Kommunität, für die Versöhnung von Schwarz und Weiß zu arbeiten. Koinonia wurde zur Geburtsstätte einer starken christlichen Bewegung für menschenwürdiges Wohnen: Habitat for Humanity (1976).

sein scheint, wieder Orientierung und Leitung gefragt sind.

Gegen Mitte des 20. Jahrhunderts traf sich in einem Oxforder Pub regelmäßig eine Gruppe von Literaten, um sich gegenseitig aus ihren Romanen vorzulesen. Sie nannten sich die »Inklings«.[132] Zu ihnen gehörten C.S. Lewis (1898–1963), J.R.R. Tolkien (1892–1973), Dorothy L. Sayers (1893–1957) und Charles Williams (1886–1945). G.K. Chesterton (1874–1936) hatte Lewis stark beeinflusst. Diese Gruppe verfasste Werke, die den Bereich der Spiritualität ernst nahmen, aber jeder tat es auf seine ganz eigene Weise. Am bekanntesten von ihnen dürfte Lewis geworden sein, und zwar dank seiner sieben Kinderromane über Narnia, seiner Raumfahrt-Trilogie, des Films und des Theaterstücks *Shadowlands* und seiner vielen Essays über christliche Themen. In *Surprised by Joy* schilderte er seine Bekehrung zum christlichen Glauben, und vielleicht besser als jeder theologische Traktat beschreiben seine *Screwtape Letters* (deutsch: *Dienstanweisung für einen Unterteufel*[133]) den Bereich des Bösen; es handelt sich um einen fiktiven Briefwechsel zwischen einem Oberteufel und seinem Untergebenen. Lewis eröffnete mit seiner sprühenden Phantasie im 20. Jahrhundert vielen Menschen einen besseren Zugang zur christlichen Botschaft.

Eine weitere englische Autorin, Susan Howatch (*1940), die als Erwachsene zum Christentum konvertierte, griff als Thema die Entwicklungen in der anglikanischen Kirche auf und wurde damit zur erfolgreichen Romanschriftstellerin. In einer Reihe von sechs Romanen behandelt sie jeweils ein Jahrzehnt, angefangen mit den 1920er Jahren, und sie spielen an der Kathedrale von »Starbridge« (Salisbury), in deren Wohnbezirk sie sich selbst niederließ.[134] In diesen Romanen geht es sehr direkt um anglikanische Ordensgemeinschaften und spirituelle Begleitung. Susan Howatch wurde schon als der Anthony Trollope des 20. Jahrhunderts bezeichnet.

In Amerika verblüffen die Kurzgeschichten von Flannery O'Connor (1925–1964) mit Einsichten über den Charakter des Menschen aus deutlich römisch katholischer Sicht. John Updike (*1932) lässt gelegentlich in seinen Romanen seinen lutherischen Hintergrund und die entsprechenden Überzeugungen durchscheinen.

Frederick Buechner (*1926), ursprünglich presbyterianischer Geistlicher und jetzt vollberuflich

Christus am Kreuz, von Georges Rouault (1871–1958).

Schriftsteller, veröffentlichte über zwanzig Bücher – Romane, Tagebücher und Sachbücher.[135] Er schreibt lebendig und anregend, sei es über die Bibel oder zeitgenössische Themen.

Die visuellen Künste

Alle visuellen Künste – Malerei, Plastik und Architektur – brachten die Spiritualität des 20. Jahrhunderts zum Ausdruck und beeinflussten sie. Auch hier ist das Material viel zu umfangreich, um es angemessen beschreiben zu können. Georges Rouault (1871–1958) lieferte mit seinem Werk eine neue Interpretation des Antlitzes Christi. Jacques Maritain sieht einen Zusammenhang zwischen Rouaults Malerei und der Erfahrung der Mystiker:

Diese Einheit von kreativer Emotion und tätigem Verstand… gelingt schließlich nur als endlicher Sieg nach einem ständigen Kampf in der Seele des Künstlers, der Prüfungen und »dunkle Nächte« durchstehen muss, die auf der Ebene der Kreativität des Geistes mit denen vergleichbar sind, die die Mystiker bei ihrem Bemühen um das Einswerden mit Gott erleiden mussten. Das ist bei Rouault der Fall.[136]

Musik und Tanz

Spontan denkt man hier zunächst an die alten und neuen Kirchenlieder, die sich direkt auf die Spiritualität beziehen und mit denen die Christen Gott preisen und durch ihr gemeinsames Singen ihren Gemeinschaftsgeist stärken. Doch zu den Kirchenliedern kommen die Musik hinzu, der Chorgesang und kurze Kehrverse. Taizé hat die gesamte Kirche mit melodiösen, einprägsamen kurzen Gesängen zu Gott beschenkt.

Auch der Tanz ist eine ausdrucksvolle Form des Lobpreises und der Besinnung. Viele afrikanische Kirchen beziehen ganz selbstverständlich den Tanz in ihren Gottesdienst mit ein, zumindest während der Gabenbereitung. Auch in Kreisen der anglikanischen und der Episkopalkirche sind inzwischen liturgische Tänze fester Bestandteil der Liturgie; dabei leiten kleine Tänzergruppen die ganze Gemeinde zur Körpermeditation an.

Spiritualität am Radio und im Fernsehen

Der kommerzielle Rundfunk und das Fernsehen sind zum bedeutenden Bestandteil der Kultur des 20. Jahrhunderts geworden, ja für manche anscheinend zum wichtigsten. Nicht nur ausdrücklich religiöse Programme haben mit der Spiritualität zu tun, sondern jedes Programm kann grundsätzlich entweder hilfreich oder schädlich sein. Ziemliche Bedenken wurden gegenüber der in Hollywood gepflegten Vorliebe für Gewalt und Sex geäußert. In den meisten Ländern verbringen die Menschen beträchtliche Zeit mit kommerziellen Sendern, deren immer raffiniertere Werbung den Hörer oder Zuschauer davon zu überzeugen versucht, dass er/sie ohne das vorgestellte Produkt nicht mehr richtig dazugehöre. Das exzessive Konsumverhalten dürfte das wichtigste Hindernis für das Reiferwer-

den auf spirituellem Gebiet sein, und das Fernsehen ist ein Hauptinstrument zur Verbreitung dieses Konsumverhaltens.

Das Problem bei der »elektronischen Kirche« ist, dass sie die Menschen völlig des Anspruchs enthebt, sich auf andere in der Gemeinde einzulassen. Der Spiritualität eines Menschen, der sich ausschließlich auf das Fernsehen beschränkt, fehlen schließlich ganz der mitmenschliche Kontakt und die physische Gemeinschaft.

Spiritualität im Internet

Die jüngste Entwicklung auf elektronischem Gebiet, die eine gewaltige Anzahl von Menschen direkt betrifft, ist die Verwendung des Internet zur Kommunikation im globalen Maßstab. Dieses Netzwerk lässt sich auf eine Vielzahl von Weisen nutzen: zur persönlichen Kommunikation, zur Übermittlung ungeheurer vieler Daten aus den Bereichen der Wirtschaft und Wissenschaft oder zur Unterhaltung. Zudem können es auch alle an der christlichen Spiritualität Interessierten nutzen; in dieser Hinsicht bietet es eine ganze Reihe von Möglichkeiten.

Eine davon ist die Entwicklung von christlichen Websites, also Adressen, unter denen man Text, Bilder oder Musik findet. Der »Surfer«, der das Medium daraufhin absucht, kann auf verschiedene Weisen damit umgehen. Am einfachsten ist das Beziehen von Informationen. So kann zum Beispiel jemand zum ersten Mal etwas über Juliana von Norwich erfahren oder mitbekommen, wann in der Nähe der nächste *Cursillo* stattfindet, oder er kann den Text einer päpstlichen Enzyklika nachlesen. Oder der Surfer kann sich intensiver darauf einlassen und die Webseite zur Meditation, zum Lobpreis oder zum Gottesdienst nutzen.

Zusätzlich zu den Websites bietet das Internet »Chat Rooms«, das heißt Diskutierrunden. Da kann man zum Beispiel Gesprächspartner über spezifisch spirituelle Themen finden, etwa über Thomas Merton oder die charismatische Erneuerung. Dabei können die Menschen sich persönlich einbringen und durch den Dialog ändern, genau wie das beim Dialog von Angesicht zu Angesicht der Fall sein kann. Die Teilnahme daran ist oft anonym, indem man im Web ein Pseudonym verwendet; bei manchen führt das jedoch schließlich auch zu einer persönlichen Begegnung.

Jeff Zaleski behauptet in seinem Buch *The Soul of Cyberspace*, bei der Entwicklung des Web handle es sich um etwas qualitativ anderes als lediglich ein weiteres Kommunikationsmittel; es führe die Menschheit auf eine neue Bewusstseinsebene, indem es potenziell alle Menschen rund um den Globus miteinander vernetze. Außerdem beschreibt Zaleski den Einfluss von Teilhard de Chardin auf Philosophen des Cyberspace:

Teilhards Einfluss auf das Denken über den Cyberspace ist kaum abzuschätzen. Fast jede Formulierung über das Entstehen eines globalen Gehirns – des globalen Netzwerks von Computern, dessen Terminals die Menschenwesen sind – findet ihre Wurzeln in Auslegungen seines Denkens, wie auch die damit verbundene Vorstellung, dass dessen Entstehen eine Art Umwandlung der Menschheit und folglich von Gaia bewirken werde… Aber Teilhards spezifische Formulierung ist christlich, ja römisch katholisch, da er Jesuit war… Mit *»einem eigenständigen Zentrum«* meint Teilhard genau den »personalen Gott« des Christentums… Teilhard war Christ und das Omega, das er beschreibt, ist… nicht digital, sondern mystisch.[137]

Zaleskis Überblick über die Websites zeigt, dass alle Weltreligionen bereits über eine beträchtliche Anzahl von Sites verfügen. Dieses junge, rapid sich weiter entwickelnde Medium wird für einen immer größeren Teil der Weltbevölkerung zum wichtigen Faktor. Für diejenigen, die spirituell wachsen wollen, bietet es durchaus hilfreiche Möglichkeiten, aber es ist noch nicht abzusehen, was tatsächlich in ihm steckt.

Zusammenfassung

In diesem Kapitel ging es um ausgewählte Themen, die angesichts der Geschichte der christlichen Spiritualität dem 20. Jahrhundert ganz eigen sind. Dieses Jahrhundert erlebte das Entstehen einer Fülle von neuen Spiritualitäten. Es entstanden die Spiritualitäten der Pfingstler und Charismatiker; das Wachstum des Christentums in nichteuropäischen Umgebungen führte zu ernsthaften Bemühungen, die christliche Spiritualität in ganz unterschiedlichen kulturellen Kontexten einzuwurzeln und angemessen umzuformen.

Dieses Jahrhundert zeichnete sich auch durch entsetzliche Völkermorde, Kriege und Hungersnöte aus. Die Christen verloren ihren unbeschwerten Optimismus über den weiteren Lauf der Welt und entdeckten Spiritualitäten sozialer Gerechtigkeit für die Unterdrückten. Die Rolle der Christen bei der Unterdrückung eingeborener Völker und beim Holocaust veranlasste Papst Johannes Paul II., in aller Form in einem öffentlichen Schuldbekenntnis und im Jahre 2000 anlässlich eines eindrucksvollen Besuchs in Israel um Vergebung zu bitten.

Da die Menschen sich zunehmend als einziges großes »globales Dorf« erleben, wie es symbolisch im vom Mond aus aufgenommenen Foto der Erde zum Ausdruck kommt, wurde die Wichtigkeit interreligiöser Beziehungen offensichtlich. Die Christen sahen sich gezwungen, sich mit ihrer eigenen Identität auseinander zu setzen, als immer neue Einwanderer andere Religionen und Spiritualitäten nach Europa und Amerika mitbrachten. Hinzu kam, dass westliche nicht-konfessionelle Spiritualitäten wie diejenigen des Zwölf-Schritte-Programms und der New Age-Bewegung die christliche Identität herausforderten. Außerdem versuchten die Christen, die Einsichten der neuen Disziplinen der Psychologie und Soziologie in ihre Lehre und Praxis mit einzubeziehen und dennoch ihre Integrität zu wahren.

Wie in den vorangegangenen Jahrhunderten blieben die Künste wichtige Ausdrucksformen der Spiritualität, ferner das Reisen und die Gemeinden und Gemeinschaften; neu dagegen war daran ein globales Netzwerk elektronischer Kommunikation, deren volle Auswirkungen, Gefahren und Möglichkeiten erst das 21. Jahrhundert erweisen wird.

NACHWORT

Eine Spiritualität für ein neues Jahrtausend

Das Christentum tritt in sein drittes Jahrtausend im Kontext einer Welt, die sich rascher und unvorhersehbarer als je verändert. Das macht allgemeine Aussagen über die Vergangenheit oder Vorhersagen für die Zukunft so unsicher, dass es eigentlich fast nicht den Versuch lohnt. Dennoch kann man ziemlich sicher abschätzen, dass das neue Jahrtausend eine ständige weitere Verschiebung des Schwergewichts innerhalb des Christentums von der nördlichen in die südliche Hemisphäre erleben wird. Im Allgemeinen wachsen die Kirchen auf der südlichen Erdhälfte wesentlich rascher als auf der nördlichen. Es könnte durchaus sein, dass die internationalen Zentren, die derzeit noch im Norden – etwa in Rom, Genf und Canterbury – liegen, im nächsten Jahrhundert nach Afrika, Asien oder Südamerika verlegt werden.

Solche Verlagerungen verstärken nur noch die Wichtigkeit der Beziehung des Christentums zu anderen historischen Weltreligionen. In dieser Hinsicht könnte der Spiritualität eine wichtige Rolle zufallen, nicht zuletzt, indem man betont, dass es bei dieser Beziehung nicht primär um doktrinäre Formulierungen geht; außerdem gilt es anzuerkennen, was immer deutlicher wird: dass die großen spirituellen Traditionen der Menschheit vieles gemeinsam haben. Damit soll nicht irgendeiner verwässerten Synthese von allen das Wort geredet werden und erst recht nicht der Versuchung des postmodernen Konsummenschen, sich seine ganz eigene Spiritualität zusammenzubasteln, indem er sich aus allen Traditionen die Rosinen herausholt. Vielmehr geht es darum, deutlich zu sagen, dass es gilt, sich auf bestimmte moralische und spirituelle Werte zu einigen und dass der gegenseitige Respekt und das Verständnis zwischen den verschiedenen religiösen Traditionen zunehmen müssen. In dieser Hinsicht sind auf akademischer und höchster Leitungsebene bereits ansehnliche Erfolge erzielt worden. Doch an der Basis ist damit erst ein bescheidener Anfang gemacht. Interreligiöse blutige Konflikte auf dem Balkan, in Indonesien und Nigeria (um nur einige Brennpunkt zu nennen) führen uns vor Augen, warum das so wichtig ist.

Zum Zeitpunkt des Anbruchs des neuen Jahrtausends sind es nicht nur die menschlichen Gesellschaftsordnungen auf der ganzen Welt, die vor einer unvorhersehbaren und rasch sich wandelnden Zukunft stehen. Das gilt auch für die Erde insgesamt. Das ungeheure Anwachsen der menschlichen Bevölkerung und die Bedrohung des heiklen ökologischen Gleichgewichts infolge der globalen Erderwärmung sind nur die beiden am deutlichsten hervortretenden Bedrohungen am Horizont; deren gibt es noch viele weitere. Eine christliche Spiritualität, die sich im Wesentlichen nur darauf beschränken würde, sich um die inneren Prozesse der Psyche zu kümmern oder in Muße nach Selbstverwirklichung zu suchen, würde wahrscheinlich im Grunde nicht mehr tun, als die Liegestühle an Deck der *Titanic* etwas umzustellen.

Alle derzeitigen Herausforderungen könnten dazu dienen, uns auf unsere Wurzeln zurückzuverweisen und in den unerschöpflichen Reichtümern der Bibel Quellen zu entdecken, die uns angesichts einer derart unsicheren Zukunft stärken und neue Orientierung schenken können. Die Bibel erinnert uns unablässig an das Chaos, aus dem alles, was ist, emportauchte, und das stets als vernichtender Sog droht, wenn die bestehende Welt nicht unablässig dem erschaffenden und erlösenden Wirken Gottes ausgesetzt ist. Sie erinnert uns an die zerbrechliche Beziehung, die die Menschenwesen und alle anderen Geschöpfe zusammenhält – und an den schrecklichen Preis, den es kostet, wenn diese Beziehung nicht lebendig erhalten wird. Vor allem jedoch erinnert sie uns an die Natur Gottes, der sich uns in Jesus Christus offenbart hat – eines Gottes, dessen Liebe keine Grenzen kennt und dessen Bereitschaft, die schrecklichen Konsequenzen der Bosheit des Menschen auf sich zu nehmen, uns und unseren Nachkommen den Weg ins himmlische Jerusalem eröffnet, das den Inbegriff der Verwandlung dieser Welt und zugleich des Lebens der künftigen Welt darstellt.

In der Heiligen Schrift erscheint das Leben als Weg, auf den man sich häufig (ja normalerweise) macht, ohne sicher zu wissen, wohin er führt, als Weg, auf dem man nur immer wieder einmal kurz alles überblickt. Die Erfahrung von Exil und Heimkehr, der Konflikt zwischen Segnungen in der Vergangenheit und Leiden in der Gegenwart, die Spannung zwischen der Erhabenheit unserer Berufung und der Anfälligkeit unserer Natur – all das wird in der Bibel auf eine Weise thematisiert, die immer relevant bleibt und in unserer heutigen Situation erst recht. Aber etwas anderes bleibt noch wichtiger: die unglaubliche Ausdauer des Gottes, an den Christen glauben, die hartnäckige Weigerung dieses Gottes, uns aufzugeben, ohne Rücksicht auf die unzähligen Male, die wir ihn schon aufgegeben haben. Die Geschichte der christlichen Spiritualität bietet das Zeugnis der zahllosen Weisen, auf die Einzelne und Gemeinschaften schon die Gegenwart dieses Gottes erfahren und seinen Ruf vernommen

haben, von seinem Zorn erschüttert oder von seiner Schönheit überwältigt wurden und sich angetrieben fühlten, als Antwort darauf ihm restlos alles hinzugeben, was sie hatten. Schon die bloße Anziehungskraft des in Jesus Christus offenbarten Gottes ist in sich der stärkste Grund zur Hoffnung, wenn wir uns weiter auf den Weg machen und wie Abraham nicht wissen, wohin er uns führt.

Wollte man nur eine einzelne wertvolle Anregung aus den unzähligen auswählen, die uns die Bibel und die christliche spirituelle Tradition angesichts des neuen Jahrtausends bieten, dann könnte das die sein, den Sabbat zu halten. Denn er stellt die Krone und den spielerischen Höhepunkt des göttlichen Schöpfungswerkes dar. Der Tag, an dem Gott ausruhte, um Atem zu holen, erinnert uns ewig daran, dass wir für mehr als nur zum Arbeiten erschaffen sind. Wir sind für den Gottesdienst, das Spiel, das sich Wundern wie ein Kind, die ständige Erfahrung des Erneuertwerdens und neu geschaffen Werdens erschaffen, für das gesunde Gleichgewicht zwischen Tätigkeit und Ruhen. Wir sind füreinander erschaffen und für Gott, und nur wenn wir uns all das lebendig vor Augen halten, sind wir fähig, im Verein mit Gott seine göttlichen Absichten voranzubringen und selbst die ersten Früchte alles dessen zu genießen, was Gott mit uns teilen möchte. Wenn das geschieht, »spiegeln wir alle mit enthülltem Angesicht die Herrlichkeit des Herrn wider und werden so in sein eigenes Bild verwandelt, von Herrlichkeit zu Herrlichkeit, durch den Geist des Herrn.«

Mit diesen Worten aus seinem 2. Brief an die Korinther (3,18) formuliert Paulus begeistert die Vision dessen, was uns erwartet, das Ziel und die im physischen Leben angelegte Möglichkeit, den ewigen Sabbat, für den wir erschaffen sind. Diese Vision hat während der letzten beiden Jahrtausende der Geschichte des Christentums Millionen von Menschen weit werden lassen, zusammengerufen und geheiligt. Es besteht aller Grund zur Hoffnung, dass sie das auch im dritten Jahrtausend tun wird.

Gordon Mursell

LITERATUR

Eine erschöpfende Literaturliste würde den Rahmen dieses Buches sprengen. Zahlreiche Hinweise und Angaben zur Literatur finden sich in den Anmerkungen. Außerdem sind unter den Namen der einzelnen Autoren ihre Werke leicht online, in Bibliotheken und Buchhandlungen zu ermitteln.

So folgen hier – in der thematischen Reihenfolge der vorliegenden Darstellung – lediglich Hinweise auf einige allgemeine Werke zur weiteren Vertiefung.

Neues Testament

Meiser, Martin, *Neues Testament – Kirchengeschichte: ein Arbeitsbuch*, Stuttgart 2000 (317 S.)

Berger, Klaus, *Was ist biblische Spiritualität?* Gütersloh 2000 (245 S.)

McGinn, Bernard, *Die Mystik im Abendland, Band 1: Ursprünge*, Freiburg 1994 (bis S. 130)

Frühe Kirche, Liturgie

McGinn, Bernard, *Die Mystik im Abendland, Band 1: Ursprünge*, Freiburg 1994 (S. 131–272)

Klaus, Bernhard, *Antikes Erbe und christlicher Gottesdienst: eine kulturgeschichtliche Spurensuche*, Stuttgart 1998 (232 S.)

Häussling, Angelus A., *Christliche Identität aus der Liturgie: theologische und historische Studien zum Gottesdienst der Kirche*, Münster 1997 (407 S.)

Tanneke, Martin, *Trinitäts- und Christusdogma: ihre Bedeutung für Beten und Handeln der Kirche*, Münster-Hamburg 2001 (Festschrift Jonko Martikainen, 265 S.)

Kirchenväter

McGinn, Bernard, *Die Mystik im Abendland, Band 1: Ursprünge*, Freiburg 1994 (S. 275–380)

Altaner, Berthold u. Stuiber, Alfred, *Patrologie: Leben, Schriften und Lehre der Kirchenväter*, Freiburg 1993 (672 S.)

Tritsch, Walter, *Die Kirchenväter in Quellen und Zeugnissen*, Augsburg 1990 (337 S.)

Campenhausen, Hans von, *Lateinische Kirchenväter*, Stuttgart 1995 (255 S.)

Campenhausen, Hans von, *Griechische Kirchenväter*, Stuttgart 1993 (172 S.)

Leppin, Hartmut, *Die Kirchenväter und ihre Zeit*, Minden 2000 (125 S.)

Gessel, Wilhelm, *Zentrale Themen der alten Kirchengeschichte*, Donauwörth 1992 (174 S.)

Ostkirchen

Bryner, Erich, *Die Ostkirchen vom 18. bis zum 20. Jahrhundert*, Leipzig 1996 (144 S.)

Russland

Spidlik, Tomás, *Russische Spiritualität*, Regensburg 1994 (139 S.)

Europa

McGinn, Bernard, *Die Mystik im Abendland, Band 2: Entfaltung*, Freiburg 1996 (686 S.) und *Band 3: Blüte*, Freiburg 1999 (589 S.)

Dinzelbacher, Peter, *Christliche Mystik im Abendland: ihre Geschichte von den Anfängen bis zum Ende des Mittelalters*, Paderborn-München 1994 (463 S.)

Wehr, Gerhard, *Europäische Mystik: zur Einführung*, Hamburg 1995 (295 S.)

Hense, Elisabeth, *Im Spiegel der Seele: die Quellen der Mystik*, Freiburg 1997 (359 S.)

Kandler, Karl-Hermann, *Christliches Denken im Mittelalter bis zur Mitte des 14. Jahrhunderts*, Leipzig 1993 (144 S.)

Hamm, Berndt, *Spätmittelalterliche Frömmigkeit zwischen Ideal und Praxis*, Tübingen 2001 (212 S.)

Bauer, Ingolf (Red.), *Frömmigkeit: Formen, Geschichte, Verhalten, Zeugnisse* (Festschrift Lenz Kriss-Rettenbeck), München 1993 (255 S.)

Thilo, Hans Joachim, *Frömmigkeit: aus dem Reichtum der Traditionen schöpfen*, München 1991 (230 S.)

England, Irland

Ward, William Reginald, *Kirchengeschichte Großbritanniens vom 17. bis 20. Jahrhundert*, Leipzig 2000 (206 S.)

Poeplau, Wolfgang, *Der Gott der Iren und Kelten*, Augsburg 1995 (132 S.)

Protestantismus

Wehr, Gerhard, *Mystik im Protestantismus: von Luther bis zur Gegenwart*, München 2000 (151 S.)

Ebert, Klaus, *Protestantische Mystik: von Martin Luther bis Friedrich D. Schleiermacher, eine Textsammlung*, Weinheim 1996 (341 S.)

Nordamerika

Noll, Mark A., *Das Christentum in Nordamerika*, Leipzig 2000 (276 S.)

Afrika, Asien, Lateinamerika

Heyden, Ulrich van der (Hg.), *Missionsgeschichte, Kirchengeschichte, Weltgeschichte: christliche Missionen im Kontext nationaler Entwicklungen in Afrika, Asien und Ozeanien*, Stuttgart 1996 (472 S.)

Bühlmann, Walbert, *Evangelisation in der Dritten Welt: Anstöße für Europa*, Freiburg 1987 (127 S.)

Von Gott reden im Kontext der Armut, Dokumente der Ökumenischen Vereinigung von Dritte-Welt-Theologinnen und -Theologen 1976–1996, Freiburg 1999 (343 S.)

Delgado, Mariano, *Abschied vom erobernden Gott: Studien zur Geschichte und Gegenwart des Christentums in Lateinamerika*, Immensee 1996 (356 S.)

Kyule, John Mwangangi, *Inkulturation des Christentums in Afrika angesichts des gesellschaftlichen Wandels*, Münster 2000 (288 S.)

Gegenwart

Grundkurs Spiritualität, Hg. Institut für Spiritualität Münster (Red. Hense, Elisabeth), Stuttgart 2000 (340 S.)

Sudbrack, Josef, *Gottes Geist ist konkret: Spiritualität im christlichen Kontext*, Würzburg 1999 (455 S.)

Bauer, Dieter R. (Hg.), *Christsein im Spannungsfeld von Mystik und Politik*, Ostfildern 1993 (212 S.)

Böckenförde, Ernst-Wolfgang, *Salz der Erde: Christliche Spiritualität in der Welt von heute*, Ostfildern 1999 (119 S.)

Steffensky, Fulbert, *Feier des Lebens: Spiritualität im Alltag*, Stuttgart 1997 (158 S.)

Zink, Jörg, *Dornen können Rosen tragen: Mystik – die Zukunft des Christentums*, Stuttgart 1999 (413 S.)

Schellenberger, Bernardin, *Spirituelle Wendezeit: Grundlinien einer neuen Lebenskultur*, Freiburg 1997 (127 S.)

Sölle, Dorothee, *Mystik und Widerstand: »Du stilles Geschrei«*, Hamburg 1998 (383 S.)

Zimmerli, Peter, *Die charismatischen Bewegungen*, Göttingen 2001 (435 S.)

Hofmann, Udo (Hg.), *Spiritualität-Mystik-Meditation: Wege der Gotteserfahrung*, Reutlingen 2000 (263 S.)

Hempelmann, Reinhard, *Licht und Schatten des Erweckungschristentums: Ausprägungen und Herausforderungen pfingstlich-charismatischer Frömmigkeit*, Stuttgart 1998 (299 S.)

Helf, Felix, *Psychotherapie und Spiritualität; östliche und westliche Wege zum Selbst*, Düsseldorf – Zürich 2000 (381 S.)

Rombold, Günther, *Ästhetik und Spiritualität: Bilder-Rituale-Theorien*, Stuttgart 1998 (261 S.)

ANMERKUNGEN

1. Kapitel
Die frühen Kirchenväter

1 *Erster Klemensbrief* 54. Anm.d.Ü.: Wo nicht eigens anders angegeben, sind die Zitate von mir neu übersetzt und, soweit solche vorhanden sind, mit bisherigen Übersetzungen ins Deutsche verglichen. Viele deutsche Übersetzungen dieser Texte sind älteren Datums und wirken heute sprachlich spröde, so dass ich es vorzog, sie für das vorliegende Buch neu zu fassen.
2 *Erster Klemensbrief* 60.
3 *Zweiter Klemensbrief* 16.
4 *Der Hirt des Hermas*, Vision 2.3.
5 Ignatius von Antiochien, *Brief an die Römer* 4.
6 Polykarp von Smyrna, *Brief an die Philipper* 7–8.
7 Ebd. 4.
8 *Der Brief an Diognet* 5–6.
9 Justin der Märtyrer, *Dialog mit dem Juden Tryphon* 8.1.
10 Justin der Märtyrer, *Zweite Apologie* 2.1.
11 Justin der Märtyrer, *Dialog…* 96.2.
12 Aus: *Weisung der Väter*, eingeleitet u. übersetzt v. Bonifaz Miller, Freiburg/Br. 1985, Nummern 493, 451 u. 903.
13 Proskomidie (Gebet zur Gabenbereitung) aus dem traditionellen Ritual der rumänisch orthodoxen Kirche.
14 Johannes Chrysostomos, *Predigten über das Johannesevangelium* 77.
15 Deutsche Textfassung aus: Benediktinisches Antiphonale I, Münsterschwarzach 1996, 472.
16 Deutsche Textfassung aus ebd. III, 262.
17 Augustinus, *De spiritu et littera*, 5.
18 Augustinus, *Vom Gottesstaat* 22,30.
19 Augustinus, *Bekenntnisse* 7,8, übers. v. Joseph Bernhart, München 1955/ Frankfurt/M. 1987, 329.

2. Kapitel
Die keltische und angelsächsische Spiritualität

1 Nach T.O. Clancy and G. Markus, *Iona – The Earliest Poetry of a Celtic Monastery*, Edinburgh 1995.
2 Nach N.K. Chadwick, *The Age of the Saints in the Early Celtic Church*, Oxford 1961. Übertragung: Schellenberger.

3. Kapitel
Heilige und Mystiker im abendländischen Mittelalter

1 Zitiert aus Benedicta Ward, *The Prayers and Meditations of Saint Anselm*, London 1973, 93.94.95.99.
2 Brian P. Maguire, *The Difficult Saint: Bernard of Clairvaux and His Tradition*, Kalamazoo (Michigan, USA) 1991.
3 In: Bernhard von Clairvaux: *Der Weg der Liebe*, eingel. u. übers. v. Bernardin Schellenberger, Leipzig 1990.
4 Zit. aus Bernardin Schellenberger (Hg. u. Übers.), *Der Weg der Liebe*, Leipzig 1990, 249.222f.
5 Bernardin Schellenberger, *Bernhard von Clairvaux, Rückkehr zu Gott*, Düsseldorf 2001, 56.
6 Bonaventura, *Leben des Franziskus* Kap. 13.
7 Elisabeth Hug u. Anton Rotzetter (Hg.), *Franz von Assisi*, Olten u. Freiburg /Br. 1984, Testament S. 40–43.
8 Ebd. 116f.
9 Zitiert nach Mary Ann Fatula, *Catherine of Siena's Way*, Darton 1987, 189.
10 Ebd. 191.194.
11 Ebd. 193f.
12 Ebd. 203.

13 Anm. d. Ü.: »Horen« (vom lat. *hora*, »Stunde«, für »Stundengebete« oder »Tagzeitengebete«, d.h. Gebete, die – nach dem in der Regel Benedikts vorgegebenen klösterlichen Dreistundenrhythmus (um 6 – 9 – 12 – 15 Uhr usw.) – den Tag strukturierten. Ursprünglich wurden sie gemeinsam verrichtet. Sie bestanden jeweils aus einigen thematisch ausgewählten Psalmen, die mit Zwischentexten – Hymnen, kurzen anderen Gebetstexten und »Antiphonen«, d.h. Kehrversen zu den Psalmen – versehen waren. Das klassische, bis heute übliche Stundengebet thematisiert das Kirchenjahr und die Heiligenfeste. Darum rankte sich im Mittelalter aus Gebetseifer ein Kranz von daran angehängten zusätzlichen »Offizien«, d.h. »Pflichtgebeten« zu speziellen Frömmigkeitsthemen. Beim »Marianischen Offizium« bezogen sich die Zwischentexte auf Maria, beim Totenoffizium auf das Thema Sterben und Auferstehen und die Fürbitte für die Verstorbenen usw. In der spätmittelalterlichen Laienfrömmigkeit wurden die Vorlagen für das gemeinsame Beten und Singen dieser Zusatz-Offizien zu privaten Gebetbüchern.
14 Zitiert von Roland P. Bainton, *Erasmus of Christendom*, New York 1969/London 1970, 258f.
15 *Nachfolge Christi* I,23.

4. Kapitel
Die ostkirchliche Tradition

1 Athanasius, *Über die Inkarnation des Göttlichen Wortes*.
2 Kyrill von Alexandrien, *Dass Christus eins sei*.
3 Gregor von Nazianz, *»Unsterblicher König«*, Hymnus 1.1.30.
4 Basilius von Cäsarea, *Über den Heiligen Geist* 9.23.
5 Palladius, *Historia Lausiaca* 26,18–20.
6 Evagrius von Pontus, *Kapitel über das Gebet* 3.
7 Ebd. 4.
8 Ebd. 11.
9 Evagrius von Pontus, *Praktikos* 48–49.
10 Diadochus von Photike, *Hundert Kapitel über die geistliche Vollkommenheit* 85.
11 Ebd. 56–57.
12 Ebd. 78.
13 Ebd. 59.
14 Schenute von Atribe, *Enchoria* (Fragmente).
15 Ebd.
16 Barsanuphius und Johannes, *Fragen und Antworten* 175.
17 Ebd. 711.
18 Dorotheus von Gaza, *Unterweisungen* 5.
19 Ebd.
20 Ephräm der Syrer, *Hymnen über den Glauben* 31.
21 Isaak von Ninive, *Asketische Homilien* 62.
22 Ebd. 68.
23 Dionysius der Areopagit, *Die Göttlichen Namen* 7,3.
24 Isaak von Ninive, *Asketische Homilien* 35.
25 Maximos der Bekenner, *Centurien über die Liebe* 2.52.
26 Siehe z.B. Johannes 1,1–18; Philipper 2,5–11; Kolosser 1,15–20; 1 Timotheus 3,16 und Offenbarung 15,3–4.
27 Verfasser unbekannt, ca. 3. Jahrhundert. Deutsche Fassung: Benediktinisches Antiphonale Bd. III, Münsterschwarzach 1996, 295.
28 Romanos der Melode, aus dem *Hymnos Akathistos*.
29 Symeon der Neue Theologe, *Hymnen Göttlicher Liebe* 2,13–29.
30 Ebd. 27,125–132.
31 Johannes von Damaskus, *Hymnus auf das lebenspendende Kreuz*.

6. Kapitel
Die protestantische Tradition in Europa

1 Philipp Melanchthon, *Loci Communes* (1521), 6.22.
2 Der *Heidelberger Katechismus*, 1. Frage, übertr. v. Erika Fuchs u. Peter Karner, Wien 1984.
3 Martin Luther, 2. lateinischer *Kommentar zum Galaterbrief* (1631), über Gal 3,6; Werke (Weimarer Ausgabe) 40, 371,33–372,18.
4 Ebd. zu Gal 3,10; 402,24–25.
5 Ebd. zu Gal 2,16; 241,12–16.
6 Martin Luther, *Von der Freiheit eines Christenmenschen*, zum Zwölften. (Aus dem Luther-Deutsch modernisiert von Schellenberger.)
7 Martin Luther, *Vorlesung über den Römerbrief*, Deutsche Werkausgabe Bd. 56, 272, 16–21 (Übersetzung aus dem Lateinischen: Schellenberger).
8 Johannes Calvin, *Institutio religionis Christianae* 1.1.1.
9 Ebd. 1.2.1.
10 Ebd. 3.1.3.
11 Ebd. 1.13.14.
12 Huldrych Zwingli, Die 67 Thesen (1523) aus: Zwingli, Hauptschriften Volksausgabe, *Der Verteidiger des Glaubens I*, Zürich 1947, 3–5 (in heutige Schreibweise übertragen).
13 William Tyndale, *Writings of the Rev. William Tyndale*, London o.J., 276.
14 Philipp Jakob Spener, *Pia Desideria* (1675), hg. v. Kurt Aland, Berlin 1955, 79f. (in heutige Schreibweise übertragen).
15 Graf Zinzendorf in einer Ansprache von 1727 an die Herrnhuter.
16 William Perkins, *Exposition Upon Zephaniah* (1606).
17 William Perkins, *Works 2,13*.
18 Richard Baxter, *The Saint's Everlasting Rest* (1650).
19 Deutsch: John Bunyan, *Pilgerreise zur seligen Ewigkeit*, Lahr-Dinglingen 1975.
20 Ebd. 242.
21 Jakob Böhme, *Vom übersinnlichen Leben* (Anfang), Stuttgart 1986.
22 Friedrich Daniel Schleiermacher, *Über die Religion. Reden an die Gebildeten unter ihren Verächtern*, 1. Rede (1806), Berlin 1831 (4. Aufl.), 21.
23 Johannes Calvin, *Instituta* 3.20.4–11.
24 Deutsch: Oswald Chambers, *Mein Äußerstes für sein Höchstes*, (in sprachlicher Neubearbeitung) Wuppertal 1998.
25 Martin Luther, Werke (Weimarer Ausgabe) 38, 360 (in heutige Schreibweise übertragen).
26 Aus *Mein Äußerstes für sein Höchstes*, a.a.O.
27 John Milton, *Paradise Lost*, hier aus: *Das Verlorene Paradies*, übertragen von Hans Heinrich Meier, Stuttgart 1968.
28 *Denn Gnade, Mitleid, Friede, Liebe / Ist Gott Selbst, Vater gut, / Und Gnade, Mitleid, Friede, Liebe / Ist Mensch, Kind Seiner Hut. // Drum alle, liebt die Mensch-Gestalt / Im Heiden, Juden, Christ: / Wo Gnade, Liebe, Mitleid wohnt, / Gott selber wohnhaft ist.* (Übertragung: Alexander von Bernus u. Walter Schmiele, in: William Blake, *Gedichte*, Heidelberg 1958, 48).
29 Charles Haddon Spurgeon, *Till He Come* (1896).
30 *Nicht ein totes äuß'res Zeichen ist's / Was hier mein Hoffen sucht. / Nach Gottes lebend'ger Liebeskraft / in Jesus sehn' ich mich. Ich such' des teuren Retters Gnad', / Such' den Gekreuzigten; / den, der an meiner Stelle litt, / den Gott, der schmerzvoll schrie und starb. So eile gleich den Jüngern ich / ans Grab des Auferstandenen, / den*

Welterlöser suche ich / und suche ihn vergebens nicht. / Kommt alle, seht dess' Antlitz an, / der uns're schweren Lasten trug, / eilt mit mir nach Kalvaria, / dort finden wir ihn ganz gewiss. (Übertragung: Schellenberger)

7. Kapitel
Katholische Heilige und Reformer

1 »Das Leben des Vaters Ignatius« § 96, wie er es Luis Gonzalez de Camara erzählte.
2 Leicht paraphrasiert nach dem »Exerzitienbuch«.
3 Teresa von Avila, *Leben* Kap. VII.
4 *Des Heiligen Johannes vom Kreuz Lebendige Liebesflamme*, übers. v. P. Aloysius ab Immac. Conceptione, München 1954, 55. Metrische Übertragung dieses Gesangs von Bernard Panzram.
5 *Oxford Book of Prayer*, Hg. George Appleton, Oxford 1985, 111.
6 *Herr, spür' ich deine süße Gnad', / Die meine Seel' zu deinem Angesicht erhebt, / So wecken solche Sehnsucht deine süßen Augen, / Dass ich im köstlichen Feuer der Liebe sterb'. O Lieb', dein Opfer bin ich ganz, / Siegt ihr, geliebte Augen, siegt! / Scheint weiter mir, herrliche Sonnen, / Ich will euch weiter seh'n, auch wenn ich sterb'. Auch wenn ich sterb', so leb' ich doch, / Begehre weiter solche Qual. / Mir frommt, wenn mir der Atem derart stockt, / Ich sterb' vor Sehnsucht, so zu sterben. Treib weiter in mir diesen Liebeskampf / Lebend'gen Sterbens, sterbend' Lebens. / Denn unter solcher süßer Qual / Sterb' ich mir selbst und leb' in dir.* (Übertragung: Schellenberger)
7 *Zwei gingen zum Gebet? Sag' lieber: / Einer ging zum Schwätzen hin, der and're zum Gebet. / Der eine geht ganz vorne hin und tut ganz groß, / Der and're geht nicht einmal, zu heben seinen Blick. / Der eine kam nah zum Altare Gottes, / Der and're nah zu des Altares Gott.* (Übertragung: Schellenberger)
8 Richard Challoner, *Considerations Upon Christian Truths and Christian Duties Digested into Meditations for Every Day of the Year*, London 1754, vol. I, p. 2–4.
9 *Geladen ist die Welt mit Gottes Herrlichkeit. / Ausflammen wird sie, wie Glast von gerütteltem Flitter; / Sie sammelt sich zu einer Größe, gleich dem Seim gepressten / Öls. Was achten Menschen denn jetzt seiner Rute nicht? / Geschlechter traten, traten schweren Tritts; / Und alles ist von Schacher ausgedörrt; besudelt, beschmiert von geschäftiger Mühsal; / Trägt Menschenschmutz, teilt Menschendunst: der Grund / Ist kahl nun, noch kann Fuß fühlen, der beschuht. // Trotz dem, Natur bleibt immer unerschöpft; / Köstlichste Frische lebt tiefinnerst allen Dingen; / Und ob auch letzte Helle wich im schwarzen West, / Oh, Morgen springt, am braunen Saum gen Osten, auf – / Denn brütend hegt der Heilige Geist die hingebeugte / Welt mit warmer Brust und mit ah! Lichten Schwingen.* (Übertr. v. Ursula Clemen u. Friedhelm Kemp, in: G.M. Hopkins, *Gedichte, Schriften, Briefe*, München 1954, 55.)
10 *O unsichtbare Welt, wir schauen dich, / O unerreichbare Welt, wir berühren dich, / O unwissbare Welt, wir kennen dich, / Unfassbare du, wir greifen dich! // Sucht schweifend denn der Fisch den Ozean, / Stürzt denn der Adler los, die Luft zu finden – Und sollten wir die Sterne fern am Firmament befragen / Ob sie von dir da oben etwas hören? // Nicht wo sie nächtens weit fort kreisen / Und uns der Geist im Taumel schwindet – ! / Nein, horcht doch nur und ihr vernehmt's: / Sie klopft an unsre irdsche Tür. // Die Engel lasst an ihren ewgen Orten; –*

Hebt einen Stein auf, tut nur einen Flügelschlag! / Ihr seid's, mit euren Blindgesichtern, / Die ihr den Blick auf Wunderdinge euch versperrt. // Doch (wenn die Traurigkeit dich übermannt) / Weine nur ehrlich; im Verlust mag dir / Die Jakobsleiter jäh erscheinen:/ Von deinem Alltagskreuz bis in die Himmelshöh'n. // Ja, nachts, du meine Seele, meine Tochter, / Weine, umklammere den Himmelssaum. / Und siehe: Christus schreitet übers Wasser / Nicht von Gennesaret, nein: unsrer Themse! (Übertragung: Schellenberger)

11 *In unsrer wechselhaften Welt / Erfuhren wir von seinen Taten. Bleibt: / Der Gruß an eine Magd, die Menschwerdung, / Die Lehre und ein junger Mann am Kreuz. // Von allen andern ungezählten Sternen / Ist keinem widerfahren, / was er unserem geschenkt. / Und unsre Ahnen hüteten sein ihnen anvertrautes Wort. // Von damals, als er auf der Erde schritt / Weiß niemand wirklich, was er bangte, liebte, wagte, / Was schrecklich, grausig, angstvoll, flüsternd, zärtlich / In seinem Herzen vorging, als er mit uns schritt. // Keiner der Planeten weiß, dass unsrer hier, / Der Land und weite Meere trägt, / Auf dem geliebt wird und gelebt in Leid wie Glück, / Als größten Schatz ein Grab birgt, das verlassen ist. // Und umgekehrt: In unsrer engen Welt / Ahnt niemand, was er mit den Himmeln plant, / Ob er auf Milchstraßen einhergeht / Und wie er dort sich großzügig verschenkt. // Doch dereinst in den Ewigkeiten / Werden wir einander dann erzählen, / Millionen And'rer Evangelien vernehmen, / Erfahren, wie er Pleiaden, Leier, Bär erlöste. // Rüste dich dafür, meine Seele! / Damit du dann Unvorstellbares lesen kannst, / Die Millionen Formen Gottes siehst, die er in Sternen annahm / Und wir vorzeigen, wie das war: im Menschen Gott.* (Übertragung: Schellenberger)

12 Friedrich von Hügel, *The Life of Prayer*, London 1927, 8–9. Zwei Vorträge über das Gebet vor Anglikanern 1921 in Beaconsfield. Die meisten Werke von Hügels sind nur englisch erschienen: *The Mystical Element of Religion as Studied in Saint Catherine of Genoa and her Friends* (2 Bde., 1908), *Eternal Life* (1912), *Essays and Addresses on the Philosophy of Religion* (1921, 1926) und *The Reality of God* (1931). Deutsch: *Briefe an seine Nichte* (Auswahl), Freiburg 1947.

13 Deutsche Übers. v. Otto Karrer: *Philothea. Anleitung zum religiösen Leben*, zuletzt Mainz 2000.

14 Franz von Sales, *Theotimus* VI,3.

15 Brief von Jeanne de Chantal an Noël Brulart.

16 Deutsche Neuausgabe: Bruder Lorenz, *Allzeit in Gottes Gegenwart. Briefe, Gespräche, Schriften*, Metzingen 1984.

17 Bruder Lorenz a.a.O. 34f.

18 Nr. 549 im katholischen Gebet- und Gesangbuch »Gotteslob« von 1975.

19 Ebd. Nr. 780.6.

20 Deutsch: Madame de Guyon, *Die Ströme*, Leonberg/Württ. 1973.

21 Madame de Guyon, *Eine kurze und ganz leichte Methode des inneren Gebets*, deutsch jetzt neu: *Das innere Gebet: kurze Anweisung dazu*, Leonberg/Württ. 1970.

22 Evelyn Underhill, *Mystics of the Church*, Cambridge 1925, 207.

23 Zitiert nach Albert Béguin, *Pascal*, Rowohlts Monographien, Hamburg 1988, 111.

24 François Fénelon, *Erläuterung der allgemeinen Lehr-Sätze der Heiligen, das inwendige Gebet betreffend*, Wesel 1999.

25 Pierre de Caussade, *Ewigkeit im Augenblick. Von der Hingabe an die göttliche Vorsehung*, übertr. v. Wolfgang Rüttenauer, Freiburg 1940.

26 Ebd. 31.

27 Ebd. 38.

28 Soeur Elisabeth de la Trinité, *Écrits spirituels: Lettres, retraites, inédits*, Hg. M.-M. Philipon, Paris 1949.

8. Kapitel
Der anglikanische Geist

1 Hugh Latimer, Sermon for the First Sunday after the Epiphany, in: *Sermons and Remains*, ed. G.E. Corrie, Cambridge 1845, 150f.

2 Adrian Hastings, *A History of English Christianity 1920–1985*, London 1986, 32.

3 *Of the Right Use of the Church or Temple of God*, 1547.

4 *An Homily for Repairing and Keeping Clean, and Comely Adorning of Churches*, 1547.

5 Richard Hooker, *Laws of Ecclesiastical Polity* (1597), 5:56:10.

6 Ebd. 5:67:6.

7 Lancelot Andrewes, Sermon 9 on the Nativity, in: *Ninety-Six Sermons by Lancelot Andrewes*, ed. J.P.Wilson, Oxford 1841–1843, vol.1, 139f.

8 Ders., Sermon 1 on Prayer, vol.5, 306.

9 Ders., Sermon 7 on Prayer, vol.5, 369.

10 Ders., Sermon 3 on Prayer, vol.5, 325.

11 Ders., Sermon 8 on Prayer, vol.5, 380.

12 Ders., Sermon 11 for Whitsun, vol.4, 318f.

13 Ders., Sermon 4 on Prayer, vol.5, 339.

14 Ders., »Prayers for the Evening«, in: *Preces Privatae*, posthum 1675 veröffentlicht.

15 »Visitation Articles of Bishop Henry Cotton of Salisbury« (1614), in: *Visitation Articles and Injunctions of the Early Stuart Church*, ed. K. Fincham, Woodbridge 1994, vol.1, 17.

16 Ralph Josselin, *Diary*, Eintrag am 22. August 1680, S. 629.

17 John Donne, *The Sermons of John Donne*, Hg. G.R. Potter u. E.M. Simpson, Berkeley/California 1953–1962, vol.8, no.9.

18 John Donne, *Devotions upon Emergent Occasions* (1624), Hg. A. Raspa, London u. Montreal 1975, S.9.

19 John Donne, *The Sermons of John Donne* vol.3 no.4.

20 Ebd. vol.1 no.9.

21 Ebd. vol.2 no.1.

22 Ebd. vol.5 no.8.

23 Ebd. vol.6 no.13.

24 Ebd. vol.2 no.3.

25 Ebd. vol.4 no.3.

26 Ebd. vol.3 no.16.

27 Ebd. vol.3 no.16.

28 Ebd. vol.4 no.2.

29 Ebd. vol.4 no.12.

30 John Donne, *Devotions Upon Emergent Occasions*, Pr. 17.

31 John Donne, *The Sermons* vol.5 no.17.

32 Ebd. vol.3 no.5.

33 Ebd. vol.3 no.3.

34 *Vom Staub erheb' ich mich / Erwache jetzund aus dem Nichts. / Strahlendere Welten grüßen meine Augen, / Werden von GOTT mir als Geschenk zuteil. / Erde und Meere, das Licht, der Tag, die Himmel, / Die Sonne, alle Sterne, sie sind mein; welch großer Schatz… // Ein Fremder darf hier / Fremde Dinge finden, fremde Herrlichkeiten schau'n; / Fremdart'ge Schätze leuchten ihm*

99 Deutsch: M. Scott Peck, *Der wunderbare Weg: eine neue Psychologie der Liebe und des spirituellen Wachstums*, München 1987.

100 M. Scott Peck, *In Search of Stones: A Pilgrimage of Faith, Reason, and Discovery*, New York 1995, 389f.

101 M. Scott Peck, *The Road Less Travelled: A New Psychology of Love, Traditional Values and Spiritual Growth*, New York 1978, 81.97. *The Different Drum: Community-making and Peace*, New York 1987, 17.

102 Henri J.M. Nouwen, *Ich hörte auf die Stille*, Freiburg (18. Aufl.) 2001.

103 Henri J.M. Nouwen, *Wohin willst du mich führen*, Freiburg 1983ff.

104 Henri J.M. Nouwen, *Nachts bricht der Tag an*, Freiburg 1992ff.

105 *Mornings with Henri J.M. Nouwen: Readings and Reflections*, Ann Arbor, Michigan 1997.

106 Kenneth Leech, *Experiencing God: Theology as Spirituality*, San Francisco 1989, 7.23f.

107 Einige seiner Titel: *Living Simply Through the Day: Spiritual Survival in a Complex Age; Living in the Presence: Spiritual Exercises to Open Your Life to the Awareness of God*, und über spirituelle Begleitung: *Spiritual Friend*.

108 Einige seiner Titel: *Care of Mind/Care of Spirit; Will and Spirit; Addiction and Grace*.

109 John Ackerman, *Spiritual Awakening: A Guide to Spiritual Life in Congregations*, Bethesda/Maryland 1994.

110 Robert H. Schuller, *Self-Esteem: The New Reformation*, Waco/Texas 1982, 19.

111 Ebd. 12.21.

112 Von ihren Titeln seien nur genannt: *The Healing Power of the Bible* und *The Healing Gifts of the Spirit*.

113 Dennis C. Morreim, *Changed Lives: The Story of Alcoholics Anonymous*, Augsburg/Minneapolis 1992.

114 Ernest Kurtz, *Not-God: A History of Alcoholics Anonymous*, Center City/Minnesota 1979.

115 Reinhold Niebuhr. »Das ursprünglich für einen Gottesdienst in der Congregational Church von Heath in Massachusetts, wo Dr. Niebuhr viele Sommer verbrachte, verfasste Gebet wurde erstmals in einem Monatsbericht des Federal Council of Churches veröffentlicht.« John Bartlett, *Familiar Quotations*, Boston 1980, 823.

116 Gerald May, *Addiction and Grace*, San Francisco 1988.

117 Rosemary Radford Ruether, *Sexismus und die Rede von Gott: Schritte zu einer anderen Theologie*, Gütersloh 1985.

118 Ebd. 37f.

119 Ebd. 41.

120 Ebd. 42.

121 Ebd. 51.

122 Sam Keen, *Fire in the Belly: On Being a Man*, New York 1991, 195f.

123 Brian Wren, *What Language Shall I Borrow? God-Talk in Worship: A Male Response to Feminist Theology*, New York 1989.

124 David C. James, *What Are They Saying About Masculine Spirituality?*, New York 1996, 51f.

125 Richard Cleaver, *Know My Name: A Gay Liberation Theology*, Westminster/Kentucky 1995; Chris Glaser, *Coming Out to God: Prayers for Lesbians and Gay Men, Their Families and Friends,* Westminster/Kentucky 1991; Anita C. Hill und Leo Treadway, »Rituals of Healing: Ministry with and on Behalf of Gay and Lesbian People«, in: *Lift Every Voice: Constructing Christian Theologies from the Underside*, San Francisco 1990; John J. McNeill, *Taking a Chance on God: Liberating Theology for Gays, Lesbians, and Their Lovers, Families and Friends,* Boston 1988; Melanie Morrison, *The Grace of Coming Home: Spirituality, Sexuality, and the Struggle for Justice*, Pilgrim Press 1995; Mel White, *Stranger at the Gate: To Be Gay and Christian in America*, New York 1994. Der Autor möchte sich bei Janelle Bussert für ihren Beitrag zu diesem Abschnitt bedanken.

126 Rosemary Radford Ruether, *Gaia & God: An Ecofeminist Theology of Earth Healing*, San Francisco 1992, 4.

127 Matthew Fox, *On Becoming A Musical Mystical Bear: Spirituality American Style*, New York 1976, xv.

128 Charles Cummins, *Eco-Spirituality: Toward a Reverent Life,* New York 1991.

129 Evelyn Underhill, »Sources of Power in Human Life«, in: *The Hibbert Journal* vol. 19 no. 3 (3. April 1921), 397.

130 Eberhard Arnold, *Warum wir in Gemeinschaft leben,* in: Die Wegwarte 1925 Nr.10/11 u. 1927 Nr. 8/9. Neuausgabe mit dem Titel *Gemeinsam Leben – wozu?*, Gnadenthal 1978.

131 Dallas Lee, *The Cotton Patch Evidence: The Story of Clarence Jordan and the Koinonia Farm Experiment*, New York 1971, 25.

132 Humphrey Carpenter, *The Inklings: C.S. Lewis, J.R.R. Tolkien, Charles Williams, and their Friends*, Boston 1979.

133 C.S. Lewis, *Dienstanweisung für einen Unterteufel*, Freiburg 1958ff.

134 Siehe z.B. Susan Howatch, *Glamorous Powers,* New York 1990.

135 Einige seiner Titel: *Godric; The Sacred Journey; Telling Secrets; Telling the Truth: The Gospel as Tragedy, Comedy and Fairy Tale.*

136 Jacques Maritain, *Georges Rouault*, New York 1952, 8.

137 Jeff Zaleski, *The Soul of Cyberspace: How New Technology is Changing Our Spiritual Lives*, San Francisco 1997, 270f.

REGISTER

Dieses Register nennt nur die Stellen, an denen sich zum Stichwort Substanzielles findet.